龚书铎教授诞辰九十周年纪念：

近代文化研究的拓展与深化

编辑委员会

房德邻　郑师渠　王开玺　梁景和　孙燕京

郑大华　郭双林　李　帆　黄兴涛　邱　涛

张昭军

龚书铎教授诞辰九十周年纪念

近代文化研究的拓展与深化

雲湇 敬题

本书编辑委员会 编

中华书局

图书在版编目(CIP)数据

近代文化研究的拓展与深化——龚书铎教授诞辰九十周年纪念/本书编辑委员会编. —北京:中华书局,2019.2
ISBN 978-7-101-13670-8

Ⅰ.近…　Ⅱ.近…　Ⅲ.文化史-中国-近代-文集
Ⅳ.K250.3-53

中国版本图书馆 CIP 数据核字(2019)第 002755 号

书　　名　近代文化研究的拓展与深化——龚书铎教授诞辰九十周年纪念
编　　者　本书编辑委员会
责任编辑　刘冬雪
装帧设计　周　玉
封面题签　胡云复
出版发行　中华书局
　　　　　(北京市丰台区太平桥西里38号　100073)
　　　　　http://www.zhbc.com.cn
　　　　　E-mail:zhbc@zhbc.com.cn
印　　刷　北京瑞古冠中印刷厂
版　　次　2019年2月北京第1版
　　　　　2019年2月北京第1次印刷
规　　格　开本/710×1000毫米　1/16
　　　　　印张30¾　插页4　字数400千字
印　　数　1-1200册
国际书号　ISBN 978-7-101-13670-8
定　　价　148.00元

龚书铎教授（1929—2011）

在查阅资料

部分学术著作

3卷本《清代理学史》（主编）

8卷本《中国文化发展史》（主编）

弟子追思会（2012年3月）

纪念文集

序　言

龚书铎先生离开我们业已七年了。然而,师恩难忘。

2009 年,先生八秩初度,弟子们鉴于先生一向低调,不喜欢祝寿之类的活动,遂公议在年前举办一个学术座谈会,探讨中国近代文化史研究的继承与创新,藉以向先生表达贺寿之意。2008 年 11 月,40 多位来自全国各地高校和科研机构的龚门弟子,齐集北京师范大学英东学术会堂,召开"近代文化研究的继承与创新"学术座谈会。先生莅会,对众弟子提出了殷切期望。翌年,金冲及、李文海先生赐序的纪念集《近代文化研究的继承与创新——龚书铎教授八秩初度纪念》,由中华书局出版。2011 年底,先生辞世。第二年,在先生去世周年之际,弟子们复集议编辑《龚书铎先生纪念集》,由北京师范大学出版社出版。书中主要收集同门的纪念文章,也收集了少数先生生前好友、同事的回忆性文章,是为追思录。十分感念李文海先生,当时已抱病在身,仍勉力为本书作序。之后不久,李先生也离世了。我们也借此深切悼念这位德高望重的学界前辈。光阴荏苒,明年,即 2019 年,适逢先生诞辰 90 周年,同时,距上述编辑出版《近代文化研究的继承与创新——龚书铎教授八秩初度纪念》,也恰好是 10 周年。中国人看重整数,今年 7 月初,在京同门缘此集议,赓续传统,定于明年初,再次举办学术座谈会,并编辑出版《近代文化研究的拓展与深化——龚书铎教授诞辰九十周年纪念》。提议在微信公布后,很快得到了京内外同门普遍热烈的响应。是为本书的缘起。

十年的光阴,无论是对学科还是对个人学术的发展来说,都是一种可资观测的重要时间维度。本书共收 27 位作者的 27 篇文章,较之前书收 30 位作者的 31 篇文章,规模上略有减少。这与分散各地的弟子们多样化的个人时间安排难以统一调剂有关,但本书 27 位作者中有 19 位是前书的作者,则说明了作者队伍的相对稳定性。27 篇文章中,着眼于宏观,研究近现代思想文化潮流变动的文章,仍占相当的数量,一些人物研究虽是重在探讨个体的思想取向,但也注意到与普遍性的思潮相联系,作综合的考察。与前相较,探讨具体问题的文章占了较大的比例。还有一些是学术史方面的研究。这反映 10 年来多数龚门弟子仍活跃在近代思想文化研究领域,其涉及面却是大为展拓了。从上述 19 位作者选送的文章看,他们个人的研究兴趣与侧重点,也明显进一步拓展与深化了。

李文海先生在为前书写的序中说:"北京师范大学中国近现代史学科以文化史为自己的研究特色和学术强项,这是史学界所公认的。做到这一点,是他们全院师生长期奋斗和共同努力的结果。"这固然是李先生的褒奖,却也反映了客观的实际。对先生教诲的最好回报,就是将先生开创的事业继续推向前进。从今天看,北京师范大学近现代史学科仍然坚持与发展了龚先生开创的思想文化史研究的学科方向与特色。本书的出版说明了这一点。十年中,这里主办过两届"近代文化与近代中国"全国性的学术讨论会。从这里走出的一批又一批龚门再传弟子,正充实国家建设的各条战线,不少人已崭露头角,同样说明了这一点。

值得注意的是,金冲及与李文海两先生在前书的序中,在高度评价龚先生学术成就的同时,也都高度赞扬了龚先生一生坚持马克思主义唯物史观指导学术研究之难能可贵和令人钦佩。金先生说:"龚书铎同志是我相交近五十年的挚友,彼此无话不谈。多少年来,深知书铎同志治学严谨,勤于思考,从不随波逐流。他一直坚持以马克思主义为指导,坚持在仔细研读原始文献的基础上从事研究工作,注重研究的原始性,注重对复杂问题进行全面的具体的分析,这是很令人钦佩的。"李先生也说:"书铎同志的学术成就,著作俱在,无需多说。在这里,我只想谈一点。书铎同志是公开申明自己是信奉马克思主义的唯物史观,并在自己的史学研究中坚持以唯物史观为指导的。"毋庸讳言,在马克思主义似乎"不行时"的前些年,龚先生与学界李文海等诸位先生旗帜鲜明地坚持马克思主义唯物史观,曾被人说成是"极左"与"棍子",经受了很大的压力。但先生与其他诸位先生一样,坚持初心,不以为意。例如,1997 年他就坚持这样写道:"所谓马克思主义过时论、淡化马克思主义指导等种种说法,均无益于历史研究的深入与发展。恰恰相反,只有进一步加强以马克思主义为指导,通过健康的百家争鸣,我们的历史研究才能够取得更大的成绩。"近些年来,上述淡化马克思主义指导的非理性倾向,正得到纠正。习近平同志不久前在全国哲学社会科学座谈会上的讲话曾强调指出:"坚持以马克思主义为指导,是当代中国哲学社会科学区别于其他哲学社会科学的根本标志,必须旗帜鲜明加以坚持。"现在,柳暗花明,今是昨非,情况自然是不同了。但是,先生不随波逐流,勇于坚持真理的精神,却愈显其光华。故我以为:弟子们继承先生优良的学术传统,其中,根本一点就是:以先生为榜样,坚持以马克思主义唯物史观为指导。令人欣慰的是,弟子中绝大多数人是这样做的。看看这两本文集的学术取向,就不难明白这一点。事实上,北京师范大学近现代史学科也始终是这样做的,尤其是在研究生的培养,包括学位论文的写作指导与答辩上,旗帜鲜明地坚持这一点,已成为了好的传统,可以告慰于先生。

学术与学科的发展,除了需要"潜心求真知,沥血育英才"之外,还有赖于学者间彼此的团结互助与友谊之滋养。章开沅先生在怀念龚先生的文中,道及新中国近现代史学科的创立与发展时说:"作为学科发展的参与者与见证人,我深深感到真诚深厚的学术友谊的可靠,而精诚团结与相互支持乃是促进学科发展的重要保证。"李文海先生的两篇序言,都用了相当的篇幅回忆自己与龚先生等学界同行历久弥坚的友谊。尤其是写后一篇序时,抱病在身,往事如歌,感怀尤深。他追忆为了让手术后的龚先生舒缓心情和让主持国家清史工程的戴逸先生减少压力,自己策划组织了还包括金冲及、胡绳武等共 11 位先生在内的一次圆明园小聚:饮茶、闲聊与赏荷。今天读先生这篇序文,其情其景,仍令人神往与感动。李先生说,大家有机会碰到一起聊聊天,"说话的时候,想什么就说什么,怎样想就怎样说,不必装腔作势,拐弯抹角,讲究分寸,注意方法,相互之间无所戒备,套一句老话,就是可以敞开心扉,直抒胸臆"。彼此意见有相同的,也有分歧和争论,"但争完后一如既往,并不心存芥蒂。除此之外,似乎再没有什么值得一提的了。总之一句话,我们的交往,实在简单得像一杯白开水一样"。老一辈学者间的此种交谊佳话,在当下的学界,成了稀缺品,似乎见不到了。功利主义弥漫学界,与团体和个人的利益紧密挂钩的各类评优、评奖、评头衔,不仅让原先的"兄弟院校"在今天都变成了公开的竞争对手,也令学者间原本"淡如水"的交谊多变了味。"人在江湖,身不由己",同行相争、同门相残的事屡见不鲜,让人唏嘘不已。为学之道离不开师友之道。上述章开沅先生说学术友谊与精诚团结是促进学科发展的保证,他所说的学科是指中国整个的近现代史学界,兹事体大;我只想下一转语:促进龚先生开创的北京师范大学近现代思想文化史学科的进一步繁荣发展,海内外同门弟子的学术友谊与相互支持,是不可或缺的。

郑师渠　2018 年 10 月 17 日

目 录

近代文化三题

郑师渠

一

几年前由瞿林东教授主编的五卷本《历史文化认同与中国统一多民族国家》一书,由河北人民出版社出版。它提出了中国历史文化认同的重大问题,不仅具有很高的学术价值,而且具有重要的现实意义。本书的绪言指出,此种历史文化认同,可以概括为"治统"与"道统":前者"主要指政治统治的继承性",即"继承了炎黄以来的政治统治",后者"主要指思想传承的连续性",即"周公、孔子以来的思想传统"。19世纪中期以后,由于列强入侵,"中国历史上的历史文化认同的优良传统从而进入了一个新的发展阶段",其主要标志就是对多元一体的中华民族新格局的体认。① 这些重要观点都给人以启迪。

在新书出版座谈会上,我在高度评价该书出版的同时,也提出将中国古代民族历史文化认同,概括为"治统"与"道统"两方面,不失卓见,也易于理解;但是,在近代,却事有不同:随着清王朝倾覆与中华民国的建立,延续了两千多年的君主专制制度走到了尽头,中国社会历史开始了民主共和的新时代,即原有的"治统",归于终结。而随着西学东渐,尤其是五四后科学与民主思潮的勃兴,诸子学蔚为大观,孔子与儒学走下神坛,古代的"道统",也名实俱亡。若由是以观,则近代的中国历史文化认同似乎是削弱了,而非加强了。事实当然不是这样,但此一看似矛盾的历史现象显然值得作进一步探讨。当时在座的许多人表示赞

---

① 瞿林东主编:《历史文化认同与中国统一多民族国家》第1卷,石家庄:河北人民出版社,2013年,第2、11页。

成,刘家和先生说:"这个问题就请你来回答。"在当时,我也提不出答案来。不过,此后我时常会想起这个问题,现在仅是提出一种假说而已。

尽管早期儒家学说就强调自身传承的脉络,自汉武帝独尊儒术后,儒学也早成统治阶级的护符,且最早将"道"与"统"合在一起讲"道统"二字的是宋代的朱熹;但是,千百年来众所公认,"道统"概念毕竟是由唐代的韩愈在《原道》一文中首先提出的。而提出"治统"的概念以与"道统"并列为二,则是韩愈以后的事。韩愈在《原道》中说:"斯吾所谓道也,非向所谓老与佛之道也。尧以是传之舜,舜以是传之禹,禹以是传之汤,汤以是传之文、武、周公,文、武、周公传之孔子,孔子传之孟轲,轲之死,不得其传焉。荀与扬也,择焉而不精,语焉而不详。"韩愈揭出"道统"说,除了有为儒学梳理学派统绪和为了排佛,与其"法统"说抗衡外,最重要的还在于为封建君主专制制度(治统)立论,而成其"道统"。故他特别强调:"君者,出令者也;臣者,行君之令而致之民者也;民者,出粟米麻丝、作器皿、通货财,以事其上者也。君不出令,则失其所以为君;臣不行君之令而致之民,民不粟米麻丝、作器皿、通货财,以事其上,则诛。"①这里彰显的是等级森严的君主专制主义的社会伦理学说。这与儒家经典《中庸》所说的尧舜文武之道,在内涵与境界上,显然不可同日而语。《中庸》有言:"仲尼祖述尧舜,宪章文武,上律天时,下袭水土,辟如天地之无不特载,无不覆帱。辟如四时之错行,如日月之代明。万物并育而不相害,道并行而不相悖。小德川流,大德敦化。此天地之所以为大也。"②是言虽重在颂扬孔子思想之博大精深,但它同时也指明了孔子儒家所继承光大的尧舜文武之道,追求的是"万物并育而不相害,道并行而不相悖",包容天地博大而和谐的境界,这里并无后世所谓的"治统"、"道统"之分,其内涵也绝非二者所能涵盖。其后有了以"治统"与"道统"并列,后者的内涵更进一步窄化了。换言之,早年儒家所"祖述"与"宪章"的尧舜文武之道,归根结底,就是指中国文化的根本传统,它可以涵盖后人所说的"治统"及与之相对待的"道统"在内,却不容等量齐观。如果我们注意到先秦、秦汉之际的儒家十分强调以文化高低辨夷夏的夷夏观,就不难理解这一点。

因之,指出在中国古代多民族统一国家的形成过程中,逐鹿中原的各类政权

① 刘真伦、岳珍校注:《韩愈文集汇校笺注·原道》第1册,北京:中华书局,2010年,第1—46页。
② 《礼记·中庸》。

都会从"治统"、"道统"两方面，亟力宣扬自身的正统性即合法性，是必要的；但还需要进一步指出：在事实上，中国历史文化的特质在于政治与文化融为一体，文化才是民族认同更为本质的规定。上述《中庸》说："仲尼祖述尧舜，宪章文武"；韩愈所谓："尧以是传之舜，舜以是传之禹，禹以是传之汤，汤以是传之文、武、周公，文、武、周公传之孔子，孔子传之孟轲"，"由周公而上，上而为君，故其事行。由周公而下，下而为臣，故其说长"，都是将政治与文化融为一体的表述。清顺治八年（1651），顺治皇帝在祭告黄帝文中这样说："自古帝王，受天明命，继道统而新治统。"[①] 所谓"继道统而新治统"，无异于是说，"道统"当继，而"治统"则不免适时更新。这固然是为新立的清王朝说项，但它毕竟也透露了"治统"即政治形态有别于"道统"（文化），后者是更具本质性的历史信息。美国著名学者费正清对中国历史文化有精深的观察，他很早也明确地指出了这一点。他说，较之西方，"中国则正相反，政府在概念上始终是同整个文化相关联的。政治形态和文化几乎已经溶合在一起"。"对于任何奉行孔孟之道的君王来说，不管他自己是汉人还是异族"，"就能证明他们的正统性。只要他们这样做，他们就没有变更中国的政治制度，就能被中国人民所接受"。[②] 理解这一点是重要的。由于近代中国时移势易，它在被迫走向世界的过程中，列强环伺，岌岌可危，传统的"治统"、"道统"认知，对于国人来说，已失去了合法性与说服力。故我们对于近代中国问题的解释，只有从中国原本的文化特质入手，才能摆脱上述的困窘，而呈豁然开朗的新境界。

事实上，近代中国民族危机日亟，志士仁人探寻救国真理，前仆后继，实已逐渐超越乃至全然摒弃了"治统"、"道统"传统的概念、范畴。他们对传播与仿效西方近代民主的政治形态，不以为忤；但对于中国文化（不是道统）的认同问题，却视若命脉所在，是非曲直，在所必争，以至于有关中西文化问题的论争，绵延不绝。鸦片战争以降，魏源主张"师夷之长技以制夷"，并不影响他在《海国图志》中对美国的议会政治表示欣赏；康有为主张"保国、保种、保教"，也不影响他借助今文经学"据乱世、升平世、太平世"的"三世说"，倡言将西方君主立宪的政治制度引入中国，以变革传统的君主专制；立宪派与革命派关于立宪还是共和的著

---

① 沈青峰：雍正《陕西通志》卷85《艺文一·祭告桥陵文》，雍正刊本。
② 费正清：《美国与中国》（第4版），张理京译，北京：世界知识出版社，1999年，第93、94页。

名争论,其分歧的实质并不在于否定西方的民主政治,而只在于确定哪一种政体和改良还是革命更适合于国情而已。这些都说明了:他们无不将传统的"治统"说置之脑后,而力图将西方政治形态与中国历史文化相融合,从而彰显了上述中国历史文化的特质——政治与文化相融合,但文化才是更为本质的认同所在。

当然,需要指出的是,这里所强调的文化,却非韩愈所说的孔孟之道之"道统",它是大概念,指中国固有文化本身。对于这一点,既是主张共和革命的革命党人,同时又是以光大国粹为己任的著名学者,一身二任的晚清国粹派,表述更具典型性。在他们看来,与社会政治经济危机相较,文化危机才是近代中国更为深刻的民族危机。"何者,盖国有学则国亡而学不亡,学不亡则国犹可再造,国无学则国亡而学亡,学亡而国之亡遂告终古矣。"①他们提出"国学、君学对立"论,将自己一身二任的角色统一了起来:中国文化本有倡言民主共和精神的"国学"在,只是秦以后君主肆虐,主张专制主义的"君学"盛行,致令"国学"隐耀不明。为此,刘师培专门写了《中国民约精义》一书,专门阐发所谓中国文化中固有的民权思想。故他们主张"复兴古学",宏扬国粹的目的正是为了助益现实的共和革命,推翻清王朝,结束帝制。不仅如此,章太炎等人还激烈地批判儒学,是著名的反孔派。在他们看来,君主专制与儒学独尊,二者互为表里,从外部世界到内心世界,都形成了对人的束缚。其为祸之烈,即在于扼杀思想,禁锢人心,使中国学术文化的进步失去了内在的活力。故章太炎著有《订孔》,借日人远藤隆吉的话说:"孔子之出于支那,实支那之祸本也。"国粹派的文化认同,全然超越了"治统"、"道统"传统的观念,更是显而易见的。曾主张"全盘西化"的胡适曾评论说,清末"保存国粹运动",其中许多支持者多是革命党人。"这个事实可注意之点是,它表明反满的革命虽然是受西方共和理想的鼓舞而发动的民族自觉运动,但它还没有摆脱文化保守主义的情绪。"②"西方共和理想的鼓舞"可以与"文化保守主义的情绪",即认同中国固有文化的情结相融合,若将此言作正面和积极的理解,它恰进一步印证了上述的观点。

应当说,国粹派诸人还未能完全摆脱中外比附的弱点,但经孙中山与李大钊,此种思想更推进了一大步。手创共和的孙中山,同时首倡"五族共和",并主

---

① 许守微:《论国粹无阻于欧化》,《国粹学报》1905 年第 7 期。
② 胡适:《文化的冲突》,转引自罗荣渠主编:《从"西化"到现代化》,北京:北京大学出版社,1990 年,第 364 页。

张继承民族精神、振兴中华，他以文化认同应乎浩浩荡荡的"世界潮流"与中国政治形态革故鼎新的时代取向，就愈显其理性的光华。李大钊在《新中华民族主义》中提出的"新中华民族主义"，更明确地将文化认同与新建立的中华民国民主共和新国体的认同，以及与中华民族新格局的认同统一起来，并视之为中华民族伟大复兴必须高扬的新主义、新精神。他说：

"吾国历史相沿最久，积亚洲由来之数多民族冶融而成此中华民族，畛域不分，血统全泯也久矣，此实于民族高远博大之精神有以铸成之也。今犹有所遗憾者，共和建立之初，尚有五族之称耳。以余观之，五族之文化已渐趋于一致，而又隶于一自由平等共和国体之下，则前之满云、汉云、蒙云、回云、藏云，乃至苗云、瑶云，举为历史上残留之名辞，今早已无是界，凡籍隶于中华民国之人，皆为新中华民族矣。然而今后民国之政教典刑，当悉本此旨以建立民族之精神，统一民族之思想。此之主义，即新中华民族主义也。"①

1921 年初，陈嘉异在《东方杂志》第 18 卷第 1、2 号上发表长文《东方文化与吾人之大任》，反对简单否定中国文化。他说，源远流长的中国文化本身即具有"调节民族精神与时代精神之优越性，而尤以民族精神为其根柢，最能运用发展者也"。人们多以为近代中国的进步只是引进西洋新思想的胜利，而不知旧传统的阻力所以如此迅速归于淘汰，其"具有此淘汰作用之根本潜伏力，即余所谓吾族有此调节民族精神与时代精神之天才是也"。陈嘉异并不否认中国文化有自己的弱点，但他同时却提出了一个十分重要的观点：近代西洋新思想所以能在中国安身立命，产生积极的影响，归根结底，还在于中国民族精神的生命活力，为之提供了不可或缺的承接面，从而得以融入有机整体，化育为民族新的生机。其见解对我们的启发就是：近代国人超越了"治统"、"道统"传统观念，其历史文化认同不是削弱了，而是加强了，原因除了民族主义提供重要内驱力外，重要一点就在于，上述中国文化的特质富有思想张力，即具有"调节民族精神与时代精神之优越性"和"具有此淘汰作用之根本潜伏力"。近年学界喜欢用"内在超越"和"创造性转换"等概念，来说明中国固有文化之所以能适应现代，生生不已。这颇传神，也不失为深刻；但若进一步问：中华文化缘何能实现此种所谓的"内在超越"与"创造性转换"？又似乎知其然而未知其所以然。值得重视的是：陈嘉

---

① 《李大钊文集》(上)，北京：人民出版社，1984 年，第 302、303 页。

异的上述见解,道人所未道,确为登堂入室的真知灼见;至少它有助于深化和丰富人们已有的认识。

由上可知,我们对于中华文化和近代复杂的历史现象之探讨,尚有广阔的空间在。

当然,与此同时,在近代中国,中华固有的文化本身也面临西学东渐的冲击,故近代国人的文化认同,还涉及到另一个问题:近代国人的文化自觉。

二

文化认同,是指某一群体成员对于生活其中的文化富有情感的归属性认知。文化自觉,则是指人们对自身文化的长短优劣,能持客观分析的态度,贵有自知之明;面对世界多元文化,主张相互包容,取长补短;既不固步自封,也不数典忘祖,舍己芸人,从而能引导本国文化朝向合乎理性的方向发展。文化认同与文化自觉,都是面对"他者"引发的文化行为,但后者却是在前者的基础上,进一步发生的一种艰难曲折、由浅入深不断深化的理性认知过程。近代中国作为文明古国,其走向文化自觉,尤其是如此。

严格说来,从鸦片战争后魏源打破"天朝大国"的虚骄,提出"师夷长技"的大胆主张起,近代国人便开始了迈向文化自觉的艰难旅程;但国人第一次明确提出"文化自觉"的概念,却要晚到 20 世纪初年,创始者是梁启超。1915 年他在《敬举两质义促国民之自觉》一文中写道:

> 吾常言国民贵有自觉心。何谓自觉心?吾先哲所谓"自知之明",即其义也。以云自觉,虽若甚易,实乃甚难。目能察毫毛之末,而不自见其丑。力足举乌获之任,而不能自举其躯。知己之难于知彼,理固然矣。然苟不能自知,则摘埴冥行,其不隕越者殆希。其在个人,苟不自知其性之所短所长,则末由扩充自矫正以自致于用,苟不自知其所处之境遇何若责任何在,则末由竭才举职以底于高明也。个人有之,国民亦何不然……群体亦然……不自知吾群与他群相互间处何境遇,故其群终不能大成……,凡能合群以成国,且使其国卓然立于世界者,必其群中人有具有知己知彼之明者也。若是者,无以名之,曰国民自觉心。然欲使此自觉心常普遍而明确,则非国中士君子常提命之而指导之不可。而欲举提命指导之责者,其眼光一面须深入

国群之中,一面又须常超出于国群之外。此为事之至不易也。吾今欲举两疑问以质诸国人:一曰吾国曷为能至今存耶;二曰吾国今后何道以自存耶……吾以为能答第一问,则能知吾国民之所长而思发挥之;能答第二问,则能知吾国民之所短而思补救之。夫如是而国不尊荣,未之闻也。斯即自觉心之作用也。①

这里虽未直接使用"文化自觉"一词,但很明白,所谓"国民自觉心",实际指的就是国民的文化自觉。值得注意的是,他强调知识阶级有指导国民的责任,但他们需具备这样的素质:"其眼光一面须深入国群之中,一面又须常超出于国群之外。此为事之至不易也",这即是说,既要有世界的视野,又要有"知己知彼之明"和取人所长、补己之短的胸怀。最后他对国人提出的两大质问,尤具深意:"一曰吾国曷为能至今存耶;二曰吾国今后何道以自存耶"。我们不妨将之与1997年费孝通先生的见解加以对照:

> "文化自觉只是指生活在一定文化中的人对其文化有'自知之明',明白它的来历,形成过程,所具有的特色和它发展的趋向,不带任何'文化回归'的意思,不是要'复旧',同时也不主张'全盘西化'或'全盘他化'。自知之明是为了加强对文化转型的自主能力,取得决定适应新环境、新时代文化选择的自主地位。"所以,"文化自觉是一个艰巨的过程"。②

二者不仅基本观点相通,而且都使用了"自知之明"这个词。足见梁启超先见之明之难能可贵。

梁启超是文发表于是年7月,而8月《青年杂志》创刊,说明其思想取向,实与新文化运动的精神相契合。不过,当时他毕竟未曾经历新文化运动和五四运动的暴风骤雨,尤其是未曾经历对战后欧洲的实地考察,故提出的"国民自觉"的概念虽不失深刻,却终究还缺乏后来感悟东西方时代大变动得以沉淀下的丰富的思想内涵,而显得单薄。1920年初,他考察战后欧洲回来,发表了《欧游心影录》,对中西文化问题有了全新的视野。是书前有导论:《欧游中之一般观察及一般感想》,正文分上下篇:《大战前后之欧洲》与《中国人之自觉》。值得注意的是,《敬举两质义促国民之自觉》仅是数千字的短文,《欧游心影录》则为洋洋

---

① 梁启超:《敬举两质义促国民之自觉》,《饮冰室合集》(4)文集之三十三,北京:中华书局,1989年,第40、41页。

② 费孝通:《反思·对话·文化自觉》,《北京大学学报(哲学社会科学版)》1997年第3期。

万余言的大作。仅就修辞与提法而言,"中国人之自觉"较之"国民之自觉",其视野与抱负也不可同日而语,给人有"更上一层楼"之感。这主要有三:

其一,提出"世界主义的国家"观念:国是要爱的,但不能守旧偏狭。"我们的爱国,一面不能知有国家不知有个人,一面不能知有国家不知有世界。"在国家的底下,发挥个人的天赋,最终"向世界人类全体文明大大的有所贡献。将来各国的趋势,都是如此。我们提倡这个主义的作用也是为此"。① 这里涉及了世界与国家、集体与个人的辩证关系,十分深刻。

其二,强调思想解放要彻底,不能光对中国的古圣人求解放,对西方文化也要求解放。复古固然可笑,"沉醉西风",也不高明。

其三,须"人人存一个尊重爱护本国文化的诚意",学习西方文化,合成"新文化系统",然后再去助益世界文化。

任公揭出的远大目标是:在开放与世界的视野下,发展中国民族独立的新文化。他说:"我们做国际团体一分子的中国,应该怎么样,我国民该走那条路,才能把这国家在世界上站起来","向世界人类全体文明大大的有所贡献。将来各国的趋势,都是如此。我们提倡这个主义的作用,也是为此"。(P20—21)又说:"人生最大的目的,是要向人类全体有所贡献。为什么呢,因人类全体才是'自我'的极量。""为什么要有国家,因为有个国家,才容易把这个国家以内一群人的文化力聚拢起来,继续起来,增长起来,好加入人类全体中助它发展。所以建设国家是人类全体进化的一种手段。"(P35)②

他提出了两个值得注意的重要观点:1)明确地提出了文化的民族主体性问题;2)提出了"人类全体文明"的概念,并强调了它是体现世界各民族文化多样性统一的重要见解。这与当下我们的见解是完全相通的。

与梁启超一同考察战后欧洲归来的张君劢,也明确表达了发展独立的民族新文化的主张。他说:"欧洲文化既陷于危机,则中国今后新文化之方针应该如何呢? 默守旧文化呢? 还是将欧洲文化之经过之老文章抄一遍再说呢? 此问题吾心中常常想及"。最终,他旗帜鲜明地提出了自己认为的我国新文化发展应有的"方针",这就是:走民族自决的道路,发展中国民族的新文化。他说:"吾国

---

① 梁启超:《欧游心影录》,《饮冰室合集》(7)专集之二十三,第 21 页。
② 梁启超:《欧游心影录》,《饮冰室合集》(7)专集之二十三,第 20、21、35 页。

今后新文化之方针,当由我自决,由我民族精神上自行提出要求。若谓西洋人如何,我便如何,此乃傀儡登场,此为沐猴而冠,既无所谓文,更无所谓化。"①

这有助于与梁启超的见解互相发明。足见梁启超为代表的东方文化派及其文化保守主义,构成了新文化运动的一翼。五四运动是近代中国民族觉醒的标志,与之相应,梁启超诸人与陈独秀等激进主义者间的不同主张,实相反相成,彼此之互动在更加完整的意义上,成为近代中国民族文化自觉的表征。

五四后民族主义持续高涨,推动了国人此种文化自觉愈趋理性发展。1935年"十教授"《中国本位的文化建设宣言》发表;1938年"抗战建国"成为全民族的"国是","民族文化复兴"的口号更不胫而走。文化民族主体性的观念进一步突显。要注意的是,此种观念奠基在了上述梁启超辩证观点的基础上,而与传统的复古守旧,判然划开了界限。只需看看,尽管从新文化运动到抗战的20年间,文化论争仍在进行,但各方在复兴民族文化这一根本问题上的观点却在趋同,就不难理解这一点:首先,复兴民族文化成了争论各方的共识。其间,争论前期普遍使用的"西化"、"东方化"的抽象概念,后期却为"现代化"、"工业化"等更加现代和科学的新概念所取代。此种文化概念改变本身,就说明了人们对文化问题的自觉前进了一大步。冯友兰是主张"工业化"提法的,他借助黑格尔历史哲学的思辨说:"清末诸人的主张是'正','五四时代'是'反',我们今日的主张是'合'。'合'虽然有点像'正',然而他已包有了'反'在内。"②实际上,冯友兰所谓的"合",就是争论各方最终都归趋于认同抗战建国之国策:复兴民族文化。所以,"本位文化"、"全盘西化"很快便不再有人提了,唯复兴民族文化成了最强音。胡秋原说:"今日是我们为复兴民族而奋斗之日,也是为复兴民族文化而奋斗之时。"③其次,科学与民主是复兴民族文化必须坚持的本质要求,同样成了彼此的共识。"十教授"强调中国本位的文化建设,要"采取批评态度,应用科学方法",目的不是为少数国人谋利益,而是着眼于"充实人民的生活,发展国民的生计,争取民族的生存"④,讲的就是科学与民主。同时,国民党《文化运动纲领》强

---

① 蔡尚思主编:《中国现代思想史资料简编》第 2 卷,杭州:浙江人民出版社,1982 年,第 242—243、246 页。
② 冯友兰:《中国现代民族运动之总动向》,罗荣渠主编:《从"西化"到现代化》,第 323 页。
③ 胡秋原:《中国文化复兴论》,罗荣渠主编:《从"西化"到现代化》,第 329 页。
④ 王新命等:《中国本位的文化建设宣言》,《文化建设》1935 年第 1 卷第 4 期;《我们的总答复》,《文化建设》1935 年第 1 卷第 8 期。

调"讲求科学,笃行真理"和"树立民主政治之楷模"①;中共也同样强调"民族的科学的大众的文化"。

新文化运动时期国人确立了文化自觉的观念,抗战时期此一自觉更是跃上了一个新的境界。所以,我们可以这样说:抗战的伟大胜利既是中华民族走向复兴的起点,同时也是中国文化走向复兴的起点。固然,时代变动不居,适应新环境、新问题以取得文化选择自主地位的文化自觉,也必然是一个无止境的发展过程。但是,由此引出的教训,当是强调思想观念的与时俱进,而非否定新文化运动后,国人作为整体已站立在了现代文化自觉的基点上这一重要的事实。

有一种观点认为:"后五四时代所出现的文化自觉,不仅没有缓和,反而加剧了中国知识分子在文明主体性与文化主体性之间的紧张,中国究竟需要一种普遍的人类文明意识,还是特殊的文化主体意识? 在汇入世界主流文明的同时,中国的文化主体性何在? 中国人的文化认同何在? 新文化运动百年之后,这一问题依然悬而未决,这些在 20 世纪中国思想史中反复回荡的时代主题,依然摆在 21 世纪中国知识分子的面前。"②

论者所谓的"文化主体性",就是指文化的民族主体性;所谓"文明主体性",就是指世界文化共有的人类主体性,他又叫作"人类文明意识"或"人类普世意义"。他认为,二者是对立的,由此提出一个问题:"中国究竟需要一种普遍的人类文明意识,还是特殊的文化主体意识"? "中国的文化主体性何在? 中国人的文化认同何在?"他认为,五四至今,中国人尤其是知识分子对此的困惑,不仅没有缓和,且愈演愈烈。然而,这是一个并不存在的虚假命题。

文化的民族性与时代性、世界性是相统一的。这个富有现代性的文化自觉观念,上述梁启超诸人实已具备了。习近平同志新近在哲学社会科学座谈会上指出:"强调民族性并不是要排斥其他国家的学术研究成果,而是要在比较、对照、批判、吸收、升华的基础上,使民族性更加符合当代中国和当今世界的发展要求,越是民族的越是世界的。解决好民族性问题,就有更强能力去解决世界性问题。把中国实践总结好,就有更强能力为解决世界性问题提供思路和办法。这

---

① 中国第二历史档案馆编:《中华民国史档案资料汇编》第 5 辑第 2 编"文化"(1),南京:江苏古籍出版社,1994 年,第 28、29、30 页。
② 许纪霖:《中国人的文化认同何在》,"价值中国网"2015 年 5 月 5 日,转引自《历史与社会(文摘)》2015 年第 2 期。

是由特殊性到普遍性的发展规律。"强调的也正是这一点,只是表述得更富有时代性、前瞻性和合乎科学罢了。尽管文化的民族主体性与其世界的人类主体性间存在张力,在现实中怎样处理具体的中西文化关系问题,也依然存在不同的意见分歧,但是,除非疯子,没有人再去相信或主张全盘西化或复古排外;这是因为五四后,国人毕竟站立在了上述现代性辩证认知新的历史基点上了。在具体实践层面上的认知分歧,不仅永远会存在,而且恰恰构成了推动不同历史阶段上,人们的文化自觉观念得以不断与时俱进重要的内驱力。为什么一定要将"普遍的人类文明意识"与国人"特殊的文化主体意识"对立起来呢?毛泽东同志早在1944 年就说道:"我们的态度是批判地接受我们自己的历史遗产和外国的思想。我们既反对盲目接受任何思想也反对盲目抑制任何思想。我们中国人必须用我们自己的头脑进行思考,并决定什么东西能在我们自己的土壤里生长起来。"①这不是完全正确的吗?

我们相信,当下正在建设中的中国特色社会主义文化,既继承了中国固有文化的血脉,同时又不离世界文明的主潮,它体现了中国文化的主体性,同时也体现了中国文化的时代性与世界性。国人的此种文化认同,难道不是合乎逻辑和显而易见的?看不到特殊性与普遍性间存在着的张力和人们在实践层面上的意见分歧有其内在的合理性,而混淆概念,将之说成百年至今,国人深陷其间,走不出的思想迷津,实际是低估了先人,也将误导今人。

<h2 style="text-align:center">三</h2>

英国文化人类学家雷蒙·威廉斯说:"文化观念的历史是我们在思想和感觉上对我们共同生活的环境的变迁所作出的反应的记录","是针对我们共同生活的环境中一个普遍而且是主要的改变而产生的一种普遍反应。其基本成分是努力进行总体的性质评估"。"文化观念的形成是一种慢慢地获得重新控制的过程。"②这无疑是十分深刻的论断。

在近代中国文化史上,出现过一些指涉中西文化关系,人们耳熟能详的关键

---

① 转引自习近平:《在哲学社会科学工作座谈会上的讲话》,《文汇报》2016 年 5 月 19 日。
② [英]雷蒙·威廉斯:《文化与社会》,吴松江、张文定译,北京:北京大学出版社,1991 年,第 374 页。

词,如"师夷长技以制夷"、"中体西用"、"欧化"、"西化"、"全盘西化"、"东方化"、"中国本位文化"等等。它们都是近代不同历史阶段上的产物,记录了其时社会变动与国人文化观念变动丰富的历史信息。

也正因为如此,使用这些历史上的关键词,概念须清楚,即需严格其本来的意义,不能轻易套用,似是而非;否则,便易混淆概念,引起思想认知上的混乱。这可以上述最著名的"中体西用"即"以中学为体,以西学为用"的概念为例。它常被今人提到,见智见仁,也最易混淆。晚清最初使用这一概念者,固然不止一人,但公认其最终定型并得以广泛流行,却当归功于身居高位的张之洞于1898年发表的《劝学篇》。从魏源的"师夷长技以制夷",到冯桂芬的"以中国之伦常名教为原本,辅以诸国富强之术",再到张之洞的"中体西用",反映了鸦片战争后近60年间,国人对中西文化关系的漫长思考,和最终由官方出面形成的总结性、权威性的规范表述。所谓"中体",指的是以清朝统治为代表的封建纲常名教;所谓"西用",则是指源自西方的声光化电,主要是工具性的科学技术知识。前者为体,不容改易;后者为用,不妨多多益善。就前者而言,它体现了对戊戌维新思潮的抵拒;而就后者而言,则又反映了对引进西学的某种宽容。时人严复批评说,驴有驴的体与用,马有马的体与用;中体西用,恰是以马为体,以驴为用,结果是非驴非马,四不像。严复相信西方文化是以自由为体,以科学为用,其批评自有道理;但也要看到,胡适说的也有道理:文化交流,从来都是取其所长,去其所短,这里并不一定要强调体用的对接。换言之,非驴非马四不像,正其道也。故评说不容简单化。

不仅如此,中体西用既是晚清思维的产物,有上述自己明确的质的规定性。清朝既倒之后,它成了代表抵拒新知、顽固守旧的贬义词。严格说来,在这之后,再使用这一概念必须慎重,不能贴标签似的动辄以此指斥关涉中西表面相类的各种思想主张;否则,就有失之简单化的风险。这原因有二:其一,因为中体西用说脱胎于中国传统的哲学范畴,即所谓体用、道器、本末之思。"体"指事物内在的本质、结构、规律性,即事物自身存在;"用"指其外部联系、功效、运动等等。体是道、本;用是器、末。晚清借此规范中西文化关系,明显有贬抑西学与固守中学之思想取向在;但就其思辨范畴本身而言,它反映了古代先贤对于世界本体论的抽象思辨,范围一切事物的认知,而与晚清自有特指的表述,不可等量齐观。由于该范畴内涵、外延都十分广泛,几乎可将一切涉及事物认知关系的判断尽纳其中,而无需顾及质的规范性;故尤其是在论述中西文化关系上,只要你承认或强调文化的民族性和民族特色,就很容易被附会说成是"中西体用"论了。例如,"十教授"的"中国的本位文化"论,一开始就被许多人斥为不脱晚清的中体西用思维,固不待言;就是陈寅恪所说"一方面吸收输入外来之学说,一方面不忘本来民族之独立之地位"的中西文化主张,又何尝不可冠以同样的帽子呢?而实际上,"十教授"明明在强调科学与民主,强调中国"此时此地的需要";陈寅恪更力主"自由之思想,独立之精神",哪有固守封建纲常名教之想! 其二,随着民国后现代民族国家的建立,尤其是新文化运动之后,从总体上看,中国的所谓保守主义与激进主义、自由主义一样,都已在现代性共同的轨道上运作了。其主张容有是非短长,却与晚清的所谓中体西用论不可同日而语。

然而,这一点却常常被人忽略。人们往往忽视文化问题的复杂性,动辄给不同的意见冠以中体西用的帽子。有学者认为,近代以来,中国人的思维始终没有超越"中体西用"的模式,只是其中的"中体"不断在变而已。邓小平提出"坚持四项基本原则",就说明了这一点。"我们可以这样理解,这'四项基本原则'成为了新时期中国的道统和政统,坚持四项基本原则,反对'资产阶级自由化',反对'全盘西化',可以理解为过去中西文化之争的新形态。按邓小平的思想,必须坚持四项基本原则这个'立国之本',市场经济是作为一种发展生产力的手段而被采用的。这与过去'中学为体,西学为用'的思想是基本相合的。今天中国的主导思想、思维模式仍然在延续着'中体西用'的模式,只是'中学为体'之'体'变了。"①这显然是一种似是而非的误解。既说近代至今,中体不断在变,那么较之晚清,所谓的中体已非旧物,整个概念的意涵也就改变了,如何还能张冠李戴,谓之曰"中体西用"? 要不然,任何发展民族主体性的主张,岂不都免不了被斥为"中体西用"的命运? 很显然,此种泛化式的概念运用不可取。

现在再回头看上述英国文化人类学家雷蒙·威廉斯的话,我们还应进一步指出,文化观念的变动常常不能不受政治变动的制约。雷蒙·威廉斯所谓文化观念的变动,反映了社会环境变动以及人们对之的反应与重新控制,固然是对的;但这不能全然看成仅是文化本身的现象,就文化谈文化,还当看成同

---

① 王桧林:《用世界史的视野观察中国人的中西文化之争》,《三余丛稿——我与中国现代史》(下),北京:北京师范大学出版社,2015 年,第 645 页。王先生是文不乏卓见,为说明问题,这里仅是引用其中一个有代表性观点。

时是政治变动的结果。人所共知，其时邓小平所以提出必须坚持四项基本原则，是反映了中国政局的变化与执政者的有力应对。它当然会制约文化思潮的变动，在当时就是制约了所谓民主派所鼓吹的自由化思潮。每个国家都有自己治国理政的原则，四项基本原则是合乎宪法的现代理念，与中体西用渺不相涉。所谓"中体"变化说，更无从谈起，因为坚持四项基本原则从来都是我们国家的国策，在当今西方敌对势力亡我之心不死的态势下，中国坚持理论、制度、道路、文化自信的原则，并没有错。哪里谈得上"中体"又变了，重新走向了中体西用之路？

文化观念反映时代的变动。一个时代有一个时代面临的问题，一个时代有一个时代产生的文化观念；即便是一些字面相同的概念，由于时代不同，其意涵相距也往往不可以道里计。这是我们讨论文化问题所不能不注意的。例如，在晚清西学东渐之初，守旧者无不以捍卫固有文化传统为借口，固拒新知；今天我们倡言弘扬优秀的文化传统，以助益复兴中华民族之伟业，表面都在强调传统，但二者间之意涵与价值取向，却已有天壤之别，不可等量齐观。故不应该会有这样的误解：我们是在延续中体西用的思维，只是其中的"体"在变。胡适说："我们有一个妄想，就是要提倡一点清楚的思想。我们总觉得，名词只是思想上的一种工具，用名词稍不小心，就会让名词代替了思想。"[1]在讨论文化问题上，上述泛化式的概念运用，同样也是在滥用名词，从而"让名词代替了思想"。这实际上何尝不是一种过时了的思维方式？

同时，历史经验也证明，煞费苦心，试图用寥寥数字化约复杂的中西文化关系和作出标准化的概括，以规范人们的思想与行为，总难免简单化，挂一漏万，作茧自缚。在今天，依当代的思维，只就基本的思想主张作出原则性的表述，可能更合乎科学，也更适用。习近平同志新近在哲学社会科学座谈会上的表述就是这样的，它显得更富有时代性，也显得更周延、精辟和具有思想指导的意义："要加强对中华优秀传统文化的挖掘和阐发，使中华民族最基本的文化基因与当代文化相适应、与现代社会相协调，把跨越时空、超越国界、富有永恒魅力、具有当代价值的文化精神弘扬起来。要推动中华文明创造性转化、创新性发展，激活其

---

[1] 《胡适致孙长元》（1933 年 12 月 13 日），中国社会科学院近代史研究所中华民国史组编：《胡适来往书信选》中册，北京：中华书局，1979 年，第 224 页。

生命力,让中华文明同各国人民创造的多彩文明一道,为人类提供正确精神指引。"至于怎样实现这一点,我们不妨参考梁漱溟的意见:当存乎其人。

（作者为北京师范大学历史学院教授、博士生导师）

生活质量:社会文化史研究的新维度

梁景和

社会文化史发展至今,希冀把生活质量作为其研究的一个新维度,这是社会文化史研究的新理念之一。为什么要从史学角度来研究生活质量,主要研究哪些内容和问题,怎样进行研究,这是本文拟探索的主旨。

一、概念与价值

欧美国家在 20 世纪 50 年代末开始把生活质量作为多学科的研究领域与研究视角。① 20 世纪 80 年代以后,中国的社会学、心理学、经济学、医学等学科也开始探讨生活质量问题,但至今为止历史学对此却鲜有研究。从史学角度来研究生活质量,可以开辟社会文化史研究的新维度。所谓生活质量是指人们客观生活的实际状况以及对生活的满意程度和幸福感受程度。② 这里既包涵客观生活质量,即社会生活条件的实际状况,也包涵主观生活质量,即生活满意度和主观幸福感。

研究生活质量有其重要的意义和价值。肯定和确立提高生活质量是人类社会的目的和欲求,是人类整体生活和人类个体生活的目的和欲求。生活质量既反映在社会生活条件方面,也反映在人们的主观幸福感上。幸福感是人类生活永恒美好的追求,正如休谟所说:"一切人类努力的伟大目标在于获得幸福。"③

① 美国经济学家加尔布雷斯于 1958 年在其所著《富裕社会》一书中首次提出"生活质量"这一学术概念。
② 这个概念界定虽然与其他人文社会科学的界定没有本质的差异,但史学的研究方法和问题意识与其他人文社会科学比较则有自己的独到之处。
③ 〔英〕休谟:《人性的高贵与卑劣——休谟散文集》,杨适等译,上海:三联书店上海分店,1988 年,第 81 页。

"对幸福生活之向往和追求,可以说是不同时代、不同经济和文化背景下人们的共同欲求。从这一意义上说,幸福似乎可以成为一种普遍主义的价值理想。"①研究生活质量的意义和价值还在于要探寻生活质量在不同历史阶段的基本概念或界定;设计并确定生活质量这一崭新学术研究领域在不同时代的基本框架体系;探讨不同时代、不同需求层次的人②对生活质量认识、理解和判断的合理性、差异性和谬误性及其造成此种现象的历史、文化和社会等的基本缘由;研讨客观生活质量与主观生活质量的联系与相互作用所产生各种功能的基本根据;探求不同时期人类个体主观生活质量复杂性形成的基本原因;探索不同时代生活质量的主观满意度和幸福感表现出的层次相同以及"处于相同物质生活水平的人们,对其自身生活的评价和满意度可以大相径庭;反之,生活满意度相同的人,其实际物质生活水平可以相距甚远"③的基本因由;研究实现人的全面自由发展目标与提高人们生活质量要求的两者间内在的基本逻辑等等。对上述问题的探究均具有重要的意义和价值。

当我们了解了生活质量的研究概念和研究价值之后,还可以进一步认识和理解它的学术承续。从宏观史学发展脉络看,历史学早期从关注"事件的历史"出发,主要是探讨政治的历史,研究政治军事和政权更迭的所谓大的历史事件;次之开始进一步关注社会的历史,主要探讨社会经济和社会生活的历史状态;渐次又进一步关注历史主体的内在观念和心理的历史,去研讨人的内心世界和情感感受。从西方兰克以前的政治史,到年鉴学派的经济社会史,再到后来的观念心态史、新文化史以及从中国的王朝史、清末的新史学,再到后来的社会史、社会文化史,大致基本反映了这样的一个学术历程。历史科学发展的这种脉络的客观性,是历史发展到某一阶段的客观需要决定的,就如中国的王朝史,它主要是在王朝时代为王朝的统治需要服务的;西方的新社会史也是为有益于民众群体和个体的生活改观服务的;中国社会史的复兴同样是为改造中国社会的实际问题服务的。而今天从社会文化史的角度研究生活质量是中国刻下社会注重群体与个体的生存状态,改善生活条件,提高生活满意度和增强主观幸福感的客观需

---

① 王露璐:《幸福是什么——从亚里士多德与密尔的幸福观谈起》,《光明日报》2007 年 11 月 13 日。

② 按马斯洛的理论,人的需求有 5 个层次,即生理需求、安全需求、友爱与归属需求、自尊需求和自我实现需求。

③ 冯立天主编:《中国人口生活质量研究》,北京:北京经济学院出版社,1992 年,第 107 页。

要决定的。学术发展脉络承续的客观性是历史发展的客观需要决定的。

二、内容与问题

生活质量是社会文化史研究的新维度，它的研究内容，有初期起步与未来发展这一过程的前后变化，所以应当遵循先窄后宽、先易后难、先分解后综合的几个原则来进行。

首先，我们应当关注人类日常生活的第一主题。刚刚开始从生活质量的领域来研究社会文化史时，先要考虑的问题就是从庞博的社会生活中选择什么样的具体内容来着手研究。社会生活的内容太广太繁，而且随着时代的发展，又会不断地添加新的内容。然而社会生活无论怎样庞杂多样，其中贯穿人类社会过往时代的基本范畴却是几种相对恒常的具体内容，那就是衣食住行、婚姻家庭、两性伦理、休闲娱乐、生老病死等等，这些基本的内容和范畴就是人类生活的第一主题。① 这些最为基本的生活内容贯穿于长时段的历史阶段中，它们的现状以及发展变化恰恰与人们的生活质量息息相关，所以研究生活质量首先可以从人类日常生活的第一主题做起，即从这些社会生活的基本内容和基本范畴做起。虽然日常生活的第一主题，我们仅用上面的几句话就囊括了，但它的具体内容还是相当的广博，所以我们研究的内容就不可能是单一狭隘的。比如衣食住行中的"食"就可以涵括着极其丰富的内容，包括食品原料、食品生产、饮食器具、饮食风尚、菜系品种、饮食思想、美食养生、食疗保健、茶酒饮料等等；再如家庭一项就可涵盖着家庭形式、家庭规模、家庭结构、家庭文化、家庭关系、家庭功能、家庭类别、个体家庭等等；再比如生老病死中的"生"也涵括着极其宽广的内容，包括人生仪礼、教育成长、强身健体、求职就业、养家糊口、日常消费、友情社交、理想追求等等。以上所举，说明仅是日常生活的第一主题就有着无限丰富的研究内容，从中选取任何一项，都可以把它作为生活质量研究的一个起点。日常生活的第一主题以往有着丰厚的研究，如果转换一下视角，运用生活质量的维度再去思考这一主题，可能会发现很多有学术价值的新问题。

---

① 参见梁景和、王峥：《中国近代早期国人眼中的欧美生活·结语》，《首都师范大学学报（社会科学版）》2012年第1期。

其次,我们研究的内容再向前伸展,可能会显得更为开阔和宏观,即我们也可以从政治、经济、文化、社会、环境等宏大的范畴去探索生活质量问题。诸如各个层次的政治管理、中央和地方的机构组织、军队、法律、监狱,这些政治因素的实施和运行对于不同阶层、不同类型的群体和个体的生活质量会有直接或间接的影响;诸如不同的经济制度、政策和经济措施、手段,不同的经济行政权力,生产力水平,中外贸易的发展,各类企业的发展壮大无疑对于不同阶层、不同类型的群体和个体的生活质量会有直接或间接的影响;诸如文化教育政策的发展变迁,社会信仰和社会思潮的变革,民族国家所宣扬的价值观、世界观和人生观对于不同阶层、不同类型的群体和个体的生活质量会有直接或间接的影响;诸如社会城乡的管理和调控,社会的保障和疏导,市政设施的建设和完善无疑对于不同阶层、不同类型的群体和个体的生活质量会有直接或间接的影响;诸如环境的污染和恶化及其美化和治理,对于不同阶层、不同类型的群体和个体的生活质量会有直接或间接的影响。综上所述,即便我们以宏观的政治、经济、文化、社会、环境作为视角同样可以研究人们的生活质量问题。诸如历代国家统治集团面对天灾、人祸、瘟疫、疾病所采取的一系列社会救济的荒政保障,与民众的生活现实与生活质量紧密相连;明清以来苏州的碑刻①中有关于赋役管理、商业管理、宗族管理、寺观管理、环境管理、市政管理的碑文,这些社会管理的功效,与民众的生活现实与生活质量紧密相连;革命家王稼祥曾给他的堂弟王柳华写信说:"可怜我们受环境的压迫,婚姻不得自由,求学不得自由,择业不得自由,而且一盼前途,就觉茫茫毫无把握,不知自己的生活怎样才可解决。唉! 这样的环境,难道不能或不应当把他打碎吗? 不过这不是局部问题,乃是政治问题,政治改良,环境自不求自善。柳华,'人是政治的动物',我们应当负改革中国政治的责"②,从这样一份家书中,我们可以看到参加革命,改革政治,同样也与民众的日常生活与生活质量紧密相连。当然,这样研究的范畴与上述第一点不同,它更显开阔性和宏观性。

最后,我们要对生活质量涉及的诸多内容进行一种综合全面的研究,这是一种复杂研究,即便如此,这样的研究同样可以对于不同阶层、不同类型的群体和

---

① 参见王国平、唐力行主编:《明清以来苏州社会史碑刻集》,苏州:苏州大学出版社,1998 年。
② 中共中央文献研究室编:《老一代革命家家书选》,北京:中央文献出版社、三联书店,1990 年,第 10—11 页。

个体生活质量的优劣高低作出基本的梳理、判断和评价,这就是进行这种复杂研究的价值所在。

上面研究内容所设置的三个梯度,只不过是研究生活质量初始阶段的一个一般性原则。这样的一个梯度,有助于我们研究的起步,但这并非是绝对呆板硬性的研究秩序。根据研究队伍的状况以及研究者的兴趣、积累和能力,完全可以打破这样的原则秩序,提倡研究内容的宽窄、难易、分解综合的交叉、互动和提升。

那么,我们对生活质量研究的内容有了一个基本的理解和把握之后,我们再进一步思考研究生活质量的问题意识,能否作出这样的判断,研究生活质量的主要问题意识在于:探讨特定历史时期人们对生活质量的认识和理解;研究特定历史阶段的生活方式、物质发展以及特定时代生活质量的标准认同;探究特定历史阶段、特定人群具体生活的实际状况以及客观生活质量和主观生活质量的实际状态;研讨为什么在特定的历史阶段,特定的人群会是追求那样的生活质量,会去那样的生活,会有那样的生活态度和生活向往,是什么样的"社会存在、文化传统、历史经验等因素"①决定的,只要对上述的问题意识有了诠释和回答,我们的研究才能彰显出它的应有价值。

三、研究的方法

研究生活质量所采用的方法随其研究具体内容的不同以及问题意识的不同而有所不同,且随着研究的展开和不断发展以及研究成果和研究经验的积累,还会不断创造新的研究方法。目前,我们首先可以关注如下一些研究方法:

1、宏观微观的研究方法。关于生活质量,既可以宏观研究,又可以微观研究。② 宏观研究和微观研究主要关涉时间、空间、人群等相关概念。诸如既可以研究一个长时段的生活质量,也可以研究短时期的生活质量;既可以研究大区域的生活质量,也可以研究小区域的生活质量;既可以研究多群体的生活质量,也可以研究单一群体或个体的生活质量。关注不同时段、不同地域、不同人群、不

---

① 王露璐:《幸福是什么——从亚里士多德与密尔的幸福观谈起》,《光明日报》2007 年 11 月 13 日。
② 宏观和微观都是相对概念,宏观是相对微观而言,微观是相对宏观而言,所以这里舍弃了中观的概念。

同个体、不同问题的研究，有助于进行宏观与微观的研究，有助于研究的理论化以及细化和具体化。这种研究有着丰富的史料能够开启我们的思考，比如在地方志中有记载浙江人订婚习俗的，反映了浙江人富贵与平常之家的不同生活："订婚之始，谓之缠红。富厚之家，聘物恒用金饰，如手镯如意耳环戒指之类，加以绒线制成五色盆景，光艳夺目。满盛盘中，谓之花果缠红。平常人家，则无如是之财力，或用小纹银一锭，鎏金如意一事，取一定如意之意，或用鎏金八吉一对，镀金手镯一副，取有吉局之意。"①民国时期河南安阳的衣着习俗，可见不同阶级之间的差异："境内习尚，认俭朴为美德，以装饰为浮夸。除资产阶级、官僚家庭以洋布为衣料，间或着绫罗锦缎外，余则均以自织之棉布加以颜色裁为服裳，一袭成就，间季浣濯，直至破烂而后已。"②民国时期河北元氏县士商与农民使用着不同的交通工具，"凡出行，近时无论士商，必脚踏自行车，故自行车之销路，有一日千里之势。惟农民出门，多步行"③。20 世纪 20 年代的上海"以乘汽车为豪，每至礼拜日，必有许多少年男女，同乘一车，疾驰于南京路、静安寺路、福州路"④。这些地方志资料从宏观视角反映了具体领域的不同人群的社会生活和生活质量。我们再看民间歌谣中的史料，如反映明末农民苦难生活的歌谣："官府征粮纵虎差，豪家索债如狼豺，草根木叶权充腹，儿女呱呱相向哭，壮者抗，弱者死，朝廷加派犹不止。"⑤民国时期有反映农民怨苛税的歌谣："种庄田，真是难，大人小孩真可怜！慌慌忙忙一整年，这种税，那样捐，不管旱，不管淹，辛苦度日好心酸，两眼不住泪涟涟。告青天，少要钱，让俺老少活几年！"⑥如反映官僚权贵享乐富贵的生活："三年清知府，十万雪花银"⑦、"出外做官，回家享福"、"千里做官，为的吃穿"⑧，这些也从宏观视角反映了具体领域的不同人群的社会生活和生活质量。清末竹枝词也是如此，带有宏观普遍性的风土民情和社

① 《浙江·海宁风俗记》，胡朴安：《中华全国风俗志》下篇卷 4，郑州：中州古籍出版社，1990 年，第 27 页。
② 丁士良、赵放主编：《中国地方志民俗资料汇编》（中南卷·上），北京：北京图书馆出版社，1991 年，第 102 页。
③ 丁士良、赵放主编：《中国地方志民俗资料汇编》（华北卷），第 127 页。
④ 《江苏·上海风俗琐记》，胡朴安：《中华全国风俗志》下篇卷 3，第 139 页。
⑤ 张守常辑：《中国近世谣谚》，北京：北京出版社，1998 年，第 74 页。
⑥ 张守常辑：《中国近世谣谚》，第 844 页。
⑦ 张守常辑：《中国近世谣谚》，第 855 页。
⑧ 张守常辑：《中国近世谣谚》，第 859 页。

会生活的记载,如富家女子从南京去上海的情景:"火车当日达吴淞,女伴遨游兴致浓。今日司空都见惯,沪宁来去也从容。"①市民流行穿西装的情景:"西装旧服广搜罗,如帽如衣各式多。工厂匠人争选买,为他装束便摩挲。"②此外,丰富的文艺作品,无论是小说、戏曲、诗词等也能为我们提供从宏观视角研究生活质量的珍贵资料,以小说为例,陈寅恪认为,小说可以证史,小说虽"个性不真实,而通性真实"③。这通性之真实就是宏观之真实。④ 如傅桂禄编辑的三卷本小说《中国蛮婚陋俗名作选粹》就是很好的例证,三卷本《商人妇》、《活鬼》和《节妇》所收集的作品反映了中国社会典妻当妻、童养婚、人鬼恋、冥婚、老夫少妻等一幕幕的人间悲剧,是"旧中国蛮陋婚俗的缩影与概括"⑤,反映了一部分人群的婚姻生活质量。通过多方史料的相互印证,小说是可以反映社会生活的"通性之真实"的。综上所述,说明运用大量的史料是能够帮助我们从宏观的视角来研究生活质量问题的。那么从微观的角度同样如此。日记、书信、传记、回忆录等文献中就蕴藏着大量丰富的材料,例如《历代日记丛钞》是对国家图书馆所藏五百多种宋、元、明、清以及民国年间的日记进行的影印出版,这其中不乏对生活质量进行微观研究的珍贵资料。诸如王闿运的《湘绮楼日记》对"家常琐事,柴米油盐,无不一一记载"⑥,反映了一个家庭的物质生活水平。丰子恺在《法味》一文中提及他的老师李叔同曾经说过:"我从二十岁至二十六岁之间的五六年,是平生最幸福的时候。此后就是不断的悲哀与忧愁,直到出家。"⑦李叔同的这段话,为我们研究他个人一生的生活质量和主观幸福感提供了一个大致的线索。共和国成立初期,毛泽东成为国家的领袖,他的一些亲朋故友要来京见他,并希望解决工作或生活上的问题。处理这类亲情方面的事情,有诸多难处。毛泽东在给亲属的信中,做了多方面的解释和抚慰工作,并要求亲友"不要来

---

① 朱文炳:《海上竹枝词》,顾炳权编著:《上海洋场竹枝词》,上海:上海书店出版社,1996年,第203页。
② 颐安主人:《沪江商业市景词》,顾炳权编著:《上海洋场竹枝词》,第167页。
③ 石泉:《先师寅恪先生治学思路与方法之追忆(补充二则)》,胡守为主编:《陈寅恪与二十世纪中国学术》,杭州:浙江人民出版社,2000年,第157页。
④ 齐世荣先生有专文论述小说的史料价值。(齐世荣:《谈小说的史料价值》,《首都师范大学学报(社会科学版)》2010年第5期。
⑤ 参见傅桂禄编《商人妇》、《活鬼》、《节妇》的内容简介(北京:群众出版社,1994年)。
⑥ 王锺翰:《〈历代日记丛钞〉序》,俞冰编:《历代日记丛钞提要》,北京:学苑出版社,2006年。
⑦ 丰子恺:《法味》,杨耀文选编:《文化名家谈佛录——一日佛门》,北京:京华出版社,2005年,第49页。

京"，或寄钱暂时解决一下亲友的生活困难①，从这些书信里能够感觉到毛泽东当年的心理感受。

2、综合分解的研究方法。研究生活质量，既可以把客观生活质量与主观生活质量两者结合起来进行综合研究，也可以把客观生活质量与主观生活质量两者分开进行分解研究。综合研究既关注客观生活质量与主观生活质量两者的互动和影响，也关注影响生活质量的诸多因素如物质生活、精神生活、政治生活、社会生活、环境生活、劳动生活、公民素质等多方面的相互制约、共同作用的综合结果，比如当代社会"居民收入增加、消费水平提高，但环境污染严重，社会保障程度很低，社会秩序恶化，则不能说生活质量好。所以，生活质量不仅表现在生活的某个或某几个方面，更重要的是物质、精神生活等各方面的综合"②。比如清代具体的饮食生活，宫廷、贵族、民间的饮食生活中的风尚、饮食品种、品种质量、饮食器具以及饮食的养生思想是不同的，这种具体的饮食物质生活与饮食观念和饮食诉求的多方面综合才反映了不同人群的总体性的饮食生活质量。③ 再如民国时期的居住生活，官僚权贵们居住的高级官邸、富商们居住的豪华别墅、中产阶级居住的单元公寓、穷苦贫民居住的棚户区和茅草屋，这些物质的居住条件与居住者的宗教信仰、日常生活观念与生活目标要求的结合，构成各类人等的综合性居住生活质量。譬如中国末代的皇后和皇妃们，她们衣食住行的物质生活条件优越，但是她们的精神生活和婚姻生活悲惨，这能说她们人生的生活质量高吗？ 显然不能。溥仪说："长时期受着冷淡的婉容，她的经历也许是现代新中国的青年最不能理解的。……我后来时常想到，她如果在天津时能像文秀那样和我离了婚，很可能不会有那样的结局。"④这段话道出了婉容一生的悲惨生活。可见优裕的物质生活未必一定就会生活幸福。而分解研究既包括对客观生活质量的研究，也包括对主观生活质量的研究，两种研究是分别进行的。其中客观生活质量的研究，主要是研究社会条件发展的程度和水平，社会的政治、经济、文化、社会、环境等社会的大范畴和大背景在具体的衣着、饮食、居住、交通、教育、

---

① 参见毛泽东给杨开智、文南松、毛泽连、毛远悌、毛宇居的信。（中共中央文献研究室编：《老一代革命家家书选》。）
② 王海敏、陈钰芬：《我国各地区城镇居民生活质量的综合评估》，《商业经济与管理》2004 年第 8 期。
③ 参阅徐海荣主编：《中国饮食史》卷 5，北京：华夏出版社，1999 年。
④ 长春市政协文史资料研究委员会编：《末代皇后和皇妃》，长春：吉林人民出版社，1984 年，第 2 页。

就业、娱乐、医疗、健康、保险、养老等诸多方面为人们的物质生活和精神生活提供了什么,它反映了社会整体的发展状态和发展水平,诸如近代国人的娱乐生活,各类人等如何看戏剧电影,如何听书阅报,如何游乐购物,如何去酒馆茶馆,如何修练琴棋书画,如何跳舞打牌,如何进行体育活动,如何交往游历,这都能对人们的客观生活质量做出探索和评价。再比如近代以来交通工具的变迁,从传统的轿子到人力车、畜力车、西洋马车、自行车、机动车、火车、轮船、飞机等,近代交通工具的不断变化,同样也可以观察到各类群体客观生活质量的改善或提高。从餐饮地点也可看出不同人等的饮食生活质量。近代上海,"在饭摊、露天食堂、饭店楼下就餐的多是工人、黄包车夫、苦力等"①,而"只有穿长衫的人才上楼吃"②。的确,在哪儿吃,"吃的是什么菜,我就可以说出你是什么人"③。晚清民国上海闸北棚户区居民的住宿是茅草棚,"以污泥为墙,稻草为顶。而一行一行排列的距离,又极狭窄,普通不满两公尺,所以常常有一经着火,瞬息延烧千百余户的! 在他们每一家的住宅里,都只有一进门就是外房也是工房的食喝于斯生死于斯的一大间,父母子媳六七口住在一个处所,煨水烧饭也在这一个地方,有时还得划出一小块地方来养猪,而他们的大小便也就在这喂猪的悃里了"④,这类人群悲惨的居住生活,一目了然。相反,梁实秋在上海和青岛做教授时的物质生活质量是很好的,"那时当教授收入较高,实秋兼职又多,所以家庭经济情况逐渐好转,俨然成为上海滩上的中产阶级了"⑤。1928 年梁实秋在上海从"爱文义路的一楼一底中迁出,移居赫德路安庆坊,是二楼二底,宽绰了一倍"。1929年"又搬到爱多亚路 1014 弄,是一栋三层楼的房子,有了阳台、壁炉、浴室、卫生设备等等,而且处于弄堂深处,非常清静"。梁实秋很喜欢青岛,1930 年又到青岛大学任教授,他在"鱼山路 4 号租到一栋房子,楼上四间楼下四间。那里距离汇泉海滩很近,约十几分钟就可以走到"。⑥ 可见梁实秋那些年优裕的居住生活条件。而主观生活质量则注重生活满意度和主观幸福感的研究,这种心灵的感

① 唐艳香、褚晓琦:《近代上海饭店与菜场》,上海:上海辞书出版社,2008 年,第 200 页。
② 陈存仁:《银元时代生活史》,上海:上海人民出版社,2000 年,第 79 页。
③ [法]图珊·萨玛:《布尔乔亚饮食史》,管筱明译,广州:花城出版社,2007 年,第 15 页。
④ 陈问森:《大上海的劳工生活状况之透视》,中华全国总工会中国工人运动史研究室编:《中国工运史料》(第二十七期),北京:工人出版社,1985 年,第 130 页。
⑤ 鲁西奇:《梁实秋传》,北京:中央民族大学出版社,1996 年,第 107 页。
⑥ 鲁西奇:《梁实秋传》,第 107—109 页。

受更显至关重要，无论客观生活条件如何，内心的生活价值观左右着个体的主观生活感受，诸如有人崇尚"金钱未为贵，安乐值钱多"、"贫穷自在，富贵多忧"、"生死有命，富贵在天"、"命里有时终须有，命里无时莫强求"的人生理念，那么不管客观生活条件如何，因为他有着知足常乐的心态，所以他的主观感受或曰他的生活满意度和主观幸福感就不与他的客观生活条件成正比了。钱锺书说："'永远快乐'这句话，不但渺茫得不能实现，并且荒谬得不能成立"①，这与民间的"人无千日好，花无百日红"有相似的意蕴，是对主观生活感受的辩证态度。快乐幸福完全是精神层面的东西，所以它有相对的独立性。甚至面对病魔和灾难，人们都可以调整心态，坦然面对，所以钱锺书又说："于是，烧了房子，有庆贺的人；一箪食，一瓢饮，有不改其乐的人；千灾百毒，有谈笑自若的人。所以我们前面说，人生虽不快乐，而仍能乐观。"②而主观幸福感尤其与婚姻恋爱关系密切，由于与有真爱的恋人结婚而感到幸福，而与没有真爱的人结婚或与有真爱的恋人不能结婚就都会给人带来内心极度的痛苦。林语堂曾经热恋一位至交的妹妹 C，C 生得其美无比，因 C 的父亲在一个名望之家为 C 物色了一名金龟婿，故林语堂与 C 俩人的婚事无望，林语堂自述："我知道不能娶 C 小姐时，真是痛苦万分。我回家时，面带凄苦状，姐姐们都明白。夜静更深，母亲手提灯笼到我屋里，问我心里有什么事如此难过。我立刻哭得瘫软下来，哭得好可怜。"③人世间这样的婚姻悲剧数不胜数。

3、理论命题的研究方法。这种方法主要包括两个方面，其一是理论预设方法。所谓理论预设是指已经被社会和人们基本认可的理论，它是在社会发展过程中，人们对生活实践有了切身的感受，进而对社会生活有了切实的认识和理解，并形成被人们普遍接受的理论观点。比如客观物质生活相同的人们，其中主观幸福感却有截然不同的；相反，主观幸福感相同的人，其客观物质生活条件却有截然不同的。这些理论观点都是人们在社会生活实践中观察和感受到的生活真实，进而被总结、被概括、被提升，最终被人们所认同。而理论预设的研究方法是指，我们要依据这样的一些被公认的理论观点进行历史现象的研究，用历史的事实来印证这些理论观点的客观实在性，故而用这种理论预设的方法也可以研

---

① 钱锺书：《论快乐》，《钱锺书集·写在人生边上》，北京：三联书店，2002 年，第 20 页。
② 钱锺书：《论快乐》，《钱锺书集·写在人生边上》，第 21—22 页。
③ 刘志学主编：《林语堂自传》，石家庄：河北人民出版社，1991 年，第 70 页。

究人们的生活质量问题。清末民初剪辫子,客观事实相同,但给一些人带来了心情的兴奋和愉悦,也给一些人带来了极大的失落和痛苦;晚清以来,婚姻自由逐渐流行于社会,同是一个婚姻自由,给多少开放的年轻人带来了情感的愉悦和幸福,也给多少传统守旧的父母们带来了精神的创痛和苦楚;民国时期丧礼的改革,多少家庭因繁文缛节的革除而感到生活压力的减轻,也有多少人因不能接受新式丧礼观而痛楚不堪。如对上述问题进行研究,就可以回答客观物质生活条件相同的人们,而主观幸福感却是不同的这样的理论预设。相反,清末留美幼童,出国时穿一身华丽的长袍马褂,头戴一顶瓜皮帽,幼童们会感到那样的喜悦和快乐,而到了美国不久,他们改穿一身休闲服,又穿上运动鞋,他们仍然感到那样的洒脱和心怡,虽然内心的感受相同,但客观的装束已完全中西两异了。革命烈士陈铁军和周文雍在刑场婚礼上的感受与很多夫妻在婚礼上的感受,应当说是有着某种共同之处的,虽然他们的境遇完全不同,陈、周面临的是死亡,而很多夫妻面临的是新的生活。类似的研究同样可以证明主观幸福感相同的人,其客观物质条件和生活境遇却是截然不同的这样的理论预设。其二是命题预设方法。所谓命题预设是指古往今来人们在社会实践生活的基础上总结出来的具有一定真理性并让人耳熟能详的一些概念,这些概念真实地反映了社会生活的实际和本质,甚或成为人们能够深刻认识社会生活的路径和方法,这些概念还朗朗上口,便于传诵。我们可以根据这样的命题去研究历史上的社会生活,去研究人们的生活质量,即运用真实的历史材料再去验证既往的命题,一方面给命题以历史的解释,同时也是对特定历史时期、历史地域和历史人群生活质量的研究。"朱门酒肉臭,路有冻死骨"[1]这一命题叙述了富贵人家门前飘出酒肉的味道,穷人们却在街头因冻饿而死,说明了一个社会财富不均、贫穷差距大、穷人缺少保障的社会历史现象,也是典型的研究社会生活质量的命题。还有"富家一席酒,贫家半年粮"[2]、"欲求生富贵,需下死功夫"等类似的命题,也能够进行社会生活和生活质量的研究。还有些命题,如"三年讨饭,不愿做官"[3]、"有子万事足,无官一身轻"[4]以及民间的"老婆孩子热炕头"这样的命题反映了一部分人的生活

---

[1] 杜甫:《自京赴奉先县咏怀五百字》。
[2] 张守常辑:《中国近世谣谚》,第703页。
[3] 张守常辑:《中国近世谣谚》,第852页。
[4] 张守常辑:《中国近世谣谚》,第657页。

观念和追求的生活样式，并以此为生活乐事。曾国藩就希望自己的后代以耕读为要，不谋大官，他说："凡人都望子孙为大官，余不愿为大官，但愿为读书明理之君子。"①由于曾国藩追求这种以读书为要的生活理念，他的后人大多从事科学技术和文化教育工作而少谋官位。梁启超也认为做官不如做学问，他本人晚年也弃官从学，对其后代亦如此要求。1916年他给女儿梁思顺的信中谈及女婿周希哲做官一事，认为"作官实易损人格，易习于懒惰与巧滑，终非安身立命之所。"②1921年7月22日他给梁思顺的信中又说："希哲具有实业上之才能，若再做数年官，恐将经商机会耽搁，深为可惜。"③正是由于梁启超这样的人生理念和家风，他教育的子女有一代建筑宗师梁思成、有考古学家梁思永、有图书馆专家梁思庄、有经济学家梁思达、有火箭专家梁思礼。④ 但也有与之相反的生活理念和命题，以传统的"学而优则仕"为代表，百姓中有"升官发财"、"穷不跟富斗，富不跟官斗"、"有权话真语，无权语不真"这样的生活民谚，以反映人们对"官"优越性的认同。以上所谈的理论、命题的研究方法在一定程度上带有演绎法的特征。

4、史料提炼的研究方法。这是与上述的理论、命题相对应的研究方法，它没有事先的理论命题的概念预设，完全是通过对原始史料的阅读和诠释，进而研究生活质量问题。清代徐珂的《清稗类钞》，是从近人文集、笔记、札记、报章中广搜博采的关于清代掌故遗闻的汇编。全书分服饰、饮食、舟车、婚姻、疾病、廉俭、赌博、奴婢、盗贼、娼妓、丧祭等近百个种类，本书内容广博，特别是关于下层社会、民情风俗、日常生活的资料非常丰富，本书自身就具有史料提炼的特点，可谓是研究生活质量的重要史料。晚清出版的《点石斋画报》以图文并茂的形式反映了晚清社会诸多的社会生活和民俗事象，是当时各阶层人群思想观念和日常生活的表述，与此相应，清末与民国时期大量的画报和摄影作品也都在一定程度上显示了各阶层民众的生活状态，为我们的研究提供了可资选择的大量史料。史料提炼是最为基本的研究方法，我们只要爬梳原始资料就能进行研究。比如我们通过对不同时代家训家规的研究，可以发现一个时代的家训家规反映了那

---

① 曾国藩：《字谕纪鸿儿》，张海雷等编译：《曾国藩家书》上册，北京：中国华侨出版社，1994年，第332页。
② 丁文江、赵丰田编：《梁启超年谱长编》，上海：上海人民出版社，1983年，第796页。
③ 丁文江、赵丰田编：《梁启超年谱长编》，第931页。
④ 参见丁宇、刘景云编著：《梁启超教子满门俊秀》，北京：中华工商联合出版社，2002年。

个时代人们带有普遍性的家庭观念和生活观念,也可以对某个家庭的家训家规进行研究,把握具有这个家庭特点的家庭观念和生活观念,这一切都有助于我们研究一般家庭和特定家庭的生活理念、生活感受和生活质量。清末民初出版的《香艳丛书》,内容以"涉及女性活动的篇目为选取标准,广泛搜集汉、唐、宋、元、明、清各代的野史笔记、小说辞赋、传记谱录、民俗方志和鉴赏游戏等方面的著述三百二十余种,几乎反映了社会生活的各个层次","该丛书对于我国历史、文化、人物和风土民情的研究,提供了丰富的资料"①,这套丛书可以为我们研究中国女性的社会生活和生活质量提取有关的历史资料。胡文楷编著的《历代妇女著作考》是一部对历代妇女史著、诗词、文集的比较全面的辑录和介绍,"凡见于正史艺文志者,各省通志府州县志者,藏书目录题跋者,诗文词总集及诗话笔记者,一一采录"②,"自汉魏六朝,以迄近代,凡得四千余人"③。以本书作为线索,爬梳相关的史料,特别是对一些诗词的解读,可从女性的视角探索相关社会生活及其生活质量的问题。20 世纪 30 年代编纂成书的《清代燕都梨园史料》,是张次溪以毕生之力,广搜博采,"对当时的戏曲演出活动、班子沿革、名优传略,以致梨园的轶闻掌故,搜罗备细"④的一部有关清代戏曲的著述,书中记述了处于卑微社会地位的优伶们的身世际遇,这部书对于探讨和研究清代戏曲演员的社会生活及生活质量有重要的启示作用,并为搜寻新资料有指引的作用。中国电影家协会和电影史研究部编纂的多卷本《中国电影家列传》在 20 世纪 80 年代由中国电影出版社出版。《列传》全面介绍了"在中国电影发展史上作出贡献的编、导、演、摄、录、美、技术、音乐、评论家、事业家等约七百人(包括港台的著名电影艺术家)"⑤。本书"对电影家的生活经历、成长道路、艺术风格、创作特色、成就经验、失败教训等诸方面进行简略叙述和分析评价","我们可以看到他们在逆境中怎样磨炼意志,向困难搏斗,苦学技艺的顽强倔劲,最后在艺术创作中迸发出耀眼的火花"。⑥ 这套书既是史料又是线索,可以帮助我们在此基础上或

---

① 《〈香艳丛书〉影印说明》,虫天子编:《香艳丛书》,上海:上海书店出版社,1991 年。
② 胡文楷编著:《历代妇女著作考·自序》,上海:上海古籍出版社,1985 年。
③ 胡文楷编著:《历代妇女著作考·凡例》。
④ 张次溪编纂:《清代燕都梨园史料·出版前言》,北京:中国戏剧出版社,1988 年。
⑤ 中国电影家协会电影史研究部编:《中国电影家列传》第一集"内容说明",北京:中国电影出版社,1982 年。
⑥ 中国电影家协会电影史研究部编:《中国电影家列传》第一集"前言"。

再开辟新的史料资源，来进一步探讨电影家们的社会生活、生活经验、生活感悟和生活质量。此外，我们还可以通过大量移民和人口迁徙的史料探寻这类人群的生活现状。以上阐述的史料提炼的研究方法就是通过对诸多史料的爬梳、查阅和提炼，去研究各个时代各类人等的日常生活及其生活质量，这种方法在一定程度上类似于归纳法。

5、相互比较的研究方法。所谓相互比较的研究方法就是在两项或多项具有相同主题的事象中，选择在某个相同的领域进行比较，进而突显参与比较事象的各自特征，以反映某一事象的日常生活的实际状况。就一般情况而言，这种比较有不同阶层之间的比较，有相似人群之间的比较，有不同地域之间的比较，有自身纵向发展变化的不同比较，有不同问题意识之间的比较，有不同生活观念之间的比较，可谓能够多重的划分。就具体的生活观念和生活领域可以进行比较研究，如在为人处事的观念上，有人认同人而无信不需礼之，有人认同宽宏大量与人为善；有人认同酒大伤身，有人却认同一醉方休；有人认同财大气粗，有人却认同贫穷自在；有人认同助人为乐，有人却认同闲事不管；有人认同忠言逆耳利于行，有人却认同话不投机半句多，这些观念影响日常生活，也影响日常生活的生活质量，通过比较可以探讨人们的不同心态以及制约这种心态的多重因子。相似的人群与相似的生活也可以比较，如妻子与小妾的生活比较；奴隶与婢女的生活比较；优伶与娼妓的生活比较；乞丐与盗贼的生活比较；流氓与土匪的生活比较；缠足与留辫的生活比较；赌博与吸毒的生活比较；风水与迷信的生活比较；典当与租赁的生活比较等等，不一而足。这样的比较，能够把不同人群的社会生活和生活质量反映出来。甚至可以进行个体生活细节的比较，诸如胡适为了母亲的感受与旧式包办的妻子终生为伴，胡适在给胡近仁的信中说："吾之就此婚事，全为吾母起见，故从不曾挑剔为难（若不为此，吾决不就此婚。此意但可为足下道，不足为外人言也）。今既婚矣，吾力求迁就，以博吾母欢心。吾之所以极力表示闺房之爱者，亦正欲吾母欢喜耳，岂意反以此令堂上介意乎！"[1]而顾维钧对父母包办的旧式婚姻采取协议离婚的方式，"协议规定，我们两人各执一份，另两份送双方父母。我们以一种十分友好的方式脱离了关系"[2]。我们对两

---

[1]　耿云志、宋广波编：《胡适书信选》，北京：外语教学与研究出版社，2012年，第56页。
[2]　天津编译中心编：《顾维钧回忆录缩编》上册，北京：中华书局，1997年，第9页。

者的婚姻选择还不能做出褒贬是非的评判,需要比较研究,这是非常有价值的比较研究课题,它涉及个体的生活感受和婚姻生活质量。说到婚姻,能够比较的太多太多,仅就重要的历史人物而言,就能随即举出一些,如康有为、梁启超、孙中山、蒋介石、李大钊、陈独秀、鲁迅、郭沫若、徐志摩、郁达夫的婚姻等等,都可以进行比较。而且通过对官绅政要、名流贤达、文人墨客、商贾军阀、市井平民的婚姻比较,还能够对不同类型的婚姻以及婚姻生活做出深入的分析,从中引发更加深刻的思考。可见,比较的范围和内容非常之广。资产阶级革命家陈天华和杨毓麟都选择了蹈海自尽,两人均留有绝命书,那么通过对两人绝命书的比较,可以感受到两人投海前的内心世界。杨毓麟在绝命书中说自己"脑炎大发,因前患脑弱,贫服磷硫药液太多,此时狂乱炽勃,不可自耐。欲趁便船归国,昨晚离泥北淀来利物浦。今晨到车站,然脑迸乱不可制,愤而求死,将以海波为葬地"①。可见杨毓麟投海亡命是因为他无法忍受病魔的折磨,"愤不乐生,恨而死之"②,临终前的痛苦可想而知。而陈天华是在日本颁布"取缔规则",引起留日学生总罢课并欲全体回国,而被日本媒体诋为"乌合之众"、"放纵卑劣"的情景下,对此一污蔑极为愤慨,欲以一死来唤醒留日学生忧国忧民之情怀,他在绝命书中说:"鄙人心痛此言,欲我同胞时时勿忘此语,力除此四字,而做此四字之反面:'坚忍奉公,力学爱国。'恐同胞之不见听而或忘之,故以身投东海,为诸君之纪念。"③陈天华蹈海前与杨毓麟的内心感受不同,陈天华是怀着爱国救国之渴望而投海自戕的,《绝命辞》通篇政治理念的阐述都能够反映这一点。相互比较的研究方法,要有明确的比较主旨,即问题意识要显明清晰,比较的内容要具体明了,对比较的双方或多方,要依靠史料分别进行全面细致的探索,从而找出异同,并对此进行深入的原因分析。

6.感受想象的研究方法。这是关注被研究者的主观感受并敢于大胆假设和想象的一种方法。研究生活质量问题,在关注社会生活与思想观念的基础上,进一步关注和研究群体或者个体的主观感受是至关重要的,主观感受的问题应当引起我们高度的重视。我们知道,感受与观念有不同之处,观念的主要特点是指人们对主客观事物的一种认识、判断、理解和评价,而感受则是客观事物作用于

① 《致怀中叔祖书》,饶怀民编:《杨毓麟集》,长沙:岳麓书社,2001年,第390页。
② 《致某某二君书》,饶怀民编:《杨毓麟集》,第390页。
③ 《绝命辞》,刘晴波、彭国兴编,饶怀民补订:《陈天华集》,长沙:湖南人民出版社,2008年,第231页。

人的心灵之后,受其影响而产生的一种身心的反应和感觉,本文谈的感受还不是指那种一时的短暂的心灵波动,而是一种比较稳定、比较深刻的主观体验或体会,"比如,责任感、幸福感、荣誉感、骄傲感、廉耻感等,都较深刻地反映出个人意识或群体意识"①。那么,这种感受为什么会是长时段的,为什么会是稳定和深刻的,它无可避免地要影响到人们的主观生活质量,从这个意义上讲,我们所谓的感受由于与生活质量有着紧密的联系,所以它是可以成为社会文化史的研究对象的。从主观感受的视角去研究生活质量,就是从生活满意度和主观幸福感去进行研究。生活满意度和主观幸福感与客观生活质量有关,同时也与个体的世界观、人生观、价值观的趋向有关,与个体经济收入和生活状态的历史、现状和理想有关,与个体的期望值有关②,与个体的社会关系诸如婚姻关系、家庭关系、朋友关系是否和谐等有关,与个体视野的宽隘及与他人生存状态的比对有关,正如"自己优于别人,就感到幸福;低于他人,就感到不幸。许多研究发现,向上比较会降低主观幸福感,向下比较会提高主观幸福感"③,就是这个道理。可见通过研究主观感受来研究主观生活质量是有意义的。研究主观感受要敢于大胆假设和想象,这种假设和想象不是无根据的胡思乱想,而是根据掌握的现有材料,根据研究者的知识结构、学识、经验和历史感悟,根据被广泛认同的理论和方法,去分析推理,去探寻被研究者内心感觉的奥秘,进而比较准确地把握被研究者的内心感受,再对其主观生活质量有一个基本的判断。有根据的假设和想象作为一种史学方法是被认同的。胡适说:"治史者可以作大胆的假设,然而决不可作无证据的概论也。"④彼得·伯克说:"无论历史学的未来如何,都不应该回到想象力的贫乏中去。"⑤20世纪20年代《申报》老报人雷瑨回忆报馆的住宿条件:"当时《申报》房屋本甚敝旧。……若吾辈起居办事之室,方广不逾寻丈,光线甚暗。而寝处饮食便溺,悉在其中。冬则寒风砭骨,夏则炽热如炉。最难堪

---

① 沙莲香:《社会心理学》,北京:中国人民大学出版社,1987年,第185页。
② 期望值理论认为,期望值与实际成就之间的差异与SWB(主观幸福感)相关,高期望值与个人实际差距过大会使人丧失信心和勇气,期望值过低则会使人厌烦。参见吴明霞:《30年来西方关于主观幸福感的理论发展》,《心理学动态》2000年第4期。
③ 苗元江、余嘉元:《幸福感:生活质量研究的新视角》,《新视野》2003年第4期。
④ 耿云志、宋广波编:《胡适书信选》,第269页。
⑤ [英]彼得·伯克:《什么是文化史》,蔡玉辉译,杨豫校,北京:北京大学出版社,2009年,第149页。

者,臭虫生殖之繁,到处蠕蠕,大堪惊异,往往终夜被扰,不能睡眠。"①在这样恶劣的住宿条件下生活,我们可以想象得到这些报人当时内心的屈辱感受。20世纪40年代,文学家朱自清在生活困难的情况下,还拒绝领取"美援"面粉,他在1948年6月18日的日记中写道:"我在《拒绝"美援"和"美援"面粉的宣言》上签了名,这意味着每月使家中损失六百万法币,对全家生活影响颇大;但下午认真思索的结果,坚信我的签名之举是正确的。因为我们既然反对美国扶植日本的政策,就应采取直接的行动,就不应逃避个人的责任。"②我们按照逻辑想象一下,当时朱自清一家的生活是困难的,他的签名行动无疑对家庭生活是雪上加霜,但为了国家和民族的利益和尊严,虽然加重了自家生活的负担,但作为一名敢于承担责任的中国学者,我们相信他内心的感受是欣慰和坦然的,这体现一位爱国知识分子的良知。

四、余论

生活质量作为社会文化史研究的一个维度,是新提出来的一种研究理念和设想,还需要通过研究的实践去验证。所以上述几种研究方法也只是一个最初的探索,也需要在研究实践中不断地修正、补充和发展。上述几种研究方法之间存在着内在的辩证联系,是你中有我、我中有你的关系,在运用上可能是多维交叉同步进行的。这种辩证关系不但是我们研究生活质量的一种思维方式,同样也是我们研究生活质量的一种研究方法。因为如何看待和评价生活质量本身并不是一个平面的简单问题,它本身具有错综的复杂性,生活质量的优劣高低是会发展变化或是彼此相互生发的。比如眼下的逆境和困苦而经过人们的奋力打拼,也许会给未来带来希望和光明,这叫作苦尽甘来;相反,贪图享乐到了忘乎所以,其中必然潜藏着极大的祸患,这叫作乐极生悲。"生于忧患,死于安乐"的民间谚语以及把病魔称赞为"教人学会休息的女教师"③,这些都反映着人们对生活质量的辩证思考。我们对生活质量的理解和认识要具有这样的辩证分析态

---

① 雷瑨:《申报馆之过去状况》,《申报》五十周年纪念《最近之五十年》,转引自王敏:《上海报人社会生活》,上海:上海辞书出版社,2008年,第238页。
② 朱乔森编:《朱自清全集》(第10卷),南京:江苏教育出版社,1997年,第511页。
③ 钱锺书:《论快乐》,《钱锺书集·写在人生边上》,第22页。

度,因为历史与现实生活的事实本身就是如此。拙文只想表达一个粗浅的想法:希望把生活质量作为社会文化史研究的一个新维度。望能抛砖引玉,期待有同好者深入探索。

（作者为首都师范大学历史学院教授、博士生导师）

文化史学在近代中国的兴起

张昭军

文化史学在近代中国的兴起是一个值得重视和反思的学术课题。文化史学的兴起，历经三个阶段。20世纪初，梁启超等发起"史界革命"，初步回答了什么是文明史的问题，中国人从此有了比较明确的文明史和文化史观念。20年代，在新文化运动和"整理国故"运动中，胡适、梁启超等探索如何研究文化史，发表了系列论述历史研究法的著作，从而使文化史研究有法可循。三四十年代，柳诒徵、陈登原、陈安仁、钱穆等撰写的综合性文化史著作出版，改变了中国"无史"（没有文化史）的状况。柳诒徵等人所取得的文化史研究成果，是文化史学在中国兴起的重要标志。思想观念、理论方法和学术实践不可能截然分开，但就大势和主流而言，这三个阶段基本反映了文化史学在近代中国兴起的过程及特征。

一 "史界革命"与20世纪初文明史观念在中国的确立

"呜呼！史界革命不起，则吾国遂不可救。悠悠万事，惟此为大。"[1]1902年，梁启超高擎"史界革命"的大纛，以"新史氏"之名在《新民丛报》连载长文《新史学》，开启了中国史学的新时代。被梁启超及其同代人视作革命利器的"新史学"，实即文明史学。时人称："中国向无文明史之体，至迩来东西新思想渐次输入，乃有著译文明史者。若饮冰子之《新史学》等，实可谓史界革命军也。"[2]

---

[1] 梁启超：《新史学》，《饮冰室合集》(1)文集之九，第7页。
[2] 中国少年编译：《中国四千年开化史》，成都书局1906年铅印本，第75页。

"史界革命"主要通过三种途径向国人宣传新的文明史观念。一是翻译和介绍欧洲和日本的文明史著作。英国巴克尔著《英国文明史》、法国基佐著《欧洲文明史》、日本田口卯吉著《中国文明小史》等,在1902、1903年前后被译介到中国。二是梁启超等人撰写的"新史学"理论著作。梁启超的《中国史叙论》和《新史学》、邓实的《史学通论》、汪荣宝的《史学概论》等,向国人有力地传播了文明史学的理念。三是清季新编历史教科书。清季新式学堂所使用的历史教科书,如那珂通世的《支那通史》(柳诒徵据此改编有《历代史略》)、市村瓒次郎的《支那史要》(陈毅译)、桑原骘藏的《东洋史要》(樊炳清译),以及刘师培、夏曾佑等编写的中国历史教科书等,采用"文明史体",也传播了文明史观念。

20世纪初宣传并确立的新史学观念——文明史观念,其荦荦大者有:

第一,文明史是"进化史"。

新史学以"进化"为标准来确定研究范围和历史主题。"新史氏"们普遍地认为,"历史者,叙述进化之现象也"。"进化者,往而不返者也,进而无极者也。凡学问之属于此类者,谓之历史学。""此界说既定,则知凡百事物,有生长有发达有进步者,则属于历史之范围。反是者,则不能属于历史之范围。"①值得注意的是,这里所说的"进化"含有价值判断,它与"生长"、"发达"和"进步"相联系。在他们看来,历史上具有"生长"、"发达"和"进步"属性的,惟有与野蛮相对待的"文明"。由此也可以这样说:人类社会的进化史实质上就是文明进步的历史,简称"文明史"。"文明史"具有进步性和进化特征,这不仅能从梁启超等人对"史学"的界说中找到依据,而且还可从"文明"这一概念的内涵中得到解释。与后人的理解有所差别,在20世纪初的学者看来,进化或进步是"文明"的应有之义。已经有学者指出,1900年后,在唐才常、张之洞等人的表述中,"文明"含有不断发展进化的那种时代新意。② 从时人的惯用语"文明进步"、"文明开化"等也不难看出,"文明"与其毗邻词之间,存在一定的同义重复。"文明"与"进步"、"进化"的这种内在关联,强化并说明了文明史必然是一个"进步"、"进化"的动态过程。这一点从当时所编的几套明显带有"文明史"风格的历史教科书,诸如横阳翼天氏(即曾鲲化)的《中国历史》、涉园主人的《中国历史教科书》、刘师培

---

① 梁启超:《新史学》,《饮冰室合集》(1)文集之九,第7—8页。
② 黄兴涛:《晚清民初现代"文明"和"文化"概念的形成及其历史实践》,《近代史研究》2006年第6期。

的《中国历史教科书》、夏曾佑的《最新中学中国历史教科书》等,可得以验证。实际上,横向观察,这也恰是梁启超等所仪型的西欧、日本文明史学的重要特征。如,法国文明史家基佐认为文明的含义首先是进步,他的《欧洲文明史》重在表现欧洲社会的进步和精神的进步。① 日本学者在研究了福泽谕吉的《文明论之概略》、田口卯吉的《日本开化小史》后也指出:"以人类社会不是绝对静止的,而是进步的,这是文明史学的重要特征。这种进步的过程,也就是从野蛮未开的状态达到文明之域的过程,就叫做开化。研究这一过程的历史,即文明史。"② 就此而言,"新史氏"们准确地抓住了文明史学的核心特征。

第二,文明史是"民史"。

文明史以民众而非朝廷、君主或英雄为叙述的主体。1902 年,陈黻宸在《新世界学报》发表《独史》,明确主张:"史者民之史也,而非君与臣与学人词客所能专也。"③ 同年,梁启超在《新史学》等文中提出"民有统而君无统",强调史学以"民"为正统;同时指出统"在国非在君","在众人非在一人"④。他以进化论为据,声称"人类进化云者,一群之进也,非一人之进也",历史所最当注意者,"在一群,非在一人也",从而得出论断:"历史者,叙述人群进化之现象也。"⑤ 这里作为历史主体的"民",指群体的国民,具体表现为民族、种族、社会、国家等不同形式。受梁启超启发,邓实先后作《史学通论》、《民史》等文,宣扬"民史"观念。他认为人类社会的进化历经神权、君权、民权三个时代,史学也必然要由神史、君史进化到民史。⑥ 民史的内容是什么呢?"一群之进退也,一国之文野也,一种之

① 参[法]费尔南·布罗代尔:《文明史:过去解释现时》,《资本主义论丛》,顾良、张慧君译,北京:中央编译出版社,1997 年,第 122 页。
② [日]伊东多三郎:《洋学と歴史観》,史学会编:《本邦史学史論叢》,東京:冨山房,昭和 14 年,第 1264 页。
③ 陈黻宸:《独史》,陈德溥编:《陈黻宸集》上册,北京:中华书局,1995 年,第 574 页。
④ 梁启超:《新史学》,《饮冰室合集》(1)文集之九,第 21、25 页。值得注意的是,梁启超在 1896 年《变法通议·论译书》中就使用过"民史"概念。他在比较中西史学的特征时说:"中国之史,长于言事,西国之史,长于言政。言事者之所重,在一朝一姓兴亡之所由,谓之君史。言政者之所重,在一城一乡教养之所起,谓之民史。故外史中有农业史、商业史、工艺史、矿史、交际史、理学史等名,实史裁之正轨也。"(《饮冰室合集》[1]文集之一,第 70 页)他在接下来发表的《续译列国岁计政要叙》等文中,进一步肯定了西方的民史。
⑤ 梁启超:《新史学》,《饮冰室合集》(1)文集之九,第 9 页。
⑥ 邓实:《史学通论》(2),邓实辑:《壬寅政艺丛书》中篇史学文编卷 1,沈云龙主编:《近代中国史料丛刊续编》第 27 辑,台北:文海出版社,1976 年。

存灭也,一社会之沿革也,一世界之变迁也。"①简言之,"民史"就是一个种族、民族、社会或国家之民众文明进步的历史。

值得注意的是,"民史"大幅调整并扩张了研究范围。不同于"朝史"、"君史"、"贵族史"等"旧史"以政治史为主要叙述对象,梁启超《新史学》提出:从"民史"出发,"中国文学史可作也,中国种族史可作也,中国财富史可作也,中国宗教史可作也,诸类此者,其数何限"②? 仿照西史记叙民事"种别为书"的方法,邓实在《民史》中提出了具体编撰方案。他把"民史"的主要内容分列为十二项:种族史、言语文字史、风俗史、宗教史、学术史、教育史、地理史、户口史、实业史、人物史、民政史、交通史。③ 凡与民众生活相关的重要事项,均在研究之列。

第三,文明史是"理性的历史"。

与政治史学相比较,20世纪初年的文明史学带有浓厚的理性主义色彩。《世界文明史》(日本高山林次郎著、上海作新社译)在中国传播较广,被时人视作文明史之"善本",曾对梁启超等产生过深刻影响。该书序言说:政治史以国家生活为中心,重在考察各大政治事件之经过和真相;"文明史则不然,其目的在由精神层面上观察人类社会之一切发达和进步,而对于其外部所表现之政治、经济、宗教、文艺及其它各种文物,而说明其成立变迁者也"④。易言之,政治史与文明史的最大不同,不是局部与整体之关系,而在于认知目标和性质的差异——政治史知其然,而文明史则在知其所以然。⑤ 针对于此,梁启超曾专门指出文明史研究之不易:"文明史者,史体中最高尚者也。然著者颇不易,盖必能将数千年之事实,网罗于胸中,食而化之,而以特别之眼光,超象外以下论断,然后为完全之文明史。"⑥从认识论的角度,梁启超把"新史学"界定为"叙述人群进化之现象而求得其公理公例者也"⑦,邓实则表述为"史学者,所以详究人群之兴亡盛衰隆替荣枯之天则也"⑧,二人均注意到了文明史的理性特征。鉴于文明

① 邓实:《史学通论》(4),《壬寅政艺丛书》中篇史学文编卷1。
② 梁启超:《新史学》,《饮冰室合集》(1)文集之九,第6页。
③ 邓实:《民史总叙》,《政艺通报》1904年第17号。
④ [日]高山林次郎:《世界文明史》,上海作新社译,北京武学书馆印行1903年铅印本,第1—2页。
⑤ 梁启超《新史学》称为"所界"或"能界"。(梁启超:《新史学》,《饮冰室合集》[1]文集之九,第10页。)
⑥ 梁启超:《东籍月旦》,《饮冰室合集》(1)文集之四,第96—97页。
⑦ 梁启超:《新史学》,《饮冰室合集》(1)文集之九,第10页。
⑧ 邓实:《史学通论》(4),《壬寅政艺丛书》中篇史学文编卷1。

史的理论思辨性,所以,也有人把文明史认作"历史哲学"。例如上海广智书局
1903 年印行的《历史哲学》(威尔逊著、罗伯雅译),从实际内容看,就是一部地
道的文明史著作。总之,无论是求得"公理公例"、"天则"还是"历史哲学",均意
味着文明史家以寻求人类社会的理性法则为最高目标,甚至于,有史家以人类的
理性精神为决定历史的力量。

第四,文明史是"启蒙史学"。

文明史观念在中国的产生与 19 世纪末 20 世纪初的文明化运动紧密相关。
甲午战争后,现代义的"文明"概念已频频出现在一些进步知识人和士大夫的言
论中,用以指人类社会一切财富(含物质与精神)的总和,一种不断进化的社会
状态,或一种较高的发展水平。戊戌变法时期,维新人士提出"文明之运会"的
说法,认为文明进步是沛然莫之能御的世界潮流,中国自莫能外。进化、合群、民
权、科学、富国强兵、教育普及、新闻出版等现代性因素,均被视作文明进步的内
涵。文明史观念即兴起于戊戌变法以来中国文明近代化的运动过程中。它既以
现实社会为基础,属于文明化潮流的一部分,反过来又启蒙民众,引领现实社会
的发展方向。① 梁启超等人在论述文明史学的目标和用途时,充分认识到史学
对于推进文明的现实意义。梁启超《新史学》指出:"列国所以日进文明,史学之
功居其半焉",新史学求得历史进化之公理公例,目标是使后人循其理、率其例,
"继续此文明,增长此文明,孳殖此文明"。② 邓实也认为文明史有推动中国文明
进步的作用。他说:"既往之文明现象,惟历史能留之;未来之文明影响,惟历史
能胎之。"③在他的理想中,文明史"一面以发明既往社会政治进化之原理,一面
以启导未来人类光华美满之文明,使后之人食群之幸福,享群之公利,爱其群尤
爱其群之文明,爱其群之文明,尤思继长增高其文明,孳殖铸酿其文明"④。马叙

---

① 从词源上考察,"文明"一词本身就含带启蒙义。据日本学者研究,明治前期,福泽谕吉等人较多地
使用"文明"、"开化"、"文明开化"三词对应 Civilization。值得注意的是,永峰秀树、中村敬宇等人在
翻译西方文明史著作时,有时以"文化"来略称"文明开化",当时对"文明"与"文化"并无明确区分。
而日本辞书《哲学词汇》明治十七年版以"文化"对译 Enlightment,明治二十年版对译 Civilization,四十
四年版才对译 Culture。我们知道,无论"文明"、"文化",中国人在清末使用这对词汇的现代意义时,
所接受的主要是日文汉字的含义。由此可见,"启蒙"、"开化"系"文明"的含义之一。若完全按照今
人的定义对号入座,难免会生望文生义之误。
② 梁启超:《新史学》,《饮冰室合集》(1)文集之九,第 11 页。
③ 邓实:《史学通论》(4),《壬寅政艺丛书》中篇史学文编卷 1。
④ 邓实:《史学通论》(4),《壬寅政艺丛书》中篇史学文编卷 1。

伦也撰文呼吁："达史之用,可以促进化,可以进文明"①;"中人而有志于兴国也,诚宜于历史之学,人人辟新而讲求之,盖历史固文明之嚆矢也。"②当时新知识界译介文明史著,看中的也是其启蒙价值。杨度《游学译编叙》专门述及设立史学栏目的考量:"欲一洗数千年之昏暗,而为民族历史生未有之光荣,于世界历史占最优之地位,亦在我国民考求他国文明所自来,而发其歆羡之心,嫉妒之心,以与争荣于二十世纪之文明史而已。"③梁启超推崇田口卯吉的《中国文明小史》,用意同样在针砭社会现实,唤醒国人:"其论则目光如炬,善能以欧美之大势,抉中国之病源,诚非吾帮詹詹小儒所能梦也。"④

综合起来看,梁启超、邓实等人的史学主张与他们的启蒙思想是统一的。如果说旧的政治史侧重于精英人物和政治事件,文明史则以"民"为中心,把目光集中在国民身上,注重从文化上剖析和改造中国的国民性。梁启超在《新史学》中提倡用进化、合群、理性等观念改造中国史学,根本目的在于"新民",造就新国民,宣扬民族主义,"使我四万万同胞强立于此优胜劣败之世界"⑤。这与他在《新民说》等文中把"新民"当作"今日中国第一急务"的观点一致。邓实撰写《民史》,也是出于启蒙民众的需要。他在《鸡鸣风雨楼民书》等论著中,一再强调"国之强弱视乎其民之贫富而已,民之贫富视乎其种之智愚而已",认为民智未开、民力不强、民德不高是国家贫弱的主因。⑥ 他在《民史》中大力提倡开民智、新民德,无疑配合了其启蒙思想。关于新史学与启蒙的关系,还有人干脆以《论中国亟宜编辑民史以开民智》为题,明确地标示出编纂民史对于开启民智的正面意义。⑦

实际上,从源头上看,文明史学在西欧产生时就带有启蒙的性质,文明史学的兴起与启蒙运动相辅相成。"理性"、"进步"、"民众"、"文明"是西方近代启蒙运动的主题词,也是早期文明史著着力表彰的对象。伏尔泰认为文明是人的

---

① 马叙伦:《史界大同说》,《癸卯政艺丛书》中篇政史文编卷4,沈云龙主编:《近代中国史料丛刊续编》第28辑,台北:文海出版社,1976年。
② 马叙伦:《史学总论》,《新世界学报》1902年第1期。
③ 杨度:《游学译编叙》,《游学译编》1902年第1期。
④ 梁启超:《东籍月旦》,《饮冰室合集》(1)文集之四,第100页。
⑤ 梁启超:《新史学》,《饮冰室合集》(1)文集之九,第7页。
⑥ 邓实:《鸡鸣风雨楼民书·民智第一》,《政艺通报》1904年第6号。
⑦ 樵隐:《论中国亟宜编辑民史以开民智》,《壬寅政艺丛书》中篇史学文编卷1。

而非神的创造,是人类社会经过长期积累和集体努力的结晶。他的《风俗论》用文明史学取代之前占据史坛长达千年的基督教史学,高扬人的理性,书写人类精神和文明的进步,以至于有人指责史学沦为了思想启蒙的工具。20 世纪初,中国的文明史学继承了这种关注现实、启蒙民众的传统,并影响了此后较长一段时间中国的文化史研究风格。

二 科学化与专业化:20 年代对科学方法的提倡

1902 年,衮父(汪荣宝)所编《史学概论》称:"研究各社会之起源、发达、变迁、进化者,是名'文明史'",因"'文明'之意味稍为复杂,此所谓'文明'则狭义之文明耳。故与谓'文明史',宁谓为'文化史'耳。凡今日所谓商业史、工艺史、学术史、美术史、宗教史、教育史、文学史之属,并隶此部"①。作为专门术语,"文化史"在清末已经出现,但并不常用。1917 年以后,"文化"渐渐成为热词,约在1920 年取代"文明"而居于优势。相应地,"文化史"的使用频率也超过了"文明史"。②

20 年代,中国史学初步实现现代转型。特别是在胡适、顾颉刚、傅斯年等人的领导下,掀起了"整理国故"运动和古史辨运动。科学史学蔚成潮流,国家最高科学研究机构中研院专门建立了历史语言研究所,一些知名大学相继设立了历史系,并创办了史学期刊。在此进程中,文化史学逐步走上了科学化和专业化道路。这在史学观念、科学方法和学科体制等方面有明确表现。

(1)文化史观念继长增高

20 世纪初,中国的史学还谈不上专业化,梁启超等宣传"新史学",志趣并不在史学本身,政治诉求强烈。而五四时期,中国学界对西方新史学的追求则首先是出于学术需要。

按齐思和的说法,"新史学"运动实际上是一场文化史运动,它于 19 世纪后期发端于西欧,后传入美国。这场运动的代表人物如基佐、巴克尔、兰普雷希特、麦克马斯特、鲁滨逊、比尔德、巴恩斯、桑戴克等,或是文化史(文明史)方面的专

---

① 衮父:《史学概论》,《译书汇编》1902 年第 10 期。
② 黄克武:《从"文明"论述到"文化"论述——清末民初中国思想界一个转折》,《南京大学学报》2017年第 1 期。

家,或主张从文化的视角看历史。[①] 20 年代,德国和美国的新史学较受中国学者关注。兰普雷希特和鲁滨逊等在前人基础上,从职业史家的角度质疑和批评传统史学专注政治、军事和外交史,研究对象过于狭隘。他们主张以"人类进化"为准则,举凡一切"人类的问题",大到民族的兴亡,小到个人的性情,均可纳入历史研究的范围。他们对文化史的科学性做出了新的论证,强调"历史解释"的重要性,倡导史学与人类学、古物学、宗教学、社会学和心理学等各种新科学结成同盟。因他们较为重视社会文化心理因素分析,也有人称之为"综合心理学派"。该派的观点契合了中国史学的需要,在中国产生了广泛影响。

兹以鲁滨逊的《新史学》为例。何炳松等人将该书引介到中国后,北大、北高师等校将它作为讲授"历史研究法"的课本,梁启超、李大钊、胡适、李泰棻、陈衡哲、陈训慈、徐则陵、陶孟和、杨鸿烈等曾引用或介绍过该书,不少学者采纳了鲁滨逊的新史学观点。陆懋德、陈训慈在定义"历史"或"文化史"时,接受新史学的说法,把群体心理作为其核心要素。陆氏在《中国文化史》中说:"余谓文化者,乃一国人学术、政治、风俗、礼教、美术、工作、嗜好、思想等所发现之特征,亦即一国人心理活动、生理活动之成绩,亦即一国人生活进步之结果,亦即一国人之生活。"[②]陈氏在论述史家的观念时,主张史家应"思以广大之精神,综合各方之长,而纳之于群众之心理,以解释历史"[③]。南高师所办《史地学报》对《新史学》极为推崇,认为该书顺应了"近今史学之趋势,大变政治史观之旧","实研究历史者不可不读也"[④]。何炳松曾负责北高师《史地丛刊》的编辑工作,该刊多次刊发评介文章,声称《新史学》"很可以做我们中国研究历史的人的针砭"[⑤]。鲁滨逊《心理的改造》英文版出版的次年(1922),即有中国学者作书评予以介绍,称该书"可谓文化史中之文化史,综合史中之最综合者矣",其主旨在"欲根本创造文化,须自由发展智识,盖智识能自由发展,即改造人心之根本解决也"[⑥]。该书提出的"智识史观"(Intellectual of Interpretation of History),在中国学界有一定

---

① 详参齐思和《中译本序言》第 6 页。([美]鲁滨孙:《新史学》,齐思和等译,北京:商务印书馆,1964年。)
② 陆懋德:《中国文化史》,《学衡》1925 年第 41 期。
③ 陈训慈:《史学观念之变迁及其趋势》,《史地学报》1921 年第 1 卷第 1 期。
④ 《新史学译本出版》,《史地学报》1922 年第 1 卷第 2 期。
⑤ 何炳松:《新史学导言》,《史地丛刊》1922 年第 2 卷第 1 期。
⑥ 高宾寿:《学术书籍之介绍与批评》,《国立北京大学社会科学季刊》1923 年第 1 卷第 4 号。

影响。新史学派其他成员的文化史著作,如比尔德的《美国文明的兴起》(*The Rise of American Civilization*)、巴恩斯的《西洋文化史》(*History of Western Civilization*)、桑戴克的《世界文化史》(*A Short History of Civilization*)等,也吸引了中国学者的目光,有中文译本或书评发表。

当然,在此过程中,新文化运动的作用不容忽视。五四时期的文化论争极大地深化了国人对文化史诸范畴的认知。论争中,许多学者曾就"文明"与"文化"的概念提出了自己的看法。陈嘉异、张东荪等人认为,文化一词指一民族精神方面之发展为多,文明多指物质现象。[①] 胡适提出,"文明(civilization)是一个民族应付他的环境的总成绩";"文化(culture)是一种文明所形成的生活的方式";"凡一种文明的造成,必有两个因子:一是物质的(material),包括种种自然界的势力与质料;一是精神的(spiritual),包括一个民族的聪明才智、感情和理想。凡文明都是人的心思智力运用自然界的质与力的作品;没有一种文明是精神的,也没有一种文明单是物质的。"[②]胡适关于"文明"和"文化"的定义在当时很具代表性。梁启超这一时期吸收鲁滨逊、瑟诺博司、李凯尔德等人的学术思想,加上自己的治学体验,从价值的角度来定义"文化"。他说:"文化非文化,当以有无价值为断。""文化者,人类心能所开积出来之有价值的共业也。"[③]新文化运动后期,泛化的"文化"概念已不能满足时代需要,较为明确的狭义"文化"随即产生。陈独秀1920年在《新青年》撰文指出:"要问新文化是什么,先要问文化是什么。文化是对军事、政治、产业而言,新文化是对旧文化而言。文化底内容,是包含着科学、宗教、道德、文学、美术、音乐这几样。"[④]新文化运动关于文化问题的讨论,为文化史学的成长提供了沃土。

(2)科学方法的提倡

科学的理论方法是衡量史学专业化的重要指标。20年代,新史家积极倡导运用科学的方法改造中国史学,在专业化道路上迈出了实质性一步。这方面,以梁启超、胡适的贡献最为突出。当然,首先要知道,他们所致力建设的新史学是一种总体史,即与政治史相对的广义文化史。他们所要求的是史学全部领域的

---

① 陈嘉异:《东方文化与吾人之大任》,《东方杂志》1921年第18卷第1、2号。
② 胡适:《我们对于西洋近代文明的态度》,《现代评论》1926年第4卷第83期。
③ 梁启超:《什么是文化》,《饮冰室合集》(5)文集之三十九,第98—99页。
④ 陈独秀:《新文化运动是什么》,《新青年》1920年第7卷第5号。

革新。就像梁启超在国史教本改造方案中所主张的那样:"以文化史代政治史",建立为一般国民服务的历史学。①

梁启超《中国历史研究法》第三章"史之改造",集中阐述了他的改造方案。在此仅分析第二条:重新厘定史学范围,"以收缩为扩充也"。针对中国古代史外而无学、大而无章的弊端,他主张根据现代学术分科,将旧史中凡论内在学理的内容划到各科学门下,凡述渊源流变、时代背景、相互影响等外在"活动之相"者,依科设立专史。这样,"今后史家,一面宜将其旧领土——一划归各科之专门,使为自治的发展,勿侵其权限;一面则以总神经系——总政府自居,凡各活动之相,悉摄取而论列之。乃至前此亘古未入版图之事项——例如吾前章所举隋唐佛教、元明小说等,悉吞纳焉以扩吾疆宇,无所让也"。由此,通过学术分工,重定疆界,使史学得以解脱,独立成科。史学一科,再分为专门史与普遍史两种。"专门史如法制史、文学史、哲学史、美术史……等等;普遍史即一般之文化史也。"专门史由各该专门学素养的专家任之,普通史由别具通识的史家据专门史写成。如是,分途以赴,通力合作,"则数年之后,吾侪之理想的新史,或可望出现"②。

梁启超在《中国历史研究法补编》中对专史的研究方法阐述尤详。《补编》对广义文化史与狭义文化史的界定,在现代学术史上具有典范意义。他提出:"文化这个名词有广义、狭义二种,广义的包括政治、经济,狭义的仅指语言、文字、宗教、文学、美术、科学、史学、哲学而言。"③包括政治、经济、文化在内的广义文化是人类社会成立的基本要素,狭义的文化尤其是人生活动的要项。据此,文物专史(即广义文化史)非划分为政治专史、经济专史、文化专史等互相联络的三大类不可,各大类再分为小类。其中,他把文化专史又细分为语言史、文字史、神话史、宗教史、学术思想史、文学史、美术史等次级专史,并一一讲解其具体研究方法。如是,广义文化史和狭义文化史便有了切实可行的操作方案。狭义文化史,正是史学科学化和专门化的结晶。

胡适以倡导科学方法著称,1923年,他为《国学季刊》所作发刊宣言,借助"国故学"概念,提出了一套整理和研究文化史的步骤和方法。他说:"中国的一切过去的文化历史,都是我们的'国故';研究这一切过去的历史文化的学问,就

① 梁启超:《中学国史教本改造案并目录》,《饮冰室合集》(5)文集之三十八,第26页。
② 以上引文见梁启超:《中国历史研究法》,《饮冰室合集》(10)专集之七十三,第29—31、35—36页。
③ 梁启超:《中国历史研究法补编》,《饮冰室合集》(12)专集之九十九,第124页。

是'国故学',省称为'国学'。"胡适所说的国学的研究对象与中国文化史所涵摄的范围大体一致。他主张:第一步要扩大国学研究的范围,把"中国的一切过去的文化历史"都纳入考察范围;第二步要注意系统的整理,经过索引式、结帐式、专史式整理,形成系统的中国文化史。系统的文化史包括十种文化专史:1.民族史,2.语言文字史,3.经济史,4.政治史,5.国际交通史,6.思想学术史,7.宗教史,8.文艺史,9.风俗史,10.制度史。在专史之下,再分子目,以子目作为通向专史和通史的源头。① 这里,胡适倡言以中国文化史作为国学的系统,实际上是以现代学科意义的"文化史"来演绎国学。对于当时的学人而言,"整理国故"就是"研究历史",包括经、史、子、集在内的旧学,都属于"国故",都成了研究历史的"材料"。文化专史概念的出现,意味着现代学术分科的初步形成。由此,中国文化历史材料与现代民族学、语言学、经济学、政治学、宗教学等学科建立起一种合作与联盟关系,借助文化专史,较为综合的文化史拥有了相对稳定的学科边界和研究对象,具有了可操作性。专史子目的进一步细分,预示着专题研究和论文时代的到来。新史家相信,惟有遵循科学的方法,先分析后综合,以专史和专题研究作基础,才能总汇成一部综合的或整体的文化史。梁、胡二人的方案具有惊人的相似性。到30年代,随着北大、清华、厦大等校国学研究机构的解体或改名,国学研究渐趋消沉,现代学科意义的"中国文化史"则广为学界所接受。

与梁启超、胡适有所不同,李大钊主张把文化史作为特殊历史学。他在讲授"史学要论"时提出,历史学的研究对象"即是整个的人类生活及作为其产物的文化"②。据此,他把历史学分为以人类生活为研究对象的普通历史学,和以人类生活产物的文化为研究对象的特殊历史学两大系统。其中,特殊历史学系统下"记述之部"包括政治史、经济史、法律史、伦理史、宗教史、文学史、哲学史、美术史、教育史,他把这一部分明确称作"人文史"或"文化史"。③ 也就是说,李大钊主张文化史是历史学科下相对独立的一个门类。李大钊的主张与前述陈独秀关于狭义"文化"的解释颇为一致,而与梁、胡的主张——把以政治史为中心的旧史学改造为以文化史为中心的新史学,思路明显不同。总之,在现代学科观念和科学方法的推动下,"文化史"作为一种新范式,逐渐获得了独立地位。

---

① 胡适:《发刊宣言》,北京大学《国学季刊》编辑委员会编:《国学季刊》1923年第1卷第1号。
② 李大钊:《史学要论》,《李大钊全集》第4卷,北京:人民出版社,2006年,第403页。
③ 李大钊:《史学要论》,《李大钊全集》第4卷,第425页。

（3）文化史学的学院化

这一时期,高等院校历史系的设立及改革,从体制上促进了史学的专业化。以北大为例。1917 年,北大成立中国史学门,为中国史学的学院化跨出了重要一步。中国史学门有协助国史编纂处之责,国史编纂处的纂辑方向直接影响到中国史学门的学术方向。国史编纂处的首要任务是编纂通史与民国史长编,而这两种长编又分为政治史和文明史两种。政治史部分以年表、大事记、志为主,文明史则划分为经济、风俗、宗教、科学、哲学、文学、美术等类。① 除通史外,中国史学门开设的课程如法制史、经济史、学术史等文化专史,明显带有迁就和对应各类纂辑项目的倾向。叶瀚在解释学术史的范围时说:"学术史者,在通史中,属别史类,若以新史学例之,则又为文明史之一。按本处纂辑条例,学术史分文学史、哲学史、科学史、美术史四种。"②文学史、哲学史、科学史、美术史既是纂辑文明史的项目,又属史学门所开的课程。1919 年,国史编纂处从北大独立出去,北大史学门易名史学系,与中国文学系、哲学系分途。1920 年朱希祖任系主任后,大幅度地调整课程,"将文学的史学,改为科学的史学",倡导用社会科学治史,要求学生选修政治学、经济学、社会学、生物学、人类学、心理学等课程,并增设西洋美术史、欧洲文明史等专门史科目。从北大史学系的课程改革不难看到史学分科化和专门化的缩影:各文化专史逐渐从整体的文明史中分离出去,初步具备独立的学术形态。北大历史系的改革,对其他大学历史科系的学科定位和建设起到了示范作用。

教学相长,当时较知名的文化史著作,如梁启超的《中国历史研究法》(《中国文化史稿》第一编,1921)和《中国文化史·社会组织篇》(1925)、顾康伯的《中国文化史》(1924)、柳诒徵的《中国文化史》(1925 年起在《学衡》等杂志刊载)③、陆懋德的《中国文化史》(刊于《学衡》第 41 期,1925 年 5 月;第 55 期,1926 年 7 月)等,基本上是作者当时上课的讲义。到 30 年代初,全国已有 18 所大学创立了历史科系,胡适在《〈国学季刊〉发刊宣言》中所列十门文化专史,多数被增设为课程,搬上了课堂,进而又培养出新一代文化史研究人才。

① 《呈送国史编纂略例》,《北京大学日刊》第 1 分册,1918 年 3 月 5 日,第 3 版。
② 《纂辑员叶瀚报告书》,《北京大学日刊》第 3 分册,1919 年 3 月 22 日,第 4 版。
③ 柳诒徵的《中国文化史》撰写于 1919—1921 年。最初作为南京高等师范学校讲义,随编随印,1921 年印行合订本。其后稍有修改,1925 年起在《学衡》等杂志刊载,1932 年由钟山书局正式出版。

三 实践与成就：三四十年代的文化史研究

30 年代后，中国的文化史研究进入一个相对快速的发展期。这一是由于历史学的科学化和专业化水平得到提高，新理论新方法被广泛引入，具有重要价值的新史料被陆续发现，积极推动了中国文化史研究；二是由于许多重大社会现实问题亟需从中国历史和文化的高度予以回答。1937 年，日本全面发动侵华战争，亡国危机空前地激发了中国人的民族意识，一大批史家不畏艰难，宵旰忧劳，固执民族大义，发表了系列振起民族精神的文化史论著。

笔者初步统计，三四十年代共出版综合性文化史著作约 40 部、发表论文近400 篇，出版区域文化史、民族文化史、文化交流史以及文学史、艺术史等各类专题和部门文化史书籍 260 余种。① 其中，较知名的综合性文化史专书有杨东莼的《本国文化史大纲》(1931)、陈国强的《物观中国文化史》(1931)、柳诒徵的《中国文化史》(1932)、陈登原的《中国文化史》(1935)、文公直的《中国文化史》(1936)、王德华的《中国文化史略》(1936)、陈安仁的《中国近世文化史》(1936)和《中国上古中古文化史》(1938)、王云五和傅纬平主编的《中国文化史丛书》(1936—1944)、陈竺同的《中国文化史略》(1943)、王治心的《中国文化史类编》(1943)、钱穆的《中国文化史导论》(1948)等。根据史学观念、理论方法和学术风格的不同，大体可分为科学派、新人文派和史观派三种类型。

1.科学派。该派以陈登原的《中国文化史》、王云五和傅纬平主编的《中国文化史丛书》等为代表。他们延续了五四时期史学科学化和专门化的发展方向，强调科学性和客观性，偏重从知识论角度治史。在文化观念上，他们推崇西洋近代新文化，对中国传统的人伦道德持批评态度。

从知识论角度治史，严格意义上说始于胡适，他的代表作是成书于 1918 年的《中国哲学史大纲》(卷上)。该书尽可能采取科学的态度和方法，把中国哲学史视作认识的客观对象。蔡元培在序中所总结的四条长处——"证明的方法"、"扼要的手段"、"平等的眼光"、"系统的研究"，表彰的正是该书的研究方法。从文化史的角度看，胡适的《中国哲学史大纲》(卷上)可视作运用近代科学方法写

---

① 中国近代文化史丛书编委会、北京市历史学会编：《中国文化史书、文目录汇编稿》，1984 年铅印本。

成的首部文化专史。用余英时的话说,该书建立了史学革命的"典范"。① 正是受胡适等人的影响,陈登原撰写了《中国文化史》。

陈登原的《中国文化史》凡上下两册,撰写于1931—1936年。此时,胡适、梁启超等倡导的科学观念和历史研究法已得以较广泛传播。陈著《中国文化史》自觉站在知识论的立场上,积极运用新史学方法。陈登原在《中国文化史》卷首,设立《叙意》三章,洋洋数万言,系统阐述中国文化史的定义,中国文化史资料的特点、类型和利用方法,治文化史所应具备的态度和观念,以及治中国文化史的目的和意义。简言之,其旨趣在于提倡如何把中国文化史立于客观的位置,求真、考信,予以科学的研究。与胡适《中国哲学史大纲·导言》对照不难发现,二者的立意和风格十分近似,笔者认为后者参照和模仿前者的可能性很大。

我们再将陈著《中国文化史》与柳诒徵的同名作稍作比较。柳著《中国文化史》的核心在弘扬儒家的人伦道德和礼治精神,表彰周礼、孔子以及历代大儒的道德节操。柳著在材料选择和史实组织上,亦以此为原则。当时,《周礼》被一些学者视作伪书,而柳著却以之为重要史料,并占用大量篇幅叙述周代礼制,以致遭到胡适的严厉批评。② 与柳著形成鲜明对比,陈著论夏商文明极为简略,且不提周代礼制;论孔、孟、荀的内容只有一节,仅谈救世之术与政治哲学,而不涉及人伦道德;对宋明理学的阐述简之又简。全书内容偏重于社会政治制度的变迁和各阶层社会生活的进步等历史知识。换一个角度说,该书知识性强,类于文化史知识的集成;思想性弱,缺乏像柳诒徵、钱穆那样个性鲜明的人文情怀。

王云五和傅纬平主编的大型《中国文化史丛书》,可视作胡适和梁启超等在20年代提出的文化专史编纂方案的学术实践。

1932年出版的《张菊生先生七十生日纪念论文集》,收有王云五撰写的《编纂中国文化史之研究》一文。该文实即《中国文化史丛书》的编纂说明,曾以单行本发行。王云五在文中系统阐述了文化的定义及编纂中国文化史的必要性,详细梳理和总结了各类中国文化史料,提出了编纂中国文化史的原则和方法。择其要者而言,王云五鉴于国内学人所编分科文化史,成书甚少,所以发愿"就

① 余英时:《〈中国哲学史大纲〉与史学革命》,《重寻胡适历程》,桂林:广西师范大学出版社,2004年。
② 胡适:《评柳诒徵编著〈中国文化史〉》,《清华学报》1933年第8卷第2期。

文化之全范围,区为八十科目,广延通人从事编纂"①。《中国文化史丛书》原计划编80种,采用现代西方科学体系予以分科。就其要者而言,包罗学术、宗教、风俗、政治、经济、社会、思想、道德、法律、教育、语言、文艺、地理、民族、科技等,基本囊括了当时所能认知的中国文化史的方方面面。因战争等原因,该丛书实际仅出版了41种。作为专史方案首次较大规模地付诸实践,该丛书集中展示了20世纪前期文化专史研究的成果,反映了中国文化史研究的科学化水平。其中的一些著作,如白寿彝《中西交通史》、冯承钧《中国南洋交通史》、李俨《中国算学史》、郑振铎《中国俗文学史》、王庸《中国地理学史》、姚名达《中国目录学史》等,学术价值为顾颉刚等著名学者所肯定。② 此前的文化史书多源自教科或讲义,且以概述为主,而这套丛书采取专题形式,它对于中国文化史研究的专门化和分支学科的建设起了积极的推动作用。

2.新人文派。这一派以柳诒徵的《中国文化史》和钱穆的《中国文化史导论》为代表,以传承和发扬中国人文精神、维护民族主体地位为使命。他们高擎新人文主义(Neo-humanism)旗帜,从人文、人本的角度来研究文化史,方法上注重综合贯通,态度上抱持"温情与敬意"。客观地说,柳诒徵、钱穆等人并不排斥西学,甚至可以说,他们的思想学说是在融会了科学、民主以及人文主义传统的基础上形成的,故称之为"新人文主义派"。该派认为,科学派偏重知识论,既远离了现实,又抹杀了中国人文精神;史观派虽注意联系现实,却割裂甚至歪曲了历史。由于他们极其重视中国自身的文化传统,较科学派和史观派更具有保守性,曾被一些新史家视为"守旧派"或"儒教史观派"。

与胡适等提倡的先分后合、循序渐进的治史程序不同,柳著强调"先立其大","惟就民族全体之精神所表现者,广搜而列举之"③。"先立其大"不但表现为知识论意义上综合方法的运用,而且要求史家能整体性地把握民族全体的人文精神。换言之,在柳诒徵看来,《中国文化史》本身即人文精神的一种表达。故此,他在《中国文化史·弁言》中明确指出:"学者必先大其心量以治吾史,进

① 王云五:《编纂中国文化史之研究》,胡适、蔡元培、王云五主编:《张菊生先生七十生日纪念论文集》,上海:商务印书馆,1932年,第603、607页。
② 顾颉刚:《当代中国史学》,上海:上海古籍出版社,2002年,第82页。
③ 柳诒徵:《绪论》,《中国文化史》上册,上海:上海古籍出版社,2001年,第7页。

而求圣哲立人极、参天地者何在,是为中国文化之正轨。"①钱穆也主张,"治史者当先务大体",寻得和确立国史之魂,不必为局部问题耗尽全力。② 这里的"大体",具体说就是民族精神。他在《国史大纲·引论》中明确指出:"治国史之第一任务,在能于国家民族之内部自身,求得其独特精神之所在。"③求得民族独特之精神,不是要批判,而是要发扬光大,故此,在态度和方法上,他反复强调对待本国史必须持有"温情与敬意"。1939 年,他发表长文《国史漫话》,提出国民对于本国史必具的四条信念,后又将这四条信念作为读《国史大纲》的前提置于该书卷首。其中第二条明确写道:"所谓对其本国已往历史略有所知者,尤必附随一种对其本国已往历史之温情与敬意。否则只算知道了一些外国史,不得云对本国史有知识。"④从中不难看出,他们的治史理念与科学派大异其趣。

由于成书年代和环境不同,问题意识不同,柳著和钱著所表彰的中国人文精神各有侧重。20 年代,新文化派反儒家、反礼教、反理学,不承认本国的文化和历史有何优长。胡适等人主张"整理国故,再造文明",究其实质是否定中国的儒家伦理和人文传统。与他们不同,柳诒徵鲜明地站在中国文化的立场,高调维护儒家人伦道德的价值。通过对中国文化内容的检视和外部文化类型的比较,柳诒徵断定:"西方立国以宗教,震旦立国以人伦。"⑤"中国文化的根本,便是就天性出发的人伦,本乎至诚,这种精神方能造就中国这么大的国家,有过去几千年光荣的历史。"⑥在他看来,中国文化史就是人伦道德在中国生成、发展和蜕变的历史。相应地,柳著《中国文化史》以人伦道德为表彰主题,以《周礼》为重点论述的内容,以孔子为中国文化的中心,大力颂扬宋明诸儒的人格和节操。钱穆《国史大纲》和《中国文化史导论》成书于日本侵华的大背景下,民族危机空前严峻,所以他重在表彰中国文化的"大一统"精神和士人的民族气节。同时,针对中国古代"专制黑暗"说,他极力为中国文化辩护,在在强调中国文化精神的烂

① 柳诒徵:《弁言》,《中国文化史》,第 1 页。
② 钱穆:《略论治史方法》,《中国历史研究法》,《钱宾四先生全集》第 31 卷,台北:联经出版公司,1998 年,第 159 页。
③ 钱穆:《国史大纲》,北京:商务印书馆,1996 年,"引论"第 10—11 页。
④ 钱穆:《凡读本书请先具以列诸信念》,《国史大纲》卷首。
⑤ 柳诒徵:《中国文化西被之商榷》,柳曾符、柳定生选编:《柳诒徵史学论文续集》,上海:上海古籍出版社,1991 年,第 224 页。
⑥ 柳诒徵演讲,柳定生笔记:《对于中国文化之管见》,《国风》1934 年第 4 卷第 7 期。

漫向上,中国社会和政治的不断平等化和民主化。他认为,中国历史就是一个不断实现"天下太平"、"世界大同"(内无阶级对立,外无民族相争)文化理想的过程。虽然其间不乏政治斗争、社会变乱、朝代更迭,但这些不过如江上风起,水面波兴,并不能改变中国文化大传统的光明前程。① 抗战时期,钱著对于坚定中国人的文化自信和民族认同,发挥了重要作用。由此亦可见,新人文派继承了中国文化的经世传统,密切关注现实,通史致用。这与科学派重在"求真"的治史风格很不一样。

3.史观派。周予同曾把近代史学分为"史观"与"史料"两派,根据观点,又把史观派分为"儒教史观派"与"超儒教史观派"。② 本文在此特指"超儒教史观派",具体说是指唯物史观和民生史观。这两种史观就其思维方式和方法论而言,都是在吸收了近代科学历史观的基础上形成的,尽管程度有所不同。就此而言,他们有近于科学派的方面,而与新人文派差别较大。但该派具有强烈的致用意识,在理论联系现实方面,又近于新人文派。

30年代,杨东莼所著《本国文化史大纲》、陈安仁所著《中国文化史全书》分别代表了以唯物史观和民生史观为指导研究文化史的两种类型。

以唯物史观为指导来观察和研究文化史始于五四时期。1920年,李大钊发表《唯物史观在现代史学上的价值》,认为历史的神学的解释、精神的解释和政治的解释都是唯心的解释,只有唯物的解释才是科学的解释。③ 同年,他在北大讲授"唯物史观研究"课程,以及发表的《原人社会于文字书契上之唯物的反映》、《由经济上解释中国近代思想变动的原因》、《中国古代经济思想之特点》等文,已开始运用唯物史观来研究和解释中国文化史。1923年,他在上海大学演讲时指出,唯物史观顺应了科学研究由重分类和解析转向重关系和综合的趋向,历史学虽以人类的生活及作为其产物的整体的文化为研究对象,但必须从经济方面寻找解释。他说:"文化是以经济作基础","有了这样的经济关系,才会产生这样的政治、宗教、伦理、美术等等的生活"。④ 从此,唯物史观的基本范畴如

---

① 钱穆:《中国文化史导论》,《钱宾四先生全集》第29册,第212页。
② 周予同:《五十年来中国之新史学》,《周予同经学史论著选集》,上海:上海人民出版社,1983年,第521—523页。
③ 李大钊:《唯物史观在现代史学上的价值》,《新青年》1920年第8卷第4号。
④ 李大钊:《史学概论》,《李大钊全集》第4卷,北京:人民出版社,2006年,第358页。

"唯物"与"唯心"、"经济基础"与"上层建筑"被运用于文化史研究。

1931 年,杨东莼的《本国文化史大纲》由上海北新书局出版。该书反映了当时以唯物史观为指导研究文化史的水平。作者说:各民族的文化取决于各自的生活方式,"只要生活方式一有变动,则文化随着变动"。而"生活方式是由社会的生产关系而决定的","社会的生产关系,是由生产方法而决定的,而后者,又是由生产工具而决定的"。由于"生产工具是经济基础之基础",所以也就是说,文化是由经济基础决定的。什么是文化史呢? 他说:"文化既然就是生活",相应地,"文化史乃是叙述人类生活各方面的活动之记录"。具体到每一个民族,因其经济基础之不同,所以其生活方式就不同,其文化就不同,文化史就不同。"如果经济的基础是资本主义的,则其文化也必然是资本主义的;如果经济的基础是封建的,则其文化也必然是封建的。中国的经济的基础,从来就是手工业的农业的经济,带有很浓厚的封建的色彩;故此,中国文化之特征,就是农业经济之下的山林文化。"[1]运用所能掌握的唯物史观,杨东莼从经济角度对中国文化的特征予以了解释。这一时期,中国学者运用唯物史观研究文化史尚不成熟,该书对中国文化史的解释暴露出了一些问题,所以招致了严厉的批评。有人评论说:"盖杨先生亦与我国的其他普罗史家一样,除常以唯物史观公式向本国史料上套圈子以外,实未尝用其所谓'经济的解释'也。"[2]

民生史观建立于三民主义学说之上。三四十年代,三民主义不仅被南京国民政府奉为抗战建国的理论纲领,而且被一些学人作为指导思想。以三民主义为指导,有人提出了民生史观,并用以从事历史研究。

陈安仁曾长期追随孙中山从事革命活动,后由政转学,文化史著述丰富。其中,《中国近世文化史》(1936)和《中国上古中古文化史》(1938)原为他在中山大学史学系的讲义,后商务印书馆将二者合刊,取名《中国文化史全书》。一定意义上说,《中国文化史全书》是国民党官方哲学与中国文化史研究实践相结合的产物。

该书继承和发挥孙中山的社会历史观念,主张物质、精神二元论,从民生史观的角度解释文化和中国文化史。陈安仁在《中国上古中古文化史》自序中说:

---

[1] 以上引文出自杨东莼:《本国文化史大纲》,上海:北新书局,1931 年,第 1—4 页。

[2] 应普汉:《评〈本国文化史大纲〉》,《学艺》1935 年第 14 卷第 5 号。

"文化,是人类社会创造之产物,又是社会进化之产物","中国数千年来之文化
如何,吾人须从物质与精神二方面之探讨,只从物质方面而弃其精神方面,抑只
从精神方面而弃其物质方面,则文化之实质,未能明悉也"。① 他在分析历史动
因以及决定文化的力量时,反对仅采取"唯物"或"唯心"的态度,主张二元论或
多元论。在《中国唯心派的政治思想与唯物派的政治思想》一文中,他引述官方
说法:孙中山是重视唯心的,但也不轻视唯物的。他还借孙中山的语录来表达他
的历史观点,认为唯物、唯心二说均有道理,可以并存。② 在他看来,地理环境决
定说、心理偶然模仿说、本能习惯环境说、心理社会说等各有片面的道理,只有物
质、精神二元论最为全面。③

　　民生史观,或者说物质与精神的二元论,既是陈安仁解释文化历史的理论,
又是他据以编纂《中国文化史全书》的原则,决定着他对文化史实的取舍和安
排。该书所论列的内容从"民生"出发,重视攸关国计民生的政治、官制、兵制、
税制、法制、农业、工商业等方面的事项。而且,对文学、艺术、学术等狭义文化,
也主要是从"民生"的角度加以阐述。全书把中国文化史横断为上古、中古、近
世三大时期,对于其下每一时期及每一朝代的文化事象,都是从物质文化和精神
文化两个维度展开。与同期其他文化史著比较,重视对经济因素特别是农业和
工商业的阐述,是该书的显著特色。

　　民族主义是民生史观的重要方面。30 年代,中国民族危机日见加重。陈安
仁撰写的文化史著作,努力振起民族精神,推动文化复兴与民族复兴。他希望借
助文化和历史的力量,激发民众的爱国热情,由文化复兴进而实现民族的独立和
复兴。《中国上古中古文化史》一书开宗明义:"民族之本质价值,与文化价值,
固互相表里者也。""文化衰落之国家,民族欲谈复兴,是犹缘木而求鱼者也。"他
所著两部文化史书就在于揭示中国文化的演进形态,探寻"中国文化之本质的
价值,与中国民族创造文化力量之本质的价值",为民族复兴树立基石。④ 关于
文化复兴与民族复兴的关系,他在该书附录中提出了两个"定律":"第一,民族
中兴当以文化中兴为条件。"民族意识赖民族文化之培育,文化衰落则民族精神

---

① 陈安仁:《序言》,《中国上古中古文化史》,上海:商务印书馆,1938 年。
② 陈安仁:《中国唯心派的政治思想与唯物派的政治思想》,《中国上古中古文化史》附录,第 488 页。
③ 陈安仁:《中国上古中古文化史》,第 10—11 页。
④ 陈安仁:《序言》,《中国上古中古文化史》。

与民族意识无所寄托。"第二,文化中兴当以民族中兴为目的。"倘中国吸收欧美各国之文化,而失却民族的立场,则民族之意识观念不能保存,民族之中兴独立亦必无希望。① 全书在阐述中国文化形态的演变时,始终贯穿着一条线索,即不断总结文化兴衰与民族兴衰的交互关系,努力探索中国文化进步之法和民族复兴之路。

陈安仁所著的文化史,立足现实,服务政治,教化民众,带有鲜明的实用色彩。在学理上,与前述杨东莼的《本国文化史大纲》类似,陈安仁的文化史著作在史实、史料等方面多有疏谬之处。②

综上,20 世纪上半期,中国的文化史学从史学观念的传播、研究方法的引入,到本土学者所撰的系列文化史书的问世,代表了中国史学近代化的一个重要方面。正是以此为基础,改革开放后中国的文化史研究才得以"复兴",并取得了 40 年的长足进展。厘清路径,继往开来。董理和书写这段学术史是建设当代中国的文化史学科不可越过的重要一环。

(作者为北京师范大学历史学院教授、博士生导师)

---

① 陈安仁:《民族中兴与文化中兴之两个定律》,《中国上古中古文化史》附录,第 506 页。
② 详参聂崇岐:《评〈中国近世文化史〉》,《燕京学报》1946 年第 30 期。

情感、思想与运动：
近代中国民族主义研究检视

黄兴涛

关于近代中国民族主义的研究，成果很多，而且大有持续兴旺之势。近年来，学界对 20 世纪 90 年代以来的有关研究，也屡有"综述"出现。① 但在笔者看来，目前的有关研究和综述仍然存在一些被忽视或重视不足的问题点，值得注意。本文试图在把握近年来有关近代中国民族主义研究动向的基础上，再以扼要的形式提出几个重要的学术焦点问题略作解析，以期拓展同人思路，推进相关研究的深化。

一、从传统"民族"意识到现代"民族主义"：
不容忽视的历史过程与内涵转换

民族主义是一个近代性或现代性的范畴。它是一种建立在"主权"观念基础上的民族自我意识，是一种追求、保护本民族利益和发展壮大自身的主体自觉状态。它对外贯注着反抗压迫、维护国权的主权诉求，对内则充溢着国民平等而又团结统一的精神感召，并凝聚为建立和发展现代民族国家的持久冲动。民族

---

① 综述主要有王春霞、王颖的《近十年来关于"中国近代民族主义"的研究综述》(《中州学刊》2002 年第 4 期)；萧守贸的《近年来中国近代民族主义研究概述》(《历史教学》2003 年第 3 期)；暨爱民的《20 世纪 90 年代以来中国近代民族主义研究述评》(《教学与研究》2006 年第 1 期)；崔明德、曹鲁超的《近十年来中国民族主义研究述评》(《烟台大学学报(哲学社会科学版)》2006 年第 1 期)。关于近代中国民族主义的研究专著不少，有些文中会提到或引用，此不备举。2000 年以来的专题论文集较有代表性的有两种，一种是郑大华、邹小站主编的《中国近代史上的民族主义》(北京：社会科学文献出版社，2007 年)；一种是李世涛主编的《知识分子立场：民族主义与转型期中国的命运》(长春：时代文艺出版社，2000 年)。

主义不仅是一种普遍存在的情感取向和一种表现为多姿多彩的观念形态的思想原则,还往往作为一面政治大旗被弱小民族和国家公然揭橥、不断挥舞,成为一种合法而强势的意识形态。与此同时,它还通常直接构成和导致所在民族与国家现实的政治、经济、文化运动和社会实践。因此,作为历史现象的民族主义无疑是复合型的、多层次的、立体的和动态的。不过,由于各民族主体的自身历史、当时的国际地位和其他现状的不同,在近代不同时期和不同国家,民族主义出现与活跃的特点也必然存在种种差异。

在近代中国,民族主义的兴起是多种因素综合激发的产物。从思想来源上说,它既包括传统族类意识、华夷观念、"大一统"和"正统"、"道统"观念的延续作用,更包括近代西方种族、主权观念,历史、地理和政治法律等方面的其他相关新知乃至专门的民族主义"学理"输入的观念启导。从现实刺激方面看,作为"他者"的欧美、日本等近(现)代强势民族和印度、越南、波兰等弱小民族的命运参照和比鉴之效也显而易见,而列强对中国不断进行的军事侵略、政治讹诈、经济掠夺以及文化与种族歧视所导致和强化的民族现实危机,更成为驱动近现代民族主义在中国兴起、发展的直接动力。

有学者认为,与民主主义的思想主要来源于西方不同,近代中国的民族主义主要来源于传统的族类观念,特别是"华夷之辨"的传统民族观[①],这种见解值得商榷。要辨析这一点,首先必须了解中国传统民族意识与近现代民族主义在内涵上的区别与历史关联问题。早在 20 世纪 70 年代初,王尔敏先生就曾敏锐地指出,中国近代民族主义实际上由三种自觉意识组成,一种是族类自觉意识,一种是文化自觉意识,一种是近代国家"主权"自觉意识。前两种东西中国自古并不缺少,只有"主权"观念乃属近代时从外新来,并且构成近代中国区别于中国古代民族意识(他称之为古代民族主义)之特色所在。他以王韬、曾纪泽等几个"思想先知"为代表,勾勒了 19 世纪 60 年代之后近代"主权"意识在中国逐渐觉醒的历程。同时还以戊戌时期的学会活动为依据,对此期以"保国、保种、保教"三者并提且以"保国"的主权意识为首的近代民族主义勃兴的情形,给予了清晰揭示。[②]

① 参见冯天瑜:《中国近世民族主义的历史渊源》,《湖北大学学报(哲学社会科学版)》1994 年第 4 期。
② 王尔敏:《清季学会与近代民族主义的形成》,《中国近代思想史论》,北京:社会科学文献出版社,2003 年,第 177—197 页。

应当说,王先生简洁、朴实而睿智的看法,对今人了解传统中国民族意识与近现代民族主义之间的关系富有启发意义。不过,笔者对王先生的见解虽多表赞同,却觉得其中也仍有不甚完备之处。一则,他把"主权"观念仅局限在外交层面,实忽略了现代民族国家"主权"的拥有者主体是平等、自主的"国民"而不是专制君王或传统意义上的"臣民"这一基本连带意涵。孙中山先生后来强调国内各民族一律平等的民族主义价值,正是基于这一层面的内涵。这涉及到主权在国内如何取得合法性和怎样应用的问题。换言之,"民族"的主权关切不仅存在对外维度,也存在其对内维度,它在近代西方民族主义的原发意义上,与"民主"实本有同构之处和交集之点①;二则,他在讨论这一问题时,对清初尤其是晚清以来西方传入的新的种族知识、政治和文化观念(包括现代意义的"种族"、"民族"、"国民"和"民族(国家)主义"等概念)及其由此带来的变化与影响似也不甚重视。这些不足,不免会妨碍我们更为全面准确地认知相关问题。

在笔者看来,今人探讨近代中国民族主义兴起问题时,不能忽略两个历史过程,一个是清代以来尤其是晚清以来中国就与早已进入现代民族国家行列的欧美各国及其人民打交道的历史过程;一个是西方"种族"、历史和地理、政治法律(如国际公法和议会民主)等新知识、新思想和价值观念传入中国,并与传统民族意识互动而发生作用、导致相应变化的历史过程。这两个过程之间又是不可分割的。

比如,就中国人带有明显现代性因素的国家疆域和边界意识而言,我们不能说从戊戌时期才开始,甚至也不能说从 19 世纪 60 年代初《万国公法》翻译成中文出版,现代"权利"特别是"主权"概念以及国际法知识得以正式形成和传播才开始,实际上至少从康熙皇帝与欧洲国家打交道的时代就已经开始了。康熙和

①　姚大力教授就曾精彩地指出:"民族国家的形式,最初正是通过将权力主体转移到全体国民一方,也就是形成所谓人民主权而实现的。权力在民以及各不同阶层民众之间的基本平等乃是现代民族国家观念的精髓,同时这也正是民主的基本原则。在这个意义上,民主与民族的意识同时诞生。十八世纪西方的民族主义,在极大程度上是一场限制政府权力、确保公民权力的政治运动。……民族主义在它的原发地是民主政体的催发剂。但它在向其他不同地区传播时,它与民主原则的最初等同性很可能消失"。(见氏著:《中国历史上的民族关系与国家认同》,《中国学术》2002 年第 4 期)这里,如果将 18 世纪西方民族与民主原则的"最初同等性"改为"最初同构性";"很可能消失"改为"很可能大为削弱",或许要更为准确。实际上,在 18 世纪以前,欧洲民族国家形成过程中,也经历过一个打破教会垄断势力和拉丁文主导地位的"君主专政"时期。可参见张慰慈:《民族主义与帝国主义》,《东方杂志》1928 年第 25 卷第 15 号。也可参见钱乘旦:《欧洲民族问题的历史轨迹》,《中国社会科学季刊》1996 年 8 月秋季卷。

雍正两帝通过与俄罗斯无数次的近代式谈判，以一系列条约形式划定了长达数千俄里的边界线的行为众所周知，乾隆帝在给英国国王的敕谕中更是明确宣称："天朝疆界严明，从不许外藩人等稍有越境搀杂……天朝尺土俱归版籍，疆址森然，即岛屿沙洲，亦必划界分疆，各有专属。"①1820年完成的《嘉庆重修大清一统志》不仅在前朝几部"一统志"的基础上增添了划界与边疆统部辖境内容，还明确绘有全国总图，并标明了与邻国之边界。可以说，这些无疑都是鸦片战争前近代国家（领土）主权意识因素在中国不断积聚的重要证据。②

又比如，鸦片战争前后中国人开始部分见证、传播清末民初大肆流行开来的新"人种"知识，其对近代中国民族意识形成的推动作用也不能忽视。早在1853—1854年传教士慕维廉编著的《地理全志》一书中，有关世界人种就被分为白人、黄人、红人、黑人、铜色人（又称"棕色人"）五种，且附有人种形象插图③，此后关于这些人种的外形特征，他们的历史和风俗文化，以及在世界各地的不同命运等信息和知识，也随之逐渐流传，正是因此，中国人那种以"黄种人"自我定位、自我期许的民族意识得以逐渐形成，并构成了清末民初中国人"亡国灭种"危机意识和奋发进取的民族自信之重要组成部分。戊戌时期，生物和社会进化论之所以发挥如此巨大的作用，也不能说与这种建立在新"种族"知识基础上的民族自我意识无关。在这方面，梁启超1897年发表的那篇具有民族自觉宣言性质的《论中国之将强》一文可以为证。在此文中，梁氏民族自信的一个重要理由就是所谓黄种人的"优越性"。他慷慨激昂地说：

> 吾请与国之豪杰，大声疾呼于天下曰，中国无可亡之理，而有必强之道。——彼夫印度之不昌，限于种也。凡黑色红色棕色之种人，其血管中之微生物，与其脑之角度，皆视白人相去悬绝，惟黄之与白，殆不甚远，故白人

---

① 见《清高宗实录》卷1435，乾隆五十八年己卯，北京：中华书局，1986年。

② 有的学者甚至认为当时的中国实际上已是近代民族国家。参见于逢春：《论中国疆域最终奠定的时空坐标》（《中国边疆史地研究》2006年第1期）。还有学者指出，早在宋代，由于北方辽、西夏和后来的金、元等异族政权的先后崛起，唐以前汉族中国人关于天下、中国和四夷的观念才被打破，明确的边界意识开始出现。这种意识有别于欧洲近代民族国家意识，但却"成为中国近世民族主义思想的一个远源"。见葛兆光：《宋代"中国"意识的凸显——关于近世民族主义思想的一个远源》，《文史哲》2004年第1期。

③ 题为《人类形貌图》，见［英］慕维廉：《地理全志》卷8，1853—1854年上海墨海书馆铅印本。冯客（Frank Dikötter）著的《近代中国之种族观念》（The Discourse of Race in Modern China）一书（杨立华译，南京：江苏人民出版社，1999年），对晚清西方种族知识的传播研究较早，但多有不足。连1903年林纾、魏易合译出版的重要著作《民种学》一书也未曾提及。

所能为之事,黄人无不能者。日本之规肖西法,其明效也。日本之种,本出于我国,而谓彼之所长,必我之所短,无是道也。……

夫全地人类,只有五种,白种既已若是,红种则湮灭将尽,棕黑两种,其人蠢而惰,不能治生,不乐作苦,虽芸芸总犹昔,然行尸走肉,无所取材。然则佃治草昧,澄清全地者,舍我黄人末由也。今夫合众一国,澳大一洲,南洋一带,苟微华人,必不有今日。今虽获兔烹狗、得鱼忘筌,摈之逐之,桎之梏之,鱼之肉之,奴之仆之,然筚路蓝缕之功,在公论者终不没于天下。……殆亦天之未绝黄种,故留此一线,以俟剥极将复之后,乃起而苏之也。①

由此可见西方种族知识对于中国近代民族自觉影响之一斑。

与此同时,进化论还改变了中国传统的"文明"和"文化"观念,将"竞争"、"尚武"和物质层面发展的内涵也纳入其中②,并由此使中国人同时感受到一种前所未有的文化危机意识。凡此,都成为影响近代中国民族主义的完整形态最终发生于甲午战争以后的重要因素。

当然,清末民初现代民族主义成熟思想形态的出现,也是梁启超、康有为、蒋智由、汪精卫、孙中山、陶成章等先进知识分子从日本接受现代"民族"、"民族主义"、"帝国主义"等思想概念,"收拾西方学理"(章太炎语),并结合传统的民族意识资源,借用传统民族象征符号,加以创造性发挥和动员的结果。③ 他们的有关思想文本,遂成为近代中国民族主义理论自觉的直接象征。

---

① 见《时务报》光绪二十三年六月初一日,第 31 册。中华书局 1991 年影印《强学报、时务报》(3),第 2073—2079 页。

② 可见黄兴涛:《晚清民初现代"文明"和"文化"概念的形成及其历史实践》,《近代史研究》2006 年第 6 期。

③ 沈松侨的《我以我血荐轩辕——黄帝神话与晚清的国族建构》(《台湾社会研究季刊》1997 年第 28 期)与《振大汉之先声——民族英雄系谱与晚清的国族想象》(长春:吉林人民出版社,2003 年;贺照田主编:《学术思想评论》第 10 集)等文,对这方面的问题有过专深的研究。王明珂、石川祯浩和孙江有关 20 世纪初年中国"黄帝"的论文也可资参考。见王明珂:《论攀附:近代炎黄子孙国族建构的古代基础》(《中研院历史语言研究所集刊》第七十三本,2002 年);[日]石川祯浩:《20 世纪初年中国留日学生"黄帝"之再造——排满、肖像、西方起源论》(《清史研究》2005 年第 4 期);孙江:《连续性与断裂——清末民初历史教科书中的黄帝叙述》(王笛主编:《时间·空间·书写》,杭州:浙江人民出版社,2006 年)。

二、近代中国民族主义值得深入透视的几个现象与特点

整体把握近代中国民族主义，总不免要对其特点加以思考。然而一旦真正探讨起这个问题来，才发现已有的说法虽有不少，但真正得到学界较为认同的观点其实并不多。由此也可见该问题的难度。在笔者看来，以下几个现象，或许可以为我们进一步思考这一问题提供些许启示。

首先，在近代中国，民族主义作为一种对列强欺压和侵略予以自觉回应的现代性思潮和运动，其勃兴、发展和高涨始终都与"日本因素"特别是其连续不断的侵华活动密切相关。长期以来，这样一个似乎相当明显的事实和特点，从近代中国民族主义思潮全局的角度加以把握者并不多见，从"民族主义"的心理、思想和运动"三位一体"的角度来自觉进行整体性剖析的，就更为少见了。实际上，同为"黄种"、过去深受中国文化影响但不为中国所重的日本通过学习西方成功改变自己被列强欺辱的民族命运，并最终发动甲午战争打败中国，不仅成为刺激中国现代意义的民族主义勃然兴起的标志性开端，随后大批中国人到日本留学和由日本大量转输西方新式文化资源，还孕育出清末第一批完全自觉的民族主义者。日本在军国主义的支配下加入列强行列，对"同文同种"的中华民族不断实施侵略、掠夺与歧视的残酷打击，可以说成为近代中国民族主义最为重要和持续性的动力来源，同时也塑造了这一民族主义耻愤交加、空前奋发和最终在绝境中通过涅槃获得重生与自信的情感品格和精神素质。"中华民族复兴"这一近代中国民族主义最具象征性的论题之提出及其思想建设；中共文化"民族性"意识觉醒并将"民族性"置于新民主主义文化特性之首的重要转变[①]；现代中华民族观念的普及和认同的基本形成，也都是在九一八事变日本占领东北、1935年日本入侵华北和全面抗战爆发之后才得以实现的。

对于日本与近代中国民族主义发展关系的研究，美国学者柯博文（Parks M. Coble）1991 年出版的《走向"最后关头"：中国民族国家建构中的日本因素

[①] 可参见黄兴涛、王峰：《民国时期"中华民族复兴"观念之历史考察》（《中国人民大学学报》2006 年第 3 期）；黄兴涛、刘辉：《抗战前后中国共产党文化"民族性"意识的觉醒及其意义》（《北京档案史料》2002 年第 1 期）。

1931—1937》一书①,是一部有价值的著作,该书对国民党政权的有关努力及其与民族主义意识形态之间的冲突与一致关系的审视,尤为难得,不过其探讨的时段主要限于日本大规模侵华时期②。最近,有中国学者著文尝试从甲午战后中日关系全局的角度来整体把握近代中国的民族主义,显示出将中日关系的事件史与民族主义的思想史结合起来的可贵自觉。③ 该文以 1895、1905、1915、1925、1935、1945 六个关键年度为视点,考察了伴随中日关系的中国近代民族主义的演变历程,透视了各个时间点民族主义的特征及其与日本因素的关系。当然,这一问题所涉范围极为广泛,难度不小,作者的有些分析似还存在可以商讨的余地,比如作者认为中国近代民族主义形成于 1905 年,就未必妥当;而他认定 1945年抗战胜利后这一民族主义就走向了"基本的终结"之结论,恐也难以服人。在笔者看来,此后以"沈崇事件"为标志,以反美帝侵略为主题,以致不少典型的自由主义者也都卷入其中的民族主义浪潮,应该才是鲜明地体现了该思潮时代特色和历史功能的终结标志。④

其次,近代中国民族主义包涵"抗议与建设的两面",总的说来两者是"相辅相成而不可分割"的关系⑤,但与前述现象相关,它也表现出"反抗"或"抗议"的一面更受关注并凸显、"建设"的一面相对发展不足的特点。"反抗"、"抗议"本身,既彰明了中国近代民族主义的"防御"性质、政治正当性和激烈悲壮的道义色彩,同时巨大的生存危机对"民族自信力"的本能呼唤,又为"文化民族主义"的繁蘗创造了条件;而另一方面,民族主义"建设"面向的展开,则蕴涵了其与民主主义、自由主义等思潮复杂胶合的历史多面性及其内在张力。其中"自由民族主义"的思想选择,至今仍是一个亟需重视和深入研究的课题。

---

① 该书英文版 1991 年作为哈佛大学出版,中译本由马俊亚译,2004 年由中国社会科学文献出版社出版。

② 更早一些日本学者池田诚编著的《抗日战争与中国民众——中国的民族主义与民主主义》(中国人民抗日战争纪念馆编研部译校,北京:求实出版社,1989 年),也在相同时段讨论了相关问题。此书日文原本 1987 年由京都法律文化社出版。

③ 见臧运祜:《近代中日关系与中国民族主义》,郑大华、邹小站主编:《中国近代史上的民族主义》,第 412—432 页。

④ 甲午以后,除日本外,美国和俄国等是对近代中国民族主义影响较大的国家。关于美国与中国近代民族主义的关系,王立新的《美国对华政策与中国民族主义运动》一书(北京:中国社会科学出版社,2000 年)的研究,颇有价值。

⑤ 这里借用了罗志田教授的提法。见其《近代中国民族主义的史学反思》一文。(《二十世纪的中国思想与学术掠影》,广州:广东教育出版社,2001 年,第 104 页。)下文提到他的有关见解,也都出自此文,不另注明。

由于始终不断的救亡逼迫，对内建设"民族国家"的许多任务不及着手，遑论完成？近代中国民族主义与民主主义、自由主义建设因此发生现实矛盾乃至思想冲突，实不足怪。但如果仅以此来认识两者之间的历史关系则是偏颇的。从理论上说，民族主义的最终价值根据恰是独立和平等的民主原则，这一点也恰恰体现了两者之间内在的相关性和交叉性；而从历史上看，近代中国民族主义一开始就以激昂的声音呼唤"新国民"，无论是提出"三民"思想的严复，还是鼓吹"新民说"的梁启超，实际上都已成为基于自由、民主价值自觉的民族主义思想先驱。

不过，"自由民族主义"的提法在西方学术界虽早就存在，国内的研究者在相关民族主义分类中也早有提及，而有关近代中国"自由民族主义"的系统深入的专题研讨却一直相当缺乏。这与近代中国文化民族主义研究的热闹情形恰成对照。在这方面，许纪霖教授近年发表的《在现代性与民族性之间——现代中国的自由民族主义思想》一文，颇值得关注。① 该文不仅认真梳理了从梁启超到张君劢的自由民族主义思想的发展历程，而且细致论析了其内部由政治民族主义向文化民族主义演化的思想脉络和该思潮的一些重要特点。其自觉将文化民族主义置于自由主义的框架里而不是以往学界通行的文化保守主义的框架下来认识，的确对今人认知近代中国民族主义的特质和复杂性有所助益。不过，对于近代中国"自由民族主义"的研究也不能情绪化。有学者不分时段，也不具体问题具体分析，总是一厢情愿地把那顶"理性民族主义"的桂冠戴到那些身份待定且不断游移的所谓"自由民族主义者"头上，这种简单化的做法本身就未必是"理性"的和符合当时历史实际的。

回到"反抗"与"建设"的关系上来。事实上，在有的自由民族主义者看来，自觉、持久、有组织有准备地"对抗"过程不仅是"建设"即民族建国的前提，甚至其本身就是"建设"的一部分。傅斯年和张君劢等人就都曾具有以"反抗"求"建设"的自觉意识。如日本占领东北后，傅氏就曾激动地声言："大规模的抵抗便是中国受严格的国民训练之开始。中国之彻底腐败，非借机锻炼一下子不可的。譬如打铁，钢是打出来的。以局势论，这是中国人挺起身子来做人的机会，以力

---

① 许纪霖此文前三节载《社会科学》2005年第1期，第四节载《学海》2005年第1期。

效论,这是我们这老大国民再造的机会。打个落花流水,中国人才有翻身之一日。"①可见对于傅斯年等人来说,"反抗"只不过是"建设"的一个手段而已。

在民族主义"建设"的面向里,尤其是在强烈不满政治文化现状的"未来取向"的思路中,还会自然出现程度不同的所谓"反传统"倾向问题。明确提出"反传统"是近代中国民族主义"特殊形态"并由此引人深思两者之间"历史"关系的,仍然是罗志田教授(见前引文)。不过对此一断言,笔者虽大体接受,却以为尚需要做点分辨。

在近代受外来列强欺压而又专制严重、缺乏近代民族传统的弱小民族里,民族主义者通常都不会绝对不反"传统",他们也会干着"以传统反传统",或确切地说是"以此传统反彼传统"、以历史反现实、以"复兴"相号召的事情。但真正思想上自觉的民族主义者,尤其是"文化民族主义"者却一般不笼统地、全方位地、整体性地"激烈反传统",而是在批评某些传统的同时,又特别自觉、有选择地积极强调、阐发和宏扬主流传统或至少是部分传统文化的意义与价值。只有少数强烈认同现代民族国家价值的"政治民族主义"者,在民族危机相对弱化的特定时期,才会有全盘激烈反传统的异常之举,故罗志田称之为中国近代民族主义的"特殊形态",笔者也表示认可。但是,这与有些学者将"激烈反传统"径直归为"文化民族主义"者的认识②,实在仍存在差别。

关于这一问题,笔者还愿从"爱国主义"与"民族主义"的异同角度,再略作一点发挥。

在笔者看来,若暂不考虑"爱国主义"与"民族主义"思想的西方来源,仅就两者汉字字面和近代中国人的习惯用法而言,它们当属既有密切关联和重合内涵又有一定区别的概念。"爱国主义"大体可以与"政治民族主义"的有关诉求相对应,但其也不排斥文化民族主义的有关诉求。由于"民族"(或译为"国族")主要是一个带有政治性的社会文化范畴,故"民族主义"必然含具一种与生俱来

① 傅斯年:《中国做人的机会到了!》,《独立评论》1933 年第 35 号。有关分析可见张太原:《建立一个民族的国家:自由主义者眼中的民族主义》,郑大华、邹小站主编:《中国近代史上的民族主义》,第259 页。

② 参见曹跃明、徐锦中:《中国近现代民族主义之路》(《天津社会科学》1996 年第 5 期),他们认为:"所谓文化民族主义应当具有下面两层含义:1、以传统文化为民族国家的象征和根本命脉;2、不论是发扬和攻击传统文化,都认为只有从思想观念入手才能解决民族问题。"这其中,两者间似不无矛盾之处。在目前讨论近代中国文化民族主义的论著中,类似的矛盾所在多有。

的对其主体历史延续性的固执强调，而"爱国主义"则不。"爱国"主要是一个带有文化性的政治范畴，作为政治范畴的"爱国主义"并不必然要求对"传统"的忠诚。换言之，爱传统和反传统，都可以构成"爱国主义"的表现，但激烈的全面的反传统，即便在当时也难以被"民族主义"同道所容纳，甚至连激烈反传统者自身也不会去进行这种自我身份认同。这就是为什么那些批评民族主义或至少不愿认同民族主义价值的人，却也可以愿意声称自己是一个"爱国者"或不是"非爱国者"的原因。① 在这方面，五四时期以激烈反传统著称的陈独秀、鲁迅，20年代后期和30年代初期鼓吹"全盘西化"的陈序经和胡适等，可谓是突出代表。值得注意的是，他们在激烈和全方位反传统之际，恰恰并不以"民族主义"相标榜（却也不妨以"爱国"自我辩护），而明明自觉地认同于与民主民族建国取向并不必然矛盾的"世界主义"。

在近代中国，如果说改革导向的"国语"运动更多地体现了政治民族主义的文化关怀，那么保守取向的"国学"运动则较多地反映了文化民族主义的学术追求和时代特色。这有助于我们理解两者之间的差别与联系。

第三，在近代中国民族主义思潮和运动中，以"中华民族"为主要符号标志，在通常所谓的"大民族"与"小民族"之间存在着一种矛盾统一的双重认同并存的局面，这也可以说是近代中国民族主义的一大现象和特色。这种双重认同曾不免造成一定程度的政治困扰，不过在抗日战争的血火洗礼中，其整体认同最终还是得以形成并不断趋于巩固。值得指出的是，在国共两党之间，对于"中华民族"的理解也曾有所差别。抗战时期，国民党政权中的蒋介石一系为了增强民族凝聚力，曾一度机械地按照西方现代民族国家观念，在将整个中华民国的国民全体称之为"中华民族"的同时，把国内包括汉族在内、清末以来特别是民国之初即已普遍取得现代"民族"称谓和身份的满、蒙、回、藏②等转称为"宗族"，结果遭到许多抵制；相比之下，中共在基于长期历史文化和血缘交流关系的政治命

---

① 关于近代中国爱国主义的历史研究，可参见李文海主编：《中国近代爱国主义论纲》，北京：中国人民大学出版社，1991 年。
② 关于国民党曾经提倡五族共和，认可五族为"民族"，后来又转而放弃五色旗等的认识和行为变化，可见［日］村田雄二郎：《辛亥革命时期的国家想象——五族共和》，《现代中国研究》2001 年第 9 号，第20—26 页。

运共同体的意义上使用"中华民族"概念,似更显政治智慧①;而潘光旦等一些社会学家在介于"种族"和"国家"之间互动内涵的"民族"意义上使用"中华民族"概念,则表现出中国特色的学理创造性②。当然,也还存在着其他的一些理解。不过,不管当时作为认同主体的中国人所秉持的"民族"概念有何差别,也不论学者们对此认同过程如何认识和评价,"中华民族"的共同符号的确最终成为了现代中国各民族普遍认同的身份象征,完全独立的现代民族国家也终于诞生。这无疑是近代中国民族主义一个最为重要的政治成果。

在"中华民族"的现代认同问题上,笔者不太赞同那些过于夸大认同者的主观人为性"建构"努力,而较为轻视历史文化重要影响和制约因素的认识倾向。其实在中国历史上,传统意义上的少数"民族",许多也曾具有双重"民族"认同的历史,一方面他们要建立自己独立的政权,维护本民族的利益和文化,而同时又无不想或实际上入主内地和中原,接受或至少是部分接受汉族的制度和文化,从而表现出对包涵庞大汉族在内的"大中国"的认同。这一点,在满族建立的大清朝的历史中体现得最为充分。雍正皇帝亲撰并发布的《大义觉迷录》可谓是这种双重认同的绝佳文本。清末西方现代"民族"观念传入中国之初,不仅在梁启超、杨度等汉族知识分子那里激起一种在各民族基础上建成"大民族"共同体的构想,在满蒙回等一些留日学生那里,也同时出现过类似的观念,这种现象实在绝非偶然③,它对把握近代中国民族主义历史基础的意义是至关重要的。

三、"新文化史"研究方法的运用与思想分析的强化问题

长期以来,近代中国的民族主义都是吸引中外学者共同兴趣的学术领域,特别是在西方汉学界,作为一种认知工具的"民族主义",还一直是专攻中国近代

---

① 关于国共两党民族观及其演变和差异,可见[日]松本真澄:《中国民族政策之研究:以清末至1945年的"民族论"为中心》,鲁忠慧译,北京:民族出版社,2003年。

② 潘光旦认为:"同是一种结合,国家是有政治、经济、法律等意味的,种族是生物学与人类学的,民族却介乎二者之间。一个结合,在种族的成分上,既有相当混同划一的性质,而在语言、信仰以及政、法、经济等文化生活方面,又有过相当持久的合作的历史——这样一个结合,就是一个民族。"(1937年7月版《民族特性与民族卫生》,《潘光旦文集》第3卷,北京:北京大学出版社,1995年,第43页。)

③ 关于"中华民族"观念及其传播和认同的研究,可见黄兴涛的《民族自觉与符号认同:"中华民族"观念萌生与确立的历史考察》(《中国社会科学季刊》[香港]2002年第1期创刊号)。

史的史学家们最惯见而又常常能使其研究新见迭出的视角。但 20 世纪 90 年代之后，随着深受后现代思潮影响的"新文化史"方法的介入，有关近代中国民族主义的研究开始发生一些重要变化。总体而言，"民族主义"由原来的政治史、思想史、文学艺术史等传统史学领域分别研究的问题，逐渐变成了一个真正跨领域综合把握的历史对象。

所谓"新文化史"或称社会文化史的一个重要特点，就是从"文化"的大视角出发，始终关注文化与政治、社会一体化互动的主体"实践"（Practice）史，重视揭示思想观念的社会化过程及其功能。就其追求而言，它乃是一种力图将传统的思想史、文化史和社会史关怀结合起来的史学研究方法与路径。①

这种新的方法引入之后，对"近代中国民族主义"的研究所产生的影响是显而易见的。过去的研究通常是将民族主义作为一种社会心理和思想形态来把握，"问题意识"是认知它如何形成，又如何具体渗透和影响到上述政治、经济和文化各具体领域历史发展的进程；而"新文化史"的有关研究，则不仅将民族主义视为社会心理和思想形态，同时还将它直接视作为一种连接心态、思想，并贯通政治、经济和文化诸领域的主体社会化"实践"，研究者除了原有的那些问题意识并对其加以调整之外，某种程度上还特别关心政治和文化诸领域如何因"民族主义"而互动的历史情形。

虽然，自觉或不自觉地大体以这种"新文化史"的追求来关照近代中国民族主义课题的学者及其研究成果，也是五花八门、互有差异②，但总的说来，这种方法的引入还是有助于克服以往思想史研究的不足，使相关的探究更加丰富多彩，更加充满活力，不仅扩展了关注范围，提高了综合深度，也在整体上推进了研究的进展。这是因为，"新文化史"方法的综合性，正好与近代中国民族主义现象集社会心理、价值倾向、思想意识形态和社会实践运动于一身，合政治、经济、文化现象于一体的综合特点，一拍即合。

---

① 关于"新文化史"的总体特点，笔者相对全面一点的认识，可见拙编《新史学》第 3 卷《文化史研究的再出发》"序言"（北京：中华书局，2009 年）。但这里强调的综合性"主体实践"，或亦可补充前者。

② 有的学者后现代关怀更为鲜明和强烈，喜欢以"话语实践"理论来处理民族主义及其分支论题（如"国民性"），强调主体之间"权力"博弈的文化"建构"功能，有的则力图淡化"话语"分析的偏颇性，努力吸收其分析法的长处。有的在以安德生（Benedict Anderson）民族为"想象的共同体"的理论解构近代中国民族主义"话语"的同时，还致力于建构自己的理论。如杜赞奇（Prasenjit Duara）构建史学研究的"复线历史"（bifurcated history）观，刘禾（Lydia H.Liu）构建"跨语际实践"（translingual practice）理论等。

在以新文化史的方法来综合研究近代中国民族主义的论著中,澳大利亚学者费约翰(John Fitzgerald)所写的《唤醒中国:国民革命中的政治、文化与阶级》和任教英国牛津大学的葛凯(Karl Gerth)所著《制造中国:消费文化与民族国家的创建》两书,最见风采。《唤醒中国》一书以寓意深刻的"睡狮"被唤醒作为一语双关的民族主义隐寓,以国民革命的领导集团如何"唤醒"中国民众为研究主题,从立体角度全方位展开分析和论述,它既注重领导人的有关思想、政治和文化活动,更注重政府宣传机关和部门的结构、运作与功能,并将许多关于民族主义重要的思想问题如"阶级"与"民族"关系,民族利益的"代表"及其资格,以及"封建主义"等政治概念如何发挥民族主义作用等问题,置于一个动态的实践过程中去把握,同时还通过对一些涉及中外关系的特别事件如"临城劫车案",美国新闻记者甘露德(R.Y.Gilbert)具有民族歧视性的著名作品《中国怎么了》等引起的风波之意义透视,来综合揭示此间"民族觉醒"的全息图景。笔者阅读此书,对"新文化史"那种纵横捭阖、综合立体的研究风格留下极深印象。应当承认,许多思想问题的民族主义意涵,也的确只有在这种多维历史关系的实际透析中,才能更好地了解与把握。①

葛凯所著《制造中国:消费文化与民族国家的创建》一书,则从近现代"消费文化"的兴起与"民族国家"创建之历史关系的独特角度,生动地揭示了民族主义在近代中国的成长及其影响问题。② 该书关于"男性形象的民族化"、"女性消费群体的民族主义化"的讨论,将社会史的性别关注与传统思想文化史的"民族主义"关怀有机结合起来考察,给人的印象相当深刻。此外,该书以民族资本家吴蕴初为例对"塑造爱国企业家"问题的讨论;以"民族主义商品展览会"为例,

① 见[澳]费约翰:《唤醒中国:国民革命中的政治、文化与阶级》(Awakening China),李恭忠、李里峰等译,北京:三联书店,2004年。

② 见[美]葛凯:《制造中国:消费文化与民族国家的创建》(China Made : Consumer Culture and the Creation of the Nation),黄振萍译,北京:北京大学出版社,2007年。在该书导论中,作者明确表示:"本书论证,消费主义在民族主义明晰化过程中扮演了一个基本角色,同时,民族主义对于界定消费主义也是如此。对所有商品进行'本国'和'外国'的区分,有效地产生了'叛国的产品'和'爱国的产品'这两个概念,这就使得民族主义塑造出了萌芽中的消费文化的基本形态。这种民族主义化了的消费文化就变成了一个表达场所,在这个场所里,'民族'这个概念和中国作为'近代民族国家'的概念是相关联的,他们都在被制度化,以及在被实践着。经由民族观念来解释商品消费,不但有助于形成'近代中国'的真正概念,而且也成为中国的老百姓开始认为自己是近代国家的公民这个概念化过程的主要途径。"(见该书中译本,第4页)该段文字不仅清楚说明了本书主题,也典型地反映了新文化史的方法和研究旨趣,故特引录于此。

对所谓"民族主义视觉认知"问题的论析等，也多新颖独到、别具匠心。特别是书中精心选配的各种精彩的图片，不仅有助于揭示研究主题的内涵，还能使读者展开相关联想。这也是新文化史研究能格外吸引人的魅力所在之一。

关于近代中国民族主义兴起史的研究，近年来也有两部带有新文化史研究风格的著作值得一提，一部是美国学者柯瑞达（Rebecca E.Karl）的《登上世界舞台：20世纪初中国的民族主义》①，一部是日本学者吉泽诚一郎的《爱国主义的创成——从民族主义看近代中国》②。前者从全球化环境和世界空间的形成展开，全球观念、世界意识与中国民族主义关系的角度，对20世纪初中国民族主义的兴起进行了独特透视。著作探讨了"太平洋"和"夏威夷"是如何成为"中国民族主义空间"的；菲律宾反美革命是如何被服务于中国人认知"殖民主义"目标的，布尔战争及其国民话语又是如何成为提升中国民族的知识和手段的，同时还涉及到"种族"、"殖民"、"亡国"、"膨胀主义"等等概念建制如何被用于上述书写这些全球性事件，以激发中国民族主义意识和运动的等等，一言以蔽之，即以一种世界的视野和综合的眼光，来生动地揭示当时中国民族主义的知识和话语生产的情形。后者则从海外移民与人种主义，都市秩序与国家意识、地理概念与历史认知、身体与文明化之关系、悼亡爱国者等多重视角出发，并围绕同胞团结意识的形成，中国一体性的追求等问题，探讨了近代中国民族主义形成的过程与特点，也不乏自己的独到之处。

其实，早在多年前，相关内容陶绪教授在《晚清民族主义思潮》③一书中也有过扎实的探讨，不过因缺乏类似的方法和视野，其所提供的问题意识和造成的认知效果，实与之有着相当的不同。

当然，目前以新文化史方法研究近代中国民族主义的不少著作，也存在某些不能让人完全满意的地方。除了因后现代意识过强所造成的偏颇之外，有些论著还普遍表现出"主题"思想讨论相对分散，归纳性研讨少，发散性思辨多，往往是火花四闪而论题频频转移，涉及内容庞杂众多而讨论难以深入，笔者以为，救

---

① Rebecca E.Karl Staging the World：Chinese Nationalism at the Turn of the Twentieth Century , Duke University Press，2002.

② ［日］吉泽诚一郎：《愛國主義の創成ナショナリズムから近代中国をみる》，东京：岩波书店，2003年。

③ 见陶绪：《晚清民族主义思潮》，北京：人民出版社，1995年，第75—134页。此前，俞旦初在《二十世纪初年外国爱国人物在中国的介绍和影响》等文，后收入《爱国主义与近代中国史学》一书（北京：中国社会科学出版社，1996年）中，也多曾涉及于此。

济之法可能是自觉将传统思想史研究的固有长处融合进来;或许也可以以传统思想史为主体,将目前新文化史的一些优点适当收容进去。总之,强化思想分析的力度,恐怕乃是目前近代中国民族主义研究的迫切任务之一。

在提升研究的思想力度方面,目前实有很多基础的工作亟需推进。比如,关于近代西方民族思想在华传播的问题,学界迄今便只是做过一些零散的研究,从没有系统地进行过清理。即便是关于"民族"概念的认知也是如此①,更不用说那些系统的思想著作和当时关于民族主义思想的相关研究成果了②。而这对于深化近代中国民族主义思想研究的意义却是不言而喻的。与此相关,一些与民族主义紧密相关的重要概念、观念和思想范畴,如"帝国主义"、"殖民主义"、"国际主义"、"世界主义"和"爱国主义"等,也需要对其在华传播和被中国各阶层人理解、运用的近代历史,进行专题的考察和系统的研究。它们不仅影响今人对于近代中国"民族主义"概念的认知,实际也是当时中国人进行民族主义动员、激发民族主义情绪的有力思想工具。

同时,从一般思想史角度着眼,对那些具有近代中国时代特色和深刻民族主义思想内涵的流行观念、理念、信念和命题等加以进一步关注和深入透视,也是提升目前民族主义研究思想水准的不容忽视的方面。除"中华民族复兴"理念和已深受关注的"国学"观念等之外,当时更为一般性的关于"民族自信力"的议题与讨论等,也具有深入挖掘的思想价值。

在近代中国这样一个落后被欺压的弱小民族里,特别是在屡遭外来民族的

---

① 比如,我们知道李大钊、吴文藻等人都在历史文化族群的意义上理解"民族",1914 年光昇在《论中国之国民性》一文(载《中华杂志》创刊号)中,也介绍了柏哲士的同样观点。最近笔者在阅读五四时期的有关资料时发现,美国思想家杜威在 1920 年初的中国也传播过相同思想。他在中国的一次演讲中指出"国家"(state)与"国"(country)和"民族"(nation)的不同时说:"'国'只要土地人民就够了,'国家'的重要成分却不仅在土地人民,而且在行使职权和能力的机关。这权力对外可以抵抗防御,对内可以执行法律。这便是国家的特性。'国家'又与'民族'(nation)不同。有相同的语言、文字、文学,及大同小异的风俗、习惯、思想,就可以算一个民族了。但民族不是国家。试看欧洲波兰等民族,久在那里想变成一个国家。这可见民族可以变成一个国家,却未必就是国家。有对内对外的威权,才是国家的特性。"(见杜威讲演,伏庐笔记:《社会哲学与政治哲学》,《晨报》1920 年 1 月 21 日)。

② 如被公认为西方民族主义研究两大开山之师之一的海斯的有关著作内容在华传播的情况,就缺乏关注。早在 1930 年代初,海斯(Carlton Hayes)的名著 The Historical Evolution of Modern Nationalism 就被译作《族国主义》在华出版,译者为著名人物蒋廷黻,他与近代自由民族主义的关系极为特殊。蔡乐苏、金富军的《蒋廷黻外交思想探悉》一文(《清华大学学报》2005 年第 1 期),对蒋氏翻译此书情形有所介绍。

军事侵略、政治压迫、经济掠夺、种族和文化歧视的时代背景下,"民族自信力"问题的重要性显而易见。该问题在近代中国究竟如何被意识、被提出,被讨论,不同的政党、思想派别又如何认识它并提出怎样的应对方案等等,至今仍是近代中国民族主义思想史领域缺乏专门研究的课题。

即便是广受关注、如今人们似乎早已厌烦的"国民性"(又称"民族性",还称"国性")问题,也还有从心态、思想和实践相结合的民族主义角度加以整合研究的必要。以往我们只关注"改造国民性"思潮及其文学渗透等问题,如今又乐于一味对其进行解构。其实许多问题都还没有进行深入细致的研究。不说别的,仅就这一问题的中西日三方互动关系及其对中国民族主义的影响而言,就有不少重要的文本迄今尚无人讨论。

至于中国人以西文著述、直接向西方抒发民族主义情怀,进行民族主义辩护、阐发民族主义思想的这一重要民族主义载体,目前就其整体而言,基本上还处于被忽略的境地,而它对我们认知近代中国民族主义的特征本应是大有裨益的。

全面加强中国近代民族主义的研究,当然不仅是一个提升思想分析能力的问题。如前所述,现今许多充满活力的民族主义研讨,恰恰是在那单调的"思想"把握之上,又添补和渗入了活生生的社会心理与政治文化实践等方面的内涵。不过,这却并不意味着可以从以上任何一个层面即能单独确定某种意识、思想和行为的民族主义性质。比如我们判断一种思想属不属于民族主义范畴,就不仅要看其主体者的心理层面,起码还要看其在思想层面是否认同民族主义的基本价值目标,是否使用现代民族主义的基本概念和词语,甚至还要看其思想主体者的相关行为。在这个意义上,笔者不太认同罗志田教授将那种主张所谓"超人超国"的近代思想现象也直接归结为民族主义范畴的观点,尽管其视角独特,无论是对于理解近代中国"超人超国"思想流行现象的形成、传播,还是对从心理层面来认知近代中国民族主义都有启发意义。同时,我们也不会不看心理和行为,就天真地给那些标榜"曲线救国"的思想及其思想者以"民族主义"的身份。

实际上,在研究近代中国民族主义的时候,既需避免仅停留在民族心理和情感层面,将民族主义泛化的理解和处理方式①,也要避免不深究思想内涵和历史的实际存在情形,仅满足于一味从逻辑上进行分类且乐此不疲的"理论"癖。适度地将情感、思想形态和社会实践结合起来认知,乃是近代中国民族主义历史现象所提出的内在要求,也是我们今后的研究需要进一步努力的方向。

(作者为中国人民大学历史学院教授、博士生导师)

---

① 耿云志先生在《中国近代思想史上的民族主义》一文中的意见与笔者类似,他曾强调:"民族主义会牵及民族感情,甚至可以承认,民族主义有其心理和感情的基础,但绝不可以因此将民族主义归结于感情,或停留在感情的层面上。"见李文海等五人:《"中国近代史上的民族主义"笔谈》,《史学月刊》2006年第6期。

近代中国的种族话语与"双重中心"观

谢　维

　　"在历史上,众多的研究已经将西方国家种族偏见的限度展现无余……然而,种族观念①在欧美以外的社会也同样兴盛,这一点就鲜为人知了。"冯客先生所著《近代中国之种族观念》②"前言"第 1 页中的这段话,我认为有一定的根据。③ 在我们这里,尽管清末革命派曾大谈"种族革命",但研究者一般都将之纳入"民族主义"范畴。其实,不只是今天的研究者,在清末民初,我们的前辈就往往将国家与种族混同起来。冯客指出,在 20 世纪初的留日学生那里,"种"与"国"是重叠的:"'国'和'种'在成组的短语如'爱种爱国'或'国界种界'中经常并置,这也对将种族的建构整合进民族主义者的观点做出了贡献……严复甚至

---

① 在此书中,"discourse"被译作"观念",似不甚妥。我以为,在中国大陆学术界,"观念"一般指主观性的思维,而"discourse"则含有对"客观"事物进行组织和构建之义,即它是"主观"对"客观"的一种"加工",如略去被加工的"具体材料",也就谈不上加工了。但在本文中,为求与译文统一,一般仍写作"观念"。

② 该著英文版出版于 1992 年,杨立华先生所译之中文版于 1999 年由江苏人民出版社出版。以下简称冯著,并只夹注页码。

③ 我所谓"有一定根据",并不表示笔者完全同意冯氏的看法:首先,种族观念与种族偏见不应混同或等同;其次,中国的种族偏见,无论在古代还是近现代,并非与西方国家的种族偏见"同样兴盛"。我还认为,冯著大体上依据西方后现代主义话语和学术范式来解读中国的史料和中国的种族观念,并由此导致了诸多偏差。其中主要是,第一,在一定程度上或在有的地方忽视了古代中国种族观念与近代西方种族主义之间的差异;第二,在分析近代中国种族观念的形成时,过分强调对中国传统种族偏见的"继承",而淡化了"西方冲击"所起的作用;第三,未看到近代中国种族观念中所包含的争取种族间平等的成分,甚至认为与西方相比,近代中国人对其他种族的歧视有过之而无不及(如冯氏认为,在西方,白人被视作在文明程度上高于有色人种,而在中国,其他种族被当作"非人类"的动物)。感谢匿名审稿人的指点,使我注意到孙隆基先生对冯客先生的两篇批评文章(见台北《中研院近代史研究所集刊》2004 年 6 月出版的第 44 期和同年 12 月出版的第 46 期)。对孙先生的许多批评文字我有同感,但因为拙作主旨是根据我对冯著的理解和发挥,介绍近代中国种族观念的演化脉络,以期国内学术界加强这方面的研究,故对冯著中的观点基本上不予置评。

公开宣称'爱国之情根于种性'。"(第 100—101 页)然而,革命派乃至清末民初的中国人在谈论"种族"时,究竟都想到了什么?准备说明些什么?对此我们确实未曾多思。而这也正是我做此书评的缘由。

种族:想象·虚构·实在

本·安德森写过一本书:《想象的共同体——民族主义的起源与散布》。他认为,民族(按:此为约定俗成的说法,我觉得,更准确地说,其实应作"国族")这种人类群体,并非自盘古开天地就有了,或者按现在科学的说法,并非在人类走出非洲时就产生了。民族是一种社会的建构,是在一定的社会情境下被人们自己"想象"出来的;而且,随着社会情境的变化,人们对于"民族"的想象也会不同。他写道:"事实上,所有比成员之间有着面对面接触的原始村落更大(或许连这种村落也包括在内)的一切共同体都是想象的。区别不同的共同体的基础,并非他们的虚假/真实性,而是他们被想象的方式。"①据此,种族也应是想象共同体的一种,但冯客比安德森又进了一步,他索性将种族的出现称作"虚构"。冯客说:"当然,'种族'是一种与客观事实无关的文化构造。类型变化如发质结构或皮肤颜色被社会群体主观地看待并加以文化上的构造:其中一些人可能会关注皮肤的颜色,而另一部分人则关心眼睛的颜色。这些生理上的差异自身并不引致文化上的差异,而是用来使角色的预期合法化:生理的特征被赋予了社会的意义。基于生理现象所作的区分并没有科学的根据。种族并不存在,它们是被虚构出来的。"("前言"第 2 页)②与安德森和冯客不同,近代中国人多认为"种族"与"民族"一样,都是客观存在的生物学实体。孙中山在《三民主义》的演讲中便指出:"人类的分别,第一级是人种,有白色、黑色、红色、黄色、棕色五种之分。更由种细分,便有许多族。像亚洲的民族,著名的有蒙古族、巫来族、日本族、满族、汉族。造成这种种民族的原因,概括地说,是自然力,分析起来,便很复杂。当中最大的力是血统。中国人黄色的原因,是由于根源黄色的血统而成。

① [美]本尼迪克特·安德森:《想象的共同体——民族主义的起源与散布》,吴叡人译,上海:上海人民出版社,2003 年,第 6 页。
② 我以为,在中文里,"生理的差异"亦属客观存在,因此,似不能说"种族"完全是一种"文化上的构造"或"虚构",而"与客观事实无关"。

祖先是什么血统,便永远遗传成一族的人民,所以血统的力是很大的。"(转见第114页)在这里,孙中山将民族作为种族下面的二级分类,但无论是民族还是种族,都被看作是实在的,所谓种族观念,不过是主观对客观的反映。① 由此我们看到,三个人分别持三种立场:孙中山将种族视为客观的,冯客将种族看作主观的,而根据上引"区别不同的共同体的基础,并非他们的虚假/真实性,而是他们被想象的方式",安德森的立场并非位于孙中山与冯客之间,因为他指出,虚假(或虚构)/真实的维度不适合作为构建人类共同体的基础;换言之,某一人类共同体是否存在,这不是一个非真即假的问题。

确实,从感知或物理(即冯客所谓"客观事实")的角度看,群体与个体至少有两个差别:首先,"个体"是分别且独立存在的,而"群体"或"共同体"则不同,单凭感觉无法将其"凝聚"成一个单独的实体(如家族、民族或种族),必须要借助"想象",赋予不同群体以不同性质。同时,依据这些性质在形形色色的个体之间辨识出他们的异同,进而将其分别纳入不同的群体。其次,如果有三个人站在一起,无论哪种文化的人都会同样认为他们是三个人,其"边界"清晰而确定,但如果是三个家族的人混在一起,旁人的看法便会见仁见智,因为其边界既不清晰又不确定。进而言之,每一个体,他的肤色、毛发、五官、颅骨乃至 DNA,均不相同。我们强调哪些相异或相似之处,忽略哪些相异或相似之处,以便将一些人视作一个整体,将另一些人视作另一个整体,这的确需要"想象"。但问题还有另一方面,即"想象"与"虚构"的关系。安德森曾强调指出,应对"虚构"(fabrication)与"创造"(creation)、"虚假"(falsity)与"想象"(imagining)加以区分。想象并不等于虚构,想象是需要客观事实的,比如客观存在的相似或相异。② 不过,我觉得,冯客将种族称为虚构的产物,是故作惊人之语,是为了强调自己的观点有意极而言之。应当说,冯氏至少有时会承认人们的生理区别对于种族的划分有一种基础性的作用,就是说,仅仅凭借"虚构"无法消除肤色、毛发之类的感觉差异。例如,冯著写道:尽管古代中国人也有"非我族类,其心必异"的说法,

---

① 在英文中,race 指生理维度的种族,ethnic 兼指种族与文化维度的族群或族裔,nation 专指政治维度的国族。细绎孙中山在这里使用的"民族"一词,既指以政治为基础的国族(如日本族),也指以文化为基础的族群或族裔(如汉族、满族)。

② 《现代汉语词典》"想象"词条列有二义:第一义,"心理学上指在知觉材料的基础上,经过新的配合而创造出新形象的心理过程";第二义,"对于不在眼前的事物想出它的具体形象"。其中第一义固然离不开"知觉材料",即使其第二义,亦需借助对具体形象的记忆。

但总体来看,"中国人对于外来者的态度充满了矛盾。一方面,一种文化普济(按:下文均改作'普世')主义的主张使得精英们断言野蛮人能够被汉化,或被文化和气候的有利影响转变。另一方面,当他们的文化优越感受到威胁时,精英们便诉诸人性类型的差异以驱逐野蛮人"。之所以有此矛盾,乃是由于中国在古代"只被在文化和生理上都会自然被同化的民族侵略过",因此,"生理上,蒙古人与满洲人与汉人的相对近似妨碍了以类型差异为根据的理论的发展";亦因此,到了近代,当被"在生理上不连续的"西方白人侵略时,中国人便很快从时有时无、时隐时显的"人性类型"的群体区分观念发展为广泛而明确的"种族类型"的群体区分理论。(第 29、28、56 页)总之,人们倾向于把体质(或生理)类型相似的人想象或构建成同一个种族,因此,一般说来我们不可能无视体质结构的差异而虚构一个种族,例如,我们不可能无任何感觉上的根据就将一个黑肤色的人识别成白种人。在做种族划分时,除其他标准外,必须有某种体质或生理的维度,我想这是种族与民族的重要区别。孙中山将种族称作民族的上位类别,原因或许就在于此。其实,冯客在第 28 页曾明确写道:"种群的思想被表达在像'群'、'类'和像'族'这样依据想象中的世系而构造出的范畴中。"在这里,"想象"的含义与上述"虚构"的含义似乎完全一样,由此观之,他也可能未充分意识到这两个词是有差异的。①

"虚构"意味着凭空构造,而"想象"则不同。就种族的想象而言,在客观方面,它需以生理特征为依据,在主观方面,它离不开一定的文化背景和一定的意识形态。这也就意味着,随着社会文化与意识形态的变化,种族也会被想象成不同的样子。于是,问题又延伸到想象与实在的区别。我认为,简单地说,"想象的种族"是变化的,而"实在的种族"则如孙中山所描述的那样,是在"自然力"(主要是血统)的作用下形成的,除非发生基因突变,是"永恒"的。对于这种将"种族想象"固定下来的"种族话语",这种使之自然化(或客观化)为生物实体的"种族话语",冯客谓之"种族类型学"。换言之,这种学说将人类明确分为其边

----

① 我认为,在人们的通常使用中,"想象"须以知觉为基础,而"虚构"则是凭空假造(即捏造)事实。不过在词典中,对这两个词的解释并非如此严格区分。《现代汉语词典》对"虚构"的释义为"凭想象造出来",这样,两个词的意思就差不多了。我未见冯客的英文本,故不清楚冯著用的是哪两个英文词。据《现代汉英词典》,通常有两个英文词可译为中文词"虚构":"fiction"兼有"想象"义,"fabrication"则无"想象"义。另外,"imaginary"一般译做"想象的",但偶尔也可译成"虚构的"。

界既清晰又固定的不同种群,且各有不同的起源。他说:"作为类型的种族观念是静态的。它将人类分成几个永久的种族类型,其中的每一种都被认定,自从他们在地球上出现以后便一直无变更地存在着。"(第 63 页)冯著多处提到,人们误将主观的符号当成了客观的实在,"然则符号世界设置背景并赋予变化以特定的意义。被符号化构造的意义、规则、传统、符号和价值的网络构成了一个集团动作于其中的结构系统"。(第 4 页)"种族范畴的所指随着社会文化环境的变化而变化。种族作为一个识别性的构造,随着集团动作于其中的符号世界的变化而发展。符号世界中的变更将导致识别性构造的更迭……集团采用的形式很大程度上具有暂时和无常的性格。集团内部感觉以及外部价值的变化将导致其成员身份界定的变化。集团成员的身份是一个只能在相关的背景、在与其他集团的参照中存在的概念。"("前言"第 2—3 页)也就是说,尽管组成"集团"的个体是客观存在的,但当其作为"种族"出现于人们的意识中时,它就成为一个"识别性的构造",成为被符号化了的相互区别的结构系统(或意义系统),当外部环境或人们的思想感情发生变化时,"种族"作为意义系统也会随之而变。比如早在古代中国,精英们便发展出了白/黑的二元对立结构,肤色白象征尊贵,代表劳心者,而肤色黑则象征卑贱,代表野蛮人,至少也是劳力者。然而到了近代,一旦转换成中国人/外国人的二元对立结构,肤色白就不再是"玉色",而是"灰白"或"白灰"之色,代表一种生理缺陷,一种病态,"白者寒瘦如蛤灰"。(第11—15 页)在第 78—79 页,冯客举了一个具体的例子以说明种族的边界可以被轻易地重新划定:"越南人和菲律宾人提供了一个研究容纳与拒斥的个案。这两个民族通常被划定为'棕色',但在反抗法国的斗争中,越南人突然发现自己被描述为'不许白种人鱼肉'的'真正黄人'……菲律宾人通常被作为黑色野蛮人而加以拒斥,但在 1898 年抗击美国的斗争中,他们被描述为'亚洲倡独立之先锋'。"这两个民族的肤色当然没有变,变的是识别性的构造。进而言之,所有社会群体,如阶级、宗族共同体,均如种族,有构建的因素。就是说,只要是与人类事物相关,便都是主观与客观共同作用的结果,不存在只有主观或只有客观。

"种族"的构建

作为想象的共同体,种族是构建出来的;想象也是一种构建活动。这里涉及两个问题,一是种族构建过程为什么会发生,即构建的动力来自何处? 有比较才有鉴别,而有标准才能进行比较。因此第二个问题便是,将人们区分为不同种族的标准是什么?

先来看第一个问题。冯客指出,在清末维新派的著作中有一种共同的观点,即严复在《天演论》中所说的,"合群者所以平群以内之物竞,即以敌群以外之天行"。(转见第98页)这句话的意思是,尽管物竞天择是宇宙间普遍存在的自然状态,但人类必须对此加以干涉,消除群体内部的竞争,建立和谐,使群体也像个体那样成为一个整体,以加强群体间的竞争。概言之,就是压制一类竞争并加强另一类竞争,与此同时,维新派便抹杀了一类差别而扩大乃至"制造"了另一类差别。如果转换到种族问题,便是种族内合作,种族间竞争。种族及种族间的竞争于是被建构出来了。冯著写道:"一种种族主义理论在中国的形成,也是新的识别框架的一部分……那些试图构造新的集团同一性的人,恰是最渴望给外来者确定一个否定性身份的人。"(第48页)此话虽"绕",但意思与上文所述完全一致——只有区别(排斥)"他族"才能识别(凝聚)"我族"。

重要的是,在冯客看来,人们并不是先构建出一个个种族,然后再投入"种战";事实上,种族与种战是同时发生的,二者互为因果,是"一条线索,两个过程",是"一体两面"。台湾学者王明珂曾谈到,"华夏"与"夷狄"不但是同时构建起来的,并且,两个族群是在争夺生存资源的过程中同时构建起来的。冯客的看法与之类似,其书中提及的诸多史实可以为证。第一例,宋元之际及元初,由于蒙古人的南侵和统治,汉人精英遂产生出构建种族的意识,以凝聚"我族"而排斥"他族",他们强调汉族与非汉族之间严格的二分和种族之别,而与传统儒家的文化普世主义相悖。于是才有了方孝孺这样的表达:"故先王(对胡人)以禽兽畜之,不与中国之人齿。苟举而加诸中国之民之上,是率天下为禽兽也。"(转见第24页)第二例,明末清初,种族之别被再度强调。顾炎武认为,野蛮人不可能被道德所转化,必须将野蛮人与中国人严格地分隔在不同的地区。王夫之更明确主张,气是宇宙中创造性力量,中国人与野蛮人分属于不同的气的种类,而宇宙的秩序基于种类之间的明确区分,所以,如果中国人不能将自己从野蛮人中划分出来,宇宙便会失序。(参见第26页)进入19世纪后,由于西方的侵略和"西力东渐",也由于其肤色差异,理论化的种族分类观念更是得到广泛传播。冯著第87页引用另一位西方学者的研究,叙述了黄遵宪如何由于在美国感受到种族歧视遂发展出一种种族冲突的进化世界观:"黄震惊于美国人反华情绪的激烈,并为加利福尼亚的中国人的低下地位感到羞耻",随后他写了一首歌词:"五大洲的和谐是不可能实现的。黑种人与红种人已经被白种人羞辱。现在白种害怕'黄祸'。什么是黄祸? 是我们,我们亚洲人。我们! 我们! 我们!"以上事例,在在都表明了种族话语的构建与人群之间的对抗和斗争如影随形,不可须臾离:形形色色的人们由混杂到接触,再到冲突,直至区分、界定,最终构建起各种各样的族群。当然也可以反过来叙述,总之是一个双向的过程,互为因果。

再来看种族的识别标准。从"实在"的观点来看,"标准"本不是一个问题,然而当我们转到"构建"的视角时,这却成了大问题。在近代中国,划分种族的最常用标准是肤色,但是,由于肤色的变化是连续的,因此在何处将其分断以便纳入不同的类型,就成为一个众说纷纭、争执不下的事情。在民众中较为流行的是三分法:黄种、白种与黑种。严复则一分为四,将东南亚和南亚区分为赭种:"盖天下之大种四:黄白赭黑是已。"(转见第63页)梁启超及绝大多数改良派把印第安人又分了出去,变成五分法:黄、白、红、棕、黑。到了民国时期,科学家朱洗提出了一个更加细致的十分法:"纯白(没有例证),红白(斯堪的那维亚人,德国北方人和英国人),灰白(地中海人),暗黄(美洲印第安人,印度—马来亚人和波利尼西亚人),黄褐(马来亚人),红褐、黑褐(澳大利亚人),深褐、黑和为中国人保留的纯黄。"(第125页)其实,无论三分、四分、五分乃至十分法,都是西学东渐的结果;而且,西方人的发明远不只这么几种,据梁启超讲,"把人类分成从1—63种的各种图式"皆有人提出过。难怪一位美国人类学家"将分类作为一个'徒劳的工作'搁置起来,因为无法在世界各民族间画出一条清楚的线索"。(第73、72页)然而在近代中国人中,这种"取消主义者"很少。

许多人都注意到了以肤色作为种族划分标准所导致的混乱。宫廷璋断言:南欧人实际上是黑色的,北欧人则是淡红肤色;而有些黑人又可以变白。他还说,美国人正在经历一种激烈的种族变异,黑人在变白,白人却变得皮肤微红。(第125页)陈映璜也注意到,高加索人的皮肤极少是白色的,即使是真正白肤色的北欧人在热带的阳光下也会变黑并生出斑点。肤色既然靠不住,一些人便想到用其他标准取而代之。陈映璜对毛发的结构进行了分析,并将人们的胡子做了分类。张资平同样选择毛发作为种族分类学最可靠的标准,并将种族分为直发与曲发两大类。而李济却坚持认为以颅骨和鼻子做标准最科学,至少对于中国人是如此。张君俊又提出,血型对于中国人才是最有效的标准。

在广泛搜寻划分种族的替代性标准之后,肤色的"权威"地位看来仍不可动摇。但是,即使在分成黄、白、黑、棕、红五大种族之后,通过"合群"以便"保种"的问题仍未解决。冯客指出:"在寻找内部集团的一致性时,中国人越来越多地转向黄色种族的观念。"(第53页)还在甲午战争之前,曾为"黄祸"欢呼,并用"同文同种"一语在中国人和日本人之间构建出"血肉相连感"的黄遵宪就已经指责日本人总是忽略不提其祖先是中国人这个事实。到1895年,据说李鸿章也转而呼吁中日之间应建立永久和平,"以使吾亚洲之黄种不为欧洲之白种侵凌"。遗憾的是,日本人却总是在做"脱黄入白"之梦。继李鸿章之后,梁启超于1898年到达日本不久,即开始大力宣传泛亚洲主义,要求与"唇齿兄弟之邦"日本建立友谊,他还建议"发明东亚学术以保存亚粹"(这也许是梁氏比照"国粹"造出来的词)。但"他很快就认识到这一乌托邦幻想从属于日本的军事扩张。此后不到一年,在《清议报》出第一百期的时候,泛亚洲主义的原则不再被提起。对亚洲种族构成的附带分析只是给中国授予了一个'较为高贵的黄种人'的称号。其他的亚洲人则被划分为'较为劣等的黄种人'"。(第79—80页)

对于清末的革命派来说,不仅"同种"的日本人靠不住,而且在国内也有"同种"之敌。一名留日学生写道:"白种者,天之骄子乎?蹙黑而黑微矣,压赭而赭灭矣,夷棕而棕亡矣。今且出其群魔竞逐、万矢齐发之手段,以窥伺我黄,以窥伺我黄之汉种矣。数百年来,能敌之者,惟成吉思汗耳。虽然,彼蒙古种,而汉种之公敌也,我不屑崇拜之,我惟崇拜我郑成功,彼能使欧权鼻祖之和(荷)兰逡巡让步,彼能使满族余奴之汉种发奋争先。"(转见第103页)邹容则更加明确地将黄种人分为主要的两支,一是"中国人种",包括汉、西藏和共用汉语的种族,二是"西伯利亚人种",由蒙古、通古斯和突厥民族组成。他强调指出:"吾黄种,吾黄种之中国之皇汉人种";而"吾同胞今日之所谓朝廷,所谓政府,所谓皇帝者,即吾畴昔之所谓曰夷、曰蛮、曰戎、曰狄、曰匈奴、曰鞑靼,其部落居于山海关之外,本与我黄帝神明之子孙不同种族者也"。(转见第108页)在革命派看来,种族的外延有大有小,黄种是大种族,以肤色来区分,但更要紧的汉、满等小种族,再靠肤色或体质就无法区分了。那么还能靠什么呢?靠更加细致地区分种族的起源,即血统。

所谓"种族",顾名思义,"族"讲的是凝聚在一起的人群,"种"便是指共同血统。冯客从词源的角度做了分析,认为"种族"一词的近代含义是从"族"字的含义发展出来的。他引用中国学者的研究结论指出,最初,"族"有两种不同的意义,一是由血缘关系结成的小集团,如家族或宗族,二是由居住在同一地区的人群(地缘)组成的大集团。后来,"族"这个字被用来仅仅表达血统的观念。(参见第 28 页)可以说,当"族"只具有血缘义而不再兼具地缘义时,便为人们以生物学家达尔文的物种起源说来转喻人种起源铺平了道路。严复在其论著中,便是地缘的"群"与血缘的"种"同义,可以互换。

血统与宗族之间存在着"天然的"联系。在冯客看来,中国近代的种族话语就是在宗族观念的基础上发展而来的:"在宗族之间内部冲突的基础上,维新者构造了种族之间外部冲突的表象。黄族的成员不得不与白族的成员抗争。"在谈到维新派以宗族比喻种族、以械斗比喻"种战"时,冯客又说:"随着集团的发展,共同性被创造出来,它作为识别的符号在内集团和外集团成员之间作出区别。'种族'是一个虚构的具有生理凝聚力的符号,能够在面临外国侵略时增强地域性的团结、维系对于世族的忠诚。"(第 66 页)无论宗族还是种族,自然都要讲血统和祖先,但宗族的祖先虽也有"拟制"的情况,而种族的祖先却几乎只存在于传说、神话之中。冯著写道:"血统的神话通过将黄帝的形象提升为民族的象征而被确定下来。黄帝是一个神话中的人物……他被作为汉族的始祖来欢呼,其画像被作为许多民族主义者著作的卷首。从 1903 年中期开始,许多激进杂志开始使用以假想的黄帝出生日为基础的日期。"(第 106 页)

追寻汉族的祖先当然不是发思古之幽情,而是初步接受了进化论熏陶的近代中国人在为救亡而探讨中国落后的原因——原因之一便是"优秀的原初种族"由于同"劣等种族"通婚而退化了。于是,华夏与夷狄之关系的老问题被重新提了出来。"(一位)为激进刊物《江苏》写作的作家,将初民和灵长目动物之间存在的差异比作文明民族和'劣等游牧民族'之间的差异,并继而号召中国人在他们朝向净土(极乐世界)的进步中远离这些'劣等种族'、加入到'文明民族'中去。"(第 99 页)尽管这种以"人兽之别"来比喻"华夷之辨"的极端说法并不多见,但在社会达尔文主义的影响下,蔑视"夷狄"的言论确是俯拾皆是,而且还常常是科学研究的结果。由于华夷之间的混居、通婚已有几千年的历史,所以李济便艰辛地着手追踪"吾群"(即黄帝之后裔)迁移的历史过程。首先,他假设同一起源的姓氏意味着同一种血统,继而他试图通过广泛调查,将黄帝创造的姓氏与其他部落的姓氏区别开来。其结论是,黄帝的种族("原始种族")是扁小鼻型,但此后来自西伯利亚的"长颅"的通古斯人(蒙古人是其分支)通过联姻冲淡了黄帝的神圣种族。李济最后说:"在将来,人们可以预料南方人的鼻型将会逐渐变窄,而北方人的头颅将重新变短。"黄帝的纯种类型于是得以恢复。如果说在李济的研究中对"夷狄"的鄙视尚不很明显,那么在张君俊的笔下则变得直截了当了。张氏认为,所有汉族的先祖都是 O 型血,而中国北方盛行 A 型血,这表明此地的汉族已经因野蛮人经常性的入侵而变得不纯了;但在南方,O 型血的人所占比例要比北方为高,特别是江苏和浙江,O 型血的集团占人口的 50% 以上。在完成了对纯粹汉族原初种族的考察后,张君俊继续考察历史上的"天才人物"的地区分布。其所得结果是,江苏和浙江远高于其他地区,而位于最北边的黑龙江,其数目为 0。(参见第 121—123 页)同样是数学计算,章太炎就比李、张两位更乐观一些,他宣称:"与汉民通婚媾,婚至七世,故胡之血液,百二十八而遗其一。今载祀五百矣,七世犹倍进之,与汉民比肩。"(转见第 153 页)如果以 30 年为 1 代,则 7 代 210 年后,存留下来的"胡种"便微不足道了。

从华夏中心到双重中心

如前文所述,系统性的、类型化的种族观念直到近代才在中国出现,而在古代,无论南蛮北狄,还是西戎东夷,大体上皆以"文"、"野"来区分,即是否属于农耕文明,是否接受了儒家文化。"昆仑奴"一类具有体貌差别的异族,一般只出现在神话、传说之中。也可以说,古代中国人是在以文化为标准区分民族,而非以体质为标准区分种族。如果我们把作为意义系统的种族观念放在长时段中考察,并且以体质与文化作为两个基本维度,则种族观念的变化就会看得更加清楚。为行文方便,我将这个连续的变化过程分为三个阶段:古代、19 世纪和 20世纪。

(一)古代:华夏中心观

在费正清那一代学者看来,中国古代的种族观念属于文化主义或文化普世主义:"经书被认为已经穷尽了世界或'天下'的真相。世界被看作名为'大同'

的同质的统一体……受其文化优越性的假设支配的统治精英,根据一个标准来衡量外来的集团,凡是那些不能行'诸夏之道'的便被认作为'夷狄'……这一世界观被假定为至少产生了一个价值倾向:它消除了种族差别,强调文化的连续性。一种'用夏变夷'的理论得到了强有力的提倡。这一理论相信野蛮人在文化上可以被同化——'来化'或'汉化'。"(参见第4—5页)然而,从1960年代开始,另外一些西方学者对这种观点提出了挑战。他们认为,早在欧洲白人侵略性扩张之前很久,种族偏见就已经在有色人种中存在了,"发生在种族概念中的对西方人的反应,被附加于远在这一遭遇之前就已根深蒂固的关于种族和肤色的态度之上"。他们引用最多的便是《左传》中的那句话:"非我族类,其心必异。"(参见第3—5页)

在冯客看来,文化主义和种族主义观点所采用的都是西方的概念架构。这一架构在文化与种族之间做了明确的区分;而实际上,"生理的构造和文化的状况在中国的古代是混淆的"。(第5—6页)应该说,古代中国人确曾产生出类似种族主义的观念,如所谓"戎,禽兽也",所谓"五方之民,各有性也,不可推移"。(转见第6、10页)特别是在北方游牧民族的南侵加剧之时,文人儒士更是经常谈论此类话语。南宋时的陈亮曾这样表达"汉贼不两立"的看法:"中国,天地之正气,天命之所钟也,人心之所会也,衣冠礼乐之所萃也,百代帝王之所以相承也,岂天地之外夷狄邪气之所可奸哉!"(转见第22页)陈亮将中国传统概念"气"做了类别的区分,即正气与邪气,值得注意的是,他所谓的正与邪是绝对的二元对立,而不是像温度的冷与热、颜色的深与浅那样连续变化的统一体。明末清初的王夫之同样以"气"作为其种族观念的基础,但他对于天地万物不同类型的区分更趋严格,认为宇宙的秩序取决于种类之间的明确区别,中国人属于"天气",野蛮人属于"间气"(杂驳不纯之气),万无"互相淆杂之理":"夷狄之与华夏,所生异地。其地异,其气异矣。气异而习异,习异而所知所行蔑不异焉。"(转见第26—27页)冯著认为,王夫之种族纯化的政治思想,其逻辑的结果是对文化普世主义的抛弃。但这还只是个别思想家的种族观念,在整个精英阶层似乎仍是文化主义居于主导地位,孟子所说的"吾闻用夏变夷者,未闻变于夷者也"(即只能是夷狄接受华夏文明,而不能是华夏接受夷狄文明,这显然属文化主义),继续被宋明之后的儒家正统所遵奉。

（二）19 世纪：相对主义的多中心

进入 19 世纪以后，特别是鸦片战争之后，海禁大开，通商口岸开始出现且不断增加。作为这种变化的结果之一是西方人的到来乃至涌入，这使得中国人的种族观念开始发生根本性的变化。无论是在体质方面还是在文化方面，中国/西方的二元结构都远异于古代华夷之辨的二元结构。在体质方面，开始主要依据肤色对族群作类型化区分，如黄种、白种、黑种；在文化方面，一种中学、西学各有其体亦各有其用的文化相对主义开始取代华夏中心的文化普世主义。

冯著第 32 页指出，比较近代种族观念变化的内因与外因，中国社会的内部变化是基本的，而西方的冲击是次要的："19 世纪西方人的军事和经济实力摆出的威胁姿态并非毫无意义，但它也许被夸大了……外国的军事威胁无论就其强度、范围以及持续时间都根本无法与中国内部的军事挑战相比，如被描述为 19 世纪最具破坏性的战争的太平天国起义，就至少有 2000 万人死于这场战争。而且，西方的经济冲击是如此的微不足道，以至于它被恰当地描述为'大象耳朵里的一个跳蚤'。事实上，中国商人从外国公司提供的运输和金融便利中获得了好处，并且在与欧洲合伙人共事时发展了他们的事业。"冯客在这里谈的是对于西方军事和经济力量应如何看待的问题。我认为，他低估了西方在近代中国变化中所曾起到过的作用和影响，至少在种族观念的问题上是如此。冯著在第 56 页写道："种族的意识首先出现在那些与外集团有着大量接触的人中间。特别是广东地区和沿海区域通常最先产生出种族一致感，这种一致感逐渐传播到整个国家。"种族意识为什么会首先在沿海地区出现？还不是因为西方人的频频"光顾"！虽然中国社会内部的传统因素可以说是基本因素，但它们不会使中国发生在近代实际发生了的那些变化，比如像军事的"船坚炮利"，又比如像工商业的"奇技淫巧"。进而言之，上面引文中作为"中国中心观"案例所提到的太平天国运动与中国商人赚钱，亦与西方的作用分不开。若无基督教的传播，虽仍会有农民造反，但很可能只是寻常的天地会起事；若无西方工业的冲击，商人仍旧要赚钱，但方式也会大不相同。其实，冯客自己就从文化的维度写道："由军事实力、经济力量和组织能力支持的欧洲人的出现，使儒家的精英们面临着一个多歧的符号世界。由于它的真实存在，西方人的社会宇宙论证明儒家的世界观纯粹是相对的。中国的知识分子越来越发现他们运作于其中的儒家世界既非全部又非绝对。"(第31页)如果我们比较一下西方入侵前与入侵后士大夫的不同言论,华夏中心观的被迫放弃与儒家世界观的相对化便会无可置疑地显现出来。宋末元初的郑思肖,隐藏于江南民间从事秘密写作,将蒙古人描写为"非人类",喻为"犬与羊"。(转见第23页)明末清初的顾炎武,断然拒绝野蛮人能够被道德说教所转化,坚持必须将野蛮人与中国人分隔在不同地区。另一方面,清末的魏源曾称赞美国联邦制"其章程可垂亿世而无弊";此后,冯桂芬又有言,中国"人无弃才不如夷,地无遗利不如夷,君民不隔不如夷,名实必符不如夷"。一为"西夷"入侵,一为"北夷"入主,魏源、冯桂芬与郑思肖、顾炎武相比,其看法有着霄壤之别。

在19世纪,从文化的维度看,华夏文明和儒学权威被相对化了;从体质的维度看,则是古代的"人种类型"说法被接受了社会达尔文主义的近代中国人所"升华"。冯客认为:"与19世纪上半叶欧洲人的种族思想相比,中国的种族观念直到19世纪90年代才被很好地理解为防御性的类型化过程。在达尔文之前,欧洲的类型学将人类分成几个永恒的种族类型,其中每一种都被认为自从它在地球上产生开始,便没有任何变化地存在着。尽管这种类型学在19世纪的中国也可以找到一种胚芽的形式,但它远没有达到理论化的水准。"(第34页)这段话有两个词需要解释:一是"防御性",意谓由于欧洲人全球化大扩张的脚步从东南西北各个方向逼近中国,为应对"数千年未有之变局",也为加强凝聚力,中国人不得不构建新的认知图式以解释新的情境;二是"理论化",意谓古人那些感性认识零散评说被近代中国人发展为由抽象概念组成的、内涵清晰的逻辑系统。

就是说,近代新的认知图式并非凭空发生,而是在传统图式的基础上演化出来的。冯客明确写道:"在中国,从最早的时期起大量有关野蛮人的想象便在这一纯粹偏见的基础上建立起来。其结果是,对外集团的感受变为高度典型化的模式。19世纪,外集团的种族类型从这些传统的模式中发展起来,目的在于保卫一个业已受到威胁的符号世界,提高集团凝聚力,补偿被降低了的自尊。它同时也增强了种族意识。"(第55—56页)冯客认为,对于外集团的妖魔化就是从"胚芽"到"类型"连续性的一种痕迹。在古代中国流传的许多神话都描述了在远离华夏的世界边缘有各种各样奇形怪状的半人半兽。如《山海经》就记载有"一目国"、"三首国"和三只眼睛的野蛮人。在19世纪上半叶,这种"妖魔化"依旧存在,只是更加精致了。如"以其对研究的强烈兴趣和自由思想而著名的重要学者"俞正燮,据称他观察到了外国人与中国人的生理结构有下列区别:外国人的肺有四叶,中国人有六叶;外国人的心有四窍,中国人有七窍;外国人的肝在心的右边,中国人在心的左边,等等。(转见第 41 页)把毫不"科学"的无稽之谈讲得如此煞有介事,这正表明了当时的中国人在努力地"睁眼看世界",看那个西方人带来的陌生却又充满威胁的世界。因此,在 19 世纪前半叶的中国,无论官方还是民间,"许多文本将英国人称作'洋鬼子'、'鬼奴'、'番鬼'、'岛夷'、'碧眼夷奴'和'红毛番'"。(转见第 35 页)这些蔑称,不仅表达了冯客所指出的鄙视与排斥,更含有莫名的恐惧,因为无法用传统的夷夏之辨为其定义,将其归类。而种族类型化,正是纾解这种焦虑的有效方法。

类型化的过程也是等级化的过程,无论人种是三分(黄、白、黑)还是五分,各种族彼此并不平等。而且,尽管这一时期的中国人对于所有外国人皆有傲慢之词,但在程度上却大大不同,他们对于黑人更为鄙视,对白人则要尊敬得多。在 1848 年出版的《瀛寰志略》中,徐继畲对于黑人和白人皆有描述,但"先倨后恭"之状判然。关于黑人,他写道:退化的黑色野蛮人居住在所有大陆中环境最差的一个大陆——非洲,"那里天气酷热、充满瘴气而且瘟疫频仍";埃塞俄比亚人"居于洞中捕虫为生";西非黑人"半裸其体不避阴阳",任意婚配。关于白人,他则写道:"欧罗巴之人长大白晰,隆准深睚黄睛(亦有黑睛者),须多边鬓,或绕颊,有条直似中土者,有拳曲如虬髯者……发留二三寸许,长则剪去。"(转见第47、43 页)在徐的笔下,黑人同野兽差不多,而白人则与中国人类似。薛福成更是明确写道:"自过香港以后,历观西贡、新加坡、锡兰岛诸埠……其土民皆形状丑陋,与鹿猪无异,仍有榛狉气象。即所见越南、缅甸之人,及印度、巫来由、阿剌伯各种之人,无不面目黝黑,短小粗蠢,以视中国人民之文秀,与欧洲各国人民之白晰魁健者,相去奚啻霄壤。"(转见第 84 页)

(三)20 世纪:西方中心与"我族"中心并存

1895 年以后,特别是进入 20 世纪以后,文化普世主义在中国知识精英中再次逐渐流行开来,只是这次流行的并不是儒家学说,而是西学。在 1895 年以前的过渡期,相对于儒家学说,西方思想还只是一种补充性的知识来源,但到了此时,它已经俨然成了替代性的意义系统,成了合法性的权威。实际上,近代中国人真正探讨西学内涵及学理的并不多。冯客将此种现象称为西方中心主义的"投映":"本土的思想被投映到西方思想上。'西方思想'的中国观念被树为一种图腾,它包含所有失落的理想,它结合未来的幻想,它认可变化;它成为希望的仪式化表达。随着帝制系统的消亡和儒家世界秩序的解体,'西方思想'被用作一种外在的合法性资源。"(第117页)这里不准备讨论在近代的"中国化西学"中有多少是中国人自己的东西,无论如何,对西学不管是真懂还是假懂,它已经代替儒学成了霸权话语的符号,代表着真理。"随着1911年帝制系统的崩溃,儒家精英的社会基础、政治权力和意识形态功能消失了。传统的符号世界解体了。儒学失去了它作为一种无所不包的参考框架的权威。西方逐渐被视为权威的一种替代性资源,而一种复杂的参考系统也逐渐被重新建立起来。西方标签如'赫胥黎'和'赫克尔',被贴在那些被视为与西方思想流派一致的本土思想流派上。一旦某个标签得到了充分的接受,它的权威可以通过与'主义'的结合而进一步提高,'赫克尔'可能成为赫克尔主义。一个知识分子将首先利用'赫克尔'的标签建立自己的权威,然后阐释'赫克尔主义'来支持他在学术共同体中的地位。(但)只有极少的赫克尔著作被译成中文。"(第138—139页)从冯著看,这种做法在清末尤其在民国年间相当普遍,如对于一个大学教授,赫胥黎成了"不可或缺的学术权威",布林顿"只不过是一个贴在一种自身发展起来的系统上的标签",而绝大多数作家都会援引德国人类学家布鲁曼巴赫。"通过这样做,他们证实了其专门知识并使其在共同体中的权力地位合法化。"(第140页)这段话显然采用了"文化政治"的视角。

虽说冯客似乎过分强调了"西学就是权力",但不管怎样,在20世纪上半叶,由西方所代表的工业文明对于中国人,尤其是绝大部分新近出现的中国"城市精英"的诱惑力几乎是不可抗拒的。"在这一经济发展的'黄金时代',像北京、天津、南京、上海、武汉、广州等,开始成为现代化的前沿,并成长为包含新社会阶层的大都市。在这些地方,城市精英与小市民摩肩接踵。富足的买办、有影响力的学者、富有的商人以及新兴的富人与小资产阶级、手艺人、劳工、教师和记者混在一起。"(第115—116页)古代中国曾出现过数次异族入主中原的情况。元初,许多士大夫"在中国南方的道观里避难,拒绝为异族征服者服务。1305年,邓牧和叶林在绝食两个月后死去"。清初,类似现象再度出现,许多士人在抵抗失败后便退出政治生活,或藏身民间,或隐居山林、庙宇、道观,他们认为替野蛮人的统治服务是耻辱之事;其中更有些人从事著述,或隐或显地表达反满思想,顾炎武、王夫之、吕留良皆其例。古代的"退隐山林"与近代的"涌入城市",这种巨大反差十分鲜明地表现了"西学"和工业文明的难以抵拒的诱惑力。可以说,"西方中心观"不仅存在于研究主体(当代的历史研究者)的意识中,而且存在于历史主体(近代被研究者)的意识中;西方中心观不仅为西方人所发明,而且中国人亦参与了对它的构建。

从古代的"华夏中心观"到近现代的"西方中心观"无疑是一个巨大的变化,但这只是文化维度的改变,从"种族"的角度看,绝大多数的近现代中国人仍坚持了"我族中心主义"(或曰族群中心主义)。为什么中国人一方面承认"事事不如(白)人",另一方面又坚持我族中心主义? 原因之一在于,后者是人类共通的一种"集体无意识",理性的思考虽可以改变其表达形式,却没办法消除它。正如冯客所说:"每一种文明都有一种种族中心主义的世界幻象……古代印度将亚(雅)利安人的净土与'野蛮人'的地域对立起来。"(第7页)西方种族中心主义幻象在形式上虽有所不同——它将世界分成亚洲、欧洲和非洲三大部分,而不是中心与边缘的二元对立——但"地球的三分法被与诺亚的三个儿子联系起来",诺亚当然是个白人。

在我族中心主义的驱使下,许多中国人强烈反对白种人优越的信念及其种族歧视,"绝大多数中国人仍然认为我们的种族相对于我们较浅或较深肤色的邻居具有内在的优越性"。陆新球确信:"从科学的观点看,我们身体结构也有许多优越之处。"黄文山保证:"中国人不是劣等的种族。中国人的智力和体力不弱于任何种族。"(转见第141—142页)由此观之,我们研究中国近现代史时,只讲西方中心观是不够的,而应讲"双重中心观"。

与具有逻辑一致性的理论不同,双重中心观是矛盾的,它一方面要求人们坚持"民族本位",另一方面又要求"见贤思齐","见异思迁",追求进步。换言之,既要做根本性的改造,又不能把"根本"改造掉。这个矛盾反映在人们以不同方式来论证"保种"的必要性上。清末,梁启超、唐才常等人的论证比较简单。他们认为,世界上的种族可以分成两类,一类是"贵种"或"优种",此类种族既是"历史的"(即能够创造自己的文化并有能力不断进步),又是"合群的";另一类正好反过来,是非历史的,是"贱种"、"劣种",其自身带有无可救药的遗传缺陷,因此命中注定要被前一类所征服和灭绝。红种、棕种和黑种已经或濒临灭绝,这恰好证明了其属于后一类,而未来将是有"历史"的白种人和(或)黄种人(主要是中国与日本)的。(参见第 63、74—75 页)

随着西学在中国的传播,不少知识分子开始洋为中用,从不同于晚清学人的角度去论证"黄种人优越"。其中,第一派可称作"实证派"。1894 年,为了解释中华文明何以能够在数千年前便与西方大体同时地发展起来,西方历史学家拉科伯瑞提出了"中国种族派生自西方种族"的理论。他说,起源于中东的一个族群由黄帝率领,在公元前 23 世纪左右到达了今天的甘肃西南部,并在那里永久地建立了中国。这个理论在 20 世纪初传到中国后,很快便引起了一些人的兴趣,黄节等人曾加以介绍和鼓吹,并有所发挥,而且至少到 30 年代仍有影响。如卫聚贤在 1933 年的文章中,引用了许多历史资料来证明,夏代人与雅利安人一样深目、高鼻、胡须厚重,所以"夏种族……当为高加索种"。(转见第 120—121 页)他于是就在白人(高加索种)、黄帝(传说)、夏代之人(有史籍为证)三者之间建立起了血统的联系。不过,也还有反方向的发挥。如章太炎虽然赞成拉科伯瑞关于中国种族与欧洲种族具有共同起源的理论,但章氏却把这个理论颠倒了过来,认为起初的种族是黄种人,而白种人才是派生的。考古学家林炎反对所有将"中国种族"的起源追溯到外来移民的理论,通过考察周口店北京人,他得出结论,中国的种族从文明的最早阶段就繁衍于中国的土地上,而且中国居住着"地球上最古老的居民"。(第 122 页)蒋智由则对赫克尔的理论做了改造,认为白人和黑人出自非洲的类人猿,而黄种人出自亚洲的猿人。胡炳雄把研究又向前推进了一步:东方的猿猴高大而没有尾巴,西方的猿猴矮小而更"像动物"。(第 68—69 页)第二派可称作"科学派"。体质人类学家吴定良注意到"颅门不闭"通常是由于额叶比较发达,而这又与种族优越性相关,他考察了大量颅骨后得出结论,中国人"至少与欧洲人一样优秀"。张君俊接受了脑容量与智力相关的西方理论,并进而再与体重联系起来,他说:"我们汉族人的平均体重与欧洲人相比为轻,而脑重则几乎与欧洲人相同。因此,从相对脑重看,我们汉族人要优于欧洲人。"(转见第 130—131 页)

虽说中国人把自己视为与欧美白人同样优秀的种族,但近代中国的落后挨打是无法否认的事实;而且欺侮中国人的白种人绝不肯承认"黄皮肤、直发的种族"与他们同样优秀,"欧洲人宣称中国人很快就会退化成动物"。(第 141—142 页)红、棕、黑等肤色更深的种族的"灭绝"(时人谓之"白祸"),以及我族中心主义与"他族"所施予的种种屈辱相互激荡,使众多的中国人生发出一种"依自不依他"的、反宿命论的主观战斗精神。"在改良主义者的思想世界中,中国正在被衰落和更新这两种相互冲突的力量撕裂。它要么混入失败的退化种族,要么加入优越种族的行列。一个更为崇高的理想号召是:中国人能够征服白种人并统治世界。梁启超宣称……'然我中国人种,固世界最膨胀有力之人种也。英法诸人,非惊为不能压抑之民族,即诧为驰突世界之人种,甚者且谓他日东力西渐,侵略欧洲。'关于'黄祸'的文章被从外国的报刊上摘出,然后在改良主义者的主要机构中翻译和发表。"(第 77 页)对于梁的宣传文字当然不必过于认真,但联系到上文提到的黄遵宪写的歌词("什么是黄祸?是我们,我们亚洲人"),可以看出,当年信奉物竞天择、优胜劣汰的社会达尔文主义者们并不讳言"黄祸论",反而持一种欢迎的态度。

探讨近代中国的种族观念,这个问题似应引起中国近现代史研究者的注意。种族观念问题不应附属于民族主义问题,后者强调文化与国家的维度,而前者则强调感性或体质的维度,尽管二者亦有相互重叠之处,但对它们做分别的研究,并进而研究二者的相互作用,似乎仍是可取且必要的。因为,虽说北方"野蛮人"对于中原的侵扰和威胁数千年来始终存在,但古代中原人对"披发文身"黄面孔的感觉与近代中国人对金发碧眼白皮肤的感觉肯定不一样。这种不同到底产生了什么样的影响,确实值得深究。中国近现代史学界一直以来就重视对理性思维的研究,却相对忽视了分析感性的东西。近年来,海内外皆有学者呼吁要研究历史主体的"感觉",人们所谈论的"回到历史现场"或借鉴人类学的"参与式体验",也涉及感觉的问题。我想,对于探讨种族观念问题,"感觉分析"当会有用武之地。当然,这不是要否认理性和思维。实际上,在人们的意识活动和社会实践中,知觉与思维、具象与抽象、无意识与意识、身与心本来就是不可分的。英国人类学家赫兹菲尔德指出:"感觉既是身体行为,也是文化行为:视觉、听觉、触觉、味觉和嗅觉不仅是理解物理现象的手段,也是传递文化价值观的渠道……例如,味觉造成社会界限,并不是因为某些气味本身难闻,而是文化将其规定为难闻的气味。(只要想想东南亚人对榴莲果的喜爱和欧洲人的厌恶之间的巨大反差,问题就立刻一目了然,味觉和美学标准一样具有文化相对性。)……事实上,把不易记录的官能与污染和洁净方面的概念——难闻的味道、讨厌的声音、恶心的触摸——联系起来,也能得出同样的结论。""正如对

'脏'进行规定的秩序概念一样,感官的体验必须与所谓'常识'保持一致,即在任何一个既定的社会里,都必须与该社会所公认的那些不言自明的道理保持一致……感官研究抵制人类学式的相对主义,因为相对主义威胁着我们潜意识中所珍视的感觉,因此也就威胁着超验'常识'的思想。事实上,词源学上把'感官'和'味觉'之类的术语分为两类——大脑的和感官的,这正好说明笛卡尔以及更早的西方哲学家关于人脑与人体分离的假说在何种程度上控制了我们的意识。"①这段话对于种族观念的研究应具有启发性,它不仅表明感觉与常识(文化)密不可分,而且指出,无论仅只强调感觉抑或文化,均属笛卡尔身心二元论的思维方式,都不正确。从感觉方面看,人类有着基本的共通性,故相对主义是错误的;从文化方面看,人类又是千差万别的,故普世主义也是错误的;感觉与文化不可分,故把两个"主义"叠加在一起才是可取的研究途径。

(作者为中国社会科学院近代史研究所编审)

---

① [美]麦克尔·赫兹菲尔德:《什么是人类常识》,刘珩等译,北京:华夏出版社,2005年,第268—269页。

求真与致用的两全和两难

——以顾颉刚、傅斯年等民国史家的选择为例

李　帆

　　历史学本系求真之学。何谓求真？如何求真？在事实判断层面似无多大争议，可一旦上升到价值判断层面，便有无穷之争议，特别是当史家基于一己之求真理念所形成之主张与社会现实需求相违时，围绕价值判断而生之困境即如影相随。民国年间，顾颉刚、傅斯年等史家皆曾遭逢此困境，其中以两个案例最具代表性，即顾颉刚编初中教科书《本国史》所涉之风波和关于"中华民族是一个"的学术论争。这两个案例集中体现了学者个体学术主张和现实（时代）需求之间的纠葛。尽管学界已出现若干分别对这两个案例进行研究的成果，或从政局变化、国民党思想控制、学派纷争以及出版业间的利益竞争等角度，探讨顾颉刚所涉教科书风波的缘由和影响[1]；或对抗战时期关于"中华民族是一个"的论争从政治史、思想史乃至民族学、人类学的角度展开系统研讨，涉及到争论各方的学术立场、政治态度、朝野反响等具体现象[2]。然则这两个案例背后具有根本性意义的因素——历史事实和价值判断之间的关系以及史家怎样在这两者间平衡等问题，即顾颉刚、傅斯年等史家求真与致用的双重情怀如何展现，学术追求和现实政治如何协调，专业研究和大众普及的关系如何处理，等等，还缺乏深入研

---

[1]　如刘超：《学术与政治：〈现代本国史〉教科书案》，《史学月刊》2006年第7期；李长银：《一件关乎民国年间政、学、商三界的重大事件——1929年〈本国史〉教科书案新探》，《历史教学》2014年第10期，等等。

[2]　如周文玖、张锦鹏：《关于"中华民族是一个"学术论辩的考察》，《民族研究》2007年第3期；马戎：《如何认识"民族"和"中华民族"——回顾1939年关于"中华民族是一个"的讨论》，《中南民族大学学报》2012年第5期；黄克武：《民族主义的再发现：抗战时期中国朝野对"中华民族"的讨论》，《近代史研究》2016年第4期；黄兴涛：《重塑中华：近代中国"中华民族"观念研究》，北京：北京师范大学出版社，2017年，等等。部分成果被编入马戎主编：《"中华民族是一个"——围绕1939年这一议题的大讨论》，北京：社会科学文献出版社，2016年。

析。讨论这些方面,不惟会推进此一领域的研究工作,更为关键的是能就此解决一些带有普遍性意义的问题。基于此,本文拟在这些方面做一点初步探讨,以求有所创获。

一、历史教科书:个体学术主张与政权意志的两难取向

1922年春,经胡适介绍,顾颉刚开始为商务印书馆编写一部初中本国史教科书。为了在限定的时间内完成这项工作,商务印书馆又邀请顾的好友王伯祥(原名王钟麒)与其合编。这部贯通古今的历史教科书出版之后,颇受教育界及学术界的欢迎。该书上册于1923年9月初版,至1927年9月共出55版;中册于1924年2月初版,至1926年1月共出25版;下册于1924年6月初版,至1926年1月共出24版。① 总体发行量非常大,而完全由顾颉刚编写的上册②,出版次数尤多。上册由"总说"和上古史、中古史构成,是全书的精华所在。

这样一部具有广泛影响的教科书,却于1929年春遭遇被查禁的厄运。先由山东曹州重华学院院董丛涟珠、院长陈亚三等呈请禁止,继由山东省参议员王鸿一提出专案,弹劾该书"非圣无法",戴季陶认定这部历史教科书是一种惑世诬民的邪说,足以动摇国本。国民政府十七次国务会议由此决定由教育部查禁,通令全国不准采用。③ 这即是当时沸沸扬扬的《本国史》教科书案。该案的核心是王鸿一所说的"非圣无法"问题,主要指《本国史》"不承认三皇五帝为事实",即由顾颉刚编写的上册书中的内容引发的。那么书中是如何表述"三皇五帝"的呢? 大体有如下述:"自从地面上初有人类以后,一直到所谓黄帝时,都是鸿荒之世,实在的事迹,还是暧昧难明。只要看这黄帝的称号,便可与再前一点的炎帝一类同样看待,或许是后来的人推想出来的一个奠土建国的古帝,便用什么五

---

① 张守智主编:《民国时期总书目·中小学教材》,北京:书目文献出版社,1995年,第217页。
② 有文章指出:"从《顾颉刚日记》中对写作进度的记载来看,《本国史》上册应是顾颉刚所写。"见王红霞:《〈现代初中教科书·本国史〉与顾颉刚的史学思想》,《史学月刊》2014年第8期,第14页。
③ 阿斗:《一件比蒋桂战争还要重要的事》,曹伯言整理:《胡适日记全编》第5册,合肥:安徽教育出版社,2001年,第380—381页;顾潮编著:《顾颉刚年谱》(增订本),北京:中华书局,2011年,第193页。

行里的土德来表示他。""尧、舜的传说,为后世所崇信;我们看惯了,遂以为古代真有一个圣明的尧、舜时代了。其实尧、舜的故事,一部分属于神话,一部分出于周末学者'托古改制'的捏造;他们'言必称尧舜',你造一段,他又造一段,越造就越像真有其人其事了。"① 如今看来,顾氏所述实为常识,并非惊天动地的见解,放到当时的学术界也属平常。但在 1929 年的国民政府眼里,则为大谬不然、足以动摇国本的看法,非禁止不可。何以如此? 恐怕需从教科书的特殊身份及所关联的学术、政治与现实纠葛入手予以探讨。

众所周知,历史教科书是近代分科之学的产物,以"教科书"形态进行历史撰述在中国始于 19 世纪末,首先由来华西方传教士从事于此。传统中国社会虽然也有一些蒙童读物,但与近代意义上的教科书有本质区别。历史教科书成为大家共同关注的问题,则是在 20 世纪初清政府颁布新学制以后。这是由于新学制开启了现代教育体系与制度,现代教育制度下的历史教科书不同于普通读物,它是学校历史教育的主导资源,是一般民众普遍历史观的主要来源,所编内容和观点不仅反映了学者对待历史的态度,同时也反映了国家政权的倾向,某种程度上甚至体现着国家意志,所以才有课程标准的引导和审定制度的约束。不过尽管如此,清季和民国之时,并未出现严格意义上的国家统编历史教科书,而是由具有独立身份的编者和出版机构合作,各自编写总体上遵循课程标准的教科书,形成所谓"一纲多本"的格局。

顾颉刚编写《本国史》上册之时,正逢北洋政府教育部颁行《初级中学历史课程纲要》之际,《纲要》内容很简略,上古史部分主要规定要写明"中华民族神话时代之传说,及虞夏商周之文化",并未言及民族起源、民族认同等方面。② 依此规定,顾颉刚所写内容并无不妥之处,完全合乎要求。而到了国民政府时期的1929 年,教育部又颁行了《初级中学历史暂行课程标准》,该《标准》详细规定了初中历史课程的目标、时间支配、教材大纲、教法要点等事项,在课程目标中首先规定要"研求中国政治经济变迁的概况,说明近世中国民族受列强侵略之经过,以激发学生的民族精神,并唤醒其在中国民族运动上责任的自觉"。在教材大

---

① 顾颉刚编:初中教科书《本国史》上册,上海:商务印书馆,1923 年,第 23、30—31 页。
② 《初级中学历史课程纲要》,课程教材研究所编:《20 世纪中国中小学课程标准·教学大纲汇编:历史卷》,北京:人民教育出版社,2001 年,第 14 页。

纲的上古史部分既列出"古史的传说"条目，又列出"中华民族的建国"条目。①
很显然，较之北洋政府，国民政府更为重视历史课程的现实功用，强调"民族精
神"、"民族运动的自觉"等。"三皇五帝"问题的核心就在于民族初祖、民族建构
问题，因黄帝这时已被塑造为"中华民族"的始祖，以炎黄认同为象征的"中华民
族"认同理念几成为共识。所以顾颉刚书中说黄帝的事迹"暧昧难明"，黄帝和
炎帝"或许是后来的人推想出来的一个奠土建国的古帝，便用什么五行里的土
德来表示他。"便易遭人指责为"不承认三皇五帝为事实"，"非圣无法"。戴季陶
对此表达得很明确："中国所以能团结为一体，全由于人民共信自己为出于一个
祖先；如今说没有三皇、五帝，就是把全国人民团结为一体的要求解散了，这还了
得！""民族问题是一个大问题，学者们随意讨论是许可的，至于书店出版教科
书，大量发行，那就是犯罪，应该严办。"②也就是说，作为体现国家意志的基础教
育教科书，不能表达与主流意识形态相背离的观念。

　　实际上，对于 1929 年的国民政府而言，虽然仍面临着政治、经济、军事、外交
等方方面面的危机，但毕竟名义上已统一了中国，不像之前的北洋军阀统治时期
那样无序，而是有余力建构更完善的国家秩序了。自从孙中山提出三民主义的
建国纲领，以他为首的革命党人和国民党人一直在为实现三民主义的建国目标
而奋斗，其间他也结合时代变化对三民主义作出过不少新解释。1925 年孙中山
逝世后，国民党理论家戴季陶开始了他对孙中山思想的新阐发，力图通过将中山
思想接续到中国传统的方式，以重建道统。他说，孙中山"随时随地，都尽力鼓
吹中国固有道德的文化的真义，赞美中国固有道德的文化的价值，说明我们要复
兴中国民族，先要复兴中国民族文化的自信力"。"中山先生的思想，完全是中
国的正统思想，就是继承尧舜以至孔孟而中绝的仁义道德的思想。在这一点，我
们可以承认中山先生是二千年以来中绝的中国道德文化的复活。"③这样的解
释，尽管是将中山思想变成了所谓"戴季陶主义"，为不少国民党人所不满，但对
于数年后通过北伐统一了全国的国民政府来说，却有其重要的现实功用，因它把

①　《初级中学历史暂行课程标准》，课程教材研究所编：《20 世纪中国中小学课程标准·教学大纲汇编：
　　历史卷》，第 21、22 页。
②　顾颉刚：《我是怎样编写古史辨的？》，《顾颉刚古史论文集》卷 1，《顾颉刚全集》第 1 册，北京：中华书
　　局，2010 年，第 165 页。
③　戴季陶：《孙文主义之哲学的基础》，桑兵、朱凤林编：《戴季陶卷》，北京：中国人民大学出版社，2014
　　年，第 415、425 页。

国民党的主导意识形态和中国传统相接续,使得国民党的统治不仅具有现实法统依据,而且具有自古延续下来的道统依据,从而有助于自身统治之合法性与正统性的确立。一旦涉及到传统和固有道德文化,将传统和道德文化视为"复兴中国民族文化的自信力"乃至"复兴中国民族"的前提,必然关联着如何看待中国历史、如何以"正确"的态度解释中国历史的问题,所以执国民党意识形态之牛耳的戴季陶才会对顾颉刚所编教科书如此地光火。①

进而言之,这一事件的本质恐怕还是一个学术与时代的关系问题,是个体学术主张和现实需求如何协调的问题。学者从事学术研究,针对研究对象进行学理探讨,形成个体学术主张,此乃学者本分,无可争议;作为学者,通过教科书的编撰,综合自己的研究成果,表达自己的学术主张,似也无可非议。顾颉刚的《本国史》就是依照学术标准,选择他认为合理的内容和观点进入教科书的,个人见解突出。他曾强调新编历史教科书,应有自己的主张和特点,认为以往的历史观有一大的弊端,就是好古薄今,甚至"由信古而变为迷古","所以弄得社会的生机停滞,成为暮气的世界。现在我们知道了这一层的弊害了,应当在历史教科里,把这观念改变过来,所有'依托的学说',如黄帝、管仲,'理想的制度',如封建、井田,'淆乱的事实',如'儒、道、墨并道尧、舜,而取舍不同'的故事,如'想当然耳'的故事,都应当彻底澄清一下,使大家弄清楚每一个时代和每一个社会的真实情形,建立成功一个新观念。我们应当使学生知道黄金时代不在过去而在未来"。不仅如此,编撰教科书在史实裁剪上也要非常严谨,"传闻中,几乎全没有信史的资格,我们更不能有丝毫的滥取。自盘古以至周公、孔子,都应该大删特删。伏羲、神农、黄帝,虽称说较盘古稍前,但也出于战国时人的杜造"②。可见顾颉刚是依自身的理念在编教科书,而且是以写学术著作的谨严态度为之,从而令得《本国史》不仅在教科书领域独步一时,而且在学术界也独树一帜,甚至一定程度上催生了其"层累地造成的中国古史"观的问世和"古史辨"学派的

① 按戴季陶与顾颉刚的个人关系不恶,1927 至 1929 年间戴季陶执掌广州中山大学时,顾颉刚任中大史学系教授兼主任,从旁鼎力相助,曾代戴作《致中大文科同学书》。顾编教科书查禁风波后的 1929 年夏,两人亦有私人交往、宴饮之事(见《顾颉刚日记》卷 2,《顾颉刚全集》第 45 册,第 307—308 页)。可见戴季陶对顾编教科书的力主查禁,纯系理念问题,非为与顾颉刚个人为难。
② 顾颉刚:《中学校本国史教科书编纂法的商榷》,《宝树园文存》卷 3,《顾颉刚全集》第 35 册,第 25—26、29—30 页。

形成。① 不仅顾颉刚,大凡学有所长者编教科书都是如此,这样的教科书也易得到学术界的认可。如陈寅恪在给学生讲课时就曾提到,坊间的教科书以夏曾佑的《中学历史教科书》为最好,因它有自己的风格和想法,"作者以公羊今文家的眼光评论历史,有独特见解",不像有些教科书"展转抄来,涉及的范围也很有限"。② 顾颉刚的教科书实际亦当得起这样的评价。与顾氏同时代的张荫麟,也以编历史教科书而闻名,他的《中国史纲》以说故事的方式出之,选择历史上的关键内容列目,进行专题式的透彻叙述,个人特色鲜明,故颇得好评,为学术界公认的佳作。可见教科书中选择合适的内容并出之以编者个人的观点主张,是为学术界所鼓励的。应该说这样的理念和做法都没问题,在北洋政府时期也未遭遇什么障碍,但到了国民党统一全国后的国民政府时期,政治形势的巨大变化,国民党意识形态的主导地位的确立,使得原来不成问题的论述这时也成了问题,顾颉刚的教科书由此遭逢厄运。实际上,作为国家政权,北洋政府未尝不想对教育、学术、文化等领域多所干预,只是力不从心而已;而相对强势的国民政府,依国民党意识形态为后盾,拥有一套应对思想文化事件的话语体系,对自身如何长治久安也有较为系统的思考,故对违逆其意志且又进入公共教育领域的学说予以封杀,就像前引戴季陶之言所表达的立场——"民族问题是一个大问题,学者们随意讨论是许可的,至于书店出版教科书,大量发行,那就是犯罪,应该严办"。这表明,对待教科书,学者和政权关注的程度以及关注点实际是有差异的。学者相对更为关心教科书的学术质量,而国民党政权则更为关心教科书的现实功用。

对于在教科书中写入自己的学术观点,顾颉刚后来有所回忆,他说:"我一面编辑中学用《本国史》教科书,一面又在《读书杂志》上大力发挥推翻古史中神话传说的文章,两者不相冲突吗? 唉,这个冲突是不可避免的! 这个问题,我当时曾向编辑部里史地部主任朱经农谈过。他说:'现在的政府大概还管不到这些事吧,你只要写得隐晦些就是了。'我依他的话,不提'盘古',对'三皇、五帝'只略叙其事,加上'所谓'二字,表示并不真实。这样做法,是商务印书馆里所出

① 参见王红霞:《〈现代初中教科书·本国史〉与顾颉刚的史学思想》,《史学月刊》2014 年第 8 期,第 18—20 页。
② 蒋天枢:《陈寅恪先生编年事辑》(增订本),上海:上海古籍出版社,1997 年,第 94、95 页。

的教科书中早已有过的。"①这段话表明,一方面顾颉刚对在基础教育教科书中写明自己的学术观点并非没有顾虑,他很清楚学术著作和教科书的区别;另一方面朱经农之言透露出,作为弱势政府的北洋政府无暇管理这类事情,不必太担心政治上的干预。这进一步证明了作为公共知识来源的历史教科书,是学者与政权、学术与政治之间博弈的产物,只不过博弈的时机和对象不同,就会产生不同的结果。顾颉刚自己也说过,他和夏曾佑所处时代不同,他对三皇、五帝的态度不比夏氏所编教科书激烈,但到了"国民党北伐号称成功,建都南京,各省设参议会,也要摆出一些'民主'的架势"的时代②,教科书的命运就全然不同了。实际上,不光是政治格局有变,顾颉刚的学术地位也在发生着巨大变化,1922 年还是普通学者,1929 年则已成为众所瞩目的"古史辨"派领袖,自然会受到当政者的特殊"关照"。

关于历史教科书的特殊性质和与现实的关联问题,不仅顾颉刚有其认识,其他学者也有各自见解。傅斯年的看法就是个典型例子。傅斯年是以独立的学术立场和高远的学术追求著称的史学家,一向力主在中国建设独立的、不受政治束缚的纯科学的历史学,但在对待历史教科书的态度上,则一反他讲求学术时的严苛,而以另一种态度发言。他主张:"在一人著书时,作史论,成一家言,本不无可,然而写起历史教科书来,若这样办,却是大罪过,因为这是以'我'替代史实了。""把历史教科做成一种公民教科,借历史事件做榜样,启发爱国心、民族向上心、民族不屈性、前进的启示、公德的要求、建国的榜样;借历史形容比借空话形容切实动听得多。"③从这些话来看,傅斯年对历史教科书的特殊性有充分的理解,而且提倡学者编历史教科书时更多考虑其公民教科的性质,不要写成一家之言。当然,傅斯年此言出自 1935 年,与 1931 年九一八事变后逐步加深的民族危机的时代背景相关。九一八事变对傅斯年的影响极大,激发出他强烈的民族情感,促使他写出《东北史纲》这样的回应日本学者谰言的史著,民族主义史学的光彩显露无遗,所以他主张历史教科书应成为"启发爱国心、民族向上心、民族不屈性"的利器,强调史书在价值理性(道德理性)层面的作用。但同样是傅

① 顾颉刚:《我是怎样编写古史辨的?》,《顾颉刚古史论文集》卷 1,《顾颉刚全集》第 1 册,第 165 页。
② 顾颉刚:《我是怎样编写古史辨的?》,《顾颉刚古史论文集》卷 1,《顾颉刚全集》第 1 册,第 165 页。
③ 傅斯年:《闲谈历史教科书》,《教与学》1935 年第 1 卷第 4 期。

斯年,1928 年 10 月在《中研院历史语言研究所集刊》第 1 期上所发表的《历史语言研究所工作之旨趣》中,却主张"近代的历史学只是史料学,利用自然科学供给我们的一切工具,整理一切可逢着的史料"。"我们反对疏通,我们只是要把材料整理好,则事实自然显明了。"①他倡导的是完全客观的历史研究,将原始资料的重要性凸显到无以复加的程度,具有典型的工具理性特征,而非追求历史研究的社会价值。对于随后不久发生的顾颉刚《本国史》教科书案,未见傅斯年的具体态度,但从他此时的学术取向,不难揣测在总体立场上,他会采取维护顾颉刚独立发表学术主张的权利和反对当局以现实需求为由压制学者发表个人见解的态度,尽管他在对待中国上古史的看法上,其时已与顾颉刚有了不少分歧,两人的关系也渐趋疏远②;而具体到发表顾颉刚主张的载体即作为民众教育工具之历史教科书的观点表述上,鉴于教科书的特有体裁和功用,他可能又会对戴季陶的立场有所同情。仅此而言,傅斯年恐已进入两难境地。

对于《本国史》教科书中被指责的学术观点,顾颉刚在 1936 年时仍在坚持,而且反驳了戴季陶等人对他的批评,说:"我们民族的自信力真是建筑在三皇、五帝上的吗?""我们的民族自信力应当建立于理性上。我们正应当把种种不自然的联络打断,从真诚上来结合。三皇、五帝既经一定不可信,万无维持其偶像之理。"③即在顾颉刚看来,学术研究和现实需求是有一致性的,史学研究的科学结论和民族国家建设的实际需要并不矛盾,"民族的自信力应当建立于理性上",以学理为依托,而非一定要维持"不可信"的"偶像"信仰。就学者思维而言,这样的言论和理路不可谓不合理,但对于统一全国后的国民政府而言,急需的是建立起一个新的民族国家认同,希望历史学发挥重建民族历史和国家认同的功能,而于历史学的科学取向并不关注,也等不及历史学家拿出经充分论证的合乎民族国家认同需要的"科学"结论,一切以自身意识形态的需要为依归。所以,一边是学者的个体主张和学理探求,一边是国家政权的现实需求,在国家刚刚统一的时代语境下相遇于历史教科书这样的特殊载体中,欲求顾颉刚所希望的一致性,恐怕难以做到。

---

① 傅斯年:《历史语言研究所工作之旨趣》,《中研院历史语言研究所集刊》1928 年第 1 本第 1 分。
② 由于在中国上古研究的观念和方法上的差异,以及个性和发展学术的思路不同,傅斯年和顾颉刚1927 年在中山大学共事起个人关系逐渐疏远,并时有恶化。
③ 顾颉刚:《三皇考自序》,《顾颉刚古史论文集》卷 2,《顾颉刚全集》第 2 册,第 22、23 页。

二、"中华民族是一个"：学术致用的典范诉求

较之顾颉刚《本国史》教科书案，抗战时期发生在大后方的另一场争论可能更有名，也更能鲜明体现学者个体主张和现实需求的纠葛以及学术学理和民族主义的千丝万缕联系，这就是围绕"中华民族是一个"问题所展开的论争。

抗日战争爆发后，1938年10月，顾颉刚历经坎坷，辗转到达大后方昆明，12月出任云南大学教授，同时为昆明《益世报》主编《边疆周刊》，研讨边疆、民族问题，目的是"要使一般人对于自己的边疆得到些认识，要使学者们刻刻不忘我们的民族史和疆域史，要使企业家肯向边疆的生产事业投资，要使有志的青年敢到边疆去作冒险的考查，要把边疆的情势尽量供献给政府而请政府确立边疆政策，更要促进边疆同胞和内地同胞的精诚合作的运动，并共同抵御野心国家的侵略"。[①] 如此言论，已清楚表明顾颉刚在大敌当前的局势下，走上了学术经世之路。实际上，这样的选择，顾颉刚几年前便已开始付诸行动了。1934年2月，他与谭其骧商定编辑《禹贡半月刊》，在与谭氏合写的《发刊词》中就说："这数十年中，我们受帝国主义者的压迫真够受了，因此，民族意识激发得非常高。……民族与地理是不可分割的两件事，我们的地理学既不发达，民族史的研究又怎样可以取得根据呢？不必说别的，试看我们的东邻蓄意侵略我们，造了'本部'一名来称呼我们的十八省，暗示我们边陲之地不是原有的；我们这群傻子居然承受了他们的麻醉，任何地理教科书上都这样地叫起来了。这不是我们的耻辱？"[②] 1935年10月23日，他在写给傅斯年的一封信中又说："弟所以创办禹贡学会，发行《禹贡半月刊》，即是你们编《东北史纲》的扩大，希望兴起读者们收复故土的观念，为民族主义的鼓吹打一坚实的基础。……我们这学会，研究各时代的地理沿革的都有人了。将来画出地理沿革图来，决不会像日本人的乱抄杨守敬图，而可对于杨图作订正的工作了。在民族史方面，研究满、蒙、回、藏的也都有人，固然起始不会有很好的成绩，但只要这个会能够维持下去，也必有相当的收获。

---

① 　顾颉刚：《益世报·边疆周刊》发刊词，1938年12月19日；《宝树园文存》卷4，《顾颉刚全集》第36册，第321页。

② 　顾颉刚、谭其骧：《禹贡半月刊·发刊词》，《禹贡半月刊》1934年第1卷第1期；《顾颉刚古史论文集》卷2，《顾颉刚全集》第5册，第363—364页。

这两件事情做得好，我们这辈念书人总算对于我们的国家民族有了相当的贡献，不必以'缓急无所济'自愧了。"①这些都表明在严峻的民族危机面前，顾颉刚已自觉调整了学术研究的方向和理路，力求以学术研究的实绩贡献于民族、国家大业。1937 年七七事变之后，顾颉刚曾在西北停留一年，对西北各民族进行考察，同时不断通过写作、演讲等方式，倡导中华民族团结一体共同抵御外侮，用实际行动践行学术救国的理想。正是因为有了这样的铺垫，他 1938 年 10 月到昆明后，很快就投入到边疆、民族问题的研讨中。

1939 年 1 月 1 日，顾颉刚在《益世报·星期论评》发表《"中国本部"一名亟应废弃》一文，指出："中国的历代政府从不曾规定某一部分地方叫做'本部'，中国的各个地理学家也不曾设想把某一部分国土定为'本部'，在四十年前我们自己的地理书里更不曾见过这'本部'的称谓"，"这个名词就是从日本的地理教科书里抄来的"，是日本人"伪造历史或曲解历史来作窃夺我们的土地的凭证"，所以"我们必须废弃了这些习用的名词始能保卫我们的边疆，保卫了我们的边疆始能保卫我们的心脏；我们也必须废弃了这些习用的名词始能开发我们的边疆，开发了我们的边疆始能达到全国的统一"。② 这篇文章延续了《禹贡半月刊·发刊词》的思路，继续批驳日本学者为侵华而蓄意制造的"中国本部"概念，为抗战大业服务。傅斯年则给顾颉刚写了一封信，告诫顾务必注意讨论民族问题的分寸。信中指出："民族"一词之界说应以"三民主义"的"民族主义"为标准，不应与之相违，"夫云南人既自曰'只有一个中国民族'，深不愿为之探本追源，吾辈羁旅在此，又何必巧立各种民族之名目乎！今日本人在暹罗宣传桂、滇为泰族Thai 故居，而鼓动其收复失地；英国人又在缅甸拉拢国界内之土司，近更收纳华工，广事传教。即迤西之佛教，亦有其立国之邪说……则吾辈正当曰'中华民族一个'耳"。"如巧立民族之名，以招分化之实，似非学人爱国之忠也。""当尽力发挥'中华民族是一个'之大义，证明夷、汉之为一家，并可以汉族历史为证。即如我辈，在北人谁敢保证其无胡人血统，在南人谁敢保证其无百粤、苗、黎血统。

---

① 顾颉刚：《致傅斯年》，《顾颉刚书信集》卷 1，《顾颉刚全集》第 39 册，第 211 页。
② 顾颉刚：《"中国本部"一名亟应废弃》，《益世报·星期论评》，1939 年 1 月 1 日；《宝树园文存》卷 4，《顾颉刚全集》第 36 册，第 90—92 页。

今日之云南，实即千百年前之江南、巴蜀耳。此非曲学也。"①1939 年 2 月 6 日，顾颉刚收到傅斯年寄来的信，次日他就以《中华民族是一个》为题著文，文中概括了傅斯年信的核心主张，提出"我们决不能滥用'民族'二字以招分裂之祸。'中华民族是一个'这是信念，也是事实。我们务当于短期中使边方人民贯彻其中华民族的意识，斯为正图"。进而从历史、文化、现实等方面论证"中华民族是一个"的主题，说："因为我们从来没有种族的成见，只要能在中国疆域之内受一个政府的统治，就会彼此承认都是同等一体的人民。'中华民族是一个'，这话固然到了现在才说出口来，但默默地实行却已有了二千数百年的历史了。""我们被称为汉人的，血统既非同源（可以说国内什么种族都有，亚洲的各种族也都有），文化也不是一元，我们只是在一个政府之下营共同生活的人，我们决不该在中华民族之外再有别的称谓。""中国之内决没有五大民族和许多小民族，中国人也没有分为若干种族的必要（因为种族以血统为主，而中国人的血统错综万状，已没有单纯的血统可言）。""中华民族是浑然一体，既不能用种族来分，也不必用文化来分，都有极显著的事实足以证明。"文末用口号式语言说："在我们中国的历史里，只有民族的伟大胸怀而没种族的狭隘观念！我们只有一个中华民族，而且久已有了这个中华民族！我们要逐渐消除国内各种各族的界限，但我们仍尊重人民的信仰自由和各地原有的风俗习惯！我们从今以后要绝对郑重使用'民族'二字，我们对内没有什么民族之分，对外只有一个中华民族！"②可见在看待"中华民族"的问题上，顾颉刚和傅斯年同气相求，立场是一致的。实际上，这也并非他们忽发此论，此前的相关探讨和言论已为此打下根基。1935 年 12 月，傅斯年就已在《独立评论》上发表过《中华民族是整个的》，强调中国"经过殷周两代的严格政治之约束，东周数百年中经济与人文之发展，大一统思想之深入人心"，所以有秦汉的统一，"我们中华民族，说一种话，写一种字，据同一的文化，行同一伦理，俨然是一个家族。也有凭附在这个民族上的少数民族，但我们中华民族自古有一种美德，便是无歧视小民族的偏见，而有四海一家之风度。……到了现在，我们对前朝之旗籍毫无歧视，汉满之旧恨，随清朝之亡而消

① 《傅斯年致顾颉刚》（1939 年 2 月 1 日），王汎森、潘光哲、吴政上主编：《傅斯年遗札》第 2 卷，北京：社会科学文献出版社，2014 年，第 721—722 页。
② 顾颉刚：《中华民族是一个》，《益世报·边疆周刊》，1939 年 2 月 13 日；《宝树园文存》卷 4，《顾颉刚全集》第 36 册，第 94—106 页。

灭。这是何等超越平凡的胸襟！所以世界上的民族，我们最大；世界上的历史，我们最长。这不是偶然，是当然。'中华民族是整个的'一句话，是历史的事实，更是现在的事实。有时不幸，中华民族在政治上分裂了，或裂于外族，或裂于自身。在这时候，人民感觉无限痛苦，所渴望者，只是天下一统。未统一时，梦想一统；既一统时，庆幸一统；一统受迫害时，便表示无限的愤慨。文人如此，老百姓亦复如此。居心不如此者，便是社会上之捣乱分子，视之为败类，名之曰寇贼，有力则正之以典刑，无力则加之以消极的抵抗"。① 1937 年 1 月，顾颉刚在《申报·星期论坛》发表《中华民族的团结》，说："在中国的版图里只有一个中华民族"，"帝国主义的国家知道我们各族间的情意太隔膜了，就用欺骗手段来作分化运动。……如果我们再不做防微杜渐的工作，预遏将来的隐忧，眼看我们国内活泼泼的各族将依次做了呆木木的傀儡而同归于尽了"，主张在物质、精神、行政三方面努力以加强中华民族的团结。② 同年 11 月，顾颉刚又发表《如何可使中华民族团结起来》，再次强调"我们国内就只有一个中华民族"，建议为求中华民族的团结，应做三项工作，"（一）表章并推广各族优良文化，（二）搜集并创作各族共有的中国通史，（三）建立为各族求自由平等的舆论机关"。③ 1947 年顾颉刚将该文修改后再发表于《西北文化》创刊号时，曾附跋文，说明那篇著名的《中华民族是一个》与该文关系密切，是对该文意思"加以扩充"的结果。所有这些都表明，在抗战爆发前后的民族危机关头，傅斯年、顾颉刚皆已本着学术救国理念，将学术主张直接用于挽救民族危亡的事业中，《中华民族是一个》只不过是他们数年倡导的一个观念的结晶，但在 1939 年西南地区的特殊环境和时局下，引发了更大的关注。

自从 1938 年春国民党在临时全国代表大会上公布了《抗战建国纲领》后，"抗战建国"成为国民政府战时的指导思想与方针，国民党开动大量宣传机器鼓动这一方针，不少军政要员撰写出版以"民族复兴"为题的宣传性著作，以配合《抗战建国纲领》的实施。在这种情势下，1939 年的西南，正被建设为抗战大后

① 傅斯年：《中华民族是整个的》，《独立评论》1935 年第 181 号；欧阳哲生主编：《傅斯年全集》第 4 卷，长沙：湖南教育出版社，2003 年，第 125—126 页。
② 顾颉刚：《中华民族的团结》，《申报·星期论坛》，1937 年 1 月 10 日；《宝树园文存》卷 4，《顾颉刚全集》第 36 册，第 49—52 页。
③ 顾颉刚：《如何可使中华民族团结起来》，《民国日报》（甘肃），1937 年 11 月 10—14 日；《宝树园文存》卷 4，《顾颉刚全集》第 36 册，第 59—64 页。

方和"抗战建国"的基地,谈论民族团结、民族复兴以服务于抗战大业的言论备受关注。所以,顾颉刚的《中华民族是一个》一发表,就在社会上和学术界激起极大反响。就社会舆论而言,重庆《中央日报》以及陕西、安徽、湖南、贵州、广东等地的报纸纷纷做了转载,从而广为人知。在学术界则有一些学者踊跃讨论,其他不论,仅顾氏所主持的《益世报·边疆周刊》栏目就收到不少讨论文章和信件。陆续发表在《益世报·边疆周刊》或《星期论评》上的文章和信件主要有张维华的《读了顾颉刚先生的"中华民族是一个"之后》(1939 年 2 月 27 日)、白寿彝的来函(后附顾颉刚按语,1939 年 4 月 3 日)、费孝通的《关于民族问题的讨论》(1939 年 5 月 1 日)、马毅的《坚强"中华民族是一个"的信念》(1939 年 5 月 7 日)等等。这些文章和信件大都对顾颉刚的观点表示赞同,但费孝通的文章则对顾氏的观点提出了不同意见。费孝通依托西方人类学、民族学理论,根据自己的专业特长和研究心得,对顾文提出几个问题,特别是就"民族"、"种族"这类词汇发问,认为顾氏所说"民族"是"指在同一政府之下,在同一国家疆宇之内,有共同利害,有团结情绪的一辈人民。在'民族'之内部可以有语言、文化、宗教、血统不同'种族'的存在"。经中英文对照解析后,费孝通指出:"先生所谓'民族'和通常所谓'国家'相当,先生所谓'种族'和通常所谓'民族'相当。……既然'民族'等字有了不同的用法,我们不妨在讨论时直接用'政治团体'、'语言团体'、'文化团体'甚至'体质团体'。若把这些名词来诠释先生所谓'中华民族是一个',我们或者可以这样说法:'中华民国境内的人民的政治团体是一个。'这句话说来似乎很没有力,因为中华民国既是一个国家,逻辑上讲自然是指一个政治团体。"依费孝通的概念,国家是"政治团体","国家不是文化、语言、体质团体",即国家和民族不是一回事,所以"我们不必否认中国境内有不同的文化、语言、体质的团体",即不必否认中国境内有不同民族的存在。费孝通进而指出:"在社会接触的过程中,文化、语言、体质不会没有混合的,可是这些混合并不一定会在政治上发生统一的",而要"谋政治上的统一,不一定要消除'各种各族'以及各经济集团间的界限,而是在消除因这些界限所引起的政治上的不平等"。"文化、语言、体质上的分歧是不容易混一的,若是我们的目的在建设一个现代民主国家,文化、语言、体质上没有混一的必要。若是我们的国家真能做到'五族共和',组成国家的分子都能享受平等,大家都能因为有一个统一的政治团体得到切身的利益,这个国家一定会受各分子的爱护。不但不易受任何空洞名词的分化,而且即使有国外强力的侵略,自然会一同起来抗战的。"①可见费孝通是在学理层面与顾颉刚进行商榷,至于顾氏在大敌当前的抗战背景下的写作意图,他也是充分理解并有同情的。

针对费孝通的质疑,顾颉刚作了两篇《续论"中华民族是一个"》予以答复。他说:"我当初也以为文化、语言、体质等项是分别民族的标准……但是九一八的炮声响了,伪满洲国在伪'民族自决'的口号下成立了,我才觉得这'民族'二字不该随便使用,开始慎重起来。""我想帝国主义者为要达到他们瓜分我们土地的大欲望,造出这种分化我们的荒谬理论来,我们的知识分子被他们迷蒙了心,又替他们散布这种荒谬的种子到各处去,若不急急创立一种理论把这谬说挡住,竟让它渐渐深入民间,那么我们的国土和人民便会随处携贰了,数千年来受了多少痛苦而抟合成功的民族便会随时毁灭了!"即在顾颉刚眼里,民族理论和"民族自决"的一些提法,背后有帝国主义者的政治意图和侵略野心,所以"民族"一词应慎用。他还就此告诫费孝通等人:"抗战以来,我们的社会学者和人类人种学者大都到了边省,正有用武之地,从体质和言语文化等等来看,中国境内究有几多种族,靠了他们的努力,不久我们便可明白,这是我们十分感谢的。但我觉得还该唠叨几句:诸位先生作的报告和论文之中最好不要用'苗民族'、'瑶民族'、'罗罗民族'、'摆夷民族'等字样,免得一般人耳濡目染,误会为他们真是一个民族,以致野心家乘机兴起,陷国家于支离破碎的境地。苟其不然,竟使我这过虑不幸而言中,那时帝国主义者定要在旁拍手大笑,说我们帮助了他们的分化之劳了。"②对于"民族"的构成问题,顾颉刚再次重申:"体质、语言和文化都不是构成民族的条件。真正构成民族的条件只有一个,就是'团结的情绪'。民族的构成是精神的,非物质的;是主观的,非客观的。一群人中,各个人的社会地位、宗教信仰、经济利益、皮肤颜色,这样那样尽可不同,彼此间的冲突也尽管不免,但他们对于自己的民族都抱着同样的爱护之情,一旦遇到外侮,大家便放下了私斗而准备公斗,这便是民族意识的表现。所谓民族意识,只是一个

---

① 费孝通:《关于民族问题的讨论》,《益世报·边疆周刊》,1939 年 5 月 1 日;《顾颉刚全集》第 36 册,第 133—140 页。

② 顾颉刚:《续论"中华民族是一个"——答费孝通先生》,《益世报·边疆周刊》,1939 年 5 月 8 日;该文日后修改成两文,一是《我为什么要写"中华民族是一个"》,一是《再论"本部"和"五族"两个名词》,收入《宝树园文存》卷 4,《顾颉刚全集》第 36 册,第 109—122 页。

团结的情绪。……民族是由政治现象(国家的组织、强邻的压迫)所造成的心理现象(团结的情绪)。民族和语言、文化、体质固然常常容易发生关系,因为凡是同语言、同文化和同体质的人总是比较相处的近,容易团结起来;但民族的基础决不建筑在语言、文化和体质上,因为这些东西都是顺了环境而演进的,民族则是凭了人们的意志所造成。因此,一个民族里可以包含有许多异语言、异文化、异体质的分子,如美国;而同语言、同文化、同体质的人们却可因政治和地域的关系而分作两个民族,如英和美。"①很显然,顾颉刚在这里把"民族"和"民族意识"等同了起来,而且是用"国族"概念来界定"民族",甚至把英、美这样的国家概括为"民族"。

顾颉刚这两篇文章发表后,并未见费孝通予以回应。这并非因为费孝通被顾氏的论证所折服,而是由于费孝通担心在那样的时代环境下,继续辩论下去收不到好的效果。费氏晚年曾对这次论争有过回忆,说明了自己没有再写回应文章的缘由,说:"后来我明白了顾先生是激于爱国热情,针对当时日本帝国主义在东北成立'满洲国',又在内蒙古煽动分裂,所以义愤膺胸,极力反对利用'民族'来分裂我国的侵略行为。他的政治立场我是完全拥护的。虽则我还是不同意他承认满、蒙是民族是作茧自缚或是授人以柄,成了引起帝国主义分裂我国的原因。而且认为只要不承认有这些'民族'就可以不致引狼入室。借口不是原因,卸下把柄不会使人不能动刀。但是这种牵涉到政治的辩论对当时的形势并不有利,所以我没有再写文章辩论下去。"②平心而论,费孝通当时的见解,如不能把国家和民族混为一谈,不必否认中国境内有不同民族的存在,防止国家分裂并不在于各群体是否被称作"民族",而在于如何实现群体之间的平等,等等,是合于学理并具有超越色彩的,只不过在外敌当前的时代大环境下,既不具备学理上从容讨论此类问题的条件,又有讨论下去不利于抗战大业的危险,故只能权且搁置。

对于"中华民族是一个"问题的争辩,傅斯年没有公开参加,但这并不表明他对此没有态度。前已言及,"中华民族是一个"的表述本是傅斯年致顾颉刚信

---

① 顾颉刚:《续论"中华民族是一个"——答费孝通先生(续)》,《益世报·边疆周刊》,1939 年 5 月 29 日;该文日后修改为《续论"民族"的意义和中国边疆问题》,收入《宝树园文存》卷 4,《顾颉刚全集》第 36 册,第 123—132 页。

② 费孝通:《顾颉刚先生百年祭》,《费孝通全集》第 14 卷,呼和浩特:内蒙古人民出版社,2009 年,第 269—270 页。

的核心内容,且傅氏早在 1935 年就发表了《中华民族是整个的》一文,为"中华民族是一个"的表述奠定了根基。而在 1938 年秋至 1939 年春,几乎与"中华民族是一个"论争发生的同时,傅斯年恰在昆明撰写《中国民族革命史稿》,《史稿》写成的部分虽只第一章"界说与断限"和第四章"金元之祸及中国人之抵抗",但已有的内容已充分说明中华民族的整体性及其具有的抵御外侮百折不挠的民族精神,认为中华民族虽在名词上有汉、满、蒙、回、藏等族,但事实上实为一族。书中说:"汉族一名,在今日亦已失其逻辑性,不如用汉人一名词。若必言族,则皆是中华民族耳。夫族之所以为族者,以其血统相贯,如家族之扩充耳。然汉人之伟大处正在其血统不单元,历代之中,无时不吸取外来之血脉,故能智力齐全,保其滋大。""今日之北人,谁敢保其无胡人血统?今日之南人,谁敢保其无蛮越血统?故满洲人在今日变为汉人之情况,即元氏在唐代变为汉人之情况也。今日西南若干部落中人变为汉人之现象,即我辈先世在千年前经过之现象也。""然则论原始论现事,与其曰汉族,毋宁曰汉人,名实好合也。若必问其族,则只有一体之中华民族耳。"①这里所表明的立场,和顾颉刚极为一致,所以在"中华民族是一个"这场论辩中,他是毫无保留地站在顾颉刚一边的。不仅如此,他还在费孝通的文章发表之后,欲从行政上干预此事。费孝通本是吴文藻的学生,傅斯年觉得费孝通写这篇文章背后有吴文藻在指使,此时吴文藻正受中英庚款董事会的委派在云南大学工作,于是傅致函该会董事长朱家骅和总干事杭立武,希望将吴文藻他调。函中说:顾颉刚"论中华民族是一个(即谓不要分满、汉、蒙、回、藏、苗、瑶、猓猓等等),其中自有缺陷,然立意甚为正大,实是今日政治上对民族一问题惟一之立场。吴使其弟子费孝通驳之,谓中国本部一名词有其科学的根据,中华民族不能说是一个,即苗、瑶、猓猡皆是民族,一切帝国主义论殖民地的道理他都接受了。……此地正在同化中,来了此辈'学者',不特以此等议论对同化加以打击,而且专刺激国族分化之意识,增加部落意识。盖此等同化之人本讳言其渊源,今言之不已,轻则使之生气,重则使之有分离汉人之意识,此何为者哉?夫学问不应多受政治之支配,固然矣。然若以一种无聊之学问,其恶影响及于政治,自当在取缔之例。吴某所办之民族学会,即是专门提倡这些把戏的,他

① 傅乐成:《傅孟真先生的民族思想》,王为松编:《傅斯年印象》,上海:学林出版社,1997 年,第 203—205 页。

自己虽尚未作文,而其高弟子费某(亦贵会补助之人)则大放厥辞。若说此辈有心作祸,固不然。然以其拾取'帝国主义在殖民地发达之科学'之牙慧,以不了解政治及受西洋人恶习太深之故,忘其所以,加之要在此地出头,其结果必有恶果无疑也"①。该函一方面表达了傅斯年支持顾颉刚的严正立场,另一方面也表现出傅氏颇为浓烈的党同伐异、意气用事的情绪,超出了正常的学术讨论界限。进而言之,傅斯年并非是对中国的民族多样性视而不见,但基于中国人民需要建立统一的国家认同的现实需求,使他认为在一个国家之内不宜提倡这种多样性,他的留德背景恐怕也对其主张形成某种支持。②

可以说,在大敌当前的抗日战争时期,顾颉刚、傅斯年这样的历史学者选择的是学术研究为现实服务之路,中国史学的经世致用传统在他们身上得到了最大限度的继承与发扬。不仅他们,这一时期陈垣写作《通鉴胡注表微》,力扬"有意义之史学";余嘉锡著《杨家将故事考信录》以鼓舞人心,同仇敌忾;钱穆撰《国史大纲》来激发民众民族主义情感,等等,率皆如此。实际上,作为民族学家、人类学家的费孝通等人也无不抱拥爱国情怀。费孝通纯粹是基于学理,从名词概念入手探讨问题,而在维护国家、民族利益方面实与顾颉刚无任何区别,一旦发现某些言论不利抗战大业,即刻停止言说。所以,某种程度上,以学经世成为这一时期的主导性倾向。

三、学术与政治的纠葛

从《本国史》教科书案到"中华民族是一个"的论争,顾颉刚一直都是主角,傅斯年则是从旁或在背后发挥作用。角色的不同,实际关联着两人看待学理探讨与政治现实的既同一又相异的态度,也和两人对政治的理解深度与介入程度有差相关。

---

① 《傅斯年致朱家骅、杭立武》(1939年7月7日),《傅斯年遗札》第2卷,第767—768页。有学者认为,傅斯年当时之所以"痛恨"吴文藻在云南的有关活动和主张,"除了不喜欢人类学特有的那种专以'保护'少数民族的权益及其文化特性为职志的'为学术而学术'的姿态,以为容易激发其离异意识,从而不利于民族融合和抗战建国之外,恐怕与吴氏本身并不讳言公开取法苏联的民族建设思路与模式,也不无一定关系。"见黄兴涛:《重塑中华:近代中国"中华民族"观念研究》,第292页。
② 留学德国,使得傅斯年非常了解德意志思想系统里的那种族群边界必须与国家的政治边界重叠的族群民族主义观念,它自康德、赫尔德的思想延续而来。

顾颉刚和傅斯年本系北京大学的同学,为五四新文化运动中成长起来的青年学者,也均得到胡适的欣赏和信赖。尽管两人北大毕业后一个留在国内,一个赴欧留学,但皆是在"民主与科学"的时代大潮中崛起为一代优秀学者的,西方学术的精神,特别是为学术而学术、学术独立的理念对他们影响至深。1926 年顾颉刚在《古史辨》第一册"自序"中说:"薄致用而重求是,这个主义我始终信守。"①此一治学理念的信守,在顾颉刚"古史辨派"的形成和相关成果的取得中,发挥了至关重要的作用。1928 年傅斯年在《历史语言研究所工作之旨趣》中说:"把些传统的或自造的'仁义礼智'和其他主观,同历史学和语言学混在一气的人,绝对不是我们的同志!"②此语表明他不追求历史研究的主观价值和社会价值,将历史研究的现实性排斥在外。这样一种崇尚纯粹学术、倡导学用分离的主张,在北洋政府时期和国民政府统治之初是学术界较为认可的取向。但到 1931 年九一八事变后,严峻的民族危机使得很多学者改变了态度,中国学术中固有的经世致用传统再次成为主导,顾颉刚创办禹贡学会、编辑出版《禹贡半月刊》,傅斯年写《东北史纲》,皆是这一传统在新形势下的发扬。1937 年全面抗战爆发后,顾颉刚、傅斯年更是通过一些途径,用自身学问为抗战大业服务。正是由于为学宗旨发生了改变,所以傅斯年才对吴文藻、费孝通等在西南所做的民族学、人类学研究工作不满,斥责他们说:"今中原避难之'学者',来此后大在报屁股上做文,说这些地方是猡猡,这些地方是猓夷……,更说中华民族不是一个,这些都是'民族',有自决权,汉族不能抹视此等少数民族。更有高调,为学问作学问,不管政治……。弟以为最可痛恨者此也。"③这样的论调,和傅斯年以往坚持的为学术而学术、不求致用的理念大相径庭,不由使人感叹时代环境和世道变化的力量。

相较而言,作为中研院历史语言研究所所长并身兼各类政治、社会职务的傅斯年,对于社会现实和政治时局,比顾颉刚了解得更为深透一些,与当政者的交往也更多。故而抗战爆发后,尽管傅斯年认为学术可为现实服务,但出于对政治干预学术、妨碍学术独立的思虑,也基于他深知学术研究特别是人文、社会方面的研究成果和社会现实及政治的复杂纠葛,所以他不提倡多讨论边疆、民族之类的敏感问题。在顾颉刚为昆明《益世报》主编《边疆周刊》时,他就规劝顾氏"少

① 顾颉刚:《古史辨》第 1 册,"自序",《顾颉刚古史论文集》卷 1,《顾颉刚全集》第 1 册,第 23 页。
② 傅斯年:《历史语言研究所工作之旨趣》,《中研院历史语言研究所集刊》1928 年第 1 本第 1 分。
③ 《傅斯年致朱家骅、杭立武》(1939 年 7 月 7 日),《傅斯年遗札》第 2 卷,第 768 页。

谈'民族'、'边疆'等等在此有刺激性之名词"①,并主张把民族、边疆问题归结于政治,说这方面政府应作两事,"(一)宣扬'中华民族是一体'之大义。(二)对此等'学问'施以合理的管理",而学术界应当加以配合②,"多写文字,集为专册,阐论'中华民族之混合性',证明汉人系大混合而成,其中南越、北胡,成分甚多,以混合之密,遂为一体。今日之西南,即千年前之长江也"。同时他也声明自己"素不主张政府统制学术,然此一学术,毛病太大,其本身颇陷于抄袭'帝国主义在殖民地发展之学说'。兼以暹罗问题吵起来,不可不防也。凡有刺激边民,使其有分化意识者,不可为也"③。可见在对待这一特定时期、地域的民族、边疆问题时,傅斯年将其归入政治领域④,不主张作为学术问题来讨论,甚至对以此类问题为核心研究对象的部分民族、人类学者充满偏见⑤,故而他不公开参与"中华民族是一个"的讨论,仅在书信往来等私人场合发表意见。

与傅斯年一样,顾颉刚在抱持独立的学术立场的同时,也深知某些问题的讨论与政治现实息息相关,分寸不易把握。但作为大学教授和知名学者,他的影响力更多是在学术界,尽管抗战之前和抗战期间他都和朱家骅有很多交往,甚至被视为是朱与二陈 CC 派争斗中的重要人物之一,然其在政府体制内的介入并不深,所办"事业"往往是靠私人交情,不能比之拥有国家机构中研院史语所作后盾的傅斯年,与政界的交往也比傅斯年少得多,对政界的影响力亦远不如傅,所以他对政治的复杂性和政治与学术之微妙关系的理解,不如傅深透。如前所述,

① 《傅斯年致朱家骅、杭立武》(1939 年 7 月 7 日),《傅斯年遗札》第 2 卷,第 767 页。
② 按傅斯年领导中研院史语所编撰《中国民族革命史》,即是配合之举动,该书实为朱家骅委托、国民党党史编纂委员会组织之读物,傅"思以三周写成,其不能为佳作,可以想见矣。"见《傅斯年致朱家骅》(1939 年 1 月 16 日)、《傅斯年致国民党党史编纂委员会》(1939 年 2 月),《傅斯年遗札》第 2 卷,第 719、723 页。
③ 《傅斯年致杭立武》(1939 年 8 月 11 日),《傅斯年遗札》第 2 卷,第 777 页。
④ 对于研究民族、边疆问题会带来政治对学术的干预,傅斯年非常警惕。1942 年初,时任国民党中央组织部长、中研院代理院长的朱家骅,向傅斯年征求在中研院内设立边疆研究所的意见,傅表示"政府所望于此所(如用边疆之名义)者,是发挥其政治之作用,中研院以后固必其对于政府之学术、技术上之帮助,但终以去政治不太近为宜耳。"故"上策是不办。"(《傅斯年致朱家骅》1942 年 2 月 15 日,《傅斯年遗札》第 3 卷,第 930 页。)这表明他坚持学术独立信条,欲为中研院守住一方学术净土,不想让与现实和政治关联过多的领域进入学术圣地。
⑤ 傅斯年并非一概反感民族学、人类学,他领导下的中研院史语所抗战时也在西南地区进行民族调查,芮逸夫、凌纯声等为此做了大量工作。根据田野调查,芮逸夫发表了一系列关于"中华国族"的文章,和"中华民族是一个"的观点相互配合。(参见黄克武:《民族主义的再发现:抗战时期中国朝野对"中华民族"的讨论》,《近代史研究》2016 年第 4 期,第 15 页。)可见傅所反感者主要为观点相异的史语所外的吴文藻、费孝通等人,观点之争外,这里还有党同伐异的意味。

对于《本国史》教科书中被戴季陶等人指责的学术观点，顾颉刚在 1936 年时仍在坚持，而且反驳对他的批评。以学者思维而言，这种做法自有其合理性，但对于统一全国后的国民政府而言，所急需的是历史学能发挥重建民族历史和国家认同的功能，现实需求才是最重要的，而历史学的科学性是另一层面的问题。政治和学术之间的不同取向和标准，自然使得戴季陶与顾颉刚难有沟通对话的基础。在讨论"中华民族是一个"问题时，顾颉刚也希望在适应现实政治需要的同时，学理上亦能有充分研讨的空间。他承认"应当留神使用这'民族'二字"，但觉得不能讳疾忌医，不再研讨，"有一种人小心过甚，以为国内各种各族的事情最好不谈，谈的结果适足以召分裂之祸。记得前数年就有人对我说：'边地人民不知道他们自己的历史时还好驾驭；一让他们知道，那就管不住了。'但我觉得，这是讳疾忌医的态度，我们不当采取"。① 因此他主持的《益世报·边疆周刊》成为讨论民族、边疆问题的园地，发表了来自各方的不同议论，一本于以往他主持《古史辨》的风范。此种做法，在这一特殊时期和特殊环境下，难以得到与之有认知差异的傅斯年的认同。

傅斯年对于民族、边疆问题属于政治领域的判断和认识，既缘于其浓厚的民族主义意识，亦与国民党的正统民族观念和国家认同理念息息相关。1912 年中华民国建立后，孙中山立即抛弃了过往排满的民族革命目标，接受"五族共和"思想作为处理国内民族关系的准则。所谓"五族共和"，就是"合全国人民，无分汉、满、蒙、回、藏，相与共享人类之幸福"，民族统一是它的基本原则。推行"五族共和"，令统一多民族共和思想开始深入人心。不过孙中山的思想并未止步于"五族共和"，他反对泛泛而谈"五族共和"，而是要求以汉族为主体，积极团结国内各民族，组成一个"中华民族"。1919 年五四运动后，是孙中山谈论"中华民族"最为集中的时期。他说："现在说五族共和，实在这五族的名词很不切当。我们国内何止五族呢？我的意思，应该把我们中国所有各民族融成一个中华民族；并且要把中华民族造成很文明的民族，然后民族主义乃为完了。"② 即发展与升华"五族共和"，创建"中华民族"新族体，才是三民主义中"民族主义"新的奋

---

① 顾颉刚：《中华民族是一个》，《益世报·边疆周刊》，1939 年 2 月 13 日；《宝树园文存》卷 4，《顾颉刚全集》第 36 册，第 94、104 页。

② 孙中山：《在上海中国国民党本部会议的演说》，《孙中山全集》第 5 卷，北京：中华书局，1985 年，第 394 页。

斗目标。他还说:"中华民族者,世界最古之民族,世界最大之民族,亦世界最文明最大同化力之民族也。……然而最文明高尚之民族主义者,则以意志为归也。如美利坚之民族,乃合欧洲之各种族而熔冶为一炉者也。……即汉族当牺牲其血统、历史与夫自尊自大之名称,而与满、蒙、回、藏之人民相见于诚,合为一炉而冶之,以成一中华民族之新定义……斯为积极之目的也。"①"务使满、蒙、回、藏同化于我汉族,成一大民族主义的国家。……仿美利坚民族底规模,将汉族改为中华民族,组成一个完全底民族国家,与美国同为东西半球二大民族主义的国家。……将来无论何种民族参加于我中国,务令同化于我汉族。"②在这里,孙中山将"中华民族"视为"世界最文明最大同化力之民族",是由汉族"与满、蒙、回、藏之人民相见于诚,合为一炉而冶之",实际体现的观念乃民族同化,主张的是以同化为基础的一元一体的"中华民族"观,即以汉族同化满、蒙、回、藏等其他民族而形成一个中华民族,像"美利坚民族"一样,建立起一个"中华民族"的民族国家,最终成为"一为民所有、为民所治、为民所享之国家,以贻留我中华民族子孙万年之业"。③ 这样的"中华民族"实际已非一般意义上的"民族",乃是一"国族"。到了1923年后,由于受到共产国际和新成立的中国共产党提出的"民族自决权"思想的影响,孙中山这种以同化为基础的一元一体的"中华民族"观,为以平等为基础的多元一体的"中华民族"观所取代。④ 不过在孙中山身后,国民党仅将其1923年前的"中华民族"观作为正统观念予以继承和发扬,而不愿承认其1923年后的变化。1925年戴季陶在《孙文主义之哲学的基础》里就一再以笼统的"中国民族"概念来指称统一的中华民族,喊出"你是甚么民族? 我是中国民族"的口号,认为历史上"我们的民族,由单纯血统的部落,靠着文化的结合,成为一个大的文化民族,地域和人口逐渐扩张,文化的内容也逐渐充实,于是国家的形体,渐渐具备"。所以实现孙中山的民族主义,"第一步就是要恢复中国民族固有之道德文化"。⑤ 在这里戴季陶把中国民族界定为统一的"文化民族",认为中国国家的基础奠定于此,实际仍是在文化层面上彰显中国民族的

① 孙中山:《三民主义》,《孙中山全集》第5卷,第185—188页。
② 孙中山:《在中国国民党本部特设驻粤办事处的演说》,《孙中山全集》第5卷,第473、474、475页。
③ 孙中山:《八年今日》,《孙中山全集》第5卷,第132页。
④ 郑大华:《论晚年孙中山"中华民族"观的演变及其影响》,《民族研究》2014年第2期,第64—69页。
⑤ 戴季陶:《孙文主义之哲学的基础》,桑兵、朱凤林编:《戴季陶卷》,第432、427、422页。

"国族"特色。此后到了蒋介石那里,就更是强调以同化为基础的一元一体的"中华民族观"。在1942年发表的《中华民族整个共同的责任》的讲话里,蒋介石反复说明"中华民族是一个",包括汉、满、蒙、回、藏在内的所有民族都只能称为"宗族",而不能称为"民族"。而后在其署名的《中国之命运》中,蒋介石又指出:"就民族成长的历史来说:我们中华民族是多数宗族融和而成的。这多数的宗族,本是一个种族和一个体系的分支,散布于帕米尔高原以东,黄河、淮河、长江、黑龙江、珠江诸流域之间。他们各依其地理环境的差异,而有不同的文化。由于文化的不同,而启族姓的分别。然而五千年来,他们彼此之间,随接触机会之多,与迁徙往复之繁,乃不断相与融和而成为一个民族。但其融和的动力是文化而不是武力,融和的方法是扶持而不是征服。自五帝以后,文字记载较多,宗族的组织,更斑斑可考。四海之内,各地的宗族,若非同源于一个始祖,即是相结以累世的婚姻。……古代中国的民族就是这样构成的。"①这样的言论,无非是说中国只有一个民族,那就是"中华民族",其他所谓的"民族"都是"宗族","中华民族是多数宗族融和而成的",从而形成一个"宗族—国族"论,使一元一体的"中华民族"观更加得以强化。相较而言,孙中山并不否认中国各民族的存在,他只是想通过汉族来同化满、蒙、回、藏等民族以形成一个"中华民族",而蒋介石则认为中国自古以来就只有各个宗族,否认中国是一个多民族的国家,如果说有"民族",那就只有一个"国族",即"中华民族"。

从孙中山到蒋介石,一元一体的"中华民族"观被不断申说和强化,在国民党意识形态中占据着主导地位,特别是蒋介石在抗战相持阶段的这种强调,显然关联着"抗战建国"之纲领和目标的实现,为特殊历史时期的必然举措。在这样的历史语境下,学者关于"中华民族是一个"之类的观点和讨论,自然与此种政治主张有相呼应和互动之处,甚至会影响或强化这种主张。1935年傅斯年在《中华民族是整个的》的文章里,就强调"我们中华民族,说一种话,写一种字,据同一的文化,行同一伦理,俨然是一个家族"②。在1938至1939年间撰写的《中国民族革命史稿》里,傅斯年干脆主张"汉族一名,在今日亦已失其逻辑性,不如用汉人一名词。若必言族,则皆是中华民族耳。夫族之所以为族者,以其血统相

① 蒋中正:《中国之命运》,青年军出版社印行(无出版年代),第2页。
② 傅斯年:《中华民族是整个的》,《独立评论》1935年第181号;《傅斯年全集》第4卷,第125页。

贯，如家族之扩充耳"。"与其曰汉族，毋宁曰汉人，名实好合也。若必问其族，则只有一体之中华民族耳。"①较之此后蒋介石"宗族—国族"论调下的一元一体的"中华民族"观，傅斯年这种"中华民族"（"国族"）若"家族"的"一体"论，不啻为蒋之主张之先驱、之奠基。当然，傅氏此论是在民族危亡之际而发，针对特殊环境，自认属于政治范畴的言论，并未从学理层面多加论证，相符于他将民族问题置于政治领域考量的认识。而在1939年论述"中华民族是一个"的顾颉刚那里，则直接引述并赞同孙中山的说法："本党还要在民族主义上做工夫，必要使满、蒙、回、藏都同化于我们汉族，成一个大民族主义国家。"认为孙中山这样说并非是主张大汉族主义，所谓同化，"决不是想消灭他们原有的文化，而只是为了他们的切身利益，希望他们增加知识和技能，享受现代的生活，成为一个中华民国的好公民，一个中华民族的健全分子，而实现中山先生想望中的一个大民族主义的国家"。② 很显然，孙中山乃至国民党的民族主义主张已为学者顾颉刚所接受和认同，较之此前《本国史》教科书风波中他对戴季陶等人之批评的反驳，立场上已有较大转换，这自然与抗战政治形势和主导性政治主张对学术的影响、制约密不可分。不仅如此，在有些看法上，顾颉刚比孙中山走得更远。前已言及，孙中山并不否认中国各民族的存在，他只是想通过汉族来同化满、蒙、回、藏等民族以形成一个"中华民族"。顾颉刚则认为"中国之内决没有五大民族和许多小民族，中国人也没有分为若干种族的必要"，"我们从今以后要绝对郑重使用'民族'二字，我们对内没有什么民族之分，对外只有一个中华民族"！③ 这一否定国内有不同民族、仅存一个包含所有中国人的"中华民族"的说法，似乎为此后蒋介石所言中国只有一个民族即"中华民族"、其他所谓的"民族"都是"宗族"之说，奠定了基础。由此，学者学术见解与当局政治主张之互动，在抗战之特殊的历史条件下，达致高度和谐和一致。

虽然傅斯年和顾颉刚的"中华民族"论说皆与国民党的主流意识形态相关，且在某种程度上为蒋介石的"中华民族"观奠定了基础，但究其实，傅、顾两人之

---

① 傅乐成：《傅孟真先生的民族思想》，王为松编：《傅斯年印象》，第204、205页。
② 顾颉刚：《续论"中华民族是一个"——答费孝通先生（续）》，《益世报·边疆周刊》，1939年5月29日；该文日后修改为《续论"民族"的意义和中国边疆问题》，收入《宝树园文存》卷4，《顾颉刚全集》第36册，第130—132页。
③ 顾颉刚：《中华民族是一个》，《益世报·边疆周刊》，1939年2月13日；《宝树园文存》卷4，《顾颉刚全集》第36册，第100、105—106页。

立说却是在不同层面上。傅斯年视抗战时的民族问题为政治问题,不欲在学理层面展开讨论;顾颉刚则一本学者立场,视此类问题为可以讨论的学术问题,并将其成果服务于现实需要。也就是说,傅斯年和顾颉刚的民族观念以及"中华民族"论说尽管相当一致,然顾颉刚学者本色更浓,并不认为抗战时期就该放弃学理论证只取结论,而傅斯年则将战时视为特殊时期,认为政治上的现实需求是第一位的,过于敏感的民族问题不宜于此时深究。表面来看,这只是态度上的区别。实际上,这样的区别绝非小节,因其涉及学术与政治的关系以及这种关系在不同时代的表现。

纵观傅斯年、顾颉刚的学术生涯,可知他们都倡导学术自由与学术不当单纯为政治服务,但也皆重视学术对政治之影响,并明了政治对学术之制约。当政治形势不那么紧迫、国家相对安定之时,他们能秉持超越的学术立场为学,不太顾忌政治因素;而一旦进入国家生死存亡的战争时期,身为史学家的民族主义立场立时突显,国家、民族大义成了左右一切的东西,现实政治的需要占据他们的身心。就顾颉刚而言,"和平时节"所编的《本国史》教科书关于民族起源、民族认同的见解,显然与后来的"中华民族是一个"有所差异①,他能在抗战关键时期提出"中华民族是一个"的主张,固然有傅斯年的劝告所产生的影响,但最根本的还在于日本侵略、外族压迫所导致的民族分裂的现实危险,使得他不能不舍弃某些在他看来合于学理但不合时宜的说法,以维护中华民族的团结统一。如果说20年代的《本国史》教科书中有关民族问题的表述与当时的政权意志相违逆,在顾颉刚是无心之举的话,那么此时与国家、民族意志相一致,则是顾氏主动为之,完全出于学者的使命感和责任感。

应该说,学者研究问题,进行学理探讨,所得结论往往具有超越时代的特质,而且不一定与国家政权的主流认知全然一致,甚至学者掌握的学术真理与公共知识也可能有矛盾之处。但在国家危亡的特殊历史时期和时代环境下,学者宁愿舍弃某些学理,以维护民族、国家大业。顾颉刚如此做了,而政治人格更为突出一些的傅斯年则径直把这类问题排斥在学术讨论之外,当然同样也是为了民族、国家利益,这都可说是尽了学者本分。

---

① 在《本国史》教科书中,顾颉刚既说黄帝的事迹"暧昧难明",又认为"构成中国历史的民族是华、苗、东胡、蒙古、突厥、藏、韩七族。七族之中,华族是主要的分子。""今日所谓华族,只是一个大共名,里面包含着无数历史上被同化的民族。"见顾颉刚编:初中教科书《本国史》上册,第10、12—13页。

四、工具理性与价值理性之间

作为一种现象,历史研究遭逢学理与现实、学术与政治间的纠葛,历来多有。表面上看这仅是个政、学关系的问题,然究其实质,乃是为学根本问题——历史研究的终极追求与社会功能的关系问题,即求真与致用、工具理性与价值理性间的关系问题。

对于治史者而言,历史研究的目的何在? 是具有普遍意义的命题,也是古今中外皆有所困惑甚至纠结的命题。在古代中国,历史撰述一方面倡导求真、秉笔直书,另一方面强调褒贬、发挥道德训诫作用。《春秋》是这方面的典型,直笔记事和曲笔叙事结合,属辞上为尊者讳,并通过所谓"一字之褒,荣于华衮;一字之贬,严于斧钺",以惩恶扬善。后世的史学发展表明,《春秋》笔法为中国史家继承和发展,然直笔记事的求真多有让位于曲笔叙事的褒贬之时,道德训诫功能的发挥似乎成了主流,尤其在正史中。在古希腊,源于爱奥尼亚人求真记事传统的史学著述,对历史真实的追求是一贯的,希罗多德、修昔底德等人的著述皆如此。而到了罗马史学家那里,强调历史著作的道德垂训作用则成了主流,罗马帝国前期杰出的史学家李维、塔西佗等人率皆如此。这两种传统在西方后来的史学演进中都有传承,由于西方不存在中国式的史官传统以及其他政治、社会因素,历史研究中为学术而学术的求真理念一直延续下来。进而言之,达致历史真实与道德训诫即求真与致用的双重目标,恐怕是治史者力求企及的目标。对于古代中国的史家而言,这双重目标之间虽有张力,如何达成也不无纠结,但总体上大致能实现双重目标的两全。所以如此,盖因在古人那里,史学非为现代意义上的历史学。作为四部之学的第二类,史部之学既依附于有意识形态色彩的经学而存在,又主要由历朝历代的史官来执掌,这样的史学是在与政治的互动与依存中演进的,政治色彩极其浓厚,尽管古代中国也有颇为发达的私修史学,但占主流之时不多。何况中国学术传统的特色是以人统学,文史哲不分泾渭,遑论自然与人文、社会之界限,治学者有"以天下为己任"的情怀,士不可以不弘毅,视学问为身心家国一体之事,格物、致知、诚意、正心、修身、齐家、治国、平天下乃求学、治学的目标阶梯。如此环境下的史学,自然讲求价值功能,治史者将求真与致用结合,似不为难事。反观西方,史学地位一直不高,作为学科的历史学出现甚晚,撰史者多为私人,历史为其客观研究对象,主客两分、物我两执,史著并不承担中国史书那样的功能,所以于求真与致用两目标处常有抵牾。19 世纪发展成一门独立学科的历史学,讲求客观主义,如实直书,显然执着于求真理念,并对学科发展产生了巨大影响。

作为现代史学家,顾颉刚、傅斯年的学术生涯成长于中国现代学术建立之时,即中国学术已由"四部之学"转为"七科之学"、由传统通人之学转为现代专门之学的时代,其治学轨则在继承传统的基础上,大体依循现代西方。在西方自然科学、社会科学、人文学科大发展的背景下,马克斯·韦伯归纳出人的行为的工具理性与价值理性之别①,似可作为研讨顾颉刚、傅斯年等史家学术价值选择的分析工具。顾颉刚、傅斯年皆为胡适的得意门生,受胡适学术思想和方法影响颇大。胡适所推崇的科学方法论,是以实验主义为主,特别是杜威的实验主义,在他看来,实验主义作为科学方法,甚至可直接概括为"大胆地假设,小心地求证",对史学研究同样适用。他对清代学术的总结,主要就在力求发掘考据学中的科学思想和方法论资源,为包括历史学在内的现代中国学术提供类似西方的科学的方法论。这样的见解和思路,是一种比较典型的科学化的工具理性思维,将价值理性排除在外。五四时期的"科学主义"或"唯科学主义",殆与此息息相关。在史学领域,胡适门庭下的顾颉刚、傅斯年均依此路径前行,尤其是傅斯年。顾颉刚的古史研究和所开创之"古史辨"派的学术框架,大体不离这样的理路。傅斯年在建立中研院史语所时所强调的"近代的历史学只是史料学,利用自然科学供给我们的一切工具,整理一切可逢着的史料",以及其开创新历史考证学派的种种举措和成就,更是典型的不讲价值理性,仅持工具理性的做法。工具理性思维下的学术研究,崇尚纯粹学术,倡导学用分离,其史学目的自然在于求真,而非致用。

不过问题似乎没有这么简单。作为人文学科的一个组成部分,历史学处在

---

① 马克斯·韦伯认为,所谓工具理性,"即通过对外界事物的情况和其他人的举止的期待,并利用这种期待作为'条件'或者作为'手段',以期实现自己合乎理性所争取和考虑的作为成果的目的。"所谓价值理性,"即通过有意识地对一个特定的举止的——伦理的、美学的、宗教的或作任何其他阐释的——无条件的固有价值的纯粹信仰,不管是否取得成就。"([德]马克斯·韦伯:《经济与社会》上卷,林荣远译,北京:商务印书馆,1997 年,第 56 页)依此,工具理性不看重行为本身的价值,而是看重行为能否成为达到目的的有效手段,所关注的世界为客观世界;价值理性只看重行为自身的价值,关怀的是人文世界。

人文世界中,恰是价值理性关怀的对象,纯粹工具理性的思维和手段,恐怕很难解决历史学人文层面的问题,历史学者也会由此遭逢困境。在内忧外患频仍的近代中国,史学"荣其国家,华其祖宗"的功用较平日凸显,史学还要发挥助力民族国家建设的功能。顾颉刚、傅斯年虽受的是现代学术教育,但作为五四青年,学术救国是普遍理想,民族主义观念已深入骨髓,中国史学的经世致用传统在他们身上自然延续着,所以历史研究的工具理性思维还无法完全架控他们,价值理性追求不时制约着他们,从而形成两难局面。顾颉刚《本国史》教科书引发的风波和顾、傅二人在"中华民族是一个"争论中的态度,本质上都反映着这种局面,内在凸显着深刻的矛盾纠葛。相比较而言,作为舶来品的民族学、人类学学科,因身上没有背负史学这样的沉重负担,可能在讨论学术问题时受价值理性的约束就较少,如讨论"中华民族是一个"问题时,费孝通的见解,就是基于人类学家的学术特色——在研究人群时对文化传统的重视超过对政治认同的重视、对不同人群之间差异的重视要超过对他们之间共性的重视,来得出自己的结论的。实际上,吴文藻、费孝通与顾颉刚、傅斯年都是现代学术的产儿,学术背景和治学理念在很多方面都是相通的,也皆抱有学术救国理念,只不过因为从事的学科不同,一为纯粹西来的移植学科,一为固有传统和西方因素结合的转换学科,外来与本土之别,价值理性约束的轻重差异,自然会导致他们在讨论关乎民族、国家建构的大问题时出现观点分歧。就像同时代的边政学者看待边疆、民族问题时更偏重政治性取向的"国族"建构,而迥异于人类学者的取向一样,历史学者在讨论民族、国家建构问题时,更易成为民族主义者。

历史学者虽注重价值理性的实现,然于其施行的途径并不全然一致。一般来说,学术致用、实现价值理性的一个重要途径是学术普及工作,从对待这一工作的态度上,可见出学者对于学术致用的投入程度。在这方面,傅斯年和顾颉刚就有较大的分歧。傅斯年一向追求学术的高精尖,其创办中研院史语所的目的之一就是要在学术上争胜于国际,"要科学的东方学之正统在中国",故"我们不做或者反对,所谓普及那一行中的工作"。[①] 而顾颉刚在做高深学问的同时,颇为重视"普及"工作,他曾指出:"傅在欧久,甚欲步法国汉学之后尘,且与之角胜,故其旨在提高。我意不同,以为欲与人争胜,非一二人独特之钻研所可成功,

① 傅斯年:《历史语言研究所工作之旨趣》,《中研院历史语言研究所集刊》1928 年第 1 本第 1 分。

必先培育一批班子，积叠无数资料而加以整理，然后此一二人者方有所凭借，以一日抵十日之用，故首须注意普及。普及者，非将学术浅化也，乃以作提高者之基础也。"①故他一直注意培植青年力量，从学术普及入手，为钻研高深学术作基础性的铺垫。他之编写初中本国史教科书，固然存在生计方面的因素，但其乐于从事学术普及工作，当是前提之一。与之相反，傅斯年对于此类工作，避之唯恐不及，如九一八事变后国民政府欲编全国通用的历史教科书，属意傅斯年来做，傅婉拒之，于1935年初推荐张荫麟以自代②，傅仅写出《闲谈历史教科书》之类文字发发议论而已。在日寇入侵、大敌当前的民族危难面前，傅斯年写出了《东北史纲》这样的专业著作以应对；顾颉刚则从书斋中走出来，面向下层民众和普通知识分子，全力以赴地发展起边疆开发与民众教育两方面的事业来，办《禹贡》和通俗读物编刊社，认为将学术成果普及于民众之中是责任所在，这样做能使民众"个个成为中华民国的健全公民，那么公民所应有的知识全都要用文学的技巧灌输到不甚受教育的民众心中，使得他们可以身体力行"③。对于顾的做法，一些人颇不理解，北京大学校长蒋梦麟就曾用惋惜的口气说："顾颉刚是上等人，为什么做这下等事呢？"④意谓只有从事高深学术研究才是像顾颉刚这样的"上等人"所该做的事情。至于在报纸上公开讨论民族、边疆之类的问题，傅斯年不愿参与，则不仅关联他对普及工作的态度，而更关键者还在于他认为此类问题可由学者闭户讨论或给政治当局提供咨询，但不希望这样的讨论通过报纸之类的大众媒介传递给公众，"至于闭户作学问，以其结果刊为不能流行之学术刊物，更或供政治之参考，自当一秉事实，无所顾虑，然不当使其民众化也"⑤。所以他对吴文藻、费孝通等人的不满，即包含他们"在报屁股上做文"谈论民族问题⑥，甚至就此要求中英庚款董事会总干事杭立武，为资助者"办理继续补助事"，应规定"禁舍其本业而在报上发表胡乱文字"。⑦ 傅斯年的这种态度，显然就是顾颉刚所不满的"讳疾忌医的态度"，担心"边地人民不知道他们自己的历

① 顾潮编著：《顾颉刚年谱》（增订本），第171页。
② 参见李欣荣、曹家齐：《张荫麟评传》，广州：广东人民出版社，2014年，第85页。
③ 顾颉刚：《通俗读物的重要性》，《云南日报·星期论文》，1939年1月8日；《宝树园文存》卷3，《顾颉刚全集》第35册，第282页。
④ 顾颉刚：《顾颉刚自传》，北京：北京大学出版社，2012年，第77页。
⑤ 《傅斯年致顾颉刚》（1939年2月1日），《傅斯年遗札》第2卷，第722页。
⑥ 《傅斯年致朱家骅、杭立武》（1939年7月7日），《傅斯年遗札》第2卷，第768页。
⑦ 《傅斯年致杭立武》（1939年8月11日），《傅斯年遗札》第2卷，第777页。

史时还好驾驭；一让他们知道，那就管不住了"①。

傅斯年和顾颉刚的不同态度，表面看仅是对普及工作的不同认识而已，然究其实，这关联着如何对待知识分子与民众关系的不同看法。傅斯年、顾颉刚皆为深受中国传统文化影响同时又接受现代新式教育的读书人，传统之"士"和现代知识分子的血液在他们身上兼而有之，他们皆欲"求道"、"行道"，然而一个选择了"得君行道"，一个选择了"觉民行道"。在选择了"得君行道"的傅斯年眼里，知识阶级当然是高人一等的，历史学等专业的学术研究仅是少数专业精英之事，学术成果的读者对象也只是学界同行，而非普通民众；至于关涉政治大局和国家稳定的一些问题，即便是学术命题，抗战特殊时期也不宜讨论，更不能让普通民众知悉。而欲"觉民行道"的顾颉刚，视知识阶级和普通民众是全然平等的，认为学术和政治的权利不应由知识阶级垄断和保守，所以其所为和傅斯年恰恰相反。当然，不管是"得君行道"还是"觉民行道"，此"行道"本身即反映了历史研究的价值理性在他们那里的充分实现，只不过实现的途径有异，功能也就可能有差。

抗战时期的顾颉刚、傅斯年等史家以不同方式实现了历史研究的价值理性，似在史学的求真与致用两途获得了统一，实现了两全，然则此两全伴随着两难，内里深刻的矛盾纠结仍在。一方面，求真与致用两端存在内在的紧张关系，不易两全。在中国古代，以史官身兼史家者的著述似易平衡两者，然揆诸史著，道德训诫功能的发挥常为主导，甚至不时会为此而牺牲秉笔直书的求真，虽说大致实现了求真与致用的两全，但平衡还是做不到。到了顾颉刚、傅斯年这辈专业史家那里，现代性的学科分化和专业分工，工具理性思维下的学术训练，自然使求真理念深入骨髓，当需要史学发挥致用功能时，两难局面就会出现。如顾颉刚所编教科书引发的风波，说明学者基于求真理念的学术见解有些时候不一定与国家政权相一致，甚至学者掌握的学术真理与公共知识也可能有矛盾之处。这种情形下，教科书中的知识内容如何处理，学者的个人见解如何贯彻？从民国时期历史教科书的编写实践看，此类问题并非个案，也尚无合适的解决之道。进而言之，这还涉及学术的永恒价值与受众接受及现实功用的关系问题。作为教师教

---

① 顾颉刚：《中华民族是一个》，《益世报·边疆周刊》，1939 年 2 月 13 日；《宝树园文存》卷 4，《顾颉刚全集》第 36 册，第 104 页。

学和学生学习的主要依据和国民普通知识的基本来源,教科书当然要传播具有长远价值的学术研究成果,而在师生接受和现实功用层面,两者不见得时时能取得一致,甚至可能相矛盾。如此,求真和致用的两难困境即如影随形,常常困扰着现代史家。另一方面,时代特点对史学致用功能的发挥起着制约作用。历史研究的价值理性多于非常时期更为突显,如当民族、国家生死存亡的特殊时期,史学的致用功能最为人们看重,抗战时期的顾颉刚、傅斯年等人之所为,即是如此。时有学者致函顾颉刚,对顾不能一心向学有所批评,顾回应道:"在此国土半沦,战士喋血,人民宛转求死不得之际,而汝犹不闻不见,于汝之心安乎? 汝乃生长于无国家之地乎? 不知兄亦将答以'安'乎? 故兄欲研究纯学术,刚之所愿也。兄以研究纯学术自恃,而薄致力于实用之学者,此在太平之世由兄为之,若在今日权乱之世则刚之所不能许也。"①此语鲜明表露顾颉刚的态度,做纯粹的学术研究是其所愿,然于抗战特殊时期宁愿暂时将其放下,转而从事有利于抗战事业的"实用之学"。傅斯年则更是以抗战大局为由,阻止一些可能不利团结一致的民族、边疆问题的学术讨论。不过这样一来,价值理性可能就会超越工具理性,致用压倒求真。而在无关民族、国家生死存亡的常态下,退回书斋的学者以求真理念从事研究,所得结论又可能与非常时期不一致,新的两难困境又会出现,学术乃天下之公器,有其基本准则,但若不同时期有不同的学理,那么学者该当何为?

理论上讲,作为历史学家,认可史学本质应为求真,恐怕是多数人的共识。然于史学求真与致用的关系该如何处理,则歧见纷呈。一般来说,既求真为根本,那么致用功能应是附着于上,而非刻意为之,否则就背离了史学本性。但在现实实践中,史家有祖国,是现代民族国家之一分子,有此身份,欲求求真与致用之两全,却可能一再遭逢两难。顾颉刚、傅斯年等民国史家之所为和相关遭际,或许正能说明此点。

(作者为北京师范大学历史学院教授、博士生导师)

---

① 王学典、孙延杰:《顾颉刚和他的弟子们》,济南:山东画报出版社,2000年,第350页。

论杨松对民主革命时期中共
民族理论的历史贡献

郑大华

　　杨松,原名吴绍镒,早年参加中国共产党,1938 年至 1940 年,任中宣部副部长兼秘书长,1941 年春,创办和主编中共中央机关报《解放日报》,1942 年 11 月 23 日,因肺病复发在延安中央医院与世长辞,年仅 35 岁。得知杨松去世的消息,毛泽东极为惋惜,亲笔写下挽词:"杨松同志办事认真、有责任心,我们应当记住他、学习他。"①

　　1938 年 8—10 月,亦即中共六届六中全会召开前后,杨松在中共中央马列学院开设《论民族》、《论资本主义时代民族运动与民族问题》、《论帝国主义时代民族运动与民族问题》的系列讲座,讲稿同时在中共中央机关刊物《解放周刊》第 3 卷第 47 期至第 54 期(1938 年 8 月 1 日至 10 月 15 日) 上连载。杨松在讲稿中依据马克思列宁主义民族理论,并结合中国的具体国情,论述了"中华民族"、"民族建国"、"民族自决"等一系列重大的民族理论问题。这也是中国共产党成立以来党的领导干部第一次就一系列重大的民族理论问题进行理论阐述,它对民主革命时期中共民族理论的形成和发展产生过重要影响。然而长期以来,除个别学者在相关的文章中简略地提到过杨松的系列讲座外②,迄今还没有人对杨松的民族理论进行过系统的专题研究,这不能不说是学术研究尤其是中共民族理论研究方面的一大缺失。有鉴于此,笔者不揣冒昧,拟就杨松的民族理论及

---

① 转引见黑龙江省委党史研究室:《怀念杨松同志》,《黑龙江日报》2007 年 11 月 14 日,第 2 版。
② 参见张艳国、康凤云:《评杨松及其〈关于马列主义中国化的问题〉》,《孝感学院学报》2009 年第 2 期;郝时远:《辛亥革命与中华民族内涵之演变》,《民族研究》2011 年第 4 期。

其影响作一探讨,不当之处,欢迎批评指正。

(一)论"中华民族"

中华民族形成很早,但民族意识较为淡薄,借用费孝通先生的话说,古代的中华民族是一个"自在"的民族实体,而不是一个"自觉"的民族实体。"中华民族"一词最早是 1902 年由梁启超提出的。[1] 不久在《历史上中国民族之观察》(1904)等文中,梁启超又多次使用"中华民族"。[2] 在 20 世纪初使用"中华民族"的还有立宪党人杨度(1907,《金铁主义说》)和革命党人章太炎(1907,《中华民国解》)。经过辛亥革命的洗礼,到五四运动前后,在文章或讲演中使用"中华民族"的人逐渐增多起来。[3]

中国共产党最早使用"中华民族"一词是在 1922 年。这年 7 月在上海召开的中国共产党第二次全国代表大会《宣言》提出的"中国共产党的任务及其目前奋斗"的目标之一,是"推翻国际帝国主义的压迫,达到中华民族完全独立"。《宣言》虽然把"推翻帝国主义的压迫,达到中华民族完全独立"作为"中国共产党的任务及其目前的奋斗"提了出来,但从前后文来看,《宣言》所讲的"中华民族"实际上指的是居于"中国本部"的汉族,并不包括居于"蒙古、西藏、回疆三部"的蒙古族、藏族、回族和其他少数民族,居于"蒙古、西藏、回疆三部"的蒙古族、藏族、回族和其他少数民族在《宣言》中被称之为"异种民族"。[4] 实际上,直到抗战全面爆发前后,中国共产党所讲的"中华民族",在多数情况下指的都是汉族,而非中国各民族的共同称谓。比如,在 1936 年 5 月 25 日的《中华苏维埃中央政府对回族人民的宣言》和 1936 年 10 月 10 日《中共中央为庆祝一、二、四方面军大会合通电》[5]等《宣言》和《通电》中,"中华民族"是与"其他弱小民族"、"内蒙古民族"、"西北回人"等相对应的一个概念,实质上指的就是"汉族",

———————————

① 梁启超:《论中国学术思想变迁之大势》,《饮冰室合集》(1)文集之七,第 21 页。
② 梁启超:《历史上中国民族之观察》,《饮冰室合集》(8)专集之四十一,第 1 页。
③ 郑大华:《中国近代民族主义与中华民族自我意识的觉醒》,《民族研究》2013 年第 3 期。
④ 中共中央统战部:《民族问题文献汇编》,北京:中央党校出版社,1991 年,第 17 页。
⑤ 中共中央统战部:《民族问题文献汇编》,第 366、432 页。

"其他弱小民族"、"内蒙古民族"、"西北回人"并不包括在"中华民族"之内,这也就是《中共中央为庆祝一、二、四方面军大会合通电》中所强调的"我们"(中华民族)与"他们"(内蒙民族、西北回人)的区别。

在"汉族"的涵义上使用"中华民族",这是自 20 世纪初以来比较流行的一种用法。最早提出"中华民族"一词的梁启超,在很长的时间内就是把"中华民族"当作"汉族"来使用的。他曾明确指出,"今之中华民族,即普通俗称所谓汉族者",它是"我中国主族,即所谓炎黄遗胄"①。1912 年秋商务印书馆出版的《共和国历史教科书》,是第一本使用"中华民族"这一概念的历史教科书,但书中讲的"中华民族"指的是与"满、蒙、回、藏诸民族"同居一国、"谊属兄弟"的汉族。② 五四时期的孙中山,也是在"汉族"的涵义上使用"中华民族"或"大中华民族"一词的,他讲的"中华民族"实质上是一种以同化为基础的一元一体的大汉族主义的"中华民族"观。③ 五四运动后,尤其是九一八事变后,尽管人们开始在中国境内各民族共同称谓的意义上接受和使用"中华民族"的观念,但受传统思想观念的影响,在"汉族"的涵义上使用"中华民族"观念的还大有人在,这其中也包括中国共产党人。因为,当时中共在理论上还很不成熟,"对解决中国民族问题的具体历史条件还缺乏深入的了解,还不能把马克思列宁主义关于解决民族问题的原理同中国的具体历史条件正确地恰当地结合起来"④。这也是自中国共产党成立后,尽管党的有关决议、通电、宣言和领导人的文章、讲话或报告中一再使用"中华民族"一词,但没有人对"中华民族"及其涵义进行过理论阐述的一个原因。

中国共产党人中,第一个对"中华民族"及其涵义进行理论阐述的是杨松。杨松是在他的《论民族》讲稿中对"中华民族"及其涵义进行理论阐述的。就杨松的阐述来看,有三点值得充分肯定:第一,"中华民族"是"由各种不同的部落、种族等等共同组成的",具有"多元一体"的民族特征。当然,他把组成"中华民族"的"多元"称之为"部落、种族"又值得商榷,此当后论。他指出,和法兰西、北

---

① 梁启超:《历史上中国民族之观察》,《饮冰室合集》(8)文集之四十一,第 1 页。
② 《共和国历史教科书》,上海:商务印书馆,1912 年秋版,第 301 页。
③ 郑大华:《论晚年孙中山"中华民族"观的演变及其影响》,《民族研究》2014 年第 2 期。
④ 江平:《前言》,中共中央统战部:《民族问题文献汇编》,第 4 页。

美利加、德意志、意大利、英国等近代民族之形成一样,近代的中华民族也是"由各种不同的部落、种族等等共同组成的。近代的中国人是从汉人、满人、汉回人、汉番人、熟苗人、熟黎人及一部分蒙古人(土默特蒙古人)等共同的组成的。"不仅"中华民族"是由不同的部落、种族等等共同组成的,就是作为"中华民族"之主体的"汉人本身也不是由同血统的人组成的,而是由华夏、南蛮人、东夷人、百越人等等各种不同血统的部落、种族组成的。已同化了的满人、回人、番人、苗人、蒙古人、黎人等等在经济生活、语言、风俗、习惯等等方面已与汉人同化,并且已与汉人杂居,因而失去构成民族的特征,但是在风俗、习惯上仍与汉人有些分别,他们既非原来的种族,也非汉人,而是一个新形成的近代民族——中华民族"①。第二,"中国是一个多民族的国家",除以"汉人"为主体的"中华民族"外,"中国境内还存在着少数民族,如像满族(古称东胡族)、蒙古族、回族(古称突厥族)、藏族(古称氐羌族)、苗族及其他少数民族"。他指出,中国境内的这些少数民族,除满族中的大部分已与汉人同化外,其他各少数民族仍保持着自己的民族区域、民族语言、民族风俗、习惯,过着自己的经济生活。"这些蒙古人、西藏人、回人等等,就民族来说,是各个不同的民族;但就国籍来说,都是中华民国的国民,都是共同祖国的同胞,而且都是日寇侵略之对象。"②第三,中国境内各民族无论人口多少,发展快慢,都一律平等,反对一切民族特权。他指出,与汉族比较,中国的少数民族社会经济的发展要落后一些,汉族地区的资本主义已有相当的发展,而少数民族大都还停留在资本主义以前的经济阶段,在政治上还完全受封建制度统治,有的甚至还过着封建社会以前的原始部落、奴隶社会的生活,但这并不能成为他们不能享受与汉族平等权利的借口。他在论述中强调:"无产阶级反对一切民族特权,主张中国境内一切民族平权与民族和平。因此反对过去封建势力对于他所采取的同化政策,而主张中国境内各民族自决,各民族一律平等。"③

当然,我们在充分肯定杨松上述认识的同时,也要看到其理论的不足:第一,杨松讲的"中华民族"虽然不等同于"汉族",甚至高于"汉族"和其他各民族,用杨松的话说,它对外"代表中国境内各民族",是"中国境内各民族的核心",并

---

① 杨松:《论民族》,中共中央统战部:《民族问题文献汇编》,第766—767页。
② 杨松:《论民族》,中共中央统战部:《民族问题文献汇编》,第767页。
③ 杨松:《论民族》,中共中央统战部:《民族问题文献汇编》,第767页。

"团结中国境内各民族为一个近代的国家"①,但它还不是一个"上位民族"的概念,不是中国境内各民族的共同称谓,而只是中国多民族中的一个主要民族或核心民族,用他自己的话说,是"汉族及其他被同化的种族"的统称。② 第二,杨松虽然认识到了"中华民族"的"多元一体"的民族特征,但他不承认组成"中华民族"的"多元"为"民族",而称它们为"部落"和"种族"。杨松之所以不承认组成"中华民族"的"多元"为"民族",一个重要原因,是他根据斯大林对民族的定义,认为民族是随着封建主义的崩溃和资本主义的产生而形成的,是近代社会的产物,在此之前的奴隶和封建社会,只有部落、氏族和宗族、种族的存在,而没有民族。所以他反复告诉人们,"中国人是一个近代的民族"③,"是由不同的部落和种族等等共同组成的"④。殊不知,斯大林对于民族的定义是从西方民族的产生中总结出来的,它适用于西方,而不适用于中国,因为西方的民族是近代产物,而中国的民族产生较早,在中国进入近代以前,构成"中华民族"的各民族,如汉族、蒙古族、回族、藏族、满族、苗族等就早已形成。

在论述中华民族的过程中,杨松还特别批判了日本侵略者为了给自己侵略中国寻找借口、而散布的所谓"中国人不是一个民族,中国不是一个有组织的国家,而只是一个地理概念"的谬论。他指出,日本侵略者的这种谬论并不是他们的新发明,实际上早在 19 世纪的前半叶奥匈帝国侵略意大利时,其宰相梅特涅就称意大利人不是一个民族,意大利不是一个国家,而是一个地理概念。但历史已经证明,意大利人是一个民族,意大利是一个有组织的国家,意大利人在反对外国侵略的民族解放战争中获得了民族独立和国家统一。同样,历史还将证明,中国人是一个民族,具有近代民族所具有的民族特征,即共同的语言——中国语和中国文、共同的领土、共同的经济生活和共同的民族性、民族文化、民族风俗、习惯等,中国人民也必将在反对日本侵略的民族解放战争中获得民族独立和国家统一。杨松在论述中尤其强调了中国的历史和文化的悠久,他指出,中国人早在四五千年前就已居住在现在的领土上,"中国人的民族文化已有四、五千年

---

① 杨松:《论民族》,中共中央统战部:《民族问题文献汇编》,第 767 页。
② 杨松:《论资本主义时代民族运动与民族问题》,中共中央统战部:《民族问题文献汇编》,第 773 页。
③ 杨松:《论民族》,中共中央统战部:《民族问题文献汇编》,第 767 页。
④ 杨松:《论民族》,中共中央统战部:《民族问题文献汇编》,第 766 页。

的历史"①。

杨松对"中华民族"的以上论述,对于中国共产党的"中华民族"观念的最终确立有其重要意义。杨松的《论民族》发表一个月后,中国共产党六届六中全会在延安召开。毛泽东在会议上代表政治局作《论新阶段》的重要报告,他不仅在报告中多次使用"中华各族"这一概念,而且认为"中华各族"是由"汉族"和"蒙、回、藏、苗、瑶、夷、番"等各少数民族组成的,我们要"团结中华各族,一致对日"。② 1939 年 12 月毛泽东发表《中国革命与中国共产党》一文,该文的第一章第一节是论"中华民族"。就毛泽东对"中华民族"的论述来看,它包含着三个相互联系的基本内涵:(一)中国是一个多民族的国家,除主体民族汉族外,"还有蒙人、回人、藏人、维吾尔人、苗人、彝人、壮人、仲家人、朝鲜人等,共有数十种少数民族";(二)"中华民族"是中国境内各民族的统称;(三)"中华民族"内部各民族一律平等。③ 这是迄今为止毛泽东对"中华民族"最全面和最权威的论述,也是中国共产党成立以来党的最高领导人对"中华民族"最全面和最权威的论述。它标志着中国共产党的"中华民族"观念的最终确立。④ 从此,毛泽东所确立的"中华民族"的基本内涵,成了中国共产党人乃至全国各族人民的共同认识。我们今天就是在毛泽东所确立的基本内涵上使用"中华民族"这一观念的。而就毛泽东所确立的"中华民族"的基本内涵和杨松对"中华民族"及其涵义的论述来看,二者既有许多相同或近似之处,又有一些根本的区别。尽管目前我们还没有找到毛泽东阅读过或评论过杨松的《论民族》一文的确切资料,但杨松的《论民族》一文作为重要文章刊发于中共中央机关刊物《解放周刊》的第 1 版。《解放周刊》不仅是在毛泽东的亲自领导和支持下创刊的,而且《解放周刊》的一些重要社论、评论和文章毛泽东都要亲自审阅或改定,他总结抗战经验写的重要著作《论持久战》、《论新阶段》及《新民主主义论》等36 篇著作也都首发在《解放

① 杨松:《论民族》,中共中央统战部:《民族问题文献汇编》,第 766 页。

② 毛泽东:《论新阶段》,中共中央统战部:《民族问题文献汇编》,第 595 页。

③ 毛泽东:《中国革命与中国共产党》,《毛泽东选集》第 2 卷,北京:人民出版社,1991 年,第 621—623 页。

④ 中国共产党和中国国民党在"中华民族"观念上的根本区别,不在于"中华民族"是中国境内各民族的统一称谓,而在于是不是承认中国是一个多民族的国家,各民族之间无论大小一律平等。蒋介石在 1943 年的《中国之命运》中认为"中华民族"只一个,其他民族都只能称为"宗族",而不能称为"民族",否认中国是一个多民族的国家,不承认各民族之间无论大小一律平等。(详见拙作《"中华民族"自我意识的形成》,《近代史研究》2014 年第 4 期。)

周刊》上,所以按照常理推断,毛泽东应该审阅过杨松的这篇文章。换言之,杨松的《论民族》一文的一些主要观点毛泽东是赞成的,同时毛泽东提出的中华民族是中国境内各民族的统称,又是对杨松提出的中华民族是"汉族及其他被同化的种族"的统称的重大修正。这一重大修正,是毛泽东的"中华民族"观念与杨松的"中华民族"观念的根本区别所在。

(二)论"民族建国"

所谓"民族建国",也就是建立近代的民族国家。我曾在一篇文章中指出,中国古代只有传统民族主义,近代民族主义是辛亥革命前的 19 世纪末 20 世纪初从西方传入到中国来的。而首先传入西方近代民族主义的便是最早提出"中华民族"一词的梁启超。[①] 梁启超所以要将西方近代民族主义传入中国,其目的就是要使中国也像西方那样建立起近代的民族国家,用他在《论民族竞争之大势》一文中的话说:"今日欲救中国,无他术焉,亦先建设一民族主义之国家而已。"[②]这可以说是当时积极从事西方近代民族主义介绍和宣传的中国知识界的基本共识。因为西方的近代民族主义是在西方各国从前近代的"王朝国家"走向近代的"民族国家"的过程中产生和发展起来的,换言之,建立近代的"民族国家"是西方近代民族主义的本质要求。所以,要使中国也像西方那样建立起近代的民族国家,就必须积极传入和宣传西方近代民族主义。

依据学者们的研究,前近代的"王朝国家"与近代的"民族国家"的区别在于:(一)在"王朝国家"中,专制帝王具有至高无上的权力,其意志就是法律,广大民众只是帝王的臣民,帝王对他们有生杀予夺之权;而在近代的"民族国家"中,人民主权取代了专制王权,从前的臣民变成了公民。因此,和王朝国家不同,构成"民族国家的基础的不是王权和许多不平等的阶级,而是具有相同权利的独立公民,人民主权成为这个新型国家的中心"。(二)在"王朝国家"中,王朝的利益高于一切;而在近代的"民族国家"中,民族利益高于一切,尽管如马克思指出的那样,资产阶级在这里所讲的"民族利益"仍然不过是他们自己的一个阶级

---

① 郑大华:《论中国近代民族主义的思想来源及形成》,《浙江学刊》2007 年第 1 期。
② 梁启超:《论民族竞争之大势》,《饮冰室合集》(2)文集之十,第 35 页。

的利益而已,但民族利益的提出和确立,则有利于统一的民族国家的形成和稳定。①

　　尽管与西方国家的历史有所不同,自秦始皇统一后,中国在绝大多数的时期内是作为统一的国家而存在,但在辛亥革命之前,中国也是一个前近代的"王朝国家"而非近代的"民族国家"。因为,第一,它实行的是封建专制制度,君主大权独揽,整个国家机器不过是执行君主意志的工具而已,而作为君主臣民的广大民众,则毫无权利可言,专制君主可以随意处置他们,所谓"君要臣死,不得不死",讲的就是这个道理。第二,在封建专制制度下,作为国家构成要素的土地和人民都是君主的私人财产,"普天之下,莫非王土,率土之滨,莫非王臣",君主的一切作为,其根本目的是要维护和扩充封建王权和封建特权的王朝利益。除这两点和西方前近代的"王朝国家"相似外,辛亥革命之前中国的"王朝国家"还有两点与西方前近代的"王朝国家"不一样的地方:第一,西方的"王朝国家"大多是主权独立的国家,而中国自 1840 年的鸦片战争起,就不断受到东西方资本主义列强亦即后来的帝国主义的侵略和掠夺,其领土和主权遭到巨大破坏,到了 20 世纪初,已完全沦为成了半殖民地半封建社会。第二,西方国家的民族相对来说比较单一,基本上是一个民族一个国家(如英、法、德、意),而中国自古以来就是一个多民族的国家,居于统治地位的民族往往对于被统治民族实行民族压迫和民族歧视政策,各民族之间没有平等的权利。

　　既然和西方国家一样,辛亥革命前的中国是一个前近代的"王朝国家",因此,建立近代的"民族国家"也就成了中国人民的理想追求。但就建立近代的"民族国家"的任务而言,如前所述,由于辛亥革命前的清王朝与西方前近代的"王朝国家"既有相同之处,也有不同的地方,所以要建立近代的"民族国家",中国人民除了要完成西方在建立近代的"民族国家"的过程中所要完成的推翻封建统治、建立民主制度、实现法律上的人人平等的任务外,还要完成西方所没有的两项任务:一是推翻东西方资本主义列强亦即帝国主义对中国的统治,改变中国的半殖民地半封建社会的性质,实现国家的独立和民族的解放;二是处理好国内各民族之间的关系,确立各民族在国家中的地位,实现各民族之间的一律平等

---

① 李宏图:《西欧近代民族主义思潮研究——从启蒙运动到拿破仑时代》,上海:上海社会科学院出版社,1997 年,第 256—258 页。

和共同发展。显而易见,与西方比较,中国建立近代"民族国家"的任务要繁重得多,艰巨得多,也复杂得多。这也是近代民族国家在中国迟迟不能真正建立起来的重要原因。

中国开始建立民族国家的过程起始于 20 世纪初的辛亥革命。当时以孙中山为代表的革命派主张"排满"和建立单一的共和制的汉民族国家,而以梁启超为代表的立宪派则主张"合满"和建立包括满族在内的立宪制的多民族国家,双方为此而展开过激烈的论战和斗争,结果是建立一个独立、民主和统一的多民族国家成了革命派和立宪派的基本共识。1912 年 1 月 1 日中华民国的成立,是中国近代民族国家初步建立的重要标志。① 但不久,袁世凯则篡夺了革命果实,中华民国所确立的近代民主制度成了一块有名无实的空头招牌,广大人民并没有像《中华民国临时约法》所规定的那样实现人人平等,民族压迫和民族歧视的现象依然存在,帝国主义对中华民族的压迫和掠夺依然存在。近代的民族国家并没有在中国真正地建立起来。

辛亥革命失败后,中国人民继续为建立一个近代的民族国家而奋斗。孙中山在吸取辛亥革命以及后来的护国战争、护法运动相继失败教训的基础上,于 1920 年前后提出了建立"大中华民族主义"的民族国家的主张,用他的话说,就是"拿汉族来做个中心,使之(指满、蒙、回、藏等其他民族——引者)同化于我,并且为其他民族加入我们组织建国底机会。仿美利坚民族底规模,将汉族改为中华民族,组成一个完全底民族国家"②。新成立的中国共产党则于 1922 年第二次全国代表大会上则提出了"统一中国本部(包括东三省)为真正共和国";"蒙古、西藏、回疆三部实行自治,为民主自治邦";"用自由联邦制,统一中国本部、蒙古、西藏、回疆,建立中华联邦共和国"的建国方案。③ 1924 年国共实现第一次合作,标志国共实现合作的《中国国民党第一次全国代表大会宣言》提出的建国方案是:"于反对帝国主义及军阀之革命获得胜利后,当组织统一的(各民族自由联合)中华民国。"在中华民国内,"凡真正反对帝国主义之个人及团体,

① 　郑大华:《辛亥革命与中国近代民族国家的初步建立》,《教学与研究》2011 年第 10 期。
② 　孙中山:《在中国国民党本部特设驻粤办事处的演说》,《孙中山全集》第 5 卷,第 474 页。
③ 　《中国共产党第二次全国代表大会宣言》,中共中央统战部:《民族问题文献汇编》,第 18 页。

均得享有一切自由及权利"。① 大革命失败后,中国共产党人开始了新的民族建国——中华苏维埃共和国的探索与实践。七七事变后,为了抵抗日本帝国主义的疯狂侵略,拯救民族于危亡之中,国共捐弃前嫌,实现第二次合作,建立起最广泛的抗日民族统一战线。在共产党和其他党派的一再要求下,1938 年 3 月召开的国民党临时全国代表大会,通过了《中国国民党抗战建国纲领》,第一次将抗战的意义提升到了建国的高度,即抗战的终极目的,不仅仅是要取得胜利,把日本侵略者赶出中国,而且还要通过抗战,来完成自辛亥革命以来未完成的民族建国的任务。从此,如何抗战建国以及未来将建立一个什么样的民族国家,就成了各党各派和各族人民需要认真思考和回答的一个问题。

杨松在他的系列讲座中也对这一关系到中国前途命运的问题进行了思考和回答。他指出,西欧各国及美国形成近代民族的过程,也是西欧国家以及美国资产阶级的民族统一、民族独立和民族建国的过程,认真总结西欧各国及美国民族运动与民族建国的历史经验和教训,对于目前中国的民族运动和民族建国有其重要的借鉴意义。② 因此,他在《论资本主义时代民族运动与民族问题》的讲稿中,首先考察了英、法等主要西欧国家以及美国的民族运动和民族建国的历史。通过考察他得出了以下一些认识:

首先,英、法等主要西欧国家以及美国都是一个民族形成为一个民族国家,民族的形成过程与民族国家的形成过程是同步的,而中国不同,中国是一个多民族的国家,除主体民族汉族外,还有蒙古、回族、藏族、苗族等其他少数民族。因此,作为主体民族的汉族,"既不能用暴力去吞并和同化其他各少数民族为一个民族,又不能放弃团结其他各少数民族为一个近代的独立民主国家的核心作用"。尤其是在日本帝国主义发动了全面侵华战争、全国各族人民都面临着亡国灭种的今天,"把我国境内各民族团结成为一个近代真正独立民主的国家,成为万分迫切的任务"。③

其次,英、法等主要西欧国家以及美国的民族国家,是通过对外反对外族入侵的民族战争和对内反对封建势力的民主斗争建立起来的,换言之,对外反对外

---

① 《中国国民党第一次全国代表大会宣言》,《孙中山全集》第 9 卷,北京:中华书局,1986 年,第 118、120 页。
② 杨松:《论资本主义时代民族运动与民族问题》,中共中央统战部:《民族问题文献汇编》,第 773 页。
③ 杨松:《论资本主义时代民族运动与民族问题》,中共中央统战部:《民族问题文献汇编》,第 773 页。

族入侵的民族战争和对内反对封建势力的民主斗争,这是建立民族国家"二者不能缺一的历史任务"。① 英国如果没有 17 世纪 40 年代的反封建的资产阶级民主革命的胜利,也就没有后来反荷兰的民族战争的胜利。法国如果没有 18 世纪反对封建制度的资产阶级大革命,人民如果没有从革命中得到物质上的经济上的利益以及政治上的民主自由,那么后来也就不可能战胜欧洲各国反动君主的武装干涉。美国如果在北美独立战争中没有一定的民主自由,则要战胜当时强盛的英国是不可能的。同理,英国如果没有 17 世纪 50 年代反荷兰民族战争的胜利,它的民族统一和民族建国就不可能完成。法国如果 18 世纪末 19 世纪初没有取得反对欧洲反动君主的民族战争的胜利,则法国大革命的胜利果实就不能保存下来,法国也就不能完成民族统一及民族建国的任务。其他如美国、德国、意大利都是如此,他们是在反对外来侵略或干涉的斗争中,建立起自己的民族国家的。就此,他提出,中国要实现抗战建国,完成自辛亥革命以来未完成的民族建国的任务,一方面要坚持抗战,反对与日妥协,树立"抗战必胜、建国必成之坚决信心";另一方面要"建立国内民主政治的基础"②,"给人民以救国、集会、结社、言论、出版、武装自卫等等之自由"③。他尤其强调了给人民以民主自由对于民族建国的重要意义。他指出,19 世纪以来印度、埃及、越南、摩洛哥、朝鲜等国家之所以会亡国,成为西方的殖民地,一个重要原因,就是这些国家"社会政治制度黑暗,不给人民以民主自由"。④ 所以,中国在建立近代民族建国的过程中,必须吸取这些国家亡国的教训,"对于我国数千年遗留下来的封建残余势力,各地方政治上的黑暗腐败与麻木不仁,不能不实行彻底的刷新与清洗;不能不实行真正全国上下中央和地方的民主政治制度;不能不更加扩大救国的集会、结社、言论、出版及武装自卫之自由"⑤。

第三,英、法等主要西欧国家以及美国民族建国的经验还告诉我们,要取得对外战争的胜利,就必须积极争取外援,扩大同盟者,以最大限度的孤立敌人。

如果说以上是杨松对英、法等主要西欧国家以及美国的民族建国之历史经

① 杨松:《论资本主义时代民族运动与民族问题》,中共中央统战部:《民族问题文献汇编》,第 774 页。
② 杨松:《论资本主义时代民族运动与民族问题》,中共中央统战部:《民族问题文献汇编》,第 774 页。
③ 杨松:《论帝国主义时代民族运动与民族问题》,中共中央统战部:《民族问题文献汇编》,第 787 页。
④ 杨松:《论帝国主义时代民族运动与民族问题》,中共中央统战部:《民族问题文献汇编》,第 786 页。
⑤ 杨松:《论帝国主义时代民族运动与民族问题》,中共中央统战部:《民族问题文献汇编》,第 788 页。

验的总结,目的是要为中国的抗战建国提供有益借鉴的话,那么,以下则是他对中国未来应该建立一个什么样的民族国家的思考。他指出,英、法等主要西欧国家以及美国民族建国的经验固然值得我们借鉴和学习,但毕竟"我国民族独立及民族建国运动的时代与西欧各国及北美美国民族运动及民族建国的时代不同",西欧各国及北美美国的民族运动及民族建国是处在封建主义向资本主义过渡的时代,那时的资本主义还有着旺盛的生命力,而中国的民族运动及民族建国是处在帝国主义与无产阶级革命的时代,这时的资本主义已经没落,发生了总危机,这也就规定了中国的民族建国将走一条不同于西欧各国及北美美国的民族建国的"特殊道路",建立起来的将是一个"新式的独立自由幸福的中华民国"。① 关于这个"新式的独立自由幸福的中华民国"究竟是一个什么样的国家,他只提出两点:第一,是"统一的民主集中制的多民族国家"②;第二,是"真正独立民主的国家"③;至于她的国体是什么,政体又是什么,其政治、经济、文化的性质如何,特点又如何,等等,这些问题杨松都没有论及,他只是强调,中国要建立的这个"新式的独立自由幸福的中华民国",既"与西欧法国及北美美国民主共和国有别","也非如苏联社会主义的无产阶级专政的苏维埃国家"。④

杨松是抗战全面爆发后,第一个就如何抗战建国以及未来中国将建立一个什么样的民族国家进行理论思考的共产党人。尽管他并没有对未来将要建立的"新式的独立自由幸福的中华民国"作具体的设计和论述,但他提出未来"新式的独立自由幸福的中华民国",既"与西欧法国及北美美国民主共和国有别","也非如苏联社会主义的无产阶级专政的苏维埃国家",这具有十分重大的意义。后来,毛泽东在《中国革命与中国共产党》(1939 年 12 月)尤其是《新民主主义论》(1940 年 1 月)等文中提出,中国要建立的是一个既不同于西方资本主义社会,也与苏联社会主义社会有别的"新民主主义社会",并论述了新民主主义的政治、经济和文化,从而完成了中国共产党人的民族建国的理论建构。1949 年中华人民共和国的成立,则标志着自辛亥革命以来中国人民未完成的民族建国任务的圆满完成。

---

① 杨松:《论帝国主义时代民族运动与民族问题》,中共中央统战部:《民族问题文献汇编》,第 775 页。
② 杨松:《论帝国主义时代民族运动与民族问题》,中共中央统战部:《民族问题文献汇编》,第 796 页。
③ 杨松:《论资本主义时代民族运动与民族问题》,中共中央统战部:《民族问题文献汇编》,第 773 页。
④ 杨松:《论帝国主义时代民族运动与民族问题》,中共中央统战部:《民族问题文献汇编》,第 775 页。

(三)论"民族自决"

　　"民族自决权"最初是由资产阶级和小资产阶级于17、18世纪提出来的,原属资产阶级民主主义世界革命的一个要求。马克思、恩格斯从支持资产阶级民主革命和争取社会主义的利益出发,对民族自决权一向持赞成的态度。到了帝国主义和无产阶级革命时代,列宁在《帝国主义和民族自决权》、《革命的无产阶级和民族自决权》及《社会主义革命和民族自决权》等文中,更进一步把它作为无产阶级社会主义世界革命的一个武器提了出来,民族自决权的基本内容也成为殖民地半殖民地人民从帝国主义压迫下实现民族独立、民族解放的问题。

　　十月革命一声炮响,给我们送来了马克思列宁主义。同时也把马克思列宁主义的民族自决权思想以及十月革命后俄国根据民族自决权而实行的联邦制及其理论送到了中国。根据马克思列宁主义的原理,一切民族都"划分为压迫民族和被压迫民族"[1]。在半殖民地半封建的中国,包括汉族和少数民族在内的中华民族是帝国主义压迫的对象,是被压迫民族,而在中华民族内部也存在着民族压迫和民族不平等,辛亥革命前,满族是统治民族,广大汉族和其他各少数民族的人民遭受着满族统治者的压迫;辛亥革命后,在北洋军阀和后来国民党的统治下,汉族成了统治民族,广大少数民族人民和汉族人民遭受着汉族统治者——北洋军阀和后来国民党的压迫。因此,在当时的中国,民族自决权便包涵两层意义:一是中华民族对于外国帝国主义的自决;二是在中华民族内部处于被统治地位的各弱小民族对于汉族统治者——北洋军阀和后来国民党的自决。1922年7月召开的中国共产党第二次全国代表大会所通过的《中国共产党第二次全国代表大会宣言》就体现了这两种民族自决权思想。[2] 1923年6月召开的中国共产党第三次全国代表大会通过的《中国共产党党纲草案》提出了12项要求,包括"取消帝国主义的列强与中国所订一切不平等的条约"和"西藏、蒙古、新疆、青海等地和中国本部的关系由各该民族自决"。[3]

　　如前所述,由于当时中共在理论上还很不成熟,"还不能把马克思列宁主义

---

① 《民族和殖民地问题委员会的报告》,《列宁选集》第4卷,北京:人民出版社,1972年,第333页。
② 《中国共产党第二次全国代表大会宣言》,中共中央统战部:《民族问题文献汇编》,第17—18页。
③ 《中国共产党党纲草案》,中共中央统战部:《民族问题文献汇编》,第21页。

关于解决民族问题的原理同中国的具体历史条件正确地恰当地结合起来"①,加上受共产国际尤其是列宁民族自决思想的影响,因此在相当长的时期内,中共对第二层意义的民族自决权,亦即国内少数民族的民族自决权,往往片面地理解为这些民族可以实行完全自治,甚至建立自己的独立国家。1923 年中国共产党在《对于目前实际问题之计划》中就"蒙古问题"提出:"在国家组织原则上,凡经济状况不同民族历史不同言语不同的人民,至多也只能采用自由联邦制,很难适用单一国之政制;在中国政象之事实上,我们更应该尊重民族自决的精神,不应该强制经济状况不同民族历史不同言语不同之人民和我们同受帝国主义侵略及军阀统治的痛苦;因此我们不但应该消极的承认蒙古独立,并且应该积极的帮助他们推倒王公及上级喇嘛之特权,创造他们经济的文化的基础,达到蒙古人民真正独立自治之客观的可能。"②大革命失败后,在李立三尤其是王明"左"倾机会主义路线的领导下,中共对国内少数民族的自决权的理解更进一步教条化和"左"倾化。比如,1931 年 11 月中华工农兵苏维埃第一次全国代表大会通过的《关于中国境内少数民族问题的决议案》,要求中华苏维埃共和国宪法,"必须明白规定对于中国境内少数民族民族自决权,直到离开中国而独立的自决权,它无条件地承认外蒙古的独立"③。1934 年 1 月第二次全国苏维埃代表大会通过的《中华苏维埃共和国宪法大纲》第 14 条的内容:"中华苏维埃政权以承认中国境内少数民族的民族自决权为目的,承认各小民族有同中国脱离、自己成立独立的国家权利。"④显然,上述这些规定,既不符合中国自古以来就是一个统一的多民族国家,生活在中国境内的各个民族在长期的生产、生活和交往中已形成你中有我、我中有你的具体国情,也不符合中国各族人民的根本利益。因此,它遭到了社会各界甚至包括一些本来同情共产主义革命的进步人士的广泛批评。

　　1935 年遵义会议后,逐渐确立了毛泽东在中国共产党内的领导地位,党对国内少数民族的民族自决权也逐渐有了新的认识。1936 年 5 月 26 日,毛泽东以中华苏维埃中央政府主席身份发布的《中华苏维埃中央政府对回族人民的宣言》提出:"我们根据民族自决的原则,主张回民自己的事,完全由回民族自己解

---

① 江平:《前言》,中共中央统战部:《民族问题文献汇编》,第 4 页。
② 《中国共产党对于目前实际问题之计划》,中共中央统战部:《民族问题文献汇编》,第 24 页。
③ 《关于中国境内少数民族问题的决议案》,中共中央统战部:《民族问题文献汇编》,第 171 页。
④ 《中华苏维埃共和国宪法大纲》,中共中央统战部:《民族问题文献汇编》,第 209 页。

决,凡属回族的区域,由回民建立独立自主的政权,解决一切政治、经济、宗教、习惯、道德、教育以及其他的一切事情;凡属回民占少数的区域,亦以区乡为单位,在民族平等的原则上,回民自己管理自己的事情,建立回民自治的政府。"①同年10月17日,毛泽东、杨尚昆在征求朱德、张国焘等人对回民问题决定的意见指示电中再次指出:"在完全为回人的乡或区内组织回民自治政府,凡愿意谋民族解放的人阿訇也在内,均可加入。在回汉杂居的区域中,这种回民自治政府仍加入苏维埃。"②在这里,成立民族"自治政府"取代了各少数民族有权"同中国脱离、自己成立独立的国家"的提法。此后,中国共产党及其领导人在讲少数民族的民族自决权时大多把自决和自治相提并论,如全面抗战爆发后(1937年8月15日)中国共产党的《抗日救国十大纲领》:"动员蒙民回民及其他一切少数民族,在民族自决民族自治的原则下,共同抗日。"③而且,就是讲自决权也多指少数民族有权组织自治政府,自己管理自己事务,而非脱离中国、成立自己的独立国家。1937年10月,刘少奇在《抗日游击战争中的若干基本问题》中提出,"抗日政府对中国各少数民族的政策,应以团结各民族共同抗日,援助各少数民族自决,反对大汉族主义为原则",其措施之一,便是"协助他们组织自己的自治政府,在少数民族与汉人杂处之地,如果汉人占多数,即在该地政府中成立少数民族委员会"。④

需要指出的是,1935年遵义会议后,党对国内少数民族的民族自决权虽然有了新的认识,但由于种种原因,无论是党的组织还是党的领导人,都没有从马克思列宁主义民族理论出发,并结合中国具体国情,对"民族自决权"进行理论阐述,回答什么是民族自决权,民族自决是否一定要建立独立的民族国家,以及民族自决与民族自治的关系等问题。在共产党人中,第一个对"民族自决权"及其相关问题进行理论阐述的是杨松。

杨松首先指出,根据马克思列宁主义的民族理论,所谓"民族自决权",就是殖民地、半殖民地被压迫民族自己决定自己本民族命运的权利,直到脱离原来的

---

① 《中华苏维埃中央政府对回族人民的宣言》,中共中央统战部:《民族问题文献汇编》,第367页。
② 《毛泽东、杨尚昆关于征求对回民问题决定的意见给朱德、张国焘、徐向前、陈昌浩、贺龙等的电》,中共中央统战部:《民族问题文献汇编》,第435页。
③ 《中国共产党抗日救国十大纲领》,中共中央统战部:《民族问题文献汇编》,第553页。
④ 刘少奇:《抗日游击战争中的若干基本问题》,中共中央统战部:《民族问题文献汇编》,第563—564页。

民族集体、建立自己独立的民族国家的权利。比如说，朝鲜人的民族自决权，就是朝鲜人自己决定本民族的命运，直至从日本帝国主义的殖民统治下解放出来，建立起独立的朝鲜民族国家。但这只是指一般的原则而言，至于到某一个具体民族，它是脱离原来的民族集体、建立自己独立的民族国家，还是继续留在原来的民族集体、与其他民族一起联合组成一个国家，这要由"某一个民族所处的具体历史、经济、政治条件来决定"。这就像我们主张自由结婚和自由离婚一样，并不是一切结婚的夫妻都要离婚，他们离婚与否，这是由当时的具体情况来决定。"对于民族自决权的解释，也是如此，每一个民族有权自由决定自己的命运，它有自由分离与自由联合之权，就是说，它有脱离某一个异民族的集体，而建立独立民族国家之权，它也有同另外某一民族自由联合、共同建国之权，这是每个民族的神圣不可侵犯的权利。然而，当决定某一个民族应否分离或联合时，则要看当时当地的具体经济、政治情况来决定。"比如，他举例说，我们主张和支持朝鲜人脱离日本的统治，建立自己独立的民族国家，这符合朝鲜民族的根本利益，但我们反对蒙古人和回族人脱离中国，建立自己独立的民族国家，因为这既不符合蒙古民族和回族人民的根本利益，也对汉族人民不利。"在目前中国境内各民族，只有都亲密联合起来，建立起各民族的抗日统一战线，驱逐日寇出中国，才能建立独立的统一的各民族自由联合的新式中华民国。"[①]

在论述了民族自决权的涵义后，杨松进一步强调指出："马列主义者提倡民族自决，并不是等于提倡民族的分散，建立许多小国家。不是的，决不是的。"因为在马列主义者看来，人类社会发展的历史趋向，是从分散走向联合，从封闭走向开放，从局部走向整体，大国比小国更有利于政治、经济、军事、文化、思想等各方面的发展，更有利于保障国内各民族人民的根本利益。马列主义者所以提倡民族自决的原因，就在于：只有让各民族人民自己决定本民族的命运，才能实现各民族间的自愿的、自由的联合；只有各民族站在完全平等自愿之上的自由联合，而不是出于外来干涉和暴力强迫，才能产生各民族间的相互信任与友爱；只有在各民族间的相互信任与友爱的基础上，才能够建立起"统一的民主集中制的多民族国家。"[②]换言之，马列主义者提倡民族自决的根本目的，是为了各民族

---

① 杨松：《论帝国主义时代民族运动与民族问题》，中共中央统战部：《民族问题文献汇编》，第795页。
② 杨松：《论帝国主义时代民族运动与民族问题》，中共中央统战部：《民族问题文献汇编》，第796页。

在平等、自由基础上的自愿联合，而非为了民族分散和民族分离。

关于民族自治与民族自决的关系，杨松指出，民族自治虽然不完全等同于民族自决，但"地方的民族自治是解决民族问题的形式之一"，某一民族依据自己的历史的具体的政治、经济条件，不脱离原来的民族集体，不建立完全独立的民族国家，而是建立地方的民族自治共和国或民族自治区，自己管理自己的事务，在统一的多民族国家内享受广泛的民族自治权，"马列主义者不仅不反对这样的地方民族自治，而且是积极赞成和拥护的"①。

就杨松对"民族自决权"的论述来看，他既坚持了马克思列宁主义"民族自决权"的基本原理，又结合了中国的具体国情，较好地回答了什么是民族自决权、民族自决是否一定要建立独立的民族国家以及民族自决与民族自治的关系等问题，从而为1935年遵义会议后党对国内少数民族的民族自决权的新的认识提供了理论依据。比如，他提出坚持民族自决权，心须与正确地使用民族自决权结合起来；马克思列宁主义提倡民族自决权，但不主张民族分散和民族分离；民族自治是解决民族问题的一种有效形式，并在中共历史上较早地提出建立"民族自治区"，等等，这是杨松论述"民族自决权"的积极意义。

当然，和他论述"中华民族"一样，杨松对"民族自决权"论述也有其不足或欠妥当的地方。如他在解释"民族自决权"的涵义时，将日本殖民统治下的朝鲜民族与中国的蒙古民族、回族相提并论，这就十分不妥。因为朝鲜当时是日本的殖民地，朝鲜民族的"民族自决"，是要从外来的日本帝国主义的压迫和奴役下解放出来，建立自己的民族国家，实现民族独立，而中国的蒙古民族和回族自古以来就是中国的固有民族，其居住地是中国的固有领土，他们的"民族自决"，是要推翻和摆脱代表汉族统治阶级利益的封建军阀和国民党统治，从而获得与汉族以及国内其他民族同样的平等、自由权利。概而言之，朝鲜民族的"民族自决权"与中国的蒙古民族、回族的"民族自决权"，是两种不同性质的"民族自决权"，而杨松在论述中对此没有明确说明。

（四）结语

我们以上论述了杨松对"中华民族"、"民族建国"、"民族自决"等一系列重

---

① 杨松：《论帝国主义时代民族运动与民族问题》，中共中央统战部：《民族问题文献汇编》，第796页。

大的民族理论问题的阐述：在"中华民族"方面，他提出中国是一个多民族国家，中华民族是汉族和汉化民族的共同称谓，中国各民族一律平等；在"民族建国"方面，他提出建立一个"新式的独立自由幸福的中华民国"，它既"与西欧法国及北美美国民主共和国有别"，"也非如苏联社会主义的无产阶级专政的苏维埃国家"；在"民族自决"方面，他提出坚持民族自决权必须与正确地使用民族自决权结合起来，马克思列宁主义提倡民族自决权，但不主张民族分散和民族分离，民族自治是解决民族问题的一种有效形式，并在中共历史上较早地提出建立"民族自治区"。这些思想对民主革命时期中共民族理论的形成和发展产生过重要影响。当然，与一切历史人物一样，杨松也受历史和其他条件的限制，在阐述"中华民族"、"民族建国"、"民族自决"等一系列重大的民族理论问题时，又存在着这样或那样的不足或缺陷，比如，他的"中华民族"一词并不是中国境内各民族的共同称谓，而只是汉族和汉化民族的统称；又比如，他把日本殖民统治下的朝鲜民族与中国的蒙古民族、回族相提并论，而没有注意到他们的"民族自决权"的性质区别。但瑕不掩瑜，杨松关于"中华民族"、"民族建国"、"民族自决"等一系列重大的民族理论问题的论述，是对民主革命时期中共民族理论的重大贡献。

（作者为中国社会科学院近代史研究所研究员、湖南师范大学特聘教授、博士生导师）

沉默也是一种言说

——论梁启超笔下的严复

郭双林

　　长期以来,严复、梁启超二人一直是中国近代史学界的一个研究热点。在围绕二人关系的研究中,以往学术界研究的重点主要集中在两个方面:一是比较严复与梁启超的思想异同,二是考察严复与梁启超的交谊活动。其中在后一方面的研究中,蔡乐苏、戚学民、黄克武、缪志明、李宝红等人分别考察了严、梁交谊中严复对梁启超的热赞、评骘、暗讽、冷讪及其原因。特别是黄克武的《严复与梁启超》一文,将严、梁二人交谊的资料一网打尽,然后以时间为先后对二人的关系进行了详细的考察①,非常扎实。但是这类文章有一个明显的特点,即人们关注的主要是严复对梁启超的热赞、评骘、暗讽、冷讪,很少去考察梁启超对严复态度的变化。只有黄克武的文章在这方面有所涉及,但作者同时认为:"作为后辈的任公则默默地接受严复的批评,除了光绪二十三年(1897)所写的《与严又陵先生书》之外,我们看不到任何反驳。"②其实,沉默也是一种言说。本文拟在前人研究的基础上,进一步解读梁启超对严复批评的"沉默"。

　　让我们先从《清代学术概论》谈起。

---

① 参见蔡乐苏:《严复拒鲁索意在讽康梁》,《近代史研究》1998 年第 5 期;戚学民:《严复译著与梁启超思想之关系》,习近平主编:《科学与爱国——严复思想新探》,北京:清华大学出版社,2001 年;黄克武:《严复与梁启超》,《台大文史哲学报》2002 年第 56 期;缪志明:《从热赞到冷讪——严复对梁启超评议之演变》,《历史教学》2002 年第 12 期;李宝红:《严复苛锐评骘梁启超原因分析》,《华中师范大学学报(人文社会科学版)》2003 年第 6 期。
② 黄克武:《严复与梁启超》,《台大文史哲学报》2002 年第 56 期。

一、从《清代学术概论》谈起

严复是近代中国主要的启蒙思想家。今天翻开任何一本中国近代史教材或专门史(包括中国近代断代史、思想史、哲学史、文化史和学术史),在写到戊戌变法这一历史时段时都会提到康有为、梁启超、严复、谭嗣同四个人,而且在着墨上不会相差太远。

然而,笔者在一次阅读梁启超的《清代学术概论》过程中偶然发现,该书在对四个人的论述上,存在明显的差异。比如对乃师康有为,梁启超虽然也有所批评,但全书用了两节(第23、24节)三千多字进行介绍和评价;对梁氏自己,也用了两节(第25、26节)四千余字;对谭嗣同,用了一节(第27节)两千多字;而对严复,则只在第29节中用了85字予以介绍和评价。这85字是:"时独有侯官严复,先后译赫胥黎《天演论》,斯密亚丹《原富》,穆勒约翰《名学》、《群己权界论》,孟德斯鸠《法意》,斯宾塞尔《群学肄言》等数种,皆名著也。虽半属旧籍,去时势颇远,然西洋留学生与本国思想界发生关系者,复其首也。"①很明显,其中有10个字是否定性的。

不仅如此,梁启超在这一节中对西洋留学生在晚清西学东渐过程中的作用基本上持全盘否定的态度,说:"晚清西洋思想之运动,最大不幸者一事焉,盖西洋留学生殆全体未尝参加于此运动。运动之原动力及其中坚,乃在不通西洋语言文字之人。坐此为能力所限,而稗贩、破碎、笼统、肤浅、错误诸弊,皆不能免。故运动垂二十年,卒不能得一健实之基础。旋起旋落,为社会所轻。就此点论,则畴昔之西洋留学生,深有负于国家也。"②虽然梁氏在上面评价严复时说:"西洋留学生与本国思想界发生关系者,复其首也。"但总体上说,严复也是西洋留学生之一。

我们知道,《清代学术概论》是梁启超1920年在给蒋方震的《文艺复兴史》作序时,下笔不能收,一气写成,前后只用了15天时间,脱稿后以《前清一代中国思想界之蜕变》为题,连载于1920年11月、12月出版的《改造》第3卷第3、4、5

---

① 朱维铮校注:《梁启超论清学二种》,上海:复旦大学出版社,1985年,第80页。

② 朱维铮校注:《梁启超论清学二种》,第80页。

期，后略加增改，于 1921 年 2 月由商务印书馆出版单行本，并改为今题。

为什么梁启超在《清代学术概论》中对康、谭、梁、严的论述会出现如此大的悬殊呢？

如果说梁启超在撰写《清代学术概论》一书过程中，因格于体例①或限于时间，无法对严复的思想做深入的思考，而只能就自己掌握的资料，随着思想的展开信笔而书的话，那么他在其它相关著作中应该对严复的思想做一详细的介绍，并予以客观的评价。

然而，经过考察，发现情况并非如此。

1902 年，梁启超在《新民丛报》第 1 号《绍介新著》栏目里介绍严复翻译出版的《国富论》前两编时，曾一方面肯定严译《国富论》在选择上"诚得其本"，在翻译过程中所加按语"启发学者之思想力别择力，所益实非浅鲜"。在各种名词的审定上，"按诸古义，达诸今理，往往精当不易。"肯定"严氏于西学中学，皆为我国第一流人物"。同时他也指出了此书的两大不足：一是太旧。"此书印行后，迄今百有余年。其间学说之变迁，不下数十派。愈辨愈精，愈出愈新。至今此书，几如夏鼎商彝，视为陈迹。"二是文字太艰涩。"其文笔太务渊雅，刻意摹仿先秦文体，非多读古书之人，一翻殆难索解。"梁启超接着还写道："夫文界之宜革命久矣！欧美、日本诸国文体之变化，常与其文明程度成比例。况此等学理邃赜之书，非以流畅锐达之笔行之，安能使学僮受其益乎？著译之业，将以播文明思想于国民也，非为藏山不朽之名誉也。文人结习，吾不能为贤者讳矣！"②梁启超在这里表面上半是肯定，半是否定，实际上否定多于肯定。

1904 年，梁启超在《新民丛报》第 3 年第 10 号发表的《论中国学术思想变迁之大势》第八章《近世之学术》中，再次对严复作了如下的介绍和评价："海禁既开，译事萌蘖，游学欧美者，亦以百数，然无分毫影响于学界。惟侯官严几道（复）译赫胥黎《天演论》，斯密亚丹《原富》等书，大苏润思想界。十年来思想之

---

① 梁启超在《清代学术概论·自序》中曾经写道："有清一代之学术，可纪者不少，其卓然成一潮流，带有时代运动的色彩者，在前半期为'考证学'，在后半期为'今文学'，而今文学又实从考证学衍生而来。故本篇所记述，以此两潮流为主，其它则附庸耳。"（梁启超：《清代学术概论·自序》，见朱维铮校注：《梁启超论清学二种》）且不说有清一代学术，带有时代运动色彩的潮流是否只有"考证学"和"今文学"，即以其记述内容而言，除"考证学"和"今文学"外，对其他"附庸"的介绍，也颇不相同，如对前清时期梅文鼎、顾祖禹、刘献廷、章学诚，对晚清时期杨文会，无论是介绍的详细程度和评价的高度，都要超过严复。

② 《绍介新书〈原富〉》，《新民丛报》1902 年第 1 号，第 113—115 页。

丕变,严氏大有力焉。顾日本庆应至明治初元,仅数年间,泰西新学,披靡全国。我国阅四五十年,而仅得独一无二之严氏,虽曰政府不良,有以窒之,而士之学于海外者,毋亦太负祖国耶!"①在这里,梁启超对严复在当时思想界所起的作用予以了肯定,但是,这种肯定被置于对欧美留学生的基本否定的语境中。这一点不应该被忽视。

我们知道,《论中国学术思想变迁之大势》一文,"基本上决定了梁启超后来特别重视学术思想研究的学术道路,也基本上奠定了他在中国学术思想史研究方面的地位,因为以后他的一切学术思想研究都是由此引发出来的"②。按照常理,梁启超在《清代学术概论》中对严复思想的介绍和评价,应该在《论中国学术思想变迁之大势》的基础上进一步展开。然而事实是,在《清代学术概论》中梁启超对严复思想的介绍,不仅没有在《论中国学术思想变迁之大势》的基础上进一步展开,而且评价比以前更低。从"十年来思想之丕变,严氏大有力焉"到"西洋留学生与本国思想界发生关系者,复其首也"这两句带有价值评判性的话,高矮轩轾,一看即明。

《清代学术概论》出版后不久,即1922年,梁启超在所撰的《五十年中国进化概论》中把近五十年来中国社会的进化分为三个时期,即从器物上感觉不足,从制度上感觉不足,从社会文化上感觉不足。其中在谈到第二期的代表人物时指出:"在第二期,康有为、梁启超、章炳麟、严复等辈,都是新思想界勇士,立在阵头最前的一排"③,并认为"这一时期学问上最有价值的出品,要推严复翻译的几部书"④。据笔者所知,这是梁启超第一次将严复与康、梁相提并论。后来,在《中国近三百年学术史》中梁启超谈到清末新思想运动时,提到了四支"主要潮流",或者说思想界之"重镇",即"我自己和我的朋友","章太炎(炳麟)"、"严又陵(复)"、"孙逸仙(文)"。在此,梁启超再次将严复与其本人及朋友、章太炎、孙中山等人置于同等的地位。在具体谈到严复时写道:"他是欧洲留学生出身,本国文学亦优长,专翻译英国功利主义派书籍,成一家之言。"⑤梁启超对严复的

① 《新民丛报》第3年第10号(原第58号),第33页。
② 郭双林:《一代宗师梁启超》,郑大华主编:《20世纪中国十大学问家》,青岛:青岛出版社,1992年,第16页。
③ 梁启超:《五十年中国进化概论》,《最近之五十年》,上海:申报馆,1923年,第4页。
④ 梁启超:《五十年中国进化概论》,《最近之五十年》,第3页。
⑤ 朱维铮校注:《梁启超论清学二种》,第125页。

介绍和评价仅止于此,以后直到逝世,再也未见他对严复的思想和翻译活动做过系统的讨论。

上面提到的涉及严复思想及学术地位的内容,除《新民丛报》第 1 号《绍介新著》外,其它部分,均出自正规的学术史著作。① 梁启超是近代著名的历史学家,在所著的《中国历史研究法》中专门探讨过学术史和人物传记的写法,他最见长的历史学著作也是学术史和人物传记。

我们不禁要问:梁启超在上述著作中对严复的介绍全面吗? 评价客观吗?

"上穷碧落下黄泉,动手动脚找东西。"②但梁启超论述严复的主要文字就这么多。很明显,就梁启超谈梁启超,很难回答上述问题。现在我们不妨转换一下思路,来个烘云托月,看看与梁启超同时代的学者是如何看待严复的。

二、同时代学者笔下的严复

严复在中国近代史上首先是一个启蒙思想家,但在他自己看来,自己只不过是一个文学家。他曾自己说过:"晚学无师,于圣经贤传,所谓宫室之富,百官之美,皆未得其门而入之。其所劳苦而仅得者徒文辞耳。"③在翻译《天演论》时,他的确下了很大的功夫,不仅提出了信、达、雅三种翻译主张,而且身体力行,往往"一名之立,旬月踟蹰"④。译成之后,吴汝纶在《天演论序》中充分肯定了严复在文学方面的造诣,说:"今议者谓西人之学,多吾所未闻,欲瀹民智,莫善于译书。吾则以谓今西书之流入吾国,适当吾文学靡敝之时,士大夫相矜尚以为学者,时文耳,公牍耳,说部耳! 舍此三者,几无所为书。而是三者,固不足与文学之事。今西书虽多新学,顾吾之士以其时文、公牍、说部之词,译而传之,有识者方鄙夷而不知顾,民智之瀹何由? 此无他,文不足焉故也。文如几道,可与言译书矣。"他认为严复所译之书"乃骎骎与晚周诸子相上下"。⑤

---

① 朱维铮认为,《清代学术概论》"并不是一部单纯的论述清代思想界之蜕变的专门史著作",而是"梁启超个人的一部学术回忆录"。(朱维铮:《清代学术概论·前言》,上海:上海世纪出版集团,2005 年,第 4 页。)梁启超认为,该书第一版是作为"共学社史学丛书"《中国学术史》第五种出版的。

② 傅斯年:《历史语言研究所工作之旨趣》,《史料论略及其它》,沈阳:辽宁教育出版社,1997 年,第 48 页。

③ 严复:《与〈新民丛报〉论所译〈原富〉书》,《新民丛报》第 7 号,第 110 页。

④ [英]赫胥黎:《天演论》,严复译,北京:商务印书馆,1981 年,"译例言"。

⑤ [英]赫胥黎:《天演论》,严复译,"吴汝纶序"。

如果说吴汝伦的评断不过是师友间的相互褒扬而已,那我们可以看看其他人的看法。

1922 年,提倡白话的胡适在所写的《五十年来中国之文学》一文中,将反对白话的"严复与林纾的翻译文章"和"谭嗣同、梁启超一派的议论文章"、"章炳麟的述学文章"、"章士钊一派的政论的文章"置于同等的地位,分专节(第四节)进行介绍。对于严复采取古文译书,胡适表示理解,说:"当时自然不便用白话:若用白话,便没有人读了。八股式的文章更不适用。所以严复译书的文体,是当日不得已的办法。"①他肯定严复"是介绍近世西洋思想的第一人"②,严译诸书"在原文本有文学的价值,他的译本在古文学史也应该占一个很高的地位"。他还引用《群学肄言》中的一段话,然后指出:"这种文字,以文章论,自然是古文的好作品;以内容论,又远胜那无数'言之无物'的古文:怪不得严译的书风行二十年了。"③受胡适影响,后来陈子展在《中国近代文学之变迁》和《最近三十年来中国文学史》两书中,也都列有专节对严复和林纾的翻译文学予以系统的介绍。

同样,古文家钱基博 1933 年在《现代中国文学史》中也专门对严复的"逻辑文"进行了介绍。不过他不是将严复与林纾放在一起,而是与章士钊放在一起,并且将严复、章士钊的逻辑文与康有为、梁启超的新民体作了比较,指出:"然中国言逻辑者,始于严复,而士钊逻辑古文之导前路于严复,犹之梁启超新民文体之开先河自康有为也;故叙章士钊者宜先严复,犹之叙梁启超者必溯康有为。然而康有为、梁启超之视严复、章士钊,其文章有不同而同者;籀其体气,要皆出于八股。……有袭八股排比之调,而肆之为纵横轶宕者;康有为、梁启超之新民文学也。有用八股偶比之格,而出之以文理密察者;严复、章士钊之逻辑文学也。论文之家,知本者鲜。独章炳麟与人论文,以为严复气体比于制举;而胡适论梁启超之文,亦称蜕自八股;斯不愧知言之士矣。若论逻辑文学之有开必先,则不得不推严复为前茅。"④在介绍严复时,钱基博没有局限于文学,而是将其生平、政治活动与主张、学术师承、治学特点、学术成就及影响作了全面的介绍,甚至还

① 胡适:《五十年来中国之文学》,《最近之五十年》,第 5 页。
② 胡适:《五十年来中国之文学》,《最近之五十年》,第 5 页。
③ 胡适:《五十年来中国之文学》,《最近之五十年》,第 6 页。
④ 钱基博:《现代中国文学史》,刘梦溪主编:《中国现代学术经典·钱基博卷》,石家庄:河北教育出版社,1996 年,第 459—460 页。

涉及一些鲜为人知的掌故。例如在介绍严复治学时指出："既于学无所不窥，举中外治术学理靡不究极原委，抉其失得，证明而会通之；一治之以名学而推本于求诚。"①而胡适后来提倡的新汉学主张，即"以西学识古，以实验治学"，实际上导源于严复，"复常以为中西二学，兼途并进，或者借自它之耀，祛旧知之蔽"②。在介绍严译名著时写道："凡译一书，与他书有异同者，辄旁考博证，列入后案，张惶幽眇，以补漏义；尤能以古文辞达奥旨，而不斳斳于字比句次之间。国人之言以古体诗译西诗者，自苏玄瑛；言以古文辞译小说者，自林纾；而言以古文辞译欧西政治、经济、哲学诸科，盖自复启其机锸焉"③，等等。

当然，不仅仅是钱基博涉及到了严复的思想。胡适在《五十年来中国之文学》中就曾写道："自从《天演论》出版（一八九八）以后，中国学者方才渐渐知道西洋除了枪炮兵船之外，还有精到的哲学思想可以供我们的采用。但这是思想史上的事，我们可以不谈。"④也就是说，并不是因为严复的思想太浅不足谈，而是因为胡适要集中谈文学，故而不谈。

胡适不谈但有人谈。谁？蔡元培。

1923年12月，蔡元培在所撰写的《五十年来中国之哲学》一文中，对五十年来西洋哲学的介绍与古代哲学的整理两方面内容作了比较详细的论述。其中在谈到对西洋哲学的介绍时，蔡元培开宗明义地写道："五十年来，介绍西洋哲学的，要推侯官严复为第一。"对严复以古文以西文，蔡元培也是理解的，认为"严氏所译的书，大约是平日间研究过的。译的时候，又旁引别的书，或他所目见的事实，作为案语，来证明他。他的译文，又都是很雅驯，给那时候的学者，都狠读得下去"⑤。对严复名著的思想性，蔡元培也作了介绍，说："他译的最早而且在社会上最有影响的，是赫胥黎的《天演论》（Huxley：Evolution and Ethics and other Eassys）。自此书出后，'物竞'、'争存'、'优胜劣败'等词，成为人人的口头禅。严氏在案语里面狠引了'人各自由，而以他人之自由为界'，'大利所在，必其两利'等格言；又也引了斯宾塞尔最乐观的学说，大家都不狠注意。"⑥蔡元培还注意到了严

① 钱基博：《现代中国文学史》，刘梦溪主编：《中国现代学术经典·钱基博卷》，第464页。
② 钱基博：《现代中国文学史》，刘梦溪主编：《中国现代学术经典·钱基博卷》，第465页。
③ 钱基博：《现代中国文学史》，刘梦溪主编：《中国现代学术经典·钱基博卷》，第465页。
④ 胡适：《五十年来中国之文学》，《最近之五十年》，第5页。
⑤ 蔡元培：《五十年来中国之哲学》，《最近之五十年》，第1页。
⑥ 蔡元培：《五十年来中国之哲学》，《最近之五十年》，第1页。

复思想的前后变化,说:"严氏译《天演论》的时候,本来算激进派,听说他常常说'尊民叛君,尊今叛古'八个字的主义。后来他看得激进的多了,反有点偏于保守的样子。"①蔡元培对严复思想的介绍应该说是比较全面的,评价是比较客观的。

当然,当时谈严复思想和翻译活动的不仅是胡适、蔡元培、陈子展和钱基博,也还有别人,不过不是从正面去肯定严复在近代思想文化史上的贡献,而是从负面去分析严复在介绍西方哲学时存在的不足。此人即梁启超的好友张君劢。

张君劢在《严氏复输入之四大哲学家学说及西洋哲学界最近之变迁》一文中劈头便写道:"梁氏启超论戊戌政变以后思想之变迁,称:'独有侯官严复,先后译赫胥黎《天演论》,斯密亚丹《原富》,穆勒约翰《名学》、《群己权界论》,孟德斯鸠《法意》,斯宾塞《群学肄言》等数种,皆名著也。虽半属旧籍,去时势颇远,然西洋留学生与本国思想界发生关系者,复其首也。'"很明显,这段话出自梁启超的《清代学术概论》。张君劢接着写道:"窃谓处二三十年前之中国,东西洋学问文字之隔绝,犹之我之宽衣博带,与彼之狭袖短褐,其不易互通,不待言矣。独侯官严氏以我之古文家言,译西洋哲理之书,名词句调,皆出于独创。译名如'物竞天择','名学逻辑',已为我国文字中不可离之部分。其于学术界有不刊之功,无俟深论。"根据中国人的表达习惯,率先肯定往往是为了便于随后的否定。所以张君劢行文至此,笔锋一转,写道:"特其立言之际,务求刻肖古人,往往以古今惯用之语,译西方科学中之义理,故文字虽美,而意转歧混。"②他还以《天演论》中的几个例子为证明,然后指出:"总之严氏译文,好以中国旧观念,译西洋新思想,故失科学家字义明确之精神。其所以为学界后起者之所抨击,即以此焉。"③张君劢对严复的批评不止于此。他接着写道:"我文所欲论,不在严氏译文之批评,而在严氏所输入之西洋哲学家言。以此等哲学家生世,距今远者则四五十年,近者则二十年,此四五十年或二十年中,西洋哲学界上已呈莫大之变迁。故以严氏译著中有关系之各家为本,以之与最近哲学界作一比较,庶几可以窥见西洋思想之变迁,而我学界知所从事欤。"④观其下文,张君劢以严译著作家中足以代表 19 世纪思想界的穆勒约翰、达尔文、斯宾塞、赫胥黎为对象,讨论数

---

① 蔡元培:《五十年来中国之哲学》,《最近之五十年》,第 2 页。
② 张嘉森:《严氏复输入之四大哲学家学说及西洋哲学界最近之变迁》,《最近之五十年》,第 1 页。
③ 张嘉森:《严氏复输入之四大哲学家学说及西洋哲学界最近之变迁》,《最近之五十年》,第 1 页。
④ 张嘉森:《严氏复输入之四大哲学家学说及西洋哲学界最近之变迁》,《最近之五十年》,第 1 页。

年来西方哲学的发展,无非是想说明,几十年来西方哲学已向前迈进,严译已成刍狗。在该文中,他不仅没有站在历史的角度,对严复的翻译活动予以客观评价,反对指责其不对达尔文的学说进行系统介绍:"进化论虽自严氏而大昌,实则进化论各派之甲是乙非,国人至今犹昧昧焉。"在抄录了严复为《天演论》所作按语中对达尔文的介绍后,他继续写道:"以震憾一世之达氏学说,而其见于严氏书中者仅此寥寥数语,虽曰严氏非实验科学家,故对于此问题,不能多所论列,毋亦以惊于其学说之新奇,方倾倒之不暇,其是非得失,不复敢置议矣。"①如果熟稔梁启超在《新民丛报》时期对严译《原富》的批评,可以说张氏此文了无新意。也正因此,该文后来影响极为有限。当然,一篇文章的学术价值和影响是一回事,其蕴含的意义是另一回事。查《梁启超年谱长编》,这一时期张君劢与梁启超几乎形影不离,因此基本可以断言,梁启超的《五十年中国进化概论》在刊发之前,张君劢就应该知道其内容;而张文之所以要以严译著作家中足以代表19世纪思想界的部分思想家为论述对象,很明显受梁启超在《五十年中国进化概论》中对严译诸书的评价,即"算是把十九世纪主要思潮的一部分介绍进来"②一语的直接影响。因此,虽不能说张氏撰写此文系梁启超授意,但将该文作为张君劢对梁启超《清代学术概论》和《五十年中国进化概论》的诠释,或许并不为过。

有趣的是,梁启超的《五十年中国进化概论》、胡适的《五十年来中国之文学》、蔡元培的《五十年来中国之哲学》和张君劢的《严氏复输入之四大哲学家学说及西洋哲学界最近之变迁》四篇文章,都是应上海《申报》创办五十周年纪念之约而撰写的,后来又都收入了申报馆出版的《最近之五十年》一书。讨论五十年中国进化的梁启超几乎不谈严复,讨论五十年中国之文学与哲学发展的胡适和蔡元培却要详谈严复,讨论五十年来西洋哲学发展的张君劢撇开西方哲学,非要以严译对象为对象,借以贬抑严复,这个反差不能说不明显。

事实上,对严复的思想进行阐述和评价,并非始于民国初年。早在清末,革命党就曾围绕严复的民族主义思想展开过一次讨论。

1903年,严复翻译的英国甄克斯的《社会通诠》由商务印书馆出版。在该书序、随文注释以及后来撰写的《读新译甄克斯〈社会通诠〉有感》一文中,严复比

---

① 张嘉森:《严氏复输入之四大哲学家学说及西洋哲学界最近之变迁》,《最近之五十年》,第4页。
② 梁启超:《五十年中国进化概论》,《最近之五十年》,第3页。

较系统地阐述了自己对民族主义的看法。根据甄克斯关于人类社会进化经过蛮夷、宗法、军国三种社会形态的学说，严复在该书自序中指出："乃还观吾中国之历史，本诸可信之载籍，由唐、虞以讫于周，中间二千余年，皆封建之时代，而所谓宗法，亦于此时最备。其圣人，宗法之圣人也；其制度典籍，宗法社会之制度典籍也。物穷则必变，商君、始皇帝、李斯起，而郡县封域，阡陌土田，燔诗书，坑儒士，其为法欲国主而外，无咫尺之势。此虽霸朝之事，侵夺民权，而迹之所为，非将转宗法之故，以为军国社会者欤。"也就是说，由唐虞三代到周朝，这中间的两千多年相当于甄克斯所说的宗法社会，秦以后，中国开始进入军国社会。不过这一转化过程到清代也没有完成，"君此土者不一家，其中之一治一乱常自若，独至于今，籀其政法，审其风俗，与其秀杰之民所言议思维者，则犹然一宗法之民而已矣"①。在该书按语中严复说得更明白："夫支那固宗法之社会，而渐入于军国者。综而核之，宗法居其七，而军国居其三。"②

甄克斯认为，蛮夷社会无主义，宗法社会为民族主义，军国社会为国家主义。既然中国社会宗法居其七，军国居其三，那么当时的民族主义就必然非常强大，而军国主义则要相对弱一些。所以严复在另一则按语中写道："今日党派，虽有新旧之殊，至于民族主义，则不谋皆合。今日言合群，明日言排外，甚或言排满；至于言军国主义，期人人自立者，则几无人焉。"对于民族主义的存在形式，严复认为，此"乃吾人种智之所固有者，而无待于外铄，特遇事而显耳"。但他对民族主义的作用评价并不高，说："虽然，民族主义，将遂足以强吾种乎？愚有以决其必不能者矣。"③从后来写的《读新译甄克斯〈社会通诠〉有感》一文内容看，严复所说的民族主义，主要是"排外"而非"排满"。在该文中他指出："夫民族主义非他，宗法社会之真面目也。虽然，处今之日，持是义以与五洲之人相见，亦视其民品为何如耳。使其民而优，虽置此义，岂至于灭？使其民劣，则力持其义者，将如昔商宗之计学，以利国不足，而为梗有余。"④"彼徒执民族主义，而昌言排外者，断断乎不足以救亡也。"⑤由此可见，他对民族主义并不怎么看好。

① ［英］甄克斯：《社会通诠》，严复译，北京：商务印书馆，1981 年，"译者序"。
② ［英］甄克斯：《社会通诠》，严复译，第 15—16 页。
③ ［英］甄克斯：《社会通诠》，严复译，第 115 页。
④ 张枬、王忍之编：《辛亥革命前十年间时论选集》卷 1 下册，北京：三联书店，1978 年，第 784 页。
⑤ 张枬、王忍之编：《辛亥革命前十年间时论选集》卷 1 下册，第 787 页。

排外的民族主义既不足以救亡,那如何救亡呢?在严复看来,居今而言救国,首在"去贫"。因为"吾国一切之弊,皆可自贫以求其因"。如何去贫?严复认为,出路在于发展经济,首要的任务则是发展路矿。而在当时要发展路矿,则"非借助于外力,固不可"。最为难能可贵的是,严复主张发展路矿,"乃用路矿者之大利也,而治路矿者之富又其次已"①。换句话说,严复主张发展交通、能源,首先要使人民得利,资本家致富仅居次要地位。一百年后我们再来看严复的这一主张,不能不惊叹其思想的超前性。

1905 年,汪精卫在《民报》创刊号发表的《民族的国民》一文中,一方面肯定严复是"明哲之士",另一方面对严复在《社会通诠》按语及《读新译甄克斯〈社会通诠〉有感》一文中的有关民族主义论述提出温和批评,说:"几道此言,遂若民族主义为不必重,而满为不必排者。此可云信公例矣,而未可云能审我民族公例上之位置也。"②稍后,胡汉民在《民报》第 2 期上发表《述侯官严氏最近政见》一文,试图对严复的民族主义思想进行新的阐释。《庄子·寓言》说:"重言十三,寓言十九。"胡汉民在文章开头便引用庄子此言,说:"侯官严氏为译界泰斗,而学有本源,长于文章,斯真近世所许为重言者也。"他认为严复"对于民族国民主义,实表同情,薄志弱行者慑于革新事业之难,托而自遁,非严氏本旨也"③。对严复在《社会通诠》一书按语中关于民族主义的否定性看法,胡汉民认为,"其意欲人人言军国主义以期自立,而未尝以排满者为非"④。在胡汉民看来,严复的这种看法与其在《群学肄言序》中对当时人们只考虑破坏、不考虑建设的担忧,是出于同样考虑。所以,"严氏之所不同于时之革新论者,亦在程度之问题,而不在性质之问题。今概以为歧视,则不善读严氏书之过耳"⑤。为了避免别人误解自己是在为严复做辩护,胡汉民专门考察了"严氏之言之所为发,与其学说之所本"。在他看来,自明代以来,言民族主义者,很少不与政治思想相混的,而晚近言民族主义者,又往往薄于政治思想,所以,"言排满者不谋所以代兴,言破坏者不深计乎建设,彼其心以为舍排满革命以外更无余事。此则严氏所指以为搪

---

① 张枬、王忍之编:《辛亥革命前十年间时论选集》卷 1 下册,第 785—786 页。

② 精卫:《民族的国民》,《民报》1905 年第 1 号,第 6 页。

③ 汉民:《述侯官严氏最近政见》,《民报》1905 年第 2 号,第 1—2 页。

④ 汉民:《述侯官严氏最近政见》,第 2 页。

⑤ 汉民:《述侯官严氏最近政见》,第 2—3 页。

撞号呼盲进破坏,与所谓仅言民族不足自强,未尝不中其失"。严复的学说则一本斯宾塞,所以,"凡世之急张躁进,不问民演之深浅而欲一变至道者,皆严氏所不取"。但严复并不是保守派。他主张物竞天择,适者生存,因为担心仅有种族思想不足以求胜于竞争剧烈之场,才翻译《社会通诠》以宣传军国主义。① 胡汉民还进而探讨了严复在《法意》和《政治学讲义》中所透露出的民族主义思想,最后指出:"要而言之,苟能读中国之历史也,与知进化之理,则未有敢蔑视民族主义者。严氏虽以其学,不为急激,然明于种类之大齐,属辞比事,卓荦可见。"②应该说,胡汉民对严复多少有点袒护,而其真实目的,则是将严复的民族主义思想与利用严复的主张攻击革命排满的思想区别开来。

1907 年 1 月《中国新报》创刊,杨度不仅在其撰写的《中国新报叙》中运用了甄克斯的人类社会进化的三种社会形态学说,而且在该报连载的《金铁主义说》中,对严复的上述民族主义思想进行了全面的发挥。③ 在《中国新报》创刊号出版之前,梁启超已在《新民丛报》第 4 年第 16 期将《中国新报叙》全文刊出,并配写了评论。在评论中,梁启超将当时的政论分为"以种界为立脚点"和"以国界为立脚点"两大派别,并把批评的矛头直指孙中山的三民主义。④ 这不能不激起革命党的激烈反弹。章太炎、汪东、柳亚子、奇零人、非非等人先后撰写文章,对杨度的"金铁主义说"进行严厉批评。或许在撰写《中华民国解》一文过程中,章太炎才明白,杨度的"金铁主义说"的思想根源在《社会通诠》和严复,所以后来他又专门写了《社会通诠商兑》一文,对严复的民族主义思想进行批判。因学术界对此已有不少研究成果,此处不再展开。⑤

从以上情况看,当时不论是杨度对严复民族主义思想的发挥,还是胡汉民对严复的民族主义思想的重新解释,抑或是汪精卫、章太炎对严复民族主义思想的

① 汉民:《述侯官严氏最近政见》,第 3—7 页。
② 汉民:《述侯官严氏最近政见》,第 16—17 页。
③ 关于杨度的"金铁主义说"与严复的民族主义思想的关系问题,需专文讨论,此处不再展开。
④ 梁启超:《新出现之两杂志》,《新民丛报》第 4 年第 16 号(原第 87 号),第 6—7 页。
⑤ 就笔者所知,较早涉及此次论战的学术专著有:[美]史华慈:《严复与西方》(叶凤美译,南京:江苏人民出版社,1989 年)、俞政:《严复著译研究》(苏州:苏州大学出版社,2003 年)、王春霞:《"排满"与民族主义》(北京:社会科学文献出版社,2005 年)等。近年关于该问题的专题研究论文有俞政:《评严译〈社会通诠〉引起的一场风波》(《史学月刊》2001 年第 6 期);王天根:《社会与近代民族主义—以严复、章太炎对〈社会通诠〉探讨为中心》(《学术论坛》2002 年第 2 期);罗福惠、袁咏红:《一百年前由译介西书产生的一场歧见—关于严复译〈社会通诠〉所引发的〈民报〉上的批评》(《学术月刊》2005 年第 10 期)等。

批判,梁启超都非常清楚。① 然而,梁启超在后来的历史著作中对严复的民族主义思想既不作系统介绍也不作过多评价,基本上保持了沉默。

通过上面与同时代学者对比,我们可以清楚地看出梁启超在介绍和评价严复思想时出现的"凹陷"现象。

现在我们要进一步追问的是:除人事交往外,梁启超与严复在思想上有无关联?

三、严复对梁启超思想的影响

梁启超流亡日本期间,受"东学"影响很大,但在早期却受严复影响很大,却也是事实。许多学者已经指出这一点。② 但梁启超究竟在哪些方面受到过严复的影响,除潘光哲对梁启超在《论中国学术思想变迁之大势》一文中"承袭"严复的论说有所考察外③,至今似尚未见有人作过专门论述。就笔者看来,梁启超至少以下几个方面接受过严复的影响:

第一,进化论思想。20 世纪初年有人在家信中这样评价《新民丛报》:"吾谓学游六年,不如读此报一年;读书十卷,不如读此报一卷。此报一出,而一切之日报、句报、月报,皆可废矣。何则? 他报之能开风气者,述政艺不为不精(如《汇报》、《政艺通报》等),唱民权不为不烈(如《国民报》、《中外日报》、《选报》、《清议报》等),论外患不为不切(各报皆然),詈时局不为不快(亦各报所有,而惟《中外日报》、《选报》、《清议报》、《国民报》为最),讲学术不为不新,而究未有本天演之公例,辟人群之义务,洞环球之全局,澈教育之根源,如《新民丛报》者。"④在这里,"本天演之公例"被放在了首位,而《新民丛报》所宣传的进化论思想,是梁

---

① 从《新出现之两杂志》一文内容看,梁启超在《中国新报》出版前就知道该报创刊号刊发文章的内容。
② 史华慈就曾说过:"有一点是十分清楚的,即严复对于梁启超后来发展的影响远比他的老师康有为对他的影响深刻。"([美]史华慈:《严复与西方》,第76—77 页。)张灏也说:"梁对西方进步思想的兴趣必须追溯到他流亡前的几年里。在那段时期,主要通过康有为和严复的影响,'进步'对梁已是一个富有魅力的理想,并且以康有为'三世说'的形式,成为梁改良主义思想的一个重要基础。"(张灏:《梁启超与中国思想的过渡(1890—1907)》,崔志海、葛夫平译,南京:江苏人民出版社,1995 年,第121 页。)
③ 潘光哲:《画定"国族精神"的疆界:关于梁启超〈论中国学术思想变迁之大势〉的思考》,《中研院近代史研究所集刊》2006 年第 53 期。
④ 汪原放:《亚东图书馆与陈独秀》,上海:学林出版社,2006 年,第 2 页。

启超通过严复翻译的《天演论》接收的。据《时务报时代之梁任公》一书记载，当年严复所译之《天演论》脱稿后，"未出版之先，即持其稿以示任兄"①。另据1896年10月严复给梁启超的信说："拙译《天演论》，仅将原稿寄去。"②由此看来，梁启超当时不仅读过严复译的《天演论》，而且读的是未刊的稿本。非至交密友，恐难沾此惠。

第二，合群思想。合群思想是戊戌维新期间梁启超维新思想的一个重要内容。正如张灏所说，当时梁启超的大部分社会政治思想都是围绕"群"展开的。"合群对梁的经世理想来说是如此的重要，因此几乎他所有有关社会政治的文章都在这方面或在那方面涉及到这个问题。"③而梁启超的合群思想，主要受康有为、严复、谭嗣同影响。对此，梁启超在《说群序》中曾写道："启超问治天下之道于南海先生，先生曰：'以群为体，以变为用。斯二义立，虽治千万年之天下可已。'启超既略述所闻，作《变法通义》，又思发明群义，则理奥例颐，苦不克达。既乃得侯官严君复之治功《天演论》，浏阳谭君嗣同之《仁学》，读之犁然有当于其心。悼天下有志之士，希得闻南海之绪论，见二君之宏著；或闻矣见矣，而莫之解莫之信。乃内演师说，外依两书，发以浅言，证以事实，作《说群》十篇。"④在此，梁启超对其合群思想的来源，说得再明白不过。

第三，开民智及新民思想。1895年严复在天津《直报》上刊发《原强》一文，指出：及今而图自强，非标本并治不可。所谓的标，就是收大权，练军实；所谓的本，"则亦于民智、民力、民德三者加之意而已"⑤。至于如何开民智，厚民力，明民德，严复当时并没有提供一个现成的方案。据1896年10月严复给梁启超的信看，当时任《时务报》主笔的梁启超曾高度评价此文，并向严复索要文稿，拟在《时务报》转载。严复在回信中谈了该文的命意，指出："盖当日无似不揣浅狭，意欲本之格致新理，溯源竟委，发明富强之事，造端于民，以智、德、力三者为之根本，三者诚盛，则富强之效不为而成；三者诚衰，则虽以命世之才，刻意治标，终亦隳废。……是以今日之政，于除旧，宜去其害民之智、德、力；于布新，宜立其益民

① 丁文江、赵丰田编：《梁启超年谱长编》，第67页。
② 王栻编：《严复集》第3册，北京：中华书局，1986年，第515页。
③ 张灏：《梁启超与中国思想的过渡（1890—1907）》，第68页。
④ 梁启超：《饮冰室合集》（1）文集之二，第3页。
⑤ 王栻编：《严复集》第1册，第14页。

之智、德、力者。"并表示,"今取旧观,真觉不成一物",答应"拟更删益成篇,容许日后续呈法鉴"①。另据师顾室主人②1898年6月给梁启超的信说,他曾从湖北将一封信和严复的同《原强》一文寄给上海时务报馆,因为"未蒙贵馆采纳",致使寄信者"颇切疑怪",待后来知道其所寄为严复所撰的《原强》一文后,更是感到不可思议。因为在他看来,严复"固足下等相识,夙相器重之人,而其文又久为足下等所传诵,则知刍荛之见,固不谬于大君子之恉也"③。这篇《原强》,应该是严复在原来基础上删益过的。从后来《侯官严氏丛刻》中收录的修改后的《原强》一文可知,严复在该文中正式提出了"鼓民力"、"开民智"、"新民德"的"三民"主张。也就是说,维新运动期间,除了梁启超与严复两人在通信中所谈外,梁启超至少还看到过《原强》一文的两种版本。但后世研究梁启超的学者在谈到其《新民说》时,多强调其与《大学》中"新民"的关系,而不考虑严复的影响。这实际上对严复是不公平的。梁启超在《新民丛报》"发刊告白"中写道:"本报取《大学》'新民'之义,以为欲维新吾国,当先维新吾民。中国所以不振,由于国民公德缺乏,智慧不开。故本报专对此病而药治之,务采合中西道德,以为德育之方针;广罗政学理论,以为智育之本原。"④在这里,我们能够清楚地看出严复"三民"主张中"开民智"、"新民德"的影子。

第四,保教非所以尊孔思想。1898年4月,康有为在《保国会章程》中系统提出"保国、保种、保教"的三保主张,并得到其学生的赞同。严复对此颇不以为然,先后写了《有如三保》、《保教余义》、《保种余义》等文章在《国闻报》上发表,对此展开讨论。后来严复在代表《国闻报》同仁致梁启超的信中专门谈了这个问题。严复的观点得到了梁启超的认同,1897年他在回复严复的信中写道:"来书又谓教不可保,而亦不必保。又曰保教而进,则又非所保之本教矣。读至此则据案狂叫,语人曰:'不意数千年闷葫芦,被此老一言揭破!'不服先生之能言之,而服先生之敢言之也。国之一统未定,群疑并起,天下多才士;既已定鼎,则黔首戢戢受治,蔺然无人才矣。教之一尊未定,百家并作,天下多学术;既已立教,则士人之心思才力,皆为教旨所束缚,不敢作他想,室闭无新学矣。故庄子束教之

---

① 王栻编:《严复集》第3册,第514—515页。
② 真实姓名待考。
③ 上海图书馆编:《汪康年师友书札》第4册,上海:上海古籍出版社,1986年,第3716页。
④ 夏晓虹辑:《〈饮冰室合集〉集外文》上册,北京:北京大学出版社,2005年,第75页。

言,天下之公言也。此义也,启超习与同志数人私言之,而未敢昌言之。"①1902
年,梁启超专门写了《保教非所以尊孔论》一文,在该文《序言》中,梁启超写道:
"近十年来,忧世之士,往往揭三色旗帜,以疾走号呼于国中,曰保国,曰保种,曰
保教。其陈义不可谓不高,其用心不可谓不苦。若不佞者,亦此旗下之一小卒徒
也。虽然,以今日之脑力眼力,观察大局,窃以为我辈自今以往,所当努力者,惟
保国而已,若种与教,非所亟亟也。何则?彼所云保种者,保黄种乎?保华种乎?
其界限颇不分明。若云保黄种也,彼日本亦黄种,今且浡然兴矣,岂其待我保之;
若云保华种也,吾华四万万人,居全球人数三分之一,即为奴隶为牛马,亦未见其
能灭绝也。国能保则种自莫强,国不存,则虽保此奴隶牛马,使孳生十倍于今日,
亦奚益也。故保种之事,即纳入于保国之范围中,不能别立名号者也。至倡保教
之议者,其所蔽有数端:一曰不知孔子之真相,二曰不知宗教之界说,三曰不知今
后宗教势力之迁移,四曰不知列国政治与宗教之关系。今试一一条论之。"②由
此,我们可以看出严复在梁启超思想转变中的作用。

总的来看,晚清严复对梁启超的影响是全面性的,如果说当时梁启超是舆论
之母的话,那么严复则是理论之源。他们在晚清曾共同伫立于时代前列,搏浪弄
潮,引导中国社会前行。

既然严复对梁启超影响如此之大,为什么会出现《清代学术概论》等著作中
存在的情况呢?我们应该对此做出解释。

四、梁启超对严复"沉默"现象探源

史华慈在《严复与西方》一书中曾经指出:"严复对各方来说事实上都是外
人,对于极端保守分子来说,严复当然是该诅咒的人;对于谨慎的改革者,如仍极
注重'保教'的张之洞来说,严复对保教公开表示冷漠是极其令人恼怒的。……
甚至对康有为及其同伙来说,严复在许多方面也与他们不合。他们中较年轻的
成员,如梁启超和谭嗣同,肯定深受严复文章的激励。……但是,康有为和他的
追随者们毕竟是通过科举上来的,并十分注重把他们自己的思想置于传统的参

---

① 梁启超:《饮冰室合集》(1)文集之一,第109页。
② 梁启超:《饮冰室合集》(1)文集之九,第50—51页。

照系中。他们构成了一个不折不扣的学术派系。严复则不属于这个圈子,他仍是个未能通过官方考试的人。"①这里的分析不能说没有道理,但严复和梁启超活动圈子的差别绝不止于此。

就严复而言,除了史华慈所说的圈子外,至少还有三种因素值得考虑,即政治的、学术的、乡土的。所谓政治上的因素,是指严复回国后始终没有得到高层的赏识提拔,进入政治核心;而他的同学在甲午海战中基本战死,中年以后在政治生活中无法与同学互相帮助、提携。所谓学术的因素,一是指严复当时在学术上虽曾得到郭嵩焘、吴汝伦等桐城学派领军人物的赏识,并未真正进入传统学术的圈子,甚至一些桐城学派的人也将其视为外人;二是指严复主持教育二十年,竟然没有培养出一批军事、政治、学术上的精英,这与康有为的十年万木草堂相比,不能不说是个极大的失败。所谓乡土的因素,是指近代福建作为侨乡,出洋的人多,在北京做官的人很少,无法像江浙一带的官员那样,形成一股政治势力;也无法像康、梁等人那样,靠乡土情谊,形成一个学术群体。以上情况说明,严复在晚清基本上是一颗流星,而流星的下场就是毁灭。这世间本不需要流星。

不过,以上情况,均不足以成为梁启超在其著作中淡化严复的主要原因。

就笔者看来,严复之所以在梁启超的著作中受到冷落,有三种情况不能不考虑:

第一,梁启超和严复在对待一些政治、学术问题上的确存在不同看法。例如在《与严又陵先生书》中,虽然梁启超客气地说:"今而知天下之爱我者,舍父师之外,无如严先生;天下之知我而能教我者,舍父师之外,无如严先生。"但通过《汪康年师友书札》我们知道,梁启超的这封信,是经过督促以后才回复的。这本身就很能说明问题。在复信中,梁启超也并没有一味听从严复的"教导",而是有所保留。例如对于《时务报》上发表的文章,梁启超一边承认存在不足,一边却写道:"然启超常持一论,谓凡任天下事者,宜自求为陈胜、吴广,无自求为汉高,则百事可办。故创此报之意,亦不过为椎轮,为土阶,为天下驱除难,以俟继起者之发挥光大之。故以为天下古今之人之失言者多矣,吾言虽过当,亦不过居无量数失言之人之一,故每妄发而不自择也。先生谓毫厘之差,流入众生识田,将成千里之谬。得无视启超过重,而视众生太轻耶?"同样,对于中西方古代有没有民权,梁启超也提出了自己的看法:"顾以为中国历古无民主,而西国有

---

① [美]史华慈:《严复与西方》,第76—77页。

之，启超颇不谓然。西史谓民主之局，起于希腊、罗马，启超以为彼之世非民主也。若以彼为民主也，则吾中国古时亦可谓有民主也。……故民主之局，乃地球万国古来所未有，不独中国也。西人百年以来，民气大伸，遂尔浡兴。中国苟自今日昌明斯义，则数十年其强亦与西国同，在此百年内进于文明耳。故就今日视之，则泰西与支那诚有天渊之异，其实只有先后，并无低昂，而此先后之差，自地球视之，犹旦暮也。地球既入文明之运，则蒸蒸相逼，不得不变，不特中国民权之说即当大行，即各地土番野猺亦当丕变，其不变者，即渐灭以至于尽，此又不易之理也。……先生又谓何如？"

1902 年《新民丛报》创刊后，"夙不喜桐城派古文"的梁启超与学习桐城派古文的严复围绕"文学革命"问题发生一次激烈论争。不过，这次不是严复指责梁启超，而是梁启超主动出击。前面提到过，《新民丛报》第 1 号上，梁启超在《绍介新著》栏目中介绍严复翻译出版的《国富论》前两编时，曾一方面肯定其贡献，一方面指出其不足，并提及"文学革命"一事。严复看到后，在公开答复梁启超的信中对梁的夸奖毫不领情，指出："大报尝谓学理邃赜，宜以流畅锐达之笔行之。诚哉其为流畅锐达也。编中屡举畴昔鄙言。又绍介新著，于拙译《原富》之前二编，许其精善。凡此已悉出于非望矣。至乃谓于中学西学，皆第一流人物，则不徒增受者之惭颜，亦将羞神州当世贤豪，而大为执事知言之诟。"对于自己的西学知识，严复虽然自信，但并不感到自豪，认为不过是"于众人不为之时，而以是窃一日之长耳"。对于自己的中学知识，严复则坦承不足："若夫仆中学之浅深，尤为朋友所共见，非为谦也。"不过，严复既不以先通西学为喜，也不以不精中学为憾，而是以文章家自居："道不两隆，有所弃者而后有取。加以晚学无师，于圣经贤传，所谓宫室之富，百官之美，皆未得其门而入之。其所劳苦而仅得者徒文辞耳。而又不知所以变化，此所以闻执事结习之讥评，不徒不以为忤，而转以为欣欣也。"

接着严复对梁启超的文学革命主张进行了全面的反驳，指出："窃以为文辞者，载理想之羽翼，而以达情感之音声也。是故理之精者不能载以粗犷之词，而情之正者不可达以鄙倍之气。"这是典型的桐城派的文学主张。他继续写道："中国文之美者，莫若司马迁、韩愈。"司马迁说过："其志洁者其称物芳。"韩愈也说过："文无难易惟其是。"严复认为，"仆之于文，非务渊雅也，务其是耳"。对梁启超提倡的"文界革命"，严复持否定态度，指出："且文界复何革命之与有？持欧洲晚近世之文章，以与其古者较，其所进者在理想耳，在学术耳。其情感之高妙,且不能比肩乎古人,至于律令体制,直谓之无几微之异可也。若夫翻译之文体,其在中国,则诚有异于古所去者矣。佛氏之书是已。然必先为之律令名义,而后可以喻人。设今之译人,未为律令名义,闯然循西文之法而为之,读其书者乃悉解乎?殆不然矣。若徒为近俗之辞,以取便市井乡僻之不学,此于文界,乃所谓陵迟,非革命也。"对于自己从事的翻译事业,严复坦然承认,自己选择的西书都是"学理邃赜之书",读者对象乃"多读中国古书之人"而非"学僮",假如读者"目未睹中国之古书,而欲稗贩吾译者",这是读者的过错,译者不应承担责任。严复接着写道:"夫著译之业,何一非以播文明思想于国民?第其为之也,功候有深浅,境地有等差,不可混而一之也。慕藏山不朽之名誉,所不必也。苟然为之,言庞意纤,使其文之行于时,若蜉蝣日暮之已化,此报馆之文章,亦大雅之所讳也。故曰声之眇者不可同于众人之耳,形之美者不可混于世俗之目,辞之衍者不可同于庸夫之听。非不欲其喻诸人人也,势不可耳。"①此次严、梁之争,是双方围绕文学主张的一次激烈交锋,双方在文章中使用了"文士结习"、"谀谀者"等不太友好的词句,说明二人之间的隔阂已经很深。或者可以说,两人在文学上根本不是同道,而是对手。

第二,严复一而再再而三地对梁启超进行指责。根据蔡乐苏、戚学民和黄克武等人的研究,严复不仅在私人信件中频频指责梁启超,而且直接写信劝导,他翻译《群学肄言》、《法意》、《群己权界论》、《社会通诠》,撰写《政治学讲义》,评点《老子》都是为了讽喻梁启超。究竟是不是严复翻译《群学肄言》、《法意》、《群己权界论》、《社会通诠》,撰写《政治学讲义》,评点《老子》都是为了讽喻梁启超,不敢说,但严复在译著的字里行间对梁启超的做法不予认同,甚至常常有所批评、指责,这种情况是有的。这不可能不影响到梁启超的心理及情感。

第三,参加袁世凯复辟帝制,将自己置于梁启超的政治对立面。尽管清末以来,梁启超与严复之间有着这样那样的思想纠葛,但进入民国以后,二人在支持袁世凯这个问题是上一致的,而且梁启超保持了对严复应有的尊重,不论是创办《庸言》杂志,还是在万牲园举行修禊题咏,抑或上书呈请改孔教为国教,都曾请严复参加或列名其上。不过这种尊重是表面的而非发自内心的,据李国俊所编《梁启超著述系年》载,1913 年 1 月 16 日梁启超发表在《庸言》第 1 卷第 4 号上

---

① 严复:《与〈新民丛报〉论所译〈原富〉书》,《新民丛报》1902 年第 7 号,第 109—111 页。

的《寿几道先生》是请人代笔的,因为他在同年 2 月 4 日致梁令娴书中写道:"诗久不作,报中所登寿严几道(严又陵也)诗,亦倩人作刀耳。"①等到袁世凯真正要复辟时,二人之间的差异显现出来。严复迟疑观望,最终列名筹安会,而梁启超则毅然决然,发表《异哉所谓国体问题者》,反对袁世凯复辟,并潜出北京,前往云南组织护国军政府。尽管袁世凯死后黎元洪未通缉严复,但严复在政治上已经是一落千丈。梁启超是个多变的人,但不是一个没有情谊、没有原则的人。1898 年,戊戌六君子遇难后,他写了《殉难六烈士传》。1915 年麦孟华去世后,他写下了《哭孺博八首》和《祭麦孺博诗》。1924 年夏曾佑去世后,他写下了《亡友夏穗卿先生》。然而他的老师康有为,因后来参加张勋复辟,梁最终与其分道扬镳。同样,严复在参与袁世凯复辟之前,梁启超始终保持着对其表面的尊重;在严复参与袁世凯复辟后,梁启超基本上断绝了与其来往。1921 年严复去世后,梁启超选择了沉默。有时,沉默也是一种言说。

综上所述,作为中国近代知识群体的两个杰出代表,严复和梁启超在清末曾携手并行,一个着力译书,系统介绍西方近代哲学社会科学理论,堪称理论之源;一个致力办报,传播西方文化,堪称舆论之母。他们桴鼓相应,在当时的中国思想界产生了极大的影响。但是由于个人性格的不同,由于对中西文化的认识不同,更由于当时各自改造中国的方针不同,作为前辈的严复,曾经一而再再而三地对梁启超进行讽喻、规劝甚至指责。作为晚辈,梁启超对严复的讽喻、规劝和指责,在表面上保持了应有的礼貌——沉默。但表面的沉默并不意味着内心的认同,不惟不认同,有时甚至是抗拒。加之一些其它原因,几种因素纠结在一起,使梁启超对严复的看法发生了重大变化。这种变化不仅导致了二人关系的疏远,而且影响到后来梁启超清代学术史著作的撰写。具体说来,就是在涉及严复的思想及贡献时,梁启超都有意无意地去回避、去低估,实在绕不开时,也是点到为止,不作展开,在某种意义上也是一种沉默。作为一个曾经受到严复思想全面影响的人,梁启超的这种做法多少对严复有些不公平,但仔细想想,似乎又可以理解。

(作者为中国人民大学历史学院教授、博士生导师)

---

① 李国俊编:《梁启超著述系年》,上海:复旦大学出版社,1986 年,第 136 页。

先生、总理与国父

——孙中山尊称的历史考察

马克锋

　　孙中山作为近代中国民主革命的伟大先驱与旗帜,始终受到不同革命党派的共同崇仰和衷心爱戴。孙中山亲手创建的中国国民党,也分别赋予其"先生"、"总理"、"国父"的尊称,形成了孙中山崇拜。孙中山的著作先后以《中山先生全书》、《总理全集》、《国父全集》三种名称出版,明显是其尊称历史形成的佐证。孙中山"先生"、"总理"与"国父"尊称的形成,不仅仅是一种领袖崇拜,一定意义上也是一种民族国家认同的符号或标志。关于孙中山"国父"尊称的形成及其发展变化,学界已经有了初步的研究,取得了一些成果。① 综观孙中山的尊称,明显经历了从"先生"、"总理"到"国父"的演变过程,对此发展变化尚无人做系统研究。在此,我希望在前人研究的基础上,对此问题做深入的阐释与分析,使此讨论更加深入。

一

　　孙中山(1866—1925),名文,字载之,号日新,又号逸仙,幼名帝象,化名中山樵,常以中山为名。当然,在当时那个非常时代,出于对个人生命安全的保护,

----

① 潘光哲:《"国父"形象的历史形成:一个初步的考察》,《第6届孙中山与现代中国学术研讨会论文集》,台北:"国父纪念馆",2003年;潘光哲:《诠释"国父":以罗香林的〈国父家世源流考〉为例》,《香港中国近代史学报》2005年第3卷;潘光哲:《华盛顿在中国:制作"国父"》,台北:三民书局,2006年;李恭忠:《中山陵:一个现代政治符号的诞生》,北京:社会科学文献出版社,2009年;陈蕴茜:《崇拜与记忆——孙中山符号的建构与传播》,南京:南京大学出版社,2009年。

孙中山还用了不少其他名字。中山是其通用名,中山先生是国民党内对孙本人的尊称或敬称。在中华民国建立之前,同盟会内几乎均称其为中山先生。黄兴、于右任、居正、李烈钧等国民党元老,在给孙中山的信中,都以"孙中山先生"或"中山先生"开头。中华民国建立后,孙中山先后出任中华民国临时大总统、全国铁路督办、国民党理事长、中华革命党总理、军政府大元帅、总裁、非常大总统等职,所以,关于孙中山的尊称,有称大总统的,有称大元帅的,有称总裁的,称呼不大统一,比较零乱,但是,大多数尊称孙中山为"先生",或者职位与先生同称,如"总裁先生"等。总的称呼还是以"先生"居多。之所以如此,一方面是来源于古称;另一方面,民国建立伊始,在宋教仁主导下发布了《社会改良会章程》36条,其中第17条规定:"废大人、老爷之称,以先生代之。"发起人有唐绍仪、蔡元培、刘冠雄、李煜瀛、汪兆铭、钮永建、戴天仇、魏宸组、王正廷等26名民国高官和社会知名人士。① 这方面的例子很多,在此仅举几例说明。如于右任在《致孙中山函》中说道:"中山先生道座:……故他人观察,以为先生既辞职,先生之志消极甚矣,而不知时势如此,先生岂容消极哉,抑天下岂有消极之孙先生哉。"②朱执信提及孙中山,也是称呼为"孙先生"。他说:"再者孙先生也是广府人,孙先生我们也没有请他入社,我们也不敢拿他的名字同党的名字做招牌。然而孙先生很高兴把他的意见,放在我们杂志里头,在我们是求之不得。如果我们不是排斥孙先生,就一样的不是排斥其他当代名人、党中旧友了。"③这段话是朱执信与居正讨论《建设》杂志创刊后所发生的争议。对其争议问题,我们在此不作讨论,只是说明当时革命党人对孙中山的称呼。即使非革命党人也称孙中山为先生,以表示尊敬。如著名的实业家、政治家张謇,尽管与孙中山政见不同,但对孙中山一直是尊敬的。张謇与孙中山交往不多,来往书信、函电也很少。但就在这不多的文字中,凡是提到孙中山,必是尊称与敬称,如"中山总统阁下"、"孙中山先生",在孙中山的追悼会上,张謇给予孙中山很高评价:"孙中山不但为手创民国之元勋,且为中国及亚东历史上之一大人物。"④铁路督办、理事长与总理等称

---

① 陈旭麓主编:《宋教仁集》上卷,北京:中华书局,2011年,第379页。
② 于右任:《致孙中山函》,全国政协文史资料研究委员会、中国国民党革命委员会中央宣传部合编:《于右任文选》,北京:中国文史出版社,1987年,第187页。
③ 广东省哲学社会科学研究所历史研究室编:《朱执信集》上册,北京:中华书局,1979年,第407页。
④ 曹从坡等主编:《张謇全集》第1卷,南京:江苏古籍出版社,1994年,第208、605、606页。

呼,在这一时期几乎不见。这一切说明,不论是同盟会时期,还是国民党时期,在1927 年南京国民政府成立之前,由于战事倥偬,百废待兴,有关孙中山的尊称还没有被提到议事日程,因此,关于孙中山的尊称,即使在国民党内部也还没有完全统一。

在同盟会与国民党之外,一般称呼孙中山为孙文。清政府将孙中山视为反叛者,故意将其称为"孙汶",孙中山的政治对手曾经一度称孙中山为"孙大炮",暗讽孙中山不切实际。但这些并不代表大多数人的看法。大多数人一般都称呼孙中山为孙文或者逸仙君。梁启超与孙中山均系广东人,百日维新失败后,梁启超流亡日本,与孙中山相识,成为好友。但是,由于在设计中国未来变革方向上存在巨大分歧,二人始终没有成为同路人。对此,孙中山曾经这样说道:"如弟与任公私交虽密,一谈政事,则俨然敌国。"①梁启超提到孙中山,都是以"逸仙仁兄"或者"孙逸仙君"、"孙君"来称呼。② 这与称"中山先生"相比较,显然相当客气,关系明显疏远。即使如此,这也符合中国传统礼仪中的敬重。胡适早年成名,对于孙中山有自己的评价。从其自由主义的立场出发,胡适对孙中山的某些政治主张是持批评态度的。1922 年 6 月,孙中山与陈炯明发生冲突。胡适在《努力周报》连续发表评论,支持陈炯明,批评孙中山。他说:"孙文与陈炯明的冲突是一种主张上的冲突。陈氏主张广东自治,造成一个模范的新广东;孙氏主张用广东作根据,做到统一的中华民国。这两个主张都是可以成立的。"③文中提及孙中山,直呼大名"孙文",或者称"孙氏",与称呼陈炯明为"陈氏"一样,多少表现了胡适对孙中山的不满。在随后的评论中,几乎依然如此,没有出现过"中山"或"中山先生"的敬称。孙中山去世后,胡适发表了一篇《知难,行亦不易——孙中山先生的"行易知难说"述评》论文,论文对孙中山的"行易知难说"做了系统评述,同时指出其不足与自相矛盾之处。这显然是一篇批评文字,但是,全文之中,凡是提到孙中山,均称"中山先生"。从直呼孙文到称呼中山先生,胡适对孙中山称呼的变化,也反映了胡适对孙中山评价的细微变化。

中国共产党始终称呼孙中山为中山先生或孙中山先生。中国共产党的创建人陈独秀、李大钊论及孙中山,前后一直以中山先生称呼。孙中山去世后,陈独

① 广东省社会科学院历史研究所等编:《孙中山全集》第 1 卷,北京:中华书局,1981 年,第 232 页。
② 夏晓虹辑:《〈饮冰室合集〉集外文》上、中册,第 65、957 页。
③ 欧阳哲生编:《胡适文集》第 3 卷,北京:北京大学出版社,1998 年,第 408 页。

秀连续在中共机关刊物《向导》上发表《悼孙中山先生!》、《评中山先生死后之各方面》、《孙中山先生逝世二周年纪念中之悲愤》等文,其中满怀悲痛之情说道:"全中国的民众呵!我们没有了中山先生了!我们失了一个伟大的革命领袖,是我们极大的损失。"①李大钊接受孙中山邀请,直接参与国民党改组,与孙中山保持密切交往。孙中山去世后,李大钊在《挽孙中山联》中称孙中山是"建国山斗"②,随后,李大钊先后发表过《在列宁逝世二周年纪念大会上的演说》、《孙中山先生在中国民族革命史上之位置》、《中山主义的国民革命与世界革命》,将孙中山放在世界革命、中国革命的宏大角度给予高度评价。其中,充分肯定了孙中山的伟大人格。他说:"中山先生的人格伟大,无论是他的朋友,他的信徒,他的仇敌,都没有不承认的。"③李大钊进而将孙中山的思想概括为"中山主义"。他说:"孙中山先生革命的奋斗,已经唤起了沉睡的亚洲,中山主义所指导中国国民革命的成功,亦必要影响到英国,经过英国影响到欧洲,到全世界。"④中国共产党早期的卓越领导人赵世炎先后发表了《中山先生北来的意义》、《国民党过去的经验与今后的使命》、《孙中山主义与其遗命》、《中山逝世后反革命派之论调》等文,提及孙中山,皆以"先生"称呼。比如:"我们崇仰中山先生的为人,尤其崇仰先生是中国革命的先觉,是现代中国民族革命的领袖。""开中国革命之局是中山先生,三十年来继续革命而不衰的是中山先生,号召现时全国革命运动的,舍中山先生外更没有第二人。""中山先生是中国民族革命的导师,同时这个革命导师的职务,就构成他的三四十年的生活。""孙先生是创造民国的元勋,这是三岁小孩和万恶军阀都是承认的。"⑤中共普遍称孙中山为先生,既符合时代剧烈变迁中国的传统敬称,又很清晰表明了共产党与国民党的区别。

二

1905 年,中国同盟会在日本东京成立,孙中山被推举为总理;1914 年中华革

---

① 任建树等编:《陈独秀著作选》第 2 卷,上海:上海人民出版社,1993 年,第 854 页。
② 《李大钊文集》(下),北京:人民出版社,1984 年,第 796 页。
③ 《李大钊文集》(下),第 844 页。
④ 《李大钊文集》(下),第 883 页。
⑤ 中共中央党史研究室科研管理部编:《赵世炎文集》,北京:人民出版社,2013 年,第 161、163、166、237、245 页。

命党在日本组建,孙中山任总理;1919 年,中国国民党成立,孙中山任总理。孙中山先后三次出任总理,于是总理成为孙中山的专称与特指,在国民党以后的历史中,再也没有出现总理这个职务。对于孙中山,言必称总理,似乎已经成为国民党内的一个惯例。

1924 年 1 月 28 日,中国国民党第一次全国代表大会通过的《中国国民党总章》,特别设立"总理"一章,尊孙中山为总理,以党内法规赋予孙中山党魁与领袖的无上权威:

> 第四章总理
>
> 本党以创行三民主义、五权宪法之孙先生为总理。
>
> 党员须服从总理之指导,以努力于主义之进行。
>
> 总理为全国代表大会之主席。
>
> 总理为中央执行委员会之主席。
>
> 总理对于全国代表大会之议决,有交复议之权。
>
> 总理对于中央执行委员会之议决,有最后决定之权。[1]

两年之后,1926 年 1 月召开的中国国民党第二次全国代表大会通过的《中国国民党总章》完全保留了此章内容,并加以附注:"总理已于中华民国十四年三月十二日逝世,十五年一月第二次全国代表大会接受总理遗嘱,并努力实行之。保存此章,以为本党永久之纪念。"[2]同时,总章还就举行总理纪念仪式做了明确规定:

> (甲)凡本党海内外各级党部会议场所,应悬挂总理遗像;
>
> (乙)凡集会开会时,应宣读总理遗嘱;
>
> (丙)凡本党海内外各级党部及国民政府所属各机关、各军队,均应于每星期举行纪念周一次,但有特别情形,经该地上级党部许可,得改为两星期一次。[3]

正式的总理纪念周由此而来。

1929 年中国国民党第三次全国代表大会召开,在最后通过的《中国国民党

---

① 荣孟源等主编:《中国国民党历次代表大会及中央全会资料》(上),北京:光明日报出版社,1985 年,第 25 页。
② 荣孟源等主编:《中国国民党历次代表大会及中央全会资料》(上),第 157 页。
③ 荣孟源等主编:《中国国民党历次代表大会及中央全会资料》(上),第 157 页。

总章》中全盘继承了二大的内容,一字未改。同时,大会通过了《根据总理教义编制过去一切党之法令规章以成一贯系统;确定总理主要遗教为训政时期中华民国最高根本法案》。其中规定:"确定总理所著三民主义、五权宪法、建国方略、建国大纲及地方自治开始实行法,为训政时期中华民国最高之根本法。……总理生时,本党党员之努力,一以总理之言行为依归;总理既逝,则吾党同志之努力,一以总理全部之遗教为准则。是故总理之全部教义,实为本党根本大法;凡党员之一切思想、言论、行动及实际政治工作,悉当以之为规范而不可逾越。"①这些规定,进一步将孙中山言行推演到法律的高度,使其神圣化、宗教化。

为彰显其神圣化与宗教化,国民党三大还特别规定了总理纪念周的仪节程式,具体仪节分为:(一)中央委员就位。(二)奏乐。(三)唱党歌。(四)向党国旗及总理遗像行三鞠躬礼。(五)主席恭读遗嘱。(六)静默三分钟。(七)主席致开会词。(八)奏乐。(九)礼成。②按照规定仪式,三中全会还做了操演,胡汉民主席恭读总理遗嘱。仪式完成后,合影、聚餐。

国民党第一次全国代表大会通过《中国国民党总章》,决定将"总理"一词作为孙中山的尊称。1925 年 5 月,国民党在《接受总理遗嘱宣言》中明确规定,国民党除了由选举产生的"中央执行委员会任执行之责外,不能更有总理"。③自此,总理成为孙中山个人独享的特指称号,后人不得使用这个称号。在国民党内部,几乎人人尊孙中山为总理。比如,邓演达《关于游欧的报告》中提及孙中山,除个别地方外,大多称为总理。"可是当总理北上奋斗的时候,得了群众热烈的欢迎,无论南北,都一致盼望总理的教训。群众也都因为总理的指导,发生了民族解放的觉悟。"④于右任在中国国民党第四次全国代表大会致开幕词,凡是提及孙中山,均以总理代之。如:"今天总理诞辰,第四次全国代表大会适在今天开幕。……总理奋斗毕生所遗留给我们的,就是负有历史伟大使命的中国国民党。总理虽已逝世,而总理的精神,总理的教命,尚式临于大会。所以大会同志,即应以总理之精神为精神,检查过去工作,发挥总理遗教,以求党的领导能适合

---

① 荣孟源等主编:《中国国民党历次代表大会及中央全会资料》(上),第 654 页。
② 荣孟源等主编:《中国国民党历次代表大会及中央全会资料》(上),第 775 页。
③ 荣孟源等主编:《中国国民党历次代表大会及中央全会资料》(上),第 81 页。
④ 周天度编:《邓演达文集》,北京:人民出版社,1981 年,第 5 页。

训政时期政治的进步。"①李烈钧在总理纪念周的演说中说:"国民政府自改组以来,今天是第三次举行总理纪念周。……总理纪念周的意义非常重大,一方面是纪念总理的精神和事业,一方面是纪念总理的策略和人格。"②类似此方面的材料很多,举不胜举,在此不一一列举。

中间人士和中国共产党人大致称呼孙中山为先生,前面已经详述。胡适也曾在文章中以"先总理"一词指代孙中山,但仔细分析上下文,其实是用了"一班当权执政的人"的口气说的,并不是胡适对孙中山的称呼。③ 即使在国民党命令党内一律尊称孙中山为总理之后,胡适依然称呼孙中山为"中山先生"。李大钊在国共合作时期一度称呼孙中山为总理,第一次是在中国国民党第一次全国代表大会上发言。他说:"兄弟们到广州来,承本党总理及党中先进诸同志欢悦的接受,令我们在国民革命的工作上得有尽其绵薄的机会,我等不能不敬服本党总理及党中先进诸同志热诚的促进负有国民革命的使命的国民党的精神。"④第二次是 1926 年元旦,也就是孙中山去世之后,李大钊发表了《青天白日旗帜之下》一文,文中提及孙中山,使用"他"一次,使用"孙中山先生"一次,使用"总理"十七次。李大钊将孙中山称为总理,并不代表中国共产党对孙中山的称呼,而是一种尊敬的表示。另外,在国共合作的蜜月期,加入国民党的共产党员以总理来称呼孙中山,也是一种很自然的表示。

国民党通过各种党内法规将孙中山"总理"固定化、永久化,后人不得僭越,而且通过各种仪式、节日予以祭祀或纪念,其实是一种个人崇拜的表现。这一点,陈蕴茜的研究已有充分阐述,本文不再赘述。需要指出的是,"总理"尊称的永恒,表明国民党潜意识中已经把孙中山视为党的父亲,简称"党父"。将孙中山称为"党父",尽管在国民党官方文献中没有发现,但在孙中山去世后各地发来的函电中已经出现"党父"的称谓,如"顷接哀讣,惊悉天丧元勋,祸及党父,凡我赣民,同深哀痛"、"天丧党父,后生失师,谨电追悼,用志哀忱"⑤,虽然在国民党文献中没有发现"党父"一词,但是,国民党要人在心目中已经视孙中山为"党

① 全国政协文史资料研究委员会、中国国民党革命委员会中央宣传部合编:《于右任文选》,第 187 页。
② 周元高等编:《李烈钧集》下册,北京:中华书局,1996 年,第 573 页。
③ 欧阳哲生编:《胡适文集》第 5 卷,第 598 页。
④ 《李大钊文集》(下),第 703 页。
⑤ 桑兵主编:《各方致孙中山函电汇编》第 10 卷,北京:社会科学文献出版社,2012 年,第 189、216 页。

父"。国民党元老李烈钧就说过"孙中山先生便是党的祖宗"的话①,国民党另一元老于右任也曾指出:"今天总理诞辰,第四次全国代表大会适在今天开幕。总理的生日,就是中华民国和中华民族的生日,也就是中国国民党的生日。由此我们知道中华民国、中华民族和中国国民党的生日,是凝结的,不是分开的;中华民国、中华民族和中国国民党的生命,是整个的,不是单独的。"②这段话的信息量很大,不但暗含了孙中山"党父"的意蕴,而且孙中山"国父"的寓意也呼之欲出了。蒋介石自视为孙中山伟业的继承人,也把孙中山视为"党父"。检视台北"国史馆"编辑的《蒋中正"总统"档案·事略稿本》,发现蒋介石在抗战期间最困难的时期,每逢孙中山诞辰、去世之日,都特别怀念孙中山,犹如儿子怀念父亲一般。1940年3月12日是孙中山去世15周年,蒋介石万分感慨地说:"总理逝世忽忽已十五年矣,如至今尚健在,则革命或已成功,至少党务不致如过去之纠纷,而余亦可得专力于军事,不致如今日之痛苦。"③1940年11月12日是孙中山诞辰七十五周年纪念日,"晨起公追忆国父曰:'总理今年仅七十五岁,如其尚健在,则党国或致不如今日之艰危也'"④。1941年3月12日又逢孙中山忌辰,蒋介石说:"总理逝世至今已有十六年矣。如其尚健在,亦不过七十五高龄,尚未臻桑榆晚年,而余之处境,则不致艰难困苦若此。"⑤家国同理,显而易见,不言自明。

三

　　孙中山去世后,国民党将其曾经担任的总理一职予以固化。同时,民间社会与国民党内部也陆续出现"国父"的称呼。现在大家所能看到最早称呼孙中山为"国父"的文献是1924年7月20日中国国民党广州市特别党部所发布的青年党员大会宣言。其中提到孙中山"国父"的原文如此:"中国国民党更有足令人

① 周元高等编:《李烈钧集》下册,第592页。
② 全国政协文史资料研究委员会、中国国民党革命委员会中央宣传部合编:《于右任文选》,第232页。
③ 《蒋中正"总统"档案·事略稿本》第43卷,台北:"国史馆",2010年,第270页。
④ 《蒋中正"总统"档案·事略稿本》第43卷,第613页。
⑤ 《蒋中正"总统"档案·事略稿本》第45卷,第710页。

信服的,就是他有一个为国人及外人所称做'中国国宝'、'中华民国国父'的首领。"①台湾学者认为:"中国国民党广州市青年党员大会宣言,首称孙总理为中华民国国父,呼吁国人团结革命,以救中国。""此为当孙大元帅在世时即为国人推为'国父'的明证,亦为尊称'国父'最早之文献。"②受此影响,许多学者大都认为这是中国人或者国民党内首次将孙中山称为"国父"的铁证,其实还是有误解和偏差的。仔细阅读原文,不难发现,文中提到"中国国宝"、"中华民国国父"只是转述了当时"国人及外人所称"。也就是说,国人尊称孙中山为"中国国宝",外国人称孙中山为"中华民国国父"。宣言认为孙中山与苏联的列宁、土耳其的凯末尔等相比较"无稍逊色",但并没有直接称呼孙中山为"国父",而是明确称"吾党总理中山先生"。原文如此:"吾党总理中山先生,其知识之丰富,思想之深邃,节操之高介,宗旨之坚定,态度之光明,固然是举国无两。"③由此来看,认为这是最早尊称孙中山为"国父"的文献是对的,但要得出这是国人首次尊称孙中山为"国父"的结论,似乎有望文生义之嫌疑。

孙中山去世后一段时间与孙中山奉安大典期间,"国父"一词见诸媒体的频率最高。李恭忠在这方面的研究比较全面,可以参考。④ 称呼孙中山为"国父"的,大致说来,主要有挽联、祭文与纪念文字三类。孙中山去世后,国民党大员、各界名人、社会贤达纷纷撰写挽联,寄托对伟人的哀思。在这众多的挽联中,直呼孙中山为国父的几乎全是普通百姓、海外华侨及一些媒体⑤,惟一直呼孙中山为国父并且后来一度成为中国共产党主要领导人的秦邦宪(博古),其挽孙中山联是:"打倒帝国主义打倒军阀是先生奋斗素志;追悼革命领袖追悼国父使民众痛哭失声。"⑥但是,需要指出的是,生于1907年的秦邦宪此时只有18周岁,尚未加入中共。这年十月,秦邦宪才正式加入中共。⑦ 1929年6月,国民政府举行孙中山奉安大典,国民党党政机构及其首长相继撰写祭文,追念孙中山,其中许

① 朱汇森主编:《中华民国史事纪要》(1924年7—8月),台北:"中华民国"史料研究中心,1984年,第83页。
② 朱汇森主编:《中华民国史事纪要》(1924年7—8月),第81、84—85页。
③ 朱汇森主编:《中华民国史事纪要》(1924年7—8月),第82页。
④ 参见李恭忠:《中山陵:一个现代政治符号的诞生》,第346—348页。
⑤ 参见李恭忠:《中山陵:一个现代政治符号的诞生》,第346—348页。
⑥ 徐友春、吴志明主编:《孙中山奉安大典》,北京:华文出版社,1989年,第44页。
⑦ 杨奎松:《革命》第2卷,桂林:广西师范大学出版社,2005年,第32页。

多祭文尊称孙中山为国父。比如,中国国民党中央党部称孙中山是"国之父,人之师"①,国民政府主席暨五院院长蒋介石称孙中山"弘惟总理兮,先知先觉;民国之国父兮,人类之导师。"②国民政府考试院院长戴季陶的祭文中三次提及国父:"惟我国父,宝光汉族,先觉觉后,神州匡复。建国之始,群生望治,如何国父,忽焉永逝。伊我国父,遗世遗教,革主命义,三民是诏。"③其他类似"昊天不吊,丧我国父"、"吁嗟昊苍,丧我国父"、"千秋国父,百代人师"等文字,也大量散见于文献中。媒体舆论也有纪念与缅怀的文章,其中也提到"国父"尊称。比如:"有孙中山,然后有中华民国,没有孙中山,未必有中华民国。美国人称缔造美国的华盛顿为国父,那我们对于这中华民国的华盛顿也应当尊一声国父。"④又比如:"考孙中山先生,身为国父,功在国家,在政府方面不应仅以仪葬之隆崇,作饰终之酬报,尤应设法将先生学术思想永远保存,甚至更从而光大发扬,务使余芬永存,万古常新。"⑤这些"国父"尊称,与其说是社会各界对孙中山创建民国丰功伟绩的一致认同,还不如说是时人对孙中山的无限敬仰与深切怀念。中国传统社会崇尚死者为大,往往会将最美最好的词汇献给逝者,既合情又合理。

蒋介石属于最早喊出"国父"尊称的那批人。孙中山去世时,蒋介石正率领国民革命军东征。同年3月30日上午,东征军举行追悼大元帅及阵亡将士大会。蒋介石发表演说,称誉孙中山为中华民国国父:"我们孙总理是中华民国的国父,国父死了,我们应该作如何感想。我们的国父这次晋京,是因为要开国民会议,要废除不平等条约,打倒帝国主义,使得我们中华民国成一个自由独立的国家。"⑥随后的讲话中又称呼孙中山为总理,再也没有出现"国父"的称谓。也就是说,"总理"与"国父"并称,并没有完全统一。1933年国庆节纪念大会,蒋介石发表演说,其中讲道:"总理是中国革命导师,是中华民国的国父,曾经领导一般同志,艰难奋斗,缔造中华民国,所以我们今天纪念国庆的时候,格外要纪念

① 徐友春、吴志明主编:《孙中山奉安大典》,第161页。
② 徐友春、吴志明主编:《孙中山奉安大典》,第162页。
③ 徐友春、吴志明主编:《孙中山奉安大典》,第164页。
④ 鹃:《吊孙中山先生》,《申报》1925年3月15日。
⑤ 《孙中山逝世之哀悼》,《申报》1925年3月18日。
⑥ 万仁元、方庆秋主编:《蒋介石年谱》,北京:中国档案出版社,1987年,第331页。

总理,向总理表示敬意。"①也是总理与国父并称。1935 年孙中山逝世 10 周年,蒋介石发表演讲,指出:"大家晓得:我们中华民国就是总理所创造的。如果没有总理,便没有今日的中华民国,也就没有我们今日独立的中华民族。所以总理就是产生我们中华民国的国父。我们的国父,以四十年不断的艰难奋斗,创造出中华民国,更继续发扬我们中华民族的新生命,所以中华民国,就是总理最伟大的精神和事业的遗产。而其伟大的精神和主义,已成为中华民国的国魂,要与天地鼎立,万古不朽!"②同样是总理、国父并称。蒋介石之所以如此不厌其烦地将孙中山并称总理、国父,一方面表现了蒋介石本人对孙中山的敬重、崇奉、爱戴与怀念的真实情感,另一方面,蒋介石不断突出孙中山总理、国父的尊贵身份,也是要凸现自己作为孙中山继承人的合法性与权威性。1936 年 11 月 12 日,孙中山诞辰 70 周年,在其诞辰纪念会上,时任南京国民政府主席的林森提出应该将孙中山与美国国父华盛顿一样,作为国父来尊崇与纪念。林森指出:"总理是中华民国的创造者,他不但是推倒满清统治、倡导民族主义的先觉者,并且推翻了中国数千年相传的专制政体,首创东亚第一个共和国家,做了我们四万万人的导师。当他在民国元年被选为第一任大总统的时候,因为要促进南北统一起见,抱定天下为公的理想,不惜撤履尊荣,辞去总统不做。这种伟大的精神,在中外历史上是不容易见到的,只有美国人一致尊为国父的华盛顿,才有这种的风度。所以我们全国国民尊崇总理为国父,完全是出于良心的一致。"③林森的提议,并没有得到广泛认同,此议暂时搁置。

1939 年 11 月 12 日,中国国民党五届六中全会在重庆举行,林森与石瑛、张知本、蒋作宾等 12 人联名提出"拟请尊称总理为中华民国国父案":"总理立承先启后救国救民之大志,领导国民革命,兴中华,建民国,改革五千年专制政体为共和国家,解放全民不自由之束缚,复兴民族,跻中华民国在国际上有自由平等地位,吾人追念总理缔造民国艰难,全国同胞没齿不忘总理之伟功大德,拟请中央通令各省市,此后应尊称总理为中华民国国父,以表崇敬,而示不谖",并建议在现在已有的总理诞辰、总理忌辰、总理遗嘱、总理遗像、总理遗教、总理年谱、总

① 秦孝仪主编:《总统蒋公思想言论总集》第 11 卷,台北:中国国民党中央委员会党史委员会,1984 年,第 591 页。
② 秦孝仪主编:《总统蒋公思想言论总集》第 11 卷,第 123—124 页。
③ 林友华编:《林森年谱(1868—1943)》,北京:中国文史出版社,2012 年,第 382 页。

理陵墓、总理故乡八个尊称前"应首贯以'中华民国国父'六字"。① 此项提案没有进入会议议程,或者是进入议程而没有通过,暂时存疑。1940 年 3 月 28 日,中国国民党中央常务委员会第一四三次会议通过讨论,最终通过了林森等人的提案,"尊称总理为中华民国国父"。会议决议案称:"本党总理孙先生,倡导国民革命,手创中华民国,更新政体,永奠邦基,谋世界之大同,求国际之平等,光被四表,功高万世。凡我国民,报本追远,宜表尊崇,兹经本会常务委员会第一四三次会议一致决议,尊称总理为中华民国国父在案。"② 随后,中国国民党中央执行委员会特意发表关于决议尊称孙先生为中华民国国父的声明,核心内容大体与决议案一致,只是开头加了一句"中央决议尊称总理为中华民国国父"。③ 同时,中国国民党中央执行委员会秘书处致函国民政府,"相应录案函达,即希查照通令全国一体遵行为荷",国民政府文官处回复秘书处,"业经国民政府通令直辖各机关遵照并转饬所属一体遵照矣"。④ 翁文灏时为中国国民党中常委,其在 1940 年 3 月 29 日的日记中写道:"中常会议决,尊孙中山为国父。"⑤

1940 年 4 月 1 日国民政府通令全国,5 月 13 日系星期一,国民政府举行国父纪念周。从时人日记记载来看,这是第一次以"国父纪念周"来替代"总理纪念周"。时任国民政府行政院参事的陈克文在其日记中写道:"总理的称呼,最近改为国父,总理遗嘱,也改为国父遗嘱,向总理遗像默念三分钟也改为国父遗像。这一次的纪念周是'国父'二字第一次的当众正式使用。"⑥ 从此,孙中山的尊称由"总理"变为"国父",并以法律的形式予以确认。然而,党内称呼孙中山为总理已经成为习惯,一时还难以改口。另外,在尊称孙中山上,特别规定党内称总理或国父均可。所以,我们可以发现,在国民党内,有时称呼总理,有时称呼国父。1940 年 11 月 12 日,系孙中山诞辰 75 周年,蒋介石日记中还是称"总理诞辰纪念日",其中提到孙中山,依然称呼总理:"总理今年只七十五岁,如其尚在亦不算为过老,则党国或不如今日之危乱也。上午到国府纪念总理诞辰后到

① 朱汇森:《中华民国史事纪要》(1912 年 1—6 月),第 414、415 页。
② 朱汇森:《中华民国史事纪要》(1912 年 1—6 月),第 414 页。
③ 朱汇森:《中华民国史事纪要》(1912 年 1—6 月),第 415 页。
④ 朱汇森:《中华民国史事纪要》(1912 年 1—6 月),第 415 页。
⑤ 李学通等编:《翁文灏日记》(下),北京:中华书局,2014 年,第 460 页。
⑥ 陈方正编辑、校订:《陈克文日记(1937—1952)》上册,北京:社会科学文献出版社,2015 年,第 564 页。

军会,对各县长管理粮食事训话;下午在黄山休息,研究时局与俄德关系。"①在蒋介石及其他党内元老的讲话及文章中,依然是总理、国父或者时而总理、时而国父,各种尊称并存,似乎一直没有统一。

国民党中央从法律上确立了孙中山的国父地位后,为了确保其贯彻执行,先后出台了一系列规则、办法。1940 年 5 月 23 日,中国国民党中央执行委员会发布《饬知尊称总理为国父之适用原则》,针对机关、民众在具体实行中的困惑,特别规定了国父尊称的三个原则:"(一)在政府机关、民众团体,应一律改称国父。(二)在党内,称国父或总理均可。(三)民间已印就之图书文字,不必强令改易。"②1941 年 4 月,中国国民党中央执行委员王陆一等十一人联名提出《为崇敬国父,各省、市、县、乡、镇普遍建筑中山纪念堂,以资永久纪念案》,在第五届中央执行委员会第八次全体会议获得通过。③ 1942 年 8 月,国民政府决定将总理纪念周与国民月会纪念合并,并由行政院发布《国父纪念周暨国民月会合并举行仪式》具体实施办法。其中规定:"一、国父纪念周暨国民月会开始;二、主席就位;三、全体肃立;四、唱国歌;五、向党国旗暨国父遗像行三鞠躬礼;六、主席恭读国父遗嘱,全体同时随声宣读;七、向国父遗像俯首默念三分钟;八、主席宣读国民公约,全体同时俯首朗诵;九、报告;十、宣读党员守则;十一、呼口号。"④1943 年,中国国民党第五届中央常务委员会还通过了《国父遗像暨主席肖像制作申请审查办法》,就像别样式、制作方式、成本数目、预定售价、发行单位、制作人资质等做了具体规定。同时,推荐使用世界舆地学社、上海三一画片印刷公司、重庆东方美术文具制造厂等机构摄制或制作的"国父彩色西装半身像"、"主席彩色军装半身像"与"国父主席合像"等标准照,要求各地严格执行。⑤ 1948 年 9 月 16 日,内政部公布《国父遗像张设办法》,严禁在不洁之地、丧葬现场随意张贴国父遗像。此办法共计 7 条:"一、张设国父遗像之地,务须光明洁净。二、张设国父遗像,须择正中适当之地点。三、凡团体或机关之礼堂、会议厅或其他公共场所,均须张设国父遗像。四、各种集会会场均须于主席之上方设置国父遗

---

① 《蒋介石日记》(手稿),1940 年 11 月 12 日,美国斯坦福大学胡佛研究所档案馆藏。
② 《中央党务公报》1940 年第 5 卷第 22 期。
③ 荣孟源等主编:《中国国民党历次代表大会及中央全会资料》(下),第 711 页。
④ 《四川省政府公报》,1942 年第 335 期。
⑤ 《福建省政府公报》,1944 年第 1573 期。

像。五、国民敬仰国父者,其住宅亦得于厅堂张设国父遗像。六、张设国父遗像之地点,不得夹设其他污亵物件。七、非上列地点,一律禁止张设国父遗像。"①孙中山国父尊称经过长达近二十年的酝酿,其名分最终在抗战期间得以确立。

值得注意的是,以汪精卫为首的伪南京国民政府也以法律的形式确立了孙中山"国父"的尊称。1941年5月,陈公博、周佛海、李士群等十人联名提出《拟请尊称孙中山为中华民国国父案》,并附《尊崇中华民国国父致敬办法》。提案称:"谨以中华民国成立迄兹,经年历世,追念手创中华民国、国民党总理孙先生,为求我民族国家之自由平等,首倡革命,缔造艰难,抱唯一之信念,奠万年之宏基,睿哲文明,黎元感激,际此集举全民之力,靳致和运之隆,崇攻表德,宜有厚归,拟请尊称孙先生为中华民国国父,庶几率万众于一心,表尊崇而追远。"②5月29日,政治会议委员会议讨论予以通过。同日,南京伪国民政府行政院颁布了《尊崇中华民国国父致敬办法》:"第一条,手创中华民国之中国国民党总理孙先生应尊称为中华民国国父,其致敬办法依各条规定行之;第二条,各级政府各合法政党及人民团体机关,均应于礼堂或集会场所正中,于国旗交叉下,永远悬挂中华民国国父遗像,并附挂国父遗嘱;第三条,正式集会开会时应向国父遗像行最敬礼、三鞠躬,并恭读国父遗嘱;第四条,集会演讲时于第一次称及国父时应起立或立正致敬;第五条,关于公牍、教科书、书籍、报纸、刊物及一切文字于称述总理或孙先生时,均应改称国父,并由主管机关将主管事项另订检查细则施行;第六条,本办法自公布日施行。"③由此看来,与其说是蒋介石及其重庆国民政府与汪精卫及其伪南京国民政府"争夺道统",还不如说是汪精卫及其伪南京国民政府与蒋介石及其重庆国民政府争夺"政统与道统"。众所周知,汪精卫"还都南京"后,无论是政府机构的设置,还是党的名称及其组织,几乎全与重庆国民政府及国民党中央一致。此事特令蒋介石恼火。孙中山作为一个政治符号和象征,其所蕴含的各种资源是无比丰厚的,汪精卫及其伪南京国民政府对其重要性心知肚明,自然不会轻易割弃。尊崇孙中山为国父,南京滞后于重庆。但是,汪精卫利用其得天独厚的条件,于1942年4月将战前的"总理陵园管理委员会"改

---

① 《资源委员会公报》,1948年第15卷第4期。
② 《中央导报》(南京),1941年第1卷第46期。
③ 《行政院公报》1941年第58号。

名为"国父陵园管理委员会",直属于汪伪国民党中央执行委员会。① 这似乎可算作其首创。一群卖国求荣的汉奸,还厚颜无耻地尊奉孙中山为国父,只能说是对孙中山及国父尊称的侮辱,九泉之下的孙中山不知对此作何感想。

四

孙中山国父尊称或名号在抗战期间最终确立,自然具有其积极意义。李恭忠指出:"其中既有国民党人对孙中山的崇仰之情,也有借此凝聚国人认同、激励抗战士气的现实考虑","凝聚中国人的现代国家认同"。② 事实上的确如此。确定尊称孙中山为中华民国国父,进一步凝聚了广大国人的民族意识,激发了民族精神,对于实行全民抗战、实现民族复兴产生了积极影响。视孙中山为国父,奉孙中山为偶像、国魂,倡导国父精神,为抗战建国提供了强大的思想动力。蒋介石反复强调:"国父的诞生是中华民族的救星,是全体人类的福音",国父的思想与精神"唤起了我们中华民族的自信,鼓舞了我们中国复兴的希望,启示了我们中国国民在现代世界中力求进步的觉悟","国父所倡导的国民革命,真是中国复兴的枢纽,也是人类福祉的基础所关"③,以此来凝聚党内共识,为完成孙中山的未竟大业而努力奋斗。长期与蒋介石不睦的桂系将领李宗仁、白崇禧、黄旭初先后发表纪念文章,重温国父精神,表达对孙中山的崇仰与尊奉。李宗仁说:"在七十五年前的今天,天佑中华,产生了国父做我们先知先觉,同时具有五千年优越历史的中国精神,也就整个寄托在国父的身上,成为继往开来的优越的国父精神。"④李宗仁明确提出"国父精神",而且将"国父精神"与"中国精神"相提并论,赋予"国父精神"无与伦比的地位。李宗仁指出:"这种民族至上的自信自力,及奋斗不屈的精神,也就是我们所说的国父精神之一表现。这种民有、民治、民享的'三民主义为人民而设'的革命精神,就是我们所谓'基于理性主义的对内求政治之贤明与民主'的中国精神,也就是国父精神的又一表现。"⑤在李宗仁

---

① 李恭忠:《中山陵:一个现代政治符号的诞生》,第 351 页。
② 李恭忠:《中山陵:一个现代政治符号的诞生》,第 349、350 页。
③ 秦孝仪主编:《总统蒋公思想言论总集》第 11 卷,第 533—534 页。
④ 李宗仁:《国父精神与抗战建国》,《建设研究》1940 年第 4 卷第 3 期。
⑤ 李宗仁:《国父精神与抗战建国》,《建设研究》1940 年第 4 卷第 3 期。

看来,国父精神很好实现了与中国精神的统一,彻底贯彻国父精神,能够保证无往不胜。对此,李宗仁表示:"有了这个代表中国优越精神的国父精神做我们前导,做我们支柱,我们才能够颠覆满清创造民国,才能够打倒北洋军阀,才能够对日全面抗战。"①桂系三号人物黄旭初也表达了与李宗仁相同的认识,指出孙中山一方面斩断了历史帝制,另一方面又综合与改造了中国传统文化,完成了其思想体系。他说:"第一,国父廿五年的努力,斩断有五千年以上历史的帝制,创造出崭新的中华民国。……第二,国父把五千年以上的传统文化,古今中外一切哲人的理想,由于四十年的努力,非特彻底的加以整理,更用综合与改造的工夫,完成一个绝大的思想体系,成为最伟大的革命思想。……"②也就是说,他们不仅承认孙中山的"政统"地位,而且认可其"道统"的合法性。白崇禧人称"小诸葛",个性鲜明,纪念文章全篇称孙中山为总理而不提国父,但依然承认孙中山"是东方革命运动之不世出的天才领袖,伟大师导"。③

国民党中央尊奉孙中山为国父,也得到社会的一定认同。有人撰写《国父》一文,认为将孙中山与华盛顿一样尊称国父,非其莫属,孙中山当之无愧。文章指出:"国父这尊称,大概系从美国的华盛顿开始的吧。他是开创美国国家,当年领导着美洲的英国移民,努力与英本国压迫的统治者抗争,才把数千万的美国人民,从英国压迫下解放出来,而造成了独立自由的一个新国家的元勋。美国人纪念其功不可没,故尊之曰'国父'。我国孙中山先生,领导革命,推翻满清,创造共和,故也有国父之尊称。除他以外,再也无人能当得这尊称了。"④西康文人编写三字经,缅怀孙中山,其中多次提到国父,如:"袁世凯,皇帝梦,丑张勋,复宣统。国父命,齐打倒,我民国,乃可保。民十四,国父逝,蒋总裁,继其志。七七变,我抗战,小日本,手足乱。有国父,在天灵,有总裁,统大兵。……全国民,大团结,驱日寇,把耻雪。救国父,快捐献,保民国,万万年。"⑤类似文字虽然不是很多,但也基本反映了普通民众对国父尊称的认同与支持。

国民党尊称孙中山为国父,力图将孙中山树立为"政统"与"道统"的正宗。

---

① 李宗仁:《国父精神与抗战建国》,《建设研究》1940 年第 4 卷第 3 期。
② 黄旭初:《实践国父所创造的真理》,《建设研究》1940 年第 4 卷第 3 期。
③ 白崇禧:《纪念国父应有的认识和努力》,《建设研究》1940 年第 4 卷第 3 期。
④ 《国父》,《家庭星期》1936 年第 1 卷第 41 期。
⑤ 城南:《民国三十年纪念国父诞辰三字经》,《西康省民教季刊》1941 年第 1 卷第 2 期。

这点引发争议。著名学者钱穆认为,将孙中山尊称国父,视为中国现代政治的开创者,即"政统"的创始者,实至名归;将孙中山看作中国传统文化的始祖,即"道统"的缔造者,名不副实。钱穆说:"今国民党人尊推孙中山先生称为国父,此由模效美国以华盛顿为国父也,盖美国十三州之独立,由华盛顿所率领,中华民国政府之创建,由中山先生所倡导,崇之以国父之称,宜无不当,然此亦仅言政统非言道统也。近代美国之共和政体,固为华氏所手创,然美国人之人道文化,则远有来历,故美人言教统,仍归耶稣,不属华氏。中华民国之政府,固为中山先生所手创。然中华民族之人道文化,则亦远有本源,非亦由中山先生创之,此在中山先生《民族主义》之讲演中,阐发已至剀切,故言中华民国之政统,必推中山先生为不祧之祖,若言中华民族之道统与教统,则中山先生亦一孝子顺孙耳,岂得同样奉为不祧之祖乎?今全国大小各级学校,若逢中山先生诞辰与其逝世纪念日及国庆大节,尽崇仰追思之礼,此亦理之宜然,若今每七日有纪念周,每逢学校有典礼,必先对中山先生遗像行礼致敬,是以尊中山先生于政统者而一体尊之于道统,若细籀中山先生民族主义之遗教,此等崇拜,恐亦非中山先生所乐受,此亦今日学统绌于治统之一例也,故连带而论及之。"①钱穆属于新儒学的代表人物之一,欣赏传统,崇尚孔孟儒学与程朱理学。因此,他认可国父的政治地位,反对并批评国父的文化道德地位。钱穆对国父的评论,自有其理由,我们可作同情之理解。

也有学人借纪念国父诞辰,抒发自己对当时现实的不满与无奈。指出:"你可以看见你首创的三民主义被大家所崇拜,虽然现在所解说的主义和你以前的主义有些貌同质异,然而'三民主义'这四个字被每个人所念熟,从小学生到大学生;从官吏到平民,都无条件的服从。""你更可以看见,你临死时还不信赖的那些大员们现在高居党位,也非常'信仰'三民主义,并且放出他们的爪牙,吮吸着人民的血汗。"②文章认为,国父是幸运的,也是幸福的,因为早死,没有看到此时的乱象与不堪。"呜呼!国父,假使你的灵魂能不胜其烦的话,更可以看到许多。而你也一定感到幸运,因为你的早死,便可以被任意摆布,当做偶像;到现在一直维持你的光荣;假使你竟现在活着,实施你那时手订的三大政策,也许早已

---

① 钱穆:《学统与治统》,《东方杂志》1945 年第 41 卷第 15 期。
② 黄园:《呜呼!国父》,《紫荆》1941 年第 3 期。

被指为'共匪',开除党籍,只好寄居到香港去了。"①该文对国民党当局背弃孙中山三大政策,大搞偶像崇拜等作了批判与嘲讽,反映了时人对社会政治现状的严重不满。这种不满,借用国父诞辰前夕抒发出来,无疑是对纪念日的一种反讽。

1948年,南京国民政府的统治已经遭遇社会、政治、经济、军事的全面危机,社会巨变与转型指日可待。国民党统治的合法性开始受到质疑,与此相应,执政者所钦定的国父尊称,也同样遭遇尴尬。面对美国华侨发行的《中美周报》主编吴敬敷撰写社评,提到孙中山时常常称之为国父,这时也遭到读者质疑。读者关泽写信指出:"先生屡称孙文为国父,弟殊不解。我知美国称华盛顿为国父,系因其无子,国人哀之,故称他为父,为开国先锋也。但孙文已有子有孙,何以亦称他为国父?若曰他是开国元勋,弟知武昌起义时,他仍在海外演说,要打倒满清。若先生必曰他是元勋,敢问法国之开国元勋,法国人亦称他为国父乎?以先生之大才,何患不能行其道,何必与国民党暗送秋波?"②吴敬敷回复读者来信说:"泰西各邦,凡有大功于国家而为人民所敬爱感戴者,尊称之为'国父'。美国人称华盛顿为'国父',正所以表示'敬爱感戴',并非'哀其无子'。吾人称孙中山先生为'国父',只是表示'敬爱感戴'而已,绝非对国民党暗送秋波,因孙中山先生并非国民党所私有,而其对国家之功绩,则史家早有公论也。"③这段材料说明,南京国民政府统治力的衰落,造成了孙中山评价的降低。同时也表明,国民党将孙中山尊为国父,多半也是一党的意志与期盼,并没有得到广大国人的一致认可。

中国共产党也一直将孙中山作为中国民族争取独立与解放事业的先驱。中国共产党人邓中夏、董必武、张友渔在行文中也曾以"国父"称呼孙中山④,1943年11月12日,中共主办的《新华日报》也曾经发表过《国父诞辰纪念》的社评,但在主要领导人讲话与中共中央文件中,从来没有尊称孙中山为国父。中共早期特别是国共合作时期对孙中山基本以先生称呼,文前已述。之后依然如此。如1937年的《中共中央为公布国共合作宣言》中说:"孙中山先生的三民主义为

---

① 黄园:《呜呼! 国父》。
② 关泽:《谁配称为"国父"?》,《中美周报》1948年第278期。
③ 关泽:《谁配称为"国父"?》。
④ 邓中夏:《一年来省港罢工的经过》,《邓中夏文集》,北京:人民出版社,1983年,第271页;《林伯渠在国民参政会上关于国共谈判的报告》,《新华日报》,1944年9月17日;张友渔:《纪念国父诞辰七十五周年》,《中苏文化》1940年第7卷第6期。

中国今日之必需,本党愿为其彻底的实现而奋斗。"①1938 年 3 月 12 日,中共中央在延安举行纪念孙中山逝世 13 周年纪念大会,毛泽东发表讲话,其中 15 次提到孙中山,均以"孙中山先生"与"孙先生"相称。毛泽东指出:"我们纪念孙先生,如果不是奉行故事的话,就一定要注意这样的三项:第一,为三民主义的彻底实现而奋斗;第二,为抗日民族统一战线的巩固与扩大而奋斗;第三,发扬艰苦奋斗、不屈不挠、再接再厉的革命精神。我以为这三项是孙先生留给我们的最中心最本质最伟大的遗产,一切国民党员,一切共产党员,一切爱国同胞,都应接受这个遗产而发扬光大之。"②也是在这一年,在《中国共产党在民族战争中的地位》的报告中,毛泽东将孙中山与孔子并列,予以高度评价:"从孔夫子到孙中山,我们应当给以总结,承继这一份珍贵的遗产。这对于指导当前的伟大的运动,是有重要的帮助的。"③1956 年 11 月 12 日,是孙中山诞辰 90 周年。毛泽东发表《纪念孙中山先生》,第一句话"纪念伟大的革命先行者孙中山先生",应该视为执政的中国共产党对孙中山历史地位的权威诠释。④ 从此,"总理"、"国父"一词仅仅成为国民党内、台湾地区及海外华人对孙中山的尊称。

五

　　孙中山生前死后被敬称为先生,得到包括国民党、共产党以及其他各种进步势力的普遍认可,没有产生任何质疑与争论。但是,遵奉孙中山为"总理"与"国父",只是获得了国民党内大多数人的认同与肯定,没有得到国民党外其他进步势力的认可与支持。国民党在其《党章》中特设"总理"一章,将孙中山的权力绝对化,已经开始引发人们的不安与担忧。孙中山去世后,国民党运用其公权力,通过党内法规与政府训令等多种形式,先后制定各种规章,如"总理纪念周"、"国父纪念周"等程式化的仪礼,进一步彰显出国民党政治文化的空洞化与仪式化,与孙中山本有的思想精神与民主理念愈来愈远。

---

① 《周恩来选集》上卷,北京:人民出版社,1980 年,第 77 页。
② 毛泽东:《在纪念孙中山逝世十三周年及追悼抗敌阵亡将士大会上的讲话》,《毛泽东文集》第 2 卷,北京:人民出版社,1993 年,第 112—113 页。
③ 《毛泽东选集》第 2 卷,第 534 页。
④ 《毛泽东文集》第 7 卷,北京:人民出版社,1999 年,第 156 页。

因为形式空洞,纯粹仪式化,"总理纪念周"一开始就遭到冷遇。1927年举行的纪念周上,时任国民政府常务委员、军事委员会委员的李烈钧坚持参加纪念周,对此感慨良多。他说:"总理纪念周的意义是很重大的,并不是随随便便可有可无的一桩不要紧的事情。照着举行纪念周之规则说起来,凡是同志,无论何人,除因要公外,一律都是要来参加的,有不到的,便要加以党的纪律的处罚。但是我看今天国民政府、军事委员会两面的同志到场的,恐怕不得一半,不过三分之一以上,这实在是一件不好的现象。"①"最近两次纪念周,除本府卫士队人员照常参加行礼外,其余国府及军委会同志参加者,均不如以前踊跃。"②"本府举行纪念周,是我们身为党员者,必须每一星期要在总理面前恭读遗嘱,即是受他教训,希望各位同志,不可视为具文。"③到会人数不到一半,主要是国民政府卫士参加,被视为"具文"等等,表现了时人对此形式的厌烦。国民政府行政院参事陈克文在其日记中,对行政院纪念周的应付、敷衍等情形有所记述,如"院里纪念周,人数甚为寥落,四五分钟毕事"④、"院里纪念周请不到人来报告。我做主席读完总理遗嘱后,默念三分钟,再读党员守则,以前是无须读的,最近才由国民政府通令一律循读,政院循读这是第二次"⑤、"最使人敬佩者为林主席,自孔长登台演说,主席即双手垂直,取立正姿态,头微俯倾听,自始至终,历半小时丝毫不动,毫无倦容。左右前后年事较轻者,虽取休息姿态,已均露局蹐不安,搔首抓腮,咳嗽吁气矣"⑥等。纪念周每周一次,逐渐流于形式。陈蕴茜在其著作中列举了不少例证,可以参考。⑦

纪念周上恭读总理遗嘱、唱党歌、静默三分钟等固定仪式,被人视为宗教礼拜。陈独秀就指出:"废除不平等条约与实现国民会议,也是中山遗嘱之要点;可是自从中山先生逝世一直到现在,虽然每逢开会必读遗嘱,而遗嘱中之要点却无人记在心中,慢说是实力奉行了,这样的读遗嘱,和牧师诵经祈祷宗教仪式何异?"⑧对此,李烈钧辩护说,尽管纪念仪式仿佛礼拜,但不要仅仅看成宗教仪式,

——————————

① 周元高等编:《李烈钧集》下册,第573—574页。
② 周元高等编:《李烈钧集》下册,第602页。
③ 周元高等编:《李烈钧集》下册,第638页。
④ 陈方正编辑、校订:《陈克文日记(1937—1952)》上册,第79页。
⑤ 陈方正编辑、校订:《陈克文日记(1937—1952)》上册,第375页。
⑥ 陈方正编辑、校订:《陈克文日记(1937—1952)》上册,第259页。
⑦ 陈蕴茜:《崇拜与记忆——孙中山符号的建构与传播》,第238—241页。
⑧ 任建树等编:《陈独秀著作选》第2卷,第1222页。

而要充分理解其积极意义。他说:"本来这纪念周的举行形式上,仿佛象基督教的礼拜。……其实耶稣的博爱精神、圣经上救人救世的道理,是很崇高伟大的,是很值得我们仰止的,也和我们总理的三民主义救人救世一样。我以我们一周一次的来纪念总理,我们不要忘记了我们重大的意义与兴趣,只拿当着一种宗教仪式看。"①陈蕴茜指出:"纪念周被国民党作为制度时间固化为带有宗教色彩的政治仪式,更加禁锢了人们的思想与行为自由,与时人追求自由民主、反对专制独裁、反对个人崇拜背道而驰。"②

为什么国民党不顾及时代潮流,公开将孙中山崇拜制度化? 在我看来,至少有两个方面的原因。

第一,传统专制制度的历史惯性与中国国民党创党时的特性,很大程度上造成了对领袖的崇拜。就前者来说,以崇奉帝王的最高规格去尊崇党的领袖似乎并不为过,甚至理所当然;就后者来说,中国国民党经过多次改造,早已完全成为孙记政党,在国民党党员的心目中,奉孙中山为圭臬,尊其为老大已经成为习惯。胡适曾经很敏锐地观察到,"同盟会是一种秘密结社,国民党是一种公开的政党,中华革命党和新国民党都是政党而带着秘密结社的办法的"③。胡适不愧是大家手笔,论述精辟。他将国民党的历史分为四个时期,认为只有以宋教仁为灵魂的民初国民党是一种现代政党,而其他三个以孙中山为领袖的国民党,却是秘密会社或政党与秘密会社的结合。秘密会社是底层社会为了反抗专制统治而自发建立起来的一种群体与组织,但其本身是模仿专制制度的,缺乏近代民主色彩。孙中山及其同志在其革命生涯中曾经不同程度与其合作,秘密结社的运作方式对孙中山产生了负面影响,造成了党内不能存在异议。如果出现不同政见,通常就被视为"叛逆"、"叛弑"④予以封杀。胡适指出:"孙文鉴于国民党的失败,仍旧想恢复秘密结社的法子来组政党。"1924 年中国国民党改组,包括共产党员在内的诸多精英进入国民党,充实了新的血液,使国民党获得新生。但是,《中国国民党总章》特意设立"总理"一章,赋予党魁孙中山以绝对权力,使得国民党逐渐趋向专制、独断,留下无穷后患。

---

① 周元高等编:《李烈钧集》下册,第 574 页。
② 陈蕴茜:《崇拜与记忆——孙中山符号的建构与传播》,第 243 页。
③ 欧阳哲生编:《胡适文集》第 3 卷,第 428 页。
④ 欧阳哲生编:《胡适文集》第 3 卷,第 428 页。

第二，孙中山去世后，国民党内一时群龙无首，汪精卫、胡汉民、蒋介石三足鼎立，互成派系。派系之间权力争夺势成水火，但对孙中山"总理"的至尊地位，无人敢提异议。因此，随后无论是中山先生纪念也好，还是"总理纪念周"也罢，与其说是缅怀孙中山本人的丰功伟绩，还不如说是对其绝对权势的顶礼膜拜。三人都很清楚，继续保持对"总理"的尊崇，其实就是对其后继者的膜拜。因此，在中国国民党第二次全国代表会议上，有关"总理"一章不但一字未改予以保留，而且加以特殊说明。这种特别说明文字，翻阅各种政党党章，确实是绝无仅有。随后多次全国代表大会依然如故。1936年胡汉民去世，国民党内的三足鼎立平衡被打破，汪精卫难以抗衡，蒋介石权掌中枢，成为国民党的核心。1938年中国国民党全国临时代表大会，会议通过《中国国民党总章》修订案，同意设立"总裁"一章，规定设总裁一人，副总裁一人，由全国代表大会选举产生；总裁代行第四章所规定总理之职权。[1] 据媒体报道，这次大会"确立全党领袖制度，由大会修改党章，选举蒋中正为总裁，汪兆铭为副总裁，俾革命的集团有一稳固的重心；总裁代行党章所规定总理之职权，常务委员会开会时，由总裁主席"[2]。这样，党章所赋予总理的职权转移到总裁身上，总裁替代总理，成为权力的化身。不久，汪精卫投敌叛国，副总裁一职自然消失，蒋介石利用总裁一职取得绝对权力，成为中国国民党无人能够制约的最高领袖。自此，纪念总理，无形中等于学习总裁；崇拜总理，等于崇拜总裁。某种意义上来说，蒋介石巧妙地利用了人们对孙中山的崇拜，达到了自己专权独裁的目的。

总的来看，尊称孙中山为先生或中山先生，得到了党内外的一致认可，没有产生任何争议；尊称孙中山为总理，仅仅得到国民党内的一致认可，却没有得到中国共产党、中间势力及其他人士的认同；尊称孙中山为国父，也同样只得到国民党内的一致认可，并没有得到全社会的认同。国民党赋予孙中山"总理"、"国父"尊称，表面上看似乎是效仿近代民族国家称呼其开创者为"国父"，实质上却相当程度地保留了昔日帝王与传统会党的痕迹。毕竟，谁为中国国父，中国国父是谁，以传说中的黄帝的声威，也始终没有得到这一尊号，何况孙中山以"革命尚未成功"的巨大遗憾，很难毫无争议地享有"国父"之尊。可以这样说，孙中山

①　荣孟源等主编：《中国国民党历次代表大会及中央全会资料》（下），第484页。
②　荣孟源等主编：《中国国民党历次代表大会及中央全会资料》（下），第514页。

作为现代民主政体的开创者当之无愧,但孙中山被尊为国父,似乎难孚众望。孙中山的"总理"、"国父"尊称与称号,与其说是国父,还不如说是国民党"党父"似乎名副其实。不论是"党父"也好,"国父"也罢,都是中国传统"家国同构"的产物,带有十分明显的家长制痕迹,并不符合近代民主进步的时代潮流。孙中山"总理"、"国父"尊称严重制约与禁锢了国民党的活力与创造性,导致其走向凝固、僵化与衰落。

(作者为中国人民大学历史学院教授、博士生导师)

辛亥革命时期革命派与改良派关于孟德斯鸠三权分立学说的争论

——以《民报》与《新民丛报》的争论为中心

周福振

辛亥革命时期，各种西方学说大量地传入中国。不同的中国人都在进行着不同的思考和选择，并从其中挑选出自己认为适合于中国的理论，以图振兴中华。历史有时候总爱捉弄人：开始时，改良派不仅把孟德斯鸠的三权分立学说介绍给国人，而且还对不同意实行此学说的理论展开批驳，结果到后来却认为此学说不适合于中国。反而，革命党人又拿起了孟德斯鸠的三权分立学说，与改良派进行激烈辩论。两派的论争其实是由于两者在孟德斯鸠的三权分立学说上的认识和理解的不同所导致的。

一般来说，理论具有一定的超前性和相对独立性，当这种理论在被人们所接受时，其实它已经经过了这个人的思想过滤。这个人会从中挑选乃至改造自己认为是正确的东西，看上去这个理论还是这个理论，实际上这个理论在实践中已经有所变化，甚者出现完全与原作者根本相反的观点。当改良派认为孟德斯鸠的三权分立学说适合于中国时，是因为他们从中挑选了适合于中国的因素；当他们认为此学说不适合于中国时，主要在于他们根据中国的情况挑选了此学说中不适合于中国的要素。革命党人在宣传孟德斯鸠的三权分立学说时，亦是对孟氏学说进行了相应的改造。我们不能简单地从理论上说谁对谁错，只有当他们用于指导实践活动时才会看出这种理论的效能如何。不管怎样，这场争论从不同方面反映了孟德斯鸠的三权分立学说在中国的适应或不适应的情况。

一、改良派从认为只有三权分立才能创设
中国的自由政治到认为其不适于中国

　　权力具有扩张性,直到它受到限制为止,而权力的扩张必然伴随着腐败的加剧。中西各国在其历史的发展过程中,都想对权力进行制约,从而使权力更好地为人民服务,然而中西双方的发展路径具有很大的不同。西方限制权力的方式主要在于分权,中国限制权力的方式主要在于同其职而相互掣肘。这两种路径的发展导致了西方更能有效地制约权力,而中国则使制约权力往往成为相互扯皮,使公权往往成为私权。

　　从中国历史的发展来看,中国在不同朝代都出现过许多限制君权的方法,萧公权认为主要方法有三:(1)宗教意义上的限制,它脱胎于上古的天命学说,如董仲舒所说的"天人相与";(2)国家的成法和祖宗的家法;(3)制度上的限制,如丞相之制。① 这些方法虽然能在一定的范围和程度内使皇帝不能完全恣意妄为,但不足以动摇其专制统治的根本,布衣卿相也不能消除帝王的暴政,使国民趋向于自由。中国人敬鬼神而远之,天命说多失去效力;国家的成法与祖宗的家法常常大不过皇帝的权力意志,使中国有完备的法律条文却没能建立起法治国家;丞相之制与皇权之制较量的结果是明太祖朱元璋废除了丞相之制。

　　从根本上说,中国人虽然有限制权力的思想却没有形成有效限制权力的制约机制,特别网络化制度制约,致使中国历史上每个朝代都经历了由盛到衰的过程,正所谓"其兴也悖焉,其亡也忽焉",而这种认识在春秋时期左丘明所著的《左传》中就有深刻的体现。可惜,其后的王朝仍然免不了这样的结局。

　　没能有效地限制住权力的滥用是中国人二千多年来政治上不成熟的表现。孟德斯鸠的三权分立学说为中国人制约君主权力、实现公民自由提供了一种新的模式。因而,它很快就引起梁启超等《新民丛报》学人的密切关注。

　　一种新思想的产生必然是对前人思想否定之否定的结果,既有前人思想的连续性,又有前人思想的否定性或创新性。孟德斯鸠的三权分立学说起源于古希腊时期亚里士多德的思想。亚里士多德认为一国政治枢机有三:(1)有关城

---

① 萧公权:《宪政与民主》,北京:清华大学出版社,2006 年,第72—79 页。

邦一般公务的议事机能;(2)行政机能;(3)审判(司法)机能。① 这是历史上最初的三权分立的雏形。然而,由于古希腊民主危机日益严重,三权分立并没有取得实际效果,古希腊免不了灭亡的命运。梁启超在介绍亚里士多德的这种学说时,将其三权简化为:(1)讨论国事之权;(2)官吏之资格及职权;(3)司法权限。梁启超还指出古希腊的国事权中的制定法律、监督会计、审定死刑、放逐没收等大狱,都应属于司法范围,希腊人却以众议决之。② 实际上,亚里士多德的三种机能说与我们现代所说的立法、行政、司法不是完全相对的概念。

虽然亚里士多德的学说并没有具体而详细地区分三权,但为后人提出制约权力、完善政府机能、实现公民自由的理论提供了依据和来源。孟德斯鸠又通过考察英国的政治,认为英国政制的直接目的就是自由,从而系统地将权力分为三种,即立法权力、有关国际法事项的行政权力(行政权)、有关民政法规事项的行政权力(司法权)。③ 孟德斯鸠的三权分立学说的一个出发点是限制权力,这也是当时中国人政治体制改革的一个目标,因此对中国人具有很强的吸引力。

梁启超就专门在《新民丛报》第4、5号上发表了《法理学大家孟德斯鸠之学说》,对孟德斯鸠的学说表示了赞扬,认为世界上号称文明国家枢机之组织"或小有异同,然皆不离三权范围之意,政术进步而内乱几乎息",造成此福者正是孟德斯鸠。④ 这可以说是梁启超等改良派对孟德斯鸠的三权分立学说的高度肯定。

然而,孟德斯鸠的三权分立学说不仅仅是为了制约权力,更重要的是为人类争取公民自由提供了重要依据。孟德斯鸠提出三权分立的原则是想建立一个公民不害怕另一个公民的社会,从而保障公民的自由权。但是,梁启超等人主要是抓住了其制约权力的方面,很大程度上忽略了争取公民自由的方面。公民自由毕竟与中国文化中所强调的国家利益、集体主义相差甚远。这使孟德斯鸠的三权分立学说在中国的实践中发生了一定的变形。

一种理论的产生有其既定的土壤,把它放在不同的土壤里面必然会发生某些暂时或长期不适应的情况。孟德斯鸠的三权分立学说主要来自对英国政治的

---

① [古希腊]亚里士多德:《政治学》,吴寿彭译,北京:商务印书馆,1981年,第215页。
② 中国之新民:《亚里士多德之政治学说》,《新民丛报》第21号,第12页。
③ [法]孟德斯鸠:《论法的精神》上册,张雁深译,北京:商务印书馆,1959年,第184、185页。
④ 中国之新民:《法理学大家孟德斯鸠之学说》,《新民丛报》第4号,第13页。

认识和理解,其他国家的政治与英国相差甚远,因而他国在社会发展过程中实践此学说时必然有某些不足,这也是可以理解的,但是一些学者,如德国学者拿邦特所著的《德国国法学》,对孟德斯鸠的学说进行了激烈批判,甚至要否定这种学说。日本人美浓部达吉看到了这种情况,在对孟德斯鸠学说批判性认识的基础上为三权分立学说作了辩解。《新民丛报》学人黄与之在了解到美浓部达吉关于孟德斯鸠的学说后把它也介绍到中国,以便给中国人限制权力提供借鉴。

任何理论都是对某一问题或某些问题的认识,不可能解决现实中所有的问题。孟德斯鸠的学说亦是如此。黄与之介绍美浓部达吉思想的文章《近世宪法之权力分立主义》分析了反对孟德斯鸠三权分立学说的三种理由。

反对者认为权力分立是一种"虚伪之空说",理由主要有三:一是孟德斯鸠划分行政权的事务太窄;二是三种机关与三种机能的分离,只能是一种理想,不能存在于实际;三是三权分立把国家分裂成了三种人格。① 如果我们从德国的现实出发,就可以理解德国学者对三权分立学说的批驳是为德国的实践服务的。当时的德国正面临统一,迫切需要加强中央集权,在这种情况下如果再讲分权,那么德国的统一就会遥遥无期。德国宰相俾斯麦所说的"只有铁和血才能解决问题"之语是这种理论的深刻注解。

孟德斯鸠的三权分立学说在德国学者那里受到挑战,并不等于说它不适合于现代国家。黄与之介绍美浓部达吉对德国等一些学者的批判正是为了说明这个问题。反驳反对者的第一条理由是立宪国根据各自的不同国情将孟德斯鸠的行政权扩大,孟德斯鸠认为君主只能执行行政权,而现在在各国中也可与议会共同行使立法权;所有法规也不必全都经过议会的议决,君主也可在法律允许范围内有制定法规的权力,至于其范围则各国有不同的广度;另外,议会也不是如孟德斯鸠认为的只有立法权,它也可参与行政权。这实际上是说在实施孟德斯鸠的三权分立学说时,各国可以将孟德斯鸠讲的三权范围根据各自国情加以灵活运用。你既可以说与孟德斯鸠的三权分立学说的不同,也可以说它是对孟德斯鸠的三权分立学说的演化。

黄与之的文章批驳反对者的第二条理由是,孟德斯鸠认为三权有对等的地位,而实际上法律为国家最高之意思,行政权和司法权皆不可违背法律,立法权

---

① 与之:《近世宪法之权力分立主义》,《新民丛报》第89号,第60—61页。

和行政权也不是划然分离,到现在严重分离的情况已经不复存在了:政府大臣可以为议员,也可出席议会,有发言之权;君主可以解散议会;议会也可以议决大臣的责任,等等。这些理由同样是各国根据各国的实际情况对孟德斯鸠的三权分立学说的灵活运用。

最后,此文反驳了反对者的第三条理由,指出权力分立主义的反对者主要是权力集一主义,而权力集一主义以自然法学说为基础,认为国权只属于唯一的统治者,权力分立主义则非以唯一之机关总揽国权,是把国权分属于二个以上的机关,各种机关互有独立性,一起为国家行使作用,如果能够不互相冲突,就足以保持意思之统一。① 这就是说,三权分立并不是简单地把国权一分为三,而是有统一的意思在内。这第三条理由与后来梁启超和汪兆铭辩论三权分立学说是否适合于中国的理论有一致性,但是两者所拿的并不是德国学者拿邦特和美浓部达吉的理论辩论,而是经过日本人穗积八束氏改造的理论。

要想将一种理论运用到实践中,必须考察这种理论的不同方面。梁启超、黄与之等《新民丛报》学人介绍孟德斯鸠的三权分立学说及后人对其学说的批驳和反批驳的思想,明确地显示出他们倾向于实施这种学说。他们的介绍是为了在中国实施这种学说时更好地避免这些弊病。虽然权力分立主义遭到很多学者的驳难,但是西方立宪制度之精神唯依于权力分立主义这一点是不容任何人怀疑或非难的。很多《新民丛报》学人也都认识到了这一点,但是当他们把这种理论应用到中国进行实践时在侧重点上并不一致。这是一种理论指导实践时所产生的必然结果,因为每个人对理论与现实的认识是不同的。

一种理论放在那里,自己不会发扬光大,必须由他人在实践中进行扬弃。在实践这种理论的过程中,每个人都会有自己不同的看法。孟德斯鸠的三权分立学说为《新民丛报》学人限制权力提供了重要的理论依据,但是当他们用于指导中国实践时,认识却发生了不同的看法,从而提出了不同的具体实施方案。

黄与之认同孟德斯鸠的权力分立主张,但他认为中国当时不能立刻实行三权分立,中国最急之事应在于司法与行政的分离,而立法机关之独立尚可从缓,因为中国行政的强势使司法独立性严重受损。为此,黄与之还提出了解决的办

---

① 与之:《近世宪法之权力分立主义》,《新民丛报》第89号,第57—68页。

法,认为中国必须要编纂法典和养成裁判人才。① 这是黄与之强调了司法独立的首要性。

梁启超则认为国家的意志就是国家的立法,西方列强优于中国的本原在于立法,所以中国人必须争立法权为第一要义,即"法治主义为今日救时唯一之主义"。② 为此,梁启超提出关于中国立法之事的四件要素:其一是批判中国人有治人无治法的思想,认为荀子"尊人治"误尽天下苍生,使中国数千年为无法之国,民为无法之民;其二是批判中国变法无成效的原因在于中国人不知西方各国政制之美的本原在于立法;其三是中国权力防弊之法不如孟德斯鸠的三权分立学说完善,因为孟氏学说实得立政之本原;其四是立法权应属于多数国民。③

后来被称为"中华民国宪法之父"的张君劢与梁启超的认识有一致性,也认为中国人应争立法权为第一级,然后再确定立法权与行政权的区别。他认为只要中国人争取立法权,以议会数百人之力,足以干涉国家施政,因而指出争立法权是中国人独一无二之法门。④ 显而易见,梁启超和张君劢都是强调立法的首要性。

孟德斯鸠的三权分立学说,从表面上看三权有对等的权力,实际上在现实生活中任何国家都难以做到三权对等。三权在实践中也是相互博弈的过程。从三权来看,立法权是最重要的,立法权越大越能维护人民的自由。《新民丛报》上发表的《洛克之主权论》一文明确提出立法权是"至尊权"。⑤ 梁启超、张君劢主张先争立法权,试图把中国建设成一个法治国家。这说明了当时中国人已经认识到中国要建立一个法治国家的重要性。然而,当他们在具体运用三权分立学说到中国实践的过程中,又发现中国人本身的性质中有不适合于三权分立学说的一面,从而掀起了改良派与革命派关于孟德斯鸠的三权分立学说是否适合于中国的激烈争论。不管这场争论如何,梁启超等人所说的中国人要限制权力、建立法治国家的思想是任何人都不能否定的。

---

① 与之:《近世宪法之权力分立主义》,《新民丛报》第 89 号,第 68 页。
② 饮冰:《中国法理学发达史论》,《新民丛报》第 77 号,第 16 页。
③ 中国之新民:《论立法权》,《新民丛报》第 2 号,第 43—52 页。
④ 立斋:《论今后民党之进行》,《新民丛报》第 95 号,第 5,8 页。
⑤ 《洛克之主权论》,《新民丛报》第 42、43 号,第 12 页。

二、革命派与改良派关于孟德斯鸠的
三权分立学说是否适合于中国的争论

《新民丛报》学人曾广泛宣传孟德斯鸠的三权分立学说,批判中国的君主专制,并把三权分立学说运用到中国实践,明确提出要建立法治国家的宏伟蓝图。这些思想都给中国人以很大的震动。然而,梁启超等人逐渐怀疑中国人实践三权分立的能力,从而开始否定三权分立学说。

梁启超在《开明专制论》中指出,孟德斯鸠的三权分立学说,或用诸甲国而大效,用诸乙国而不效,同一国用诸甲时代而大效,用诸乙时代而不效,因为国家本有此物而自然之发达,或至其期,或未至其期,如人身内部,本有可以自由行动之性质,而未成年者以自由行动之故或反生患害。① 梁启超的这段话说明了三个意思:一是孟德斯鸠的学说适合于一定的国家,不能对世界各国全都有效;二是孟德斯鸠的学说适合于一个国家中的某个时代,不是任何时代都有效;三是一个理论要适合于一个国家,必须是其国有适用其理论的性质,否则反而致害。梁启超的意思是想说明孟德斯鸠的三权分立学说不适合于当时的中国。可以说,至此,梁启超在孟德斯鸠的三权分立学说问题上发生了一百八十度的大转折。

随着对孟德斯鸠的三权分立学说认识的深化,梁启超越来越觉得它不适合于当时的中国。梁启超在《申论种族革命与政治革命之得失》中明确指出:"孟德斯鸠之三权分立说亦万不能实现。"这是梁启超开章明义与革命党人关于三权分立学说的宣战。

革命党人对孟德斯鸠的三权分立学说的论述并没有超出《新民丛报》前期梁启超、黄与之、张君劢等人的认识和理解,只是当梁启超认为此学说不适合于当时的中国时,革命党人便抓住其不足对其进行批判。在两派辩论中,改良派的旗手是梁启超,革命派的旗手是汪兆铭,其他还有陈天华、朱执信、胡汉民、汪东等人。

在两派辩论中,梁启超的《申论种族革命与政治革命之得失》和汪兆铭的《再驳〈新民丛报〉之政治革命论》是两派辩论关于孟德斯鸠的三权分立学说的

---

① 饮冰:《开明专制论》,《新民丛报》第74号,第8页。

最重要的文章,两派的理论基本上都体现在这两篇文章中。两派主要从各自所认为的三权分立学说的不同方面来进行辩论。

其一,关于三权分立是将国家权力一分为三还是三者合一的最高主权的争论。

梁启超受到日本穗积八束氏的影响,逐渐修正了自己以前关于三权分立学说适合于当时中国的理论,认为一个国家必有最高主权,而且唯一而不可分,既然分为三权,最高主权就会在国民自身,也就是说国民总意即为最高主权,如果总意不能得则最高主权也难得;若在不惯民政而在党派分歧、阶级分歧、省界分歧种种方面利害互相冲突之国,以此最高主权为投地之骨,群犬狺狺竞之,而三机关废置如弈棋,无一日自安,国民无复判断是非利害之能力,野心家就会利用而播弄之,略施小伎俩,即可以刺激其感情,而举国若狂,因而所谓多数者时时皆有朝不保暮之心,人人皆怀五日京兆之想,则不能为国利民福之能务。一言蔽之,梁启超认为在没有民主、自由习惯的国家三权分立会将国家主权分为三,将不能利国家利人民,而中国人没有实施三权分立的这种习惯,因而不能行三权分立之学说。

汪兆铭则看到了问题的另外一个方面。他认为梁启超误解了日本穗积氏的国权理论。他指出,穗积氏认为权力分立非谓国权之分割,只是分运用国权之人:国家为无形之人格,非有自然意思,因而配合自然人之自然意思构成国家之法律意思,立法、司法、行政固国家唯一之法律意思(国权),如其成立必于其后有一人或数人之自然人之自然意思存在,于是三权分立的精神非三分国家之法律意思之本体,而是对于其分子为其内之发动机之自然意思,因此权力分立只是机关之分立,国权之主体在于国家。

汪兆铭与梁启超关于国权分立的思想针锋相对,实际上黄与之介绍的《近世宪法之权力分立主义》一文在批驳德国学者关于三权分立的学说的理由时已经说明了这个问题。从中看出,德国学者的第三理由与梁启超有一致性,而批驳德国学者第三个理由的理由与汪兆铭有一致性。从另一侧面来看,梁启超与汪兆铭所争论的并不是在一个层面上。梁启超强调中国人的国民素质不高,如果行使三权分立则很容易形成国权之分立,而汪兆铭则主要从理论上强调机关之分立并不是国权之分立,而缺乏对中国国民性的分析。

其二,关于中国人能否自由地行使三权分立的国民政治的争论。

在梁启超看来,三权分立之政治,即最高主权,在于国民政治,绝非久困专制骤获自由之民所能运用无弊。梁启超并举法国大革命中法国屡次由民政变为君政的例子来加以说明。因而,梁启超认为革命党人说革命后之中央政府可无须集权而一切政治皆悉听人民自由而无干涉,是"望新大陆之梅以消我渴"。

汪兆铭则认为梁启超又陷入了国家客体论,认为主权在于君主或国民,其间又有二小别,一是以君主为国家而人民为客体,二是以人民为国家而君主为客体,但是梁启超前面主张国家主体论,把主权归于国家非在君主也非在国民,于是汪兆铭认为梁启超同时主张三种学说,是自相挑战,令人骇然。汪兆铭并用带有调侃之意味说梁启超劳苦,自己只好作壁上观,等他明定一尊时再驳斥之。在这里,梁启超还是强调中国人的国民性问题,而汪兆铭则抓住国权论不放。

其三,关于君主立宪和共和立宪是否都必须要采用孟德斯鸠的三权分立学说的争论。

梁启超认为共和立宪的统治形式必须采用孟德斯鸠的三权分立学说,否则只能是一机关之专制。梁启超此语并没有错,但是忽略了另一个问题,那就是君主立宪制也必须采取三权分立。朱执信认为,立宪之特质在于"机关组织之完全而不任独夫之自由意思以运转政治权,即有监督机关也,而其为监督机关又以独立而有实力为要素"。① 汪兆铭更是指出,三权分立学说是"摧破专制政体而为立宪制度之不可缺乏之精神"。② 汪兆铭毫不客气地指出,如果孟氏的学说不能实现则立宪制度也不能实现。于是,汪兆铭说梁启超之语"绳之理论固大误,求之于法理尤愈非",而梁启超的理由非常浅薄,"全篇可谓无一语能抵其隙",甚至他还用中国古人子贡之语说"多见其不知量乎"。③

孟德斯鸠的三权分立学说影响了美国独立战争和法国大革命。孟德斯鸠认为共和只能在领土不大的国家中才能建立,但美国人第一次用实践证明了一个大国也可建立共和国,从而实现分权制衡。这对中国革命党人的影响非常大。革命党人不仅拿起了孟德斯鸠的三权分立学说批判中国的专制,认为它可在中国得以实现,而且还在实践中将其中国化来运用之。当时,中国同盟会的组织机构为执行、评议、司法三部,就是根据三权分立学说创立的。后来,他们又把三权

---

① 县解:《驳法律新闻之论清廷立宪》,《民报》第3号,第3—4页。
② 精卫:《再驳〈新民丛报〉之政治革命论》,《民报》第7号,第2页。
③ 精卫:《再驳〈新民丛报〉之政治革命论》,《民报》第7号,第1—8页。

分立学说与中国文化相结合,发展到了五权宪法。

梁启超的理论固然有可击之处,但是梁启超运用这种理论而分析的中国国民性则颇为有理。思想可以借鉴,而实践思想的能力则中国人非一时能灵活贯通。按理,中国二千多年造成的专制,恐怕得两千多年来消解。正如梁启超所说:"苟不审吾之历史若何? 习惯若何? 而曰是物者现时各国行之而最优者也,吾攫而取之,夫如是,则吾亦可以自厕于优胜之林,岂知一切事物,固有在彼为优,而在我反为劣者耶? 乃知不健全之理想,非徒无益,而又害之,吾愿我政论家平心静气以一听前贤之遗训也。①"梁启超的这段话可以说是意味深长。汪兆铭则重点指出了梁启超的理论不足之处,有利于革命主义的宣传,但他并没有指明中国人的国民性程度是否能正确地运用三权分立的问题,这是汪兆铭的高明之处。

总的来看,梁启超等改良派内部关于孟德斯鸠的三权分立学说的演变,以及与革命党人的论战,从不同方面展现了三权分立学说在中国实施时的可能情况。从两派的辩论来看,两派在三权分立是否适合于中国的问题上针锋相对,这是辛亥革命时期中国人思想解放运动的一个重要组成部分。两派辩论的结果是谁也没有说服谁,还是各按自己的理解来进行实践。两派较量的结果是革命党人建立了中华民国,胜者有更多的机会实施其理论,因而孟德斯鸠的三权分立学说才发展到革命党的五权宪法,这是革命党在政治上给两派辩论下了一个结论。但是,中国国民党(革命党后来演变而成)在中国大陆实践五权宪法时,却是失败的,因为国民党只实践成功了权力分立的形式,却没有实现五种分立权力合一的最高主权,从而损害了国家的一统局面。这也从反面验证了改良派等人的担心。

实际上,世人关于三权分立学说的争论仍在继续。很多人也陷入了这个争论的框架中不能自拔。如果我们跳出这个争论怪圈,不争论它适不适于中国,而是把它作为制约权力、实现公民自由的一种理论来看待未尝不可,因为制约权力不是一时可以完成的,只要权力存在,就必须制约权力。

(作者为中共江西省委党校副教授)

---

① 《饮冰室自由书·记斯宾塞论日本宪法语》,《新民丛报》第 42、43 号,第 176、177 页。

《解放》与延安时期马克思主义中国化

张卫波

在延安时期马克思主义中国化的过程中,中共党报党刊发挥了十分重要的媒介作用,是中国共产党宣传其政治主张的"喉舌"。由于延安时期党报党刊的创办者和参与者很多来自于国统区,深受新启蒙运动影响,因此,当他们致力于马克思主义的译介和传播时,比较多地关注到了"中国化"、"大众化"等问题。这不仅为"马克思主义中国化"历史命题的提出提供了良好的文化氛围,而且直接推动了"中国化的马克思主义"的传播。本文以《解放》为例,着重探讨延安时期党报党刊对马克思中国化的推动作用。

一、《解放》对"中国化"问题的回应

《解放》是延安时期中共中央主办的政治理论机关刊物,也是"人民大众之刊物",曾在思想文化战线上发挥了"有力喉舌的作用"。[①] 它创刊于1937年4月24日,终刊于1941年8月31日,共出版了134期。其间,《解放》特别强调理论学习的重要性,指出:"'没有革命的理论,就没有革命的实际',狭隘经验论断送了多少懵懂的青年! 半桶水的'理论'妨碍了多少实际的工作! 自骄自满的夸大狂遏止了多少人们的进步! 在伟大的民族解放战争之前、每个青年应该由理论上武装自己!"[②]为此,《解放》刊登了大量马克思、恩格斯、列宁、斯大林的论

---

① 《站在中华民族解放事业的前进岗位上——纪念解放报出版一百期》,《解放》第100期,1940年2月29日。
② 《解放》第1卷创刊号,1937年4月24日。

述和著作,讨论"科学共产主义的基本原理"。① 这在当时思想文化界产生了很大反响,有效扩大了马列著作的传播范围,使更多读者有可能更加全面而深入地了解马克思主义。

为了帮助人们理解马克思主义,《解放》曾刊登了不少文章,对如何认识和应用马克思主义进行阐释。如艾思奇的《怎样研究辩证法唯物论》一文,就极力倡导活学活用马克思主义辩证法和唯物论,指出:"辩证法不是使事物千篇一律的印版模型,不是固定的公式,而是我们研究活的事实时的线索和引导。"他强调,学习和研究理论的关键,在于用所学理论解决实际问题,认为:"辩证法唯物论的研究,不是在它的哲学本身上完成,而是在它引导我们解决了事实问题之后,在具体的结论中间,才可以看出我们对于它是否有正确的了解和把握。"②

在传播马克思主义的同时,《解放》还刊登了大量文章,探讨马克思主义中国化。如毛泽东的《论新阶段》《新民主主义论》,张闻天的《抗战以来中华民族的新文化运动与今后任务》,刘少奇的《论共产党员的修养》等著作都是首先在这里发表,然后才逐渐传播开来。特别值得一提的是,1937 年 11 月 13 日,从贤在《解放》第 1 卷第 23 期发表《现阶段的文化运动》,对"中国化"问题较早做出回应,揭开了延安文化界讨论"中国化"问题的序幕。

在《现阶段的文化运动》文章中,作者从贤认为文化的"中国化"、"大众化"是抗战以来文化运动发展的必然趋势和迫切需要,指出:"现在要加紧文化的大众化运动,就是要使这运动真正成为中国广大民族的文化运动,要使我们的文化运动充分中国化!"在他看来,之所以要呼吁中国化、大众化,主要是因为"过去的新文化运动,外国气味实在太重了,这是它不能成为大众文化的一个原因"。他认为,优良的外国文化是可以接受和学习的,"马克思主义和辩证法唯物论都可以说是在外国文化中接受过来的"。但是,学习和借鉴外国文化,"不是生吞活剥的简单接受一个死东西,而是要把他种在自己土地上,使他适合中国的气候和营养条件。接受外国文化,是为要给中国本身新文化运动的推进得到一个好帮手"。鉴于抗战时期的中国,还缺少"真正建立在中国民众生活上的文化产

① 《站在中华民族解放事业的前进岗位上——纪念解放报出版一百期》,《解放》第 100 期,1940 年 2 月 29 日。

② 艾思奇:《怎样研究辩证法唯物论》,《解放》第 82 期,1939 年 8 月 30 日。

品"，还缺少好的文艺、具体化的理论、民族化的哲学。因此，为了改变这种状况，切实建立起中国"真正民族的文化"，进而动员民众参加抗日。他建议文化运动要进一步大众化，指出："为着要动员广大的民众起来参加抗日战争，大众化的文化运动是迫切地需要更推进一步了。"分析以往文化运动"大众化"失败的原因，他认为，一方面是因为文化运动"没有能够和大众的政治经济，以至于文化生活密切地结合着"，另一方面则是因为"文化人本身就和大众的生活隔得很远"，所谓大众化运动实际上是"'闭门造车'的大众化运动"。为了弥补文化运动疏远民众的缺陷，他希望抗战爆发后，文化人能充分利用迁往内地和接近广大民众的机会，继续努力推进文化运动中国化、大众化进程，"使自己能够尽量给大众以文化教育"。

从文章的内容来看，作者从贤所谈的"中国化"，其实是与"大众化"互为表里、相得益彰的，这与抗战全面爆发前夕的新启蒙运动有着一脉相承之处。对此，从贤也承认"中国化"、"大众化"是新启蒙运动的继续和发展，指出："抗战以前所提出来的新启蒙运动，也应该向着这样的方向展开，因为新启蒙运动的目标是要唤醒中国民众的民族自觉。要唤起民众的自觉，首先就必须要认识民众的生活。"① 可以看得出，《现阶段的文化运动》比较早地关注"中国化"、"大众化"，并非无源之水。这与 20 世纪 30 年代中期兴起的新启蒙运动有着千丝万缕的联系。

继刊登《现阶段的文化运动》之后，1937 年 11 月 20 日，《解放》第 24 期又发表了李初黎的《十年来新文化运动的检讨》一文，进一步探讨马列主义"中国化"、"通俗化"、"大众化"等问题，认为近些年"马列主义的具体化是进步了。通俗化的工作也有了相当的成绩"。但是，"马列主义的具体化与通俗化，仍然不够。许多刊物与小册子的内容，粗制滥造，停留在大同小异的情况中"。为此，李初黎呼吁文化界努力"提高文化水准，使马列主义更具体化、中国化，同时更广泛地深入进行通俗化、大众化的工作"。②

作为抗战初期延安文化界主张的集体反映，1938 年 5 月 22 日，《解放》第 39 期刊登了陕甘宁边区文化界救亡协会的《我们关于目前文化运动的意见》，宣称："我们是真正的中国文化和东方文化的传统的继承者。我们不但要'开来'

---

① 从贤：《现阶段的文化运动》，《解放》第 23 期，1937 年 11 月 13 日。
② 李初黎：《十年来新文化运动的检讨》，《解放》第 24 期，1937 年 11 月 20 日。

而且是要'继往'的。"在谈及文化的形式和内容时,《意见》认为新文化的中国化和大众化互为表里,缺一不可,指出:"从我们过去一切文化运动的经验已经证明了出来,忽视文化上旧的民族形式,则新文化的教育是很难深入广大的民众的。因此,新文化的民族化(中国化)和大众化,二者实是不可分开的。忽视民族化而空谈大众化,这是抽象的,非现实的。"关于文化运动的方向,《意见》强调,文化运动的中国化和大众化,不仅在内容上同复古主义和专制主义有着本质区别,而且在形式上也是排斥这些思想的,指出:"理解自己民族的历史,注意自己民族的特点,但是同时必须排斥复古、武断、独断、迷信和盲从。一个民族的文化在这种束缚下是难望有突飞猛进的发展的。一个民族的文化,想得到突飞猛进的发展,就需要自由的思想与思想的自由。"①至此,实现新文化的中国化、大众化,已经不是延安文化界个别人的意见,而是得到了广泛认可。这为"马克思主义中国化"概念的提出提供了一种良好文化氛围。

二、《解放》与"马克思主义中国化"的理论准备

抗战初期,《解放》周刊不仅较早地对"中国化"问题进行探讨,而且还比较多地对文化的民族形式进行了讨论。这为马克思主义中国化的提出提供了必要的理论准备。

首先,重视发扬民族精神,号召"保卫祖国"。如凯丰在《抗战中的宣传工作》一文中就强调抗战宣传要以发扬民族精神为中心,指出:"发扬民族精神应当包括民族觉醒,民族信心和民族团结的内容。"在他看来,抗战期间,宣传工作目的,就是要达到:"唤起全国民众,发扬民族觉醒,提高民族信心,使全国人民均能抱'不共戴天'的民族仇恨去对待日寇侵略者,用誓为祖国流最后一滴血的民族热情去保卫自己的国家。"②这期间,还有不少作者运用马克思主义理论论述了国际主义和民族主义的一致性,呼吁广大民众投身抗日战争,积极保卫祖国。如博古在《国际主义和革命的民族主义》一文中,就要求革命者在重视国际主义的同时,更要投身争取民族生存和解放的斗争,指出:"在殖民地半殖民地

---

① 陕甘宁边区文化界救亡协会:《我们关于目前文化运动的意见》,《解放》第 39 期,1938 年 5 月 22 日。
② 凯丰:《抗战中的宣传工作》,《解放》第 42 期,1938 年 6 月 20 日。

的被压迫民族里,革命的国际主义者必然应该同时是最坚决的革命的民族主义者。反对异族的压迫,保卫祖国的生存,争取民族的解放,是社会主义者的民族的任务,亦即它的国际的任务。"①陈昌浩在《论民族革命战争》一文中则运用列宁的民族革命战争理论阐述了抗日战争的性质和特点,呼吁全民族投身抗战,指出:"中国民族处在这样亡国灭种的关头,只有用全民族的抗战,长期的抗战,以最后战胜日寇,驱逐日寇出中国,才能够去实现独立自由幸福的新中国。"②张如心在《论"保卫祖国"的口号》一文中,更是饱含激情地呼吁全面起来保卫祖国,说:"祖国是我们的父亲,是我们的母亲,每一个爱国同胞,大中华民族的儿女,应该把我们的鲜血洒在保卫祖国的战场上! 为保卫祖国而流最后一滴血!"③可以看得出,当时延安理论界是十分重视民族精神的发掘和弘扬的。在他们的意识中,保卫祖国是与国际主义并行不悖的。

其次,主张加强民族优秀历史文化传统的研究。面临日益紧迫的民族危机,不少人认为中华民族"正处在亡国灭种的生死关头,只有深刻地研究我们的历史,唤起全民族的爱国精神,团结一致,结成牢不可破的、钢铁一般的民族统一战线,来推翻帝国主义的压迫最迫切的是粉碎日本帝国主义的进攻,我们的民族革命和社会主义革命才能得到胜利"④。回顾五四之后新文化运动发展,一些人认为,这期间新文化发展的一个明显缺陷就是忽视了民族传统的研究,指出:"如果要检讨十年中新兴文化运动的缺点,可说是有些文化工作者对于文化的民族传统还注意得不够。"为此,他们呼吁重视民族历史文化传统的研究和改造,指出:"我们要创造中华民族崭新的文化,就要能善于了解中国各方面的历史,就要能善于研究和综合过去我们民族历史所创造过的文化事物,并加以新的改造,加以新的发挥。"⑤

第三,呼吁传承优秀的传统美德,认为"真正无产阶级的道德和民族的道德完全能够一致"。考察中国共产党人为了民族独立而艰苦奋斗的历史,不少人认为,"在中国需要民族革命或者民主主义的时候,共产主义者是坚决地而且是

① 博古:《国际主义和革命的民族主义》,《解放》第36期,1938年5月1日。
② 陈昌浩:《论民族革命战争》,《解放》第41期,1938年6月8日。
③ 张如心:《论"保卫祖国"的口号》,《解放》第55期,1938年10月20日。
④ 吴玉章:《研究中国历史的意义》,《解放》第52期,1938年9月18日。
⑤ 陈伯达:《论文化运动中的民族传统》,《解放》第46期,1938年7月23日。

最彻底地为着民族道德和民主主义而斗争,并且在将来为实现共产主义而斗争的当中,同样是继承着和发扬着民族的道德"。针对一些人污蔑中国共产党中断中国传统道德的妄言,很多人强调,中国共产党人不仅没有中断民族道德,而且还是民族优秀道德的传承者和体现者,指出:"中国的共产主义者能够同时是革命的民族主义者,而且本来也就是中华民族的一部分优秀的子孙。共产主义者必须而且已经在继承着和发扬着中国民族的优秀的传统,不论是一般文化方面的或单单道德方面的。"①

第四,倡导文艺的通俗化和大众化。鉴于马克思主义中国化离不开大众化的推动,因此,为了实现马克思主义与中国革命实际的结合,《解放》一些文章还集中探讨了文艺的通俗化和大众化问题,认为只有继承传统精神,借鉴民间文艺形式,贯彻大众化路线,中国新文艺才能有更深入的发展和更广阔的前景。如周扬就认为,五四新文化运动后,"我们的作家大都习惯于欧化的知识分子的文字,一向以少数的所谓高级读者为满足,从没有把教育广大落后群众当作自己的责任,似乎也并不屑于和张恨水争夺读者,因此从没有认真地研究过中国文学旧有的东西,尤其是民间的东西"。这严重妨碍了大众化的进程,阻隔了文化人与大众的联系。要改变这一点,就必须"继续文艺大众化的路线,学习大众的活生生的言语,研究民间文艺的形式,摄取其中的长处和精华,把大众化的路线贯彻到底"。他认为,倘若文艺真正做到了大众化,那么"展开在中国新文学面前的将是一片无限辽阔的新天地"。②

值得注意的是,倡导"中国化"、"大众化",呼吁理论联系实际,要求重视中国的历史和文化,不仅只是个别人的意见,而且还反映了当时延安文化界的共识。这在《新哲学会缘起》一文中体现得尤为明显。1938 年 9 月 30 日,在《解放》周刊第 53 期上,艾思奇、何思敬、任白戈、张琴抚、陈伯达、张如心、吴理屏(即吴黎平)、高士其、周扬、刘芝明、柯柏年、王学文、杨松、焦敏之、成仿吾、王思华、徐懋庸、郭化若等 18 人,联名向社会公布了《新哲学会缘起》,强调"理论必须结合于实践",倡议中国的理论工作者"要用自己的研究去配合和帮助抗战建国的工作",指出:"战争的炮火,把现实大大的改变,使那在实践之外做纯理论

---

① 艾思奇:《共产主义者与道德》,《解放》第 51 期,1938 年 9 月 8 日。
② 周扬:《新的现实与文学上的新的任务》,《解放》第 41 期,1938 年 6 月 8 日。

游戏的学者们,也不能不看着现实;使那愿意把理论和实践联系起来的研究家们,得到更好的工作的机会;使那在实际战斗中的人们,也为着迫切的需要,而做了许多的理论工作。"不过,在他们看来,与抗战以来的丰富实践相比,理论研究还有很多不足之处,表面上全国的出版物像洪水一样的汹涌澎湃,但是其内容"却常是贫乏、堆砌和重复的积累",特别是"在哲学上、在理论上,我们更缺少较专门化的东西,这是抗战以来我们的理论工作中的一个很大的缺陷"。为了改变理论落后于实践的现状,他们号召全国的理论研究者团结起来,为抗战建国的任务,为着理论在中国的发展,"用集体的力量来尽自己的责任"。他们认为,只有在抗战建国这个共同的政治原则下,集合各种各样的哲学派别来做共同的研讨,集思广益,取长补短,这样才能使得文化界研究的成果"不但会成为最好的实践的指导理论,而且还成为中国一切优秀民族传统的发展和继承"。①

　　抗日战争爆发后,外界对中国共产党是否真心抗战一直心存疑虑,有的甚至诬称中共没有爱国心,是"国际党"。而《解放》周刊,以及同一时期根据地的其他很多报刊,相继刊登了一系列文章,讨论"中国化"、"民族化"、"大众化",呼吁"保卫祖国",强调民族历史文化的研究和传承,无疑逐渐打消了人们的疑虑,也使得之前的种种污蔑之词不攻自破。这都为中共六届六中全会正式提出"马克思主义中国化"命题奠定了重要的思想基础。

三、《解放》与"马克思主义中国化"的提出和传播

　　在有了一定的思想理论准备之后,1938 年 10 月 12 日至 14 日,毛泽东在中共六届六中全会做了《论新阶段——抗日民族战争和抗日民族统一战线的新阶段》的报告。11 月 25 日,《解放》第 57 期全文刊登了《论新阶段》报告。与其他历史文献相比,《论新阶段》报告提出的最鲜明特点在于首次正式提出了马克思主义中国化的历史命题。

　　在《论新阶段》报告中,毛泽东强调了马克思主义与中国革命实践结合的必要性和重要性,认为:"共产党员是国际主义的马克思主义者,但是马克思主义必须通过民族形式才能实现。没有抽象的马克思主义,只有具体的马克思主义。

---

① 《新哲学会缘起》,《解放》第 53 期,1938 年 9 月 30 日。

所谓具体的马克思主义，就是通过民族形式的马克思主义，就是把马克思主义应用到中国具体环境的具体斗争中去，而不是抽象地应用它。成为伟大中华民族之一部分，而与这个民族血肉相连的共产党员，离开中国的特点来谈马克思主义，只是抽象的空洞的马克思主义。"在此语境下，他明确提出了"马克思主义中国化"的历史命题，指出："马克思主义的中国化，使之在其每一表现中带着中国的特性，即是说，按照中国的特点去应用它，成为全党亟待了解并亟须解决的问题。"在毛泽东看来，要实现马克思主义中国化，就必须要坚决地反对教条主义，提倡中国作风和中国气派，即"洋八股必须废止，空洞抽象的调头必须少唱，教条主义必须休息，而代替之以新鲜活泼的，为中国老百姓所喜闻乐见的中国作风与中国气派"。

当然，仅仅提出"马克思主义中国化"命题，还不足以反映《论新阶段》报告的全部。该报告的另外一个明显特点就是，毛泽东对教条主义进行了十分犀利的批评，认为学习马克思、恩格斯、列宁、斯大林的理论，关键是应用，"不是把他们的理论当作教条看，而是当作行动的指南。不是学习马克思列宁主义的字母，而是学习他们观察问题与解决问题的立场与方法"。与此同时，他还向外界传递了一个重要信息，就是中国共产党是热爱自己的国家和民族的，即"对于我们，爱国主义与国际主义密切结合着，我们的口号是为保卫祖国反对侵略者而战"。他认为，中国共产党要想完成领导中国革命胜利的任务，就不仅要学习和研究马克思主义，而且也尊重和继承自己民族的历史文化传统，指出："一切有相当研究能力的共产党员，都要研究马克思、恩格斯、列宁、斯大林的理论，都要研究我们民族的历史，都要研究当前运动的情况与趋势。"为此，他号召全党学习和继承中国的历史遗产，使之成为中国革命精神动力，说："学习我们的历史遗产，用马克思主义的方法给以批判的总结，是我们学习的另一任务。我们这个大民族数千年的历史，有它的发展法则，有它的民族特点，有它的许多珍贵品。对于这个，我们还是小学生，今天的中国是历史的中国之一发展，我们是马克思主义的历史主义者，我们不应该割断历史。从孔夫子到孙中山，我们应该给以总结，我们要承继这一份珍贵的遗产。"①很明显，在此语境下，提出"马克思主义中

---

① 毛泽东：《论新阶段——抗日民族战争和抗日民族统一战线的新阶段》，《解放》第 57 期，1938 年 11 月 25 日。

国化"是有所指的。其目的不仅仅在于批驳教条主义,而且更重要的是要为中国共产党的思想文化建设指明一个正确的方向。

值得关注的是,毛泽东在《论新阶段》报告中,关于"马克思主义中国化"的论述不是孤立,而是在很大程度上得到了与会者的广泛认可。如同样在中共六届六中全会的报告中,张闻天进一步提出了"组织工作要中国化"的主张,指出:"我们要的是国际主义的内容,民族的形式,我们要使组织工作中国化,否则我们就不是中国的共产党员。将外国党的决定搬到中国来用,是一定要碰钉子的。所以不仅要懂得马克思主义的原则,而且要在民族环境中来实现这些原则。"[1]再如,王明虽然在发言时对"马列主义理论中国化问题"提出了一些补充意见,认为不能"庸俗化和牵强附会",不能"忽视国际经验的研究和运用",但是,即便如此仍然认为"马列主义理论民族化,即是将马列主义具体应用于中国,是完全对的。的确,只有使马列主义深度的中国化,成为中人民血肉之亲的东西,成为中国历史发展和社会进化的必然产物,成为继承中国文化的优秀传统(从孔子到孙中山),才能够真正家喻户晓和深入人心"[2]。

中共六届六中全会上,毛泽东提出"马克思主义中国化"的概念,其影响是十分深远的。这实际上为打破教条主义,以及构建具有鲜明中国特色的革命理论提供了一条有效可行的思想路径。为了使中共六届六中全会精神为广大党员迅速了解,1937 年 11 月 25 日《解放》周刊第 57 期,在刊登《论新阶段》的同时,还刊登了其他人的文章,成为"扩大的六中全会的专刊"。11 月 29 日,毛泽东曾专门写信给抗大负责人,要求"此次毕业生必须发给《解放》第 57 期,六中文件,并须加以讨论之后,才走为好。需要多少,速去徐冰处交涉领取,先取少数每队发二三本也好"[3]。

继《解放》全文刊登《论新阶段》之后,1938 年 12 月 7 日至 10 日,《新华日报》也连载了该报告。为了使得《论新阶段》的思想为更多的人所了解,1939 年 4 月,远在莫斯科的任弼时还指示中国共产党驻共产国际代表团的工作人员将

---

① 张闻天:《组织工作要中国化》,《张闻天文集》第 2 卷,北京:中共党史出版社,1993 年;第 453—454 页。

② 王明:《目前抗战形势与如何坚持持久战争取得最后胜利——一九三八年十月二十日在中共六中全会上的发言提纲》,中共中央书记处编:《六大以来——党内秘密文件》(上),北京:人民出版社,1981 年,第 997—998 页。

③ 张彦平编:《延安中央印刷厂编年纪事》,西安:陕西人民出版社,1988 年,第 38 页。

《论新阶段》翻译成俄文,刊登在当月出版的《共产国际》杂志上。[①] 与此同时,中国出版社、香港中心出版社、重庆《新华日报》馆、延安解放社也陆续出版发行了《论新阶段》单行本。如此以来,"马克思主义中国化"概念逐渐为外界所了解,并在理论界引起广泛共鸣,认为"学习列宁、斯大林的榜样,精通创造性的马列主义,把马列主义中国化,这是摆在中国马列主义者面前的一个主要任务"[②]。张如心还曾撰文强调,《论新阶段》关于"马克思主义的中国化"的论述"是对于创造性马克思主义的本质,最通俗而深刻的说明,同时,也就是他自己创造性马克思主义精神古典式的体现"[③]。

与此同时,大后方文化界也对《论新阶段》及其所提出的"马克思主义中国化"概念进行了积极回应。新启蒙运动重要成员之一的张申府对《论新阶段》关于"马克思主义中国化"的论述十分赞赏,认为"中国化岂不正是自觉与自信的一个表示","更可以象征出来中国最近思想见解上的一大进步"。在他看来,马克思主义中国化不仅是对的,而且应该值得"欢喜称赞",应该成为中国革命实践的理论指导,指出:"凡是在中国从事革命实践,而重视革命理论的中国化,都应奉这个为中国革命的一个最高准绳。"[④]

为了深入探讨马克思主义中国化,1939 年 4 月 1 日,《读书月报》第 1 卷第 3 期还一度开辟专栏,集中探讨"中国化"问题。所刊登的笔谈文章包括:潘菽的《学术中国化问题的发端》、柳湜的《论中国化》、逖的《谈"中国化"》等。这些文章对"中国化"提法普遍给予了肯定,并进行了澄清,指出:"所谓'中国化'不是'中学为体,西学为用'的中国化,也不是什么'本位'的中国化。'中国化'意义应该是:把现代的进步的学术思想文化,用最科学的方法论,根据中国的具体环境和条件来吸收和应用,换句话说,'中国化'不单是接受外国的学术思想文化,而且要发扬中国固有的优秀的学术思想文化,把它们溶合统一起来。"他们认为,"中国化"就是正确地利用别国的经验,而不是"机械地把别国现成的形式和方法由一种条件搬到别一种条件里去,由一个国家搬到别一个国家里去"[⑤]。这

① 中共中央文献研究室编:《任弼时年谱》,北京:中央文献出版社,2004 年,第 376 页。
② 实甫:《掌握创造性的马克思主义——为纪念列宁逝世十七周年而作》,《解放》第 123 期,1941 年 1 月 16 日。
③ 张如心:《在毛泽东同志的旗帜下前进》,《解放》第 127 期,1941 年 4 月 30 日。
④ 张申府:《论中国化》,《战时文化》1939 年第 2 卷第 2 期。
⑤ 逖:《谈"中国化"》,《读书月报》1939 年第 1 卷第 3 期。

些讨论使得大后方的知识分子对于马克思主义中国化的概念有了进一步了解，从而丰富了中国化的内涵，扩大了"中国化"思潮的影响。对此，《时论分析》杂志给予了比较高的评价，说："自毛泽东氏《论新阶段》一书出版以后，从今年四月起，开始有了'中国化'的呼声。在《读书月报》《战时文化》及《理论与现实》三种刊物上，先后有张申府、潘菽、柳湜、潘梓年诸人，为文论著。他们想使中国化成为中国文化史中现阶段的任务而造成一个划时代的文化运动，颇引起各方面之注意。"①

可以看得出，毛泽东在中共六届六中全会上提出"马克思主义的中国化"命题并得到广泛响应，不是偶然的，而是反映了马克思主义在中国传播的客观趋势，体现了中国革命的客观需要，在当时具有广泛的代表性。正因为如此，所以，中共六届六中全会成了中国共产党思想发展史的一个重要转折点，标志着中国共产党开始自觉地按照中国的特点去应用马克思主义。

四、《解放》与马克思主义中国化的深化

除了全文刊登《论新阶段》，《解放》还刊登了毛泽东的其他一些文章，共计29篇。其中，《新民主主义论》的影响最大。《新民主主义论》是1940年1月9日，毛泽东在陕甘宁边区文化协会第一次代表大会上的发言。它是毛泽东对中国革命长期思考的结果，经过反复推敲后才最终定稿。用毛泽东的话来说就是："《新民主主义论》初稿写到一半时，中国近百年历史前八十年是一阶段，后二十年是一阶段的看法，才逐渐明确起来，因此重新写起，经过反复修改才定了稿。"②1月20日《新中华报》第5版曾以《毛泽东同志讲演——新民主主义的政治与新民主主义的文化》为题，对报告内容进行了约2000字的报道和摘要，认为"这篇讲话深深的领会在每一个人的心底"③。发言稿经过毛泽东修改后，2月15日，《中国文化》在其创刊号上以《新民主主义的政治和新民主主义的文化》为题

---

① 《学术中国化问题之检讨》，《时论分析》1939年第14期。
② 中共中央文献研究室编：《毛泽东年谱（1893—1949）》中卷，北京：人民出版社、中央文献出版社，1993年，第157页。
③ 《毛泽东同志讲演——新民主主义的政治与新民主主义的文化》，《新中华报》1940年1月20日，第5版。

全文刊登了报告内容,题目由毛泽东题写,全文约 27000 字,共 23 个版面。经过 240 多处修改后①,2 月 20 日,《解放》第 98、99 期全文转载,并正式将题目改为《新民主主义论》。之后,《解放》还根据时局发展摘录了《新民主主义论》的部分内容进行刊登。对于《新民主主义论》,《解放》给予了很高评价,指出:"这是毛泽东同志最近的一部著作。在这里,他根据马、恩、列、斯的学说,天才地阐明了殖民地半殖民地的新类型资产阶级性民主革命的历史条件;指明了中国革命在世界革命中的伟大作用和意义;详明地指明了中国新民主主义革命的光明灿烂的远景——新民主主义的政治、新民主主义的经济和新民主主义的文化的新中国,粉碎了资产阶级、顽固派以及一切左倾空谈家的邪说,具体的指出了中国人民奋斗的方向!因此,这本书,不但把马列主义殖民地、半殖民地解放运动和国家政权问题的学说更具体化了,而且,对于中国革命的实际斗争,有极伟大的意义!"②

的确,《新民主主义论》把马克思主义民族解放理论和国家政权学说"更具体化了",是延安时期马克思主义中国化的代表性成果,反映了以毛泽东为代表的共产党人对中国革命性质及前途的科学认知和判断。与《论新阶段》对"马克思主义的中国化"的阐述相比,《新民主主义论》更强调马克思主义与中国革命实践相结合的重要性和必要性,认为:"形式主义地吸收外国东西,这在中国过去是吃过大亏的。中国共产主义者对于马克思主义在中国的应用也是这样,必须将马克思主义的普遍真理和中国革命的具体实践完全地恰当地统一起来,就是说,取得民族形式,才有用处,决不能主观地公式地应用它。主观的公式的马克思主义者,只是对于马克思主义和中国革命开玩笑,在中国革命队伍中是没有他们的位置的。中国文化应有自己的形式,这就是民族形式。民族的形式,新民主主义的内容——这就是我们今天的新文化。"③这实际上揭示了民主革命时期"马克思主义中国化"本质内涵,即马克思主义中国化不是抽象的,而是具体的,其实现过程就是马克思主义基本原理与中国革命实践相结合的过程,其表现形式是民族的形式,其内容是新民主主义。这极大地丰富和发展了马克思主义,为

---

① 方敏:《毛泽东对〈新民主主义论〉的修改》,《中共党史研究》2006 年第 6 期;王建国:《关于〈新民主主义论〉几个问题的辨析》,《党的文献》2009 年第 4 期。

② 《毛泽东著〈新民主主义论〉》,《解放》第 106、107 期合订本,1940 年 5 月 15 日。

③ 毛泽东:《新民主主义论》,《解放》第 98、99 期,1940 年 2 月 20 日。

中国民主革命的胜利指明了方向。

　　不仅刊登毛泽东的文章，《解放》还刊登了张闻天(洛甫)的文章有 25 篇，朱德的文章 12 篇，周恩来的文章 11 篇。其中，1940 年 4 月 10 日，《解放》第 103 期首次刊登张闻天的《抗战以来中华民族的新文化运动与今后任务》影响比较大，与《新民主主义论》共同奠定了新民主主义文化体系的基础。文中，张闻天认为"为抗战建国服务，以民族的、民主的、科学的与大众的因素作为自己内容的中华民族新文化的性质，基本上是民主主义的。"同时，张闻天在文章中还特别阐明了"中国化"的本质及意义，指出："外国文化的'中国化'，不是什么'中国本位文化'，而是使外国文化中一切优良的成果，服从于中华民族抗战建国的需要，服从于建设中华民族新文化的需要。这即是以世界最先进的科学理论与科学方法来研究中国的实际，帮助解决中国的各种实际问题。这不但能够将中华民族的新文化提到更高的阶段，而且也将使它给世界文化以极大的贡献。"①

　　另外，《解放》第 81、82、83、84 期连载刘少奇的《论共产党员的修养——7 月 8 日在马列学院讲演》一文在当时也颇受关注，推动了马克思主义中国化进程。文章中，刘少奇十分强调实践的作用，认为"我们共产党员的修养，是革命的修养。因此，不能脱离了革命的实践，不能脱离广大群众的特别是无产阶级群众的实际革命运动，来进行修养"。在谈到对马列主义的态度时，他对教条主义进行了严厉批评，认为教条主义者"不能学习到马克思列宁主义的本质，只是学习到马列主义肤浅的皮毛。他们虽然读了马列主义的书籍，记取马克思、恩格斯、列宁、斯大林许多原理和结论，然而，他们不能把这些结论和原理活用到活生生的具体实际问题上去。他们以背诵个别的原理和结论而自满，机械的摘用这些原理和结论。他们虽然也在马克思主义的旗帜下活动，并以'真正'马克思主义者自任，然而他们决不是真正的马克思主义者"。他把教条主义者称作"党内的投机分子，共产主义事业中的商人和蟊贼"。在批评教条主义的基础上，刘少奇要求以谦虚的态度学习马克思主义的本质和精神，坚持马列主义的立场，掌握马列主义的方法，身体力行，"活泼地去指导一切的革命斗争，改造现实，同时改造他们自己"②。

---

① 《解放》第 103 期，1940 年 4 月 10 日。
② 刘少奇:《论共产党员的修养——7 月 8 日在马列学院讲演》,《解放》第 81 期，1939 年 8 月 20 日。

　　《解放》周刊所刊登的这些文章,表明了延安文化界主动将马克思主义运用于实践的集体自觉。这对于打破教条主义的束缚至关重要,促使理论界和文艺界更加关注中国的历史传统和革命实际。在这种氛围下,强调"马克思主义中国化",呼吁将马克思主义与中国革命实际结合起来,实际上演变成了延安知识分子的一种共识,蔚为成潮。这为中国化马克思主义的传播创造了有利条件。

　　总之,《解放》作为延安时期党报党刊的重要代表,在马克思主义过程中发挥了重要的先导作用。它不仅比较早地对"中国化"问题进行了回应和探讨,而且率先传播了"马克思主义中国化"概念,使得外界对于中国共产党的政治及思想文化主张有了及时、全面的了解,增强了其凝聚力和吸引力。以上对《解放》与马克思主义中国化的关系进行梳理,无疑有利于我们更加清晰地认识延安时期中国共产党的思想文化发展脉络。

　　　　　　　　　　　　　　（作者为中共中央党校党史部教授、博士生导师）

论近代来华传教士的中国风俗观

王海鹏

第二次鸦片战争后,传教士开始深入中国内地传教,而中西风俗的巨大差异引起了无数次的民教冲突,严重阻碍了基督教的传播,于是传教士加强了对中国社会风俗的考察与研究。经过几十年的探讨,传教士对中国社会风俗的认识日渐全面、深入,形成了比较系统的中国风俗观。同时,一部分传教士把中国的社会风俗问题与基督教的传统宣教理论相结合,构建起严密的传教理论体系,从而使其中国风俗观进一步走向系统化理论化。他们最终的目的是企图从社会风俗的角度向中国人灌输"只有基督教才能救中国"的思想观念,以为基督教的传播制造理论依据。

一、传教士考察中国风俗的思想渊源

近代来华传教士在大多数时候把"教化"一词作为"文明"的同义语。"风俗为文明教化之标志",这是传教士研究、考察中国社会风俗问题的切入点,也是其中国风俗观的重要思想渊源。

首先,传教士普遍认同"风俗源于教化"的观点。他们认为,无论是欧洲还是世界其他地方,风俗的好坏都是教化所结之果。林乐知曾明确地提出:"夫国有兴立,在于教化,教化者,风俗之源也。"[1]李提摩太也曾说:"盖英美两国政治风俗,都是从基督教来。"[2]基督教"且能使国缘其意而变其法,民缘其意而改其

---

① ［美］林乐知译,任廷旭述:《论希腊罗马古时风俗》,《万国公报》1902 年 3 月,第 158 册。
② ［英］李提摩太:《醒华博议》,《万国公报》1898 年 12 月,第 119 册。

俗也"①。同时传教士还宣称,基督教在改良社会风俗方面有独特而奇妙的功效,只要基督教一到,各种庸俗鄙陋会被一扫而空,整个国家立刻变为"化行俗美"。李提摩太在《救世教益》一书中,举了许多事例,以基督教在世界各地对当地风俗的影响来宣传基督教的教化之功。他说:"五洲之大,风俗不同。……救世教一至其地,即将此等残忍之俗,尽力救之。"②

传教士一方面一味地宣称,受基督教化的国家风俗如何美善,并一再宣扬基督教在改良社会风俗方面之功效如何之大,另一方面在提到中国社会风俗时,传教士却一致认为,中国风俗多庸俗鄙陋,不堪与西方相提并论,而中国风俗之所以如此败坏,皆在于教道之不善。英国传教士慕维廉曾说,中国自受孔子儒教教化以来,"人心日渐变坏,万民悉陷于异端邪俗之中"③,而"德儒花君之安,论中国之史书,谓中国所传败坏之恶俗,皆植根于经史之中"④。他们显然是企图告诉人们:那些满地庸俗鄙陋的国家在根本上是因为未受基督教化的缘故,由此从风俗的角度为基督教在中国的传播制造了依据。

其次,传教士不仅认为"风俗源于教化",教化制约风俗,风俗的良莠取决于教化的优劣,而且他们认为,风俗可以作为评判教化优劣的标准。早在咸丰十年(1860),美国传教士应思理在《圣教鉴略》一书中指出:,"教的正邪,可从风俗察之。"⑤最明确、最具体提出和表达"风俗为文明教化之标志"这一观点,并进行了深刻论述的是美国传教士林乐知。林乐知最关注的是中国的妇女风俗,因此他从妇女风俗的角度论述这一观点。他宣称:"女人为教化之本,观一国之女俗,即可验一国之教化矣。"⑥在他编辑的《全地五大洲女俗通考》一书中,这一观点成为贯穿始终的主要论调。

总之,传教士是带着鲜明的先入之见来界定"风俗"与"教化"之间关系的。他们认为,基督教是世界上最神圣的"教道",凡是基督教传行的地方,无不文明昌隆,风俗美善,而基督教没有传到的地方,则是社会一片黑暗,鄙风陋俗充斥满

---

① [英]李提摩太、铸铁庵主同译:《论救世之意》,《万国公报》1898年4月,第111册。
② [英]李提摩太:《救世教益》,上海:广学会,1912年,第25页。
③ [英]慕维廉:《天道源流》,《万国公报》1898年9月,第116册。
④ [美]林乐知著,任廷旭述:《全地五大洲女俗通考》第10集(上),上海:广学会,1903年,第21页。
⑤ 见吕实强:《中国官绅反教的原因(一八六零——一八七四)》,台北:中研院近代史研究所,1985年,第50页。
⑥ [美]林乐知著,任廷旭述:《全地五大洲女俗通考》第6集(上),第29页。

地。这种先入之见严重制约着他们对中西文化和中西风俗的评价。再者,尽管基督教对西方风俗的形成、演变起了重要的制约作用,但是西方风俗也是经过了漫长岁月衍生演变的结果,然而大多数传教士在实际的舆论宣传中走向了极端,大大缩减、简化了这一进程,宣称只要基督教一到,社会风俗立刻会除旧布新,尽美尽善。

二、传教士中国风俗观的主要来源与依据

传教士来到中国后,为了促进传教事业的发展,对中国社会风俗的方方面面都进行了深入了解和探究。但是自19世纪下半期以来,有不少传教士的目光主要集中在中国的败风陋俗、庸俗鄙陋方面,而对中国的优良传统和良风美俗却避而不谈,视而不见,因此各种社会陋俗成为传教士刻意关注的焦点,同时也成为来华传教士中国风俗观的重要依据和最主要的来源。传教士之所以刻意关注庸俗鄙陋,一方面是由于受基督教义的影响,另一方面是由于传教士"西方文明优越论"的先入之见造成的。

世界上大多数宗教都以"劝人为善"、"改过迁恶"相标榜,基督教也不例外。古罗马帝国时期的奥古斯丁是基督教神学思想的集大成者,他认为:上帝是善的,上帝所创造的一切也都是善的,没有一个人生来就是恶的;那些恶人,只是由于浸染了恶习的缘故,所以基督教的传统教义认为,"为善"是人们的本分之事,而基督教"改过迁恶",正体现上帝的万能权能,才具有真正的拯救意义。

鸦片战争后,传教士们强烈要求清政府开放"教禁"。此时,传教士没有直接向清朝统治者大力宣传基督教的深奥教义,而是很聪明地抓住了"劝人为善"这一点,认为这是基督教与中国人所认可的其它宗教的相通之处,也是中国人有可能认可和信仰基督教的起点。传教士是想告诉人们,基督教与中国人信奉的其它宗教一样,是"劝人为善"的宗教,而不是邪教。以后来华的传教士的解释更加明确、具体,李佳白说:"自来西国所传之教……虽与中国各等教门,不无稍异之处,而究其实,则同一劝善之意也,与国家毫无所损,断不能有出乎劝善行善之外"[①]。李提摩太也说:"教之法虽不同,而劝人为善之事则同,但所行之善有

---

① 〔美〕李佳白:《民教相安议》,《万国公报》1896 年 8 月,第 91 册。

多寡大小之分。"①

　　在近代之初,大部分中国人仍然不可能真正理解基督教的深奥教义,但是传教士关于基督教"劝人为善"的宣传的确对一部分中国人产生了不小的吸引力。甚至成为基督教得以在中国缓慢发展的基础所在,因此传教士在整个近代一直没有停止这方面的宣传。林乐知曾说,西方国家"其所奉之教,以爱为本,上爱上主,下爱世人,诸恶莫作,众善奉行"②。李提摩太也称,"西教来华,专以劝人为善为宗"③。基督教的主旨在于"救人之贫,教人之愚,化人之恶"④。至于哪些属于"恶",传教士不仅举出了基督教会严格禁止的种种不良行为,而且也进行了比较详尽的论述。至于哪些行为属于"善",传教士没有一一罗列,但是传教士认为最大的善事就是皈依上帝,信奉基督教。

　　"耶稣曰:康强者不需医,负病者需之。又曰:我来非招义人,乃招罪人悔改耳。"⑤正因为如此,传教士认为,改良、纠正各种社会弊端是上帝的意旨,完全符合基督教义的要求,这是近代来华传教士紧盯中国社会陋俗的重要原因。一部分对中国社会风俗有深刻见解的传教士认识到,瞄准并直接改变中国固有的陋习,不仅会体现基督教的价值和对社会的作用,而且还会消解中国民众对基督教的厌恶情绪,从而树立基督教良好的形象,吸引民众入教。

　　传教士之所以如此关注中国的社会陋俗,除了基督教教义方面的原因,再就是因为,从明末清初到鸦片战争前后,再到19世纪末20世纪初,传教士的中国观发生了巨大的变化。

　　在明末清初之前,中国被西方看作一个神秘的国度,几乎所有的西方人都对中国充满了崇敬和向往。来华耶稣会士向西方介绍中国的著作就是在这样的情绪中完成的。受早期来华耶稣会士著作的影响,鸦片战争后初来中国的传教士依然对中国文化抱有朦胧的崇拜和向往,而随着传教士对中国社会了解的加深,他们原先对于中国的敬佩也逐渐减退以至荡然不存。18世纪中期工业革命以来西方社会的巨大变化,东西方的巨大差距,使得传教士再也无法把现实中的中国与耶稣会士著作中的中国统一起来。同时,原先在耶稣会士中早已普遍存在、一直掩饰在对中华文明的谦逊态度下面的"先入之见"——他们认为基督教之光没有照到的地方是世界上黑暗的地方,基督教之光没有照到的民族是"处在黑暗中的民族"——急剧地膨胀起来。总之,鸦片战争后,传教士带着不可动摇的成见来到中国,他们认为基督教是唯一的"救世之道",而中国人是一个生活在黑暗中的种族,只能是靠上帝来拯救;他们自认为西方文明远远超过中国,从而对中国文明和世界上其他非基督教控制地区的文明持蔑视态度。

传教士带着鲜明的"西方文明优越论"来到中国,深深影响到传教士观察中国社会的视野和眼光。有些传教士一到中国来,立即专注起中国社会道德、风俗鄙陋等问题,他们不仅泛泛地指责中国人的道德堕落与败坏,而且在中国社会中遍地寻找各种鄙风陋俗来宣扬和印证自己的观点,在中国社会中不同程度存在的各种不良风俗,如吸食鸦片、缠足、溺婴、嫖娼、赌博等等,都被他们挖掘出来,成为他们手中的"把柄"。这些内容随之进入传教士的笔记、书信,并通过各种渠道传回西方,似乎进一步"证实"了原有的结论。然而,像赌博、嫖娼等社会丑恶现象,在西方社会中同样存在,甚至有过于中国,但是传教士在大肆攻击、批评中国时,却有意避而不谈西方的情况。总之,传教士坚持"欧洲中心论"和"西方文明优越论",以蔑视的眼光观察非基督教的东方国家,得出了与明清耶稣会士大相径庭的结论。

三、传教士中国风俗观的基本结论

传教士来到与西方风俗有较大差异的中国后,自然会把本国的风俗与中国的风俗加以比对,因此他们在认识中国社会风俗的过程中,对那些与西方风俗差别较大的中国社会风俗的记录和描述占了相当大的比重。通过对中西、古今社会风俗的对比和分析,传教士的基本态度是:西方风俗"今胜于古",中国风俗"古胜于今",当今风俗"西方胜于中方"。传教士对中国社会中存在的各种败风陋俗的刻意关注更为这种态度的形成提供了依据。而且他们认为,中西之所以出现这种差别,根本原因在于西方以基督教为"教化之道"。

花之安在《自西徂东》一书中,赞美中国古代风俗的文字有多处,但同时他认为当时中国的风俗日渐败坏。对于中国风俗日渐败坏的原因,花之安没有直接归咎于中国的教化或者儒教,而是非常委婉地指出,如果中国能推广基督教,"效法教会","故能革其往日浇风而归醇厚,化其前时悍俗而尚敦庞"①。林乐知在《全地五大洲女俗通考》中,对东西、古今风俗分别作了详细地描述。林乐知自己承认,西方古代社会也存在许多庸俗鄙陋。不过需要注意的是,在林乐知的话语中,"古时"一词指的是基督教产生之前,而且在描述完西方古代风俗的败坏后,他的笔锋总是陡然一转,紧接着指出:"自基督教兴,而欧洲之人心,为之一变,化愚鲁而就光明,得释放而去束缚。"②从而得出的结论是:"此可见教道于当时,已明著其转移风俗,变易人心之大效矣。"③实际上,传教士谈及西方的情况时通过"贬古"而"褒今",而在谈及中国的情况时,通过"褒古"而"贬今",都是一种策略,其着眼点在"今"而不在"古",其目的主要想大力宣扬基督教"救正风俗"的效能。可见,大多数传教士不仅对中国近代社会风俗持批评态度,而且存在着全面否定的倾向。传教士自身的宗教情感、随之而来的"先入之见"以及他们对中国社会陋俗的关注都深刻影响到了他们对中国风俗的定位。

传教士刻意关注中国的社会陋俗方面,片面地从陋俗方面来定位中国风俗的地位,自然得出"中国风俗不如西方"——进而得出"中国教化低下"的结论。同时,尽管传教士把中国风俗、教化攻击得体无完肤,但又极力解释中国教化还没有堕落到无法挽救的地步,而基督教正是来拯救中国的,因此对于中国之教化所处的地位,大多数传教士的定性是"半教化"、"半开化"之等级。1905 年 5 月《万国公报》刊载了《论教化》一文,其中将世界各地人民分为四等,分别为"最初之未化人"、"半教化人,即略有教化之人"、"有教化人"、"文明教化人",中国被列在"半教化人"之列。

对中国教化之地位的这种评定,其实从早期来华传教士就开始了。由于受"西方文明优越论"的制约和自身对中国的蔑视态度,自鸦片战争后来华的传教士对中国的总体评价很低。卫三畏曾明确指出,"中国应被视为'中间王国',因为'中国人在文明和野蛮之间占据中间的位置'"④。美部会的特雷西在一篇文

① [德]花之安:《自西徂东》,上海:上海书店出版社,2002 年,第 4 页。
② [美]林乐知撰,任保罗述:《庸众闻道释放长上说》,《万国公报》1902 年 6 月,第 161 册。
③ [美]林乐知著,任廷旭述:《全地五大洲女俗通考》第 5 集(下),第 38 页。
④ [英]罗伯茨编著:《十九世纪西方人眼中的中国》,蒋重跃、刘林海译,北京:时事出版社,1999 年,第 189 页。

章中公开宣称,中国处于"半文明、半开化的状态"。①李提摩太对中国教化地位的认识与其他传教士没有根本的差别,略有不同的是他一再强调,中国是"最开化的非基督教国家"②。总之,传教士由关注中国的社会陋俗开始,先是走向了对中国风俗的全面否定,最终得出了"中国文明教化不如西方"的结论。实际上,传教士不仅有意夸大了中国社会陋俗的严重程度,而且肆意贬低了中国文明教化的水平。

四、传教士中国风俗观的最终归宿

近代来华传教士关注中国社会风俗,大肆宣称"基督教可以救正风俗之弊",根本目的在于显示上帝的权能和基督教的功效,然而大部分传教士只是借风俗问题加以发挥,而不是停留在"基督教可以救正风俗之弊"这一层面。大部分传教士坚定地认为:基督教有无限效能,可以拯救整个国家,乃至整个世界。"只有基督教才能救中国",这是来华传教士中国风俗观的最终归宿。

自鸦片战争以后,中国民族危机日益严重,国家政局激烈动荡,社会风俗不断堕落。在这种局势下,许多仁人志士为了挽救民族危亡,争取民族的独立和国家繁荣、富强进行了不懈的探索,而这样的大背景则被传教士视为推销基督教的绝好机会,他们大造舆论,极力宣扬教道、教化与国家盛衰的密切关联,向中国人灌输"基督教为立国之本"、"富强之由"的思想观念。19世纪90年代以后,"以基督教救中国"成为许多传教士的口头禅。

在基督教义中,耶稣基督被尊称为"救世主"、"救主",故而在近代传教士的著述中,基督教多被称为"救世教",或者"救世之道"。李提摩太曾说:"耶稣教之意,在于救世,无论远近大小,各国皆然。"③因此,他在其著作《救世教益》中,自始至终称基督教为"救世教"。李提摩太宣称,只有"救世教",即基督教"能普救全世,有无穷之爱"④。林乐知则用"救世之真道"来称呼基督教,并说"上帝

---

① Chinese Repository, vol.4, p.573.

② [英]李提摩太:《亲历晚清四十五年——李提摩太在华回忆录》,李宪堂、侯林莉译,天津:天津人民出版社,2005年,第176页。

③ [英]李提摩太:《仇耶稣即仇中国论》,《万国公报》1906年12月,第215册。

④ [英]李提摩太:《救世教益》,《万国公报》1891年1月,第24册。

所传之真道,为天下万国所当共信者"①。"欧美各国之所以教化大行者,无一不由基督真道而兴。"②

李提摩太为了争取上层士大夫的支持,曾专程拜访李鸿章。在会谈中,李鸿章向李提摩太提出了这样一个问题:"基督教到底能给一个国家带来什么好处?"③此后不久李提摩太立即写了《从史实看基督教的益处》一书。出版时,这本书的中文名定为《救世教益》。李提摩太的观点是:基督教有"救世"之能效,"对所有国家都有益处"④。他曾说:"政与教相辅而成,正教行于何国,何国则兴,正教之不行于何国,何国则衰。"⑤故而"凡遵基督教以修己、以整俗、以行政,其国无有不蒸蒸日上者,而背乎基督教之国,无有不衰弱而败亡者"⑥。林乐知同样着意强调教道与国家盛衰的关系,他说:"凡国之现象与其实力,皆发源于其国人所奉之教道也,故谓国之强弱,即按其教道之盛衰而殊。"⑦"一国之政治,其根本必出于教道矣。……国运之强弱,其原因必在于教道之盛衰矣。……教道足以造邦,足以佑民。"⑧针对 19 世纪下半期以来中国向西方学习的热潮,林乐知指责中国向西方学习不得要领,他说:"变中国之人心,非改教不可,救中国之危局,亦非改教不可矣。"⑨同时他极力表白基督教对社会文明进步、国家强盛的作用:"泰西近日文明教化之盛轨,其根基皆源于此。"⑩总之,大部分传教士认为,造成中西弱强不等、文化迥异的根源是"教道",即儒教文化与基督教文化的不同,中国文化之所以落后就是因为"不得善教而已矣"。⑪ 他们的结论是:中国要富强,必须以基督教代替儒教。

既然传教士认为"教道不善"是中国贫穷落后、社会风俗弊端丛生的根本原因,所以他们免不了对中国儒教进行批评,然而越来越多的传教士也觉察到,儒家思想在中国根深蒂固,公开、直接地宣传"以基督教代替儒教"难以为中国民

① [美]林乐知:《辨忠篇》,《万国公报》1895 年 9 月,第 80 册。
② [美]林乐知:《辨忠篇》,《万国公报》1895 年 9 月,第 80 册。
③ [英]李提摩太:《亲历晚清四十五年——李提摩太在华回忆录》,第 188 页。
④ [英]李提摩太:《亲历晚清四十五年——李提摩太在华回忆录》,第 230 页。
⑤ [英]李提摩太等:《陈管见以息教案疏》,《万国公报》1896 年 7 月,第 90 册。
⑥ [英]李提摩太:《醒华博议》,《万国公报》1898 年 12 月,第 119 册。
⑦ [美]林乐知著,任保罗、范祎述:《国运之盛衰在于教道》,《万国公报》1905 年 11 月,第 202 册。
⑧ [美]林乐知著,任保罗、范祎述:《国运之盛衰在于教道》,《万国公报》1905 年 11 月,第 202 册。
⑨ [美]林乐知著,东吴范祎述:《谣传之释言》,《万国公报》1904 年 5 月,第 184 册。
⑩ [美]林乐知译,吴江任保罗述:《总论亚洲篇》,《万国公报》1904 年 8 月,第 187 册。
⑪ [美]林乐知:《全地五大洲女俗通考》第 10 集(上),第 54 页。

众特别是士大夫们所接受的，因此有些传教士则采取了迂回的路线，尽量避免与儒教正面交锋，转而攻击中国文化的"侧翼"，如从批评中国社会风俗问题入手进行宣教。林乐知、李提摩太等人的做法就很讲究策略，他们经常罗列一些例证，来证明各国接受基督教后国势蒸蒸日上、教化日进千里，从而向中国人展示基督教的能效和魅力，而不是直接攻击儒教。

李提摩太以为中国早已远远落后于西方国家，他宣称，如果中国接受基督教，前途将不可限量："况中国素为文物大邦，而有多聪颖好善之士，倘得教中之益，必能欢欣鼓舞，此后亦必立中国救世教，将来推行久远，著有成效，必不在欧洲以下，得益更为广大。"①林乐知也认为中国落后的根源在于儒教，但是林乐知一向注重策略，在言语上比较缓和。他没有将中国的儒教贬得一无是处，而是给予了部分肯定，同时他又把基督教的地位大大提高，宣称"儒释道之教今世，大有不逮基督教之处，此当比较盛衰之实绩，非徒为口舌争胜计"②。他强调说，传教士来华的目的是为了"助儒释道以教华民"③，使国家"期进教化以文明"④。花之安在《自西徂东》一书中，首先具体分析了中国的诸多社会问题，然后在谈到解决问题的方法时，他都无一例外地特别强调：必须依靠基督教。他曾说："不即以上帝之道广为教化，无以化人心，即无以培国脉。"⑤他认为，如果中国能"事无大小悉遵耶稣之法戒"，"将见教化盛行，遍及中外"。⑥

由李提摩太等人的以上言论可以看出，许多传教士在"基督教救国论"的宣传上可谓煞费苦心，他们往往采用"先破后立"的方法，先是极力攻击中国的儒教在"教民化俗"方面的"无力"和"无用"，然后鼓吹以基督教来取而代之。在具体宣传手法上，他们多援引世界各国在崇奉基督教后发生重要变化的例证，向中国人展示基督教的魅力。这种方法比单纯抨击中国风俗鄙陋，直接指责、批评儒教要明智得多。

---

① ［英］李提摩太：《民教相安释疑篇》，《万国公报》1892 年 2 月，第 37 册。
② ［美］林乐知命意，蔡尔康遣词：《通商传教皆大有造于中国论》，《万国公报》1902 年 2 月，第 157 册。
③ ［美］林乐知命意，蔡尔康遣词：《通商传教皆大有造于中国论》，《万国公报》1902 年 2 月，第 157 册。
④ ［美］林乐知命意，蔡尔康遣词：《国家之兴衰由于教化之进止议》，《万国公报》1900 年 4 月，第135 册。
⑤ ［德］花之安：《自西徂东》，第 174 页。
⑥ ［德］花之安：《自西徂东》，第 25—26 页。

五、简短的结语

近代以来,中西文化与风俗的巨大差异严重阻碍着基督教在中国的传播。来华传教士为了吸引中国民众入教,从各个角度构建其传教理论体系。一部分对中国社会风俗有深刻理解的传教士在基督教传统宣教理念的基础上,把对中国社会风俗特别是陋俗的关注与在华传教策略的探讨有机结合起来,大力宣扬"只有基督教才能救中国"的思想观念,以为其传教活动制造理论依据,从而使来华传教士的中国风俗观日渐系统化理论化,并最终形成了完整的体系。尽管传教士固执地宣称基督教是中国唯一的和最迫切的需要,进一步激起了大多数中国知识分子的反感与厌恶,但是传教士的此类宣传在当时的历史条件下,的确使少数关注国家、民族命运的人对基督教产生过幻想,从而在吸引教徒方面发挥了一定的作用。此外,来华传教士在"欧洲文明优越论"的支配下,对中国社会风俗所作的评价和定位,对近代西方人中国观的形成和发展起了重要的影响,对"中国文明低下论"在西方的蔓延也起了推波助澜的作用。

(作者为鲁东大学历史文化学院副教授)

清末四川庙产兴学及
由此产生的僧俗纠纷

徐　跃

在清末改废科举、兴办学堂的教育改革进程中,朝廷制定了以地方之财办地方之事的方针,在各地推行"官绅通力合作"的办学模式,以官办学堂为"模范","倡率"绅民自办乡村公立小学堂。由于地方经费严重不足,清政府鼓励各地利用庙产、庙地,以及地方的迎神赛会等民间积累的公产,为学堂筹措资金。庙、会产业成为各地办理新教育的一项主要经费来源,通常称为"庙产兴学"①。这一活动的推行,涉及到地方社会、政治、经济、法律等诸多面相。

然而,"庙产兴学"活动在地方运作的具体情形,详为论述者不多,以一个地方作相对深入细致的个案分析者尤其少见。与此相类,既存有关清季四川"新教育"的研究②,也相对忽视州县及基层乡村的办学运作,而基层"庙产兴学"的活动更基本未曾进入研究者的视野。迄今为止,抽提庙产的经手人和庙产主人,即基层士绅和僧人,以及他们之间的互动竞争,在近代史研究中一直未见人们提及。造成上述现象的一个原因,可能是大量记录"庙产兴学"运作过程的地方档案和相关文献基本未被使用。四川一些地区保存了较为完整的清末地方学务档案,为我们对这一问题作区域性的具体考察和研究提供了可能。本文即以相关档案为基本材料,结合一些当时文献,初步探讨新政期间四川"庙产兴学"活动

---

① 按"庙产兴学"只是一个概称,所涉及的产业除佛道寺观所有者外,还包括了各团体祭祀的神庙、民间未列入官方典祀的祠庙、宗族族祠、会馆,以及迎神赛会等常年祭祀、礼仪活动的各种"会"和"社",本文所论述的庙产多指佛寺产业。

② 参见隗瀛涛主编《辛亥革命与四川社会》(成都:成都出版社,1991年)及王笛《清末新政与四川近代教育的兴起》(《四川大学学报》1985年第2期)。

的进程及由此产生的僧俗纠纷,希望可以增进我们对清末四川推行新教育和
"庙产兴学"进程的了解和认识。

一、引言

清末庙产兴学政策从戊戌维新时就开始,但真正得到贯彻主要是在庚子后
的新政期间,到 1905 年又曾颁发保护庙产的上谕,在一定程度上抑制了对庙产
的摄取风潮,但并未终止各地对寺庙产业的提拨,类似行为到民初仍在延续。①
而张之洞在《劝学篇》中针对以书院改学堂的物质困境,分别从屋宇和经费两方
面进行了具体论述:即州县一级使用善堂之地和赛会演戏之款,基层则利用宗族
祠堂;但最主要的还是取于佛道寺观,从屋宇到田产,大致以三七开的方式,学堂
占十之七,僧道留十之三。希望以这样的方式,达到"万学可一朝而起"的理想
境界。② 这一段具体论述,后来成为各地"庙产兴学"过程中的主要思想资源(但
实际取用比例则往往有较大更改)。③

又张之洞曾在同治、光绪之交任四川学政,故其办学思想在四川影响应更
大。张氏任学政时曾大力倡导川省"各处绅宦粮民"宜"集议公捐一款,置买学
田"④,或已推进了四川公产办学的举措,至少可能增大了公产在学务中的比例。
戊戌维新期间,光绪二十四年(1898)五月的上谕令各省"民间祠庙,其有不在祀

① 参见[日]牧田谛亮:《清末以後おける廟産興學と仏教教団》,《中国近世仏教史研究》,京都:平乐寺
书店,1957 年;[日]村田雄二郎:《孔教と淫祠——清末廟産興學思想側面》,《中国——社会文化》第
7 号,东京:东京大学出版会,1992 年;释东初:《"庙产兴学"说的产生背景及其发展和影响》,《中国
佛教近代史》,台北:东初出版社,1987 年;黄运喜:《清末民初庙产兴学运动对近代佛教的影响》,《国
际佛学研究》1991 年创刊号;林作嘉:《清末民初庙产兴学之研究》,硕士学位论文,台湾东海大学历
史学系,1999 年;[日]大平浩史:《南京国民政府成立期の"廟産興學運動"と仏教界——寺廟産・僧
侶の"有用"性をめぐつて》,《言语文化研究》第 13 卷第 4 号,京都:立命馆大学国际文化研究所,
2002 年;徐跃:《清末庙产兴学政策的缘起和演变》,《社会科学研究》2007 年第 4 期。
② 张之洞:《劝学篇・外篇第三》,上海:上海书店出版社,2002 年,第 40—41 页。
③ 如民国《荥经县志》称:"设学堂选端宏大,司农仰屋,审顾彷徨,适佛教已际末法中半之运,道家亦有
其鬼不神之忧,时议寺观财产,僧庙什之七,学堂取什之三。荥邑亦同流顺轨,于光绪三十一年开办
高小学校。"(贺泽修、张赵才纂:民国《荥经县志》卷5,"学校",民国四年刊本,第8页。)其中"佛教已
际末法中半之运,道家亦有其鬼不神之忧"一句是直接摘录《劝学篇》,不过其对庙产的提成比例将
《劝学篇》的建议进行对调,即学堂提三,而寺庙留七。而《叙永永宁厅县合志》更明言"遵照两湖张
总督之洞《劝学篇》中抽收庙租之例"(邓元鏸等修,万慎等纂:《续修叙永永宁厅县合志》卷10,"学
校・学堂",清光绪三十四年刻本,第7页)。
④ 张之洞:《辅轩语二・劝置学田第七》,苑书义主编:《张之洞全集》第 12 册,石家庄:河北人民出版社,
1998 年,第 9819 — 9822 页。

典者,即由地方官晓谕居民,一律改为学堂,以节靡费而隆教育"①。川省学政吴庆坻接谕后态度积极,即刻拟订《变通书院章程》,并通饬各府厅州县查照办理。吴氏在札文中说:

> 蜀中不乏可造之才,地方尽有可筹之款。如一州县中赛会、演剧诸浮费,应行禁止者,悉劝谕改归学堂正用。化无益为有益,其功最巨,其效至宏;不宜狃于习惯,纵任虚靡也。②

这一札饬发下后,各府、厅州县未及申复,朝局便发生了政变。但这一上谕和《变通书院章程》在后来"新政"期间对川省各地学务不无潜在的影响,尤其"化无益为有益"一语成为川省后来"庙产兴学"活动中地方官绅的常用语。

庚子后,戊戌维新期间的一些政策得到继续推行。光绪二十九年(1903),张之洞主导制定的《奏定学堂章程》颁布,重提关于"庙产兴学"的举措。四川总督对提拨庙产兴学的态度较为积极,鼓励各地富厚丛林、僧人捐资办学,并多次为捐资办学的僧人请奖,以昭激劝。如成都县昭觉寺僧人常明先后捐资几千两,川督奏请"给予'乐善好施'字样,准其各在本籍自行建坊,以资表彰激励"③。又如大足县高峰寺禅晖等捐资达两千多串,川督以"方外之人能热心学务,捐集巨资,殊为难得,应即赏给'宏愿可风'四字,以昭激励"④。到光绪三十一年(1905),四川总督为捐学上千串的僧人请奖不下十次。

《奏定初等小学堂章程》关于"庙产兴学"规定:"各省府、厅、州、县,如尚有义塾善举经费,皆可酌量改为初等小学堂经费。如有赛会、演戏等一切无益之费,积有公款者,皆可酌提充用。"⑤此后四川各州县办理新式学堂,都把庙产划入地方兴学可筹之费的行列。但《章程》对是否提取和怎样提取寺观之产办学,未作明确指定。在1905年之前,四川总督也并未就提取寺庙产业制定相应的文

---

① 朱寿朋编、张静庐等校点:《光绪朝东华录》第4册,北京:中华书局,1958年,第4126页。
② 吴庆坻:《通饬各府厅州县变通书院章程札》,陈谷嘉、邓洪波主编:《中国书院史资料》下册,杭州:浙江教育出版社,1998年,第2482—2484页。
③ 《总督部堂奏童葆生等捐款请奖片》(光绪三十年十二月),《四川学报》第4册,光绪三十一年三月,"奏议",第13页。按《四川学报》光绪三十一年创刊,第一年为不定期刊物,全年共出了22册。有的册数有出版月份,有的没有,本文尽可能明确其出版时间。
④ 《总督部堂批大足县详高峰寺僧捐助学费恳请给奖一案》(光绪三十一年十一月),《四川学报》第15册,光绪三十一年,"公牍",第59页。
⑤ 《奏定初等小学堂章程》,立学总章第一、第五节,《奏定学堂章程·初等小学堂章程》,朱有瓛主编:《中国近代学制史料》第2辑上册,上海:华东师范大学出版社,1987年,第175页。

件通饬全省。故四川各州县在提拨庙产的问题上基本是各州县官绅根据本地区社会经济宗教状况自行拟定兴学计划呈报,通常都得到上峰的支持。①

二、"庙产兴学"中对房舍和产业的处置

《奏定初等小学堂章程》明确指出:"初等小学堂现甫创办之始,可借公所寺观等处为之,但须增改修葺,少求合格,讲堂体操场尤宜注意。"②其实四川早有类似的传统,地方义学多设在寺庙之中③,有的祠堂族学也设在寺庙之中④。这一传统显然有利于朝廷章程的推行,可以说,清末四川地方学堂多是借"寺观等处为之",其中部分是义塾及私塾经过改制后,成为新式小学堂而其设置地点仍在原来的寺庙之中,新设的学堂为节省经费不少也选择寺庙为校舍。例如:光绪三十年(1904)南部县新设的蒙养小学堂有一半是设在寺庙里。⑤

除房舍外,清末四川的"庙产兴学"对产业的处置主要有两种方式,即"提租谷、款项"和"提产、提佃"。前一种方式是由寺庙的主持僧人与地方官绅具结,认缴庙租几成⑥,后一种方式则是把寺庙的田产和佃户直接划归学堂所有。

寺庙主持僧缴给办理学堂的学董或为租谷,或为售卖租谷的款项。如巴县一直都是以售租谷交款的方式提拨,由僧会在县城文昌宫设局办理。⑦ 荥经县、宜宾县、新繁县等则是采取寺观主持僧道具甘结认缴庙租的方式提拨庙产。⑧

① 见《叙永厅案呈提抽庙产兴学文》(光绪二十八年七月),宜宾市档案馆藏,叙永厅劝学所档案,清1/11;关于巴县情形,见四川省档案馆藏,巴县档案,清/1026;王文照修,曾庆奎、吴江纂:民国《重修什邡县志》卷6,"学校",民国十八年铅印本,第11页。
② 《奏定初等小学堂章程》,屋场图书器具章第五、第十一节,《奏定学堂章程·初等小学堂章程》,朱有瓛主编:《中国近代学制史料》第2辑上册,第188页。
③ 如清道光之后,巴县设立了不少义学,这些义学往往都设诸山寺院之中,该县的凌云寺义学、崇文寺义学、石鼓寺义学、昙华寺义学、青峰寺义学、新开寺义学等皆依寺设。(重庆市教育志编纂委员会办公室:《重庆教育志》[初稿]上,1999年,第77—78页。)
④ 民国《蒲江县志》载:举人解璜曾率众修明月寺,在寺中庭院里题有"儒释并兴",并"在寺设馆训教子孙后学。"(解璜:《重修明月寺记》,民国《蒲江县志》卷4。)
⑤ 见《光绪三十年南部县蒙养小学堂调查表》,南充市档案馆藏,南部县档案,清1/16/00915。
⑥ 在当时的档案文件中,巴县官绅与僧会协商提拨庙产的比例写作"程",而永川县、南部县、叙永厅的档案中则写作"层"或"赈",皆今日一般所谓提成之"成",以下非直接引文一律以"成"表述。
⑦ 四川省档案馆藏,巴县档案,清6/1026。
⑧ 民国《荥经县志》卷5,"学校",第8页;侯俊德修,刘复纂:民国《新繁县志》卷2,"建置",民国三十六年铅印本,第32—38页;刘元燮、李世芳撰:民国《宜宾县志》卷6,"学校",叙府大同书局铅印,民国二十一年重刊,第7页。

有的地方为了减少中间环节,将寺庙的田产和佃户直接划归学堂。学堂为这些田产和佃户的新主人,而学董则是新的管理者。如什邡县"知县钟寿康召集县属各僧、道,劝其捐拨田亩,以作常经费,总共提拨一千七百余亩"①。永川县则由寺观主持僧道在知县堂前具甘结,提成办学。②

各州县在所提比例上存在不小的差别,南部县在光绪二十八年(1902)由举人汪麟洲主持,士绅们议定抽提该地庙、会产业五成作兴学之资,获得地方官准。③ 永川县提三成办学,留七成处僧、道。④ 巴县仅提二成,僧道可留八成。⑤ 叙永厅则由士绅与同知周翔凤"条议"提拨庙产兴学,"议定五层,通禀定案"⑥。该厅所存劝学所档案较为丰富,下面对其"庙产兴学"的运作情况进行更具体的个案考察。⑦

叙永厅提拨庙产之议始于光绪二十八年,但因地方官更易频繁,一开始就不很顺利。据《叙永厅县合志》所述,最初是同知熊济文聘生员李维汉以及李继文、许鼎元等十人倡办,"以费无所出,维汉条议,遵照两湖张总督之洞《劝学篇》中抽收庙租之例"(即学七僧三)。熊氏同意,但尚未开始抽办他便调职。新同知周翔凤则与士绅议定按五成抽收,"通禀定案,上宪报可"。但是僧、道方面非常不满,一面上告官府,一面收买李维汉等。后者虽不成功,前者却缠讼甚久,又历经两任同知后,才确定"仍遵熊、周之法办理"⑧。

按文中庙产兴学的主持者李维汉即是《叙永厅县合志》的撰修者之一,故这

---

① 民国《重修什邡县志》卷6,"学校",第11页。

② 《向家寺主持僧云山、碧玉所具的甘结》(光绪三十年十一月十日),四川省档案馆藏,永川县清政府档案,清9/56;许曾荫修,马慎修纂:光绪《永川县志》卷3,"建置·寺观",清光绪二十年刻本,第20—28页。

③ 《举人汪麟洲呈南部县兴办蒙养学堂文》(光绪二十八年十月),南充市档案馆藏,南部县档案,清1/16。

④ 《向家寺主持僧云山、碧玉所具的甘结》(光绪三十年十一月十日),四川省档案馆藏,永川县清政府档案,清9/56;光绪《永川县志》卷3,"建置·寺观",第20—28页。

⑤ 四川省档案馆藏,巴县档案,清6/1026。

⑥ 《续修叙永永宁厅县合志》卷10,"学校·学堂",第7页。

⑦ 按叙永厅有一千平方里的土地,其中不少是无法开垦利用的贫瘠山地,故整体较贫穷,交通闭塞,文化也相对落后。到光绪三十年三月,叙永厅设中学堂一所,官立两等小学两堂、初等六堂。公立初等小学堂十二堂,私立两等小学堂两堂,私立初等小学堂四堂。该厅从光绪二十八年到光绪三十年间共派往省城、叙府、泸州学习师范者七人,已毕业返乡任教者四人,尚有三人继续学习。另设师范传习所,已招生二十人,聘举人周百川任教习,尚未开班。参见《叙永厅牍呈学务报告》(光绪三十年十月),宜宾市档案馆藏,叙永厅劝学所档案,清1/5。

⑧ 《续修叙永永宁厅县合志》卷10,"学校·学堂",第7页。

段叙述不排除渗入了他个人的主观意识，但档案所见基本情形略同。地方官在光绪二十八年将士绅议定的提拨庙产报告呈四川总督，总督批道："庙产如果丰饶，酌提办学、办公，亦无不可。"①叙永厅随即由士绅组成了提拨庙产的收支局，廪生韦经任收支局总收支，各场团保局绅参与提拨庙产。②同知周翔凤并札饬各区保正、里长说："奉旨、饬，各州县城乡兴设初等小学堂，一切经费准由庙、会、斗息酌提应用。"他要求该保正、里长协同局绅认真查明，"何庙、何会、何行、市每年进项若干，余款若干；尽数提作学堂经费，以资兴办"③。

在接到地方官示谕后，各团保逐庙与僧人具结并造册，以供来年秋收后团保和收支局提取。叙永厅有佛寺 56 座，道观仅两所。④因地方贫瘠，寺庙产业并不富厚，据团保们调查造册所载，较为富有的几个古刹报国寺、观音寺、普照寺收入均未上两百石。而一些小寺庙收入尚不到十石，如佛园寺仅有租谷五石，毗卢寺八石，迎水寺十石。因田产不多，香火钱等法事收入是重要的资源，有的寺庙此类收入大于田租收入，如云山寺的香火、焚献及和尚口食、衣单之费多源于每日诵经祈报的民众随喜捐赠。又如永清寺仅有田租三十石，该寺更多的经济来源是当地人随喜的功德善款。⑤

与固定的田租不同，和尚做法事及香客捐赠的随喜功德钱以及一些借贷收入通常很难估算。从其他地区劝学所档案里可以见到，提拨庙产只限于寺院的固定资产，即田租和寺庙树木。而叙永厅的办学员绅则试图进行全面的调查和计算。⑥这也许是边远地区执行政策时的差异，但更可能揭示出该地的贫困和筹集办学资金的困难。

所有的寺庙经团保调查都造册在案，认提五成，唯有佛园寺仅租谷五石，在尼僧隆印哀求下，局绅怜其身世命蹇，田租过少，准其仅提四成。⑦实际上，按五

---

① 《叙永厅案呈提抽庙产兴学文》（光绪二十八年七月），宜宾市档案馆藏，叙永厅劝学所档案，清 1/11。
② 《廪生韦经任收支局总收支札文》（光绪二十八年十二月），宜宾市档案馆藏，叙永厅劝学所档案，清 1/6。
③ 《叙永厅同知周全衔为谕饬事，礼房呈》（光绪二十九年十二月），宜宾市档案馆藏，叙永厅劝学所档案，清 1/2。
④ 《续修叙永永宁厅县合志》卷 7，"建置·寺观"，"附表"第 1—4 页。
⑤ 《光绪二十九年各庙庙产调查造册》（光绪二十九年六月十四日），宜宾市档案馆藏，叙永厅劝学所档案，清 1/2。
⑥ 《僧隆映并无欠账利租等情报告》（光绪三十年十月），宜宾市档案馆藏，叙永厅劝学所档案，清 1/13；《附生贺炯等就近确查庙产报告》（宣统元年四月），宜宾市档案馆藏，叙永厅劝学所档案，清 1/16。
⑦ 《北三区佛园寺尼僧隆印具禀》（光绪三十年十月），宜宾市档案馆藏，叙永厅劝学所档案，清 1/2。

成逐庙提拨的方式对于不少寺僧的生计确实造成了影响。一些仅够焚献的小庙一旦被提走一半的庙产，僧人可能真有衣食之忧。

前引周翔凤同知的札文说得很清楚，叙永厅办学不仅要提拨寺院之产，还涉及地方公庙、神会、各行各市等民间商业、手工业组织的积款。事实也的确如此，如水尾场江门公立初等小学堂的账目显示，该学堂所提之款涉及寺院、庙会、行会、市会等二十多家：

> 僧云山提谷三十石，钱九十四千八百文；僧文善、德昆提谷四石，钱十三千二百文；僧开彦、开伦提谷十石，钱二十八千文；善堂大成会提谷五石，钱十六千文，尚欠六千文；乐善堂提谷五石，钱十六千文；普光寺川主会谷三石，钱十千文；二郎庙川主会谷一石，钱三千文；永申寺文昌会谷一石，钱三千文；永灯会钱十千文；川主庙五团会钱十千文；杜康会钱六千文；药王会钱六千文；瘟神会钱四千文，欠二千文；文昌会钱二千文；桓侯宫钱五千文，欠三千文；帮花三皇会钱二千文；回龙庙钱三千文，欠一千文；真武庙川主会钱二千文，欠二千文；蔡伦会钱一千文；清香寺钱二千文；永申寺川主会钱三千文，欠二千文。①

而握抗不缴者则有：中街土地祠，谷三石；善堂中元会，连年共六千文。②

从上述可知，一所初等小学堂的设立和常年维持经费，至少要抽提学堂四邻几座寺庙及其他公产的产业。如东关外公立初等小学堂建立后，根据议案，由观音阁一庙提供园土街基作为校地，由真武山、普照寺提拨庙租及清醮会提供款项作为学校常年经费。但观音阁寺僧后来拒交园土街基，引起连锁反应，使学堂迟迟难以成立。③

除各州县在所提比例上的差别外，从《四川部分州县学堂收入中的庙产比例》表可知，各州县所提庙产在当地学堂收入经费中所占的比例也有较大的差距。表中包括的州县数量不多，据此当然不足以得出任何概率性的认识，但至少可知庙产收入对不同州县的重要性很不一样。

---

① 《水尾场江门公立初等小学堂提款一案》(光绪三十三年十月)，宜宾市档案馆藏，叙永厅劝学所档案，清1/7。
② 这份账目清单以一种非常直观的方式告诉我们一所乡镇公立初等小学堂的经费来源，也提示出当时四川乡镇民间庙祠会社的众多(包括不少手工业职业行会)。佛寺仍是经费的主要来源，其余公产单独数目或不甚大，聚集起来也相当可观。当年的公立学堂，至少从经费看是名副其实的"公立"，其中反映的民间社会情形，还大有可以挖掘之处。
③ 《叙永直隶军粮府全衔杨为牍覆事》(光绪三十年二月)，宜宾市档案馆藏，叙永厅劝学所档案，清1/2。

四川部分州县学堂收入中的庙产比例

州县	庙产收入(单位:串)	总数(单位:串)	百分比
通江	898	5433	16.53%
南充	4603	17783	25.88%
夹江	2985	6976	42.79%
仁寿	8031	22803	35.22%
南部	4726	11046	42.79%

资料来源:《四川各州县劝学所呈各学堂宣统元年经费收入表册》,中国第一历史档案馆藏,学部档案,财经卷;《南部县学务局呈报光绪三十一年十二月起至三十二年十二月收入表》,南充市档案馆藏,南部县档案,清1/18(按此表包括了寺院和民间庙会之款,因表中未详细标明其款项出于寺院还是民间庙会之款,只能统一计算)。

另外,从地方志和清末劝学所档案看,四川各州县提寺庙之产办学的时间有着先后之分。一般来说,一些偏远的地区,如南部、叙永、高县等县的官绅在光绪二十八年即制定提寺庙之产兴学的计划并呈上宪批准。[1] 而离成都、重庆两大城市较近的州、县,在提拨寺院财产兴学上稍缓一些,如川东的巴县、永川,川南的宜宾县,川西的新津、新繁等县,到光绪三十年始议及提拨庙产。[2]

这或可说明,地方社会兴办新式小学堂,经济较为贫困的地区对庙产的依赖性相对较大,兴学之初即把庙产作为兴办新学的重要财源之一。而经济较富庶的地方,或已受到张之洞"劝置学田说"的影响,购置了不少学田来办理书院和义学。"新政"开始后,这些书院和义学的经费、田租大都转入举办新式学堂的经费。[3] 加之新派收的学捐,这些地区在举办新教育之初无需庙产即可基本满足新学堂的管理和师资经费(初期的学堂数量也要少些)。

综上可知,除利用庙宇房舍较为普遍外,四川各州县在提拨庙产的实际运

---

[1] 详见《举人汪麟洲呈南部县兴办蒙养学堂文》(光绪二十八年十月),南充市档案馆藏,南部县档案,清1/16/00910;《叙永厅案呈提抽庙产兴学文》(光绪二十八年七月),宜宾市档案馆藏,叙永厅劝学所档案,清1/11。

[2] 四川省档案馆藏,巴县档案,清6/1594;四川省档案馆藏,永川县清政府档案,清9/56;新津县档案馆藏,清代县正堂档案,28;民国《新繁县志》卷2,"建置",第10页;民国《宜宾县志》卷6,"学校",第7页。

[3] 以宜宾县为例,该县是叙府最富庶之县,《宜宾县志》载:"清光绪三十一年有书院7所,义学100余所。同年县敷文书院首先改为宜宾县官立高等小学堂。及至宣统二年(1910),书院、义学均分别改为高等、初等小学堂,并在无书院、义学之乡(镇)创办初等小学。大场镇办高等小学堂。其时计有县、乡(镇)办小学堂100余所,另有行帮、会馆、宗祠、教会办小学堂计26所。"(民国《宜宾县志》卷6,"学校",第7页。)

作、提取的比例,以及庙产所占办学经费等方面,既呈现出一些共性,也存在较大差异。这可能受到多种因素的影响:首先,清代四川是移民社会,与其他许多地区相比,四川社会的宗教信仰、民风民俗成分更为复杂,各地士绅和民众捐赠、布施寺院的兴趣存在极大的不同,各地民间庙会"公产"的多寡,也有着很大的差别。其次,地方官对提拨庙产办学的态度,及地方士绅对提拨庙产举办新教育与维护地方传统秩序方面认识上的差异等,也决定着各地提拨庙产的多寡。还有,四川省辖境广阔,各州县经济发展不平衡,各地办学堂对庙产依赖程度也有所不同。① 在这样的情形下,上面的讨论也只能表现出一些概略的趋势。

同时,不论是从征收方还是从缴纳方看,规则上的纸面数字不一定就等于实际的提取。例如,叙永厅从光绪二十九年初,开始按五成计对境内 58 座寺观提拨庙产,每年提款二千多串。② 从理论上说,1902—1911 年用于学务的应提庙产达二万多串。但纸面议定的庙产是不大稳定的,寺院僧人隐匿、漏报、拖欠和抗缴庙产是常见的现象;而办学员绅等,或因能力不足,或因品行不佳,错漏舞弊等情形也常存在,故提拨的庙产也未必等于实际用于学堂之款。为获得所需要的款项,办学员绅往往费尽心思,获取特别的征收权力。各地办学筹款的困难和政策方面的混乱都较为常见,不论贫瘠地区还是相对富庶的地方,提取庙产皆曾引起较多纷争。

三、"庙产兴学"引起的纷争

前面说过,四川总督对提拨庙产兴学的态度较为积极,各州县官绅呈报的提拨庙产的方案均得到总督批准,一般仅加鼓励性的简短批语。但各州县在提拨庙产过程中出现了不少问题,为此川督在光绪三十年七月通饬各属,饬文说:

> 各属筹办学堂经费,提拨之款,庙业居一。原以禅林道院,半拥厚资,而要政所需,官力不逮,不得不藉资于此。提拨之法,自当区别贫富,体察肥瘠,量其力之所能及,按成分等,以酌取之。固不能竭泽而渔,亦不能笼统含混,但有庙宇一概株连。其经手筹拨首士,必须慎选公正,不得徇情迁就,并

---

① 更详细的讨论参见徐跃:《社会底层的新政改革:清末四川地方新教育的兴办——侧重庙产兴学》,博士学位论文,四川大学历史文化学院,2006 年。
② 巴县仅按二成计,每年提拨庙产达五千多金,可见两地经济贫富之差距。(四川省档案馆藏,巴县档案,清 6/1024。)

不得寄耳目于约保吏胥，颠倒是非，肆意敲吸。总以不烦扰、不偏枯为主。是以饬办以来，有以僧道慨捐田谷钱银充助建学，经予给匾奖励者；亦有执庐居人人之计，请悉变缁黄为学子，概充庙宇作学堂，经予严批驳斥者。诚以人虽方外，同是吾民，其有封殖自私，抗违官命者，法固不贷；如无故将其产业充公，情既未协，心必不甘，讼端所以由兹起也。故贵于筹拨之中，存体恤之意，彼此自然相安。乃查各属承办学费经手人等，多有前项情弊。尤可恨者，需索瞻徇，意为轻重，可提者转予豁免，而不胜提者横被诛求，殊失事理之平。至于擅伐树林，霸侵庙产，大违公理，尤非原饬本意……此后凡查提庙业，或由绅民禀请，应先由该地方官派委正绅，查实该庙宇财产，通盘出入若干，是否可提，禀官核准，然后酌定成数，给札遵行。该首人等概不准任意指拨，擅自经手。其征收掌管之责，并由官派殷实绅耆承认经理，毋任再滋流弊。并将承办姓名报名查考。至各庙宇，如经查提，亦不得藉此隐匿狡抗。倘敢藐玩，一经委员查实，各予严惩。①

由于"官力不逮"，寺庙产业不能不提拨，但同时要"按成分等"酌取，以"存体恤之意"。川督希望士绅节制，僧人识趣，减少缠讼，彼此相安，以稳定地方秩序。从总督的通饬可以看出，庙产兴学的推行并不平稳。川督要求经手提拨庙产的士绅不能"寄耳目于约保吏胥"，更是有针对性的告诫。因为庙产兴学之初，各地寺院都存在隐匿、漏报庙产的现象，而局绅往往派邻近之团保进调查处理，无形中改变了学务纠纷的性质。值得注意的是，川督特别表示他并不支持寺庙方面自请"悉变缁黄为学子，概充庙宇作学堂"的做法；其实这样的自愿请求很可能隐含着地方对寺庙的胁迫，若"无故将其产业充公，情既未协，心必不甘"，后来必起讼端。

光绪三十一年三月，朝廷谕令："大小寺院，及一切僧众产业，一律由官保护，不准刁绅蠹役，藉端滋扰。至地方要政，亦不得勒捐庙产，以端政体。"②保护庙产的上谕颁布后，各省督抚通过不同的方式对这道上谕表明了态度③，四川总

---

① 《总督部堂通饬各属筹提庙款毋得抑勒滋扰札》(光绪三十年七月)，《四川学报》第7册，光绪三十一年五月，"公牍"，第15页。

② 朱寿朋编、张静庐等校点：《光绪朝东华录》第5册，第5321页。

③ 如直隶总督袁世凯的覆奏就一面对上谕表示遵奉，一面告诫僧众不要"误会圣意"而"纷起争端"，并明言对那些"相安数年"的"已成之局"要维持原状，"以昭大信"。(《直隶总督袁奏遵旨严禁刁绅蠹役滋扰寺院并分别声明折》，《四川学报》第10册，光绪三十一年，"附编"第1—2页。)

督最初通过对江北厅的批示,对上谕作了回应。总督在批示中说:

> 前因各属办学,筹费艰难,是以多方主持,于地方公项设法提拨之外,旁及神会、庙业,无非哀多益寡,借补官力之不及……尚无遍查阖邑,按成分等,逐庙提取之案。该厅既无巨富禅林,现于境内全数查明,凡收租在八石以上者共有一百七十庙,按成提谷折银上纳,以助学费。不特数太零星,而数至八石即便抽捐,抑已势同竭泽。学董贤否不一,年岁丰歉不等,一经限定,即成科则。抑勒追呼,浸成苦累。是于筹款之中,又不能不慎防流弊。现复奉有护持庙产之旨,自当格外体恤,以广皇仁。所有该厅拟捐各庙,果有力厚而慨然乐施者,无论款之巨细,仍为禀请奖励;其余概予豁免,不得勉强抑制,转失因势利导之意。至神会乃众姓所集,与庙产之属于僧徒自置者有别,亦不得藉端影射,横生阻力,是为至要。①

这份批示与川督光绪三十年七月的通饬相比,对提拨庙产的态度有一些变化。通饬希望"于筹拨之中,存体恤之意";批示则要求"于筹款之中,又不能不慎防流弊"。两相比较,意思相近,但显然更凸显出负面的关注。而其斥责的江北厅"遍查阖邑,按成分等,逐庙提取"的做法,正与叙永厅同;后者不仅"数至八石即便抽捐",而是凡庙即抽,不论租谷多寡,更加"势同竭泽"。可知在边远贫瘠地区,类似做法恐怕较为普遍,已引起僧众的强烈不满。但川督一方面仍鼓励力厚的各庙"慨然乐施",也特别指出"神会"这类地方公产与"庙产之属于僧徒自置者"不同,不能分享上谕规定的保护。②

无论如何,川督所说"奉有护持庙产之旨,自当格外体恤"揭示出保护庙产的上谕大致成为庙产兴学进程中的一个转折点。在此之前,四川各州县官绅与寺僧之间因提拨庙产而发生了程度不同的冲突,然纷争仅限于局部的范围,未见各州县僧人对地方官的示谕和硃单的正当性提出质疑;从此以后,官绅与寺僧之间的纷争,就发生了明显的变化。

上谕对四川各州县提拨庙产产生了颇大影响,各地僧人和办学士绅均从对自己有利的方向去解释上谕,各地纷争不断。许多地方官仍根据学董的禀文锁

---

① 《总督部堂批江北厅详请查庙产提助学费一案》(光绪三十一年四月),《四川学报》第5册,光绪三十一年,"公牍",第20页。
② 其实"僧徒自置"的界定也有弦外之音,盖不少庙产是由绅民布施,并非僧徒自置,大概也可以不受上谕的保护。(参见徐跃:《清末庙产兴学政策的缘起和演变》,《社会科学研究》2007年第4期。)

押僧人,迫其认捐;僧人则不停地诉控地方官绅抑勒,不少寺庙开始拒认已议定结具之庙产。各州县的寺庙都发生拒缴已认提学款之事,有的地方的寺庙要求减成,有的则完全拒缴。永川县金轮寺和金鼎寺的事例,最能表现这些寺庙抗缴的情形。

永川县在光绪三十年由官、绅与僧人筹商,议定提抽庙产三成,由知县到各寺庙主持僧人与学堂具结。十一月,金轮寺主持僧翠山和金鼎寺主持僧定一等与学董张绍南一起在知县面前具甘结。金轮寺有租谷 270 石,"寺僧等情愿照三赈提租谷八十石",以"拨佃拨粮"的方式,"永作学堂经费"。所谓"拨佃拨粮",就是划拨出符合租谷数量的田亩,由学堂收租。金鼎寺有租谷 170 石,也照三成提租谷 50 石,以同样方式交割。另该寺"僧戒元私捐钱一百五十串,作帮修学堂之费"。两寺的"急公好义"都受到知县肯定,并由复兴场学董张绍男等负责"踩田交佃"。①

具结一年后,保护庙产的上谕下达,两寺主持乃联名具禀翻案。他们的禀文首先说明:"两庙均系插业,并无施主。"而当时知县"偏听怂朦,亲诣僧等两庙,勒提谷石。僧等均以焚献衣单无着,甫经开口,尚未言明,即被前主批以刁僧二字,格外罚钱一百五十串,仍勒僧等两庙共计提谷一百三十石,押具结状。如不允提,必要卡追,从严究办。僧等无奈,勉强花押"。但因"非出意愿,致延至今,并未拨佃拨粮。幸逢上谕保护庙产,不准勒派。僧等两庙以前提之款,应无庸议",但"张绍南等不遵上谕,复欲勒派",故不得不上告。②

对于僧人借"上谕保护庙产"而反悔,永川知县虽认为"寺僧误会上谕,执拗不缴",仍不得不让僧人与学董等重新筹商,酌减提租数量,最后知县判令两庙共给租谷 40 石。但僧人回到寺院后仍拒绝拨佃,于是学董张绍南上控道院,说金轮、金鼎两寺"藐抗不遵"。道院发回让永川县办理,知县复讯后仍令两寺补缴租谷 40 石。而两寺僧人也于光绪三十二年(1906)三月再次具禀,强调其产业"并非募捐,亦无施主。每年完粮纳课,实与在俗粮户、花户无异"。而"土恶劣监张绍男等,欺僧朴懦,迭次诈搕,究胆违上谕、宪谕,勒提僧庙方外自置之业,藉

---

① 《复兴场提金轮寺、金鼎寺两庙租谷办学卷》(光绪三十年十一月),四川省档案馆藏,永川县清政府档案,清 9/56。

② 《具禀复兴场金轮寺僧翠山、金鼎寺僧戒元僧定江、定一为再朦害恳批饬遵事情》(光绪三十一年十一月),四川省档案馆藏,永川县清政府档案,清 9/58。

办学堂为题,百般缠讼图害"。这次知县认定两寺"殊属藐抗",要"学务局综核贡生周濂、廪生陈毓璠迅速前往该场,会学计董、各绅董饬令僧翠山、僧定江赶将租谷缴清,并将两寺业租分别踩踏,另书契约,拨佃拨租。倘寺僧横怙违抗,准该生等交差带回讯究,决不宽贷"。①

但金轮、金鼎两寺僧人的态度并未改变。根据局绅报告,金鼎寺僧定一、定江"隐匿不面",而金轮寺僧翠山适在县城,被"饬同回场",局绅到寺后,僧翠山和僧果清仍"横怙违抗",对"酌提寺业,概不认踩;抑且减少租谷,毫不认拨。生等莫何,只得交差带讯"。这次"交差带回讯究"本是知县授权,故地方官裁定,"当堂将僧翠山、僧果清仍交原差押候,照将去年租谷并结认租业踩出,一俟理明后,方准省释"。稍后,复兴场文生秦一臣、向华封,职员秦郁周在两寺僧人的委托下出具保状,"甘愿出钱四百串",恳求将僧人释放。并承保两僧"归庙不得翻悔。如违,惟生等保人是问"。此案方获了结。②

永川县已具认甘结而反悔抗缴的不仅只有金轮、金鼎两寺,鉴于各寺因"误会上谕"而抗缴认定之学款在永川成为普遍的行为,永川知县就金轮、金鼎两寺抗缴一事札饬境内各寺庙说:

> 查本年虽奉旨,僧人自置之业不准勒派。上谕系指未经认提者言,其已经认定之款,仍应一律照缴。明文具在,岂特借词巧避。本县日前因恐各寺僧等不明文理,误会其意,当经剀切宣示,咸使周知。今该僧等何得仍以未奉谕旨以前认定之款,藉口恳免,殊属谬妄。着仍遵签,速将结认租谷如数缴出,以济学费,毋得藉延,自干唤究。③

虽然僧人总想借助上谕的威力,地方官却享有对上谕较大的解释权和实际处置权,庙产主人、办学士绅和地方官便在这样的背景下互动竞争。在知县面前具甘结的相家寺僧云山和碧玉也翻悔拒缴,要求遵旨免提。地方官在禀文上批

① 《复兴场提金轮寺、金鼎寺两庙租谷办学卷》(光绪三十二年三月具),四川省档案馆藏,永川县清政府档案,清 9/56;《永川知县朱单》(光绪三十二年四月十五日),四川省档案馆藏,永川县清政府档案,清 9/18。

② 《具禀状学务局综核处同衔文生周钟濂行查廪生陈璠为据实禀覆事情》(光绪三十二年四月十九日),四川省档案馆藏,永川县清政府档案,清 9/20;《复兴场提金轮寺、金鼎寺两庙租谷办学卷》(光绪三十二年四月札),四川省档案馆藏,永川县清政府档案,清 9/56;《复兴场文生秦一臣、向华封、职员秦郁周具保状》(光绪三十三年二月),四川省档案馆藏,永川县清政府档案,清 9/67。

③ 《复兴场提金轮寺、金鼎寺两庙租谷办学卷》(光绪三十二年四月札),四川省档案馆藏,永川县清政府档案,清 9/56。

道:"妄翼挟制,希图狡免,殊为可恨! 着仍遵断纳租、踩业、拨佃省事,毋得藉口混渎干咎。"①该县因抗缴被锁押的还有"不法孽僧"僧月朝、僧云江等一干僧人。② 而僧荣山认而不缴,学董便率人将收获的庙租担到学堂"存放"。僧荣山的禀文说:"恶佃张炳林串刁绅萧挥琴等,希图渔利,以学务为名,去秋统领多人将谷搂去,颗谷未留。"他不仅指出这一"苛扰违背上谕",并强调:"僧虽不才,非皇王之赤子之乎?"至少也应享受与其他"赤子"平等的待遇。③

大体上,永川县金轮、金鼎两寺僧人抗缴的案例在清末四川庙产兴学活动中带有一定的普遍性,在保护庙产的上谕颁布后,四川各州县大都发生了僧人拒认抗缴之事。有的是一所寺庙单独抗缴,有的是某一所寺庙率先抗缴,而其他寺庙群相效尤,相率观望。对寺僧"妄翼挟制"感到"殊为可恨",是地方官面对上谕那种无奈心态的真实表述;但他们也充分利用了自身的解释权和处置权。结果,一些原本奉公守法的僧人,因这一上谕而犯"王法",遭锁押、责掌的处罚。巴县僧人寸光就这类僧人中的一个典型。

巴县较为富庶,至光绪三十年八月,官、绅始与僧人协商提拨庙产兴学之事。僧人通过几次集体协商,举僧会莲蓬为主办,僧人圣安、性悟、慧空为帮办,主持提庙产兴学。僧人与局绅协商提二成兴学,留八成自用,这一协议为巴县地方官批准。④ 僧会本具官方性质,让僧会设局经收庙产的情形在四川是非常少见的,但显然有利于和各寺庙僧人间的沟通。而庙产仅提二成,也说明士绅仅把庙产当办学的一种补助性资源。这样,巴县在提拨庙产过程中发生的诉讼纠纷相对低于同属重庆府的大足、永川等县。⑤

巴县僧会将县属"诸山"分为十单,每单设僧总,负责征收庙产事宜。在地方官批准提拨庙产协议后,僧会即通知:"阖邑诸山各单庵堂寺观,将庙产造册"立案,注明"收租多寡、应捐谷若干"。⑥大慈寺僧寸光是居里单僧总,负责单内12庙租谷的经收,他在光绪三十一年上谕颁布后,带领单内各庙僧人拒缴。僧

① 《具禀状为恳作主事情》(光绪三十二年六月九日具),四川省档案馆藏,永川县清政府档案,清 9/61。
② 《永川县正堂汪札饬事案》(光绪三十二年九月二日),四川省档案馆藏,永川县清政府档案,清 9/63。
③ 《具禀状僧荣山倚势欺勒查作主事情》(光绪三十二年三月),四川省档案馆藏,永川县清政府档案,清 9/28。
④ 四川省档案馆藏,巴县档案,清 6/1624。
⑤ 现存清代巴县档案中,有关学务的档案资料有近百卷之多,涉及提拨庙产的纠纷诉讼远少于四川其他的州县。(参见四川省档案馆藏,巴县档案,清 6/1586–1677。)
⑥ 四川省档案馆藏,巴县档案,清 6/1624。

会的禀文说,设局收捐谷之初,各庙均较踊跃,但上谕颁发后,"突起谣传,妄称谕免。遂致诸山庙捐各谷,观坐不前,致害僧等应收五千余金,仅收二千余金"。僧会"请诸山至局筹议,竟有居里大慈寺僧寸光,敢于当众谬称伊见上谕,庙捐豁免。僧等晓以未奉恩主明谕。伊愈因怒成忿,吼称伊敢把持诸山,从此悉不遵缴,谅莫伊何"。僧会要求知县作主,将僧寸光"唤究"。①

在县衙的审讯中,僧寸光供称,他前往佛祖寺催收捐款时,该庙僧告知,"早闻上谕豁免",后来在僧会征收局中,"小僧人才把此话说与众听是实。小僧人都在办公,未敢把持,实不应说此话。小僧人错了,只求施恩"。知县认定"僧寸光胆敢把持谷捐,情属可恶",责掌四百,关押二十天,"以示惩儆"。后由盐正赵小阳、保正年泰山共同保释。② 相对而言,巴县提拨庙租成数不高,而上谕仍造成实际的影响,其他地方的情形更可想见。

在更为贫瘠的叙永厅,上谕颁发后,已造册认缴的各寺庙在该地最大的寺庙真武山和普照寺带领下纷纷拒缴已认之款。一位局绅的呈文说:"真武山、普照寺两处藉此为口实,抗提庙租,已提定之各庙租石及清醮会款项,殊有摇动之势,蚁穴溃隄,危险实甚。"局绅呈请"提讯该寺住持僧隆映",以防止其他寺庙效尤。③ 学董何玉清的禀文说:"各庙提拨租谷,藐抗不缴,牵制各佃,亦抗估玩延",则原拟筹款数额,"势必终归无形消灭"。④ 水尾场团保也报告说:"该场僧等有意抗违,屡追不缴,若不恳请查案,饬僧交佃认缴,年年狡赖,终归乌有。"⑤

收支局总收支韦经的禀文说:"提拨庙会,实化无益为有益,各区业经照办。若听其该庙等藐抗不遵,学费更无从挹注,各庙亦藉为效尤。"应由官方出面,要求各庙"迅将庙款按照核准提拨数目逐款交出",对抗缴者"传案究追"。收支局并具体列出 19 个抗缴的寺庙,要求地方官传案追究。⑥ 不久,叙永厅同知示谕

---

① 《巴县庙捐局会僧僧莲蓬等具禀僧寸光把持庙租案》(光绪三十一年十月廿九日),四川省档案馆藏,巴县档案,清 6/1600。

② 《巴县庙捐局会僧僧莲蓬等具禀僧寸光把持庙租案》(光绪三十一年十月廿九日),四川省档案馆藏,巴县档案,清 6/1600。

③ 《为牍呈事牍查办抽提庙租一案》(光绪三十一年十月),宜宾市档案馆藏,叙永厅劝学所档案,清 1/12。

④ 《学董何玉清禀关于寺僧的抗缴庙产文》(光绪三十一年九月),宜宾市档案馆藏,叙永厅劝学所档案,清 1/12。

⑤ 《水尾场团保追缴庙产报告》(光绪三十一年十月),宜宾市档案馆藏,叙永厅劝学所档案,清 1/12。

⑥ 《收支局为抗缴传案究追牍呈事》(光绪三十一年十月),宜宾市档案馆藏,叙永厅劝学所档案,清 1/12。

通邑,严禁寺僧抗缴已认之庙产,并派差传讯了真武山、普照寺两庙之主持僧,锁押定水寺僧玉林等拒缴僧人①,才使叙永厅集体抗缴的风潮逐渐平息。

与此同时,四川一些地方的神会和行会也认为自己属于朝廷谕旨保护之列,同样拒认甘结、拒缴已认学款。如南部县中兴场小学堂原定抽"社洪垭城隍会抽息钱四千文,刘姓清明会抽钱三千文,文昌会抽钱七千文,冯姓中元会抽钱六千文,团会抽钱三千文,冯姓瘟祖会抽钱二千文,蒲姓中元会抽钱十千文,杏树垭清明会抽钱十二千文,锣面垭大成会抽钱四千文,滥泥沟祖茔会抽钱二千文,何家湾祖茔会抽钱一千文,柳林湾牛王会抽钱二千四百文"。但各会会首"均皆齐啬抗抽",校长张瑛"禀请拨差役樊荣协同催收",但"伊等藐视,仍然不给,将役樊荣辱骂不堪",并"造谣歌,云称学务裁停,免抽分文",故而"抗缴"。张瑛自感"民难服民",恳求知县做主,将各会首"逐一分别拘案严追"。地方官指出:"抽提公款,以公济公。毋得造谣",决定"派差唤讯"。②

以今日的分类标准,各会性质不一,大致皆属非寺庙的公产,从其集体抗缴及所造"谣歌"可知,这些会首显然想要借助保护庙产的上谕。为了制止各地寺僧和公庙、神会、行会等以各种名义抗缴,四川总督通饬各属,将庙产和神会分别对待,札文指出:

> 查本年三月初九日,虽奉有僧众产业由官保护,不得勒捐庙产上谕,系专指僧众庙产,世代相承,食指繁多,封殖自守,不能不优加存恤,以副皇仁。至于地方公庙及各省会馆资业,固由公捐,招僧仅供焚献,与方外生计毫无关碍者,自不能相提并论。其有殷富丛林,好义缁流,慨捐在先,自当由地方官核其捐数多寡,分别报请奖励。数在千两以上者,例得奏请建坊。是朝廷推恩之意,深防勒捐;而释家乐善之心,未尝稍阻。岂得以从前认定之款,藉端诿避;致无相干涉之神会,群相效尤。既贻为德不卒之讥,复冒阻碍学务之咎。稍知利害者,必不出此。仰即录批,剀切晓谕:凡有奉旨以前寺僧自置产业,各庙已经慨认捐款及已拨归学堂者,概免纷更。统以奉旨之日为始,一律永加保护,不准苛派。其公庙、神会余资,多耗于酒会戏醮之用,酌

---

① 《为牍覆事牍覆查办抽提庙租一案》(光绪三十一年十二月),宜宾市档案馆藏,叙永厅劝学所档案,清 1/12。
② 《东路中兴场校长张瑛、拨差樊荣为造谣抗缴同恳拘追以重学务事情》(光绪三十一年十一月十八日具),南充市档案馆藏,南部县档案,清 1/17/00367。

取办学,以资公益,本为新旧定章所许,不在保护庙产之列。如有抗者,定干重究。并候通饬各属,一体遵办,以示限制而维学务。①

川督的意思很明确,不仅公庙、神会等公产不在保护庙产之列,即使僧众庙产,也以奉旨之日为断,此前"各庙已经慨认捐款及已拨归学堂者,概免纷更";此后则"一律永加保护,不准苛派"。但办学员绅仍尝试以各种名目将庙产纳入筹款对象,而各地寺庙拒缴、拖欠等事仍不断发生。最重要的是,很多地方此前"已经慨认捐款及已拨归学堂者"是一种固定而延续的承诺,如果这样的举措均得到承认,则保护庙产的上谕不啻一纸空文了。在这样的情形下,怎样理解和执行上谕和总督的通饬,往往还是取决于地方官的倾向,地方财源的多寡,以及当地各僧俗势力的强弱等多项因素的互动。

如财力不足的叙永厅就仍然在执行以前的政策,光绪三十三年八月,兴隆寺公立初等小学堂学董武文海报告说,"核提五层,所余实多,尚非颗粒不留可比"。而观音寺、永福寺等僧、佃"任情狡拒"。他调查到,这些寺庙的 9 个佃户月顶银共 263 两,有支付能力,要求地方官派差催提。若"伊等抗估不提",他处"纷纷动摇",则学堂经费难以为继,"学董一职,仍请另举贤能接办"。②

先是叙永厅于光绪三十三年设立劝学所,分为九个学区,每区设劝学员一人,负责推广学务和调查学款。③ 由于办学经费困窘,一些劝学员、学董仍把目光投向寺院产业。中区东关外初等公小学堂学董文生何绍银、武润之报告说,"前查中区各庙庙租虽曾折半提拨,然当日提拨仅经各该团保查报",但各庙所收租谷石数"多不实不尽之处"。有些古庙地租,"系当日短提",可再增提这些古庙的地租。④ 而西三屯段拟增设学堂,"段内并无场市,亦无积款",经"邀集该处劝学员学董等再三筹议,竟无他款可筹"。大家发现,"唯南坛寺庙有林树裕款可提"。⑤

---

① 《总督部堂通饬各属分别庙产神会等项办法札》(光绪三十一年六月),《四川学报》第 13 册,光绪三十一年,"公牍",第 30 页。
② 《兴隆寺公立小学堂报告》(光绪三十三年八月),宜宾市档案馆藏,叙永厅劝学所档案,清 1/13。
③ 《叙永厅劝学所章程·设立宗旨》(光绪三十三年七月二十日),宜宾市档案馆藏,叙永厅劝学所档案,清 1/12。
④ 《为牍呈县事案据中区东关外初等公小学堂学董文生何绍银等报告》(光绪三十四年十月),宜宾市档案馆藏,叙永厅劝学所档案,清 1/13。
⑤ 《牍知事据西三屯保总李玉春、保正李铭臣为据情陈明禀》(光绪三十四年十月八日),宜宾市档案馆藏,叙永厅劝学所档案,清 1/13。

　　宣统元年四月,叙永厅举人周百川,文生赵怀禹、聂文琴、赵尔臣等就庙产事宜致书劝学所视学,说该厅各庙散处各区,曩年抽提庙租时多有漏提漏报,要求重新确查补提。在学董和劝学员的催促下,劝学所决定重新调查和增提寺院之产。劝学所视学在牍呈地方官的呈文中说,过去各庙所收租谷数"系该管团保查报,多有短报、漏提之处"。而"现在办理新政,在在需款,拟请公祖札饬各寺庙邻围之团保,从旁秘密调查。如果当日短报、漏提,即奉请补提"。叙永厅将此件呈报川督。这个呈文不仅与上谕相违,也与前引四川总督的通饬相抵触,但此时赵尔巽已接任川督,他批准了叙永厅重新调查庙产要求。①

　　叙永厅同知随即札饬各学区劝学员和团总,对过去"应提未提之庙产,一律抽提具认,不得违抗"。并"责成保甲,切实查明:庙有常业若干;产尚在庙,抑或出当;如已外当,即查明业系若干,应提若干"。② 但即使对社区相当了解的团保"从旁秘密调查",要寻获寺庙隐匿、漏报、短报的证据也存在着困难,有些团保恐怕也未必愿意得罪寺庙。如附生贺炯虽调查到,因该厅地处"由川赴滇、黔驿路",从事贩运者不少,僧人有放贷的习惯,普法寺、万寿寺僧人即"以大利盘剥,积金千万",但终究不过"形迹可疑,无从查实据"。③ 而团总胡远烈也报告,他"四面私访,未得端倪。问之邻近,且多影响之谈,无确实证据"④。

　　若是劝学所方面直接参与调查,则常能查实寺院财产的漏报漏提。如南一学区收支局局绅于龙报告,该区劝学员黄平参与的调查,发现近城定水寺有庙租30余石隐匿未报。该寺自来实收租120余石,但当初抽提时自称庙租仅90余石,按五成提拨四十六石零三斗供中学堂经费,实际尚收租80余石,但该寺僧能泽"坚称该寺现剩四十三石,朦禀巧避"。于龙建议,将查出的30余石,全数"提入南一学区办学",而该寺"实尚收四十余石,尽敷该寺每年一切用度,原非苛刻提拨"。另外,区内观音山僧隆溥,"迭传不面,亦抗不交契"。而云山寺"有一恶佃讼棍袁萼楼,不但抗不投佃,尤敢刁拨该寺僧海林,握契不交。职以婉言劝导,殊萼楼仍估不从"。于龙要求"签唤袁萼楼、僧海林并僧隆溥、僧能泽等来辕追

---

① 《为牍呈事案叙永厅劝学所请查报告》、《视学前奉公祖牍知案奉总督部堂赵批》(宣统元年四月),宜宾市档案馆藏,叙永厅劝学所档案,清1/16。
② 《叙永直隶军粮府全衔谢札》(宣统元年三月二十一日),宜宾市档案馆藏,叙永厅劝学所档案,清1/16。
③ 《附生贺炯等就近确查庙产报告》(宣统元年四月),宜宾市档案馆藏,叙永厅劝学所档案,清1/16。
④ 《奉查庙产一案报告》(宣统元年四月),宜宾市档案馆藏,叙永厅劝学所档案,清1/16。

究,提拨兴学,化无用为有用"。①

由此可知,随着提拨庙产数额的扩大,办学士绅与僧人间的关系渐趋紧张,而双方也尽量利用一切可资利用的因素。如普明寺和宝莲寺两寺相邻,和尚与尼姑偷情,被施主知觉,获拥到场镇,由士绅理剖。士绅、里长遂借群情之激愤,"条议"将犯奸僧、尼逐出境外,没收寺产,以供学务。② 受这一事件的启发,叙永厅劝学所作出新的规定:"庙僧曾犯有淫戒者,皆提。"③

随着调查的深入,各庙和尚曾作奸犯科的行为被揭露出来。劝学员李湘春查出"真武山僧人元真,少年无赖,淫心素炽,被控累累,有案可查"。由于和尚犯有淫戒会被逐出佛门削去僧籍,一些和尚风闻调查便弃庙而逃。劝学员易启聪报告,他"会同团保李有成查各庙所犯一切,据李有成查覆言称,区内之厚安寺、南坛寺、宝莲寺、定水寺各庙,产业果系丰饶;风闻调查,内中不法者早已远飏"④。弃庙而逃的僧人或确曾犯戒,但劝学员报告中"产业果系丰饶"一语,实揭示出调查的真意所在。

按清代僧人犯"淫戒",当处以没籍;而清末兴学时常增加处以没收寺庙财产。章太炎曾抗议此举,"僧徒作奸,自有刑宪"。然论罪则事在一人,其"所住招提,本非彼僧私产,何当株连蔓引,罪及屋乌"? 即使"全寺皆污,宜令有司驱遣。所存旷刹,犹当别请住持"。当时的做法不过是"缘彼罪愆,利其土地"而已。⑤ 章太炎的抗议,表明类似的行为在他省也较明显。叙永厅在调查庙产中的作为虽是个案,但在展现庙产兴学活动的地方运作情形方面,已超出个案的意义。

从地方档案里可以见到,以光绪三十一年为界,各地围绕着提拨庙产的讼争大为增多。⑥ 从光绪三十一年到光绪三十三年间,四川各州县有成百上千的僧人因拒缴已认之款受到传唤、责掌、锁押等处罚。在南部县和叙永厅的学务档案

① 《叙永厅南区庙产调查报告》(宣统二年二月),宜宾市档案馆藏,叙永厅劝学所档案,清 1/16。按投佃从寺庙佃户即改作学堂的佃户,租谷交学堂。

② 《劝学员易启聪具禀定水寺、宝莲寺尼僧私通被逐没产立案文》(宣统元年二月),宜宾市档案馆藏,叙永厅劝学所档案,清 1/16。

③ 《僧人不法事迹一案》(宣统元年四月),宜宾市档案馆藏,叙永厅劝学所档案,清 1/16。

④ 《僧人不法事迹一案》(宣统元年四月),宜宾市档案馆藏,叙永厅劝学所档案,清 1/16。

⑤ 章太炎:《告宰官白衣启》,马勇编:《章太炎书信集》,石家庄:河北人民出版社,2003 年,第 173 页。

⑥ 《光绪三十四年南部县正堂礼房移交敝县任内词讼清册》(光绪三十四年三月二十九日),南充市档案馆藏,南部县档案,清 1/18。

里,可以见到许多乡村公立小学堂的报销清册中,其支出一栏在光绪三十一年后都增加了诉讼费一项,其中不少都是与寺僧之间的缠讼。这对一个乡村小学是一笔不小的开支,造成一些依靠寺庙产业和公庙会产而兴办维持的乡间初等小学堂面临经费入不敷出的困境。

另一方面,提取庙产办学是一项新事物,办学的士绅也未必都能力强而品行高洁,在征收、管理过程中不免出现一些杂乱无序甚或有意舞弊的情形。如叙永厅同知在札饬中所说:

> 提拨各庙租谷,经前署府札派各屯各里绅粮就近经收,择地存储,售银缴局。实心任事者固多,而任意拖欠者亦复不少。或称佃户未清,缴半欠半;或称年岁不熟,全年未缴分厘。借故推延,希图握银渔利。连年积欠,约计三千余金。叠次签追,各该绅视为具文,仍自搪抵,殊属有碍学费。兹特选派收支局员,随带收支账簿,驰赴各屯各里,查明各该绅积欠、有无握银渔利等弊,连年新报谷价是否相符。①

可知由于管理的混乱,该地绅士提取庙产时存在这样和那样的漏洞。重要的是,这里所说的不是被提的庙、会一方的积欠,而是从事提产的士绅在提收后的作为,且不排除是想要"握银渔利"的有意积欠。这一现象说明,地方所抽取的庙产并不等同于实际用于办学的经费,这方面的具体案例数量也不少,只能另文探讨了。

四、结语

上述四川各州县情形,或仅展现了整个四川"庙产兴学"活动那浮于水面的冰山之一角。但在目前的资料条件下,也只能以史料为基础,取多闻阙疑的态度,而不作勉强的陈述。同样,对材料不足征的四川省内其他区域,也不作过多的推断。换言之,本文尽量争取讲述"老百姓的故事",对提拨庙产所涉及的社会、政治、经济、法律诸多面相,更多是在研究和表述中存之于心,或偶尔述及,而不进行详尽的论证。

在 1905 年之前,四川各州县在提拨庙产的问题上基本是地方官绅根据本地

① 《叙永厅府主札饬》(光绪三十三年九月),宜宾市档案馆藏,叙永厅劝学所档案,清 1/7。

区社会经济宗教状况,自行拟定兴学计划呈报,通常都得到上峰的支持。只是在1905年颁发保护庙产的上谕之后,四川总督才开始对提取庙会产业的方式逐步进行界定,并以相应的文件通饬全省。各地的实际运作既有共性,也有一些差异较大的地方特色。

基本上,在房舍利用方面,当时新学堂设在寺庙观庵之中的比例相当大。而对庙会产业的提取主要有两种方式,一是提租谷或出售租谷的款项,一是直接"提产、提佃",把寺庙的部分田产和佃户直接划归学堂。各州县在所提比例上存在不小的差别,从二成、三成到五成的都有。同样,各州县所提庙产在当地学堂收入经费中所占的比例也有较大的差距,多者接近一半,少者不足二成(有些实际更少,如巴县仅提庙产二成,其在办学经费中的比例应更低,但缺乏整体的数字,无法统计)。一般来说,经济较为贫困的地区在办学中对庙产的依赖性相对较大,兴学之初即把庙产作为兴办新学的重要财源之一,提成比例也较高;而经济较富庶的地方,庙产只是办学的辅助财源,提取庙产办学的时间偏晚(先后相差大约两年)。

有一点需要指出,即不论按什么比例提拨,除叙永厅外,其他州县在提取过程中基本未曾将"香火钱"列入庙观收入进行计算。"香火钱"收入虽不稳定,且各地区和各庙观差距较大,但对具体庙观而言,却可能超过不动产带来的收入。在这样的计算方式下,提拨庙产对庙观的实际影响应该没有字面数字所反映的那么大。当然,这并不排除有些地方官绅确有竭泽而渔的心态,或许受"子不语怪力乱神"的影响,他们中一些人在思想观念上基本不承认庙会产业存在的正当性。①

从开始提拨庙产到清王朝结束,四川各地的"庙产兴学"始终伴随着地方官、办学员绅与僧人之间的协商、争夺、调解、甚或对抗。僧人及各会社团体被迫分割出自己的资产,自未必积极,一些寺院僧人常以年岁不丰、培修庙宇等口实,隐匿、漏报、拖欠和抗缴庙产;在社会资源有限的情形下,学绅一方则希望尽可能多地获取庙会之产业,他们往往得到地方官的支持,并常常动用惩戒性的行政司法权力迫僧人就范。也可以说,官绅与寺僧之间的冲突从未停止过,其间大致可

---

① 如南部县地方官就曾说,对这些款项,"即使全数提取亦不为苛。有僧道者,为僧酌留衣食可耳"。见其在《举人汪麟洲呈南部县兴办蒙养学堂文》(光绪二十八年十月)之上的批语。(南充市档案馆藏,南部县档案,清1/16/00910。)

分为两个阶段：

从光绪二十七年至光绪三十年间，四川各州县的寺庙相继在地方官召集或示谕下，与局绅和学董具认甘结。由于各州县经济发展不平衡及士绅们对举办新教育与维护地方传统秩序方面认识上的差异等，所议定的提拨庙产的比例各有不同。在这一过程中办理学务的士绅与寺僧存在着不同的纷争，但多发生在个别寺庙，限于局部范围，也未见各地僧人对地方官的示谕和硃单的权力正当性提出质疑。

光绪三十一年三月禁止捐及方外的上谕是个分界线，此后提取庙产的行为和官方文书的正当性，都受到僧众的质疑。官绅一方在具体提拨的数额上有明显让步，当寺僧一方则试图全面否定这一活动。各州县官绅与寺僧围绕着对上谕不同的解释缠讼不休，地方官常不得不运用司法权威压制僧人，这也使乡村举办新教育的成本大为提高。

在中国的基层社会，以公产办公事有着长期的传统，但清季提拨庙产兴学与以往举办公益事业存在着相当不同的理念，它明显带有外来观念的影响，体现出国家力量向基层社会的延伸。僧人总想借助上谕的威力，始终强调其抗缴行动是奉旨而为；地方官对寺僧"妄翼挟制"一点甚觉"殊为可恨"，但他们却享有对上谕更大的解释权和对相关事务的实际处置权，并充分利用了自身的权力。庙产主人、办学士绅和地方官便在这样的背景下互动竞争，各自都试图利用朝廷的权威来维护自己的利益。实际上，庙观产业究竟是私产还是公产的属性并不确定，各地从督抚到州县官都尽量在这方面做文章，即将僧人自置的产业和来自布施的产业区别对待，后者实际被视为公产，与各神会行会的产业一样不受保护。

而上谕只提出原则性的规定，本就存在一些含混模糊之处，给解释者留下很大的空间。前引四川总督对上谕的"解释"，即明言保护庙产以奉旨之日为断，此前各庙已经认捐及已拨归学堂的款项田产均不更改。然而，川省大部分州县的寺庙都已遵地方官的示谕具结了提拨庙产的甘结，成为一种固定而延续的承诺。如果这样的举措均属于既存行为而得到承认，则保护庙产的上谕不啻一纸空文。在这样的情形下，怎样理解、执行上谕和总督的通饬，往往还是取决于地方官的倾向、地方财源的多寡以及当地各僧俗势力的强弱等多项因素的互动。这就使四川各地庙产兴学的进程复杂化，很多地方对庙产的提取实际执行到清朝结束为止。①

庙产兴学活动涉及清末社会变迁的诸多方面,它的重要性及社会意义是不容忽视的。但既存的研究似乎更多侧重于对其整体地简略考察,并做出评价,而其在基层具体运作过程中相关的丰富史实反而付之阙如。积累尽可能多的地方性个案研究是进行一般性思考的基础,依据尽可能多的史料对所发生的史事进行具体细致的研究,才可能使晚清乡村基层社会推广学务的工作呈现出鲜活明朗的面目。②

也只有在区域性的基层个案研究积累到一定程度时,才可能真正反映一般性的趋势和动向。进而言之,各地庙产兴学的情形纷繁杂乱,常常存在较大的区域差异。例如,在其他一些地方,特别是江南,庙产兴学的过程中,曾引起过一系列的毁学事件,而四川尽管有上述的持续纠纷,却基本未见这样的事情发生。这一差异是值得深入考察分析。当年各级官员对四川民风的描述并不比江南的更温顺,那么,这一现象是表明四川官绅关系相对较为融洽? 还是四川官方在具体处理上相对温和? 或是四川对庙产的征收实际较江南为轻? 在积累更多区域性基层个案研究的基础上,这样的比较研究从广度上和深度上都更能增强我们对庙产兴学的认识,今后当另文探讨。

(作者为四川大学历史文化学院教授、博士生导师)

---

① 如峨嵋县金鼎寺等直到宣统二年仍在与地方官讨价还价,争论缴多少的问题。(《峨嵋县禀金鼎寺准僧已如数呈缴一案》,《四川教育官报》1910 年第 6 期,“公牍”,第 5 页。)

② 正如罗志田先生指出的:“只有走‘由虚入实’之路,将研究重心真正转向具体的下层机构、群体、和事件。”(参见罗志田:《见之于行事:中国近代史研究的可能走向》,《历史研究》2002 年第 1 期。)

"鬼话"东来:"红毛番话"类
早期英语词汇书考析

邱志红

英语在华早期传播,是一个很值得研究的历史课题。它不仅是明清以来中西语言接触问题中最为重要的组成部分,也是整个近代中西文化交流史中极具基础性的内容。以洋泾浜英语,特别是早期洋泾浜英语——广东英语的研究为例,内田庆市、Kingsley Bolton、周振鹤、吴义雄、邹振环、黄兴涛等海内外学者,都对反映广东英语特征的"红毛番话"类英语词汇书有所利用和介绍。内田先生甚至将其搜寻的5种"红毛番话"类英语词汇集(即大英图书馆所藏"成德堂本"、"璧经堂本",巴黎国家图书馆所藏"荣德堂本"、"富桂堂本",以及台北中研院历史语言研究所傅斯年图书馆所藏"以文堂本")以资料集的形式影印出版①,Kingsley Bolton 的著作也附录有大英图书馆所藏"璧经堂本"原本的影印全文②,使得研究者得以窥见这些早期英语词汇书的真容。缘此,存世的以"红毛番话"命名的早期英语词汇书刻本,学界基本判定为上述5种。本文拟以笔者在位于新西兰达尼丁市的新西兰长老会研究中心档案馆(Presbyterian Archives Research Centre, Knox College, Dunedin, New Zealand)新发现之五桂堂版《红毛番话贸易须知》为切入点,对这6种"红毛番话"类早期英语读物进行整体性考析,进而以此透视19世纪中西文化交流的特征以及早期中

---

① [日]内田慶市、沈国威:《言語接触とピジン—19世紀の東アジア(研究と復刻資料)》,东京:白帝社,2009年,第183—228页。此书系黄兴涛教授所赠,特此申谢。该书收录的"璧经堂本"前后有"广东省中山图书馆"和"大英图书馆"两处印鉴,笔者赞同周振鹤先生的判断,即应为大英图书馆之物。

② Kingsley Bolton, Chinese Englishes: A Sociolinguistic History, Cambridge University Press, 2003, pp. 266—274.

国人学习英语的历史图景。

一、从“鬼话”到“番话”:早期来华西人笔下的“红毛番话”

明清以降,虽然封建王朝施行闭关政策,厉行海禁,西方天主教、基督教新教传教士仍寻求各种可能相继来华传教,与此同时,随着中外通商贸易的迅速发展,葡萄牙、西班牙、荷兰以及英、法等国的商人也先后来到中国的广州等地从事商业贸易活动。来华西人在传教与经商的过程中,开始了与中国人的接触与交流。从 1637 年第一艘英国商船来到广州,到 17 世纪中叶英国逐渐取得海上霸权,英语凭借权力优势逐渐成为世界贸易和外交的优势语言。传教方面,自 1807 年英籍新教传教士马礼逊(Robert Morrison, 1782—1834)来到广州之后,英语亦逐渐取代拉丁文成为主流,而此时广州作为全国唯一对外通商口岸的标签已经维持了整整半个世纪。上述种种情形构成了广东英语(Canton English)产生和发展的时代背景与社会基础。据美国人马士(Hosea Ballou Morse, 1855—1934)在其名著《东印度公司对华贸易编年史(1635—1834 年)》中的记载,广东英语作为中英商贸的通用语言大约诞生于英国东印度公司在广州正式设立商馆的 1715 年。① 此后,整个 18 世纪,一直到 19 世纪中叶鸦片战争前,广东英语在一个多世纪的中外关系中扮演了重要角色,构成了中西经济文化交流的语言基础。② “红毛番话”便是教授学习这种广东英语的民间读物。

资料显示,最早留意到这类“红毛番话”词汇书并加以介绍和讨论的是来华的外国商人和传教士。在马六甲英华书院学习过中文的美国人亨特(William C. Hunter, 1812—1891), 19 世纪 20—40 年代在广州做生意期间,曾在商馆附近的书肆购得一本名叫《鬼话》(Devils' Talk)的小册子。他对此本小册子的印象如此之深,以至于 1882 年在著述 The 'Fan Kwae' at Canton before Treaty Days:1825—1844(《广州“番鬼”录》)时,还特别着墨介绍了小册子的封面,即画着一个身穿 18 世纪中叶服装的外国人——头戴三角帽,身穿宽下摆外套,马裤长袜,蕾丝褶

---

① [美]马士:《东印度公司对华贸易编年史(1635—1834 年)》第 1、2 卷合订本,区宗华等译校,广州:中山大学出版社,1991 年,第 66 页。
② 有关广东英语的细致研究,详见吴义雄:《“广州英语”与 19 世纪中叶以前的中西交往》,《近代史研究》2001 年第 3 期。

皱袖饰,带扣足靴,手上拿着一根手杖。[1] 亨特的《广州"番鬼"录》是研究早期中外关系史的重要参考著作,历来为研究者所重视,特别是其汉译本内容经常为国内研究者征引。值得注意的是,《广州"番鬼"录》英文本自 1882 年初版后,相继于 1911 年和 1938 年进行过再版。然而笔者参看英文版原文时发现,在描述《鬼话》小册子的封面时,1938 年版的文字比 1882 年初版以及 1911 年版有所删减[2],而被学者经常征引的"戴着三角帽,外配以有扣形装饰的大衣,手上拿着一根手杖"[3]的冯树铁先生的译文,应该依据的是 1938 年版。[4] 上述有关《鬼话》封面细节描写的差异虽然看似无足轻重,实则却是反映早期中国人眼中英国人形象的重要线索。此外,根据亨特对《鬼话》内容所做的简略介绍,可以看出,该小册子在编纂形式上,是由粤语注音汉字与用汉字注出的英文发音合构而成;在编排顺序上,至少有单音字、双音节词和短句的分类。[5]

1831 年德国东方学家诺曼(Karl Friedrich Neumann, 1793—1870)在好友德国新教传教士郭实腊(Charles Gutzlaff, 1803—1851, 1831 年来华)的协助下,于广州等地大量搜购满汉书籍,带回德国的图书中就包括一本名为《红毛(番)话》的小册子。1840 年德国汉学创始人硕特(Wilhelm Schott, 1802—1889)对这批新图书进行清单并编目时,将其收录在《御书房满汉书广录》的"语言、文字与古礼"类中,并解释道:"这是一本交际用的英文词汇表。其英文单词不是用字母拼写,而是汉字注音,使用的是粤语方言。如英文 come 注音'金',因为'金'在

---

① William C. Hunter, The 'Fan Kwae' at Canton before Treaty Days, 1825—1844, Kegan Paul, 1882, p.63. 原文为"On the cover was a drawing of a foreigner in the dress of the middle of the last century—three—cornered hat, coat with wide skirts, breeches, and long stockings, shoes with buckles, lace sleeves, and in his hand a cane"。

② "three-cornered hat, coat with buckles, lace sleeves, and in his hand a cane." William C. Hunter, The 'Fan Kwae'at Canton before Treaty Days, 1825—1844, Oriental Affairs, 1938, p.38.

③ [美]威廉·C·亨特:《广州"番鬼"录 1825—1844——缔约前"番鬼"在广州的情形》,冯树铁等译校,广州:广东人民出版社,1993 年,第 47 页。

④ 林树惠先生是亨特一书的最早译者,其摘译本《广州番鬼录》收录在中国史学会主编中国近代史资料丛刊《鸦片战争》第二部分"鸦片战争前英美对中国的经济侵略"内,依照的英文原本确为 1938 年版。(参见[美]威廉·亨特:《广州番鬼录(摘译)》,林树惠译,中国史学会主编:《鸦片战争》[一],上海:上海人民出版社,1957 年,第 249—274 页。冯树铁先生译本的校订者之一章文钦先生,便是参考了林先生的译著。(参见陈胜粦:《中译本序言》,[美]威廉·C·亨特:《广州"番鬼"录》,冯树铁译,骆幼玲,章文钦校,广州:广东人民出版社,1993 年,第 6 页。)

⑤ William C. Hunter, The 'Fan Kwae' at Canton before Treaty Days, 1825—1844, Kegan Paul, 1882, pp. 63—64.

粤语里读 kom,而不是像官话那样读 kim。"①

　　1837 年美国传教士卫三畏(Samuel Wells Williams,1812—1884,1833 年来华)重点介绍了一本刊刻于佛山、且无编者署名的英语小册子,名为 Hungmaou mae mae tung yung kwei hwa,即《红毛买卖通用鬼话》,是"帮助中国商人与他们的'红毛'顾客打交道的语言工具书"。该小册子共 16 页,所收词汇不到 400 个,分成四类目编排,分别是数目类、人与物类、会话用语类,以及食物名称类。至于编纂形式,卫三畏没有明确说明,但他指出该小册子很有可能与同时介绍的另外一本《澳门番语杂字丛钞》出自同一编者,循例是"(中文)词汇分栏纵向排列,紧接其下用小号汉字注出发音",同时他还列举了包括两(Tael/te)、夹克(Jacket/tik-ka)、一样(Alike/a-loo-sum)、换过(To exchange/cheen-che)等 28 个词汇及注音。②

　　其实卫三畏在发现《红毛买卖通用鬼话》之前,1836 年时他就在讨论广东英语的起源与应用的文章中,介绍过一种当时在广东很常见的英语词汇书手抄本,也是用中文标注英语发音。③ 他还表示见过一种收录有近 3000 词汇、短语量的英语词语集手抄本,堪称"规模相当可观"。④

　　此外,1876 年,美国人查理斯·李兰德(Charles G. Leland,1824—1903)在伦敦出版的《洋泾浜英语歌谣集》(*Pidgin-English Sing-Song*)中也介绍过一种名为《红毛番话》(*A Vocabulary of Words in Use among the Red-Haired People*)的小册子,共有 12 或 15 页。与亨特介绍的《鬼话》相比,李兰德对这本《红毛番话》封面的描述也相当详细:首先是一个红毛番人的全身肖像;其次,身上的礼服是英国乔治王时期(Georgian Period,1714—1830)的风格;下身着半截裤与长袜;佩戴手杖与剑。李兰德从未到过中国,他的这些描述应该是来自长期在中国居住

---

① 转引自张国刚:《柏林国立图书馆"汉学书库"说略》,《汉学研究》第 5 集,北京:中华书局,2000 年,第 379、383 页;《柏林德意志国立图书馆中国古文献调查记——以鸦片战争前的图书及其编目为主》,周延良、林骅主编:《中国古典文献学》第 2 卷,澳门:国际炎黄文化出版社,2003 年,第45—47 页。

② "A complete collection of the miscellaneous words used in the foreign language of Macao, those words of the devilish language of the red-bristled people commonly used in buying and selling", *The Chinese Repository*, Vol.6 No. 6 (1837, October), pp.276—279.

③ "Jargon spoken at Canton", *The Chinese Repository*, Vol.4 No.9 (1836, Janury), p.432.

④ "A complete collection of the miscellaneous words used in the foreign language of Macao, those words of the devilish language of the red-bristled people commonly used in buying and selling", *The Chinese Repository*, Vol.6 No.6 (1837, October), p.276.

的岳父的转述。①

上述来华西人笔下的"红毛番话"类英语词汇集基本上有三种类型:一是亨特介绍的《鬼话》;二是硕特、卫三畏、李兰德等人介绍的"红毛番话"刻本;还有一种是卫三畏介绍的词汇量较大的手抄本英语词语集。它们的共同特点是没有出现英文词汇。这些早期供中国人学习英语的读本,今天基本上都已无缘得见。很多研究者都将亨特介绍的《鬼话》与卫三畏介绍的《红毛买卖通用鬼话》估计为同一种小册子,②但从编纂内容和形式上看二者还是有些微差异,因此尚无法判断是否是同一种读本。西人笔下的"红毛番话"仅是只言片语,实际讨论"红毛番话"的出版、流通、使用、演化,以及所反映的广东英语的特征等问题,必须借助这类"红毛番话"的原本进行具体分析。

二、从《红毛买卖通用鬼话》到《红毛番话贸易须知》:"红毛番话"六种版本的演化轨迹

前文已经指出,包括笔者在新西兰达尼丁新近发现的五桂堂藏版《红毛番话贸易须知》在内,共有 6 种"红毛番话"版本的英语词汇集存世,尽管它们无论是在内容还是编纂形式上,具有诸多相似之处,且均未标注出版年代和编著者,但从不同刊刻书肆造成的各自些微特点,依旧可以窥见此类"红毛番话"的流布年代,以及英国人形象在晚清中国的变迁轨迹和广东英语发展演变的某些片段。

关于这一点,笔者首先对 6 种版本"红毛番话"的异同做一具体的比较说明。

(一)《红毛买卖通用鬼话》(荣德堂本)

该小册子封面右半部竖题"红毛买卖通用鬼话",左半部绘一西洋人头戴三角帽(影印本效果无法判断三角帽帽檐的纹饰情况),身着无领长外衣阿比(Habit),门襟和袖口有扣子装饰,下摆外张,露出门襟有装饰的贝斯特(Waist-

① Charles G. Leland, *Pidgin-English Sing-Song*, Trübner & Co., Ludgate Hill, 1876, introduction, p.4.
② 如吴义雄判断《鬼话》是亨特在"广州期间(1826—1844 年)购买的,因此很有可能与卫三畏所介绍的是同一种,但他在介绍时将原书的书名做了简化"。(见氏著:《"广州英语"与 19 世纪中叶以前的中西交往》,《近代史研究》2001 年第 3 期,第 186 页。)

coat),下身穿宽松式半截裤克尤罗特(Culotte),膝盖以下被合身长袜套住。① 西洋人右手持手杖,左手扶握剑鞘。人物像左下角有"荣德堂"字样。全书正文8叶16页,每页3个单词为一列,按顺序分生意数目门、人物俗语门、言语通用门和食物杂用门4类,每门各收词条数93个,除每门首页收录21个单词外,其他页每页单词24个,一共收录372个英汉对译词汇。② 可以看出,"荣德堂本"和上文卫三畏介绍的《红毛买卖通用鬼话》的大致相似,甚至卫三畏列举的28个词汇,除了jacket/tik-ka一词外,其他27个全部都能在"荣德堂本"中找到一一对应的词汇。即便这细微的差别也无法将二者判定为同一本词汇书,但基本可以判断该小册子应该也是19世纪30年代的产物。

(二)《红毛通用番话》(成德堂本)

周振鹤先生对此版本做过详细的索解工作。③ 除了封面竖题"红毛通用番话",人物肖像左下角标注"成德堂",刻本的字体稍有变化,以及将"荣德堂本"中的"卖/些"改为"卖/些淋"等这些细微的差别外,无论是封面人物(三角帽有清晰的花纹装饰),还是页面版式(每页3个单词为一列)、页数(16页)、所收词条数(372个)、每页单词数目(21/24)、词条分类及数目等(生意数目门、人物俗语门、言语通用门和食物杂用门4类,每门词条数均为93个),该小册子与"荣德堂本"别无二致。④

(三)《红毛通用番话》(璧经堂本)

这一版学者利用的最多。Kingsley Bolton还原出至少370个对应的英文原词,吴义雄、周振鹤、邹振环、黄兴涛诸先生也都对此版本有过利用和讨论。⑤ 尽

① 李当岐:《西洋服装史》,北京:高等教育出版社,2005年,第209—212页。
② 《红毛买卖通用鬼话》,广州荣德堂刻本。见[日]内田慶市、沈国威:《言語接触とピジン—19世紀の東アジア(研究と復刻資料)》,第183—1□7页。
③ 周振鹤:《大英图书馆所藏〈红毛通用番话〉诠释》,荣新江、李孝聪主编:《中外关系史:新史料与新问题》,北京:科学出版社,2004年,第405—41□页。
④ 《红毛通用番话》,广州成德堂刻本。见[日]内田慶市、沈国威:《言語接触とピジン—19世紀の東アジア(研究と復刻資料)》,第197—201页。
⑤ Kingsley Bolton, *Chinese Englishes:A Sociolinguistic History*, pp.275—287;吴义雄:《"广州英语"与19世纪中叶以前的中西交往》,《近代史研究》2001年第3期,第184页;邹振环:《19世纪早期广州版商贸英语读本的编刊及其影响》,《学术研究》2006年第8期;周振鹤:《大英图书馆所藏〈红毛通用番话〉诠释》,荣新江、李孝聪主编:《中外关系史:新史料与新问题》,第405—410页;黄兴涛:《〈嘆咭唎国译语〉的编撰与"西洋馆"问题》,《江海学刊》2010年第1期。

管在编纂内容与页面版式等诸方面,该版与"荣德堂本"和"成德堂本"依旧有着很大的相似性,但差别也比较易见,如封面左下角竖题"璧经堂"三字上,横写小号字"省城"二字,首页第一排下竖刻有"省城璧经堂梓",甚至还存在着明显的误刻与漏刻,如将"十九/坭颠"误为"廿九/坭颠","精致/痕甚"误为"精/致痕甚","铺/哖士"错为"八铺"。① 根据 Kingsley Bolton 的考证,"璧经堂本"刊刻于1835 年,372 个具有广东英语特征的英语词条中,除大部分来源于英语以外,还有"一尺/温布"、"一丈/颠哥步"、"公道/贡仙士"、"算数/干打"等 22 个来源于葡萄牙语,"柑/丫臂先"、"鸭/莺架"、"火腿/圣加"、"牛奶油/士孖以"、"烟筒/卑罢"等 5 个来自瑞典语,以及"蕉/臂生"和"竹笋/嘛母"2 个分别来自马来语和印度语的词汇。

(四)《红毛番话贸易须知》(富桂堂本)

内田先生收录的此本影印本为残本,仅有 5 叶半,11 页,应为巴黎国家图书馆保存不完整之故。所收录词条到言语通用门的"一句/温忽"为止,共有词条数 207 个,生意数目门、人物俗语门词条数依旧是各 93 个。此版本最明显的差别体现在封面的人物肖像上:西洋人头戴筒形礼帽,上唇留有八角胡须,身穿细腰宽摆外套宽裤,足下平底鞋,左手捧书,右手握有手杖。人物像右下角有"富桂堂,只字无讹"字样。②

(五)《红毛话贸易须知》(以文堂本)

内田先生收录的此本影印本亦不完整,明显漏印二叶上和三叶下两页,而周振鹤先生认为刊刻质量最差、错讹最多的这一版本实际上并非如此不堪。周先生的词汇索解工作做得相当细致,但其在文章中照录的"以文堂本"全文与实际内容实际上有着很大的出入。或许是录入或编排的疏忽,诸如"大伙长/涉减"误为"大伙长/涉减","剃头匠/吧罢文"误为"弟头匠/吧罢文","鲤鱼/急非士"误为"鳇鱼/急非士","鞋扣/酥卜"误为"难扣/酥卜"之类的错误,不一而足③。

"以文堂本"与"富桂堂本"的封面人物的造型风格完全一致,但右侧竖题

① 《红毛通用番话》,广州璧经堂刻本。见[日]内田庆市、沈国威:《言語接触とピジン― 19 世紀の東アジア(研究と復刻資料)》,第 205—209 页。
② 《红毛番话贸易须知》,广州富桂堂刻本。见[日]内田庆市、沈国威:《言語接触とピジン― 19 世紀の東アジア(研究と復刻資料)》,第 191—194 页。
③ 周振鹤:《〈红毛番〉索解》,《广东社会科学》1998 年第 4 期。

"红毛话贸易须知"7 字,"毛"与"话"之间有空格,似乎是刻意将"番"字隐去。"以文堂本"最明显的变化是编纂内容上。全书正文仅 6 叶,12 页,但每页 4 个单词为一列,首页刻有"新刻红毛番话以文堂藏板"字样,且每页单词数目不一,"食物杂用门"除了将"酱油"词条更换为"大虾"外,又在"鞋扣"后增加"猪肉"、"猪肚"、"鹿肉"等 23 个颇具广东地方特色的词条,因此全书共收录词条 395 个。①

(六)《红毛番话贸易须知》(五桂堂本)

"五桂堂本"是笔者在新西兰达尼丁长老会研究中心档案馆翻阅唐愿高(Alexander Don)个人卷宗时偶然所获。② 唐愿高是何人?"五桂堂本"又是如何进入唐愿高的收藏呢?

1871 年前后的新西兰南岛奥塔哥(Otago)地区,因为丰富的金矿资源,吸引了大批做着淘金梦的华人矿工漂洋过海来此避难以及谋生,他们大部分是来自广州番禺、四邑、增城等地的农民。华人矿工的悲惨境遇得到了当地新西兰长老会的同情,自然也成为他们希图传教的对象。为了消除语言上的障碍,1879 年新西兰长老会派出年仅 24 岁的澳洲矿工的儿子 Alexander Don(1857—1934)到广州学习华人矿工的方言——粤语。③ 这位华人口中的端牧师自 1879 年 11 月来到广州,到 1881 年 3 月返回新西兰,至少花了 10 个月的时间专注地学习中国汉字和粤语④,他还给自己起了一个中国名字,即唐愿高。⑤ 以粤语标音的"五桂堂本"很有可能就是这一时期进入唐愿高的学习视野的。笔者看到的这本"五桂堂本"《红毛番话贸易须知》,在其封面的左上端,确有"Sept. 1880"的铅笔标注,书中以粤语标音的英文对译汉字也多圈注,这与唐愿高逗留广州的时间和

① 《红毛话贸易须知》,广州以文堂刻本,台北中研院史语所傅斯年图书馆藏。该书承赵晓阳教授复制相赠,特此致谢!
② Alexander Don, *Chinese posters*, *booklets etc.* ND. 3/131. Presbyterian Archives Research Centre, Knox College, Dunedin, N.Z.
③ 杨汤城口述、丁身尊整理:《新西兰华侨史》,广州:广东人民出版社,2001 年,第 21 页。
④ James Ng, *Windows on a Chinese Past*, vol.2, Otago Heritage Books, 1995, pp.143,169. 值得注意的是,唐愿高还是新西兰长老会广州镇村传道团(Canton Villages Mission, 1898)的创始人,在中国广州的传教事业颇为成功。无论是在基督教史还是华侨史领域,学界至今尚未出现对唐愿高本人系统的研究著述。
⑤ 也有研究者记作唐原高。在 Alexander Don 的个人卷宗中,收藏有 1886 年至 1890 年间他写给教友的中文书信,落款均为"唐原高"。现藏于惠灵顿(Wellington)新西兰国家博物馆(Te Papa, New Zealand)1884 年的《乌施仑金山南岛图》(South Island N.Z. Goldfields' Guide)绘注者之一也注明为"唐原高"(CA000501/010/0001)。参见 http://collections.tepapa.govt.nz/Object/693164。

学习粤语的经历十分吻合。至于五桂堂则是晚清民初广州著名的书肆之一,创办于光绪年间,从四书五经到木鱼唱本,无所不印。① 这也从一个侧面说明,至少到了晚清光绪年间,广东地区仍有此类广东英语民间读本的流行。

无论封面还是内容,"五桂堂本"与"以文堂本"都基本一致,也是 6 叶 12 页 395 个词条,只有"泔多"、"唔要"、"公道"等少数词条的粤语注音汉字有所不同。

上述 6 种"红毛番话"刻本具有极高的相似性。在编纂形式上,"红毛番话"通篇没有出现一个英文单词,而是由汉字与对应的标记英语字音的粤音汉字合构而成。这种标记英语字音的粤语字音,语言学上定义为"英粤对音"。② 在词条分类上,基本上都分生意书目门、人物俗语门、言语通用门、食物杂用门四类。词条总数从 372 发展到 395 个,词条内容完全一样。因此可以基本肯定,目前存世的这 6 种"红毛番话"刻本是同一种"红毛番话"词汇书的不同版本。

具体而言,"荣德堂本"、"成德堂本"与"璧经堂本"属于一种类型,代表了早期版本的特征(封面头戴三角帽、手执手杖和剑的西洋人,16 页 372 个词条的内容含量,以及每页 3 个单词为一列的页面版式)。前文已经初步判断"荣德堂本"为 1830 年代左右中国人的"杰作",而"鬼话"这类带有明显歧视色彩的称谓在其他 5 种刻本中都未再使用,由此可以估计"荣德堂本"《红毛买卖通用鬼话》应为这 6 种刻本中最早的一种。根据李兰德对《红毛番话》封面人物肖像特征的具体描写,他笔下的《红毛番话》似乎应是"成德堂本"或"璧经堂本"《红毛通用番话》中的一种。且"成德堂本"与"璧经堂本"均收录有硕特注意到的"来/今"这个词汇,因此判断这两种刻本流行的年代应在 1830 年以后。

而"以文堂本"与"五桂堂本"属于另外一种类型(封面头戴礼帽的西洋人,12 页 395 个词条的内容含量,以及每页 4 个单词为一列的页面版式),是流行于 19 世纪 70、80 年代的"新刻红毛番话",进一步强调贸易的功能与特征。"富桂堂本"残本综合了上述两种类型的基本特征,呈现出从早期版本到新刻本的过渡形态。

此外,这 6 种刻本还存在着"英粤对音"中"口"字旁汉字简化的趋势,以及

① 梁威:《五桂堂书坊》,《岭南文史》1993 年第 4 期。
② 黄耀堃、丁国伟:《〈唐字调音英语〉与二十世纪初香港粤语的声调》,《方言》2001 年第 3 期。

不同刻本间讹误继承或纠正的情况,如下表:

表 1:6 种"红毛番话"刻本词汇举隅

词条数/英文原词①	荣德堂本	成德堂本	璧经堂本	富桂堂本	以文堂本	五桂堂本
37./one hundred	一百/温悭顿	一百/温悭顿	一百/温悭顿	一百/温悭顿	一百/温悭顿	一百/温悭赖
70./truly	老实/度咾利	老实/度咾利	老实/度咾利	老实/度老利	老实/度老利	老实/度老利
88./consciensia	公道/贡仙士	公道/贡仙士	公道/贡仙士	公道/贡伸士	公道/贡伸士	公道/贡伸士
133./good friend	好朋人/活父嗹	好朋人/活父嗹	好朋人/活父嗹	好朋友/活父	好朋友/活父	好朋友/活父
141./handsome	精致/痕甚	精致/痕甚	精/致痕甚	精/致痕甚	精/致痕甚	精/致痕甚
144./lost	舌本/咾士	舌本/咾士	舌/本咾士	舌/本咾士	舌/本咾士	舌/本咾士
207./one word	句/温忽	句/温忽	一句/温忽	一句/温忽	一句/温忽	一句/温忽

由此可以进一步推演出上述 6 种刻本从"荣德堂本"《红毛买卖通用鬼话》到"五桂堂本"《红毛番话贸易须知》大致的刊刻轨迹。

关于"红毛番话"的封面人物形象,也是判断"红毛番话"流布年代的重要线索,其所呈现的不同的英国人形象,对于我们理解早期中国人如何认知英国与西洋,当不无助益。周振鹤先生敏锐地观察到"荣德堂本"、"成德堂本"与"璧经堂本"的封面人物,与同在广州刊印的五桂堂本《澳门番语杂字全本》封面人像,均是取材于乾隆朝《澳门记略》卷下所附"男番图"中的以葡萄牙人为代表的男性西洋人形象:服饰以黑毡为帽,檐折为三角;衣之制,上不过腹,下不过膝,边缘以锦金银钮联缀;袖属于腕,折叠如朵莲;袴袜用织文束迫;蹑黑革履;人咸佩刀,刀尾曳地;贵者握藤。② 除了西洋人深目高鼻的面部特征有所润饰外,其他轮廓、姿态等细节都几乎完全一致。③ (见下图:《澳门记略》"男番图"与《红毛通用番

---

① 词条数及英文原词系笔者标注。
② 印光任、张汝霖著:《澳门记略》,赵春晨点校,广州:广东高等教育出版社,1988 年,第 58—59、122 页。该书系以乾隆初刻本为底本,校以嘉庆、光绪诸本,被学界公认为"最实用"之版本。
③ 有意思的是,民国上海进步书局印行的《澳门记略》所附"男番图"中西洋人的面部特征,反而更接近后二者。

话》、《澳门番语杂字全本》封面人物比较图)

　　结合前文亨特、李兰德对"红毛番话"封面人物形象的描写,三角帽、长外套、半截裤、长袜、方扣足靴、手执手杖或剑,实为西洋服装史上洛可可时期(18世纪)男性西洋人服饰风格的基本特征。这些特征在乾隆时代的《职贡图》、《万国来朝图》中也有明显反映。①

　　历史上澳门长期为葡萄牙人盘踞,中国人在与英国人打交道之前,就已经积累了丰富的与葡萄牙人交往的经验,澳门葡语便是中国人在澳门发明、主要用于中国人与葡萄牙人交流的一种混合语言,教授学习这种澳门葡语的民间教材就是《澳门番语杂字全本》之类的读本。"五桂堂本"的《澳门番语杂字全本》刊印年代较晚,目前虽无法得知 1830 年代卫三畏介绍的《澳门番语杂字丛钞》封面呈现的是葡萄牙人究竟是何种形象,至少《澳门番语杂字全本》的编撰者选择《澳门记略》中的男番肖像作为葡萄牙人形象符号的做法,也是顺理成章的。当时的中国人确是把《澳门记略》中的男番等同于葡萄牙人来认知的。

　　尽管乾隆朝的《职贡图》、《万国来朝图》已经对"英吉利人"、"荷兰人"、"法兰西人"、甚至葡萄牙人在内的"大西洋人"的形象有所区分,代表了这一时期清廷对西洋人形象认知的最高水平,但"荣德堂本"等三种"红毛番话"的封面显示出,至少在民间,中国人对英国人乃至西洋人的认知还是模糊的,仅从西洋服饰外观无法做出精确的区分。就像一开始中国人称荷兰人为"红毛番",英国人东来后,亦以"红毛番"谓之,久成习惯。而且,《职贡图》、《万国来朝图》此类宫廷绘画深藏宫中,流传范围有限,《澳门记略》的两位著者却都有着担任澳门地方

_____

① 参见赖毓芝:《构筑理想帝国——〈职贡图〉与〈万国来朝图〉的制作》,《紫禁城》2014 年第 10 期。

官的经历,他们笔下的男番图像也许更接近当时在澳门生活的普通西洋人或葡萄牙人的真实情形。此外,还有一种可能,广东英语起源于澳门葡语,用葡萄牙人的图像以为纪念。

至于"五桂堂本"等3种"红毛番话"封面的西洋人物形象,呈现出的是19世纪浪漫主义时期的特征,从人物头戴筒形礼帽,手执手杖,细长鞋尖的情形来看,应属于1820年以后西洋人的穿着。封面人物图像的更迭,在一定程度上显现出当时中国人认知下的英国人形象与过去已经发生明显转变。

三 简单的结论

以上,笔者将存世的6种"红毛番话"类早期英语词汇书刻本进行了文本意义上的考证研究,从封面人物服饰、版面样式、词条内容等诸方面,不仅与早期来华西人笔下的"红毛番话"类读本进行比对,试图寻找可能的对应关系,还将这6种刻本进行整体上的比较分析,以期呈现出它们之间的翻刻轨迹与传承关系。笔者认为,目前存世的6种"红毛番话"类英语词汇书刻本,与已知材料中描写的"红毛番话"虽然在某些方面具有相似性,但并不是其原本,而这6种"红毛番话"刻本应该是同一种词汇书的不同版本,且基本上是按照"荣德堂本"《红毛买卖通用鬼话》、"成德堂本"《红毛通用番话》、"璧经堂本"《红毛通用番话》、"富桂堂本"《红毛番话贸易须知》、"以文堂本"《红毛话贸易须知》、"五桂堂本"《红毛番话贸易须知》这样的顺序依次翻刻问世的,每一种刻本都不够完善,均有一定的错讹。

"红毛番话"刻本之外,各种抄本也颇为流行。内田先生在大英图书馆还发现一种词汇量虽比马礼逊笔下的刻本减少一多半,但明显大于刻本的55叶《红毛番话》抄本。据周振鹤先生译解,该手抄本共收词汇1407个,与刻本不同之处还在于没有严格的分类,仅有二字言语门、果子门、青菜门这样简单大致的分类。①

目前所见的早期英语读本中,通篇不出现英文,仅用汉字和对应的粤音注音

---

① 该抄本影印本收录在[日]内田庆市、沈国威:《言語接触とピジン—19世纪の東アジア(研究と復刻資料)》,第245—273页。相关研究参见周振鹤:《大英图书馆所藏〈红毛番话〉抄本译解》,《暨南史学》2005年第4辑。

汉字表示的特殊编纂形式似乎仅"红毛番话"类英语词汇书所独有,不仅《华英通用杂话》(Robert Thom 著,1843)、《华英通语》(子卿著,1855 年左右)、《英话注解》(冯泽夫等著,1860)、《英语集全》(唐廷枢著,1862)等这些同一时期各种以粤音、甬音等标音的英语读本所未见,连比它们更早出现的、已初具广东英语特征的乾隆朝官修《口英咭唎国译语》都不曾采用。这种独特的表现形式,同时也保留、丰富了早期英语在华传播过程中的某些历史细节。

(作者为中国社会科学院近代史研究所副研究员)

论民国中华书局经营的"陆费风格"

周其厚

1912 年陆费逵创办中华书局,至今已历 106 年。早期中华书局由合资、无限责任公司到有限责任公司,具有近代企业经营的特点。但在以陆费逵为中心的带领下,在长期的经营过程中,除了刚性的管理制度外,形成了一种宽松、和谐、重感情的工作环境,犹如一个大家庭,堪称独具特色的"陆费风格"。

一、平易近人,勇于担当

陆费逵是一个性格鲜明的人,他行事果敢、处事敏捷,又待人平等,即之也温。在中华书局里工作的人,对他总是怀有一种敬仰有加的亲近感。

(一)亲切称呼。现代管理学告诉我们,一个人事业的成功,除依赖于自身具有的智慧外,还必须具备丰富的内心世界即情商。从某种程度上说,后者对事业发展起着更为关键的作用。情商包括的内容很多,其中为人随和、不端架子、易于接近、善于交流就是重要的组成部分。

陆费逵形貌魁伟,头特别大,声音洪亮。他所戴的呢帽,是在一家叫"马敦和帽庄"定制的。1930 年,陆费逵率人第二次去日本,把帽子弄丢了,在日本的商店中,竟然找不到合乎其头寸的呢帽。可见,他的头大是一个事实,同事们背后都叫他"大头先生"、"陆大头"。问题是他本人,对此并不介意,而且还习以为常,在与熟人的通信中,颇有趣味地具名"大头"。有一次,他请舒新城等人吃饭,在便条上署名"头大先生"。1929 年,他在给同事的信中说:"十八年来,公司之外患内乱,时局之外患内乱,总算尝饱了。'大头'的额角高,总算没有跌倒。现在同业的压力减少一点,本身的生存力增多一点。我想我们审慎从事,不必因为时局乐观而猛晋,亦不必因为悲观而停顿,仍旧审慎其所审慎罢。"①从中,我们可以看出他性情随和、不拘小节的一面。

他身为中华书局的总经理,总是礼贤下士,平等待人,没有架子。对书局的同人,不论公私信件,称呼别人总是"某先生"、"某兄"或"某弟"(对学生),自称"弟"或"兄"。同事称呼他"伯鸿先生",而不称总经理。很多时候陌生人来局里办事,说找"陆费总经理",竟有人不知"陆费"为何人者,而一旦说找"伯鸿先生",则无人不知,无人不晓。"他说话声音宏亮,在总经理室中,与人谈话,有时笑起来,整个办公室都可听到。记忆力很强,所遇之人,所经之事,若干年后,犹不忘记。"在同人的印象中,"陆费逵伯鸿精明强干,秉性刚爽,大权独揽,办事有决断,有魄力。用人信任不疑,有'见事明,处事敏'之称"。②

陆费逵从17岁开始,就在社会上任事,办过学校,开过书店,当过记者、编辑,有着丰富的阅历。他年轻的时候,与一帮青年人打交道,相互之间难免都有"气盛"的情况。但是,随着年龄的增加,生活的磨练,他对人生的感悟也渐多。他指出,一个人无论做事、待人,都应当光明磊落,不欺人,不诈伪,不怀私见。能够不欺人,不诈伪,则对人就有信用,不患不能立于社会。不怀私见,则开诚布公,推己及人,易得他人的襄助,事业因之容易成功,容易发展。在他看来,一个人的智慧和能力是有限的,所以要虚心采纳他人的意见,同时又要贡献自己的所长。宽宏大度作为一种美德,具备之则公心自多,私心就少,必能待人以忠恕,遇事容忍。凡成功成大事业的人,度量无不宽宏。他是这样说的,也是这样做的。他事业成功的原因之一,就在于他是一个心地光明、坦荡、大度与虚心的人。

(二)担当责任。担当责任是一个人的重要品质,既是一个团队合作的基础,也是凝聚力形成必不可少的条件。陆费逵就是一个敢于担当、勇负责任的人。无论他创办书局,开创事业,还是经营业务,都能一经贯之。特别是在公司出现失误,或者遇到困难的时候,他的表现尤其值得人们尊重。

中华书局成立伊始,"以少数资本,少数人力,冒昧经营,初未计其将来如何"。但凭着适应共和的"中华教科书",开业之后,"各省函电纷驰,门前顾客坐索,供不应求,左支右绌,应付之难,机会之失,殆非言语所能形容"。由此一炮

---

① 俞筱尧、刘彦捷编:《陆费逵与中华书局》,北京:中华书局,2002年,第335页。
② 中华书局编辑部编:《回忆中华书局》上编,北京:中华书局,1987年,第25页。

走红,奠定了营业基础,成为书业界中的一支新生力量。"然大势所迫,不容以小规模自画矣。于是,改公司,添资本,广设分局,自办印刷。"推出"新制"、"新式"教科书,《中华大字典》发行,八大杂志风行一时,中华书局进入全盛时期。

但就在这时候,"不幸在最盛之时代,演出绝大之恐慌"①。这个"绝大之恐慌",就是中华书局的"民六危机"。在此情况下,整个公司为股资提款所困,几乎不能支撑下去,几乎要关门歇业。面对"民六危机"的关键时刻,陆费逵的表现可圈可点,难能可贵。他在数篇总结危机教训的文章中,总是从自身寻找原因。陆费逵在股东常会上说:"经济困难已达极点,现已不能支持。果属何故?虽因董语四起,存款纷提,而办理不善,措置不当,实无可辞。"他在《我为什么献身书业》一文中,说:"民国六年的风潮闹得几乎不了,原因很复杂,就我本身想起来,有三种缺点:第一经济缺乏,没有应变的财力;第二经验不足,没有预防的眼光和处变的方法;第三能力不足,没有指挥全局的手腕。"②他请求辞去局长职务(当时称"局长",后改称"总经理"),获得股东会议的同意,暂任司理。在这个时刻,他没有一走了之,没有撒手不管。他回忆说,当时"范静生先生要我去教育部帮忙,先外舅高子益先生要我在外交上任事,《新闻报》馆汪汉溪先生要请我任总主笔,还有其他方面殷勤劝驾"。一般来说,这种诱惑力是极大的,特别是当一个人遭遇事业低谷的时候。但陆费逵"抱定有始有终的宗旨,不肯中途离开"③,积极主动地配合公司查账,处理善后事务,为公司的复兴,尽了自己的最大努力。可以说,没有一种敢于担当的精神,很难做到这一点。

(三)善待他人。作为一个综合的出版机构,中华书局部门多,业务繁忙,对于职员的工作要求高。接稿、审稿、校对、发行等,哪一个环节都要认真对待。但是,智者千虑,必有一失;愚者千虑,必有一得。人们在工作中,难免会犯一些错误,有些是客观上的原因,有些是主观上的原因。对待过失或错误的态度是十分重要的。陆费逵善待他人,遇事总是能换位思考,既"己所不欲,勿施于人",又能"己所欲,也勿施于人"。有以下两件事情,足以说明他的包容之心。

1.《闲话扬州》风波。1934年,中华书局出版《闲话扬州》一书,作者为易君左,少负文名。在书中有这样的话:"一个上午,就只有皮包水,一个下午就只有

① 陆费逵:《陆费逵文选》,北京:中华书局,2011年,第386—387页。
② 钱炳寰:《中华书局大事纪要》(1912—1954),北京:中华书局,2002年,第33—34页。
③ 陆费逵:《陆费逵文选》,北京:中华书局,2011年,第420页。

水包皮,这一天就完了! 晚上呢? 自然有别的办法——最作兴的看戏。"这引起了扬州人极大不满。这年 6 月,江都妇救会代表郭坚忍在镇江法院提出诉讼。陆费逵是公司法定代表人,在出版物版权页上印有"发行者陆费逵",自然要出庭。扬州八邑旅沪同乡会登报,要求封闭中华书局。后经调停,以该书停止发售、作者致歉等方式结束。事后,陆费逵对于此书审稿的编辑、编辑所长没有怨言,没有指责。

2."风水"之事。据早期中华书局人回忆,陆费逵相信"风水"。有一段时期,凡是公司各部门办公室的桌子,放哪个位置,如何朝向等,都要请风水先生来看。有一次,一位荣姓风水师来后,看到印刷所所长唐驼的工作台时,要调整其方位。但唐驼说:"先生既能预知凶吉,我现在要考验你一下。请将我的桌子搬在你所认为最凶险的七煞口。我如坐下去不久就死,风水之说可信;我坐下去不死,还请不必多找藉口,打道回府。"此风水先生不知所措,悻悻而去。因为唐驼对于风水问题,有自己的看法,他说:"信仰自由。我不信风水是我的事,他人也不必以此赞扬我。伯鸿也没有说过,凡批评他信风水者,一律都不录用。反观有不同意此说者,在'中华'皆身居高位,可见他之信风水一事,并不祸及作为甄别人才之参考。如果人们只把伯鸿信风水之事,专作为茶余酒后的谈论或讥讽资料,而不重视他在'中华'和文教方面的功绩,似有欠公道!"①

(四)淡泊名利。在中华书局出版事务中,特别是一些大型文化出版工程,从谋划、组织,到排版、印刷,陆费逵出力不可谓不多,但他从不居功自傲,绝不掠人之美。比如,在出版的图书中,他不挂主编、总编辑的名义,即使是出力最多的《中华大字典》《辞海》《四部备要》《古今图书集成》等,仅仅是写"序言"、"缘起",以示说明,而没有在版权页上挂个主编。事实上,从个人的贡献来讲,他完全有资格这样做。陆费逵担任总经理数十年来,事无巨细,总要操心,发言报告,总是自己动笔,始终没有聘用专职秘书。有人问他,为什么不聘用秘书代劳。他笑着解释说,有事情要向秘书说明原委,交代如何措辞,如何题目,如何分段,写成稿子后,还必须修改后定稿,有不合意的部分,要重新拟稿,这样来回一番,既费精力,又费时间,不如一开始就自己亲笔写作。

在中华书局,陆费逵的薪水不是最高的。最初定为 200 元,自 1917 年"民六

---

① 俞筱尧、刘彦捷编:《陆费逵与中华书局》,第 10 页。

危机"后,每月只支公费 100 元。公司情况好转后,1921—1931 年每月支 200 元,仍低于当时编辑、印刷、发行三所所长的薪水。1932 年后,每月支 300 元。1936 年,中华书局拟提高干部薪水,即三个所正副所长及理事共 10 余人。他们的加薪与一般职工每年或 2 年加一次不同,大约每 5 年或 10 年普加一次,加的数目也较大。这次议由各所长拟议加的薪水数,所长加 60 元,理事 40 元,副所长 30 元。如此,所长的薪水达到 300 元,编辑所长高于此数。当时的编辑所长是舒新城,他向董事会建议将总经理薪水加至 500 元。陆费逵说,若公司情形不好,股东等或以干部支薪太多所致,反使办事困难,故只接受加至 400 元之数。

二、用人公平,重视才能

考察一个企业管理状况,在很大程度上看其选人、识人、用人和引进人才。一个综合性的企业内部,有诸多的分工,需要各种人才、各种员工,把适当的人放在适当的位置上,整个企业才能合理运转。所以,人性化管理即把人用好是经营企业的一门大学问。在中华书局陆费逵时代,关心员工生活,关心个人发展,反映科学的用人政策。

(一)区别工作性质。中华书局的员工按文化程度的不同,分为学生、练习生、学习员,分配到不同的工作岗位,享受不同的津贴标准。当然,按照工作的年限、岗位的熟练程度,可以调整包括薪水的增加。在中华书局不同的部门中,对于员工的要求也不同,特别是在工作时间上的规定。陆费逵能做到不同情况,不同对待,显示了灵活机动的管理风格。中华书局设"一处三所",总办事处、编辑所、印刷所、发行所,处、所下设各部。员工的来源,主要有两部分,一是经熟人介绍入局;二是聘请或经考试录用。因为是出版企业,必须有一定的文化水平。在总办事处和编辑所的人员,需要有一定的经验、专长和文化程度,比如绘画、会计和文书,编辑人员基本上是经人推荐和聘请而来。在总办事处,工作时间为 7 小时(后改为 8 小时),编辑所为 6 小时(供午餐),印刷所为 8 小时,发行所门市部与办公部门,时间更长一些,这种区别充分考虑到工作性质的不同。产品质量是企业发展的生命线,在一个出版企业中,编辑人员能力与水平,对于保障出版物的质量,至关重要。所以,编辑所人员的学历一般比较高,而且有一定的学术素养,具备选题、策划的能力。他们的工作时间较短,就是考虑到他们要利用更多业余时间,来多读书,多了解前沿知识。

(二)提高员工福利。中华书局如果不是遇到突发情况,员工在每年六月底调整工资,年终加薪。有盈余可以分到红利,一般相当于 1 个月左右的工资。根据每个人的出勤情况和贡献大小,来提高员工的工资。上班签到,允许迟到 15分钟,但要在签到簿上注明。但在夏天遇有高温天气时,下午就放假。各部门主管人员根据各人出勤率和贡献大小,分别确定各人的工资水平。其中,有年限工资和能力工资,前者依据在局年限长短确定,后者依据能力大小确定。陆费逵不搞"平均主义"、"大锅饭",每年 6 月和 12 月底,特别是遇到时局紧张和发生战争时,员工也有被裁减的危险,但这类人是极少数,因为培养一个编辑、印刷熟练工不容易,要经历数年的时间。职工勤勤恳恳工作,一般可以长期聘用下去。当时人们找个职业比较困难,除非有所高就或工资较高的职业,一般是不会选择离开书局的。按照当时的生活水平,书局待遇还是不错的。编译员月薪 80 元以上,缮校 25—40 元,分局正副经理 40—100 元,账房 20—30 元,柜员、学习员15—20 元,练习生月津贴 12—14 元,学生月津贴 9—12 元。据吴铁声回忆,他1930 年考入书局,名义上是缮校,分派到推广部,作为一个普通职员,月薪 25元。除去房租 5 元,寄家里 10 元,尚余 10 元,维持个人生活没问题。当时物价平稳,到饭馆吃客饭,一元钱可买八张饭票,每张饭票供应一菜一汤,在包饭作吃包饭更便宜。抗日战争前,他有过几次加薪。自从进局以后,每天晚上去夜校补习,外语、会计都学过。①

除此之外,因为编辑人员大部分都是有文化的人,既是编审,又是作者,往往在工作之余,从事自己喜好的学术研究,如舒新城、左舜生、钱歌川等人,都把书稿交由书局出版。钱歌川就说过,自从成为中华书局一分子之后,书稿就很少给别家出版了。当然,他们的书稿是在公司 6 小时后,回家在灯下编写出来的。那时候,他经常每天工作 12 小时。而"中华书局不缺现金,随时可付出大笔稿费,不会因此而要作者抽取版税的。中华书局对同人的照顾无微不至,同人编写的任何稿件,都要尽量收购,以增进同人的收入,希望大家能过更舒适的生活"②。

陆费逵深知,公司要靠大家努力,必须统筹兼顾,照顾好各种利益。他说:

---

① 中华书局编辑部编:《回忆中华书局》上编,第 81 页。
② 中华书局编辑部编:《回忆中华书局》上编,第 102 页。

"我和诸董事决无为股东谋厚利的意思,只求(一)公司能够维持,股东得相当的利息;(二)员工得相当之待遇。此两层是一定的道理。公司不能维持,我们在这里做甚么呢?股东苦了多年,现在旧债还清,如再不能得相当的利息,股东要开这个店做甚么呢?同人的待遇,要将本人能力资格、社会经济状况、同业待遇情形作比例。如果过薄,同人必不干了。如果过优而使公司开支大、成本高,致不能与人竞争,结果公司固然损失,同人也有损无益。所以,我们要双方顾到,方能保全这个文化实业,方能有我们共同工作的团体。"①

陆费逵关心员工的成长,对于有成就的、有发展潜力的员工,总是通过不同方式给以优待。钱歌川担任编辑时曾首次引进850字的《基本英语》,出了一套"基本英语丛书",编了一本《基本英语课本》,由电台定时播出,举办空中教学,又请赵元任灌音,制成了一套唱片。在社会反响很好,销量不错。陆费逵对钱歌川非常赞赏,1936年钱歌川提出到英国进修,为期1年。陆费逵同意并支持他去,不但没有停职停薪,而且薪水仍按月发放给他的亲属,还资助他出国的旅费。

为了解决员工子女上学事宜,中华书局办有中华小学校。后因故停办,他想恢复办学,终因校舍无着,又没有合适的主持人而未实现。1936年陆费逵出面协调,与国华小学达成协议,捐助建筑校舍费用500元,借给款项1500元,该校成为公司特约小学。又订有办法7条,员工子女入该校初高级小学者:(1)月薪不满30元者,学费全部由公司津贴。(2)30元以上不满50元者,津贴四分之三。(3)50元以上者津贴二分之一。(4)以本人子女为限。(5)如父母已去世,学龄期内之弟妹亦可享受,但以二人为限。(6)欲享此项待遇者,开学前半个月申请,并觅成年同事1人保证(保证与第五条符合,如冒充照津贴数五倍赔偿)。(7)小学六年内只能留级2次,且不得二次连续,不得改名,有不守校规被令退学者,均取消优待。

(三)引进编辑人才。陆费逵重视招揽人才入局,认为这是企业走向成功的最关键因素。1913年,他聘范源廉为编辑所所长,主持编"新制"、"新编"、"新式"教科书。在编撰《辞海》时,他主张注明章、篇,亲自参与规划。1916年出任教育总长,陆费逵对他评价极高,认为:"范静生先生,目光远大,不计利害,在局虽四年,然服务勤劳,时间恪守,编辑基础于以立,社会声誉于以隆,而东山再起

---

① 钱炳寰:《中华书局大事纪要》(1912—1954),第114页。

之后,对于公司尤多擘画维持。"①1915 年《大中华》杂志创刊。陆费逵聘梁启超任《大中华》杂志主任撰述。他说:"梁任公先生学术文章,海内自有定评。窃谓我国中上流人稍有常识者,固先生之功居多,而青年学子作应用文字,其得力于先生尤众。吾大中华杂志社与先生订有三年契约,主持撰述。"②梁启超号称"言论界之骄子",他担任杂志"主任撰述",扩大了杂志在社会上的影响。此外,担任撰述的还有王宠惠、范源廉、汤明永、吴贯因、蓝公武、梁启勋、袁希涛、谢蒙、杨锦森、欧阳薄存、张相、林纾、蒋方震、黄远庸等,都是一时之选。

五四时期,新文化浪潮激荡着全国,面对眼花缭乱的新思想、新理论,陆费逵求贤若渴,与南洋商业专门学校校长郭虞棠商量人才问题。郭当即告诉他,"少年中国学会"中人才济济,如左舜生即为可用之才。"少年中国学会"1919 年 7 月在北京成立,出版《少年中国》、《少年世界》刊物,是五四时期影响很大的团体,如李大钊、毛泽东、王光祈、杨贤江、张闻天、恽代英、田汉、陈启天、左舜生、余家菊等人,都曾参与其中。陆费逵辗转认识左舜生,1920 年聘左舜生进入中华书局,主持编辑所新文化部。许多"少年中国学会"会员如陈启天、余家菊、田汉、张闻天、李璜、葛闳、金海观等人,也纷纷加入中华书局,或主持新式"丛书"出版,或主持刊物编辑,大大增强了书局编辑的力量。

1919 年,陆费逵到北京拜访著名语言学家黎锦熙,恰巧其弟黎锦晖完成了一部关于国语的稿子,就介绍给他。他本来就是国语运动的积极倡导者,带回后定名新教材教科书《国语课本》,呈部审定,出版发行。通过进一步交流,他认为黎锦晖重事业、轻名利,与自己志同道合,愿结为朋友。1920 年冬,他专程来北京,邀请黎锦晖到中华书局做编辑。黎锦晖为他的真情感动,慨然应允。1921 年春,黎锦晖任职编辑所教科书部,编写新教育教科书《国语课本》,销路大畅。"书局的经济好转,此书大有功劳。"这年 11 月,陆费逵等人发起创办"国语专修学校",他派黎锦晖担任教务主任、兼职教员,后担任校长,设立附属小学,成绩斐然。据黎锦晖回忆:"一年来,我的工作热情和成绩,获得陆费伯鸿的重视,他随时注意我的一切情况,认为我年青力壮,不怕辛劳,还可以多负责任,借此锻炼

---

① 中华书局编辑部编:《回忆中华书局》上编,第 130 页。
② 钱炳寰:《中华书局大事纪要》(1912—1954),第 18 页。

才能。因此,两人一碰头,便纵谈发展业务,而且说到做到。"①中华书局设立国语部(后称国语文学部),陆费逵调黎锦晖担任部长,大家一起想办法,定计划,出了一批"儿童文学丛书",创办《小朋友》、《小弟弟》、《小妹妹》、《国语月刊》,编写儿童歌舞剧本,发起"一日一书运动"。陆费逵大为赞赏,宣布国语文学部全体放假 10 天,由书局奖励去杭州旅游。

1922 年秋,陆费逵到吴淞中国公学演讲,恰遇在该校任教的舒新城。陆费逵恳切希望他能入局任职,主持教科书编辑工作。第二年,两人再次见面,陆费逵旧话重提,力邀其加盟书局。但舒新城认为自己致力于教育史研究,婉辞了他的邀请。1925 年陆费逵又见到舒新城,又邀请他。舒新城说自己想办一个学院,以编纂词典的稿酬作为筹款的计划。陆费逵得知后,不便勉强,并以自己的经验建议舒新城,应首先编辑百科性质的辞典,至于出版,答应代刊,必要时中华书局可以购稿或预支版税,在资料查找上提供方便。后来舒新城编辑辞典遇到经济困难,陆费逵给予极大的帮助。在与陆费逵的交往中,舒新城认为他秉性爽直,事无大小,每一言而决不作态,不迟疑。对于朋友往往一言订交,终身如故。1928 年 4 月,舒新城终于答应与中华书局签约。陆费逵委以他主持编纂《辞海》重任。1930 年担任编辑所所长,兼任中华图书馆馆长、中华函授学校校长等职。

1925 年,陆费逵与职工谈话,表明对于用人与待遇的看法。他指出,公司同人的待遇,比上不足,比下有余,自己担任总经理,月薪自 1912 年以来,平均 200 元。在用人方面,"一本人才主义,识人未周容或有之,见贤不举绝对无之。加薪除循资按格外,时有不次之升拔。就总店言之,副店长薛季安进局十三年,月薪十六元加至一百元;总店书记兼西书柜主任徐增奎,本系月三元之学生,八年之间加至五十元;刘蒲孙由十余元之店员,一跃而为兰州分局经理;王伯城以进局不足一年之学生,派往安庆分局代理迪账房,试办及格即行补实,现调升安庆分局账房。……上级职员亦非股东,就总店论,店长李黻非本教育家,任万竹小学校长十年,民元以来为本局编书,以稿费附股,故有分司股本一千三百元,近八年股利仅得六十五元,副店长薛季安现在并非股东,而两君早到晚散,完全与同人相同"②。可见,他采取公平公正、不徇私情、以能力为本的原则。

---

① 俞筱尧、刘彦捷编:《陆费逵与中华书局》,第 102 页。
② 钱炳寰:《中华书局大事纪要》(1912—1954),第 74 页。

三、感情互助,和谐相处

陆费逵自创办中华书局以来,就担任总经理的职务,直到 1941 年去世。公司不是家族式管理,员工来自五湖四海,用人采以公平之原则,自上而下营造了一种重感情、讲互助的氛围,不是家庭,胜似家庭的"陆费"风格。

1932 年,舒新城深有感触地说:"讲人选,我们要替教育与文化上做点事,自然需要专门的知识,然而为经济限制,不能养活专门的学者;同时,又不愿自作聪明,也不能不要求相当的人才。老实说,我们用人的条件严于官厅及学校,待遇却不能超过官厅及学校。我们的同事所以还能维系,第一是靠着各人的志愿与兴趣;第二是靠着同事的感情;第三是靠着用人的大公无私,进退黜陟不讲情面;第四是靠着生活比较的稳定。凡属真正的事情,总需要熟练人员去处理,在事业上感到熟练人员之必要。所以我们的同事,在未到公司以前,固然要经过很多的考验,除去干部的职员,差不多都是经过考试的;既进公司经过一相当试验期之后,除自动离职或公司营业方针有变更外,中途是很不容易去职的。我们公司创立不过二十一年,同事服务达到十年以上的很多,并有将近二十年的。这种长期持续工作,于社会及个人都是利多害少。"①这是一种真实的感情流露,一种真实的理性感悟。舒新城是一个有个性的人,自称做事倔强,看不惯别人势利。他来中华书局以前,无论做教师、校长,总感到一种说不出的不安,只怪自己不会适应环境。然而说来也奇怪,他到了中华书局以后,事务繁忙,在陆费逵的领导下,中华书局本身则绝无可以使他不安的处所。这不是他适应环境的能力加大了,而是中华书局的各个方面都能容忍他这样的一个人。究其原因,他回忆说,陆费逵为人和易,常与同事共起居,共操作,无等级观念。正是总经理为人处事的风格,形成了公司同人之间相互提高、相互切磋、融洽相处的内部关系。人们"彼此切磋,文字尽管互相改削,毫无文人自是的积习;彼此均以学术和公司为前提,无私人利害意气之争;办公大家依时进退,很少有迟到或早退的;因努力工作之故,有几位用功的人,肚子里的很宽,简直可以成一个专门图书馆;俭朴成风,没有一个

---

① 舒新城:《中华书局编辑所》,《图书评论》1932 年第 1 期。

着华丽衣服的——同事间之婚丧喜庆,除去平日有私交者外,概不送礼"①。"我在中华编辑所办公室坐了十几个月,坐在百余同人的当中,我的脑子里至今还无那些不愉快的印象。……最使我悦服的,于办事之余,偶得一点闲谈的机会,便什么都不分,什么都不管,自由自在地大家谈作一堆。我常想,这样的事业环境,似乎不是现在一般社会所能有,而我在中华,曾亲切地享受了十几个月。"②

张文治进入中华书局后,张相、朱文叔是他的领导,但遇事彼此有商量,不搞"一言堂"。他在自传中写道:"吾在书局二十余年,先后承张献之、金子敦、朱文叔、姚绍华、杨复耀诸先生之指导鼓励,在教科部编注中学国文课本,在古书部分校《四部备要》,在辞典部修改《辞海》单字及旧词稿,在图书馆审查旧书内容及版本。……每当工作之时,常觉学问之事广博深微,而吾所知所能极有限,且惭且愧。"③陈伯吹回忆说:"我幸运的是编辑所内有那么多良师、畏友,不仅物质经济生活不虞匮乏,就是在精神上,思想上的学习进修,打譬如说,如进花坞:史学、文学、教育、政治和经济,等等,随时随地都可以请教得益。当时的编辑所长舒新城先生,是一位教育家、辞书家,长于类编、辑集,对摄影艺术,深有研究,晚年更擅长医学卫生,其治学方法,窃谓有班固之风;朱文叔的语文,张筱楼的数学,卢文迪的政论文,华汝成的生物学,葛绥成、许仁生的地理测绘,吕伯攸、鲍维湘的儿童文艺读物的编写,沈子丞的绘画,朱谱萱、吴铁声的外语研究……他们几乎可以组成一个活的图书馆。"④钱歌川回忆说:"中华书局在陆费逵伯鸿先生领导下,无形中形成了一种传统,我们无论走到何处,只要有中华书局的地方,就一定可以获得照顾。我在赴欧途中经过新加坡,就受到当地分局经理们的热烈欢迎。抗战期中,我妻独自一人由海外回国,经过人地生疏而又正遭敌机轰炸的桂林,陷入困境,幸找到中华书局,就一切都顺利了。"⑤

1936年,中华书局成立25周年,同人集资立碑,纪念陆费逵任总经理25周年。碑文说:"中华书局创业、总经理陆费伯鸿先生任职二十五周纪念辞:中华书局成立于民国元年元旦,迄今二十五年,上海澳门路新厂同时建成,美轮美奂,

① 舒新城:《中华书局编辑所》。
② 俞筱尧、刘彦捷编:《陆费逵与中华书局》,第34页。
③ 中华书局编辑部编:《回忆中华书局》上编,第130页。
④ 钱炳寰:《中华书局大事纪要》(1912—1954),第115页。
⑤ 中华书局编辑部编:《回忆中华书局》上编,第105页。

气象一新。回溯二十五年中,营业屡挫折,支持艰巨,危而复安,始终独当其冲者,陆费伯鸿先生也。先生倡办中华书局,被任为总经理,迄今亦二十五年,自奉薄,责己厚,知人明,任事专,智察千里而外,虑周百年之远。有大疑难,当机立断,方针既定,萃全力以赴之,必贯彻而后已。今年夏,先生因办公趋听电话,蹐地折左臂,卧床二月余,仍力疾指挥不少懈,其心精力果有如此者。同人等服务书局有年,书局之进展,先生之劳苦,目睹耳闻,皆所甚审。因于庆祝二十五周之际,擒辞而镌之碑,留为纪念,便览观焉。中华民国二十五年双十节。中华书局总公司、各分局同人谨识。退老工人唐驼书。时年六十有六。"①

由此,中华书局"陆费"风格之形成,之特征,实在是历久弥新,令人回味。

（作者为桂林旅游学院教授）

---

① 上海市历史博物馆藏。

唐庆增对民国时期大学
经济学教育的关注和评论

张登德

　　唐庆增(1902—1972),字叔高,江苏太仓人。早年就读于上海工业专门学校和北京清华学校。1920—1925 年留学美国密歇根大学、哈佛大学,攻读经济学,获硕士学位。归国后在上海光华大学、大夏大学、暨南大学、劳动大学、浙江大学、江西中正大学等高校长期从事经济学的教学与研究工作,其中在光华大学和大夏大学除担任经济学教授外还兼经济学系主任,著有《经济学概论》、《大学经济课程指导》、《中国经济思想史》、《国际商业政策史》、《西洋五大经济学家》等著作以及大批论文,1949 年后担任复旦大学教授。唐庆增毕生致力于大学经济学的教学和研究,对中国经济史学科的建立和大学经济学系的发展做出了重要贡献。除了部分论著有所涉及外[1],现尚未有专文深入论述唐庆增关于大学经济学教育方面的思想。20 世纪 30 年代前后,虽然在高校经济院系任教者甚多,但很少有人像唐庆增一样积极开展教学研究和探讨。他对大学经济学系设立、课程设置、教授方法、论文写作、参考书籍等方面进行了认真反思和思考,并将其公开发表,在学术界和社会上产生了较大反响。这些论著阐述的观点,不仅对促进近代中国大学经济学教育的发展有重要作用,同时对于今天的经济学科以及其他学科的教学和研究具有重要的借鉴意义。

---

[1]　李翠莲:《留美生与中国经济学》,天津:南开大学出版社,2009 年;王轩龙:《唐庆增学术思想研究》,硕士学位论文,山东师范大学历史与社会发展学院,2013 年。

一、关于经济学的重要性及高
校设立经济学系的目的和未来展望

晚清西学东渐过程中,西方经济学知识逐渐传到中国。当时即有不少人对经济学的重要性有所阐述。19世纪70、80年代,京师同文馆总教习美国传教士丁韪良曾在馆内开设"富国策"(经济学),并说过该学科的重要性和意义:"其义在使民足衣足食","重在偃武修和","旨在广发财源","旁逮格致诸学,并专以开发智巧"。① 19世纪90年代末至20世纪初年,严复进一步把国家富强和民族盛衰的原因归之于经济学,"晚近欧洲富强之效,识者皆归功于计学"。② "夫计学者,切而言之,则关于中国之贫富;远而论之,则系乎黄种之盛衰。"③晚清时期随着《原富》的译刊,更多国人开始思考经济学的作用。

进入民国以后,随着国家对实业建设的重视,与经济问题关系密切的经济学科引起了更广泛的关注。1924年,北京大学经济系主任顾孟余在为《北大经济学会半月刊》撰写的祝辞中指出:"一国之经济与政治社会,恒有连带之关系。自古以来,从未有纯粹之经济,所谓纯粹经济,不过学者一抽象之观察法耳。因此经济问题,亦同时为政治和社会问题。"④唐庆增也指出:"有清末叶,国事日非,国人鉴于国际间经济竞争之重要,眼光乃渐注意及于经济问题。近年来风气一变,昔日所鄙视之智识,今日则极为社会人士所注重。"⑤"自海禁大开,欧风东渐,我国社会人士,渐知闭户自守之失计,纷纷研习高等学识,以图自存。而经济科为立国之本,尤为社会人士所注重。故近年来国中专攻此学者,实繁有徒。"⑥后来他在《大学经济课程指导》一书中进一步指出:"社会科学对于现代文明贡献之伟大,实不亚于自然科学,而在各社会科学中,经济学实占极重要之位置。……吾人欲求本身之生存,改进现有之环境,非有充足之经济智识不可,不然将自绝于社会,或受环境所支配,而终为所淘汰而后已。今日吾人在一切经济

① [美]丁韪良:《富国策》凡例,光绪六年(1880)京师同文馆聚珍版。
② 严复:《天演论·恕败》,《严复集》第5册,北京:中华书局,1986年,第1349页。
③ [英]亚当·斯密:《原富·译事例言》,严复译,北京:商务印书馆,1981年,第13页。
④ 《北大经济学会半月刊》1924年第29号。
⑤ 唐庆增:《经济学系在大学课程中之地位及其使命》,《教育杂志》1931年第23卷第5号。
⑥ 唐庆增:《今日国中经济学家之责任》,《总商会月报》1927年第7卷第6号。

制度之下,工作及生活,此项组织,既日加复杂,而社会上人与人之经济关系,亦日益密切,吾人应放弃昔日讳谈货利之见解,从而详细研究之,了解经济现象及经济思想之性质及内容,如此方不愧为社会中之健全份子,不愧为现代国家中一善良之公民,故无论为己身之利益计,为国家前途计,为人群之幸福计,皆不可不研究经济学。"①他把经济学的重要性看作"立国之本",并与个人利益、国家前途、民众幸福联系在一起。这是继严复之后又一对经济学作用的高度评价。

唐庆增对于经济学系在中国大学中的地位和使命也有较深刻的认识。他指出经济学系在大学课程中设立的目的有四个方面:其一,"提倡并灌输经济专门教育,使青年学子于理论思想方面,得有严密之训练、彻底之了解,于事实及应用方面有准确及深刻之认识;俾学生他日离校,为社会服务时,可发展其技能,实施其所学习,改良并促进中国之经济思想与制度,从精神及物质上共谋国家及社会之革新"。其二,"引导本系学子,于其他与经济学有关之各科学及基本常识,能有充分之研究及彻底之了解,使其于本科之外,凡与经济学关系密切之学科,尽能在大学中融会贯通,立一基础,俾异日为社会服务,得临时应用各种学识,应付各种难于解决之问题"。其三,"不但使学生接受智识,且当授以获得此项智识之方法,使之能按部就班,循序渐进,他日能自动的作高深之研究,促进中国学术及经济制度之进步"。其四,"于校中所立其他学系通同合作,供给他系学生以相当之经济智识,设法扶助他系同学,使彼等知识渐趋广博一途,蔚成健全的服务人才"。② 即不仅灌输知识,而且提高能力,尤其是增加经济专门知识以及相关学科常识,培养学生研究方法以从事经济学术研究,协助他系学生健全知识,为改造社会、服务社会作准备。对于大学经济学系之将来,他指出随着国家与社会对经济建设的重视,以及高等教育的发达,"将来经济学系在大学学程中之地位,必日见其重要";"将来各大学中之经济学系,必多进步,且较今日易于扩充";"将来大学中之经济学系,必可完全以本国情形为基础"。③

19 世纪 70 年代后,虽然京师同文馆、登州文汇馆、上海中西书院、京师大学堂、北洋大学堂等学校曾开过"富国策","理财学"、"理财富国学",但这些课程只是依附在历年课程表中,学校中并没有设立独立的经济学系。民国初年,教育

---

① 唐庆增:《大学经济课程指导》,上海:民智书局,1933 年,第 1、4、5 页。
② 唐庆增:《经济学系在大学课程中之地位及其使命》。
③ 唐庆增:《经济学系在大学课程中之地位及其使命》。

部颁布的《壬子学制》规定,大学法科下设经济学。1929 年国民政府教育部颁布《大学规程》,其中在"学系及课程"中规定,大学法学院或者独立学院法科分法律、政治、经济三学系。这些教育法规,推动了经济学知识的传播和高校经济学系的发展。唐庆增指出:"至在我国,往昔士大夫以言利为耻,于经济事物,置于不论不议之列,以致经济智识进步极缓;况高等教育在我国之历史亦甚暂,故学校中经济学系设立之晚,自为不可避免之结果;民国以来,经济学之重要,渐为社会人士所承认,各大学先后纷纷设立独立的经济学系。时至今日,几于无校无之,不可谓非一大进步。"①"试观逐年出洋留学生科目之统计,以及国中大学经济系学生之数目,即可知其梗概。"②据统计,民国时期的约 55 所大学中,设立法学院或商学院系的有 42 所,而 1931 年前设立法学院或商学院的约有 34 所,其中又以 20 年代为高潮。③ 虽然当时如此多的经济系和商学院得以设立,但对于这些院系的设立目的、有何作用以及将来如何发展,各界并没有明确的认识。唐庆增经过多年的教学实践和深入思考,对经济学系的设立目的和未来展望在当时并不多见。

二、课程设置及选修课程

唐庆增在多所大学担任经济学教授,且曾为大夏大学经济系主任、商学院院长,故对于当时各高校中经济学系课程设置情况,以及存在的缺陷较为了解。

1928 年,他在《益世报》撰文指出当时大学经济学课程存在"文商科之界限划分太不清楚"、"经济课程太少"、"各处大学经济科目之程度及课本不一律"、"授课时间太短"、"关于选读各种经济学课程之资格(Prerequisite)无正确之规定"、"经济科课程内容犯重复之病"、"经济课程内容偏重于外邦情形过甚"等七个方面的缺陷。因此,他提出当前经济学科应该首先从"以专家为之"、"务须实事求是"、"忌盲从"、"须有充足之经费"等方面进行改造;同时,提出"于演讲中加入本国材料"、"用读本(Selected Readings)与课本相辅而行"、"编印讲义以补

① 唐庆增:《经济学系在大学课程中之地位及其使命》。
② 唐庆增:《经济学系在大学课程中之地位及其使命》。
③ 李翠莲:《留美生与中国经济学》,第 116—117 页。

课本之不足"等三条改革办法。① 1933 年，他在《大学经济课程指导》书中进一步指出，"课程设立之不敷"是当时青年研究经济学失败的原因之一，"现今国内各大学所设立之经济学程，究嫌其少。夫经济学范围极广，内容甚复杂，欲将一切所有学理及事实，一一设立学科以研究之，当然为事实上所办不到，然课程少则因简就陋，青年所获智识，不免将流于狭窄一途。大学之设立，所以供给青年各种智识之基础，并灌输其种种治学之方法，如果校中设立学程不足，试问其能否达到此种目的？ 使其不能达到此种目的，则大学之设立，尚有何种意义乎"②？明确指出课程太少或者设置不合理，不仅达不到教育学生的目的，而且也影响大学办学目标。因此，他建议经济学课程设置应该努力做到以下两点：其一，"课程求其充实，凡必需者均当开班，要在能实事求是，勿徒致力于形式间之铺张"。其二，经济学系学生所应学习经济学的主科之外，再让学生选择一副系。"此项副系，以政治学及社会学为首选，其次为历史与法学，缘此类社会科学与经济学关系特深之故，但所定副系应修学分之数，可较主系积点略少。"③

选课是教学活动中的重要环节，也是学生完成培养方案的首要前提。具体怎样选修课程，唐庆增在《大学经济课程指导》一书中分"论青年选修课程有审慎之必要"、"如何能明了各学程之性质"、"选科之标准"、"经济学系青年所应选之本系科目"、"经济学系青年所应选之他系科目"、"经济学系青年所应选之商学院课程"、"理想之课程表"、"杂论"等内容，系统地论述了他对经济学系大学生选修课程的认识。例如，他从学习年限、课程内容深浅、研究兴趣等六个方面告诫学生应该审慎选课，可以通过与校中教授、系主任、院长商榷，检查校中章程或各院各系课程细目及说明书，与曾选该科之同学讨论，询问校内导师等方法来了解各学程的内容。当然，这是谈到经济学系学生在选课时借助外力以解决关于选课上的疑难，不过他又指出学生还要依靠自己判断。

对于经济学系学生所应选之本系 31 门课程，他对每门课程的特点、内容及课本使用、选修必要性等一一作了分析。例如，对于"经济学原理"课程，唐庆增指出："此为经济学系中之初步功课，乃一切高深学问之根基，故不能忽视，现时

---

① 唐庆增：《改造我国大学中经济课程刍议》，《益世报》（天津）1928 年元旦增刊。
② 唐庆增：《大学经济课程指导》，上海：民智书局，1933 年，第 10 页。
③ 唐庆增：《经济学系在大学课程中之地位及其使命》。

国内各大学当局对此科甚见注重，凡此科成绩不能及格之学生，即取消其选读他种经济课程之资格。……此科不仅为经济系学生之必修科，即研究文学哲学及各种社会科学者，俱有选修之必要，其目的在供给青年以各种基本之经济理论，并叙述现代经济组织之构造与功能。"①另外，西洋经济史、中国经济史、西洋经济思想史、中国经济思想史、财政学、货币与银行、劳工问题、价值与分配论、经济名著选读、农业经济、会计学、经济统计学、经济循环、社会主义史、人口论、中国经济问题、世界经济趋势、劳工运动史、国际贸易、关税问题、租税论、所得税及遗产税、田赋研究、中国财政问题、中国及欧美各国币制、中国及欧美各国银行、近代经济思潮、高等经济、经济地理、经济学之范围及方法等本系课程，他也作了详细的解释分析。

除了选修经济学本系课程外，唐庆增指出经济系学生还可以选读其他院系科目，如政治学系的政治学原理、世界现代政治问题、市政学、市财政学、比较政治、中国近时外交史、政治思想史课程；法律学系的法学通论、商法、劳工法、法律哲学课程；国学系的国学概论、中国思想史、周秦诸子学案课程；外国语言系的英文、德文、法文、应用商业文件课程；史地学系的历史通论、中国及西洋通史课程；社会学系的社会学原理、社会问题、社会统计学、穷困问题、农村社会学、西洋社会思想史、中国社会思想史课程；哲学系的哲学概论、伦理学、名学、中国哲学史及西洋哲学史课程；教育学院的教育原理、普通教学法、职业学校课程；理学院的物理概论、化学概论、初等微积分课程；商学院的商业原理及组织、商算、高等银行学、国外汇兑、高等会计、运输学原理等课程，并对这些选修课程的特点与内容进行了分析。

除对选课提出建议外，他还对"研究经济学究竟应以何种科目为副系"、"经济学系青年如何利用暑期学校"、"经济学系功课适合于旁听生否"、"经济学系青年应否选修函授学校之经济课程"、"经济学系青年对于应选而未选之功课如何补救"等五个问题进行了解答。唐庆增提出的这些建议，既明晰又有针对性，对学生了解每门课程的特点及如何选课起到了有效的引导作用。同时，他对经济学系之外他系的课程分析，也有如此深刻的见解，值得我们思考。

---

① 唐庆增：《大学经济课程指导》，第60页。

三、教授方法与教授之责任

唐庆增曾在大夏大学教授过"经济学原理"课程①,对于这一课程的教授方法谈了不少看法。1927 年,他在《中华教育界》发表关于经济学原理教法的文章,指出中国大学内各种科目中,"以科学中最浅近之原理或大意",最为难授的即是经济学原理,不仅教授方面所感困难固多,而大学学生亦以选读此种初步功课为最苦事。不过由于经济学原理属于高深学问之根基,极为重要,因此就是在欧美各大学中对于此科也特别注意,凡此科成绩不良之学生,即取消其选读他种经济功课之资格。唐庆增在大学教授此课过程中,发现该课的教授存在程度、时间、课本、教材、讨论、译名等六种问题,并一一进行解答。对于程度问题,即学生选读经济学原理,"须二年级生方能选读";对于时间问题,每星期至少有三小时;使用经济学原理课本,除正用课本以外,另行选择应用材料,采取用读本、作演讲、发讲义的形式,随时授诸学生,以补课本之不足;对于讨论问题,他提出最好由教员及学生发问,使学生自由讨论,发表意见,由教授予以臧否;对于经济学原理中不少专门名词,教师宜将一切经济专门名词译出,为学生详解。②

在教学的方法上,他重视第二课堂的作用和学生实际能力的培养,主张在课堂讲授之余,组织学生参观工矿企业、机关商行,让他们通过社会调查了解本国实情。"经济学系工作,不当专限于课堂上之演讲讨论及课内之实验(即 Laboratory Work,如会计、统计等科),更须有种种之课外活动,以补正课之不足,此项工作计分:(一)参观,(二)实习,(三)集会,(四)会社等四种。"③经济系应有实习室之设备,如会计学应有会计练习室,统计学应有统计练习室,一切应用之文件器具等,皆须置备于实习室。

唐庆增还重点谈论教师在教学过程中的责任。他在谈论学生研究经济学为何失败的原因时,指出其中原因之一是"教授之不佳"。他认为教授有教导青年之责任,但是我国不少教授"上焉者以衣食所累,视教职为谋生之术,敷衍塞责,

---

① 《申报》1928 年 8 月 31 日。
② 唐庆增:《经济学原理教法管窥》,《中华教育界》1927 年第 16 卷第 12 期。
③ 唐庆增:《经济学系在大学课程中之地位及其使命》。

但求酬报到手,不问其他;下焉者钩心斗角,结党营私,不惜利用纯洁青年,为猎取功名富贵之举,研究经济学者,执掌教职,其所念念不忘者有二:进则为官,退则为商,大学不啻为此辈之驿舍",他痛心地指出:"吾知长此以往,中国大学教育,必有破产之一日,谓为误人子弟,犹其罪恶中之小焉者耳。"①当然,他分析出现上述问题的原因大都由于生计问题,并提出了解决办法是增加教育经费,提高教师待遇:"学校能有充足之经费,即各种弱点,必可尽加矫正","吾人须知现时国内大学教授之所以不能潜心研究学术,授课不能有良好成绩者,实受生计压迫之所致,平时生活尚生问题,又安能望其专心教读,以教育为终身事业哉。现时国内之大学教授,均兼职数处,仆仆风尘,自难望其对于学术,有所造就,使当局对于教授生活,能给以相当之保障,同时更设法鼓励其学业上之进取。则教授自能安心于教室生活,不致见异思迁,视学校如旅舍矣"。② 这既是对当局的告诫,也是对教授的期望。

除了学校经费充足,提高教师待遇外,他指出经济学系教授还有其他责任。其一,培养学生研究经济智识之方法。"系中教授,当就能力所及,增加与学生接触之机会,则彼等逢有困难时,得以迎刃而解,于研究方法上,必能逐渐进步。"③其二,作为校内导师指导学生选修课程。"青年如于选择功课上有何种疑难,不妨尽量提出,其导师或能指示一切,使青年入于光明之大道,而不致常陷于荆棘之中也。"④其三,编辑经济课本。可以西文书籍为根据,再细加斟酌材料,在明了清顺、务求其合于国人之用的基础上编辑经济学课本。

四、论文写作

毕业论文是整个教学活动中的重要环节。他在《大学经济学系论文之作法》和《大学经济课程指导》论著中谈论如何写作经济学方面的论文。他论证写作此文的目的:"吾国大学经济学系之设立,历史甚暂,其规定学生之著作论文,尤属晚近之举,故在今日犹可称为试验时期,其功效尚未显著。然不佞认毕业论

---

① 唐庆增:《大学经济课程指导》,第 9 页。
② 唐庆增:《大学经济课程指导》,第 11 页。
③ 唐庆增:《经济学系在大学课程中之地位及其使命》。
④ 唐庆增:《大学经济课程指导》,第 36 页。

文一事,有关于青年学业者甚大,因不能以等闲视之,乃今日国中一部分青年,误以此为无足轻重,视学校定章若具文,以论文一事为手续。且有少数之之留学生,非特不知设法矫正青年之心理,反推波助澜,以论文为无益,著文痛诋,诚不知是何居心也!此文目的,在说明大学经济学系论文之作法,聊为今日青年治学之一助耳。"同时,他还提到,欧美大学非常注重学生毕业论文,"学生应试博士硕士学位,如论文不能及格,虽课程或口试结果优良,亦属无济于事",以证明论文写作之重要。

他先论证了写作论文对于学生之裨益,和大学中设立此项规定之理由,主要有五个方面:其一,"组织思想"。"青年在大学中三四年级时,闻见渐多,思想当渐见缜密,然平素各种见解,多自成片段,缺乏系统,大学当局规定其著作毕业论文,即使其组织思想训练其思考能力,且使其对于观察研究所得,养成一种批评之能力,而为后来处事之准备。"其二,"练习著作"。"大学中青年,平素应付校课,或鲜暇晷,毕业论文之规定,即给予学子练习著作之机会也。……凡青年经过此一番训练后,著述能力,必有进步。"其三,"记忆事物"。写作论文是"便于记忆之良法",论文完稿以后,对于各项相关资料,往往历久而不忘,得益之巨,较诸读一本书者,不啻倍蓰。其四,"博览群书"。"大学毕业论文之作用,在使青年能借此机会,熟谙关于经济学之一切参考材料,抑且触类旁通。"其五,"精博研求"。"论文往往就本人研究之专门部份,择题发挥,是青年此项精深之研究,更可补校中课程之不足;然某一经济问题或理论,与其他问题及理论,具有极密切之关系,即经济学与他种社会科学,其关系亦甚密切,故著作论文,更可使作者之眼光扩大。论文撰就以后,定可发现本人平素学业上有何缺点及擅长,是其重要性初不亚于各项学程也。"

然后他论述了论文写作的步骤和注意问题:首先是择取题目要注意:宜切实,勿空泛;命题宜小不宜大;须平素确有研究,本人感有兴趣者为适当;依本人之意见为转移。其次,论文题目定好后,应将全书作一大纲,排列其写作程序及其要求,包括序文(以说明著者对于问题研究之经过,或择取此题之理由)、目次(以简明为贵);本文(要求内容须具有独到之见解,切忌堆砌成语,言之无物;修辞要必以通达为归,发挥须有系统及组织;引句必须注明出处,免有掠美之嫌;统计宜充分利用,但不要只集合数字,不加解释);附录。他对论文"附录"的要求是"应列举参考书目,所用杂志报章之材料,亦当一一为之标明,是为著述材料之来源,至属重要",并以美国大学为例予以告诫,"对于学生所交之论文或报告,如见有不列参考书名,或引用成语而不注明出处者,即摒弃不阅,可见其重视矣"①。这一点与前面所提"引句必须注明出处",讲的是学术规范,有启示意义。

五、重视经济学图书资料的建设工作

首先论证建立经济图书室的重要性和必要性。他说:"研究自然科学,不能离开实验室,若研究社会科学,则图书实为决不可少之伴侣,对于研究经济学者为尤重要,盖经济事物,瞬息千变,新旧典籍,浩如烟海,图书馆无充足之书籍,则青年所涉猎者不免浅薄,所得仅系皮毛,不能作精深之研究,请问此种人物,是否合于现时中国社会之需要?"接着他以英国的曼彻斯特大学、美国哈佛大学图书馆为例指出二者收藏经济学书籍之丰富,"欧美各大学图书馆所收藏经济书籍之丰富,真所谓琳琅满目,美不胜收","返观我国各大学之图书馆,所收藏之经济书籍,不逮英美大学图书馆十之一,有数处并极普通之参考书而无之,此种现象,言之令人慨叹"。②"设备简单,则无论其课程若何充实,课外工作若何完备,学生所得智识,终属有限。为研究高深学术起见,经济图书室为万不可少之设备,最低限度,本系应有一专门之图书室,专供本系及他系同学参考之用。"③"大学当局,欲求青年著作论文,有优良之成绩者,非先使图书馆设备充实不可也。"④批评国内大学设备之简陋,是导致青年学习经济学失败原因之一,因此大学图书馆应该收藏大量经济学等社会科学书籍,有可能的应建立专门的经济图书室。

其次,介绍经济学参考书籍。他在《大学经济课程指导》书中,谈及经济系学生必须修读"经济名著选读"一科时指出国中大学经济学系之设立有此科者,所读原文要不出下列数种:如斯密《原富》、李嘉图《经济学及赋税原理》、穆勒《经济学原理》、马歇尔《经济学原理》、凯塞尔《社会经济学理论》、马克思《资本论》、巴维克《资本正论》等。在《大学经济学系论文之作法》文中,他指出写作论

① 唐庆增:《大学经济学系论文之作法》,《经济学季刊》1934 年第 5 卷第 3 期。
② 唐庆增:《大学经济课程指导》,第 7—9 页。
③ 唐庆增:《经济学系在大学课程中之地位及其使命》。
④ 唐庆增:《大学经济学系论文之作法》,《经济学季刊》1934 年第 5 卷第 3 期。

文必备之书籍,如何士芳《英汉经济字典》、英人泼尔格雷夫所编《经济学大字典》、《中国经济年鉴》、《申报年鉴》,《人文月刊》最近杂志要目索引,以及中山文化教育馆之期刊索引等。同时,他建议经济图书室购置书籍时,除了除各学程应用之普通参考书外,更当略备较高深之用书,还要置备他种社会科学名著,订购多份报章杂志等。

最后,著文介绍欧美经济图书馆、书店以及自己购书、读书心得。唐庆增勤于搜罗购买经济书籍。赵人俊曾在为唐庆增所著《中国经济思想史》作序时指出:"忆在冈桥时,火曜之日,每偕唐君遍历书肆,觅购书籍,有所获辄喜不自胜,而唐君尤勤于搜罗"[1],以致"私人藏书甚富"[2]。他曾写了《记欧美各国出售经济学珍本之旧书坊》、《美国各大学经济科之设施》、《英美经济图书馆发达之概况》、《购买经济书籍之一得》、《经济学用书概要》、《最近出版之财政学书籍》、《如何培养读书兴趣》、《读书小记》等文章,谈论收藏和购买经济类图书以及培养读书兴趣的重要性和必要性。

结　语

社会存在决定社会意识。唐庆增的教学研究成果主要集中在 20 世纪 30 年代前后。我们可以结合当时社会政治经济状况,研究如何酿成了他这样的思想。此时南京国民政府刚刚统一全国,国内政局相对稳定,政府对于高等教育较为重视,为大学教学与研究提供了方便。唐庆增不仅是多所大学的教授,而且曾担任大夏大学经济系主任、商学院院长等职务,自然对教学及院系的发展倾注了更多的精力。例如他明确指出院系领导有指导学生选修课程之责任。"系主任为排定及支配各种功课之人,对于所开班之各科,负直接之责任,对于各科内容之梗概,自必知悉,亦可前往询问一切,以解决各种疑难,且系主任对于本系之教授,素有往来,关于课程一切事务常有商酌,于各科性质,必不致有隔膜情形,院长亦然,院长且可察看青年所研究课程之次序,加以指导襄助,青年选修相当之功课,原属教授、系主任及院长应有之责任。"[3]正是担任系主任、院长的经历,给他提

① 唐庆增:《中国经济思想史·赵序》,上海:商务印书馆,1936 年。
② 夏炎德:《中国近百年经济思想》,上海:商务印书馆,1948 年,第 179 页。
③ 唐庆增:《大学经济课程指导》,第 32 页。

供了更多考虑教学改革的机会。

由于在美国留学多年,他对于美国经济学教育的体制、研究规范、学术精神等有所了解和体会,因此他在国内大学中着重介绍西方经济学,并多以美国的经济学教育理念和学术范式作为例证。1922年民国政府颁布了《壬戌学制》,确定民国学制仿效美国六三三学制,使得美国教育在中国以法规的形式确立了地位。此后,大批留学生在海外学习经济学专业,尤其是到美国者为多。1926年,唐庆增即观察到:"近年来吾国青年学子,赴美习经济科者日众。良以此科范围至广,应用处最多,又为吾国今日需要学识之一。"①这些留美学生回国后,有的进入政界、商界,但多数进入高校。他们在高校教授经济学,使得多数经济学系朝向美国式的经济学教育模式迈进。唐庆增曾写过《美国各大学经济科之设施》,详细介绍美国大学中经济系的设备;在《经济学原理教法管窥》文中以美国威斯康桥大学、哈佛大学、哥伦比亚大学、密歇根大学为例说明了经济学原理课程在美国每周需要三小时以上的时间;在《大学经济课程指导》书中举例美国哈佛大学经济学系中的"国际贸易"与"美国关税史"、"财富分配论"与"改造社会程序"等学程即系按年轮流开班的形式,建议国内经济学系课程如果一时难以开设,也可采用此法,以省经费而资调剂。这些例证与他在美国读书(教育背景)有着密切关系。

时时从教育青年的角度出发,培养学生的兴趣,提高他们的服务社会的能力,增强专业化意识。他说:"大学教授负有教导青年之责任,使命极为重大,一国青年之能否成为社会有用人材,有赖于教授者至多。"②因此他告诫大学生应珍惜光阴。"四年之期限,极为短促,转瞬过去……况此四年之中,除第一年为研究各种基本智识之时期外,研究经济学学程之时期,为期不过三年,可谓短促之至。……如果在此四年之中,选科更不得其道,将宝贵光阴任意浪费,而不能利用此人生绝无仅有之黄金时代,岂非可惜之至!"③教育学生利用求学机会,为走上社会作准备。例如他建议经济系学生应该选择国学系的《国学概论》课程,"盖青年他日离校后,服务社会,不论担任何种工作,皆与此科不能须臾离也。

---

① 唐庆增:《美国各大学经济科之设施》,《唐庆增经济论文集》,上海:商务印书馆,1930年,第215—216页。
② 唐庆增:《大学经济课程指导》,第9页。
③ 唐庆增:《大学经济课程指导》,第19—20页。

经济学系青年,于国学一方面虽不必求何等文学上之修养及造就,然至少须养成一了解古籍及应用本国文字以发表思想之能力,在学校时代不加注重,他日毕业后,追悔莫及。"①他在《经济学用书概要》文章中明确表明写作此文的目的在于"使国中研究经济学之青年学子,选择书籍,有所凭依"②。这些建议,表达了他的教书育人的观念。

唐庆增如此关注经济学的教学与研究,目的是"欲创造适合我国之经济科学"③。而教材建设是建立中国经济学的重要步骤。他指出:"我国大学中经济课程,有一最大缺憾,即因国中合用之教本过少,不能不用西文书籍。其结果则恒使莘莘学子之脑筋中,充满不少外邦事实,于本国情形反多不甚了了。(如劳动问题,则因用西文书籍之故,完全为外邦劳动问题)此其弊病,至今日而犹不加挽救者,其祸害将有不堪设想者矣。"④后来他又进一步指出:"我国大学中之设立经济学系,历史既不甚久,故内容颇多模仿他国大学,间有不合国情之处;加以本国著述不多,故不能不借重西书,以为教本,此系过渡时代办法。他日当能完全成立一中国化的经济学系,一方面研究西洋经济学说及制度之精华,一方面阐求我国固有之思想及改良国内之经济状况,采他人之长,补吾人之短,以切实之功夫,为精确之研究,是则愚所切望者也。"⑤因此他非常重视建材建设,在多年讲义基础上编写而成的《中国经济思想史》,影响较大。同时他强调在大学以外普及一般性经济学教育,写出《经济学概论》和《经济学自修指导》等,以提高国民的经济学素养。

20世纪30年代前后,尽管西方经济学以及马克思主义经济理等论著曾大量出版,但是对于经济学教学研究论文甚少,特别是对教学中存在的问题,很少有人去思考,而唐庆增是难得的一人。他的不少论文即是在解答教学存在问题,关心了解学生的基础上形成的。正是通过教学相长,促进了唐庆增学术水平的提高,使他能够在20世纪30年代前后发表了如此多的论文和著作。同样是民国时期的经济学家,像马寅初、何廉、方显廷、陈岱孙等留美生,虽然在国内高校

---

① 唐庆增:《大学经济课程指导》,第103页。

② 唐庆增:《经济学用书概要》,《东方杂志》1926年第23卷第22号。

③ 唐庆增:《中国经济思想史·自序》。

④ 唐庆增:《改造我国大学中经济课程刍议》。

⑤ 唐庆增:《经济学系在大学课程中之地位及其使命》。

担任过教授或行政职务,也曾进行过教学改革,编写过教材,出版发表过经济学论著,但是他们的教学研究论文相对较少。唐庆增多年从事大学经济学教育,并有大量论著表述自己关于教学方面的心得与经验,值得于古今借鉴。可以说,只要研究近代中国高等经济学教育,唐庆增即是位绕不过去的人物。

（作者为山东师范大学历史与社会发展学院教授）

逃离北京：1926 年前后
知识群体的南下潮流

王建伟

1926 年 6 月，著名报人胡政之在一篇政论中略带文学性地描述："中国政治，诡幻神奇，为世界之冠。最近之错综复杂，尤极十五年之大观。军阀、官僚、政客胥为命运所颠倒，不知不觉中受政治的万钧烘炉之锻炼，几乎无一人不焦头烂额以去。"[1]20 世纪 80 年代，原为奉系郭松龄属下的一位将领魏益三也把 1926 年称为中国近代史上动荡最激烈的一年，"在这一年，北洋军阀的统治已经处于崩溃的前夕，军阀混战的次数最多，动员的人数最大，涉及的地域也最广，而大小军阀之间互相火并、离合拥拒的形势也发展到最微妙的程度"[2]。

胡政之和魏益三的描述主要落实到当时中国的军政格局方面，实际上，他们的这个论断同样适用于思想文化领域。以 1926 年为一个重要时间节点，当时居住在北京的知识群体[3]中有相当一部分人被迫离京南下，形成了一场颇具声势的迁移潮流。这些表象预示着中国政治与文化格局正在发生重组，一个不同于以往的崭新时代已经来临。

一、1920 年代上半期北京国立高校的经济困境

进入民国之后，北京的国立高等教育虽然有了比较快速的发展，但一直受困

---

① 政之：《错综复杂之时局》，《国闻周报》第 3 卷第 22 期，1926 年 6 月 13 日。
② 中国人民政治协商会议全国委员会文史资料委员会编：《文史资料选辑》第 51 辑，北京：中国文史出版社，1986 年，第 215 页。
③ 本文中所谓的"知识群体"主要指当时在北京高校任职的教师，但在 1920 年代的北京，这个群体的构成比较复杂，很多人的身份并非单一的教师，往往是集作家、政论者、社会活动家于一身的综合体。

于多种阻碍,其中的经费问题尤其明显。由于中央财政状况一直不佳,在政府有限的收入中,军费所占比重过大,导致财政支出结构严重失衡,对教育经费的投入可想而知。即便如此,本已十分微薄的教育经费还时时被挪作他用,主要依靠教育部财政拨款的北京国立高校难以为继,拖欠教员薪水成为常态,学界风潮频发。

对于北京国立八校①而言,经费困难是普遍性问题,经费筹措是头等大事,"最高学府"北大亦不例外。1920年秋季开学,代理校务的蒋梦麟向全校师生介绍情况,由于政府拨款不及时,校内一些开销只能靠赊账,如果"长久不付钱,下次就赊不动",仅有的可怜经费也只能投到最紧迫的领域,"譬如电灯、电话、自来水,不能欠钱太多,欠了太多,电和水就不来了,电话也要叫不通了"。临近中秋节,他甚至因躲避建筑公司的催款而逃到了西山。② 北大校长竟有如此狼狈之举,确因迫不得已。三年之后,局面仍然非常糟糕,用蒋梦麟的话描述,由于政府积欠经费过多,北大在物质方面可以说"已到了山穷水尽的地步"③。对于许多校长而言,日常奔波仅达到最低限度的"维持"而已,校长职位成为许多人不愿触碰的烫手山芋。后来有一篇评论将教育家比作"撑持门面的寡妇","明明知道现在的教育不过是在敷衍,却舍不得一下就松了手断了气,总还以为好日子在后头哩"。④

1921年3月,因三个月未领到薪水,北京大学教职员工决定集体罢课,此举引发其他几所国立高校的效仿,其中以北京高等工业学校最为迅速。3月中旬成立了由北大教授马叙伦任主席的"八校教职员代表联席会议",并向政府提出了解决方案。4月初,因索薪无果,八校教职员宣布总辞职。在此压力之下,北京政府召开内阁会议,表示部分同意"联席会议"的请求,但最终并未履行承诺。6月3日,八校部分教职员联合一些学生至总统府新华门前请愿,其间与守卫发

① 所谓"国立八校":北京大学、北京高等师范大学、北京女子高等师范学校、北京法政专门学校、北京医学专门学校、北京农业专门学校、北京工业专门学校、北京美术学校。至1926年,增加北京女子大学,因此又有"国立九校"之说。
② 蒋梦麟:《北京大学全体大会演说辞》(1920年9月16日),曲士培主编:《蒋梦麟教育论著选》,北京:人民教育出版社,1995年,第204页。
③ 蒋梦麟:《北京大学开学词》(1923年9月10日),曲士培主编:《蒋梦麟教育论著选》,第256页。
④ 陈东原:《教育失败的根本原因》,《现代评论》第2卷第46期,1925年10月24日。

生冲突,酿成流血事件,即六三事件(也称新华门事件)。① 关于此次事件的是是非非,当事双方的叙述可谓完全相反,但也在相当程度上反映出当时北京学界因经费问题引发的动荡与混乱情形。

1922 年秋季开学之前北京国立八校校长的集体辞职,根本原因仍然源于经费问题。他们在上交的辞呈中明确表示:"窃近年以来,教育经费支绌异常,校长等力所能及,无不竭力维持,兹以开学在即,不名一钱,匪特教职员受经济上之压迫,生活不能自由,即学校行政亦复受影响,几于停顿。国家财政困难,校长等未尝不深切顾虑,无如积欠已在五个月以上,实无法以应付。"②作为学校的管理者,校长不仅无法安抚教师情绪,反而与教育部直接对抗,可见北京的国立教育已经举步维艰。

这一时期北京国立各校的经济状况,浏览报章标题即可见一斑。以 1923 年北京《晨报》为例,连续有诸如"京师教育势将完全停顿"、"教育部名存实亡"、"八校已陷入绝境"、"八校危在旦夕"、"国立八校已无法维持,数万青年失学"以及"国立八校已有五校关门"等报道出现。1925—1926 年的《现代评论》继续不断出现"北京国立教育破产吗"、"教育经费的治标方法"、"教育部与教育经费"、"所望于学校经费略有着落以后"、"北京国立九校的前途"、"国立九校到底怎么办呢"等类似消息。《教育杂志》同样刊登出"啼饥号寒之京华大学教育"、"北京国立九校之风雨飘摇"的标题。

1925 年阴历年关将近,对于北京国立八校而言,经济状况更显紧急,《申报》报道:"所有债主,陆续而至。教职员个人方面,大多数亦俱以薪水积欠过巨,典质一空,不克维持其生活。……事实上,学校暨个人两方面,已到山穷水尽之际,负债累累,至少非有一个月之经费,不能应付。"③教育学者舒新城对这一年进行总结:"自民国五年而后,教育经费逐渐被军人提用,民十以后,积欠日深,十四年中央教育经费已积欠至一年以上,经费云云自无良好消息。"④即便如胡适这样薪水丰厚、声望颇高的学界名流,也曾因为欠薪导致生活上一度出现困难。

---

① 关于六三事件的详细研究,参见任伟:《异心协力:索薪运动中之民国教员群像——以 1921 年国立八校索薪运动为中心》,《史林》2012 年第 3 期。
② 《八校长辞职之呈文》(1922 年 8 月 19 日),王学珍、张万仓编:《北京高等教育文献资料选编:1861—1948》,北京:首都师范大学出版社,2004 年,第 496 页。
③ 《京八校渡阴历年关之困》,《申报》1925 年 1 月 28 日。
④ 舒新城:《民国十四年中国教育指南》,上海:商务印书馆,1926 年,第 11—12 页。

进入 1926 年之后，北京高校经费紧张的局面没有任何缓解迹象，反而比以往更加严重，被舆论形容为"奄奄一息"，接近"破产边缘"，影响更为深远的是学生的前途。北大教育学教授高仁山分析，由于各校校长平时常常用全力去奔走经费，所以学校行政上不能用全力去谋进步，教职员每每得不到薪金，当然也不能安心教书与办事，学校或早放假或迟开学，一年之中，学生得不到几个月可以安心读书。①《现代评论》也评价："北京国立学校的状况，无论就物质上或就精神上说，恐怕比现今再坏没有的了。国立各校固然维持了一个开门的形式，不稳的结束这个学年，可是下半年的事就难说了，问题的关键还是在经费。今后经费的问题没有根本的解决，各校下年也许不免完全停办；即令敷衍开门，而像这学年的景况那又有何用处，恐怕反而贻误青年咧！"②而《晨报》的语气则更加悲观，几至令人绝望："乃者国立九校经费奇绌，积欠累年，危象迭生，深抱悲观。教员则忍饥授课，职员则枵腹从公。精力耗于校务，苦无点金之术；市肆困于久赊，莫观乞米之帖。借贷万难，蒿目滋惊，君子固穷，凄其伤矣。甚至雇佣欠赀，校役啼饥，购物无钱，纸墨告罄，此则同人等瞻顾现状、深为危惧者也。"③

国立各校在每年寒暑假结束之时多因无法按时开学而处境尴尬。1926 年暑假，北大传出因日常维护经费短缺无法按期开学之事，甚至因无力支付自来水费险些被切断水源，最高学府落入如此境地，《现代评论》感叹"这是何等悲惨的现象"④。《国闻周报》记者听闻北大因拖欠煤钱而差点被法院封门，称"实在是丢国家的体面"⑤。上海《民国日报》则调侃道："学校穷到这般田地，不是富翁，当不得校长，如果蔡（元培）氏要去，非得要先赶紧筹这笔煤费不可。否则，人在津浦车上，学校倒封了门了。"⑥实际情况是，北大直至这年 10 月中旬才勉强开学，11 月中旬才正式上课，但已无力印刷讲义，教室内部甚至无法生火取暖。

北大尚且如此，其他学校情况更是可想而知。1926 年秋季开学之际，《晨报》介绍了各校的窘境，师范大学"因积欠自来水公司水费过巨，现该公司已将水线撤断，水源断绝，学生洗沐饮料，均无所出。厨房以欠款过多，拒绝开火"；

① 高仁山：《国立九校开不了学》，《新教育评论》1926 年第 1 卷第 14 期。
② 文：《北京国立教育破产吗？》，《现代评论》1926 年第 4 卷第 81 期。
③ 《九校教职员联席会宣言，决于两周之内努力救九校》，《晨报》1926 年 8 月 11 日。
④ 文：《教育经费到底怎么样？》，《现代评论》1926 年第 4 卷第 88 期。
⑤ 慎予：《蔡元培与北大》，《国闻周报》1926 年第 3 卷第 29 期。
⑥ 圣女：《北京的开学问题》，《民国日报》（上海）1926 年 8 月 23 日。

工大"积欠煤铺数千元，日前赴校大闹，尚未解决"；法大"以积欠电话电灯公司与自来水公司数近万余元，亦欲将撤线断绝水火交通，以示抵制"。"此外如医大女大女师大艺专，均一文莫名，日用之费，俱无所出，而万余学子彷徨歧路，无课可上，为状至哀云。"①由于经费无着，无法维持，各校当局无奈之下计划将学校交教育部接收，但教育部亦无筹款办法，"京师教育前途，不堪设想"②。对于1926年的北京教育，《大公报》概括为"遍体鳞伤，满目疮痍"八字，"以言上课，一年平均不过三月，放假提前，开课延期；以言经费，代表终日会议，教职不得一饱，于是散而四之；以言风潮，内有校长同学之争，外有主义党派之歧，讲堂宣战，会场相持，头破血出，莫知所底；以言运动，天安门外，时开示威之会，国务院前，满陈烈士之尸"。③

由于大多学校无法保证正常运转，学生无法照常在校上课，导致北京的公寓租赁也受到牵连，"公寓的住客，以学生与谋事人为大宗。去年（指1926年，引者注）北京的学校，几成停顿状态。学生在京住的时间，和在家不相上下。公寓的营业，焉得不衰颓"④。不仅如此，学生群体的流失也在一定程度上影响了北京商业市场的购买力。

高校情况如此不堪，不仅影响到学生学业，也严重冲击到在职教师群体的日常生活。《现代评论》介绍了这一群体的经济窘境："教员方面有的到别处学校，另谋生活去了；有的投笔从戎，各自飞腾去了；其余的教书先生们，有的不愿走，有的不能走，就活活闲在北京。有自用车的，已有许多把车夫去了；使听差的，已有许多把听差去了；使老妈子的，已有用不起的了；如果再穷，虽不便对太太离婚，然为减轻负担，恐怕到必不得已的时候，只好一律遣散，送回原籍。薪金积欠已达二十个月之多，就是生活简单，旧有积蓄，恐怕用完了的已经不在少数。这是教育实在的状况，并不是严重其词的话。"⑤

顾颉刚当时正在北大任教，他的工资"在两个多月之中只领到一个月的一成五厘，而且不知道再领几成时要在哪一月。友朋相见，大家只有皱眉嗟叹，或

---

① 《国立各校近况》，《晨报》1926年9月30日。
② 《无法维持之北京各大学》，《中华教育界》1926年第16卷第5期。
③ 《误尽天下苍生的北京教育——民国十五年之统计》，《大公报》1927年1月1日。
④ 曲殿元：《过去一年北京经济的衰颓》，《现代评论》1927年第5卷115期。
⑤ 召：《京师的国立各校》，《现代评论》1926年第4卷第101期。

者竟要泪随声下"①。日记中也比较详细地记载了当时生活的拮据,1926 年 1 月,北大不能按时发薪,兼职的孔德学校"亦仅半薪",无奈请北大研究所国学门主任沈兼士向学校借了八十八元,"可还许多小债",然此终非长久之计(1926 年 1 月 6 日)。由于生活困窘,妻子履安"不怪之色,萃面盎背",更让顾颉刚大为"不欢"(1926 年 4 月 2 日)。在 1926 年 6 月 6 日的日记记述:"近日手头干涸已极,后日须付房金。没有法子,只得向适之先生开口借钱,承借六十元。"(1926 年 6 月 6 日)

顾潮在为自父所作传记中,披露了顾颉刚当时在致胡适的信中曾开过一份欠款账单:"欠家 700 元,欠适之先生 220 元,欠学校 250 元,欠同乡友人 460 元,欠储蓄会 320 元。"②由于穷困到了极端,一向视学术为生命的顾颉刚开始"卖稿",把学术变成了"生计的奴仆","以至有不忠实的倾向而生内疚"。③ 据同在北大的梁实秋回忆,"教员的薪俸积欠经年,在请愿、坐索、呼吁之下每个月只能领到三几成薪水,一般人生活非常狼狈,学校情形也不正常,有些人开始逃荒"④。《现代评论》形容在整个 1926 年间,"除去几个和外国人直接或间接有关系的机构外,几视发薪为例外"⑤。

二、城市的恐慌状态与知识群体的南下潮流

经济的窘迫,有时尚可维持,而政治环境的高压与思想、舆论氛围的紧张则迫使许多文人开始认真考虑各自所面临的选择。民国肇建以来,北京政局虽然并不稳定,但普通社会层面还不至于陷入混乱。军阀之间争夺地盘的战争虽也时时波及北京(如皖直、奉直几次大战),但多在城市外围,由于交战期间另有一部分中立军队维持城市治安,所以即使战事激烈,对于城内的百姓而言,日常生活所受影响不大。

而 1926 年是一个重要的时间节点。从年初开始,冯玉祥的国民军与奉系军

---

① 顾颉刚编著:《古史辨》第 1 册,上海:上海古籍出版社,1982 年,第 101-102 页。
② 顾潮:《历劫终教志不灰——我的父亲顾颉刚》,上海:华东师范大学出版社,1997 年,第 97—99 页。
③ 顾颉刚编著:《古史辨》第 1 册,第 96-97 页。
④ 梁实秋:《忆新月》,《新月派评论资料选》,上海:华东师范大学出版社,1993 年,第 12 页。
⑤ 曲殿元:《过去一年北京经济的衰颓》,《现代评论》1927 年第 5 卷第 115 期。

队以及直系军队就摩擦不断,交火区域逐渐从城外蔓延至城内,自庚子之乱后一直还算太平的京城再次陷入战乱之中,北京百姓的不安感也随之上升。梁启超这年 1 月在写给梁思成的家信中感叹:"天下大乱之时,今天谁也料不到明天的事,只好随遇而安罢了。"① 当时正在北京大学教书的顾颉刚也描述到,1926 年初,由于北方军事情况的日益紧张,北京长日处于恐怖的空气之中,上午能看飞机投弹,晚上则饱听炮声。普通铺户都是"清理帐目",饭店酒馆又是"修理炉灶",阔气一点的铺子则是"铁门有电",比阴历元旦的歇业还要整齐。②《现代评论》也验证了这种局面:"国奉两军隐隐的枪炮声,呐喊声,痛楚声又打进我们的耳鼓了。不到下午六七点钟,平日的繁华街市都已灯消火息,来往的人们一个个慌慌张张地,好像大祸就在目前一般!"③

国民军与奉、直军队之间的较量始终处于劣势,最终于 1926 年 4 月退出北京,但仍留有余部驻扎在城内,此时北京城内的情况非常复杂,"驻军有八种之多",以致"臂章复杂难认"④,著名报人胡政之观察到的情况是:"今日环围北京之军队,不下十数万。而一出城门,招兵旗帜,犹随处可见。"⑤分属不同派系的军队之间多有冲突,并波及百姓的日常生活。

对北京的知识群体而言,更具震慑性的事件是三一八惨案。1926 年 3 月 18日,以学生为主的团体在铁狮子总统府前请愿,抗议日本军舰炮击天津大沽口,政府卫兵当场向请愿队伍开枪射击,死伤多人,造成三一八惨案。如果说,震惊中外的五卅事件尚是外人残杀中国人,而三一八惨案则是国人自己残杀自己人,因此性质比五卅事件更加严重。鲁迅将 3 月 18 日定义为"民国以来最黑暗的一天"⑥。就连执政府司法总长兼教育总长章士钊都感慨三一八惨案对国家元气的损伤。⑦ 日本人掌控的《顺天时报》也发表文章认为 3 月 18 日的惨剧是"民国史上第一可悲痛之事也"⑧。

无论三一八惨案中的细节如何还原,政府卫队直接向示威群众开枪射杀的

① 丁文江、赵丰田编:《梁启超年谱长编》,上海:上海人民出版社,2009 年,第 689 页。
② 顾颉刚编著:《古史辨》第 1 册,第 101 页。
③ 文:《北京人的生活》,《现代评论》1926 年第 3 卷第 69 期。
④ 《顾颉刚日记》卷 1,《顾颉刚全集》,第 738 页。
⑤ 政之:《北方今后将永无宁日》,《国闻周报》1926 年第 3 卷第 18 期。
⑥ 鲁迅:《无花的蔷薇》(2),《鲁迅全集》第 3 卷,北京:人民文学出版社,2005 年,第 280 页。
⑦ 《时评》,《甲寅》1926 年第 1 卷第 34 号。
⑧ 刘云樵:《所望于知识阶级和舆论界者》,《顺天时报》1926 年 3 月 22、23 日。

行为确实开民国以来未曾有之先例。周作人认为这是晚清以来在北京发生的最残忍的屠杀，开启了"对知识阶级的恐怖时代"。他将五四运动与三一八惨案做了一番对比，认为前者代表了"知识阶级对于北京政府进攻的成功"，而后者代表了"北京政府对于知识阶级以及人民的反攻的开始"。他回忆到，三一八之后，学生整批被枪击，教员也陆续被捉去杀害，"北大教授星散，多数南行，只剩若干肯冒点险的留在北京"。①

周作人的这种感受实际上反映了 1926 年开启的居京知识群体的南下趋势。三一八惨案后第二天，执政府就颁布《临时执政令》，以"假借共产学说，啸聚群众，屡肇事端"为由，通缉徐谦、李大钊、李煜瀛、易培基、顾兆熊 5 人。其中，徐谦为中俄大学校长，李大钊为北京大学教授，李煜瀛为中法大学校长兼清室善后委员会委员长，易培基为北京女子师范大学校长，顾兆熊为北京大学教务长，其他几乎全为教育界、出版界人士。鲁迅也于惨案发生之后至刑部街的山本医院躲避，后又转移到锦什坊街的莽原社。1926 年 4 月 16 日，奉军查封《京报》报馆，逮捕了总编辑邵飘萍，4 月 26 日将其作为"赤化分子"枪决。这一事件对于当时在京的知识界人士而言，不啻为一次极大的震动，鲁迅再次转移至东交民巷法国医院暂时躲避，"一间破旧什物的堆积房中，十人聚居，夜晚同在水门汀地面上睡觉，白天用面包和罐头食品充饥"②。

此后，北京军警又搜查了北大、北师大、女师大、中国大学等地，首要目标即为捉拿"赤化"者，北大是搜查重点，北京一时风声鹤唳，舆论感叹："近数日来，北京社会忽然表现一种恐慌的景象。尤其知识阶级的人士，无论是在教育界或不在教育界的，无论是教员或学生，更无论是所谓赤化或非赤化的，大家都像大祸临头似的，表示十分不安的状态。"③不仅如此，社会治安也一片混乱，最终演化成"无法无天"的景象："我们只看见今天甲司令部捕去学生，明天乙机关传押新闻记者，后天丙军事人员架去学校校长。"不可思议的是，"这些捕人的事，究竟为的甚么理由，依着那个责任当局的命令，经过了那种法定手续，莫说小百

① 周作人：《红楼内外》，陈平原、夏晓虹编：《北大旧事》，北京：三联书店，1998 年，第 406 页。
② 曹聚仁：《鲁迅年谱》（校注本），北京：三联书店，2011 年，第 54—55 页。当时躲进法国医院的还有北大国学门主任沈兼士等人。
③ 文：《北京的恐怖》，《现代评论》1926 年第 3 卷第 73 期。

姓不明白,似乎连所谓内阁也不知道"①。北京城内以往相对宽松的政治环境已经随着张作霖、张宗昌的进入而逐渐带有恐怖的意味。

1926年8月5日深夜,《社会日报》经理林白水被军警从报馆带走,第二日便以通敌罪名被张宗昌下令处决,此时距邵飘萍被杀不过百日,所谓"萍水相逢百日间"。林白水死后,"北京的言论界,也一个一个噤若寒蝉,默然不发一语,好像一点人类应有的同情心都没有"②。此时的言论界比较普遍地奉行着"明哲保身"的原则,坚持"不言不论"主义,"一向以报界'明星'自居的报纸,都把社论栏时评栏一律收起,拼命的忍气吞声,一言不发;要是发言,也不过拣一个势力不及北京约甚么'党政府'来骂骂,出口鸟气就够了"③。出现这种局面并不为怪,新闻记者也有不得已的苦衷,因为"在现今恐怖状态的北京城圈里,一开口便有吃枪子的危险"④。

北大教授张慰慈给时在美国的胡适写信,也述及此时国内的这种情形:"现在北京一般人的口都已封闭了,什么话都不能说,每天的日报、晚报甚而至于周报,都是充满了空白的地位……同时一切书信与电报都受严格的检查,听说被截留的甚多,并且无故被捕的人也不少。……近来北京的局面是差不多到了法国革命时代的 Reign of terror(恐怖统治)了,健全的舆论是不可能的事。"⑤

民国以来,北京政府舆论环境相对宽松。五四时期学生大规模的游行示威甚至纵火行为,北京政府也仅仅是对个别学生拘禁几日了事。一直到三一八惨案之前,虽然学潮不断,教师索薪时有发生,但北京政府对此一直比较克制。段祺瑞执政府倒台之后,奉、直两大势力控制北京,一反此前北京政府的宽松态度,随意捕杀报人、学生甚至知名教授。"最近七八个月,北京这个都会永呈一种恐怖状态。最初是空中炸弹的恐怖,接着是军队入城出城的恐怖,接着是无数军官或军事机关任意拿人任意杀人的恐怖。"⑥

张作霖、张宗昌等人查封报馆、捕杀记者、教授的所作所为体现出与以往北

① 纯:《北京政府与恐怖状态》,《现代评论》1926年第4卷第81期。
② 云:《可怜的言论界》,《现代评论》1926年第4卷第88期。
③ 万:《从何说起》,《现代评论》1926年第4卷第80期。
④ 纯:《时局与言论界》,《现代评论》1926年第4卷第92期。
⑤ 《张慰慈致胡适》(1927年1月16日),中国社会科学院近代史研究所中华民国史组编:《胡适来往书信选》上册,第421页。
⑥ 文:《北京解严》,《现代评论》1926年第4卷第101期。

京政府主政者并不相同的思维逻辑,对于民国以来一直生活在比较宽松的舆论环境中的知识群体而言,震慑作用非常明显。如果说在此之前只是生活上陷入困难,那么在此之后则是生存环境陷入危险,群体性的恐慌开始蔓延,逃离北京成为一种更加普遍而现实的选择,知识界的南下趋势更加明显。《国闻周报》观察到的此时的情形是,"会叫会跳的分子,都匆匆忙忙离开了北京,这样一来,北京的教育界,愈成了黄昏景象"①。《大公报》也报道了当时北京高校教师的流动状态:"各校教员最近又纷纷离京,如北大哲学教授张颐,已应厦大之聘。法大教务长潘大道,已应上海法科大学之聘,均于昨日离京。师大代理校长汪懋祖,已应东南大学之聘,不日离京。其余纷纷南下者尚多,大约以上海、广东、南京、厦门四处为归宿。而成都大学所聘亦复不少,成大教务长吴永权,在北京所聘原任国立九校教授如李璜、曹四勿等计十余人,亦经陆续出京。"由于离京教授过多,几乎已动摇北京学界的班底,该报甚至还担心,"将来即令教育经费有着,恐不免有教授缺人之数矣"②。

大约与此同时,厦门大学刚刚新设的国学院正在招兵买马,先前已经从北大国学门移职转至厦大的林语堂正担任文科学长。他利用原来的人脉关系,广泛联系那些经济环境与安全环境都不能得到足够保障的国学门的老同事,开出的薪水条件也具有足够的吸引力,以北大国学门主任沈兼士为首,包括顾颉刚、张星烺、魏建功、林万里、孙伏园、章廷谦、容肇祖、陈乃乾、潘家洵、黄坚、丁山等人集体南下厦大,鲁迅也是其中的一员。

1926年暑假之后,在国立北京艺术专科学校教书的闻一多同样也因经济困难被迫离开了北京,进入上海国立政治大学任教,而且还担任了训导长。尽管他并不适合这个职务,但上海至少能给他提供一个相对安稳的环境。而对于顾颉刚、闻一多而言,他们只是知识界众多离京南下群体中的一员。北京是人文荟萃的古都,论学术积累国内城市无出其右,如非迫不得已,少有学人情愿离开。顾颉刚虽选择了厦门,但他清醒认识到,厦大国学院毕竟属于新开,学术氛围与学术环境与北京相差甚远,因此,在他的计划中,迫于生计的南下只是暂时的选择,在北京的"书籍什物,一切不动,只算作一旅行而已"③。

---

① 慎予:《蔡元培与北大》,《国闻周报》1926年第3卷第29期。
② 《国立九校教授纷纷出京》,《大公报》1926年9月16日。
③ 顾潮:《历劫终教志不灰——我的父亲顾颉刚》,第99页。

　　教师群体南下寻找新的出路，学生群体亦不甘人后。1926 年底，《现代评论》刊登了一篇文章，对学生群体在南北两地不同的处境进行了一番对比："南方政府大可算是青年政府，南方军队大可算是学生军队，所以学生们在南方，可说是时髦之至。宣传主义用学生，侦探军情用学生，图谋内应用学生，组织政府也用学生。"而反过来看那些在北方的学生们，"开会有罪，发行出版物有罪，监视侦察，异常周密"①。学生境遇的不同也反映出两地不同的精神风貌与发展潜力，体现出南方政府更大的感召力。1926 年 7 月北伐正式开始之后，对于像王凡西这些在北京的青年来说，革命斗争"像野火般蔓延开来，整个南中国的天际被烧得通红"，他们"从阴暗的北国遥望南天，越发见得这景色迷人，壮丽无比"②……《晨报》也报道："自北伐军占阳夏，由沪往粤投效者三日之内达三百人，由京往粤投效者六百人，类皆大学学生。"③这份报纸还在 1927 年 3 月 11 日专门刊出一幅题为"孔雀东南飞"的插画，描述居京知识群体的南下潮流。《现代评论》则认定那是一个"人人南下"、"有力者想去卖力，无力者想去卖智"的时代。④

　　南下青年投身"革命"是一种路径，另外一些人还有不同的选择。1927 年底，蔡元培致信时任第四中山大学（前身为东南大学，即后来的中央大学）校长张乃燕，为一批北大学生谋求转学："北大学生刘念甘、黄继植等 27 人来晤，述在北京军阀铁蹄之下，生命濒危；北大改组以后，教授课程，两皆腐败，不得已相率南来，恳求转学第四中山大学，使得继续修业等情。谨为介绍，拟请于本年第二学期开始即准其转学。"⑤

　　由于大量青年学生离京，北京高等教育规模锐减。到了 1927 年春天，北京那些前几年"应运而生，好像雨后苍苔似的私立大学，一个一个的关了门"。而国立各校也是为穷所迫，许多教员们"因故离京"，自谋生路，"寒假以后，学是开了，课也上了，但实际上教员的缺额有三分之一，到校的学生也过不了三分之

---

①　巫：《学生界有幸有不幸》，《现代评论》1926 年第 5 卷第 105 期。

②　王凡西：《双山回忆录》，北京：东方出版社，2004 年，第 22 页。

③　百忧：《以科学眼光解剖时局》，《晨报副镌·社会周刊》1926 年第 50 号。

④　宇文：《打倒智识阶级》，《现代评论》1927 年第 5 卷第 116 期。

⑤　《蔡元培致张乃燕函》（1927 年 12 月 30 日），钱斌、宋培基：《新发现蔡元培与北大学人相关的六篇佚文》，《北京大学教育评论》2008 年第 6 卷第 3 期。

一"。① 此时,媒体上不断有北京青年学生被捕的报道,"北京各校学生,近有四十余人被捕,一时震动,纷起营救"。②

1927年4月5日,北京武装警察队会同奉军宪兵,得外交团默契,进入东交民巷使馆区,以"反赤化"的名义,包围搜查俄国大使馆、远东银行及中东铁路办公处,拘捕李大钊、路友于、张挹兰等人并最终处决。三人临刑前的合影竟然也在北京的报纸上刊出,血淋淋的事实对北京的知识界是最直观的示范。李大钊死后不久,北大教育系主任高仁山也因为参与国民党活动被张作霖杀害,这样一系列事件所造成的政治高压与紧张气氛对北大而言非常严重,《大公报》指出:"往年何等光芒万丈,近年蔡元培不来,蒋梦麟亦走,残喘仅属,暮气沉沉"③,学术研究基本陷入停顿状态。史学系主任朱希祖之子朱偰也回忆到,由于李大钊、高仁山等被杀,北大的教授与学生"人人自危",一时间很多人离开,"留下来的也大多销声匿迹,深自韬晦;走不开的许多教授,也大多考虑如何应变,另谋出路;或者转到清华大学、燕京大学去。北大从第一院到第三院,呈现一片零落景象"。④

伴随知识群体南迁的还有一批重要刊物。在1920年代的北京,当新文化运动退潮之后,出版界一个突出现象是同人刊物的兴起,现代知识分子借助某种报刊建构起了一个公共的言说平台,在这个平台上发表自己的作品、表达自身的政治态度,这也是知识群体兴起的重要媒介。《现代评论》与《语丝》是其中重要的代表,二者不仅都具有广泛的影响,更重要的是,以这两份刊物为平台,集聚起了一批当时的知识精英,形成相对固定的文人团体,确立起比较松散的联盟。

《现代评论》创刊于1924年12月13日,大部分撰稿人均供职于北京大学。如前所述,在1920年代,北大一直处于北京学界风潮中心。随着北大同人大部分离京南下,围绕《现代评论》杂志的这样一个相对固定的知识群体逐渐走向解体,主编王世杰与周鲠生一同去往武汉,其他如高一涵、燕树棠、皮宗石、余上沅、陈源、王星拱、徐志摩、刘英士、杨端六、梁实秋、叶公超、丁燮林等也于1926—1927年间纷纷南下上海、南京等地。《现代评论》已于1927年3月从第138期开始,正式迁出北京,转至上海出版。

① 召:《凋敝的北京》,《现代评论》1927年第5卷第118期。
② 《北京逮捕学生事》,《大公报》1927年3月25日。
③ 《北京国立九校关门》,《大公报》1927年4月28日。
④ 朱偰:《北京大学的复校运动》,陈平原、夏晓红编:《北大旧事》,第135页。

同一时期北京的另一份重要同人刊物《语丝》创刊于 1924 年 11 月，并在杂志基础上成立了北新书局。鲁迅、周作人、钱玄同、刘半农、俞平伯、林语堂、废名、江绍原、孙福熙、章衣萍、柔石等人为该刊供稿。1927 年 10 月，《语丝》出版至第 154 期时连同其出版机构北新书局一起被张作霖查封。早在查封之前，作为"语丝的主将"，鲁迅已于 1926 年 8 月离开北京。孙伏园、章廷谦等人也先后赶到厦门，章衣萍于 1927 年夏已到达上海。1927 年 12 月，《语丝》第 155、156 期移至上海出版。

三、南下潮流与中国文化格局的重组

1926 年北京知识群体的南下潮流是以往数年多种因素积聚的必然反应，其中反映出新政治中心对知识精英的吸引力以及政治中心与文化中心的互动关系。可以认为，知识群体的大规模南迁与当时中国政治中心、文化中心的南移是同一个过程，这种迁移本身既是文化中心转移的重要表征，也是一个相应的结果。北京已经不能为知识界提供基本的外部条件，而上海、江浙等地无论是在政治氛围，还是在经济环境等方面，都有着一定的筹码。因此，出于或主动、或被动的各种因素的累积，知识群体的南下已经不是单独的个体行为，而是转化为一种整体的时代潮流，形成一种引人关注的时代现象。

北京知识群体大规模南下之后，无论是政治姿态，还是生存方式都发生了相应的变化，《现代评论》就指出，随着国家政治中心逐渐南移，"智识阶级内有很多跑到南方去尽力"[①]。这种观察大致勾勒出 1920 年代中期国民党在知识群体眼中的地位不断上升的曲线。以《现代评论》群体为例，南下之后有相当比例的人物投向新兴国民党政权。其中，主编王世杰历任湖北省政府委员、武大校长、国民政府法制局长、教育部长、国民党中央宣传部长等要职；高一涵曾任武昌中华大学政治系主任、法科委员会主任委员，同时还兼任国民革命军总司令部政治部编译委员会主任委员、代理宣传科长；周鲠生于 1926 年到达广州，参加了中山大学的筹备工作；杨端六在广州经杨杏佛介绍，加入了国民党；张奚若应蔡元培邀请，出任国民政府大学院高等教育处处长；唐有壬南下后，曾担任关税会议专

---

① 曲殿元：《过去一年北京经济的衰颓》，《现代评论》1927 年第 5 卷第 115 期。

门委员、湖北省银行行长兼湖北省金库长,复任中国银行总管理处调查部主任等职。①

如果把该刊先前刊发的一些对国民党政权的评论性文字进行分析,就可对这些人的政治选择找到合理解释。《现代评论》创刊之后,就对南方政权多有关注,相继刊出了多篇介绍广东的文字,多属正面、肯定性观感。1925 年 7 月广东国民政府建立之后,该刊便对其表达了非常乐观的预见:"广东政府的建立,是一班怀着革新思想的人,不满于中国现代社会的腐败,而想另造成一个局面。"②同年年底,再次肯定国民党政绩:"广东国民政府自极力整顿以来,政治军事,大改旧观,虽有若干人百般诬蔑,但是事实总不能抹煞。"③1926 年 10 月,《现代评论》刊登一篇通信,其中提及:"你在现在的中国里面要找一个较自由及平等的地方,请你到广州去。"文中还引用了一位美国人在中国考察后发表的文章中的一个论断,即当时在北京所看见的是过去的中国;在上海所看见的是现在的中国;在广州所看见的是将来的中国。④

与之相对应的则是对北京观感的普遍不佳:"走到前门外去看看,所有大小商店都挂出修理门面的招牌,实行变相的停业了。平日充满道路的洋车夫也自动的或被动的从军去了。从前一家住一所房子的现在都实行合居政策了。各衙署机关的灾官时有贫而自杀的了。各学校上半年虽算敷衍过去,下半年恐除关门外无他法,教员们也早就风流云散了。……总而言之,士农工商都快完全破产了。"⑤而对于 1926 年双十节的北京,"除掉公共机关门前五色旗飘扬之外,一点儿也看不出国庆的景象",以至于"气象消沉万分"。⑥ 正是由于这种对比,《现代评论》得出基本结论:"就大体说,南方所希望者为真共和,北方所容忍者为旧专制;南方要实行平民主义,北方要贯彻武力统一;南方着眼在将来,北方注意在现在;南方为新进少年的活动地,北方为官僚政客的逋逃薮。"⑦

---

① 关于"现代评论群体"南下后任职情况,参考孔祥宇:《〈现代评论〉与中国政治》,博士学位论文,北京师范大学历史系,2003 年,第 141—142 页。
② 唐有壬:《广东国民政府的形势》,《现代评论》1925 年第 2 卷第 44 期。
③ 唐有壬:《时局前途的推测》,《现代评论》1925 年第 2 卷第 52 期。
④ 龙冠海:《广州一瞥》,"通信",《现代评论》1926 年第 4 卷第 97 期。
⑤ 唐有壬:《这算是什么局面》,《现代评论》1926 年第 4 卷第 81 期。
⑥ 文:《双十节》,《现代评论》1926 年第 4 卷第 97 期。
⑦ 张奚若:《南北可以妥协吗》,《现代评论》1927 年第 5 卷第 118 期。

1926 年 7 月北伐开始之后,这种对南方的正面观感也相应转化为对南方军队的政治倾向,尤其是与张作霖入主中枢之后对居京文人的高压政策进行对比之后,更使北方舆论产生了"南北新旧"的判断。① 北方的《晨报》直接将当时的北伐战争定义为"新旧大战争"②。在当时的北大,"当北京报纸宣传孙军如何胜利,党军如何溃败的时候,阅报室的人,真是萧条寂寞到极点。迨至近数日九江失守的消息传来,阅报的人踊跃兴奋,异常拥挤,此事虽小,亦可测验出多数学生对此战争的态度与人心之向背了"③。

作为《现代评论》这一群体的核心人物与精神领袖,胡适的选择更带有风向标的意味。1926 年 7 月 17 日,胡适从北京动身,途径苏联赴伦敦参加"英国庚款咨询委员会"全体委员会议,会后又赴美。1927 年 4 月 12 日,胡适由美国西雅图登船回国。此时,蒋介石已经开始在上海公开"清党",而张作霖控制下的北京也隐藏着危险与不安,他在中途停留在了日本横滨。在经停日本的几个星期之中,胡适主要通过报刊杂志以及与国内友人的通信了解国内近况。经过权衡考虑,胡适于 5 月 17 日自神户乘船离开日本,他没有回到北京,而是选择上海为最终目的地。

在国家最高权力的争夺过程中,知识精英虽然不能起到决定性作用,但这些人的政治选择往往具有重要的象征意义,隐含着历史发展的某种趋向。从这个角度而言,1926 年北京知识界的南下潮流实际上是国家政权交割前夕在文化领域的一场"预演",他们的这种行为表明,在胜负未有定论之前,胜利的天平已经向南方倾斜。

南下知识精英们除有一些人进入新生政权的行政领域外,大部分从事的还是更加熟悉的文化教育领域,高校仍是最重要的选择。这对于南方高校学术水准的提升与南北文化格局的调整也具有积极意义。1920 年代之前,江浙、南粤等地区虽然贡献了近代中国人数众多的学界人物,但与之产生鲜明对比的则是这些地方却几乎没有产生有全国性影响力的现代学术机构,大批名流主要聚集在北京。1926 年前后居京学人大批南下之后,纷纷在南方的一些大学重新上

---

① 罗志田:《南北新旧与北伐成功的再诠释》,《乱世潜流:民族主义与民国政治》,上海:上海古籍出版社,2001 年。

② 百忧:《以科学眼光解剖时局》,《晨报副镌》1926 年 10 月 5 日。

③ 王日新:《南北局势剧变后中外人士的态度》("通信"),《现代评论》1926 年第 4 卷第 102 期。

岗,对这些高校的师资力量形成重要的补充,它们日后的发展在一定程度上也得益于此。

如前所述,北大国学门的一批学人转战厦大,对厦大国学院研究力量与研究水平的提升起到了非常关键的作用。广东的中山大学也是这股学人南下潮流的受益者。据1927年8月中大《本校文史科介绍》所列的教授名单看,有傅斯年、顾颉刚、江绍原、汪敬熙、冯文潜、毛准、马衡、丁山、罗常培、吴梅、俞平伯、赵元任、杨振声、商承祚、史禄国等。① 这些人在此之前多数供职于北大。其后不久,或受到南方革命气象的感召,或受到北方白色恐怖的逼迫,另一批北大学人鲁迅、容肇祖、董作宾、朱家骅、罗庸、费鸿年等也陆续来到中山大学。这批人的到来不仅大大充实了中大的学术队伍,同时也把北大的学术风气整体移植到新的环境,中大也开始成为国内学界的新星。傅斯年等人创办的《国立中山大学语言历史学研究所周刊》是北大《北京大学研究所国学门周刊》的继续和发展,他们所办的《民俗》周刊更是北大"民俗学"研究的南下。而在"民俗学"中,他们特别看好歌谣等鲜活的民间文学,这正是胡适倡导的白话新文学的一个重要的支撑力量。同时,因顾颉刚、江绍原在中山大学执教,带动了钟敬文、容肇祖在民俗学领域的崛起。②

在知识精英们投奔国民党政权的过程中,像蔡元培这样的老资格也对于他们的选择具有很大的引领作用,蔡元培广泛的人脉关系成为知识精英们与新生国家政权之间的重要联络纽带。1928年夏武汉大学筹建,已经担任南京国民政府大学院院长的蔡元培指派刘树杞、李四光、王星拱、周鲠生、麦焕章、黄建中、曾昭安、任凯南8人为筹备委员。其中,李四光、王星拱、周鲠生都是南下的北大教授。后来,王世杰、朱家骅、陈源、郁达夫、石瑛、皮宗石等原北大人物纷纷加入其中,王世杰更是成为初创时期的武大校长。以此为班底,武大创办之后发展快速,在中国高等教育体系当中迅速占有一席之地。此后,王星拱、周鲠生也曾任校长之职。以新兴的武汉大学、浙江大学以及南京中央大学为代表,与原有南方的一些私立高校如圣约翰、东吴、同济、沪江、岭南等,形成了相对成型的南方高

① 转引自陈平原:《不该消失的校园风景——〈走进中大〉序》,《中国大学十讲》,上海:复旦大学出版社,2002年,第223页。
② 参见沈卫威:《现代大学的两大学统——以民国时期的北京大学、东南大学—中央大学为主线考察》,《学术月刊》2010年第42卷1月号。

校群，在一定程度上打破了民初以来南北文化格局发展的不平衡，同时也大大提升了南方学界的活力与影响力。

由于外部环境发生了比较大的变化，南下学人在生存方式、政治姿态、思想言说等方面也在不断调适。以胡适为例，到达上海之后，他没有马上与实际政治发生关联，而是委身于各方面分量都很不出众的私立光华大学，与新生国家政权保持着距离。对于《现代评论》群体的其他一些人而言，除在前文中述及的王世杰等加入之外，大多数还是选择了他们最为熟悉的学校。潘光旦和闻一多在新月社社友张君劢创办的国立政治大学谋得了位置，叶公超、梁实秋、刘英士、丁西林、饶孟侃等先后加入国立暨南大学。对于这批"不甘寂寞"的文人而言，一直在寻找一个新的阵地以此确立在上海的存在方式。

1927 年 7 月，他们以胡适为中心再次迅速集聚，通过集资方式创办新月书店，胡适任董事长，余上沅任经理，徐志摩、丁西林、张嘉铸、闻一多、潘光旦、饶孟侃、叶公超、梁实秋等为董事。次年 3 月，《新月》月刊出版，这个群体大多成为该刊的编辑以及主要撰稿人。新月书店的创办以及《新月》月刊的出版是这批知识精英们在一个新的政治环境与言论空间中谋求发言权与政见表达的一种努力。作为一个新兴的工商业明星城市，上海不具有像北京那样盘根错节的上层政治关系网络，也缺乏像北京大学这样的学术重镇做依托，这批自由主义文人试图在"国家权力"与"知识力量"之间，划分出一片自由论政空间，"但这是一种超越了当时社会历史条件的关系设想和自我定位"。[1] 在此后"人权与约法"、"自由与独裁"的一系列讨论中，胡适与国民党当局的关系一度出现紧张。有研究者认为，胡适在上海的这几年，恰是在"暴得大名"后声誉渐落，左右不甚逢源的时候。[2] 在党国体制逐渐确立的时代，一向信奉自由主义的胡适也需要重新调整自己在政界与学界的准确定位。

《语丝》南下之后虽然能够在上海继续发行，但在迥异于北京的异质环境中，必然影响到报刊本身的运作模式与表达方式，语丝社北京时期以《语丝》周刊为阵地进行"社会批评"和"文明批评"，是典范的同人刊物，是现代知识分子建构言说空间的一个重要平台。南迁上海后，由于同人立场发生嬗变，这一言说

---

[1]　相关研究参见叶中强：《从知识体制中心走向自由媒体市场——"新月派"文人在上海》，《史林》2008 年第 6 期。

[2]　罗志田：《个人与国家：北伐前后胡适政治态度之转变》，《乱世潜流：民族主义与民国政治》，第 265 页。

平台由建构到解构,表现出明显特征:同人启蒙立场逐渐消解、批评本体色彩逐渐弱化、编辑主体和创作主体由一体到分离、出版策略与文化理想由反抗转变为迎合,读者趣味决定了杂志的取向,商业色彩愈发浓厚,这些现象已经与最初的办刊宗旨出现明显偏离。①《语丝》的最终命运也走向了无可避免地消亡。南京国民政府的建立与巩固实际上已经宣告了一个新的时代即将到来。

余　论

从五四运动到 1927 年南京国民政府建立的那几年是中国政治、军事格局发生重大变动的时期,也是文化教育格局发生大调整的时期。外部政局的动荡持续影响到北京学界内部。由于北京政府控制范围的萎缩,财源逐渐枯竭,军阀割据,庞大的军费开支严重挤占本就十分微薄的教育经费,长期的投入不足导致校内局势的不稳,正常的教学秩序无法维持,无论教师还是学生,均不安其位,学业正途无暇顾及,经济生活陷入低谷。

更加严重的是,知识群体借助于各种公开的请愿、游行活动,以愈加高昂的姿态不断挑战者当权者的容忍底线,加剧了他们与北京政府之间的紧张对立。以三一八惨案为标志,北京政府开始改变以往一贯比较宽松的文化政策。张作霖控制中央政权之后,对知识界的高压政策不断升级,李大钊这样一个知名学者因政治态度被杀,《语丝》、《现代评论》等重要刊物被迫转移,表明此时的北京已经不存在容纳多元思想的言论空间,知识群体大规模南下。借助于相对广阔的文化市场、良好的经济环境以及相对宽松的政治环境,尤其是租界内特殊的言论环境,使得上海对知识界人士构成了极大的吸引力,这些优势又通过与北京的对比,得到不断放大,于是上海成为知识阶级南下的首选。

从一个更广阔的历史时段考察,1926 年前后知识界的南下潮流是当时中国政治、文化与学术格局重组的重要表征。随着南京国民政府的建立,国家政治与文化重心南移的趋势基本确立。知识精英当中一部分投向新生国家政权的行政官僚体系当中,仍有相当一部分投身到文化教育事业当中。

---

① 《语丝》周刊是一个典型案例,参见张积玉、赵林:《〈语丝〉周刊与中国现代知识分子言说空间的偏离》,《海南大学学报》2008 年第 1 期;颜浩:《民间化:现代同人杂志的出版策略——20 世纪 20 年代的〈语丝〉杂志和北新书局》,《北京社会科学》2005 年第 2 期。

　　不过，对于一直以来依托于最高学府的知识精英而言，上海相对宽松的政治空间、发达的文化市场虽然为他们提供了更加充裕的物质生活环境，但浓重的商业氛围与功利气息并不十分适合他们，学风浓厚的北平古城以及意境悠远的学院派生活仍然时时勾连着许多人的内心眷恋，一旦环境发生变化，他们会再次对未来的出路进行选择。随着 1920 年代末、1930 年代初北平局势的逐渐平稳，许多南下上海的学人辗转回到北平，再次出现在了那些根基深厚的高校讲台与书斋之中。[1] 蒋梦麟、胡适重掌北大，借助中国教育文化基金董事会的经济支持以及原有的学术网络，北大的发展重新走向良性轨道，由此奠定了 1930 年代中期北大中兴的基础。同一时期，清华大学也因改制，再次吸引了一批曾经的南下学人以及一些留学生，燕京大学、辅仁大学也纷纷崛起，形成北平的"四大高校"，再次占据国内学术的顶尖阵地，而民国时期北京的学术与文化，正是在这种不断的迁徙流转中，一直向前。

（作者为北京市社会科学院历史研究所研究员）

---

[1]　有文章对此进行了统计，1930 年前后北上的学人包括胡适、傅斯年、顾颉刚、杨树达、余嘉锡、刘文典、汤用彤、徐志摩、潘光旦、罗隆基、吴泽霖、闻一多、陈嘉、雷海宗、浦江清、向达、王万里、王绳祖、陆维钊、王庸、郭廷以、陈梦家、陆志韦、吴有训、赵忠尧、顾毓琇、曾昭抡等。作者认为这是中国知识界内部机理的深刻反应。参见刘超：《现代中国知识界的"南北问题"——以东大和清华为例》，《社会科学论坛》2011 年第 2 期。

清华简注释之商榷

房德邻

  笔者研读了清华简《周武王有疾周公所自以代王之志（金縢）》、《耆夜》①的注释，发现有很多错误，这些错误关系到简文的真伪，有深入讨论的必要。

一、《周武王有疾周公所自以代王之志（金縢）》的注释问题

  整理者加的篇题是《周武王有疾周公所自以代王之志（金縢）》，但是竹简原来只在背面有篇题《周武王有疾周公所自以代王之志》，并没有"（金縢）"，"（金縢）"是整理者加上的，因为整理者认为简文就是今本《尚书》的《金縢》。整理者在篇首的《说明》中说："全篇简文与《尚书》的《金縢》大致相合，当系《金縢》篇的战国写本。"事实上，简文所写的故事与《金縢》不同，并非大致相合。以下对读两篇的第一部分（本文主要讨论第一部分）。

  今本《金縢》：

    既克商二年，王有疾弗豫。二公曰："我其为王穆卜。"周公曰："未可以戚我先王。"公乃自以为功，为三坛同墠。为坛於南方，北面，周公立焉。植璧秉珪，乃告大王、王季、文王。史乃册，祝曰："惟尔元孙某，遘厉虐疾。若尔三王是有丕子之责于天，以旦代某之身。予仁若考能，多材多艺，能事鬼神。乃元孙不若旦多材多艺，不能事鬼神。乃命于帝庭，敷佑四方，用能定尔子孙于下地。四方之民罔不祇畏。呜呼！无坠天之降宝命，我先王亦永有依归。今我即命于元龟，尔之许我，我其以璧与珪归俟尔命；尔不许我，我

---

  ① 李学勤主编：《清华大学藏战国竹简（壹）》，上海：中西书局，2010 年。

乃屏璧与珪。"乃卜三龟,一习吉。启籥见书,乃并是吉。公曰:"体!王其
罔害。予小子新命于三王,惟永终是图。兹攸俟,能念予一人。"公归,乃纳
册于金縢之匮中。王翼日乃瘳。武王既丧,管叔及其群弟乃流言于国曰:
"公将不利于孺子。"

简文:

　　武王既克殷三年,王不瘳(豫)①有迟。二公告周公曰:"我其为王穆
卜。"周公曰:"未可以戚吾先王。"周公乃为三坛同墠,为一坛於南方,周公
立焉,秉璧植珪。史乃册,祝告先王曰:"尔元孙发也,遘害虐疾。尔毋乃有
备子之责在上?惟尔元孙发也,不若旦也。是佞若巧能,多材多艺,能事鬼
神。命于帝庭,溥有四方,以定尔子孙于下地。尔之许我,我则晋璧与珪。
尔不我许,我乃以璧与珪归。"周公乃纳其所为功自以代王之说于金縢之
匮,乃命执事人曰:"勿敢言。"就后武王陟,成王犹幼在位。管叔及其群兄
弟乃流言于邦曰:"公将不利于孺子。"

比较两文,可以发现有很多不同。整理者也注意到两者有不同,其《说明》
指出:"本篇简文的内容与传世今本《金縢》篇有一些重要的不同,如记载周武王
系在'既克殷三年后'生病,与今本作'二年'不同;简文中没有今本《金縢》篇中
涉及占卜的文句;周公居东为三年而非今本中的二年"。整理者所列举的这三
点不同,还不是最重要的不同,最重要的不同是:今本《金縢》写周公祝告之后
"王翼日乃瘳"(第二天武王病好了),而简文写周公祝告之后"就后武王陟"(之
后武王升天了)。对于这一点不同,整理者在注释"就后武王陟"时说:"此句今
本及《鲁世家》并无,今本有'王翼日乃瘳',《鲁世家》略同。"一笔带过。

为什么《金縢》是"王翼日乃瘳",而简文是"就后武王陟"?因为两篇讲了两
个不同的故事。今本《金縢》讲的是:武王克殷后,身患重病,周公为之向先三王
(太王、王季、文王)祝告,希望代替武王死,让武王继续治理天下。祝告后,周公
占卜,是吉兆。第二天武王的病就好了。我们可以把这个故事概括为"周公欲
代武王死的故事"。这个故事在《史记》中也有记载。

简文讲的是:武王克殷后,身患重病,周公为之向先王祝告,表示希望由他周
公旦来做代理王,治理天下。祝告后武王就死了。我们可以把这个故事概括为

---

① 简文的"瘳"是古文经用字,而今文经用字是"豫"。

"周公欲作摄政王的故事"。这个故事在史书中没有记载,仅见于清华简。

简文是根据《金縢》改写的,主要改写了以下三点:第一,今本讲的是周公欲代武王死的故事,所以周公的祝告辞中有欲代武王死和希望先三王不让武王死的文句:(1)"以旦代某(按:指武王)之身。"(2)"呜呼! 无坠天之降宝命,我先王亦永有所依归。"意思是:如果不救武王,就会使上天受命的武王陨坠;如果救武王,不使其陨坠,则我先王亦永有依归,为宗庙之主。而简文讲的是周公欲作摄政王的故事,周公不代武王死,所以删除了上引两句。第二,今本周公祝告希望先三王命武王于帝庭,继续治理天下,文曰:"予仁若考能,多材多艺,能事鬼神。乃元孙不若旦多材多艺,不能事鬼神。乃命于帝庭,敷佑四方,用能定尔子孙于下地,四方之民,罔不祇畏。"这一段的叙述逻辑是:先说周公旦有优点能事鬼神,再说武王有缺点不能事鬼神,最后说"乃命于帝庭",此句"命"字后面没有宾语,承前可知省略的是武王,是"乃命武王于帝庭"。如果把"命"解释为"受命",则此句承前省略了主语武王,是"乃武王受命于帝庭"。而简文将这一段改为:"惟尔元孙发也,不若旦也。是佞若巧能,多材多艺,能事鬼神。乃命于帝庭,溥有四方,以定尔子孙于下地。"简文的叙述逻辑与今本不同,它先说武王不如旦,再说旦多材多艺能事鬼神,然后说"乃命于帝庭","命"字后面没有宾语,承前可知省略的是周公旦,是"乃命周公旦于帝庭",如果"命"解释为"受命",则承前省略了主语周公旦,是"乃周公旦受命于帝庭"。周公希望继武王而作受命之子,溥有四方,以安定先王子孙于下地。第三,改"王翼日乃瘳"为"就后武王陟"。简文在"就后武王陟"一句之后,接写"成王犹幼在位",暗示周公作了摄政王。

有上面这三点修改,简文就编造出周公欲作摄政王的故事。简文的可疑之处还有几个例子:

(一)今本写周公占卜:(1)在祝告词中有"今我即命于元龟"。(2)在祝告后,史家叙述:"乃卜三龟,一习吉。启籥见书,乃并是吉。公曰:'体,王其罔害'。"简文删除了这些文句,不写占卜。整理者在《说明》和注释中都指出了简文没写占卜,与今本不同,但是没有追究为什么简文不写占卜。李学勤对此有解释:"由此看来,清华简与传世本《金縢》应分属于不同的流传系统。"①意思是写

① 李学勤:《清华简九篇综述》,《文物》2010 年第 5 期。

占卜和不写占卜，只是流传的写本不同。这是一种猜测性的解释。

殷周的贵族逢事必卜，殷墟甲骨文就是占卜的记录。武王重病，如此大事，周公怎么能不占卜以问吉凶？但是简文把《金縢》改写为周公欲作摄政王的故事，这就无法写占卜了：周公向先王祝告他欲在武王死后做代理王，祝告之后武王就死了，"成王犹幼在位"，周公作了摄政王，他祝告的愿望实现了，如果占卜，应当是"吉"卦，但是武王死了，怎么能是"吉"卦？所以简文只好不写占卜。但是不写占卜，简文就暴露出改写《金縢》的漏洞来。

第一，《金縢》先说"二公曰：'我其为王穆卜。'"，后面接着写周公亲自为武王占卜，前后照应。简文也是先说"二公告周公曰：'我其为王穆卜。'"，后面写周公只祝告却不占卜，前后矛盾。如果二公质问周公为什么不占卜，他怎么回答？站在简文的立场上，就不应当写"二公告周公曰：'我其为王穆卜'"，而应当改写为"二公告周公曰：'我其为王祷。'"，这样才能和后面周公祝告而不占卜相照应。但是简文作者照抄《金縢》的"我其为王穆卜"，这是考虑不周而出现的漏洞。

第二，今本《金縢》周公祝告辞最后一段："今我即命于元龟，尔之许我，我其以璧与珪归俟尔命；尔不许我，我乃屏璧与珪。"孔颖达正义："我与三王人神道隔，许我以否不可知，今我就受三王之命于彼大龟，卜其吉凶。吉则许我，凶则为不许我。尔之许我，使卜得吉兆，旦死而发生，我其以璧与圭归家待汝神命，我死当以圭璧事神。尔不许我，使卜兆不吉，发死而旦生，我乃屏去璧之与圭。言不得事神，当藏圭璧也。"周公在祝告中表示，他将通过占卜知道三王是否答应他代武王死，从而决定是否用圭与璧事神。

简文删除"今我即命于元龟"，保留后面的句子，但是修改为："尔之许我，我则晋璧与珪。尔不我许，我乃以璧与珪归。"意思是："尔先王如果答应我的要求，我现在就把璧与珪晋献给你们；如果不答应我，我就把璧与珪带回去，不晋献给你们。"周公不占卜了，他就不知道先王是否答应他的愿望了，他怎么还说"尔之许我"如何、"尔不我许"如何？这是简文作者在删改时考虑不周而出现的漏洞。还有一个漏洞：今本《金縢》周公说，如果先王答应他的要求，他就把璧与珪带回家去，等待先王召唤，他死时就以璧与珪事神。而简文周公说，如果先王答应他的要求，他就当场把璧与珪晋献给先王。他当场怎么晋献？他"秉璧植珪"，怎么能让先王得到璧与珪？站在简文的立场上，在删除"今我即命于元龟"

之后，也必须连同后面的"许我"、"不许我"的句子也删掉。

以上分析表明，简文不写占卜，并非因为它是另外一个"流传系统"，而是因为简文作者有意改写《金縢》造成的。

（二）简文："就后武王陟，成王犹幼在位，管叔及其群兄弟乃流言于邦。"今本《金縢》与之对应的文句是："武王既丧，管叔及其群弟乃流言于国。"《史记·鲁世家》也作"管叔及其群弟流言于国"。简文的"群兄弟"，在《金縢》和《鲁世家》都作"群弟"，简文多一"兄"字。整理者为"群兄弟"作注："群兄弟，今本作'群弟'。《史记·管蔡世家》云：'武王同母兄弟十人……其长子曰伯邑考，次曰武王发，次曰管叔鲜，次曰周公旦，次曰蔡叔度。'"据此可知，管叔排行老三，他有两个哥哥，大哥伯邑考，二哥武王发，所以简文添加的一个"兄"字是指伯邑考，简文与《管蔡世家》相符。但整理者是断章取义。我们把整理者在"次曰蔡叔度"之后省略的文字添上，结论就不同了。省略的文字是："次曰曹叔振铎，次曰成叔武，次曰霍叔处，次曰康叔封，次曰冉季载。冉季载最少。同母昆弟十人。唯发、旦贤，左右辅文王，故文王舍伯邑考，而以发为太子。及文王崩而发立，是为武王。伯邑考既已前卒矣。"在武王初立时，伯邑考先已死去。所以简文写"群兄弟"与《管蔡世家》所记并不相符，伯邑考早死了，怎么还能和管叔等制造流言呢？整理者发现简文所写与《管蔡世家》不符，用省略号把伯邑考早死删掉，使读者误以为简文所写与《管蔡世家》相符。

不仅《管蔡世家》记载伯邑考早死，其他文献也有记载。如《逸周书·世俘解》记：武王克殷，格于庙，"王烈祖自太王、太伯、王季、虞公、文王、邑考以列升"。在武王克殷后所供奉的先人中有伯邑考。通常认为《世俘解》是西周文献。汉代以后文献也都记伯邑考早死，并且生出许多故事。如《帝王世纪》说："纣既囚文王，文王之长子曰伯邑考，质于殷，为纣御。纣烹以为羹，赐文王。曰：'圣人当不食其子羹。'文王得而食之。纣曰：'谁谓西伯圣者，食其子羹尚不知也。'"[1]《封神演义》采纳传说，并加演绎，遂使伯邑考被妲妃和纣王害死的故事家喻户晓。既然伯邑考早死，他就不能在武王死后和他的两个弟弟一起制造周公的流言，所以简文凭添一个"兄"字，与古代文献记载不符。

以下探究简文为什么写作"群兄弟"。由于前文已说明简文是据《金縢》改

---

① 皇甫谧撰、宋翔凤集校：《帝王世纪》卷5，清光绪贵筑杨氏刻训纂堂丛书本。

写而成,所以也就知道"群兄弟"是据"群弟"改写而成,并且知道为什么这样改写:

今本《金縢》说"管叔及其群弟乃流言于国",没有具体说有几个弟弟参与其事,但是"兽三为群",所以"群弟"至少也是指三个弟弟。然而,伪孔安国传说"群弟"是指蔡叔和霍叔,只有两个弟弟,这与"群"字不符。所以孔颖达正义为之解释说:"兽三为群",两个弟弟不能称"群弟",但是加上管叔本人正是三人,故可称"群"。这种解释太勉强。简文作者在改写《金縢》时,知道"群弟"不通,所以添加一个"兄"字,符合"兽三为群"。这样写潜藏的意思是:伯邑考并没有在武王登基前死去,只是文王没有传位给他,而传位给二子姬发(武王),在武王死后,伯邑考对周公摄政不满,就和管叔等一起制造流言,但是汉代学者从正统观念出发,硬说伯邑考早死,并且删除了"群兄弟"的"兄"字,所以《金縢》是汉代人改写的本子,而简文才是周代的原本。

(三)整理者在《说明》中介绍篇题说:"第十四支简背下端有篇题《周武王有疾周公所自以代王之志》。全篇简文与《尚书》的《金縢》大致相合,当系《金縢》篇的战国写本。简文不用《金縢》作为篇题,疑抄写者可能没有见过《书序》。"这也是猜测性的解释。

简文的篇题与《书序》无关。由于简文改写成周公欲作摄政王的故事,所以另拟篇题《周武王有疾周公所自以代王之志》,用以概括文章的主题,并且提醒读者不要把它混同于《金縢》。但是这个长达14个字的篇题本身就是作伪的证据。今所见《尚书》的篇题108个,其中有3篇题为5个字,其它均为2—4个字。十三经的篇题(有些篇题是后人所拟)全部在1—5字之间。先秦文献或者没有篇题,或者有短篇题,这是由当时的书写条件决定的。简牍通常一篇文章为一卷,卷起来以后在背面题写几个字,以提示是哪一篇文章,所以用字很少,并不像后世用长篇题来概括文章的内容。① 从中国书籍的历史看,篇题是先秦时用字最简,以后渐繁,乃至出现副标题。先秦的篇题没有经历由繁入简的过程,所以此长达14个字的篇题不是战国人所拟。

篇题14个字的前3个字是"周武王"。本朝(国)人称本朝(国)帝王时不冠

---

① 今本《战国策》篇题长,这是出版者添加的,而它本无篇题,马王堆汉墓出土的帛书《战国策》27篇均无篇题。

以朝(国)名,历朝历代皆然,概莫能外。在周代作者的著作中只偶然出现"周文王"、"周武王",都是在与殷对举时使用的。而简文的篇题并不与殷对举,所以不应当出现"周武王"。简文写"周武王"是不懂书例。

(四)整理者在《说明》中说:"《金縢》篇见于西汉初年伏生所传的今文《尚书》,但自西汉以来,学者对其理解颇多歧异。"接下去所写的就是本文前面引述的简文与今本《金縢》的三点不同:克殷三年、不写占卜、居东三年。整理者了解《金縢》的学术史,知道它"颇多歧异",便用它来解释简文和今本《金縢》为什么会有不同。如此,则所列举的三点不同以及没有列举的不同点,都不需要追究为什么不同了。

简文与今本《金縢》所有的不同点,从所讲故事的不同,到用词用字的不同,都不是偶然形成的,而是简文作者有意识设计的。如:

1.今本说"武王克商二年……武王既丧",似说武王死于克商二年。《史记·封禅书》也说:"武王克殷二年,天下未宁而崩。"而《淮南子·要略》:"武王立三年而崩。"究竟是二年死还是三年死,争论不休。而简文:"武王既克殷三年……就后武王死陟。"可证是三年死。

2.今本说"周公居东二年",而《诗·东山》说周公居东三年东征("我徂东山……自我不见,于今三年。")两者记载的年代不同,引出许多争论的问题。而简文作"居东三年",与《东山》相同。争论解决了。

3.王夫之指出:周公又祈又卜,这与礼制不合,古代无且祈且卜之礼。祈是请命于神鬼,卜是问于龟之灵,先三王不主龟之灵,所以周公只应当为武王卜,无需祈。[①] 简文把《金縢》改写为周公欲作摄政王的故事,只写周公为自己祈,不写卜,以合乎礼制。

4.简文"群兄弟",比今本的"群弟"多一兄,回应了孔颖达的"兽三为群"。

5.简文"流言于邦"与今本"流言于国"不同,以此证明简文是古本,而今本是汉人改写的,汉人避讳"刘邦",改"邦"为"国"。

6.今本"武王既丧",武王死用"丧"字,而《史记》、《淮南子》等写武王死都用"崩"。周礼规定天子死用"崩",但武王是西周初年死的,该用"丧"还是"崩"?简文写"就后武王陟","丧"和"崩"都不正确。

---

① 王夫之:《尚书稗疏》卷4《金縢》,清文渊阁四库全书本。

7.今本"惟尔元孙某",《史记·鲁世家》作"惟尔之孙王发"。后世研究者认为,今本的"元孙某"应当是"元孙发",因为周公向先王祝告,应当称武王的名字"发",但是成王开匮得到周公的祝告文,读时读为"某",以避讳父王名,史官录之,成为"元孙某"。江声、王国维等持此说。简文作"惟尔元孙发也",证实了江、王等之说。

8.今本写周公向三王祝告时"植璧秉珪",《史记·鲁世家》作"戴璧秉圭"。两者的不同记载引起后世学者的讨论,但不能确定哪一种记载是正确的,甚至不明白"植璧秉圭"是什么意思。简文写为"秉璧植珪",以此证明今本和《史记》都是错误的。但是这个"秉璧植珪"暴露出简文作者对先秦"五瑞"的无知。"五瑞"就是"珪、璧、琮、璜、璋"五种玉质礼器,其形制不同,意义有别。璧是圆形的玉,象天。国君用它聘问,也用它礼神。用璧来礼神时,是将其置于坛上,即"植璧"。"珪"是长条形的,上端作三角形,由于持有者的身份不同而长短不一。周公有桓珪,长九寸。珪是信物,所谓"珪以信质"。周公在筑坛祝告时,今本记其仪式是"植璧秉珪",宋代陈经对此解释说:"璧所以礼神。植璧者,置之于神位之前也。圭所以自执,秉圭者,周公执之。"[①]长九寸的珪是表示周公身份的,他在礼神时必须手秉,而不能植于坛上。

9.《金縢》虽然是今文《尚书》,但是有学者怀疑其内容的真实性。三国谯周、宋代程颐、明代王廉和张孚敬、清代王夫之和袁枚等都有质疑。谯周并认为《金縢》是汉代人所著,袁枚表示认同。[②]

学者的质疑主要有两点:第一,周公知道人的夭寿有数,他不会祝告欲代武王死,如后世的村巫里媪。[③] 第二,《金縢》后半部分说,周公摄政以后,成王对他的忠诚有怀疑,但是在开启金縢之匮看到里面所藏周公的祝告辞之后,为周公的忠诚感动了。王夫之认为这种说法不合理:周公欲代武王死的祝告辞只表明他忠于武王,不表明他忠于成王,所以祝告辞并不能释成王之疑。[④] 简文针对上面的两点质疑而改写周公的祝告词,他不代武王死了,而欲作摄政王,这回应了第一

---

① 陈经:《尚书详解》卷26,清武英殿聚珍版图书本。
② 袁枚《金縢辨下》:"善乎,谯周之言曰:'《尚书》遭秦火,多缺失,学者谈《金縢》都难凭信。'斯得之矣。"(《小仓山房集》"文集"卷22,清乾隆刻增修本。)
③ 袁枚:《小仓山房集》"文集"卷22《金縢辨下》。
④ 王夫之:《尚书稗疏》卷4《金縢》。

点质疑。当成王开启金縢之匮看到祝告辞之后,明白了周公作摄政王的良苦用心,原来是为周家之天下着想,所谓"勤劳王家",因此释疑,这回应了第二点质疑。

简文作者做这样一些有针对性的修改,就是要让读者相信,简文是秦火之前的古本,而今本《金縢》是秦火之后难以凭信的改写本。

二、《耆夜》的注释问题

《耆夜》原文:

武王八年,征伐郘(耆),大戡之。还,乃饮至于文大(太)室。毕公高为客,召公保奭为夹,周公叔旦为主,辛公言臣甲为立(位),作策逸为东尚(堂)之客,吕上(尚)甫(父)命为司政(正),监饮酒。王夜(舍)爵酬毕公,作歌一终曰《乐乐旨酒》:"乐乐旨酒,宴以二公。㤅仁兄弟,庶民和同。方臧方武,穆穆克邦。嘉爵速饮,后爵乃从。"王夜爵酬周公,作歌一终曰《輶乘》:"輶乘既饬,人服余不胄。嗟士奋甲,緊民之秀。方臧方武,克燮仇雠。嘉爵速饮,后爵乃复。"周公夜爵酬毕公,作歌一终曰《赑赑(英英)》:"赑赑戎服,臧武赳赳。毖精谋猷,裕德乃求。王有旨酒,我忧以颸。既醉又侑,明日勿稻。"周公或夜爵酬王,作祝诵一终曰《明明上帝》:"明明上帝,临下之光。不显来格,歆厥禋盟。於……月有盈缺,岁有歇行。作兹祝诵,万寿亡疆。"周公秉爵未饮,蟋蟀……趍(趣)降于尚(堂),周公作歌一终曰《蟋蟀》:"……(房按:此处省略了《蟋蟀》歌三章二十四句。)"

《耆夜》篇大体有这样三类问题:

(一)当注不注

整理者有选择地注释词语,如:

1.周公酬毕公作歌《英英》:"毖精谋猷,裕德乃求。"整理者注"谋猷"和"裕德乃求",却不注"毖精"一词。"毖精"不见于先秦文献,而始见于宋代,它是由"毖慎"和"精虔"缩略而成,其产生经过了漫长的过程。

先秦文献中无"毖慎"一词,只有"毖"和"慎"两个单音词。"毖"字多义,其中之一是"慎"的意思。如《诗·桑柔》"为谋为毖",《诗·小毖》"予其惩而毖后患",《书·大诰》"天亦惟用勤毖我"。《尔雅·释诂》释"毖"为"慎也"。毛传对上引《桑柔》、《小毖》的两个"毖"字均注"慎也"。许慎《说文解字》沿袭《尔雅》

也作"毖,慎也"。后人受"毖慎也"的影响,造出双音词"毖慎",它首见于宋代,并流行开来。如宋代韩维《太常博士俞珹可屯田员外郎》引谕旨:"毋忘毖慎之思。"①明代沈德符《万历野获编·评论·吕焦二书》:

"君子处末世,即著书立言,亦当毖慎,况其它乎?"②清代邹漪《金忠节传》:"躬自察饬,毖慎有加。"③"毖慎"也作"慎毖"。如宋代王安石录《皇侄右卫大将军蕲州防御使从古登州防御使制》:"往践宠荣,愈思慎毖"④。清代昭梿《啸亭杂录·军机大臣》:"然后机务慎毖,议政之弊始革。"⑤"精虑"一词始见于唐末五代。《全唐文》共出现 11 次"精虑",时间从唐僖宗李儇至后汉。如僖宗《祈晴敕》:"仍令河南府差官,应有灵迹处,精虑祈止。"⑥后唐闵帝李从厚《令三京诸道祭山川祠庙诏》:"宜令三京诸道,州府界内名山、大川、祠庙有益于民者,以时精虑祭祀,称朕意焉。"⑦《全唐文》中的 11 个"精虑"全都用于宗教语境中。

宋以后,"精虑"一词不仅用于宗教,也用于儒学和世俗。如宋代颜复《上哲宗论孔子后凡五事》:"俎豆之事,势难精虑。"⑧明代申时行《武清侯赠太傅安国公谥恭简李公神道碑铭》:"而公慎毖、精虑、敬共、匪懈,无不当上心者。"⑨在"毖慎"和"精虑"这两个词出现以后,又出现了缩略词"毖精"或"精毖"。如宋代洪咨夔录《刘克庄除枢密院编修官兼权侍右郎官制》:"敕具官某……摄事郎潜,精毖简通。"⑩明代过庭训《本朝分省人物考·周子义》:"至是务加精毖"⑪。清代方孝标《游净慈庵记》:"中甚精毖,而客鲜得窥。"⑫从"毖精"一词产生的过程来看,它是个演生词,不可能在先秦产生。简文作者不知道"毖精"一词产生的经过,误当作先秦用语而写入周公的《英英》诗中,让周公赞扬毕公有"毖精"的良好品质。

① 韩维:《南阳集》卷 17《外制》,文渊阁四库全书补配文津阁四库全书本。
② 沈德符:《万历野获编》卷 25,清道光七年姚氏刻同治八年补修本。
③ 邹漪:《启祯野乘一集》卷 12,明崇祯刻清康熙重修本。
④ 王安石:《临川集》卷 51。
⑤ 昭梿:《啸亭杂录》,北京:中华书局,1980 年,第 121 页。
⑥ 董诰编:《全唐文》卷 104,清嘉庆内府刻本。
⑦ 董诰编:《全唐文》卷 113。
⑧ 赵汝愚编:《诸臣奏议》卷 91《礼乐门》,宋淳祐刻本元明递修本。
⑨ 申时行:《赐闲堂集》卷 20,明万历年间刻本。
⑩ 洪咨夔:《平斋文集》卷 23,四部丛刊编本。
⑪ 过庭训:《本朝分省人物考》卷 28,明天启年间刻本。
⑫ 方孝标:《光启堂文集》,清刻本。

2.武王酬周公作歌《辖乘》："嗟①士奋甲,緊民之秀。"整理者辨认字形,却不注"奋甲"和"緊民之秀"。

这里的"奋甲"一词是用来形容武士勇敢的。在这种意义上使用的"奋甲"不见于先秦文献,而始见于明代,并且仅见于明代。明代人所用的"奋甲"一词是分别来描写鱼龙和武士的。描写鱼龙,如吴国伦《登大别山歌》："大别分明一老龙,蜿蜒百里如行空。昂头奋甲吐烟雾。"②《凌虚阁在天池寺西》："蛟龙奋甲去作雨。"③赵世显《庐山赋》："鲮鲤奋甲而张喉。"④描写武士,如韩雍《赠赵征夷凯还京师》："将军奋甲独先登,百万雄兵谁敢后?"⑤刘珝《都察院右都御史致仕韩公墓志铭》："公觇其将怠,遂奋甲先登,士鱼贯而进。"⑥魏时亮《议处兵戎要务疏》："而我师我旅未闻有一人奋甲挽弓而向之者,盖由平日不竭思计处之过耳。"⑦明代人既用"奋甲"来描写鱼龙,又用来描写武士,是因为鱼龙和武士都有"甲",鱼龙身有鳞甲,武士身着铁甲,此铁甲当时流行称为"鱼鳞甲"或"龙鳞甲"。明代流行"龙鳞甲"、"鱼鳞甲"、"奋甲",这与明代的物质条件有关。明代军服式样"大体同宋、元时期相近,但较之已有进步,而且多数以钢铁为主。所有这一切,都得益于明代钢铁冶炼技术的进步,以及相关的官营或民营钢铁手工业的发展"⑧。明代的军服以钢铁为主,缀以鳞片的铁鳞甲就比较普遍,也就流行称铁甲为"鱼鳞甲"或"龙鳞甲",因此也就借鉴"鱼龙奋甲"而造出"武士奋甲"。明代之前,虽然从唐代就出现了"龙鳞甲"、"细鳞甲"之名,但在唐宋元并不流行,也没有出现描写鱼龙的"奋甲"一词,也没有产生武士"奋甲"。至清代,武士不着铁甲,而着棉甲,不用"奋甲"来描写武士勇敢,仍用汉唐流行的"奋身"一词。如《清史稿·冯子材传》："诸军以子材年七十奋身陷阵,皆感奋殊死斗。"《清史稿·田兴胜传》："兴胜横刀跃马,奋身进飞,登寨墙。"

从以上考辨可以看出,描写武士勇敢的"奋甲"是产生于特定的社会环境和

---

① 整理者隶定此字为(虎,改"几"为上"且"下"又"),通"嗟"。
② 吴国伦:《甔甀洞稿》卷9,明万历年间刻本。
③ 吴国伦:《甔甀洞稿》卷21。
④ 赵世显:《芝园稿》卷1《赋》,明万历年间刻本。
⑤ 韩雍:《襄毅文集》卷2,文渊阁四库全书本。
⑥ 饶毅编:《吴都文粹续集》卷39,文渊阁四库全书补配文津阁四库全书本。
⑦ 陈子龙编:《明经世文编》卷370,明崇祯平露堂刻本。
⑧ 陈高华、徐吉军主编:《中国服饰通史》,宁波:宁波出版社,2002年,第468页。

语境中的。其社会环境是明代因为钢铁发达而使武士普遍身着鱼鳞甲、龙鳞甲；其语境是明代人创造了"奋甲"一词来形容鱼龙，所以能将"奋甲"移用到武士身上。

《耆夜》写武王八年事，那时武士不穿铁鳞甲，而穿皮革甲，所以不能用"奋甲"来形容。简文作者可能不知道西周武士不着铁甲，误用了明代的"奋甲"。

"嗟士奋甲"的下接句是"繄民之秀"。这上下两句是从《国语·齐语》"其秀民之能为士者，必足赖也"和韦昭注"秀民，民之秀出者也"中化出的。《齐语》说秀民能为士，简文说奋甲之士乃"民之秀"，"民之秀"就是韦昭注的"民之秀出者"。韦昭是三国时人。

3.简文："周公或夜爵酬王，作祝诵一终曰《明明上帝》：'明明上帝，临下之光。'"整理者不注这两句。"明明上帝"不见于先秦文献，而首见于《晋书·挚虞传》所引挚虞《太康颂》："明明上帝，临下有赫。"《太康颂》这两句源于《诗·皇矣》的"皇矣上帝，临下有赫"。《皇矣》是为"美周"而作，赞扬"周世世修德"①，而《太康颂》是为"美晋德"而作②，所以用"皇矣"的诗意诗句，仅改"皇矣上帝"为"明明上帝"，而"明明"一词又源于《诗·小明》的"明明上天，照临下土"。

在挚虞《太康颂》之后，"明明上帝"成为习用句，如唐朝张说《为河内王作祭陆冀州文》："明明上帝，仁覆悯下。"③张廷珪《因旱上直言疏》："明明上帝，照临下土。"④五代窦俨《贞元泗州大水论》："明明上帝，不骏其德。"⑤在传世文献中大量使用"明明上帝"，其源头是挚虞的《太康颂》。"临下之光"仅见于南宋李廷忠（字橘山）为庆贺光宗赵惇登基而作的《贺皇帝御正殿表》："巍巍乎，宅中之势；穆穆然，临下之光。"⑥"临下之光"是从《诗·皇矣》"临下有赫"及郑玄笺"天之视天下赫然甚明"两句化出。

简文作者联缀"明明上帝"和"临下之光"为上下句，之所以把这两个句子联缀为上下句，是借鉴了《诗·皇矣》的"皇矣上帝，临下有赫"，但是为避免雷同，用挚虞的"明明上帝"换"皇矣上帝"，用宋廷忠的"临下之光"换"临下有赫"。

① 《诗·皇矣》，"毛序"。
② 《晋书·挚虞传》。
③ 张说：《张燕公集》文集卷23，四部丛刊本。
④ 董诰编：《全唐文》卷269。
⑤ 董诰编：《全唐文》卷863。
⑥ 李廷忠：《橘山四六》卷14，文渊阁四库全书本。

4.简文:"吕上(尚)甫(父)命为司政(正)。"注释"吕尚父":"吕尚父,《史记·齐太公世家》称'吕尚'或'师尚父'云:'本姓姜氏,从其封姓,故曰吕尚。'上博简《武王践阼》作'师上父'。"这似乎是说"吕尚父"仅见于简文,而不见于其他文献,所以得用《史记》和上博简来证明"吕尚父"就是"吕尚"、"师尚父"。"吕尚父"是"吕尚"的习用名之一,首见于唐代文献,以后沿用。如唐代杨遂《唐故朔方节度十将游击将军左内率府率臧府君(晔)墓志铭并序》:"公有二子,长曰昌裔,晓张留侯之三略,兼吕尚父之六韬。"①崔儒《严先生钓台记》:"则吕尚父不应饵鱼。"②五代诗人孟宾于《蟠溪怀古》:"良哉吕尚父,深隐始归周。"③此后,"吕尚父"这个名字流行开来。清华简不用周人所用"师尚父"、"吕尚"等称呼,而用唐代才出现的"吕尚父",这表明简文作者没搞清楚"吕尚父"晚出,从而露出作伪的马脚。

(二)注而不辨

这里的"不辨"是指不辨真伪。对于来路不明的简牍,不能只注释字义、词义,还须从真伪的角度进行辨析。

1.周公作《明明上帝》:"月有盈缺。"整理者在辨别"盈"和"缺"这两个字形之后,说:"后世常言'月有盈缺。'"整理者注意到简文的"月有盈缺"不见于先秦文献,而后世常用,但是没有追究为什么会出现这种现象。

先秦文献中不见"盈缺(阙)"一词,更不见用"盈缺(阙)"来描写月相的词句。最先分别用"盈"和"阙"来描写月相的是《礼记·礼运》:"播五行于四时,和而后月生也。是以三五而盈,三五而阙。""盈"、"阙"尚未连用成词。《礼运》成篇约在秦统一中国之后。东汉末年郑玄为《周礼·保章氏》中的"保章氏掌天星,以志星辰日月之变动"作注时,用了"月有亏盈(房按:一作盈亏)"。唐代贾公彦疏:"云'月有亏盈'者,此则《礼运》所云'三五而盈,三五而阙'也。"④郑玄之后,用"亏盈"、"盈阙"来描写月相的句子大量出现。如晋人范望为汉代扬雄《太玄经》"月不常,或失之行"作注说:"月有亏盈,故不常也。"⑤宋代杨万里《国势》:"然日有中昃,月有盈缺,天之道也,而况国乎?"⑥元代戴侗说:"月有盈阙,

① 吴钢主编:《全唐文补遗》第1集,西安:三秦出版社,1994年,第230页。
② 董弅编:《严陵集》,文渊阁四库全书本。崔儒文末署兴元元年(784)夏四月景辰建。
③ 曹寅编:《全唐诗》卷740,文渊阁四库全书本。
④ 《周礼注疏》卷26。
⑤ 扬雄撰、范望注:《太玄经》卷4,四部丛刊本。
⑥ 杨万里:《诚斋集》卷87,四部丛刊本。

象其阙以别于日也。"①清代周广业说:"正如月有盈阙,星有隐见,未得与太阳比曜也。"②从东汉郑玄的"月有亏盈"到清代周广业的"月有盈阙"等句子,其源头都是《礼记·礼运》的"三五而盈,三五而阙",所以"月有盈缺"是个演生词,它不可能产生于先秦。简文袭用了后世常言的"月有盈缺"。

2.简文:"作策逸为东尚(堂)之客"。注释:"作策逸即作册逸。《书·洛诰》:'王命作册逸祝册,惟告周公其后。王宾,杀禋咸格,王入太室,祼。王命周公后,作册逸诰,在十有二月。'作册逸即史佚。"整理者认为简文的"作策逸"就是《洛诰》的"作册逸",但是没有追究为什么《洛诰》是"作册",而简文是"作策"。

"策"与"册"通假,却不同,这涉及经今古文字问题。《汉书·律历志》引《洛诰》"命作策",而不是"命作册",皮锡瑞据此认为"作策"为今文,"作册"为古文。③ 金德建详考"册"与"策",认为"作策"是今文,"作册"是古文。④ 他们的结论为现存金文所证实,金文中有"作册"四十多个,无一"作策"。⑤ 简文作者没有研究过"作册"和"作策"的今古文用字问题,误把今文的"作策逸"写入战国简。

3.简文:周公"作祝诵一终曰《明明上帝》:'作兹祝诵,万寿亡疆。'"整理者注"作祝诵":"'作祝诵'与《诗·节南山》'家父作诵'、《崧高》'吉甫作诵'用法相近。'诵'指诗篇,'祝诵'即颂祝的诗篇。"整理者用《诗经》来解释"祝诵",使"祝诵"与先秦的用语相合,而不用世后流行的"祝诵(颂)"来解释"祝诵",因此不能揭露简文作伪。

整理者没有看到简文的"作祝诵一终"与歌词中的"作兹祝诵,万寿亡疆"两句有关系。歌词中的"万寿亡疆"是祝诵(颂)武王的句子,所以上句说"作兹祝诵(颂)"。因为歌词中有祝诵(颂)句,所以这首歌是祝诵(颂)之歌,称"作祝诵(之歌)一终曰《明明上帝》"。《耆夜》写武王和周公共作五首祝酒歌,其中四首没有祝颂句,不是祝颂歌,所以通称"作歌一终",而《明明上帝》有祝颂武王的句

① 戴侗:《六书故》卷2《天文上》,文渊阁四库全书本。
② 周广业:《蓬庐文钞》卷8《杂著》,1940年印。
③ 皮锡瑞:《今文尚书考证》卷18,清光绪刻师伏堂丛书本。
④ 参见金德建:《经今古文字考》之八《〈史记〉引今文本〈尚书〉考》、二十《论东汉古文本〈尚书〉出于杜林》和二十三《〈汉书〉引古文本〈尚书〉考》,济南:齐鲁书社,1986年。
⑤ 详见《殷周金文集成》和《近出殷周金文集录》、《近出殷周金文集录》二编。

子,所以特别称这一首为"作祝诵(之歌)一终"。五首都是"歌",并非四首是"作歌一终",一首是"作诗一终"。

所以讨论"祝诵"得讨论歌词中的祝愿句"作兹祝诵,万寿亡疆"。双音词"祝诵"不见于先秦文献,而首见于晋人的道教著作中,但是道教所用的"祝诵"的"诵",意思是念念有词,所以"诵"不通"颂","祝诵"不能写作"祝颂"。"祝诵"在"祝愿"、"祝颂"的意义上使用始见于北宋,常用于信的末尾。如范仲淹《与晏尚书》末尾写道:"伏惟为国自重,卑情祝颂之至。"①毕仲游的信末尾处常用"下情祝颂之至"②、"卑情惓惓,颂祝之至"③、"卑情惓惓,祝诵之至"④等。

至南宋,朱熹等在研究《诗经》时使用"祝颂"或"颂祝",来概括一类诗句。如朱熹论《行苇》:"如云'酌以大斗,以祈黄耇',亦是欢合之时祝寿之意,序者遂以为养老乞言,岂知'祈'字本只是祝颂其高寿,无乞言意也。""末章祝颂其既饮此酒,皆得享夫长寿。"⑤(《大雅·行苇》最末两句是:"寿考维祺,以介景福。")论《蓼萧》:"'其德不爽',则'寿考不忘'矣,褒美而祝颂之,又因以劝戒之也。"⑥受朱熹的影响,他的弟子潘时举和辅广以及学者李樗、黄熏(又作櫄或壎)和吕祖谦等也用"祝颂"一词来分析《诗经》。如李樗说:"盖所谓'万寿无疆'、'天子万年'皆是祝颂之辞,未必有是寿。"⑦南宋朱熹等人开始用"祝颂"一词来分析诗经,使这个词具有了文体意义。后来,潘自牧根据朱熹等的说法,在其书中专门立"祝颂"一目作为一种独立的文体,引《诗·小雅·天保》中的"如月之恒,如日之升。如南山之寿……如松柏之茂"⑧等作为例句来说明。元代朱公迁为发明朱熹的《诗集传》而编纂《诗经疏义》,用"祝颂"或"颂祝"15 个,论《诗经》中的"万寿无疆"、"万年无疆"等祝颂句。⑨"祝颂"成为研究《诗经》的一个重要概念。

---

① 《范仲淹全集》上,南京:凤凰出版社,2004 年,第 621 页。
② 毕仲游:《问候熊舍人启》,《西台集》卷 9,清武英殿聚珍版丛书本。
③ 毕仲游:《上安枢密太尉》,《西台集》卷 10。
④ 毕仲游:《上范彝叟右丞》,《西台集》卷 11。
⑤ 黎靖德:《朱子语类》卷 80,明成化九年陈炜刻本。
⑥ 辅广:《诗童子问》卷 9,文渊阁四库全书本。
⑦ 《四库提要》说:"《毛诗集解》四十二卷(内府藏本)不著编录人名氏,集宋李樗、黄熏两家《诗》解为一编。"本文所引为文渊阁四库全书本,卷 41,署李樗撰。
⑧ 潘自牧:《记纂渊海》卷 74,文渊阁四库全书本。
⑨ 朱公迁:《诗经疏义》,文渊阁四库全书本。

具有文体意义的"祝颂"也作"祝诵"。如清代唐秉钧《读古解题》:"如《鲁颂》之《駉駓》等篇则当时用以祝诵僖公,为《颂》之变,故胡氏有曰:'后世文人献颂,特效《鲁颂》而已。'"①翟灏编《通俗编》卷10立《祝诵》目,下列祝诵语句,有"天下太平"、"风调雨顺"、"国富民安"、"万寿无疆"、"千秋万岁"等。在"万寿无疆"条下注:"《诗》凡六见:《豳风·七月》与《小雅》之《天保》、《南山有台》、《楚茨》、《信南山》、《甫田》是也。"②《诗经》中的"万寿无疆"是最有代表性的"祝诵"句。

到明代,"祝颂"一词进入文人所写的祝诵诗文中,常与祝颂的词句连用。如刘大夏《端午日感怀》:"感怀吟罢无他事,祝颂君王有万年。"③胡广《圣孝瑞应歌》:"书成愿得磨崖镌,祝颂皇图亿万年。"④余学夔《恭纪瑞应甘露》:"小臣祝颂如华封,千秋万岁歌时雍。"⑤简文的"作兹祝诵,万寿亡疆"像 是明代人的写法,写了"万寿亡疆",还特别说明是"祝诵(颂)"。如果《明明上帝》真是周人写的,那就应当如《诗经》只写"万寿无疆",而不特别说明"作兹祝诵(颂)"。不但《诗经》的作者不会特别说明"祝诵(颂)",宋之前的作者也都不会特别说明"祝诵",这可以《乐府诗集》证明。北宋末年郭茂倩编纂的《乐府诗集》收录从汉至五代的"燕射歌辞"、"郊庙歌辞"等,可谓搜罗殆尽,其中有大量的祝诵(颂)诗句,但是没有出现"祝诵(颂)"一词。简文作者很可能袭用了《毛诗集解》卷41的"盖所谓'万寿无疆'、'天子万年'皆是祝颂之辞"这一段话,改"万寿无疆"为"万寿亡疆",改"祝颂之辞"为"作兹祝诵"。

4. 简文最后以周公作歌《蟋蟀》作结。注释:"《蟋蟀》,诗篇名。从内容看,和《诗·唐风·蟋蟀》有很密切的关系,部分文句可以对读。"整理者在篇首的《说明》中指出,周公的《蟋蟀》诗与《诗·蟋蟀》"可以对比研究,弥足珍贵"。整理者看出简文的《蟋蟀》和《诗·蟋蟀》有对应关系,但是没从真伪的角度辨析简文是袭用了《诗·蟋蟀》的三章二十四句(但略有修改)。

《诗·蟋蟀》大意是:某人在深秋夜静之时听到户外堂阶上蟋蟀鸣叫,想到

"岁聿其逝"、"日月其迈",未免忧伤,又想应当乘农闲及时行乐,但是不能过分,应"好乐勿荒"。简文抄袭这首诗,改作者为周公,但是有一处困难:原诗是诗人听到户外堂阶上蟋蟀鸣叫而引起诗兴,这与周公宴饮的环境不符。周公在宴饮时作这首诗,必须亲眼看见蟋蟀而引起诗兴,所以简文改原诗的起兴句"蟋蟀在堂"而为"周公秉爵未饮,蟋蟀骤降于堂,周公作歌一终曰《蟋蟀》:蟋蟀在堂……蟋蟀在席……蟋蟀在舒(墙)",让周公亲眼看见一只活蹦乱跳的蟋蟀而引起诗兴。这种修改是"屈就己意"。① 之所以会出现屈就己意的现象,是因为作伪者做文时需要袭用古代文献中的词句,但是那些词句并不能自然而然地适合伪文,所以不得不做些修改,以适合伪文,因此伪文中所袭用的词句虽然与原文有对应关系,意思却不尽相同,这就是"屈就己意"。简文改《诗·蟋蟀》听蟋蟀起兴为见蟋蟀起兴,适合了周公饮酒的环境,却不合理。蟋蟀胆小,怕光怕声,轻轻的脚步,轻轻地拨动草叶,都能把它吓跑,它不可能凑热闹来赴燕乐而骤降于堂。

简文写武王、周公共作歌五首,是在一献礼时互相敬酒时作的。但是按照周代饮酒礼制的规定,一献礼上不能作歌。《仪礼》中的《乡饮酒礼》、《乡射》、《燕礼》、《大射》、《聘礼》都记载宴饮开始时由主、宾(有的饮酒礼有副宾"介")行一献礼,按规定的"献"、"酢"、"酬"的仪式和动作进行,不能作歌。《乡射·记》:"古者于旅也语。"郑玄注:"礼成乐备乃可以言语,先王礼乐之道也。"在饮酒礼的正礼(一献礼)和正乐(乐工奏规定的歌乐)阶段,主、宾不可以言语,至"旅时"即众宾饮酒("无算爵")时可以言语。所谓言语主要是赋诗歌。在《诗经》等先秦文献和《乐府诗集》中有大量的宴饮诗歌,但是没有一首是在一献礼时作的,也没有一首是以献主的身份作的。简文的周公是献主,是替武王向客人献酒的当差人,没有资格作歌。

(三)曲为辩解

《耆夜》写伐耆归来宴饮,这涉及到周代的饮酒礼制度。整理者认为《耆夜》写的是燕礼,在注释中多次引用《仪礼·燕礼》来解释简文,但错误较多。如:

1.简文:"召公保奭为夹(介)。"这是说召公为介,介就是酒席上的副宾。整理者解释召公在燕礼上的席位说:"以《燕礼》例之,应为武王席在阼阶上……召

---

① 阎若璩揭露伪古文改窜孟子所引《尚书》文句说:"而晚作伪书者必须多方改窜,以与己一类。"(《古文尚书疏证》卷1,清乾隆十年刻,同治六年汪氏振绮堂重修本。)

公为介,辅毕公之礼,席在西阶上,东面。"这是说《燕礼》上记载了介的席位"在西阶上,东面"。但是《燕礼》没有这段话。燕礼不设介,因为燕礼是私宴,仪式简单,只设一宾一主,由宾主行献、酢、酬一献礼。《仪礼》对于哪种饮酒礼设介,哪种不设,讲得很清楚。《乡饮酒礼》设介,郑玄为之注:"介,席西阶上,东面。"整理者把郑玄的注说成是《燕礼》,以证明简文的"召公为介"合乎《燕礼》。

2.简文:"吕上(尚)甫(父)命为司政(正),监饮酒。"注释比较长,分为三段。第一段解释名字"吕尚父",第二段解释"司正",第三段解释吕尚父为什么可以被任命为司正。第一段解释名字,前文已讨论过,这里讨论后两段。注释的第三段:"胡匡衷《仪礼释官》:'按《国语》"晋献公饮大夫酒,令司正实爵"。注曰:"司正,正宾主之礼者也。"其职无常官,饮酒则设之。'"整理者引胡匡衷,就是要用他的"其职无常官,饮酒则设之"这两句话,证明简文写吕尚父为司正是合理的:既然司正无常官,吕尚父也可以当。

但整理者所引的两句话断章取义。胡匡衷在这两句话之后接着写道:"《乡饮酒礼》:'一人扬觯,乃立司正焉,知其能和乐而不流也。'注:'立司正以正礼,则礼不失可知。'乡饮酒及乡射以主人之相为司正,燕礼'射人为摈'则射人为司正,大射'大射正摈'则大射正为司正,以其主于正礼,故皆使相礼者为之。"①乡饮酒礼和乡射礼以相为司正,燕礼以射人为司正,大射礼以大射正为司正,相、射人、大射正都是礼官,他们在宴饮开始之正礼的时候就做主持人,至宴饮后期众宾饮酒(无算爵)的时候被任命为司正,因此司正是由礼官担任的,在不同的饮酒礼上由不同的礼官来兼任。胡匡衷说的"(司正)其职无常官,饮酒则设之"是说职官中没有"司正",至宴饮时才设,是由主持正礼的礼官相、射人、大射正在无算爵时兼任的。在燕礼上,胡匡衷明确说是"射人为司正"。吕尚父在武王继位后为"文武师",是重臣,不是下大夫射人,所以他不应当在燕礼上担任司正。

上引胡匡衷的话是他为《乡饮酒礼》的"作相为司正"一句所加的按语。按说整理者不需要看《乡饮酒礼》的按语,而看《燕礼》的按语就可以了。胡在解释《燕礼》的"司正"时是引《燕礼》的原文和郑玄的注来说明的:"'射人自阼阶下请立司正,公许,射人遂为司正。'注:'君许其请,因命用为司正。君三举爵,乐

---

① 胡匡衷:《仪礼释官》卷1,《续修四库全书》第89册,上海:上海古籍出版社,1996年,第323页。

备作矣,将留宾饮酒,更立司正以监之,察仪法也。射人俱相礼,其事同。'"①整理者当然看到这一段,知道简文"吕尚父命为司正"与周礼不符,所以又去看乡饮酒礼的按语,摘引"其职无常官,饮酒则设之"。按照注释的规则,不应当引清代学者胡匡衷的话,而应当引《燕礼》。《燕礼》说:"射人自阼阶下请立司正,公许,射人遂为司正。"射人是常设官,为下大夫,是夏官司马的下属,在燕礼上担任礼官,之所以称为"射人",是因为周人射事和燕事常常交替进行,设官时只有"射人"。射人在燕礼开始时就出场了,是仪式的主持者之一,但在正礼、正乐完成之后进入众宾饮酒(即无算爵)时,他被任命为司正,监察众宾饮酒,使众宾不失礼。

注释的第二段:"《仪礼》的《乡饮酒礼》、《乡射》、《燕礼》、《大射》四篇皆有'司正',立司正在行一献之礼、作乐之后,行无算爵之前。"整理者只引《仪礼》的四篇怎样说,却不说简文所写是否与之相符,这就使读者误以为简文所写与《仪礼》的四篇相符了。简文未写众宾饮酒的"无算爵",只写了主宾敬酒的正礼"一献礼",所以简文的司正吕尚父是监察一献礼而不是监察无算爵。这与《仪礼》四篇的司正不合,四篇皆说"立司正在行一献之礼、作乐之后,行无算爵之前"。整理者也认为《耆夜》写的是一献礼,其注释说:"周公为主人,献宾,献君,自酢于君。"这是一献礼的仪式。

3.简文:"毕公高为客。"注释:"《史记·周本纪》:'武王即位,太公望为师,周公旦为辅,召公、毕公之徒左右王师,修文王绪业。'……毕公高在饮酒中为客,可能是由于任伐耆的主将,功劳最大的缘故。"

整理者用猜测的语气解释毕公高为客的原因,而不引《燕礼》来说明。

《燕礼》规定只能以大夫为宾,而不能以公卿为宾。《燕礼·记》:"与卿燕则大夫为宾,与大夫燕亦大夫为宾。"前一句说,如果燕礼上所宴请的对象是卿,就不能以卿为宾,而另找一位级别低的士大夫为宾;后一句说,如果燕礼所宴请的对象是大夫甲,就不能以甲为宾,而另找大夫乙为宾。《国语·鲁语》有一实例:"公父文伯饮南宫敬叔酒,以露睹父为客。"南宫敬叔和露睹父都是鲁大夫,公欲宴请南宫敬叔,却不以之为宾,而另请露睹父为宾。燕礼之所以有上面的规定,是因为燕礼是在路寝举行的私宴,它的礼仪与在庙堂举行的正宴飨礼不同。燕

---

① 胡匡衷:《仪礼释官》卷1,《续修四库全书》第89册,第334页。

礼礼轻,设宴的主人(称"正主")不向宾敬酒,故不以所欲宴请的对象为宾,而另外命一位大夫为宾,这样正主就可以不向他敬酒了,而命膳宰(一说宰夫)代替自己向他敬酒。此时膳宰称为主人(也称"献主"),献主和宾行一献礼,正主和所欲安宴请的对象在席位上轻松地观看。

毕高的身份是公,所以他不能在燕礼上为宾。整理者解释说:"毕公高在饮酒中为客,可能是由于任伐耆的主将,功劳最大的缘故。"但是燕礼不以所欲宴者为宾,所以功劳最大的毕公就不应成为燕礼上的宾。

4.简文:"周公叔旦为宝(主)。"整理者解释为什么以周公为主人说:"据《仪礼》,君不与臣抗礼,故诸侯燕礼膳宰为主人。此次饮至之礼,而使周公为主,盖尊毕公。"《仪礼》云云,不准确。《仪礼》的正文中没有"君不与臣抗礼",此句原是"臣莫敢与君亢礼"。它出于《礼记·燕义》:"设宾主,饮酒之礼也。使宰夫为献主,臣莫敢与君亢礼也。不以公卿为宾而以大夫为宾为疑也,明嫌之义也。"这是解释为什么在燕礼上以宰夫为献主:燕礼不以公卿为宾而以大夫为宾,大夫的地位低,他不敢与君行对等礼("抗礼"),所以君不给他献酒,而命宰夫(一说膳宰)为献主,由宰夫和宾行一献礼。

读《耆夜》的饮酒礼,首先会看到武王先给客人毕公敬酒,并且作歌,这是与臣行对等礼("抗礼",又称"敌礼"),它与《礼记·燕义》的"臣莫敢与君亢礼"不合。注释应当指出:燕礼设献主是以君不亲自向客人敬酒为前提的,但是简文写武王向客人毕高敬酒了,就不应当命周公为主人了。在传世文献中记载的古代饮酒礼,无论哪一种饮酒礼,如果君亲献,就不设献主,设献主,君就不亲献,而没有君亲献还设献主的。

整理者在注释"周公叔旦为宝"一句时还说:"以《燕礼》例之,应为武王席在阼阶上……周公为主人,献宾,献君,自酢于君。"这是说献主周公在一献礼上的表现符合《燕礼》。但是事实上完全不符。"献宾",《燕礼》的主人献宾是替君献宾,前提是君不亲献,而简文的周公是继武王亲献之后第二次献宾,这不是替武王献宾,是周公自己献宾,宾毕公因此得到两次献酒;"献君",《燕礼》是主人先献君,然后自酢,而简文却是武王先向主人周公献酒,献主周公成了"被献主",然后周公回敬武王,回敬就不是献君,而是酢君;"自酢于君",《燕礼》的主人因为君不回敬酒(君不与臣抗礼),只好自酢,权当君回敬,而简文武王先向周公献酒,周公也回敬即酢君,因此他就不应当再自酢了,可是周公却又自酢("举爵未饮"），是多饮了一爵。总之，简文的献主周公，在武王亲献之后再敬酒，这与《燕礼》所设的献主完全不同，所以不能"以《燕礼》例之"。

5.简文："饮至于文大室。"注释："《左传》桓公二年：'凡公行，告于宗庙；反行，饮至、舍爵、策勋焉，礼也。'说的是诸侯，王礼也应如此。杨伯峻《春秋左传注》说，师返，于宗庙'祭告后，合群臣饮酒，谓之饮至'，又解释'舍爵'说：'设置酒杯，犹言饮酒'，均与简文相合。文太室，祭祀文王的太室。《书·洛诰》：'王入太室，祼。'疏：'太室，室之大者也。故为清庙，庙有五室，中央曰太室。'"这段注释大体是正确的①，但是它与全文注释中的"燕礼"各条矛盾。

燕礼不在庙堂举行，而在路寝举行。《燕礼》："膳宰具官馔于寝东。"郑玄注："寝，露寝。"又《燕礼·记》："燕，朝服于寝。"郑玄注："燕于路寝，相亲昵。"贾公彦疏："云'燕于路寝，相亲昵'也，知燕于寝者，以其飨在庙，明燕在寝私处可知也。"飨礼和燕礼的一个重要不同就是地点不同，这是由两种礼的性质决定的：飨礼是正式的饮酒礼，燕礼是私宴。《聘礼》记载了这两种礼的明显区别。当异国使团来访时，东道国君在庙堂举行欢迎宴，为"聘飨"，由使团的首长为宾，某一成员为介（副宾），东道国君亲自为宾和介献酒，行一献礼；当使团离开时，在路寝举行欢送宴，为"聘燕"，由使团的某一成员为宾，而首长不为宾，也不设介，东道国君不亲献，而由膳宰为献主，和宾行一献礼。简文既然写了"饮至于文大室"一句，就表明其所写的饮酒礼是飨礼，而不是燕礼。

其实，简文作者的本意不是写一场"燕礼"，而是写一场"饮至礼"。"饮至"一词在传世的先秦文献中仅见于《左传》。如前引《左传》桓公二年："凡公行，告于宗庙；反行，饮至、舍爵、策勋焉，礼也。"《左传》共出现4次"饮至"，都只有这一概念，而没有实例，在先秦的其他传世文献中也没有实例。简文写了"饮至于文大庙"的实例，正可以填补这一空白。由于传世文献中没有饮至礼的实例，《仪礼》、《礼记》、《周礼》也都没有提到"饮至"。可以参考的只有金文《小盂鼎铭文》，它记康王时盂伐鬼方得胜归来，献俘，之后在周庙饮酒，正是《左传》所说的"饮至"。其文曰："以□入于周庙。盂以□□□□□入三门，即立中廷，北向。盂告。费伯即位……即咸，宾即位，献宾。王乎赞盂，王以□□□进宾。"

这个饮酒过程很费解：盂是宾，还是宾另有所指？"献宾"、"进宾"是两次向

---

① 中国社会科学院考古研究所编：《殷周金文集成》第5册，北京：中华书局，1985年，第2839页。

宾敬酒,还是一次?说不清楚。所以不能依照这篇铭文来编写饮至礼,作者只好参考《仪礼》。他设"客"、"介",这是参考了《乡饮酒礼》等;又以周公为主,这是参考了《燕礼》,但是他有意不写成燕礼,而让身为公的毕高为客,召公为介,让武王给客毕公敬酒,又给献主周公敬酒,让武王和周公在一献礼上作歌。这些都不是燕礼,并且不属于已知的任何一种饮酒礼,它是简文作者编造的一种谁都没见过的"饮至礼"。

以上所举两篇简文的注释错误,关系到简文的真伪。在简文真伪未搞明白之前,应慎用简文解释历史,以免错上加错。

(作者为北京师范大学历史学院特聘教授、北京大学历史系教授)

不分门户,非为调人:
晚清汉宋学关系抉微

程尔奇

　　晚清汉宋学关系问题,是清代学术史上一关键论题,论者甚夥,分歧亦多,但多持"汉宋调和"之说。① 大体而言,清中叶以后汉学与宋学之间由抗争对峙走向汇合融通,强调不分汉、宋学门户日渐成为学术潮流,可谓不争之事实。但若深入考察则可发现,与"汉宋调和"论同时存在的,尚有"不分门户,非为调人"这一相关联但又自成一说的思想观念。此说同样赞成破除汉宋学之壁垒,但在破除的方法上却并不认同"调和"的论调。持此论者不仅有意无意与"调和"论者划清界限,其内部也为到底怎样才是更为彻底的"非调和"而意见相左,以致引发攻讦。对此,近年来已有学人提及,且不乏独到见解②,但尚有不够周全之处。本文尝试描绘此论说之全貌,并分析其成因,以期从细微之处再思清季汉宋学关系问题。

---

① 涉及晚清"汉宋调和"的论文甚多,较有代表性的专论有:何佑森:《清代汉宋之争平议》,《台大文史哲学报》1978 年第 27 期;王家俭:《由汉宋调和到中体西用——试论晚清儒家思想的演变》,《台湾师大历史学报》1984 年第 12 期;龚书铎、孙燕京:《道光间文化述论》,《福建论坛(文史哲版)》1985 年第 6 期;陈居渊:《论晚清儒学的"汉宋兼采"》,《孔子研究》1997 年第 3 期;史革新:《从"汉宋鼎峙"到"汉宋合流"——兼论晚清汉宋学关系》,《社会科学辑刊》2007 年第 5 期;张昭军:《晚清汉宋调和论析》,《清史研究》2006 年第 4 期等。
② 目前所能见到有关此问题的论文有:魏永生:《黄式三学术思想评议》,《东方论坛》2000 年第 3 期;罗志田:《清季保存国粹的朝野努力及其观念异同》,《近代史研究》2001 年第 2 期;张晶萍:《从〈翼教丛编〉看叶德辉的学术思想》,《湖南大学学报(社会科学版)》2004 年第 4 期;罗检秋:《清末正统汉学家的学术二重性》,朱诚如、王天有主编:《明清论丛》第六辑,北京:紫禁城出版社,2005 年;李绪柏:《陈澧与汉宋调和》,《南开学报(哲学社会科学版)》2005 年第 6 期;张循:《清代汉、宋学关系研究中若干问题的反思》,《四川大学学报》2007 年第 4 期;程继红:《黄式三、黄以周与浙东学派的关系及其传衍》,《浙江社会科学》2010 年第 11 期。

一、黄式三、黄以周父子"不分门户，莫作调人"说的提出

后人注意到了浙江定海黄式三、黄以周父子强调不分汉宋学门户的思想，以及黄以周对黄式三在"会通汉宋"（有学者以为乃汉宋兼采、汉宋调和等）观念方面的继承，但对于父子二人在"莫作调人"这个思想旨趣上呈现出的前后相继的情况注意不够，未能展现出黄氏父子在直接提出"不分门户，莫作调人"说方面的努力。① 事实上，此论说由黄式三初步提出，经黄以周传承与总结，悬诸书院，作为治学训诫，影响深远。

一般认为，黄式三为会通汉宋，或调和汉宋。② 而黄式三之所以有此倾向，与其所处时代的学术风气有关。彼时汉学、宋学之间的差异性固然存在，但过分将汉宋学对立起来而导致的学术偏颇，引起学者的不安。将二者以什么样的名义和方法融合起来，是黄式三时代的一些学者共有的观念。不过，与黄氏同时代的学人虽称其"合汉、唐、宋、明之儒说折中而参考之"③，但黄式三自己却有别样说法。

首先，作为一名治汉学者，他不走惠栋"好古"之路，而是坚持实事求是之原则。他举戴震、王鸣盛之言，称"求是必于古，而古未必皆是"④。正因为此，其所撰写的《论语后案》一书，广纳汉、宋以至近世诸儒之说，汇于一炉，阐发自己的见解。他认为，汉儒之说醇者不可偏废，朱熹之《论语注》亦应遵守，但二者皆有缺失，故"凡此古今儒说之会萃，苟有裨于经义，虽异于汉郑君、宋朱子，犹宜择其是而存之"⑤。可见"实事求是"为最高准则，无论其为古今、汉宋。

其次，黄式三强调不分门户，尽力弱化汉学与宋学对立的局面，力求"合汉

---

① 程继红先生提出，黄氏父子治学"并不止于汉宋兼采，他们还能够超越汉宋，进入到'实事求是，莫作调人'的新境界"，认为"这是黄氏父子学术最为精彩之处"，并称二人"发扬浙东汉宋兼采传统，倡导'实事求是，莫作调人'的理念，对民国学风影响甚巨"。详见程继红：《黄式三、黄以周与浙东学派的关系及其传衍》，《浙江社会科学》2010 年第 11 期。该文已经触及黄氏父子"莫作调人"的思想，但未分析与"不分门户"观念之关系，且黄氏父子思想前后的发展脉络，亦未深论。

② 陈祖武先生在《乾嘉学派研究》（石家庄：河北人民出版社，2005 年，第 621 页）中，指黄式三"主张会通汉宋，实事求是"，并没有明言其调和汉宋。魏永生先生则在《黄式三学术思想评议》（《东方论坛》2000 年第 3 期）一文中，认为黄式三"主张汉宋调和"。"会通汉宋"、"汉宋调和"实不尽相同。

③ 刘灿：《儆居集序》，《儆居集》，光绪十四年（1888）续刻本，第 1 页。

④ 黄式三：《易释》卷 4，光绪戊子（1888）春黄氏家塾刊本。

⑤ 黄式三：《论语后案原叙》，《儆居集·杂著一》，第 7 页。

宋所长"。他认为,"宋儒之能为汉学者,莫如朱子,而汉儒之能启宋学者,岂非郑君欤"?"近大儒阎百诗、江慎修、钱竹汀、段懋堂,何尝自鸣一学,戴东原《诗考正》亦汉宋兼收"。① 故汉宋学之间理应融合。在沟通汉宋学时,他采取两个办法。一是提出本源与"流委"的观点。他说:"夫理义者,经学之本源,考据训诂者,经学之枝叶之流委也。削其枝叶而干将枯,滞其流委而原将绝。"②他甚至认为汉宋学间有前后继承的关系,"汉学之后,继以宋学,二者并存天地,不必画山河之两戒"。他编辑《汉郑君粹言》一书,希望"后儒存分门别户之见,或藉是以融之"。③ 在黄式三看来,义理是治经的根本,如果不追求义理,纯粹的考据是枯燥的,且对于经学并无真正益处,这就把一般意义上长于训诂的考据和长于义理的宋学融合在本源与"流委"的体系中,淡化了汉宋学之间的截然对立。二是把汉宋两家纳入学术的同一领域内,即统一在"经学"的范畴之内。他认为,儒者最应该关心的是如何潜心治经,阐发经义,从而求得圣人之法,悟出圣人之道。"经学既明,圣道自著。""汉之儒有善发经义者,从其长而取之,宋之儒有善发经义者,以其长而取之,各用所长以补所短",这样的做法,经学即可成为一个整体,既然"经无汉宋,曷为学分汉宋也乎"?④ 这说明,黄式三反对汉宋学之间的门户歧见,力证应当"不分门户"。

最后,黄式三强调了"意非主为调人"的思想。他在《论语后案》的序文中说:"夫近日之学宗汉、宗宋判分两戒。是书所采获上自汉、魏,下逮元、明以及时贤,意非主为调人,说必备乎众。是区区之忧端在于此,而分门别户之见不敢存也。"⑤如果说此前"不分门户"、"不为调人"各有其说,这篇撰写于道光丙申年(1836)的序文则说明,黄式三希望成为把这两种思想合二为一的先行者,成为此观点的最早构建者。此前,有不分汉宋门户者,却不曾意识到有成为"调人"的危险,持"不为调人"思想者,又多无具体的学术指向,所论并非直接关乎汉宋学问题。黄式三把反对门户之别,却又不简单作汉宋调停之人的想法提了出来,并加以实践。同治元年(1862)夏天,《论语后案》更名为《论语管窥》,黄式三再次写序,

① 黄式三:《汉宋学辩》,《儆居集·经说三》,第23页。
② 黄式三:《汉郑君粹言叙》,《儆居集·杂著一》,第14—15页。
③ 黄式三:《汉郑君粹言叙》,《儆居集·杂著一》,第15页。
④ 黄式三:《汉宋学辩》,《儆居集·经说三》,第22页。
⑤ 黄式三:《光绪九年浙江书局刻本黄式三〈论语后案自叙〉》,《论语后案》,南京:凤凰出版社,2008年,第552页。

此时距《论语后案自序》已有 26 年之久，离其谢世亦不远，可视作黄式三对自己一生学术的总结，最可判断其自我的定位。文中仍然强调自己"素无门户之见，急分汉学、宋学，故采之也备"①，可知其基本态度始终是不分汉、宋学门户，对于汉儒、宋儒之说，皆采而存之，故时人称其"所著《尚书启蒙》、《易释》、《春秋释》、《儆居集》中亦有经说，皆不拘汉宋，择是而从"②，可谓近是。

黄式三"莫作调人"的学术理念，是通过"说必备乎众"或"采之也备"的实现的。当然其"意非主为调人"，也就是并非要充当简单的调停者，故至少在心理层面，黄式三与所谓"汉宋调和"有所不同。不过，"说必备乎众"的做法令人不免觉得与"求是"的准则有所背离，可能出现"眉毛胡子一把抓"的情形。正因黄式三似求备多于求是，也就是施补华所言"兼总汉宋，交讧折衷"③，故而后来章太炎、刘师培等人才会在批评陈澧时对黄式三亦加以批判。所以，其子黄以周"实事求是，莫作调人"论说的提出，不仅完善了其父的理论思想，也就此成为学术史上的典范准则。

黄式三去世后，黄以周撰文追念时说其父明确告诫"汉宋学之分，互攻所短，不如互用其长，而又不可为调人"④。其后，黄以周逐渐悟出"读书必谈道"，但他感到"今之为士者，辄以谈道为讳，此世风所以日替也"⑤，一些宗汉学之儒完全埋首于纯粹考据之中，而不思求解圣道，甚至讳言"道"学，这种现象令以周感到忧虑，认为是世风日下的原因。故他说始终有志于"祛汉学之琐碎而取其大，绝宋学之空虚而核诸实"⑥。当他听闻弟子唐文治讲宋儒之学"甚喜"，告唐"理学即经学，不可歧而为二"，并教其"训诂义理合一之旨"。⑦

黄以周还从"尊德性"、"道问学"的角度来阐发对于汉宋学的理解。他在《德性问学说》一文中说：

> 仁、义、礼、智、信曰五德，亦曰五性，合而言之曰德性，此天之所与我者，故遵之。问也者，问此者也；学也者，学此者也。问之学之，而德性愈明，故

---

① 黄式三：《光绪九年浙江书局刻本黄式三〈论语管窥叙〉》，《论语后案》，第 547、550 页。
② 黄式颖：《光绪九年浙江书局刻本黄式颖〈论语后案叙〉》，《论语后案》，第 551 页。
③ 施补华：《像赞》，《儆居集》，第 1 页。
④ 黄以周：《敕封征士郎内阁中书先考明经公言行略》，《儆季所著书五种·文钞五》，自刊本，第 39 页。
⑤ 黄以周：《与高伯平先生书》，《儆季杂著·文钞三》，第 3 页。
⑥ 黄以周：《答刘艺兰书》，《儆季杂著·文钞三》，第 17 页。
⑦ 唐文治：《茹经先生自订年谱》，沈云龙主编：《近代中国史料丛刊三编》之九十，台北：文海出版社，1973 年，第 10—11 页。

道之。德性之诚,必以问学而大;问学之明,实由德性而融。尊德性,道问学,非截然两事也。……是以君子知万物备我,身体力行而又必孜孜于问学以扩充之,择善固执,反身而诚,德莫崇焉,性莫尽焉,问学莫大焉。不然,尊德性不道问学,不特问学未深,其德性亦浅矣。①

近人谓"如果我们把宋代看成'尊德性'与'道问学'并重的时代,明代是以'尊德性'为主导的时代,那么清代则可以说是'道问学'独霸的时代"②。此说所言清代,实际指的是乾嘉时期。黄以周身处清季,其表现即有所不同。他试图将"道问学"与"尊德性"重新合并起来,主张"尊德性,道问学,非截然两事"。讨论朱熹之学时,黄以周注意到朱子"虽其学力尊程子",但其书"皆先列训诂,次阐义理,兼取东汉、北宋之长"③,以证朱熹为会通汉宋之典范。

会通汉宋的同时,黄以周十分强调不能对汉宋学予以简单的调停。任南菁书院山长时,其为书院确立的治学宗旨中说:

经以载道,经学即是理学,经学外之理学为禅学,读《日知录》可会之。考据间有未明,义理因之而晦。不读郑注,为害不细。朱子于宁宗持重服事,亦自言之。则学朱子之学者,舍郑注其可乎哉? 驳之者曰:"是议也,似持平而实调停之见也。"曰:"今之调停汉宋者有二术:一曰'两通之',一曰'两分之'。"夫郑、朱之说,自有大相径庭者,欲执此而通彼,瞀儒不学之说也。郑注之义理,时有长于朱子,朱子之训诂,亦有胜于郑君,必谓训诂宗汉、理义宗宋,分为两截,亦俗儒一孔之见也。兹奉郑君、朱子二主为圭臬,令学者各取其所长,互补其所短,以求合于圣经贤传,此古所谓实事求是之学,与调停正相反。④

黄以周深以当时调停汉宋之说为弊,他认为无论将汉宋学"两通之"或"两分之",皆"瞀儒不学之说"、"俗儒一孔之见"。应当同奉郑玄、朱熹为圭臬,"学者各取其所长,互补其所短",惟此才是"合于圣经贤传"的"实事求是之学"。他还总结出调停汉宋的两种形式,即执此以通彼和截然两分,并表示自己与这些做法

① 黄以周:《德性问学说》,《儆季杂著·文钞一》,第8—9页。
② 余英时:《清代学术思想史重要观念通释》,《中国思想传统的现代诠释》,台北:联经出版事业公司,1987年,第411页。
③ 黄以周:《再答陈善馀书》,《儆季杂著·文钞三》,第21页。
④ 黄以周:《南菁书院立主议》,《儆季所著书五种·文钞六》,第32—33页。

正相反。显然，黄以周前承其父之说，又有所深入。

正是在这种思想观念的基础上，黄以周明确提出了"实事求是，莫作调人"的观点，作为南菁书院训诫，影响从学弟子甚众。曾为黄氏及门的吴稚晖在民国十二年（1923）为南菁学友孙道毅（揆均）撰序文时回忆说：

> 年二十有三，著学籍。适其时瑞安黄体芳、长沙王先谦、茂名杨颐、长白溥良，先后督吴学，建南菁书院，刻《续皇清经解》，振朴学于东南。讲学南菁者，有南汇张文虎、定海黄以周、江阴缪荃孙、慈溪林颐山。余应选入南菁治学。第一日，谒定海先生。先生铭其座曰："实事求是，莫作调人。"心窃好之。①

不但"心窃好之"，他还把此语告诉胡适。据胡适讲，"有一天他（吴稚晖）对我说，他第一天进江阴南菁书院，去见山长黄以周先生，见他座上写着'实事求是，莫作调人'八个大字。他说这八个大字在他一生留下很深的印象。'实事求是，莫作调人'是一种彻底的精神，只认得真理的是非，而不肯随顺调和。"②胡适对这八个字亦十分感兴趣，不但在古史讨论时引用此语与大家辩论③，还据而称赞吴稚晖把国故"丢在毛厕里三十年"，"鼓吹成一个干燥无味的物质文明，人家用机关枪打来，我也用机关枪对打"是真正的"实事求是，莫作调人"，因为"用程朱来打陆王，用许慎、郑玄来打程朱，甚至于用颜元、戴震来打程、朱、陆、王，结果终不免拖泥带水，做个'调人'。所以吴先生只要我们下决心鼓吹一个干燥无味的物质文明，只有这条路子可以引我们到思想彻底改造的地位。"④直到晚年在哥伦比亚大学做口述回忆，胡适仍然不忘吴稚晖拜谒黄以周见此八字之事，并饶有兴趣地说："这句格言如译成英语或白话，那就是'寻找真理，绝不含糊！'这些也都说明了我国十九世纪，一些高等学府里的治学精神。"⑤

除吴稚晖、胡适外，以史学方法见长的陆懋德也提及此事，说"前清南菁书院山长黄以周每教诸生'实事求是，莫作调人'"⑥。乃至1960年代，两位辈分略

---

① 吴稚晖：《寒厓诗集序》，《吴稚晖先生文粹》（4），台北：华文书局，1929年，第302页。
② 胡适：《几个反理学的思想家》，《胡适学术文集·中国哲学史》下册，北京：中华书局，1991年，第1165页。
③ 胡适：《古史讨论的读后感》，《胡适文存二集》，合肥：黄山书社，1996年，第71页。
④ 胡适：《几个反理学的思想家》，《胡适学术文集·中国哲学史》下册，第1169页。
⑤ 唐德刚译注：《胡适口述自传》，台北：传记文学出版社，1983年，第12页。
⑥ 陆懋德：《史学方法大纲》，北京：北京师范大学史学研究所资料室，1980年，第58页。

晚于陆懋德和胡适的旅台学人屈万里和徐复观,在就《尚书》中一些材料的真伪问题进行辩论时,仍分别对"实事求是,莫作调人"作不同解读以阐释自己的治学态度①。可知此说冲击力颇大,影响深远。

值得注意的是,即便在当时,黄氏父子其道亦不孤。高均儒在称赞杨以增所编《礼理篇》时即提出:

> 汉儒精言礼,宋儒承之,而特揭理字,导人以从入之径,持循之端,……学者不察,自判汉、宋,各执门户,为一家言,亦曰勤止,而制礼之初意果如是乎?……先生藏书数万卷,退食劬读,日昃不遑,而仅举此以示为学之准,其用意微挚,亦惟智者善喻之耳。若谓调停汉宋,模棱持两端,是浅识之昧昧自诬,直与病入膏肓尚讳言忌医强诮克葆其体者同堪闵已。②

《礼理篇》刻于咸丰三年(1853)③,此时黄式三尚健在,高均儒与其曾有书信往来,所论或曾受到黄氏影响。

与晚清"汉宋调和"论者相同的是,黄式三、以周父子均持不分汉宋学门户的观点,但相异的是,他们坚持认为不应强作"调人"。黄氏父子所论或有侧重,但将其二人之说合而观之,即形成较为完整的"实事求是,莫作调人"的理论。其主旨,是不分汉宋学门户,但又拒斥简单调停。因此,黄氏父子二人均宣称自己与调停者不同。尽管后人对他们(特别是黄式三)有所批评,甚至认为其与调和者并无实质分别,但就理论层面而言,二人提出的这种论说,与一般意义上的"汉宋调和"论是有显著不同的。

---

① 屈万里于 1961 年 3 月 15 日在《新时代》发表《〈尚书〉中不可尽信的材料》一文,指出《尚书》中的作伪问题。徐复观看到这篇文章后,于 1961 年 10 月 5 日在《民主评论》刊发《阴阳五行观念之演变及若干有关文献的成立时代与解释的问题》进行批驳。随后,屈氏于 1962 年撰文进行回应,并援引其素所服膺的"实事求是,莫作调人"一语,强调"在没有确切证据足以证明那些话是确实可信的材料之前,我们只好疑以传疑"。徐复观读完此文后,即对屈氏的有关考证再行辩难,但对于"实事求是,莫作调人"这八个字却基本持肯定态度,承认"'实事求是'这一句话是好的。'莫作调人'这句话,原来的意思大概是不要把世俗的人情世故夹入到学问的辩论中去。若是这种意思,则这句话,对我国今日的知识分子,常常把人情夹到学问的是非中去的情形而言,也有若干意义的"。相关史事,详见屈万里:《对于〈与五行有关的文献〉之解释问题敬答徐复观先生》,《屈万里先生文存》第一册,《屈万里全集》(17),台北:联经出版事业公司,1985 年,第 169 页;徐复观:《由〈尚书·甘誓〉、〈洪范〉诸篇的考证看有关治学的方法和态度问题——敬答屈万里先生》,《中国思想史论集续编》,上海:上海书店出版社,2004 年,第 82 页。

② 高均儒:《礼理篇跋》,徐世昌等编纂:《清儒学案》(7),北京:中华书局,2008 年,第 6252 页。

③ 见丁延峰:《海源阁刻书考》,《文献》2005 年第 2 期。

二、反对调停:"汉宋调和"论的批评者

清季主调和论者,岭南陈澧为一代表。陈氏著作宏富,流传甚广,《东塾读书记》受人推重。弟子众多,其调和汉宋的思想颇有拥趸。然而,偏重汉学的陈澧后来却被同样偏重汉学且提倡不分门户的叶德辉、章太炎、刘师培等人强烈批评①,同时遭到叶、章、刘等人批评的还有自称"莫作调人"的黄式三、黄以周父子。指斥缘由,是他们不过在汉宋学之间调停而已,并未找寻到能会通汉宋学的最佳方式。可见清季主张不分汉宋门户的学人群体,对于如何不分门户,真正消解汉宋学之间的对立局面,见解之间差异亦甚大。

叶德辉对陈澧的批评,首见于戊戌时期。时叶氏读到徐仁铸《輶轩今语》之后,即撰评语驳斥,其中反驳的重要对象,即是陈澧的汉宋调和之学。他说:

> 学使宛平徐先生,壬辰分校礼闱,余出其门下。其时先生服膺陈东塾之学,曾以手书相告,欲余远师亭林,近法兰甫。余复书略言:亭林,命世大儒,当时汉宋之帜未张,故其著书无汉无宋,一以实事求是为主,师之固所愿也。兰甫人品亦笃实可风,而其讲学调和汉宋,在门户纷争之后,所谓舍田芸田,不可法也。(考据无如汉人之精,义理无如宋儒之专。学者当求吾学之通,不当求古人之合,此为人、为己之界也。)②

徐仁铸是叶德辉座师,命叶氏效法顾炎武、陈澧之学。对此,叶德辉不能完全苟同。他认为,顾炎武治学不分汉宋,应当遵从。但他同时也暗示说并非顾炎武不分汉宋,而是彼时之学风如此。至于陈澧,处汉宋学激烈对峙过后的时期,所谓"门户纷争之后",却提倡"调和汉宋",则不可师法。其原因,叶氏亦明言,

① 罗检秋先生已经注意到,"晚清学者对陈澧调和汉、宋的学术路径不乏评论。……至今仍有人认为,汉学深厚者如章太炎、刘师培,乃至以'杂学'见称的叶德辉对调和汉、宋的取向均不以为然"。但罗先生认为,"嘉道以后汉学深厚者如黄式三、黄以周父子,绩溪胡氏都有调和汉宋的言行。清末古文家如王先谦、叶德辉、章太炎等人门户观念较深,对康有为等今文家颇多讥刺,对调和汉、宋者陈澧也有微辞,但均有特定的语境和针对性,实际上他们基本认同于调和汉、宋潮流,且在考据研究中兼治义理",此说或可再商。因为叶、章等人确实"在考据研究中兼治义理",但并非"基本认同于调和汉、宋潮流"。对于陈澧调和汉宋的思想,即便有"特定的语境和针对性",恐怕也不能接受,这从他们对陈澧的批评中即可见"调和汉宋"与"不分门户"分歧之所在。见罗检秋:《清末正统汉学家的学术二重性》,朱诚如、王天有主编:《明清论丛》第六辑,北京:紫禁城出版社,2005 年。
② 叶德辉:《輶轩今语评序》,《翼教丛编》卷 4,上海:上海书店出版社,2002 年,第 70 页。

即"学者当求吾学之通,不当求古人之合"。也就是要从学术内核上寻求如何会通汉学、宋学,而不是勉强将二者勉强凑在一起。

陈澧弟子罗敬则阅叶德辉评语后,意有不惬,致书叶氏向其问难:

> 舍田芸田,诚如尊旨。然弟侧闻先师绪论,谓门户一开,遂启洛、蜀之祸。东塾学出仪征,实为河间再传弟子。消融门户之见,为汉宋作调人,其说自河间倡之,《四库提要经部总叙》可覆按也。①

罗敬则之意,在表明其师陈澧之所以强调"不分门户",是因为看到北宋时期程颐、苏轼之间学术思想混杂在政治斗争中而终至两败俱伤的结局,故隐然有将二者引向"共赢"取向。同时他指出,陈澧之学出自阮元,阮元为纪昀门生,则陈澧就是纪昀再传弟子,其"调和汉宋"的学术观点实际上是对纪昀的继承,且首倡权在纪昀。罗之意图,是要在学术背后的动因和学术源流两方面为其师之说寻求合理性依据。但叶德辉观察问题的层面显然与罗敬则并不相同,在回信中他说:

> 学有渊源之儒,其识力必远超乎流俗也。……至东塾先生,人品学术,不愧一代儒宗,然学旨各有所成,何必强人就我?……大约言学问之道可通而不可同,亦读书心得如斯,并非敢立门户。河间著书,乃权衡汉宋之得失,非调停汉宋之异同。……狗曲墨守之见,与言心言性之辞,皆汉宋学之分歧,吾辈所当力戒。又平生志趣所向,往在东汉、北宋诸贤之间,故贱性亢直磊落,亦颇近之。……拙著大旨,本无矫同立异之心,我公亲炙陈门,自应昌明师说。且品学如东塾先生,其人又岂可不笃守其家法?惟是,鄙人生长湖湘,先辈如王湘潭、郭湘阴,一时号为学者所宗,鄙人亦未尝依附。所谓士各有志,学各有宗,通识如公,久亦必能见谅也。②

叶德辉首先礼貌性赞誉陈澧人品、学品之高,但又指出自己与陈学术宗旨不同,不应强附其说,即所谓"学问之道可通而不可同"。针对罗氏所言纪昀倡言"调和汉宋",叶反驳说,纪之观念实际上"乃权衡汉宋之得失,非调停汉宋之异同"。也就是说,纪昀之意是衡量汉宋学之高下,而非要充当"调人",息事宁人。叶氏进而表明"士各有志,学各有宗",客气却又坚定地希望罗氏能够理解其独立的

---

① 《罗大令来书》,《郎园书札》,王逸明主编:《叶德辉集》第1册,北京:学苑出版社,2007年,第330页。
② 叶德辉:《答罗敬则大令书》,《郎园书札》,王逸明主编:《叶德辉集》第1册,第330页。

学术立场，体谅其对陈澧之批评。

其后，叶德辉另致罗氏书信一封，更为详尽地谈论其与陈澧学术思想之分歧。信中自称到京师之后，"日与日下知名之士文酒过从，又时至厂肆遍取国朝儒先之书读之，遂得通知训诂、考订之学。其时东塾先生遗书尤为士大夫所推重，鄙人亦购置一册，朝夕研求"。在认真研读陈澧著作后，"觉其书平实贯通，无乾嘉诸君嚣陵气习，始知盛名之下，公道在人，众口交推，良非虚溢"。但读到陈澧所编《汉儒通义》时，"于此心始有未洽"。因为在叶德辉看来，"性与天道"的问题，"本非汉儒所究心，何必为之分门别类"？叶氏认为，"宋人性理之说，亦一时风气使然"，故而性命天理，高明者与卑陋者，不独境界不同，即便知识本身，其会意亦差之千里。故其自称"于宋学之书独重朱子，于朱子之学，尤重实践"。特别是朱熹的读书之法，更谨守大纲。"惟疑经非传之言，不敢引申而推衍，此生平治汉宋学之始末也。"既然"最服膺朱子之学"，叶德辉却又坦言"最畏居理学之名"，盖因"平生言行之际，大德不踰"，畏惧如理学家之末流那样，学品、人品皆不足取。①

对于争论百年的清代汉宋学术，叶德辉指出其源头为二人，一为戴震，一为江藩。江藩著《汉学师承记》、《宋学渊源记》，招致方东树不满，作《汉学商兑》排击江氏，汉宋学之间的分歧由此明朗化，两学似乎处于水火不容的态势。但这本是学术流派双方基于学理差异而产生的对打，可"无知之夫，斥汉学为左道异端"，极力诋毁汉学，"湘中老宿，沿袭此等谬论者尤多"，叶德辉对此极为不满。因为在他看来，汉儒的重要功绩是传经，而其传经的方法乃"章句训诂"，并未将考据、义理截然分开，治汉学者当然也应以此为准，岂"能废其章句之本而别求一孔门之真迹乎"？言说至此，叶德辉又回到抨击陈澧的老路上，就是汉学本就与宋学有相通之处，却非要寻章摘句牵强附会以证彼此"你中有我，我中有你"，此法实不可取。至于陈澧所担忧的"门户一开，即启蜀洛之祸"，叶德辉更是不以为然。他认为"许、郑之长在贯通经义，程、朱之长在敦行践履"，持此态度治汉宋两学，既不会有门户纷争，"且何畏于党祸"？陈澧认为程颐、苏轼之争启北宋政治祸乱，叶德辉则指出党争与程颐、苏轼关系不大。因"讲学、立朝，却是二事"，程、苏又非"体用兼备之儒"，怎能与真正对北宋政治格局发生影响的王安

① 详见叶德辉：《与罗敬则大令书》，《郋园书札》，王逸明主编：《叶德辉集》第1册，第331—332页。

石对抗？言下之意,陈澧将学术主张与政治角逐混为一谈,亦不可取。但同时,叶德辉反复宣称,自己之所以反对陈澧此说,皆因"学旨始终不能苟同",虽遭友人如沈曾植的反对,"亦不欲自弃其心得",因所论全在学理之内,绝无其他恶意中伤之意。① 其弟子刘肇隅也为乃师辩白说:"吾师平日治学,本不主持门户,并世经师,亦颇推重东塾,惟不喜其调停汉宋之说。故间与诸子论学,别白其是非。世儒不知,以为有薄视东塾之见,非吾师意也。"②此言非虚。仔细看来,叶德辉最非议者主要是陈澧《汉儒通义》中勉强按照宋学的规则为汉儒寻找类似地方的比傅牵合的做法,对其他论点鲜见驳论。入民国后,叶氏对此仍"不欲自弃其心得",在 1915 年为长沙湖南省教育会所撰讲义《经学通诰》中依旧说:

> 南宋经学派以朱子为大宗,三传而为王应麟,四传而为黄震,遂开有清顾、惠二氏之学。流衍至于乾嘉,号为汉学。……乃纪文达昀、戴震之徒,于其学所从出,而反唇以相讥,则亦数典忘祖之甚矣。……吾平生颇尚汉学,而独崇朱子,然非曾文正、陈澧调人之说所谓汉宋兼采者。则以朱子自有真实之处,在学者之探求,不在口说之争辩耳。③

这段言论表明,叶德辉认为汉学实以朱子为渊源,自己则兼治汉、宋两学,既讲汉学,又崇朱子,但绝非"调人",因他注重的是探求实事求是之学,朱子也有实事求是的地方,无需曾、陈等人虚词口辩。

需要注意的是,叶德辉在戊戌维新时期反对"调和汉宋"还别有一层衷曲,即反对游走京师等地的康有为、梁启超等人拿公羊学作幌子以为其政治诉求张目。④ 叶氏说:

> 国朝宋学之盛在康、雍两朝,汉学之盛在乾、嘉两朝。道咸以来,则互相消长,笔舌交哄之事,则诚有之,初亦无所谓党祸。凡古之所谓党祸,大都小人倾陷君子之所为。……近日康、梁邪说显,欲立新旧党之名,其人大都不学无耻之流,无论谬妄轻浮,不足以张羽翼。即令其幸窃一日之柄,亦必自

---

① 详见叶德辉:《与罗敬则大令书》,《郋园书札》,王逸明主编:《叶德辉集》第 1 册,第 331—332 页。
② 刘肇隅:《郋园书札叙》,《郋园论学书札》,王逸明主编:《叶德辉集》第 1 册,第 313 页。
③ 叶德辉:《经学通诰》,长沙:湖南省教育会,1915 年,第 2—3 页。
④ 罗检秋先生已注意到,叶德辉等人"对康有为等今文家颇多讥刺,对调和汉、宋者陈澧也有微辞,但均有特定的语境和针对性",但罗先生论述重点不在此处,故未及展开论说。详见罗检秋:《清末正统汉学家的学术二重性》,朱诚如、王天有主编:《明清论丛》第 6 辑,北京:紫禁城出版社,2005 年,第 372 页。

相残贼，不能有成。……鄙人尝云，凡事有调停之见，必无是非之心。今之调和汉宋与夫为新旧解纷者，譬如两造，比邻而居，终日阋墙，决无休息之理。况乃引之同居共爨，其有不日寻征讨者耶？①

显然，汉宋之学争斗固然激烈，也不过是学术内部的事，与政治无涉，更非党祸之根源。但康有为、梁启超等人以公羊学论政，并自立政治门户，维新辟旧，把学术分野与政治分派挂起钩来，且直欲"立新旧党之名"，则是叶德辉无法容忍的。他认为康、梁等人不过是利用了公羊学讲微言大义的特性，在外患日迫的情形下比傅近事"以行其私"罢了②，故他严辞抨击康、梁等人为"不学无耻之流"，竭力从学术上破掉其炫目外衣，又宣称维新派"谬妄轻浮，不足以张羽翼。即令其幸窃一日之柄，亦必自相残贼，不能有成"，表达出对康、梁等人举趋新之学为旗帜的蔑视与愤慨。当然，从某种程度上叶德辉把汉宋调和这样的学理问题与"立新旧党"并举而抨击之，看似有些牵强。但其"凡事有调停之见，必无是非之心"一语实道出内心真实的想法。③ 叶所最在意者，乃学者是否有是非之心，不为骑墙之见，一切本诸"实事求是"之原则，这显然符合其一贯的思想观念。在他看来，康、梁等人无论论学、论政，皆不足取。康、梁欲立新旧党，把叶德辉等人归入"旧"的一面对立起来，叶氏也无法接受。

如果说叶德辉批评汉宋调和在学术缘由外复有几分政争与人事因素的话，重古文经的章太炎、刘师培等人对调和式的治学方法提出批评，则更多基于纯粹学人的准则与立场。章太炎批评的主要对象同样是陈澧。他在《清儒》中说：

晚有番禺陈澧，当惠、戴学衰，今文家又守章句，不调洽于他书，始勾合汉、宋，为诸《通义》及《读书记》，以郑玄、朱熹遗说最多，故弃其大体绝异者，独取小小翕盍，以为比类。此犹揗豪于千马，必有其分刌色理同者。澧既善傅会，诸显贵务名者多张之。弟子稍尚记诵，以言谈剿说取人。④

太炎认为，陈澧遗弃郑、朱两人绝大部分相异之处，却尽力寻找不过是细小得多的相同点，"揗毫于千马，必有其分刌色理同者"，这种做法根本站不住脚。

① 叶德辉：《与罗敬则大令书》，《郋园书札》，王逸明主编：《叶德辉集》第1册，第331—332页。
② 叶德辉：《輶轩今语评序》，《翼教丛编》卷4，第71—72页。
③ 张晶萍女士也观察到叶德辉之意在提示"后人治学应各取其长，各去其短，而不应折衷异同，充当调人"，但对于叶氏责难康、梁等人的另一指向，似未注意。详见张晶萍：《从〈翼教丛编〉看叶德辉的学术思想》，《湖南大学学报（社会科学版）》2004年第4期。
④ 章太炎：《訄书·清儒》，《章太炎全集》（3），上海：上海人民出版社，1984年，第159页。

章氏对于陈澧的品行亦表怀疑,他指斥陈澧因"善附会",故显贵务名者多欲罗致以利用之。对陈澧学生,章太炎亦毫不客气,抨击他们不过是"以言谈剿说取人"之辈。他甚至引仲长统之言,暗示陈澧及其弟子,乃学士之奸。①

距初次评论陈澧汉宋调和之后约十年,太炎被袁世凯囚禁于北京钱粮胡同,其间与弟子吴承仕论学,仍旧提出治汉宋学当力避妄为调人。他说:

> 世故有疏通知远、好为玄谈者,亦有文理密察、实事求是者,及夫主静居敬,皆足澄心,欲当为理,宜于宰世,苟外能利物,内以遣忧,亦各从其志尔。汉宋争执,焉用调人?喻以四民,各勤其业,瑕衅何为而不息乎?②

依太炎意见,汉宋之争是十分正常之事,汉宋各立门户,亦未尝不可。只要各安其位,各勤其业,互不打扰,互不影响,自然不会有任何瑕衅。如此,何必有调人出来加以调停?显然太炎受到庄子及佛学的影响,但汉、宋之间确有明显不同,双方又都自认圣学真传,岂能不去相互争胜?而且细查太炎"焉用调人"之论,恰恰反映出其明显的门户之见,故其纵然希望非为调人,但其并非不分汉宋学门户的真正拥护者。

1905 年,与章太炎关系密切的刘师培在《国粹学报》上发表文章,斥责陈澧等调停汉宋者"不过牵合汉、宋,比附补苴,以证郑、朱学派之同","惟不能察其异同之所在,惟取其语句之相同者为定,未必尽然也"。③ 1907 年,他又在文中专论广东学者,认为:

> 广东学者,惟侯康为最深醇,其次有南海朱次琦、番禺陈澧。次琦笃信宋学,而汉学特撷据之。澧学钩通汉宋,掇引类似之言,曲相附和。……朱、陈稍近名,各以其学授乡里,然束身自好,不愧一乡之善士。惟学术既近于模棱,故从其学者,大抵以执中为媚世。自清廷赐澧京卿衔,而其学益日显。④

显然,刘师培同样对陈澧"掇引类似之言"、"曲相附和"的调和汉宋之法不以为然。不但如此,他还和章太炎分享了另一个相同的观点,即陈澧之学所以得名,有学术以外的政治因素。因此,他也连带斥责陈澧的弟子们大多无学,实为

---

① 章太炎:《訄书·清儒》,《章太炎全集》(3),第 159 页。
② 章太炎:《菿汉微言》,《菿汉三言》,沈阳:辽宁教育出版社,2000 年,第 61 页。
③ 刘师培:《汉宋学术异同论》,《刘申叔遗书》上册,南京:江苏古籍出版社,1997 年,第 541 页。
④ 刘师培:《清儒得失论》,《刘申叔遗书》下册,第 1539 页。

"以执中为媚世"之辈。①

陈澧之外，刘师培还把自称"莫作调人"的黄式三、以周父子归为"调和汉宋"系脉中一并予以驳斥。在 1905 年发表的文章中他将黄式三与陈澧并列，称为调停汉宋之流②。同年 9 月 18 日至 11 月 16 日，刘师培又在《国粹学报》第 8 至 10 期连载《理学字义通释》③，批评宋儒义理不宗训诂，并指出黄以周《经训比义》一书未得戴震、阮元真传。他说：

> 定海黄先生作《经训比义》，虽师淑阮氏之学，然立说多调停汉宋，与戴、阮之排斥宋学者不同。……近世巨儒，渐知汉儒亦言义理，然于汉儒义理之宗训诂者，未能一一发明；于宋儒义理之不宗训诂者，亦未能指其讹误。不揣愚昧，作理学字义通释，远师许、郑之绪言，近撷阮、焦之遗说。周诗有言："古训是式。"盖心知古义，则一切缘词生训之说，自能辨析其非，此则古人正名之微意也。④

之所以批评黄以周，是因为在刘师培看来，汉学、宋学虽然都讲义理，但义理中亦有分别：一宗训诂，一不宗训诂，黄以周等人皆未能悟出此旨。此说可谓从深层学理挑战了主张汉宋调和论者。调停汉宋者最大的问题，就是没有深入了解汉宋学术的"异同"所在，实际上对汉、宋两学均未能深入堂奥。调和论者竭力在汉、宋两边"取其语句之相同者为定"，但文字虽有近者，其文意、主旨、所用方法等多有不同，岂能简单的"牵合汉宋，比附补苴，以证郑、朱学派之同"？从这个角度论之，刘师培、章太炎和叶德辉所论颇为接近，堪称批评调和汉宋论者的同盟。

《国粹学报》的另一位干将邓实，与刘师培的观点亦相类似。他认为"汉学、宋学，皆有其真，得其真而用之，皆可救今日之中国"。因为汉学解释理欲、掇拾遗经，故可以发明公理、保存国学，如此则"民权日伸"，"神州或可再造"。宋学则暗含"民族之思想"、"尚武之风"，"民族主义立，尚武之风行，则中国或可不亡；虽亡而民心未死，终有复兴之日"。显然，邓实更加矻矻考虑的是救亡保国

---

① 刘师培、章太炎二人在这些思想上如此接近，考虑到刘之文章刊于 1907 年 6 月 8 日的《民报》第 14 号，此时章太炎尚任《民报》主编之职，不知二人之间可有影响，俟考。

② 刘师培：《汉宋学术异同论》，《刘申叔遗书》上册，第 541 页。

③ 该文的具体刊载时间，参见陈奇：《刘师培年谱长编》，贵阳：贵州人民出版社，2007 年，第 387 页。

④ 刘师培：《理学字义通释序》，《刘申叔遗书》上册，第 460 页。

的问题,无论汉学、宋学,"苟舍短取长,阙疑信古,则古人之学皆可为用"。既不可自守门户,互相排击,也不能"专务调停古人之遗说,而仆仆为人,毫无自得"。他特别指出:

> 晚近定海黄式三、番禺陈澧皆调和汉宋者,然撅合细微,比类附会,其学至无足观。夫古人之学,各有所至,岂能强同。今必欲比而同之,则失古人之真,故争汉宋者非,而调和汉宋者亦非也。①

不难看出,以邓实存古之真的标准而言,黄式三、陈澧都有勉强求同的治学取向,由此则汉宋学皆失其本来面目,何谈为今所用? 故邓氏虽与章太炎、刘师培角度略有差异,但也对"调和汉宋"持否定态度。

除偏古文经学者外,今文经学者皮锡瑞亦有相近看法。皮氏认为,"今文废而经义不明,不得不归咎于毛公、马郑之崇尚古文者"②,故提出治《尚书》时当"合于今文者录之,不合于今文者去之,或于疏引而加驳正"③。但他并不一味袒护今文经学,而是强调解经"当实事求是,不当党同妒真",并审慎地表示要"各依其本书,不敢强之使一"。④ 在言及汉宋学时,他也注意到了陈澧在《汉儒通义》中"和同汉宋门户"之意。1898 年初,在时务学堂讲学的皮锡瑞说:

> 乾嘉以后,学者乃专主国初诸儒训诂考据,引而伸之,于是标举汉学之名以别异于宋学。……陈兰甫作《汉儒通义》,意在和同汉宋门户。而主张汉学者,议其不应强作调人。予谓汉学出自汉儒,人皆知之。汉学出自宋儒,人多不知。国朝治汉学者,考据一家,校刊一家,目录一家,金石一家,搜辑古书一家,皆由宋儒启之。……汉学颛门精到之处,自视宋儒所得更深。然觞源导自前人,岂宜昧所自出。以此推论,则汉、宋两家之交,夫亦可解纷矣。⑤

不难看出,皮锡瑞更多站在客观立场上,对陈澧《汉儒通义》及其受到的批评作出评判。他对偏汉学者"不应强作调人"的论点并未否定。而其"不可徒争门户","不敢强之使一"的治学态度实与"不分门户,非为调人"的论点甚为接

---

① 邓实:《国学今论》,《国粹学报》1905 年第 5 号,第 2 页。
② 皮锡瑞:《今文尚书考证》卷 15,北京:中华书局,1989 年,第 322 页。
③ 皮锡瑞:《经学通论·书经》,北京:中华书局,1954 年,第 104 页。
④ 皮锡瑞:《今文尚书考证·凡例》,北京:中华书局,1989 年,第 6、7—8 页。
⑤ 《皮鹿门学长南学会第七次讲义》,《湘报》第 37 号,光绪二十四年三月廿八日(1898 年 4 月 18 日)。

近。虽然其本意是从"汉学出自宋儒"以及"汉学师孔子，宋学亦师孔子"等角度以论证汉、宋二学之源流与关系，但其主旨与"不分门户，非为调人"之说无疑有契合的一面。

三、"不分门户，非为调人"说形成原因之分析

诚然，晚清汉宋学关系以"调和"论为其大端，然以黄式三父子、叶德辉、章太炎、刘师培、邓实等人为代表，确然构建出"不分门户，非为调人"的论说。尽管他们彼此之间亦存有分歧，甚至并不完全认同，但基本思路是一致的。之所以在学术大趋势中形成此思想细流，其中既有历史因素，又有清季特殊之缘由。概而言之，有如下几点：

首先，清中叶以前即存在反"调人"的思想传统。

"调人"角色进入学术领域，与西晋刘兆有关。《晋书·刘兆传》言，刘氏"博学洽闻，温笃善诱，从受业者数千人"，"潜心著述，不出门庭数十年。以《春秋》一经而三家殊涂，诸儒是非之议纷然，互为仇敌，乃思三家之异，合而通之。《周礼》有调人之官，作《春秋调人》七万余言，皆论其首尾，使大义无乖，时有不合者，举其长短以通之。"[1] 显然，刘兆深知《春秋》经过西汉末年的争立学官，《左传》《公羊传》《穀梁传》已经成为鼎立之势。学者读经求义，每感相互歧异，难于裁断。于是他以"调人"自居，撰《春秋调人》一书，对《三传》之长短进行弥缝，将"三家之异，合而通之"，竭力寻求"和合"的完美结局。

《春秋调人》据云已亡佚[2]，究竟刘兆如何扮演"调人"的角色已难以详察，但其思想旨趣已大略可知，后世学者对此亦有所评说。南宋黄震读《周礼》时即提出疑问说："调人掌平民之争，然则不剖其是非欤？"[3]此言可谓切中要害。"调人"以息事宁人为目的，难免会在判断是非方面用力不足。明儒陈言撰《春秋疑》也说："圣典之湮，《传》《疏》为之也。专门者固名家者，凿同异驳糅说者，徒

---

① 房玄龄等：《晋书·刘兆传》，北京：中华书局，1974年，第2350页。
② 朱彝尊：《经义考》卷174，北京：中华书局，1998年，第899页。
③ 黄震：《黄氏日钞》卷30，《景印文渊阁四库全书·子部》第707册，台北：台湾商务印书馆，2008年，第839页。

欲取调人之义以平之,此不然,吾信吾是而已,吾所是者经而已。"①可见以调人立场治《春秋》,学人早就感到不满。

殆至明末清初,对"调人"的批评亦随处可见,且泛见于各个层面,不独在论辩《春秋》异同之时。黄宗羲在写给顾梁汾的信中,论及高攀龙辨朱熹、王阳明之学,认为高氏看穿"阳明之无善无恶谓无善念恶念,非性无善无恶也,竟以无善无恶属之性者,乃其门人之误",是"深得阳明之传者",但强辨阳明分心、理为二,非朱子所为,"以阳明之学攻阳明",则"不过欲为朱子之调人",并未明朱熹"言人心之灵,莫不有知;天下之物,莫不有理",实际上已将心、理分而论之。②钱谦益论禅宗与净土宗时,认为"楚石,禅门尊宿也,而有西斋净土之咏;云楼,念佛导师也,而有禅关策进之编。未尝不水乳相合也",两者之间并无决然鸿沟。然而,"世之学者,妄生分别,或相为斗诤,或曲为调人,伥伥然莫知所适从"③。故深入两宗内里,拆掉宗派门槛,既不相互斥责,也不勉强调和,才是正途。阎若璩于《尚书古文疏证》中言及朱熹疑古文事,指其"不知经与《传》固同出一手",认为朱熹将《尚书》古文内容分为二体,所谓"有极分晓者,有极难晓者","《尚书》诸《命》皆分晓,盖如今制诰,是朝廷做底文字;诸《诰》皆难晓,盖是时与民下说话,后来追录而成之"云云,"犹为调停之说",经不住经文的检验。④

乾嘉时期,学界无论宗汉与否,对"调人"的态度相对一致。全祖望承浙东史学之余绪,对黄宗羲十分尊崇,在谈到天命问题时,明确指出黄氏以"善言天者征之人事,善言人者验之天命"证其"支干之不足言命",多为调停之说,故云"梨洲之言天也固,其谈命也支","欲通两家之邮,而未免依违为调人之见,其于天人之际未尽焉"。⑤几乎同一时期的朱珪,学宗汉儒,重视礼学,深知治《礼》者众说纷纭,难以定论。乾隆五十九年(1794),朱珪为金榜《礼笺》作序,赞其"词

① 朱彝尊:《经义考》卷202,北京:中华书局,1998年,第1036页。
② 黄宗羲:《顾梁汾书》,沈善洪主编:《黄宗羲全集》(增订本第10册),杭州:浙江古籍出版社,2005年,第212—213页。
③ 钱谦益:《杭州黄鹤山重建永庆寺记》,钱曾笺注、钱仲联标校:《钱牧斋全集》第2册,上海:上海古籍出版社,2003年,第1108—1109页。
④ 阎若璩:《言朱子于古文犹为调停之说》,《尚书古文疏证》下册,上海:上海古籍出版社,2010年,第601—602页。
⑤ 全祖望:《原命》,《鲒埼亭集外编》卷48,朱铸禹:《全祖望集汇校集注》(中),上海:上海古籍出版社,2000年,第1799—1801页。

精而义覈，不必训诂全经而以之宜译圣典，不失三代制作明备之所在"。同时以疑问的口气称金氏"岂独以礼家聚讼，姑以是为调人也哉"①？可见，朱珪并不希望金榜研治礼学，仅仅停留在曲为调和的层面。

朱熹、陆九渊同异问题，常会令学人争论不休，也常有学者出面调停二人之说。章学诚对此批评说：

> 天人性命之理，经传备矣。经传非一人之言，而宗旨未尝不一者，其理著于事物，而不托于空言也。师儒释理以示后学，惟著之于事物，则无门户之争矣。……宋儒有朱、陆，千古不可合之同异，亦千古不可无之同异也。末流无识，争相诟詈，与夫勉为纷解，调停两可，皆多事也。然谓朱子偏于道问学，故为陆氏之学者，攻朱氏之近于支离；谓陆氏之偏于尊德性，故为朱氏之学者，攻陆氏之流于虚无；各以所畸重者，争其门户，是亦人情之常也。②

在章学诚看来，言理当著于事物，否则易流于空虚，"著之于事物，则无门户之争"。但门户之争固可消，门户之别却无需刻意消除，双方"各以所畸重者，争其门户，是亦人情之常"。如朱熹、陆九渊，二人学说本就有差异，且论学也应当有所差异，即"千古不可合之同异，亦千古不可无之同异"。无此见识者，或"争相诟詈"，相向责骂，或"勉为纷解，调停两可"，力图从形式上遮掩学说间正常的不同之处，"皆多事也"。当然，章学诚不宗汉学，亦不宗宋学，所以其能有此论，正反映了章氏自己学术思想淡化门户之见的特点。

江藩也注意到了朱熹、陆九渊相争的问题，只是他从朱熹与郑玄、陆九渊与王明阳之间的关系进行讨论。江氏认为朱熹服膺郑玄，曾多次说"郑康成是好人"、"康成是大儒"，但为宋学者"不第攻汉儒而已也，抑且同室操戈"。尊朱与尊陆者互相攻讦，后因王明阳尊陆九渊之学，士风翕然而随。但王阳明又撰《朱子晚年定论》，扮演调人角色，"自悔其党同伐异"，有为朱子回护之处，主动弥缝自己与朱熹之间的差异。因此，无论是郑玄汉学、朱熹宋学，还是宋学内部的朱熹、陆九渊之间，其距离并无后人所见之大，且儒生读圣人之书，应以明道为目的，最要者在身体力行的修身，"岂徒以口舌争哉"③？门户相争的结局之一，便

---

① 朱珪：《礼笺序》，金榜：《礼笺》，《续修四库全书》编纂委员会编：《续修四库全书·经部》第109册，上海：上海古籍出版社，2002年，第1页。
② 章学诚：《朱陆》，《文史通义》上册，北京：中华书局，1985年，第262页。
③ 江藩：《国朝宋学渊源记》上卷，《国朝汉学师承记》，北京：中华书局，1983年，第153页。

是出现王阳明之辈勉"为调人之说",甚至自悔前学。①

上述可见,自宋以至清中叶,"调人"已成为面对学术论争时常会运用到的词汇。西晋刘兆以调人自居,开启调和论调之先。后来学人论佛学纷争、郑玄朱熹之争、朱熹陆九渊之争等等,也往往用调人一词形容欲行弥合者。更为关键的是,无论诸人所论程度有何分别,但凡这个词汇被表出时,基本以负面的意义而存在,鲜见赞赏之态度。江藩弟子汪喜孙曾请其师赐寄《汉学师承记》②,得书后受命为之写跋,内中除罗列汉学大师之名以呼应乃师外,还列举了一些在其看来的诬妄之为,如汪琬私造典故、毛奇龄肆意讥弹等。提到王懋竑时,汪喜孙愤然说道:"王白田根据汉宋,比诸春秋之调人",斥责他与汪、毛等人皆为"恶莠乱苗,似是而非"③。显然,汪不但和江藩等其前辈同样用批判的情绪使用"调人"一词,而且他对王懋竑的指责,恰恰回应了西晋刘兆自比《春秋》调人的行为。

其次,晚清学人言说中"调人"负面形象的增加。

进入晚清,调停的思想与行为仍无正面之意,且有增加之趋势。廖平就说:"《王制》、《祭统》,今学;《祭法》,古学。二者庙制、祭时,一切不同,且故意相反。两汉经师言庙制、祭仪,皆牵混说之。特以之注经,则自郑君始。议礼之事各有意见,多采辑诸说以调停其间,不能由一人之意,此议礼之说多不可据也。"④廖平之意,在论今古文经学,但对"调停"的反对却十分明显。

黔儒郑珍善治《礼经》,读《周礼》至"调人"处,甚感困惑,写专文对"调停"、"调人"进行考辨与剖析。他认为若存在《周礼》"调人"的话,则"天下杀人者无罪也","治天下可不设刑政也","如其言,将天下尽人皆可杀,尽人皆可以杀人,几何不人类与人道俱绝哉"!在郑珍看来,杀人者本当诛,可调人却使杀人者依法放逐"海外"或"千里之外",势必引起更多的仇杀。因为被杀者亲属寻仇报

---

① 吊诡的是,江藩虽在此处振振有词,可众所周知正是其撰写的《国朝汉学师承记》、《国朝宋学渊源记》严分汉、宋学门户,甚至在汉学内部不承认顾炎武、黄宗羲的位置,从而引起偏重宋学人物方东树的激烈反弹,著《汉学商兑》以驳之。汉学、宋学的门户之见,乾嘉时期或存于学人心中,即便有论,也多只言片语,抑或如姚鼐对戴震那样发牢骚以泄愤。而江藩、方东树二人之间这场以专著的形式进行的未能正面交锋的争论,使得汉、宋之争被彻底摆上台面,但同时也蕴含着双方必然的改变。
② 汪喜孙在给江藩所写书信中称自己打算将顾炎武、戴震、钱大昕、程瑶田、凌廷堪、洪榜、阮元、许宗彦、焦循等人的学行集为一书,闻江氏刊有《宋学师承记》,便索寄一部。见汪喜孙:《与江郑堂先生书》,杨晋龙主编:《汪喜孙著作集》(中),台北:中研院文哲所,2003年,第415页。
③ 汪喜孙:《汉学师承记跋》,《国朝汉学师承记》,北京:中华书局,1983年,第134页。
④ 廖平:《今古学考》,李耀仙主编:《廖平选集》上册,成都:巴蜀书社,1998年,第69页。

复，"雠家怨室竟死志报复，杀之于数千里之外，有司者又以其就而雠之，取其人而杀之，不且杀二人耶！如不杀而仍使避之，而所杀者之父兄子弟，又从而杀之，则愈雠愈杀，愈杀愈雠，不且雠杀无已耶！人道绝，吾安知人类不与之绝也"①！徐道邻：《敌乎？友乎——中日关系的检讨》，发表在《外交评论》第 3 卷 1935 年 1 月 1 日，第 11、12 合刊之〈中国于未来世界战争之方针专号〉上。《中央周报》1935 年第 348 期转载。曾引发了当时的讨论。可知调人之存在，不但不能解决彼此的对立与仇恨，只会使得矛盾激化，以致无穷无尽，甚至有灭绝人类之危险！

如果说郑珍批评的是古制中的"调人"，闽儒林昌彝则把"调停"的做法与国运联系在一起，提出严厉的批评。他说：

> 自古君子小人之进退，盖关乎气运之盛衰、王道之消长者也。……昔宋元祐时宣仁太后临朝，用司马光、吕公著为相，当时群贤毕聚，天下咸望治平，以为庶几嘉祐之风矣。光死，范纯仁继之，是时熙、丰之徒，多捏飞语，以动摇在位大臣为自全计，遂开幸门，延入李、邓，谓之调停。其后群邪并进，诸贤窜逐凌迟，至于靖康之末，而天下亡矣。……宋之天下亡于夷狄，而其祸则由于奸臣。宋之奸臣，盛于熙、丰而极于靖康，然而调停之说不行，则奸臣不至于昌炽，而徽、钦亦不至于北狩之辱矣。……天下之祸患成于小人，而亦由于君子，宋室之祸，元祐诸君子不得不任其责矣。②

北宋亡国之原因，自然多有说解，但在林昌彝看来，司马光死后熙宁、元丰年间政治争斗过程中"调停"之法，才是后来"群邪并进，诸贤窜逐凌迟"，以至于"靖康之末，而天下亡"的重要原因。所以，北宋之亡，表面上亡于夷狄，实则根源于奸臣当道，而奸臣之所以能够有机可乘，又与"调停"之说大行其道不无关系。故此，"调停之说不行，则奸臣不至于昌炽，而徽、钦亦不至于北狩之辱"。林昌彝或许夸大了"调停"说的历史作用，但其对于"调停"的反对甚至痛恨的情绪，则由此可见一斑。

不难发现，无论是"调人"之名，还是"调停"之法，在晚清部分学人的思想世界里，是令人难以接受的一种称谓、一种态度。在此大的思想背景下，"调和"汉宋之说，难免让人与之相关联，其受到学者的诘难甚至抨击，从某种程度上是与

---

① 郑珍：《调人》，《巢经巢经说》，《续修四库全书》编纂委员会编：《续修四库全书·经部》第 176 册，上海：上海古籍出版社，2002 年，第 526 页。

② 林昌彝：《调停议》，《林昌彝诗文集》，上海：上海古籍出版社，1989 年，第 255—256 页。

此思想脉络相承接的一种表现。

最后,陈澧的汉宋学思想自身存在矛盾与缺陷。

陈澧被时人目为能会通汉学宋学,但遭后人"调停"质疑亦最多,此或与其汉宋学观中的缺失有关。陈澧强调宋儒对汉儒的继承,刻意消泯宋学与汉学的对立。其举朱熹、王应麟为例,言曰:

> 孔子删述六经,而郑康成氏为之注,其细者,训诂名物,其巨者,帝王之典礼,圣贤之微言大义,粲然具备。其于先师之说,有宗主,有不同,赞而辩之,家法至善,传之百世而无弊;又于纬候之书,历数、律令之学,莫不贯综,是亦所谓集大成者也。自魏晋至隋唐数百年,朝廷之议论,儒生之讲诵,得所依据,圣人之道不坠于地,惟郑学是赖,虽王肃、许敬宗辈安肆讪毁,无伤日月。至孔、贾义疏颁行,乃盛极而寖衰焉。宋儒代兴,朱子犹称述郑学,洎元明而遂衰绝。然王伯厚采集《易》注,实郑学复兴之兆。本朝儒者讲汉学,尊郑氏,此则无往不复之道也。①

《易·泰》云:"无平不陂,无往不复。"孔颖达《正义》云:"初始往者必将有反复也。"②既然陈澧认为清儒讲汉学乃"无往不复之道",说明在他看来,清儒提倡汉学,不过是一个学术的循环。汉代由郑玄集大成,魏晋南北朝时学人仍尊之,至唐代五经正义颁行后,郑学衰落。宋儒朱熹、王应麟称述之,有所谓"郑学复兴",元明时又衰败,清代则再次复起。故可谓循环往复,学有承继。如此,清代复兴汉学,与宋儒尊郑学,正可谓渊源有自、异曲同工,其本质正相同。

陈澧之根本目的,仍是破除汉宋门户。他说:

> 拙著《东塾类稿》近年不复刷印者,中年以前治经,每有疑义则解之,考之,其后幡然而改,以为解之不可胜解,考之不可胜考,乃寻求微言大义、经学源流、正变得失所在,而后解之,考之,论赞之,著为《学思录》一书,今改名曰《东塾读书记》。此书自经学外,及于九流诸子、两汉以后学术。至宋以后,有宋元明学案之书,则皆略之,惟详于朱子之学。大旨在不分汉、宋门户。其人之晦者,则表彰之,如宋之王万、明之唐伯元;文之晦者,则采录之,如《宋文鉴》所选林希《书郑康成传》、《广东通志》所录林承芳《重刻十三经

---

① 陈澧:《郑氏全书序》,《东塾集》卷3,黄国声主编:《陈澧集》第1册,上海:上海古籍出版社,2008年,第113—114页。

② 阮元校刻:《十三经注疏》上册,北京:中华书局,1980年,第16页。

注疏序》是也。①

所以他殷殷期望道：

> 窃冀后之君子，祛门户之偏见，诵先儒之遗言，有益于身，有用于世，是
> 区区之志也。若门户之见不除，或因此而辩同异、争胜负，则非澧所敢
> 知矣。②

正是为实现此期望，陈澧照宋儒义理之框架，寻找两汉义理之说，编纂《汉
儒通义》，"采两汉经师义理之说，分类排纂，欲与汉学、宋学两家共读之"③。

晚年，陈澧总结自己的治学思想时说：

> 魏晋以后，天下大乱，而圣人之道不绝，惟郑氏礼学是赖。读《后汉
> 书》，以为学汉儒之学，尤当学汉儒之行。读朱子书，以为国朝考据之学，源
> 出朱子，不可反诋朱子。又以为国朝考据之学盛矣，犹有未备者，宜补苴
> 之。……又著《汉儒通义》七卷，谓汉儒善言义理，无异于宋儒。宋儒轻蔑
> 汉儒者，非也；近儒尊汉儒，而不讲义理，亦非也。④

也就是说，陈澧编纂《汉儒通义》时，希望寻求到汉儒义理之学，还要竭力把
他早经发现的"汉儒之行"给揭示出来，从而完全弥缝汉宋学术之间的差异，以
达到其"祛门户之偏见"的渴望，永久免除长期存在的"辩同异、争胜负"的局面。
正如其弟子胡锡燕所言：

> 先生早年读汉儒书，中年读宋儒书，实事求是，不取门户争胜之说。以
> 为汉儒之书，固有宋儒之理，此书所录，如《说文》云："惟初太始，道立于一。
> 造分天地，化成万物。"《公羊》何注云："元者，气也。无形以起，有形以分。"
> 即濂溪《太极图说》之意，其与程、朱之说同者，尤不可毕举。……至于所采
> 录者，则意义明显矣。其排比次第，取一义之相属，尤取两义之相辅。……
> 兼而存之，无偏尚之弊。盖取先儒二十二家之说，会萃精要，以成一家
> 之书。⑤

可以说，陈澧为调停汉宋门户之争费尽心机，竭力采撷两者共通之处，然而

---

① 陈澧：《复刘叔俛书》，《东塾集》卷4，黄国声主编：《陈澧集》第1册，第167页。
② 陈澧：《汉儒通义序》，黄国声主编：《陈澧集》第5册，第115页。
③ 陈澧：《复王倬甫书》，《东塾集》卷4，黄国声主编：《陈澧集》第1册，第162页。
④ 陈澧：《自述》，《东塾读书记》卷首，黄国声主编：《陈澧集》第2册，第10—11页。
⑤ 胡锡燕：《汉儒通义跋》，黄国声主编：《陈澧集》第5册，第246页。

正是其"排比次第,取一义之相属,尤取两义之相辅"的做法,在具体实践过程中,难免出现寻章摘句、强汉就宋或强宋就汉的情况,这些矛盾和缺陷,给批评者以充分的口实。

同时,若将陈澧与同遭批评的黄式三进行比较,也可看出二者在对待汉宋学方面的差异。黄式三尝云:

> 夫自元、明以来数百季,聚天下之才人学士,使之毕力于《论语》,故说之者多。不佞素无门户之见,急分汉学、宋学,故采之也备。①

黄式三与陈澧做法最大的不同,在不轻予评判,不强予弥缝,惟采诸家论说之是者而从之,"凡此古今儒说之会萃,苟有裨于经义,虽异于汉郑君、宋朱子,犹宜择是而存之"②,此为"兼采"而非调人之法。陈澧则要么各斥其非,要么勉强论证汉中有宋、宋中有汉,这种方法,即为调停而非会通。所以,陈氏与黄以周等人提出的不分汉宋学门户,各取其长,实事求是的看法,并不尽相同。众所周知,汉儒(尤其是东汉)长于训诂名物、考释制度,宋儒善于讲明天命、阐发性理。二者之所以逐渐确立各自门户,根本之由就在于彼此确实各有所长,如果说二者之间各含对方之长,则无异于否定了各自立学之根基。故兼取汉宋学之卓绝处,应该说是可取的,而如陈澧这样强以通之,从汉儒著作中搜检带有"义理"色彩的论说,归类排比的做法,着实如章太炎所喻"此犹揃毫于千马,必有其分刌色理同者",与调人甚类。故此,持"不分门户,非为调人"之见的学者多集矢于陈澧身上,实在所难免。至于同样批评汉宋学"调和"论的黄式三、黄以周父子却被刘师培等人抨击(尤其前者),虽然稍显自相矛盾,但这其实是汉学群体内部对于何谓汉学以及汉宋学关系之本质究竟为何等问题的认识存在差异造成的,而这些差异又并不妨碍他们得出不分汉宋学门户、却"莫作调人"的共同见解。这种现象的存在,无疑更加凸显出清季汉宋学关系的复杂性。

四、余说

清初,较为清晰的汉学概念尚未完全成型,学人"皆以宋学为根柢,不分门

---

① 黄式三:《光绪九年浙江书局刻本黄式三〈论语管窥叙〉》,《论语后案》,南京:凤凰出版社,2008年,第547页。
② 黄式三:《光绪九年浙江书局刻本黄式三〈论语后案自叙〉》,《论语后案》,第552页。

户，各取所长"，一些汉学开山人物的学术思想不免糅杂宋学，成"汉宋兼采之学"①，"不分门户"处于自然为之的状态。至乾嘉时期，专门汉学在刻意与宋学分立门户的过程中逐渐确立，形成汉宋学对峙的情形。但学术思想的发展往往有如梁启超所言"以复古为解放"的逻辑模式，当专门汉学达到顶峰，需要寻求新的出路的时候，部分学人即力图效仿清初诸儒"各取所长"，因而出现"调和汉宋"之说，并在清季形成思想主流。但在此声音之外，时时出现"不分门户，非为调人"的论调，对汉宋调和的论点及学术实践予以批判。其时段分布自嘉道以至光宣，虽论者内部亦不相认同甚至产生攻讦，且鲜见与调和论者直接的交锋与论战，但毕竟对彼时的"汉宋调和"论形成了冲击。

入民国以后，"再造文明"的学者不断发展出新的研究议题，但更侧重"整理国故"的学者仍会关注旧的学术内容。1920 年代，柳诒徵在南京作《汉学与宋学》的专题演讲，在讲辞中以现代学科分类讨论了汉学与宋学。他认为，"所谓汉学，可以分为文字学、历史学；所谓宋学，可以分为伦理学、心理学"，竭力降低两种学术之间的对立，希望听众"认此等学术，即是学校中之某种学程，不必分别朝代，分别界限"，今后"不复讲汉学、宋学之名词"。至于"陈兰甫著《汉儒通义》，谓汉人亦讲理学。而于《东塾读书记》中又极言朱子之讲小学"，柳诒徵自认"并非主张调和两派者，故不必申其意"。② 柳氏之旨，首先在于取消所谓汉学、宋学之名词，而转以现代学科名词的历史学、文字学、心理学、伦理学等，且不应该拘于年代及学科界限。用今日之语，或可谓打通学科及时间界限，运用综合方法进行研究。故其意仍在深入寻找汉学、宋学的学术内容，且以"通"的方式进行，而不是牵强附会的"傅合"方法，而这种方法显然是陈澧的重要方法。所以，在提到《汉儒通义》时，柳氏明确表示不主张调和汉宋两学，这何尝不是"不分门户，莫作调人"的另一种表述。

至 1946 年，杨树达在为苏舆撰墓志铭时，再次提及陈澧《汉儒通义》一书，赞其有意解汉宋"二家之学各为壁垒，终古不可沟合"之弊病，但该书"取汉儒之说义理者以傅合于宋儒，思以解两曹之纷，承学者虽许其用心，意不谓是也"③。

---

① 皮锡瑞：《经学历史》，北京：中华书局，1959 年，第 341 页。

② 柳诒徵讲，赵万里、王汉笔记：《汉学与宋学》，东南大学、南京高师国学研究会编：《国学研究会演讲录》第 1 集，上海：商务印书馆，1924 年，第 90 页。

③ 杨树达：《平江苏厚庵先生墓志铭》，《积微居诗文钞》，上海：上海古籍出版社，2006 年，第 86 页。

杨氏虽未点明"承学者"究竟是谁,但以其学养推之,加之出身湘学,应当指叶德辉诸人。杨树达所言承学者许其用心,从某种程度合乎实情,因为对陈澧的批评皆为学术辩论,尽管邓实严苛地说"其学至无足观",但对陈氏之学术品行,则均无一言之责。

质言之,晚清汉宋学之趋势,以"统一"、"融合"为指归,故出现"汉宋调和"之说。但"汉宋调和"论本身又充满悖论,因汉、宋二者皆儒学支脉,实难以"调和",即如硬币之两面,只需两者各自合理存在,立于一处,看似矛盾,实际上已然是最和谐之共存。所以,清季在"汉宋调和"论之外存在"不分门户,非为调人"之说,有其必然性与合理性。近来学界有论者甚至提出,汉学内部理念与实践的脱节"所造成的紧张,就是所谓汉宋之争"①,故汉宋之争实际与宋学关系不大,这显示出论者在探求汉宋关系问题时的焦虑与困惑。事实上,冯桂芬早就指出:"汉儒、宋儒皆圣人之徒也。汉古而宋今,汉难而宋易。毋蔑乎古,毋薄乎今,毋畏乎难,毋忽乎易,则学者之为之也",故"兼收并蓄,不调而调,圣人复起不易吾言矣。"②这种见解,不仅与后来章太炎"以不齐为齐"的思路接近,而且已经预见到了晚清以降中国的学术思想必会走向变动不居、多元并存的复杂形态。

(作者现就读于美国锡拉丘兹大学历史系)

---

① 张循:《汉学内部的"汉宋之争":从陈澧的"汉宋调和"看清代思想史上"汉宋之争"的深层涵义》,《汉学研究》(台北)2009 年第 4 期。
② 冯桂芬:《阙里致经堂记》,《显志堂稿》卷 3,《续修四库全书》编纂委员会编:《续修四库全书·集部》第 1535 册,上海:上海古籍出版社,2002 年,第 519 页。

龚自珍依恋母爱与
追寻童心的文化意蕴

曹志敏

母亲在人的一生发展中至关重要,她往往是人生的第一向导,是挚爱与温暖的源泉,许多时候亦是知己与朋友的完美结合。龚自珍的母亲段驯,作为乾嘉名儒段玉裁之女,知书达理,学识渊博,工于诗词与书法,是龚自珍人生的第一位启蒙老师,同时也给予他最温柔、最甜蜜的母爱。龚自珍一生依恋母爱,追求童心,对其个性发展与感情特色,仕途进取与诗文创作,皆产生极为深远的影响。目前,学术界关于龚自珍学术思想的研究成果颇多,但对其与母亲关系的探讨,专篇论文则付诸阙如。本文从新文化史的视角,来探讨童年、童心与母爱对龚自珍个性发展与诗文特色的影响。

一、童年生活与龚自珍个性的成长

段驯,字淑斋,江苏金坛人,乾嘉名儒、小学家段玉裁之女。段玉裁师事乾嘉汉学泰斗戴震,一生究心经籍,著述宏丰,于文字、音韵、训诂之学最为专精,是乾嘉时期徽派朴学大师中最为杰出的学者之一,所著《说文解字注》影响甚大,王念孙盛赞此书"千七百年来无此作"。① 段驯作为玉裁之女,善于吟诗,著有《绿华吟榭诗草》,书法亦工,于篆书尤为精通,据沈善宝《名媛诗话》记载:"圭斋(即龚自璋)母段淑斋太夫人诗笔卓绝,余常笑谓圭斋云:'子非羲之献之乎?'然家

① 王念孙:《〈说文解字注〉序》,段玉裁:《说文解字注》,郑州:中州古籍出版社,2006年,卷首。

学亲承,正复相似。"①段驯工于诗词与书法,而其女龚自璋亦是如此,因此沈善宝才将其母女比作东晋书法家王羲之、王献之父子。

作为一代学术大师段玉裁之女,段驯饱读诗书,学识亦不同凡响。其夫龚丽正之弟龚守正,官至礼部尚书,早年对嫂夫人的学识,颇为赞赏。其《家乘述闻》曾云:"余幼年偶言及诗词家每用'六朝'字,西晋及隋俱非南朝,何以言六? 六嫂云:'吴及东晋、宋、齐、梁、陈为六朝。'家兄系段懋堂先生之婿,嫂为名父之女,究不同寻常巾帼也。"②守正讲述了"何谓六朝"之事,足以窥见段驯学识的渊博。段驯渊雅的才华,知书达理的性情,深深影响了自珍的童年生活与个性成长。

乾隆五十七年(1792),自珍诞生于杭州马坡巷龚氏故宅;龚宅在自珍记忆中的第一印象,见于成年后所作的诗中。诗云:"凄迷生我处,宛转梦中寻。窗外双梅树,床头一素琴。"③自珍对自己出生时的家中情景,印象颇为深刻:在龚家故宅中,窗外有两棵梅树,月光下稀疏的梅枝在窗棂上映出淡淡的剪影,微风送来沁人心脾的梅香;而床头放着一把没有精美雕饰的素琴,这一场景展现出龚家书香门第的风貌。所有这些在自珍幼小的心灵上,留下极为深刻的印迹,以致多年之后,还依然出现在他的梦里。

嘉庆二年(1797),自珍六岁,即随母亲进京,居住在北京横街的寓宅。横街位于北京外城、中城与西城之间,附近有圆通寺、华严寺与粤东会馆,街上古槐参天。成年后,自珍曾作诗《因忆二首》回忆横街住宅:"因忆横街宅,槐花五丈青"④,龚家赁屋中,那清香飘溢的槐花给自珍留下难忘的印象。两年后龚家移居斜街宅,斜街位于宣武门南,宅里种有艳丽的山桃花,每到春天,就给主人带来缤纷的春色与勃勃的生机。

自珍年幼体弱,每每在夕阳落日中,听到饴糖小贩的吹箫之声,就会脸色黯然,精神恍惚,好像生病一样,但无人知道其中的缘故。每当这时,母亲段驯就会把自珍搂在怀里,轻轻地抚摸着他,让他真切体会到母爱的最温柔。因此,母亲

---

① 沈善宝:《名媛诗话》卷6,《续修四库全书》第1706册,上海:上海古籍出版社,1995年,第617页。
② 龚守正:《家乘述闻》,樊克政:《龚自珍年谱考略》,北京:商务印书馆,2004年,第556页。
③ 龚自珍:《乙酉除夕梦返故庐见先母及潘氏姑母》,刘逸生、周锡馥校注:《龚自珍诗集编年校注》,上海:上海古籍出版社,2013年,第257页。
④ 龚自珍:《因忆二首(其一)》,刘逸生、周锡馥校注:《龚自珍诗集编年校注》,第66页。

就成为自珍人生风雨中最可靠、最温暖的避风港。对此,自珍曾作诗《冬日小病寄家书作》云:

> 黄日半窗暖,人声四面希。饧箫咽穷巷,沈沈止复吹。
> 小时闻此声,心神辄为痴。慈母知我病,手以棉覆之。
> 夜梦犹呻寒,投于母中怀。行年迫壮盛,此病恒相随。
> 饫我慈母恩,虽壮同儿时。……①

饧箫是饧糖小贩所吹的箫。自珍之父丽正身为京官,廉俸微薄,所赁宅院应该不是什么高墙深院,因此饧糖小贩的饧箫会清晰传入龚宅。那深沉悠扬的箫声,令自珍心神为痴,母亲段驯深知儿子的病,因此让自珍躺在床上,轻轻给他盖好被子,用她那温暖的手臂抚摸着儿子的额头。有时候已是深夜,睡梦中的自珍还发出阵阵呻吟,段驯听到儿子的梦呓,就悄悄来到他的房间,把自珍抱在怀中。直到而立之年,自珍"闻箫则病"的心疾亦无改变,而段驯对儿子的爱抚,直到自珍壮年亦是如此。在母亲面前,他永远是一个长不大的孩子。

此处应指出,箫为我国传统的民族乐器,音色圆润浑厚,柔和优美,给一种悠远苍凉的感觉,极其适于演奏哀婉离别的乐曲。黄昏落日时分,残阳如血,倦鸟归巢,此时远处传来婉转幽怨的箫声,自然令人心生惆怅。而自珍"少年哀乐过于人",过度的敏感多情使其"闻斜日中饧箫声则病"②,直到壮年依旧如此。估计自珍的病,并非生理意义上的疾病,而是一种内心忧伤、精神恍惚的心理状态。自珍天性淳厚,感情随在流露,毫无遮掩与粉饰。

六岁的自珍正在私塾读书,放学之后,父亲丽正手抄《昭明文选》,并以此教自珍背诵,还令其阅读《登科录》。母亲段驯工于诗词,则在帐下灯前,教其诵读吴伟业、方舟、宋大樽的诗文。吴伟业生活于明末清初,经历了天崩地解的亡国之痛,因此诗词饱含着激越苍凉的悲愤。自珍幼年对吴伟业、方舟、宋大樽三人诗词的阅读,使其诗文创作具有吴诗的宛丽,宋诗的清新,方文的气势磅礴,此为自珍汲取众家之长又独辟蹊径、不拘一格进行创作的结果。

嘉庆八年(1803)七月,通过刑部员外郎戴敦元的举荐,浙江建德拔贡宋璠成为自珍的塾师,课业无外乎四书五经、诗词歌赋与书写小楷。与自珍同学的

---

① 龚自珍:《冬日小病寄家书作》,刘逸生、周锡馥校注:《龚自珍诗集编年校注》,第125页。
② 吴昌绶:《定庵先生年谱》,《龚自珍全集》附录,王佩净校,上海:上海古籍出版社,1975年,第593页。

还有袁桐。袁桐,字琴南,诗人袁枚之侄,性情洒脱,长于诗歌,工于小楷篆刻。自珍与其既是同乡,又同窗读书,二人一起吟诗作对,练习书法,玩耍嬉戏,留下一段美好的少年记忆,那年自珍只有 12 岁。成年后自珍曾作《百字令》一词,追忆当年读书的欢乐情景:

> 深情似海,问相逢初度,是何年纪? 依约而今还记取,不是前生凤世。放学花前,题诗石上,春水园亭里。逢君一笑,人间无此欢喜。无奈苍狗看云,红羊数劫,惘惘休提起! 客气渐多真气少,汩没心灵何已? 千古声名,百年担负,事事违初意。心头阁住,儿时那种情味。①

自珍与袁桐的同窗之谊,可谓情深似海,那是前生命定的宿缘吗? 那历历在目的少年读书情景,留在"放学花前,题诗石上,春水园亭里",两位如花年龄的同窗少年,相逢一笑的心灵交汇,令自珍深感"人间无此欢喜"! 但随着时光的流逝自珍渐渐步入成年,深感人与人之间逢迎做作的"客气"逐渐增多,而淳朴自然的"真气"逐渐减少,因此不禁感叹"千古声名,百年担负,事事违初意",感情丰富细腻、敏感唯美的自珍,成年后非常留恋纯真无邪的少年时代,体现出内心深处那种刻骨铭心的宇宙孤独感,这使他对世俗人情难以适应,对权威势力与传统道德,具有一种天然的解构与挑战的本能。因此步入成人社会之前那种童心纯真与无拘无束,就成了自珍最为可靠的避风港,他想方设法要留住心头"儿时那种情味"。

自珍读书的书塾地近法源寺,年已十六七岁的他,满脑子奇思异想,不愿忍受私塾教育的枯燥死板,因此屡次逃塾,在法源寺屋檐下读书。而一同在龚家生活的段驯叔父段玉立,往往寻声来找自珍。自珍见外叔祖来寻找自己,就悄悄躲进茂密的竹林,和老人家藏猫猫。玉立老人见到精灵古怪的外孙,脸上浮现出慈祥宽厚的笑容,为自珍讲述晋宋名士那些启人心智的滑稽典故。寺僧见此情景,戏称这一老一小为"一猿一鹤",自珍行动灵巧敏捷如猿猴,而玉立老人白发清瘦似鹤。回到家中,温柔慈祥的母亲并不责怪儿子逃学,而是拉着他的小手,问他衣裳穿得少不少,躲在竹林凉不凉? 段驯还抚摸着儿子的小肚皮,问他饿不饿,然后拿来栗子、山芋给他吃。在这充满爱怜的自由氛围中,自珍尽情舒展其性灵,张扬其个性,整个身心笼罩在父母诗书才华的光晕中,还有那无拘无束的

---

① 龚自珍:《百字令》,杨柏岭:《龚自珍词笺说》,合肥:黄山书社,2010 年,第 216 页。

自由成长氛围。自珍曾作诗记述这段美好的少年生活：

> 髫年抱秋心，秋高屡逃塾。宕往不可收，聊就寺门读。
>
> 春声满秋空，不受秋束缚。一叟寻声来，避之入修竹。
>
> 叟乃喷古笑，烂漫晋宋谑。寺僧两侮之，谓一猿一鹤。
>
> 归来慈母怜，摩我百怪腹。言我衣裳凉，饲我芋栗熟。
>
> 万恨未萌芽，千诗正珠玉。醰醰心肝淳，莽莽忧患伏。
>
> 浩浩支干名，漫漫人鬼箓。依依灯火光，去去门巷曲。
>
> 魂魄一惝恍，径欲叩门宿。千秋万岁名，何如小年乐？①

　　自珍的少年生活充满关心怜爱，温馨舒畅与无忧无虑，此为自珍一生的生活主旋律与人生基调。宽厚饱学的父亲，腹有诗书的母亲，给了自珍太阳般的光辉与温暖，也给了他博大如海洋般的学识，更给了他任思想的翅膀在浩瀚宇宙中飞翔的自由。正所谓"万恨未萌芽，千诗正珠玉"，这是任何荣华富贵、功成名就都无法比拟，无法替代的，以致自珍感叹"千秋万岁名，何如小年乐"？

　　说到逃塾逃学，似乎并非佳子弟所为，其实并不尽然。主张性灵说的文学家袁枚，曾在《随园诗话》中，谈到养子袁通的逃学问题："儿童逃学，似非佳子弟。然唐相韦端己诗云：'曾为看花偷出郭，也因逃学暂登楼。'……可见诗人、名相，幼时亦尝逃学矣，阿通九岁，能知四声，而性贪嬉戏。重九日，余出对云：'家有登高处。'通应声曰：'人无放学时。'余不觉大笑，为请于先生而放学焉。其师出对云：'上山人斫竹。'通云：'隔树鸟含花。'"②天真烂漫、无拘无束是少年的天性使然。由此反观自珍的逃学之举，绝对不是自珍天生顽劣，厌倦学习，他逃到法源寺，不是"聊就寺门读"吗？大概私塾课业枯燥乏味，塾师严厉刻板，让向往自由的孩子不由自主产生逃学的冲动。其实，家学的濡染使自珍充满求知的渴望，但浪漫纯真、敏感细腻的个性，使自珍不愿让自己的思想受到任何的牵绊，所以他逃到法源寺，坐在寺庙的屋檐下，静静阅读自己喜欢的书。

　　天真烂漫的童心，是文人墨客进行文学创作的宝贵资源，而千古绝唱的诗文正是文人墨客真情实感的自然流露，对此李贽曾说："天下之至文，未有不出于童心焉者也。苟童心常存，则道理不行，闻见不立，无时不文，无人不文，无一样

---

① 龚自珍：《丙戌秋日独游法源寺，寻丁卯戊辰间旧游，遂经过寺南故宅惘然赋》，刘逸生、周锡䪖校注：《龚自珍诗集编年校注》，第298页。

② 袁枚著、王英志校点：《随园诗话》卷8，第43则，南京：江苏古籍出版社，2000年，第198页。

创制体格文字而非文者。"①自珍富有文学才华,其诗文激情奔放,在晚清风靡一时,几乎人人交口称赞,模拟创作。辛亥革命时期,作为"南社"发起人的柳亚子,推誉自珍诗文为"三百年来第一流",并自称"我亦当年龚自珍",自珍之所以取得如此高妙的诗文成就,原因颇多,但与自珍终身保持童心有着直接的关系。

二、成年后母爱的深沉与龚自珍性情的养成

嘉庆二十四年(1819),28 岁的自珍赴北京参加会试,在苏州虎丘与友人饯别,作诗有"落花风里别江南"之句,自珍满腹的忧郁惆怅与失落之情,溢于言表。段驯见诗,一股怜爱之情涌上心头,作和诗四首来激励儿子,其一云:

> 燕云回首意何堪,亲故多应鬓发斑。此日幸能邀一第,又催征骑别江南。②

自珍要北上京师参加会试,作为母亲,自然是最关心儿子的饮食住宿,因此再三叮嘱儿子要住好吃好。出发之前,段驯亲自为儿子剥开黄柑,递给儿子吃,听着婉转哀怨的丽歌,自珍母子饮酒并不酣畅,段驯最大的愿望就是希望儿子"此日幸能邀一第",因为只有金榜题名,才能实现治国平天下的理想与抱负!段驯的诗感情真挚,将慈母的关爱之心与依依不舍的牵挂,酣畅淋漓地表达出来。但此次会试,自珍未能"邀一第",而是以名落孙山而告终。

嘉庆二十五年(1820),自珍再次进京会试,在北上途中,段驯病体稍稍好转,就频频寄信关心旅途中的儿子,"慈闻病减书频寄,稚子功闲日渐长",③母亲牵挂儿子的拳拳之心,令自珍倍感温馨。此次会试,自珍又以落第而告终,但母亲一直是他最为有力的精神支柱。自珍对母亲的深深眷恋,并未随着时光的流逝而减弱,因为母爱,是自珍生命活力的源泉,是自珍自由个性的温床,更是自珍艺术灵感的所在。

道光二年(1822)自珍三应会试而落第,心情之抑郁可想而知,这一年,自珍

① 李贽:《焚书 续焚书》卷 3《童心说》,北京:中华书局,1975 年,第 99 页。
② 段驯:《珍儿计偕北上,有'落梅风里别江南'之句,亲朋相和,余亦咏绝句四首》,王洪军:《段驯龚自璋抄本诗集考》,《文献》1998 年第 2 期。
③ 龚自珍:《驿鼓三首》,刘逸生、周锡韨校注:《龚自珍诗集编年校注》,第 54 页。

远在京师,作《黄犊谣,一名佛前谣,一名梦为儿谣》①诗,来表达他对母亲的依恋,此诗分为六解:

> 黄犊踽踽,不离母腹。踽踽何求?乃不如犊牛。

小黄牛徘徊不前,是留恋自己的母亲,自珍对母亲的深情思念,远远超过小黄牛!已过而立之年的自珍,对母亲的感情,依旧如同儿时。

> 昼则壮矣,夜梦儿时。岂不知归?为梦中儿。

在白天,自珍奔波于世俗人海,知道自己是壮年人,必须应对世间俗事,而晚上做梦,依旧觉得自己还是母亲跟前的小孩子!可以天真烂漫的欢笑,而母亲是他永远的依恋!

> 无闻于时,归亦汝怡。矧有闻于时,胡不知归?

自珍默默无闻时,只要他一回家,仍令母亲满心欢喜,何况此时自珍虽然会试屡次落第,但他已为京都名士,蜚声文坛,为何还要在外奔波劳碌,而不回家侍奉母亲,让母亲愉悦欣喜呢?

> 归实阻我,求佛其可。念佛梦醒,佛前涕零。

自珍归乡受阻,在佛前求签问卜,得到佛的许可,自珍在念佛之中沉沉睡去,夜半梦醒,不见家园与慈母,自珍在佛前惟有涕泣如雨!

> 佛香漠漠,愿梦中人安乐。佛香亭亭,愿梦中人苦辛。苦辛恒同,乐亦无穷。

佛香袅袅升起,祝愿自己思念的母亲安康快乐;佛香烟雾垂直而上,愿母亲不辞辛劳,经常到梦中探视儿子。在梦中母亲不辞劳苦来看望儿子,她内心的快乐也一定无穷无尽。

> 噫嘻噫嘻!归苟乐矣,儿出辱矣。梦中人知之,佛知之凤矣。

哎呀哎呀,如果儿子回家母子团聚,能给自己与母亲带来欢乐,儿子就会从屡次落第的痛苦屈辱中站起来,梦中的母亲一定会知晓自珍的心事,而佛祖早就知道了自珍的心事!自珍对母亲的感情与依恋,永远是一个孩子对母亲的感情与依恋!自珍依恋那纯洁无瑕的人间真情,依恋那无拘无束、自由自在的心灵翱翔!成年后的自珍,对母爱的追寻从未终止。

---

① 龚自珍:《黄犊谣,一名佛前谣,一名梦为儿谣》,刘逸生、周锡䪎校注:《龚自珍诗集编年校注》,第206—207页。

道光三年（1823），段驯病体一天天沉重起来，自珍在京城任内阁中书，无法亲自服侍母亲，朝夕问候。但母亲的笑影时时浮现在他的眼前，还有印在脑海里母亲那深沉博大的关爱。这年夏天，自珍填词《洞仙歌》：

> 平生有恨，自酸酸楚楚，十五年来梦中绪。是纱衣天气，帘卷斜阳，相见了，有阵疏疏微雨。临风针线净，爱惜余明，抹丽蔓低倚当户。庭果熟枇杷，亲蘸糖霜，消受彻甘凉心腑。索归去依依梦儿寻，怕不似儿时，那般庭宇。①

人生的穷通荣辱，种种酸楚之感欲诉无从，15年来的人生爱恨，化为自珍梦中漂浮的思绪，从中寻求一丝丝的安慰。此时，正是身着纱衣的夏天，帘笼卷起，窗外一抹斜阳，还有那疏疏的细雨，落在自珍的心头，打湿了他那忧郁的心绪。他的心飘回15年前的少年时光，回想当年的母亲那么年轻，那么美丽，她当窗临风，就着夕阳的余晖，辛辛苦苦做着针线活，晚霞之下她的秀发美丽如云。庭院里枇杷熟了，橙红的果皮泛着诱人的光泽，清幽的芬芳害得自珍偷偷咽口水。这时，母亲剥去外皮，蘸着糖霜，送到自珍的嘴里，果肉甜美的味道令他陶醉，回味无穷。

自珍难忘那个夏日夕阳下的庭院，难忘母亲留给他的温馨体验。但是如今沉浮于宦海的他，渐渐感觉自己童心已失，自由飞翔的思想受到压抑，率真无忌的个性处处碰壁，这是自珍最难以忍受的。"儿时那般庭宇"才是他那颗未泯的童心真正的栖息地，他所怀念的，是儿时单纯、宁静、清纯的心境；他所恨的，是童心无法"归去"的悲哀与无奈……

七月初一，母亲段驯去世，时年56岁。她永远地离去了，灵魂去了另外一个美丽的世界，留给儿子的是一尘不染、清纯无滓的真爱。童年时母亲帐下灯前教读的记忆，仿佛就在眼前，32岁的自珍依稀又回到童年，温柔慈祥的母亲抚摸着他，教他读吴伟业、方舟、宋大樽的诗词，自珍曾作《三别好诗》，在《序》中回忆说：

> 余于近贤文章，有三别好焉；虽明知非文章之极，而自髫年好之，至于冠益好之。兹得春三十有一，得秋三十有二，自揆造述，绝不出三君，而心未能舍去。以三者皆于慈母帐外灯前诵之，吴诗出口授，故尤缠绵于心；吾方壮而独游，每一吟此，宛然幼小依膝下时。吾知异日空山，有过吾门而闻且高

---

① 龚自珍：《洞仙歌》，杨柏岭：《龚自珍词笺说》，第292页。

歌,且悲啼,杂然交作,如高宫大角之声者,必是三物也。①

自珍对吴伟业、方舟、宋大樽三人诗词的爱好,直到成年依旧未变。事实上,与其说三人独具特色的诗文风格打动了自珍,不如说是自珍对母亲帐下灯前教读记忆的珍惜。特别是吴伟业的诗词,段驯亲自口授,逐字讲解,那饱含深情的语调,如一股淙淙泉水,流过自珍幼小的心灵,浇灌了他诗词才华的幼芽。因此,许多年以后,母亲读诗的声音一直萦绕在他的脑海里,即使到了壮年,每一吟诵吴诗,自珍都会忆起儿时在母亲膝下读书的场景,那盏荧荧的灯火,还有母亲那慈祥的面容。对此,自珍作《三别好诗》云:"莫从文体问高卑,生就灯前儿女诗。一种春声忘不得,长安放学夜归时。"②

多数人童年时天真烂漫的个性,随着年龄的增长,阅历的加深,以及与实际社会的不断碰撞,思想感情就渐趋实际,儿时的种种奇思异想与童真率直,渐渐为圆滑世故所取代。但自珍始终留恋童年,依恋母爱,保持天真烂漫的个性,终其一生未曾改变,正如其诗所言:"少年哀乐过于人,歌泣无端字字真。既壮周旋杂痴黠,童心来复梦中身。"③自珍这种哀乐过人、敏感多情与童心未泯的个性,对其一生的学术造诣与诗词创作,产生极其深远的影响。

三、依恋母爱与追寻童心对龚自珍诗文风格的影响

关于母爱对个人成长的作用,心理学家弗洛伊德曾说:"如果一个人成为他母亲无可否认的宝贝儿子,那么他一生都会拥有胜利的感觉,对于成功的自信心也一定很强,很少不能达到真正的成功。"④的确,自珍在学术上取得不朽成就,与母亲段驯深沉博大的母爱的激励与滋润,有着密不可分的关系。事实上,段驯对自珍最大的影响,莫过于其个性的形成,而其个性又造就了自珍独特的诗文风格。

自珍一生珍视童心,梦中追寻那纤尘不染的童真感情,无论怎样的宦海奔波、仕途沉浮与人世沧桑,亦未改变自珍率真无忌的童心个性,正因如此,自珍毫

---

① 龚自珍:《三别好诗(有序)》,刘逸生、周锡馥校注:《龚自珍诗集编年校注》,第214页。
② 龚自珍:《三别好诗(其一)》,刘逸生、周锡馥校注:《龚自珍诗集编年校注》,第215页。
③ 刘逸生注:《龚自珍己亥杂诗注》第170首,北京:中华书局,1980年,第239页。
④ 《图解天下名人丛书》编委会编:《弗洛伊德》,广州:广东世界图书出版公司,2010年,第1页。

无顾忌地"狂来说剑",直陈时政得失,尖锐批判君主专制;同时"怨去吹箫",滋养着忧郁惆怅、凄凉缠绵的文人心态,此为自珍超尘脱俗生活状态的真实写照。自珍的个性,据张祖廉《定庵年谱纪纪》记载:

> 先生广额巇颐,戟髯炬目,兴酣,喜自击其腕。善高吟,渊渊若出金石。京师史氏以孟秋祀孔子于浙绍乡祠,其祭文必属先生读之。与同志纵谈天下事,风发泉涌,有不可一世之意。而后学有所问难,则源流诲之,循循然似老师,听者有倦色,先生洒然也。舆皂裨贩之徒暨士大夫,并谓为龚呆子。①

由上可知,自珍声音清朗,喜欢高声吟诵诗文,喝酒尽兴时,就击腕高歌,其性情之坦荡率直,确实超出常人。与师友同志谈论天下大事,更是风发云涌,不可一世,与后生晚辈探讨学术源流,更是滔滔不绝,一幅老师宿儒的派头。听者面带倦容,而自珍却谈笑自如,因此被士大夫及贩夫走卒称为"龚呆子"。正是这种直言无忌的呆子个性,使自珍敢于直斥封建皇帝"一夫为刚,万夫为柔"。

自珍不仅与士大夫相处坦荡率直,就是道光皇帝召见,同样不卑不亢,从容自信。每次自珍侍班,向道光帝上奏履历以及回答问题时,声音洪亮,同官往往惶悚不安,替自珍捏一把汗,生怕皇上怪罪。但恰恰相反,道光帝对自珍的才学颇为赞赏。道光十七年(1837),自珍京察一等,蒙皇帝记名,后充任玉牒馆纂修官。《己亥杂诗》记载了此一情景:

> 齿如编贝汉东方,不学咿嚘况对扬。屋瓦自惊天自笑,丹毫圆折露华瀼。②

自珍的牙齿如汉代东方朔,如同编贝一般整齐,平时说话从不含糊,何况在皇帝面前回话。皇帝引见自珍时,其回答镇定自若,声音响亮甚至振动屋瓦,但道光帝并不怪罪,反而欣赏自珍的胆略,在其名上打个红圈来记名。自珍率真无忌的个性,正源自与母亲相处交流时,那种纯洁无瑕、毫无渣滓的心灵对话,源自其内心深处的灵魂召唤。

对母爱的依恋,对童心的追求,造成自珍率真无隐的个性。而童心对于文学创作而言,是非常宝贵的,正如明代李贽所言:"夫童心者,真心也,若以童心为不可,是以真心为不可也。夫童心者,绝假纯真,最初一念之本心也。若失却童

---

① 张祖廉:《定庵年谱外纪》,《龚自珍全集》附录,第632页。
② 刘逸生注:《龚自珍己亥杂诗注》第52首,第70页。

心,便失却真心;失却真心,便失却真人。人而非真,全不复有初矣。"①只有保持童心,才能保持人性之真,只有保持人性之真,才能创作出不朽的诗文,而学术研究亦有永不枯竭的源泉。对此主张性灵说的清代诗人袁枚曾说:"王西庄(即王鸣盛)光禄,为人作序云:'所谓诗人者,非必其能吟诗也。果能胸境超脱,相对温雅,虽一字不识,真诗人矣。如其胸境龌龊,相对尘俗,虽终日咬文嚼字,连篇累牍,乃非诗人矣。'余爱其言,深有得于诗之先者,故录之。"②在王鸣盛与袁枚看来,诗歌的境界与诗人的性情有着直接的关系,决定诗歌的高雅与否。

民国时期,著名学者朱杰勤即注意到自珍诗文"孩子气太重",他说:"吾人读龚定庵之诗文,常觉其孩子气太重,似是弱点,不知正其作品之最精华之处也。人之一生,想象最丰富之时期,莫过于童年。孩童之幻想,乃天真未凿,活泼而自由……都德(Daudet)亦谓:'诗人是犹能用儿童眼光去看之人。'……龚定庵者乃最善坠入旧时想象之人生观者也。其诗中有'猛忆儿时心力异。'又'觅我童心廿六年'等句,可见其对于儿时之依恋矣。其追想童时之作品颇多,但又为世人了解者亦少。……其诗至情弥漫,真情悱恻,殊非专务神韵及格律而忽性灵者所可梦到。"③童年的追忆,童心的未泯,造就了自珍独特的个人性情,成就了自珍独特的诗词风格。

龚自珍一生保持率真的童心,追寻"怨去吹箫"的文人生活,对其诗词风格产生了深远的影响:童心塑造了自珍的人性之真,而人性之真决定了自珍诗文风格的高雅脱俗。自珍本人亦深感自己负有不世之奇才,怀抱奇情奇志,所谓"之美一人,乐亦过人,哀亦过人"。④ 而这种奇志奇情是滋养其艺术想象与诗歌创作的绝好种子,因此其艺术主张注重心灵与想象,即"心灵之香"与"神明之媚":

> 夫心灵之香,较温于兰蕙,神明之媚,绝娇乎裙裾。殊呻窃吟,魂舒魄惨,殆有离故实、绝言语者焉。鄙人禀赋实冲,孕愁无竭,投问篦乏,沉沉不乐,抽毫而吟,莫宣其绪,攲枕内听,莫讼其情。谓怀古也,曾不朕乎诗书;谓感物也,且能役乎鼞悦。将谓乐也,胡迭至而不和;将谓哀也,抑屡袭而无

① 李贽:《焚书 续焚书》,北京:中华书局,1975年,第98页。
② 袁枚著、王英志校点:《随园诗话》卷9,第67则,第235页。
③ 朱杰勤:《龚定庵研究》,上海:商务印书馆,1940年,第65页。
④ 龚自珍:《琴歌》,刘逸生、周锡馥校注:《龚自珍诗集编年校注》,第70页。

疢。徒乃漫漫漠漠,幽幽奇奇。①

自珍的诗文创作,颇为强调非现实的想象之美,超过自然与现实的仙幻之美,即所谓"心灵之香","神明之媚"。而自珍的诗词,往往将平生的学术理念、经历心愿、丽想绮情熔于其中,空灵曼妙,哀艳瑰丽,飘逸神奇,有合庄骚为一心的幽玄意趣,所谓"庄骚两灵鬼,盘据肝肠深"②是自珍的夫子自道。这与自珍一生保持童心未泯有着直接的关系,身为自珍好友的魏源,整理自珍遗文时敏感地捕捉到这一点:

> 昔越女之论剑,曰:"臣非有所受于人也,而忽然得之。"夫忽然得之者,地不能囿,天不能嬗,父兄师友不能佑;其道常主于逆,小者逆谣俗、逆风土,大者逆运会,所逆愈甚,则所复愈大。大则复于古,古则复于本。若君之学,谓能复于本乎?所不敢知,要其复于古也决矣!……君愦于外事,而文字突奥洞辟,自成宇宙,其金水内景者钦?虽锢之深渊,缄以铁石,土花绣蚀,千百载后发硎出之,相对犹如坐三代上。③

魏源此言,堪称至论,一语道出自珍诗文的特色。正如越女论剑,自珍诗文的高超绝妙之处,在于"忽然得之"的灵感爆发,在于内心真情实感的喷薄而出,在于童心无忌的率真与"天然去雕饰"的清丽。自珍才思飘逸洒脱,天地不能限定规囿,父兄师友无法佑助劝导,因为那是内心深处天籁之音自然而然的宣泄!不敢说自珍之学复于学术之源,大道之本,但其学堪称"自成宇宙",直追上古三代!

对于自珍的个性与诗文特色,民国著名学者朱杰勤曾说:

> 定庵乃一热肠之人,一个至性之人,极富于同情心之人。其同情心之伟大,可以震动天地,可以使吾人惊,可以使吾人起敬,使吾人唏嘘,使吾人号泣。其忠君爱国,忧时忧世,不让杜甫;江湖侠骨,健儿身手,不让辛弃疾。④

> 回肠荡气,不愧高咏,格虽守常,而意有独创,极抒情之能事,造语奇崛,一片豪迈之气,凌纸怪发,读之令人兴会标举,齿颊生香,其诗有时毗于李

---

① 龚自珍:《写神思铭》,《龚自珍全集》,第414—415页。
② 龚自珍:《自春徂秋偶有所触拉杂书之漫不诠次得十五首(其三)》,刘逸生、周锡䪖校注:《龚自珍诗集编年校注》,第348页。
③ 魏源:《定庵文录叙》,《魏源全集》第12册,长沙:岳麓书社,2004年,第245页。
④ 朱杰勤:《龚定庵研究》,上海:商务印书馆,1940年,第72页。

白,有时近于陆游,但亦不甚相类,因定庵之诗,个性绝强,处处皆有"我"在。亦即定庵自谓:"欲为平易近人诗,下笔情深不自持"者也。①

事实的确如此,自珍的诗文率直奇诡,瑰丽古奥,简洁凝练中有铺排夸张,一泻汪洋中有含蓄曲折,可谓上承先秦两汉古文,开创了一代诗文新风。龚诗韵律运用自由,往往冲口而出,不受格律限制,带有一股自然清丽之气,开创了近代诗体的新风貌。自珍的诗歌特色,正如北京大学教授钱志熙所言:

> 龚诗是学人之诗,又是本色的诗人之诗、才人之诗、情人之诗。这造成龚诗的多重美感,对后来者有很大的吸引力。但是后来的诗界革命与南社诸家,只是学习龚诗富丽与回肠荡气的作风,其博大雄奇、神思飘逸之处,则未能逼真。某种意义上说,龚自珍跟李白一样,也是不可复制的独特的天才。②

总之,自珍诗文的特色,与其"我生受之天,哀乐恒过人"③的感情特色有关,更与其一生依恋母爱、追寻童心的心理特征,有着密切的关系,正是这种独特的奇思奇情,成为自珍酝酿其文学精神与艺术想象的绝好种子。还应该指出,自珍抱有超世奇才,又饱读万卷经典,有些诗文用典过繁,用词过于生僻,或含蓄太甚,不免产生艰深晦涩之弊,影响了世人对自珍诗文的接受。

(作者为天津师范大学历史文化学院副教授)

---

① 朱杰勤:《龚定庵研究》,第80页。
② 钱志熙:《论龚自珍诗歌的复与变》,《求是学刊》2016年第2期。
③ 龚自珍:《寒月吟(其四)》,刘逸生、周锡韇校注:《龚自珍诗集编年校注》,第315页。

试论劳乃宣的"以礼入法"思想

张立胜

近年来,关于劳乃宣在清末礼法之争的主张和作用,国内史学界有数种论文和著作进行了深入研究①,他们对劳乃宣的法律主张作了认真的梳理,对其成就与不足也给予了评价,但笔者仍感到上述论文有些地方还较为薄弱,个别地方尚需斟酌,特不揣浅陋,从"以礼入法"的视角予以论证,以期加深其研究。

张寿安认为:"礼,在清代受到学术界前所未有的重视,从清初顾炎武(1613—1682)、张尔岐(1612—1677)、万斯同(1638—1702),一直到晚清曾国藩(1811—1872)、孙诒让(1848—1908)等,都以礼为治学之关心重点,尤其曾国藩以礼为国家大政礼俗教化之大本,倡导'礼学经世'。"②而林存阳提出:"依照学术发展的内在逻辑,'以经学济理学之穷'的为学致思路向应时而起,学者们遂将研究重心又转向经学原典。在此为学路向引导之下,经学家舍理言礼,'以礼代理'的思想渐趋萌芽。经此酝酿,至清中叶以后而形成潮流,遂有'以礼代理'说的风行于世。其后,陈澧、黄以周再加推阐,故而有'礼学即理学'思想的成熟定型。"③有些学者并非局限于思想层面的探讨,还曾将其礼学主张运用于社会

① 郭婕:《劳乃宣法律思想略论》,《史学月刊》2000年第2期;于建胜:《劳乃宣与清末修律述论》,《历史教学问题》2007年第5期;王瑞、郭大松:《清末礼法之争探析》,《山东师范大学学报(人文社会科学版)》2003年第2期;严文强:《清末礼教派法律思想的理性思考》,《江汉论坛》2007年第1期;周旋:《清末礼法之争中的劳乃宣》,《华东政法大学学报》2009年第4期;张晋藩:《中国近代社会与法制文明》,北京:中国政法大学出版社,2003年,第110—111、252—254、311—316页;李贵连:《沈家本评传》,南京:南京大学出版社,2005年,第235—288、300—310页;向达:《从文化的角度看清末礼法之争》,硕士学位论文,湘潭大学哲学学院,2004年;张晓敏:《论清末修律中的礼法之争》,硕士学位论文,山东大学法学院,2006年等。
② 张寿安:《以礼代理——清中叶儒学思想之转变》,石家庄:河北教育出版社,2001年,第5页。该书在台湾的出版时间为1994年。
③ 林存阳:《清初三礼学》导言,北京:社会科学文献出版社,2002年,第3页。

实践中。清代礼学的复兴以及"以礼代理"的思潮对劳乃宣①的礼学研究不无影响。"致力于义理之学"②的劳氏在《论为学标准》中曰:"孔子集群圣之大成,朱子集群贤之大成,曾文正公集国朝诸儒之大成","今日欲学孔子,当自学曾文正公始","学曾文正公之学,实事求是,身体力行,毕生以之,孔子之道,即在是矣"③,足见其对曾国藩的推崇。

劳氏倾心于礼学研究,著有相关论述 14 篇④,并在一定程度上继承了曾氏"礼学经世"的衣钵,竭力维护以封建纲常为核心的礼教秩序,其重要表现即是维护"以礼入法"的传统。

法律是社会的产物,是社会制度之一,亦是社会规范之一。瞿同祖在《中国法律与中国社会》中曰:"中国古代法律的主要特征表现在家族主义和阶级概念上。二者是儒家意识形态的核心和中国社会的基础,也是中国法律所着重维护的制度和社会秩序。"⑤在中国古代,法与礼有密切关系,二者的关系问题是中国传统社会一个重大而引人瞩目的问题,这就涉及到中国古代儒家和法家的治国理念。瞿同祖还论述道:"总之,儒家着重于贵贱、尊卑、长幼、亲疏之'异',故不

① "劳乃宣(1843—1921),字季瑄,号玉初(一号玉磋),别署矩斋,晚号韧叟(劳山居士、无功老人等,注者加),桐乡人,出生于广平府(今河北永年)。先世本山东崂山人,祖父寓居苏州时入籍浙江桐乡。清同治十年(1871)进士。李鸿章主纂《畿辅通志》,乃宣入志局襄助多年。光绪五年(1879)后,历任直隶(今河北省)临榆、完县、南皮、蠡县、吴桥、清苑知县。"后擢升四品京堂,京师大学堂总监督、署学部副大臣等。见浙江省人物志编纂委员会编、魏桥主编:《浙江省人物志》,杭州:浙江人民出版社,2005 年,第 242 页。

② 劳乃宣:《桐乡劳先生遗稿·韧叟自订年谱》,桐乡卢氏校刊本 1927 年,第 3 页。需要指出的是,劳乃宣致力于"义理之学"和倾心于"礼学经世"关系密切,可称之为"表里"关系。张寿安在分析礼与理对话问题时的一段话可供参考:"礼,作为道德规范,背后有一抽象原则(理);而理作为一抽象原则,必然有实践面得规范(礼)。《礼记·乐记》说:'礼也者,理之不可易也。'似乎认为抽象原则与规范之间的密合性,有其必然。"(张寿安:《十八世纪礼学考证的思想活力——礼教论争与礼秩重省》绪论,北京:北京大学出版社,2005 年,第 3 页。)

③ 可参见劳乃宣:《论为学标准(尊孔文社演讲辞)》,《桐乡劳先生遗稿》卷 1,第 31—33 页。该文底稿标题为《尊孔文社消寒演讲辞》,又见虞和平主编:《近代史所藏清代名人稿本抄本丛书》第 3 辑,《劳乃宣档》(3),郑州:大象出版社,2016 年,第 175—183 页。据各种资料,劳乃宣此次演说很可能为 1913 年冬。

④ 劳氏研究礼的文章见于《桐乡劳先生遗稿》,兹列举如下:《续驳曹氏再醮不得为继妻议》卷 1、《丧服用古衣冠考》卷 1、《曹君直礼议序》卷 2、《王叔andru女德序》卷 2、《书归震川先生贞女论后》卷 3、《书汪容甫先生女子许嫁而婿死从死及守志议后》卷 3、《太庙增室议》卷 4、《议覆中国朝鲜官员相见礼仪议》卷 4、《上黄子寿先生论太庙增室书》卷 4、《致徐楼樵论丧服书》卷 4、《答马彝初论丧服书》卷 4、《答程律生论新旧历书》卷 4、《复陶婣拙存论古今祭葬礼制书》卷 4、《又复拙存论姻事书二通》卷 4 等 14 篇。

⑤ 瞿同祖:《中国法律与中国社会·导论》,《瞿同祖法学论著集》,北京:中国政法大学出版社,2004 年,第 8 页。

能不以富于差异性,内容繁杂的,因人而异的,个别的行为规范——礼——为维护社会秩序的工具,而反对归于一的法。法家欲以同一的、单纯的法律,约束全国人民,着重于'同',故主张法治,反对贵贱、尊卑、长幼、亲疏而异其施的礼。两家出发点不同,结论自异。礼治法治只是儒法两家为了达到其不同的理想社会秩序所用的不同工具。"①从思想的同异来说,此二学派完全处于极端相反的立场,本无调和的可能,但后来的历史表明,儒法之争最终消弭,演化为调和,在治国层面演变成"外儒内法",正如汉宣帝所言:"汉家自有制度,本以霸王道杂之,奈何纯任儒教,用周政乎?"②而在礼与法的关系上,瞿同祖总结为"以礼入法","礼成为法律的重要组成部分,形成了法律为礼教所支配的局面"。"礼与法的关系极为密切,这是中国封建社会法律的主要特征和基本精神"③,并且"自儒家化的过程完成④以后,……中国古代法律便无重大的、本质上的变化,至少在家族和阶级方面是如此。换言之,家族主义及阶级概念始终是中国古代法律的基本精神和主要特征,它们代表法律和道德、伦理所共同维护的社会制度和价值观,亦即古人所谓纲常名教"⑤。以此种观点来解释劳乃宣在清末礼法之争中的表现颇有裨益。

众所周知,司法是清代州县衙门最重要的功能之一,劳氏任知县近二十年,对清代律例研习有年;再加之劳氏对外国的国情、政体和风俗有所了解,又倾心于礼学研究,所以劳氏对维护中国"以礼入法"的传统更有其独特性。笔者认为劳氏虽称不上是法学家,但也算是一个法律熟悉者。这在清末修订刑法时得到了充分的展示。

《韧叟自订年谱》宣统二年(1910)记曰:"九月,资政院开会,十二月闭会。宪政编查馆乃奏请饬赴新任。法律馆奏进新刑律,先下馆议,后交院议。予以中有数条于父子之伦、长幼之序、男女之别有所防,在馆具说帖修正,见采一二,未克全从。在院又提倡修正案,署名者百余人。会议时,否决一条,可决一条,可决

---

① 瞿同祖:《中国法律与中国社会》,《瞿同祖法学论著集》,第 306、308—309、312—314、322—323 页。
② 《汉书·元帝纪》。原注。
③ 瞿同祖:《礼与服制》,《瞿同祖法学论著集》,第 395—397 页。
④ 瞿同祖在《中国法律之儒家化》一文中将这一过程分为以下几个阶段:一、秦汉之法律为法家所拟订,纯本乎法家精神;二、法律之儒家化汉代已开其端;三、儒家有系统之修改法律则自曹魏始。参见瞿同祖:《中国法律之儒家化》,《瞿同祖法学论著集》,第 371—391 页。
⑤ 瞿同祖:《中国法律与中国社会》,《瞿同祖法学论著集》,第 370 页。

者为移改'和奸无夫妇女罪',用记名投票法表决,同意者七十七人,投白票,不同意者四十二人,投蓝票,时有劳党及白票党、蓝票党之称。余者未暇议及而已闭会,留待来年开会再议。因有《新刑律修正案汇录》之辑。"①时称劳党、白党,可见其时的争论中礼教派已成一定气候。现代研究者,一般称劳氏为"礼教派中仅次于张之洞②的重要人物"③,"礼教派的核心人物之一"④。

劳乃宣曾记述新刑律的修订过程如下:"光绪二十八年(1902)四月,派沈大臣等将现行律例参酌各国法律考订拟议,是为新刑律编辑之始。三十年(1904)四月开馆,三十三年(1907)八月总则草案告成,十一月分则草案告成。宪政编查馆奏明由馆分咨在京各部堂官,在外各省督抚,讨论参考,分别签注咨覆到馆,汇择核定,请旨颁行。嗣经各部各省陆续签复。三十四年(1908)五月,学部以新刑律草案多与中国礼教有妨,分条声明,奏请敕下修律大臣,将中国旧律与新律草案,详慎互校,斟酌修改删并,以维伦纪而保治安。乃奉会同法部,再行详慎修改删并,奏明办理之旨。宣统元年(1909)正月,又特明谕申明,凡我旧律,义关伦常诸条,不可率行变革,务本此意,以为修改宗旨。是年十二月,法律大臣会同法部奏进修正草案,奉旨交宪政编查馆察核覆奏。二年(1910)十月,宪政编查馆考订完竣,缮单奏呈请敕下资政院,归入议案,于议决后奏请钦定颁布施行。交院之后,先付法典股审查,继付议场会议议决二百余条。而已届闭会,竟未全功,留待明年,开会再议。此新刑律历次修订之梗概也。"⑤

光绪三十三年(1907)上谕中提出修订新刑律的原则为:"参考各国成法,体察中国礼教民情,会同参酌,妥慎修订,奏明办理。"⑥负责修订新刑律的沈家本是一位学贯中西的法学家,其主持制订的《大清新刑律》是晚清修律的核心部分。虽然他本着妥协的精神屡次修订,但基本上以资产阶级的刑法为指导来修律。《新刑律》的体例和内容变革极大,因此在光绪三十三年至宣统三年(1907—1911)一直遭到守旧派或曰礼教派的激烈攻击。在各部院及各省督抚

---

① 劳乃宣:《桐乡劳先生遗稿·韧叟自订年谱》,第18页。
② 张之洞(1837—1909),洋务派代表人物之一,祖籍直隶南皮(今河北南皮)。1907年调京,任军机大臣,充体仁阁大学士,且兼管学部。1909年去世,因此劳乃宣在1910年的礼法之争中成为最主要的代表人物之一。
③ 郭婕:《劳乃宣法律思想略论》,《史学月刊》2000年第2期,第48页。
④ 于建胜:《劳乃宣与清末修律述论》,《历史教学问题》2007年第5期,第53页。
⑤ 劳乃宣辑:《谕旨谨案》,《桐乡劳先生遗稿·新刑律修正案汇录》,第2—3页。
⑥ 劳乃宣辑:《谕旨》,《桐乡劳先生遗稿·新刑律修正案汇录》,第1页。

签注意见中,学部、两江总督张人骏、直隶总督杨士骧①、军机大臣兼掌学部的张之洞等几乎众口一词,认为《新刑律》"黩礼溃义,败坏名教",可见反对者势力之大。而湖南巡抚岑春蓂认为沈家本所修刑事民事诉讼各法:"大致以旧律为经,新律为纬,中律为体,西律为用,因时定制,条理井然。"至于有无扞格之处,岑氏提出:"迭经督同司道就现在民情风俗加意采访,悉心考察,力除拘守成例之见,冀固预备立宪之基。觉原文各条大半可行,其难行者亦互出其中。"②这已算较为温和的态度了。关于此次礼法之争的具体过程及论证的内容,已有不少述论③,在此不必详述。

笔者需要强调的是,宣统元年(1909)张之洞去世,劳乃宣在礼教派中的位置更为显著。张之洞曾十分欣赏劳乃宣的才干,而劳氏对于张之洞的思想也极为钦佩。劳、张二人思想上相同之处颇多。劳乃宣代替张之洞跃升为礼教派的主将,不仅是劳氏名位的上升,而且劳氏的"理论"较之其他礼教派也有所"上升",他不仅继承了以前礼教派的主张,而且基于自己的学识有所创新。

劳乃宣于礼学研究颇有心得,对西学也有一定的了解,并于光绪十七年(1891)编纂了《各国约章纂要》,对世界主要国家的政体、风俗、法律等有所认识,加之他是一位君主立宪论者,因此他能以君主立宪制④为基点,从广阔的视野来反对沈家本所修的《新刑律》。

首先,他从法律的起源来说明法律的种类:"法律何自生乎?生于政体。政体何自生乎?生于礼教。礼教何自生乎?生于风俗。风俗何自生乎?生于生计。宇内人民生计,其大类有三:曰农桑;曰猎牧;曰工商。农桑之国,田有定地,居有定所,死徒不出其乡。一家之人,男耕女织。主伯亚旅,同操一业,而听命于父兄,故父兄为家督而家法以立。是家法者农桑之国风俗之大本也,其礼教政体

---

① 其奏折见朱寿朋编、张静庐等校点:《光绪朝东华录》,第5960—5962、6009—6010页。

② 朱寿朋编、张静庐等校点:《光绪朝东华录》,第5692—5693页。

③ 李在泉:《试论清末"礼法之争"》,《昌潍师专学报》1995年第3期;郭婕:《劳乃宣法律思想略论》;于建胜:《劳乃宣与清末修律述论》;王瑞、郭大松:《清末礼法之争探析》;向达:《从文化的角度看清末礼法之争》;张晓敏:《论清末修律中的礼法之争》;严文强:《清末礼教派法律思想的理性思考》;周旋:《清末礼法之争中的劳乃宣》;张晋藩:《中国近代社会与法制文明》,第110—111、252—254、311—316页;李贵连:《沈家本评传》,第235—288、300—310页等。

④ 关于劳乃宣对君主立宪制的理解参见劳乃宣撰《经进宪法讲义》,虞和平主编:《近代史所藏清代名人稿本抄本丛书》第3辑,《劳乃宣档》(7),第1—188页。劳氏对于美国、比利时、法国、英国、日本、土耳其等国的元首、议会等有介绍,多次提及三权分立主义,及孟德斯鸠和卢梭等启蒙思想家。

皆自家法而生。君之于臣,如父之于子,其分严而其情亲,一切法律皆以维持家法为重。家家之家治,而一国之国治矣。所谓人人亲其亲,长其长,而天下平是也。牧猎之国,结队野处,逐水草而徙居,非以兵法部勒,不能胥匡以生,故人人服从于兵法之下。是兵法者牧猎之国风俗之大本也,其礼教政体皆自兵法而生。君之于臣,如将帅之于士卒,其分严而情不甚亲,一切法律皆与兵法相表里。所谓约束径易行,君臣间可久,皆用兵之道也。工商之国,人不家食,群居于市,非有市政不能相安,故人人服从商法之下。是商法者工商之国风俗之本也,其礼教政体皆自商法而生。君之于臣,如肆主之于傭伶,其情亲而分不甚严。君主之国如一家之商业,民主之国如合资之公司,一切法律皆与商法相表里,凡所为尚平等、重契约,权利义务相为报酬,皆商家性质也。记曰:中国戎狄五方之民,皆有性也,不可推移。又曰:广谷大川异制,民生其间者异俗,修其教不易其俗,齐其政不易其宜。是故风俗者法律之母也,立法而不因其俗,其凿枘也必矣! 中国农桑之国也,故政治从家法。朔方牧猎之国也,故政治从兵法。欧美工商之国也,故政治从商法。若以中国家法政治治朔方,以朔方兵法政治治欧美,不待智者而知其不可行也。今欲以欧美之商法政治治中国,独可行之无弊乎?"①劳氏从法律起源的角度入手,论证了农桑、猎牧、工商之国各有其相应的法律、政体、礼教、风俗、生计,以此论证了法律一定要适应本国的国情,并强调"因俗而治",的确有其高明之处。所以近年来,郭婕、于建胜、严文强等在论文中也认为劳氏在礼法之争中的主张"与超前立法相比,更能保持社会的稳定性,也更符合法律持续性发展的规律";"其思想不无矛盾之处,但其法律思想至今仍有借鉴意义";"有其历史合理性,值得批判借鉴"。历史唯物主义有一个基本观点是经济基础决定上层建筑,上层建筑一旦形成,对经济基础又有一定的反作用。20世纪初的中国,仍是一个以农业为基础的社会,资本主义经济虽有一定发展,但尚属幼稚,根植于一家一户的小农经济结构基础之上的传统文化包括法文化的影响仍十分广泛和深入。这种经济结构没有根本的改变,传统的封建法律及文化就难以改变,因此维护传统礼教秩序的观念就难以改变。正如瞿同祖所说:"变法时期的这一场新旧之争,实质上也就是西方法律思想与儒家思想亦即纲常名教之间的冲突,这两种思想是无法调和的。中国法律长期以来一直受儒家思想的支配,形

---

① 劳乃宣:《新刑律修正案汇录序》,《桐乡劳先生遗稿·新刑律修正案汇录》,第1—2页。

成中国法律传统,延续性持续不变。清末变法,模仿西方法律,企图打破过去的法律传统,延续性才受到冲击。但是礼教思想根深蒂固,已形成价值观念,故一时不易打破。"①这就是劳氏主张合理性的实质。

至于有人说劳氏"其论理不仅严密,亦颇现代"②这就需要斟酌了。李贵连曾借鉴孟森的观点曰:"劳乃宣以生计生风俗、生礼教、生政体、生法律立论,以农桑、猎牧、工商三种生计,而分环球法律为家法、军法、商法三类。坚持按照中国的农桑国情,制定符合这种国家的法律。这种理想在思维逻辑上显得很严密,但是,当时的中国还是海禁大开之前的农桑之国吗? 农桑之国能不能变为工商之国? 在这个问题上,劳乃宣便无法回答掌握了进化论的法理派。孟森便曾指出,劳氏此论毫无进化之思想。若按照劳氏所论,则猎牧终不可进于农桑,农桑终不可进于工商。是无异谓野蛮终不可进于文明,贫弱终不可进于富强。"③因此,从此一角度而言,劳氏的主张就不够"现代"了。

其次,劳乃宣还亲自撰写了《修正刑律草案说帖》④、《声明管见说帖》⑤两篇文章,对自己不同意的"法理派"修律中的观点进行逐一批驳,从中体现了劳乃宣关于清末修律的基本思想。同时,劳乃宣也有所妥协,正如李贵连所言:"在沈家本的全面驳斥后,劳乃宣撰《声明管见说帖》,放弃自己对前述几个问题的看法,赞同沈氏的意见,但对'无夫奸'和'子孙违犯教令'二条,坚持己见,并反驳沈氏。"⑥其具体内容又详见于郭婕、于建胜⑦等的论述,在此不赘。

最后,劳氏坚持"以礼入法"的传统继续完善修订《新刑律》,劳氏曰:"乃宣从事于馆中,得而读之(《新刑律》),见其于主张国民主义之中,寓有维持家族主义之意,尚非专主破坏者,惟四百余条中有数条于父子之伦、长幼之序、男女之别颇有妨碍,未能允当于人心,于馆中具说帖修正。……前者政府特派员杨君于议场说明主旨时,以破除家族主义成就国民主义立言,甚至谓家之慈父即非国之忠臣,闻者颇议其非,因而疑及《新刑律》亦以破坏家族主义为宗旨,实则《新刑律》

---

① 瞿同祖:《清律的继承和变化》,《瞿同祖法学论著集》,第 442 页。
② 周旋:《清末礼法之争中的劳乃宣》。
③ 李贵连:《沈家本评传》,第 288—289 页。其中孟森所著《新刑律修正案汇录书后》载《法政杂志》1911 年第 3 期。
④ 劳乃宣:《修正刑律草案说帖》,《桐乡劳先生遗稿·新刑律修正案汇录》,第 4—25 页。
⑤ 劳乃宣:《声明管见说帖》,《桐乡劳先生遗稿·新刑律修正案汇录》,第 30—33 页。
⑥ 李贵连:《沈家本评传》,第 259—260 页。
⑦ 郭婕:《劳乃宣法律思想略论》;于建胜:《劳乃宣与清末修律述论》。

中保存家法之处甚多,特尚未能尽善耳,不致如杨君所言之甚也。"①劳氏在《新刑律修正案汇录序》结尾处曰:"爰以历次鄙说及诸家之言汇录付印,以公诸世,庶几好礼之儒,明法之士,传播而发明之。俾公是公非大白于天下,则我数千年礼仪纲常之幸也。编辑既竟,举法律、政体、礼教、风俗、生计本末同异、相因相倚之理,弁诸其首,而述其缘起,如此惟海内君子,有以教之。"②劳氏维护纲常名教之目的昭然若揭。这就表现了劳氏的因袭性和保守性。

综上所述,劳乃宣维护"以礼入法"的传统,是礼学经世的重要体现,体现了新旧法律变革过程中的过渡性和曲折性,其主张虽有一定道理,也有某些可取之处,但从根本上说,劳氏的礼学经世的主张是为了维护以"三纲五常"为基础的礼教秩序和腐朽的清朝统治,这就具有落后性。

(作者为德州学院历史与社会管理学院教授)

---

① 劳乃宣:《新刑律修正案汇录序》,《桐乡劳先生遗稿·新刑律修正案汇录》,第4—5页。
② 劳乃宣:《刑律修正案汇录序》,《桐乡劳先生遗稿·新刑律修正案汇录》,第5页。

辛酉政变前后两道谕旨之考论

王开玺

咸丰十一年九月三十日(1861 年 11 月 2 日),慈禧太后与恭亲王奕訢联合发动了辛酉政变,从此,清廷的政局与朝局均发生了极其重大的变化。关于辛酉政变,学界多有研究,且取得了诸多可喜的成果。但是,清廷将肃顺等人解任的谕旨最初系由何人起草?咸丰帝遗命肃顺等八大臣赞襄政务的谕旨是否存在?学界仍有认识上的疏误。现笔者不揣愚浅,拟据相关史料略予考论,不当之处,敬请师友匡谬。

一、命将肃顺等人解任的谕旨最初系由何人起草

咸丰十一年七月十六日(1861 年 8 月 21 日),咸丰帝病死于热河避暑山庄。其后,两宫太后,特别是慈禧太后与以怡亲王载垣、郑亲王端华、协办大学士肃顺为首的赞襄政务八大臣展开了激烈的政争。在热河期间的政争中,两宫太后未能争得上风,于是将希望寄托于回銮北京以后与恭亲王奕訢的宫廷政变上,并在绝密的情况下起草了拿问肃顺等人的谕旨。

同年九月三十日(11 月 2 日),慈禧太后与恭亲王奕訢联合发动辛酉政变之初,首先颁谕将肃顺等八大臣解任。这一上谕最初到底是由谁起草的呢? 史料记载不但不一,而且不确有误。

据时人薛福成《庸庵笔记》记载,两宫太后与恭亲王奕訢在热河会见后,即"召鸿胪寺少卿曹毓英密拟拿问各旨,以备到京即发"。[①] 对于这一记载,有的史

---

① 齐思和等编:《第二次鸦片战争》第 2 册,上海:上海人民出版社,1978 年,第 292 页。

学工作者据为信史,时有引用。如印鸾章所作《清鉴》即说,两宫太后与恭亲王奕䜣密谋诛杀肃顺等人之策,"谋既定,即召鸿胪寺少卿曹毓英密拟拿问各旨,以备到京发表"。① 黄鸿寿所作《清史纪事本末》也记载说:"太后虑载垣等专恣,与奕䜣密谋诛之。召鸿胪寺少卿曹毓英密拟拿问各旨,以备到京发表。"②

这一记载与表述有误,拟旨者决非曹毓英。

时在北京的户部郎中李慈铭,则是另一种记载:"醇郡王(奕譞)福晋,慈禧妹也,得时入宫,两宫密属(嘱)之,令醇王草罪状三人诏,即携入,慈安藏之袖服中,无一人知也。"③

醇郡王奕譞的福晋,是慈禧的亲妹妹,两宫太后对她和奕譞颇为信任,由其利用自由出入宫禁的便利,转告醇郡王起草严治肃顺等人之罪的谕旨,应是合乎情理而可信的,因而学界多取此说。

如宝成关先生在其《奕䜣慈禧政争记》中认为,该上谕确为醇郡王奕譞所作,"因其福晋为那拉氏之妹,借出入宫禁之便,为慈禧通风报信,协助策划政变阴谋,曾事先在热河代为秘密起草宣布肃顺等人罪状的诏书"。辛酉政变之初,"西太后便把在热河时由奕譞预先起草缮定的上谕,由内阁在当天予以公布"。④

徐彻先生在其《慈禧大传》中明确指出,薛福成有关两宫太后嘱令曹毓英起草密诏之说绝不可靠,故而取李慈铭有关命醇郡王奕譞秘密起草谕旨之说,并以辛酉政变后清廷上谕中"朕于热河行宫命醇郡王奕譞缮就谕旨,将载垣等三人解任"为据,论证这一上谕,的确为醇郡王"奕譞拟定"。⑤

龙盛运先生主编的《清代通史》⑥,南炳文、白新良主编的《清史纪事本末》⑦等也持同样的说法。

台湾学者吴相湘在《晚清宫廷实纪》中说:"盖醇王福晋,慈禧妹也,得时入宫,两后因密属其居间传语,令醇王草罪状三人诏,备到京即宣发。而醇王自目睹载垣等强迫太后宣发痛驳董疏拟旨后,亦时怀愤怒,既奉太后密嘱,遂即草就

① 印鸾章:《清鉴》卷12(下),北京:北京市中国书店,1985年,第651页。
② 黄鸿寿:《清史纪事本末》卷50,上海:上海书店出版社,1986年,第326页。
③ 李慈铭:《越缦堂日记》第3册,扬州:广陵书社,2004年,第1968页。
④ 宝成关:《奕䜣慈禧政争记》,长春:吉林文史出版社,1980年,第260、127页。
⑤ 徐彻:《慈禧大传》,沈阳:辽海出版社,1994年,第126页。
⑥ 龙盛运主编:《清代通史》第7册,北京:方志出版社,2007年,第225页。
⑦ 南炳文、白新良主编:《清史纪事本末》第8卷,上海:上海大学出版社,2006年,第2706页。

交其福晋携入宫,慈安藏之袒服中,其事固无他人知也。"①几乎是沿用李慈铭日记的另一种表述。萧一山先生的《清代通史》②,李守孔先生的《中国近代史》③也持同样的说法。

宝成关、徐彻等诸位先生,否定该上谕最初为曹毓英起草,这无疑具有学术眼光与功力。但令人遗憾的是,他们的结论存有疏误之处。

宝成关先生虽注意到清廷上谕中有关本上谕为奕𫍯所"缮定"二字,但同时又认定此上谕确为奕𫍯先行"秘密起草",或"预先起草"而后"缮定"的。而徐彻先生则似乎未曾注意清廷上谕中"缮就"二字的含义。"缮就"者,当是有所本依的缮写清楚,而不是从无到有的初草。

笔者在此指出宝成关、徐彻等诸位先生的疏误,绝非文学意义上的咬文嚼字,更无苛责讥弹之意。造成这一疏误的主要原因,在于他们当时所看到的,的确是奕𫍯在慈禧太后原稿基础上修改后的上谕,而未能见到慈禧太后最初所拟上谕稿本。

中国第一历史档案馆所藏的慈禧太后亲手所拟关于辛酉政变的密谕(以下简称《亲拟密谕》),醇郡王奕𫍯就奉命修改密谕给慈禧太后的奏片(以下简称《奏片》),以及醇郡王奕𫍯修改、缮写后的上谕(以下简称《缮改上谕》)等,均无可辩驳地证明,上述有关命将肃顺等人解任的上谕,首先是由慈禧本人秘密起草,后由醇郡王奕𫍯修改并缮写的。

由于上述史料尚未引起相关学者的注意,现将慈禧太后以小皇帝名义亲笔拟写的"密谕"抄录于下,其中的错别字,以[ ]符号标示匡正:

> 八月十一日,朕召见载垣等。虽董元醇奏敬陈管见一折,一请皇太后暂时权理朝正[政],数年后朕能亲裁庶务,在[再]行归正[政]。又在亲王中简派一二人,令其辅弼。又在大臣中简派一二人,充朕师傅之任。以上三端,正合朕议[意]。虽我朝向无太后垂帘之仪,朕受皇考大行皇帝付托之重,何敢违祖宗旧制,此所为是[谓事]贵从权,面谕载垣等,著照所请传旨。该王大臣阳奉阴违,自行改写,敬[竟]敢抵赖,是成[诚]何心!该大臣看朕

---

① 吴相湘:《晚清宫廷实纪》,北京:中国大百科全书出版社,2010 年,第 51 页。
② 萧一山:《清代通史》第 3 册,上海:华东师范大学出版社,2006 年,第 339 页。
③ 李守孔:《中国近代史》,台北:三民书局,1979 年,第 71 页。

年幼,皇太后不明国("此处原为"朝"字,后改写为"国"")是[事]所至[致]。
该王大臣如此胆大！又上年圣驾巡幸热河之议,据[俱]是载垣、端华、肃顺
等三人之议。朕仰体圣心,左右为难所至[致],在山庄升遐。该王大臣诓
驾垒垒[累累],抗旨之罪不可近[尽]数。

由于慈禧太后深知这一"密谕"的极端重要性,同时又自知自己的文字修养不
高,故此另一行又明确写有"求七兄弟改写"①六字,即求请奕譞帮助修改润色。

醇郡王奕譞在《奏片》中明确写道:"昨日太监刘福喜交下懿旨一包,命臣改
写,仰见皇太后用意深远,实国家之福也。臣仰体圣心,拟旨一道。"

由此可见,咸丰十一年九月三十日(1861 年 11 月 2 日),清廷命将肃顺等八
大臣解任的上谕,最初,既不是鸿胪寺少卿、军机章京曹毓英所拟,也不是由醇郡
王奕譞事先起草的,而是先由慈禧本人以小皇帝的口吻秘密起草,然后由醇郡王
奕譞于改写缮定的。

同治四年三月初(1865 年 3 月底),慈禧太后利用日讲起居注官蔡寿祺弹劾
恭亲王奕訢的奏折,颁布了罢革奕訢的上谕。这一上谕,亦是由慈禧太后本人
"先作诏以待",然后召见大学士倭仁、周祖培等人,"示以朱谕,并谕曰:'诏旨中
多有别字及辞句不通者,汝等为润饰之'"②!

由此可见,慈禧太后于垂帘听政之初,遇有重大而机密事件,由自己先行起
草诏谕,然后再转交他人修改润色之事,绝非仅此一端的偶为之举。

咸丰十一年九月三十日(1861 年 11 月 2 日),清廷正式颁布的将肃顺等八
大臣解任的上谕,虽经醇郡王奕譞作了文字上的修改润色,并进行了穿靴戴帽式
的包装处理,使之更为完整规范,但慈禧太后《亲拟密谕》初稿的痕迹仍清晰可
见。现将这上谕照录于下,并将慈禧太后《亲拟密谕》的初稿内容,以楷体字加
括号的形式嵌注其间,以便人们分析比较。

咸丰十一年九月十八日③,内阁奉上谕:谕王公百官等:上年海疆不靖,

---

① 中国第一历史档案馆藏:《慈禧太后亲手所拟关于辛酉政变的密谕》,《朱谕档》,01—011—0256 号。
② 参见吴相湘:《晚清宫廷实纪》,北京:中国大百科全书出版社,2010 年,第 80 页。
③ 此处日期原为三十日,用纸粘贴后,改为十八日。《上谕档》于此旨后载有附注二条:一,九月三十日
发下,交内阁发抄。二,此件谕旨系九月十八日热河由内缮定,三十日发下。另缮一道递上钤图,发
下交抄,原件缴进。内有面奉谕旨,酌内添减字句,均用黄签粘出。档内照粘黄签,备查。据此,十八
日是由内缮定谕旨时间,三十日才是内阁奉上谕时间。以上为故宫博物院明清档案部编:《清代档案
史料丛编》第 1 辑的原注文。此处所谓"九月十八日热河由内缮定"之谕旨,即由慈禧太后起草,后经
醇郡王奕譞修改、缮写后的上谕。

京师戒严,总由在事之王、大臣等筹画乖方所致。载垣等复不能尽心和议,徒以诱获英国使臣以塞已责,以致失信于各国。淀园被扰,我皇考巡幸热河,实圣心万不得已之苦衷也(又上年圣驾巡幸热河之议,据[俱]是载垣、端华、肃顺等三人之议。朕仰体圣心,左右为难所至[致])。嗣经总理各国事务衙门王、大臣等,将各国应办事宜妥为经理,都城内外安谧如常。① 皇考屡召王、大臣议回銮之旨,而载垣、端华、肃顺朋此为奸,总以外国情形反覆,②力排众论。皇考宵旰焦劳,更兼口外严寒,以致圣体违和,竟于本年七月十七日龙驭上宾。朕抢地呼天,③五内如焚。追思载垣等从前蒙蔽之罪,非朕一人痛恨,实天下臣民所痛恨者也。朕御极之初,即欲重治其罪。惟思伊等系顾命之臣,故暂行宽免,以观后效。孰意八月十一日(八月十一日),朕召见载垣等八人(朕召见载垣等),因御史董元醇敬陈管见一折(虽董元醇奏敬陈管见一折),内称,请皇太后暂时权理朝政(一请皇太后暂时权理朝正[政]),俟数年后朕能亲裁庶务,再行归政(数年后朕能亲裁庶务,在[再]行归正[政]);又请于亲王中简派一二人,令其辅弼(又在亲王中简派一二人,令其辅弼);又请在大臣中简派一二人,充朕师傅之任(又在大臣中简派一二人,充朕师傅之任)。以上三端,深合朕意(以上三端,正合朕议[意])。虽我朝向无皇太后垂帘之仪(虽我朝向无太后垂帘之仪),朕受皇考大行皇帝付托之重,惟以国计民生为念,岂能拘守常例(朕受皇考大行皇帝付托之重,何敢违祖宗旧制)?此所谓事贵从权(此所为是[谓事]贵从权)。特面谕载垣等,著照所请传旨(面谕载垣等,著照所请传旨)。该王、大臣奏对时,哓哓置辩,已无人臣之礼,拟旨时又阳奉阴违,擅自改写,作为朕旨颁行,是诚何心(该王大臣阳奉阴违,自行改写,敬[竟]敢抵赖,是成[诚]何心)?且载垣等每以不敢专擅为词,此非专擅之实迹乎?总因朕冲龄,皇太后不能深悉国事,任伊等欺朦(该大臣看朕年幼,皇太后不明国是[事]所至[致]),能尽欺天下乎?此皆伊等辜负皇考深恩,朕若再事姑容,

---

① "嗣经总理各国事务衙门王、大臣等,将各国应办事宜妥为经理,都城内外安谧如常"一句,为用黄签粘出之面奉谕旨酌改添减字句。此处,九月十八日由内缮定谕旨原文是:"幸赖天、祖默佑,恭亲王等和议告竣,厥功甚巨。"
② "外国情形",九月十八日由内缮定谕旨是:"夷情"。
③ "抢地呼天",九月十八日由内缮定谕旨是:"抢天号地"。

何以仰对在天之灵？又何以服天下公论？载垣、端华、肃顺著即解任，景寿、穆荫、匡源、杜翰、焦祐瀛著退出军机处。派恭亲王会同大学士、六部、九卿、翰、詹、科、道将伊等应得之咎，分别轻重，按律秉公具奏。至皇太后应如何垂帘之仪，著一并会议具奏。特谕。钦此。①

中国第一历史档案馆所藏的慈禧太后《亲拟密谕》、醇郡王奕譞的《奏片》以及醇郡王奕譞的《缮改上谕》等，还向我们提供了其他一些非常重要的历史信息。

其一，醇郡王奕譞在《奏片》中说，自己虽奉命修改了密谕，但仍请"皇太后（即慈禧太后）与母后皇太后（即慈安太后）商议，召见恭亲王，命看此旨。可行则行，如不可行，再问恭亲王，必有良策"。② 由此可见，慈禧太后和恭亲王奕䜣，的确是日后辛酉政变的主要策划者，而慈安太后和醇郡王奕譞，则仅是参预者而已。

另外，在热河时，无论是慈禧太后、慈安太后，还是醇郡王奕譞，都对日后的政变没有十分的把握和具体的布置设想，在很大程度上存在着看风使舵、随机应变的色彩，尤其寄希望于恭亲王奕䜣的临时权变、运筹布画。

其二，经醇郡王奕譞缮改的上谕中，原有"幸赖天、祖默佑，恭亲王等和议告竣，厥功甚巨"③一句。这原本可能是醇郡王奕譞对奕䜣与英法两国议和成功，保全了大清江山的由衷赞叹，也可能是希望为政变成功后提高奕䜣的声誉所做的舆论铺垫。但是，在清廷正式颁布的上谕中，却"面奉谕旨"，将其改为"嗣经总理各国事务衙门王、大臣等，将各国应办事宜妥为经理，都城内外安谧如常"④一句。

至于"面奉谕旨"一语，是慈禧太后因对称赞奕䜣"和议告竣，厥功甚巨"有

① 故宫博物院明清档案部编：《清代档案史料丛编》第 1 辑，北京：中华书局，1978 年，第 101—102 页。明清档案部所录这一上谕版本，与中国第一历史档案馆所藏《醇郡王奕譞修改、缮写后的上谕》内容相同，只是明清档案部所录上谕开始处多出"咸丰十一年九月十八日，内阁奉上谕"十五字，而最后结尾处多出"钦此"两字。《醇郡王奕譞修改、缮写后的上谕》是以"谕王公百官"开始，按规定在"谕王"两字处，钤有"御赏"印章；是以"著一并会议具奏。特谕"结束，并在"特谕"两字处，钤有"同道堂"印章。

② 中国第一历史档案馆藏：《醇郡王奕譞就奉命修改密谕给慈禧太后的奏片》，《朱谕档》，01—011—0256 号。

③ 中国第一历史档案馆藏：《醇郡王奕譞修改、缮写后的上谕》，《朱谕档》，01—011—0256 号。

④ 此段文字，系源于咸丰帝遗诏中"旋经恭亲王奕䜣，总理各国事务衙门王、大臣等，将各国通商事宜妥为经理，都城内外，安谧如常"一语。参见《清实录》第 44 册，《文宗显皇帝实录》卷 356，北京：中华书局，1986 年，第 1257 页。

所不满或警惕,而特命"酌改添减"? 还是奕䜣为避免政治嫌疑而主动请旨改变? 于此,非常值得进一步研究。

其三,学界大多认为,恭亲王奕䜣赴热河会见两宫太后时,双方曾涉及到日后的权力分配等问题。但是,这仅是学者根据日后历史事实做出的揣度之言,并无任何史料的依据。

在慈禧太后《亲拟密谕》的后面,除了写有"求七兄弟改写"六字外,还有"进成[城]后,在[再]传旨著恭亲王总理赞襄政务,是[当]否,求兄弟著议"。①醇郡王奕譞在《奏片》中也出谋划策说:"派恭亲王总理政务,必须召见时面谕,再命恭亲王在大臣中保举二三人帮同方好。"②由此可见,慈禧太后在热河时,曾一度设想回到北京发动政变后,传旨任命恭亲王奕䜣为"总理赞襄政务"。

但是辛酉政变以后,恭亲王奕䜣并未被授以"总理赞襄政务"或"总理政务"之职,而是着授为议政王、军机处行走等。清廷的政务权力,牢牢掌握在两宫太后,特别是慈禧太后的手中,清廷屡次颁谕称:"现在,一切政务仰蒙两宫皇太后躬亲裁制","朕奉母后皇太后、圣母皇太后懿旨,现在一切政务均蒙两宫皇太后躬亲裁决"。③

这一权力格局变化的原因何在,究竟谁是改变权力格局设想的主动者,是出于怎样的政治考量,双方是否因此产生过公开或隐蔽的意见分歧等,目前均不十分清楚,同样亦非常值得进一步研究。

其四,慈禧太后在辛酉政变前,远远未能牢牢把握清廷最高政权,故对醇郡王奕譞并未如日后那样,表现出皇太后那种高高在上、赫赫凛然的不测淫威。而是极具人情、亲情,亲热地以"七兄弟"相称、相求,力图以爱新觉罗家族的亲情为纽带,尽力拉拢皇族的近支亲王,共同对付远支亲王或其他异姓大臣。由此可见,慈禧太后既能正视现实,又反复无常,操权用谋,兼而有之的待人、为政、操权诸手段可见一斑。

---

① 中国第一历史档案馆藏:《醇郡王奕譞修改、缮写后的上谕》,《朱谕档》,01—011—0256 号。
② 中国第一历史档案馆藏:《醇郡王奕譞就奉命修改密谕给慈禧太后的奏片》,《朱谕档》,01—011—0256 号。
③ 故宫博物院明清档案部编:《清代档案史料丛编》第 1 辑,第 119、123 页。

二、咸丰帝遗命八大臣赞襄政务的谕旨之真伪

咸丰十一年七月十六日(1861 年 8 月 21 日)"子初三刻",病重昏迷的咸丰帝苏醒过来,但咸丰帝深知自己时日无多,遂传谕召集宗人府宗令、御前大臣、军机大臣等人入见,安排后事。当时,共发下两道谕旨。

第一道谕旨是:"咸丰十一年七月十六日,奉朱谕:皇长子御名,著立为皇太子。特谕。"

第二道谕旨是:"咸丰十一年七月十六日,奉朱笔:皇长子御名现立为皇太子,著派载垣、端华、景寿、肃顺、穆荫、匡源、杜翰、焦祐瀛尽心辅弼,赞襄一切政务。特谕。"①

随后,清廷颁发的咸丰帝遗诏亦明确诏告天下:咸丰帝弥留之际,"召见宗人府宗令、右宗正、御前大臣、军机大臣,令其承写朱谕,立皇长子御名为皇太子,并命该王、大臣等尽心辅弼,赞襄政务"。②

上述史料证明,肃顺等八大臣受咸丰帝之命为赞襄政务大臣,辅弼小皇帝载淳,当属确凿无疑之事。但是,辛酉政变以后,清廷颁谕称:皇考咸丰帝弥留之际,仅是"面谕载垣等立朕为皇太子,并无令其赞襄政务之谕",是载垣、端华、肃顺三人自行"造作赞襄名目"。③ "岂知赞襄政务,皇考并无此谕。"

对此,有些学者似乎予以了认同,至少是含混其词,如《中国近代史新编》上册即说:"十一月八日,那拉氏以幼帝载淳名义发布上谕,公开否认了咸丰帝的遗诏。"④台湾学者徐中约所著《中国近代史》上册,也颇为模棱地说,咸丰帝弥留之际,"肃顺和上述两位亲王立即草拟了一份遗诏,任命他们自己和另外五位大

① 故宫博物院明清档案部编:《清代档案史料丛编》第 1 辑,第 82—83 页。
② 故宫博物院明清档案部编:《清代档案史料丛编》第 1 辑,第 84 页。
③ 此处所谓载垣、端华、肃顺三人自行"造作赞襄名目",并非是说清代绝无"赞襄"或"赞襄政务"之名目,而是罪其所谓"赞襄政务"之名目或权力,并无咸丰帝的钦命依据,是载垣等人擅自矫诏所为。查阅道光、咸丰、同治诸朝实录,除事关载垣、肃顺之事者外,其中虽无"赞襄政务"之名,但却有与其极其近似的"赞襄军务"、"赞襄庶务"、"赞襄枢务"、"赞襄帷幄"等名目。在清廷群臣的奏折中,甚至有明确的"赞襄政务王大臣"名目。如同治二年五月十七日,热河都统瑞麟的《奏为查明行在军机处赞襄政务王大臣六百里飞咨等件于王家营因水阻隔延递事》中,即有"七月二十七日巳刻,接到行在军机处赞襄政务王大臣五百里军咨一件"之语。(参见中国第一历史档案馆藏:《朱批奏折》,档案号:04—01—07—0023—005,缩微号:04—01—07—001—1002。)
④ 苑书义等:《中国近代史新编》上册,北京:人民出版社,2007 年,第 441 页。

员为赞襄政务王大臣"。① 虽有其他学者认定,这是慈禧太后及恭亲王奕䜣出于政治目的,强加给肃顺等人的莫须有罪名,但却未曾以令人信服的史料,予以充分论辩论证。

笔者认为,清廷为载垣、端华、肃顺三人拟定的这第一条罪状,语词笼统抽象,未能指出任何人证、物证,实在是"欲加之罪,何患无辞"的蓄意罗织。咸丰帝遗命八大臣赞襄政务,有确证者二、佐证者三、反证者一。

故宫博物院明清档案部整理出版的《清代档案史料丛编》中,不但收录有咸丰帝命载垣、端华、肃顺等八人"尽心辅弼,赞襄一切政务"的上谕,而且在《上谕档》的附注中明确写道:"本日子刻,大人们同内廷王、御前大臣一起寝宫召见,面谕并辅政一道,写朱谕述旨后发下,即刻发抄。"

另外,清廷的《随手登记档》七月十六日,在记载了咸丰帝立载淳为皇太子和遗命八大臣辅政的两道谕旨后,也明确记载:"本日子初三刻,寝宫召见共一起:御前大臣载垣、景寿、肃顺,内廷王端华,军机大臣穆、匡、杜、焦。面奉谕旨,写朱谕递上。发下,当即抄发。"②

以上清廷档案的记载是否可靠呢? 人们有理由怀疑,因当时载垣等人权势正盛,几可一手遮天,极有可能已在相关档案上做了手脚。

但是笔者认为,事实却并非如此。

当时身在热河,且与恭亲王奕䜣等人关系十分密切的军机章京所写的《热河密札》,为我们提供了相当可靠的确证史料。这一密札明确写道:"子初三刻",咸丰帝传谕召集宗人府宗令、御前大臣、军机大臣等时,"传谕清楚",也就是说咸丰帝当时神志清醒。各位大臣"请丹毫",请咸丰帝用朱笔亲写遗嘱、遗命。但咸丰帝"谕以不能执笔,著写来述旨",因此,"有承写字样"。也就说载垣、肃顺等人是承咸丰帝之命代写谕旨,后经咸丰帝认同允准的。在《热河密札》所有的十二份密札中,没有一处谈到令载垣等八大臣辅政的遗诏是伪诏的问题,反而极力称赞八大臣"共矢报效,极为和衷,大异以前局面"。③

① 徐中约:《中国近代史》上册,计秋枫等译,茅家琦等校,香港:香港中文大学出版社,2001年,第263页。
② 故宫博物院明清档案部编:《清代档案史料丛编》第1辑,第82页。
③ 佚名:《热河密札》,中国社会科学院近代史研究所近代史资料编辑室编:《近代史资料》总36号,北京:知识产权出版社,2006年,第13页。

此为咸丰帝确有遗命八大臣赞襄政务之谕旨,确证者一。

如前所述,由慈禧太后亲拟,醇亲王奕谟修改缮定,于九月三十日(1861 年 11 月 2 日)正式颁布的将肃顺等八大臣解任的上谕,在历数肃顺等人诸多罪状后称:"朕御极之初,即欲重治其罪。惟思伊等系顾命之臣,故暂行宽免,以观后效。"①同日,由大学士贾桢、户部尚书周祖培、兵部尚书沈兆霖、刑部尚书赵光等人联合所上"奏请皇太后亲操政权以振纲纪折"中亦曾明确承认,咸丰帝死后,"我皇上冲龄践祚,钦奉先帝遗命,派怡亲王载垣等八人赞襄政务"。② 十月初六日(11 月 7 日),恭亲王奕䜣等二十余位王公大臣所上《遵旨会议载垣等八大臣罪名情形折》中称:"载垣身膺顾命……未能同心赞襄,竟敢跋扈不臣。"③

清廷正式颁布上谕中所谓"顾命之臣"也好;贾桢、周祖培等人联合所上奏折中所谓"钦奉先帝遗命,派怡亲王载垣等八人赞襄政务"也罢;以及恭亲王奕䜣等王公大臣所谓"身膺顾命"等等,实际上都是明确承认了咸丰帝确有遗命肃顺等八大臣辅政之谕,而并非如十月初六日(11 月 7 日)清廷上谕所称,是载垣、端华、肃顺等人自行"造作赞襄名目"。

在此我们需要特别指出的是,在醇亲王奕谟的《缮改上谕》中,"顾命之臣"是与"皇考"、"圣心"、"圣体"、"回銮"、"龙驭上宾"、"在天之灵"等清帝专有名词,依制抬高三格书写的。④ 由此可见,肃顺等人作为"顾命之臣",奉命赞襄政务一事,当时在上谕及朝廷众臣中的地位与影响。

此为咸丰帝确有遗命八大臣赞襄政务之谕旨,确证者二。

辛酉政变后,于仓促之间拟定肃顺等人罪状之时,慈禧太后和恭亲王奕䜣及众多的朝臣未能,也来不及充分沟通思想,统一认识,因而在肃顺等人的论罪问题上出现了明显的差异与矛盾。

十月初六日(11 月 7 日)清廷上谕的主旨,在于彻底否定八大臣赞襄一切政务权力的合法性,因而不顾客观事实地宣称,咸丰帝弥留之际,仅是"面谕载垣等立朕为皇太子,并无令其赞襄政务之谕","赞襄政务"云云,是载垣、端华、肃顺三人自行"造作赞襄名目"。

---

① 故宫博物院明清档案部编:《清代档案史料丛编》第 1 辑,第 102 页。
② 故宫博物院明清档案部编:《清代档案史料丛编》第 1 辑,第 103 页。
③ 故宫博物院明清档案部编:《清代档案史料丛编》第 1 辑,第 114 页。
④ 参见中国第一历史档案馆藏:《醇郡王奕谟修改、缮写后的上谕》,《朱谕档》,01—011—0256 号。

然而，大学士贾桢等人则认为，根据咸丰帝的遗命，载垣、端华、肃顺等人确有赞襄政务之名，亦有赞襄政务之权。"寻绎'赞襄'二字之义，乃佐助而非主持也"，"今日之赞襄大臣，即昔日之军机大臣"。因此，载垣、端华、肃顺等赞襄政务八大臣应如军机大臣那样，"事事先面奉谕旨，准驳可否，悉经钦定，始行拟旨进呈，其有不合圣意者，每奉朱笔改正"。只有如此，才能保证太阿之柄，不假他人。然而事实上，载垣等人对于清帝，并非是尽臣子的"佐助"之责，而是乘机攘夺君上大权，"事无巨细，皆凭该王、大臣之意先行定议，然后进呈皇上一览而行"。肃顺等八大臣这种"名为佐助，而实则主持"①的做法，才是载垣、端华、肃顺等人的罪行所在。

恭亲王奕訢等二十余位王公大臣亦同样认为，载垣、端华、肃顺等人之罪，并非自行"造作赞襄名目"，而是他们"身膺顾命"，但却于"皇上冲龄践祚"之时，不但"未能同心赞襄"，反而"竟敢跋扈不臣"，实在是有负咸丰帝的辅政重托厚望，"其罪大恶极，莫此为甚"。②

在政治派系的矛盾斗争或个人的权力倾轧中，无所不用其极地为对手蓄意罗织诸多"莫须有"的罪名，可以说是屡见不鲜，司空见惯之事。但在信口雌黄，深文巧诋地为对手罗织罪名之时，如此的破绽百出，自相矛盾，则实属罕见，且极其低级愚劣。

清廷方面这一明显的论罪矛盾，当为咸丰帝确有遗命八大臣赞襄政务之谕旨，佐证者一。

慈禧太后《亲拟密谕》的后面，写有"进成[城]后，在[再]传旨著恭亲王总理赞襄政务"③之语。由此可见，咸丰帝命肃顺等八大臣赞襄政务一事，当为事实，以致慈禧太后在设计政变成功后的权力格局时，也自觉或不自觉地吸收借鉴了"赞襄政务"之名，准备给恭亲王奕訢以"总理赞襄政务"的名目。

此为咸丰帝确有遗命八大臣赞襄政务之谕旨，佐证者二。

咸丰帝临终前的两道上谕，遣词用字颇为讲求，且有分寸。

第一道谕旨："咸丰十一年七月十六日，奉朱谕：皇长子御名，著立为皇太子。特谕。"

---

① 故宫博物院明清档案部编：《清代档案史料丛编》第1辑，第103—104页。
② 故宫博物院明清档案部编：《清代档案史料丛编》第1辑，第114页。
③ 中国第一历史档案馆藏：《醇郡王奕譞修改、缮写后的上谕》，《朱谕档》，01—011—0256号。

前面的行文是："奉朱谕",立载淳为皇太子。

第二道谕旨："咸丰十一年七月十六日,奉朱笔:皇长子御名现立为皇太子,著派载垣、端华、景寿、肃顺、穆荫、匡源、杜翰、焦祐瀛尽心辅弼,赞襄一切政务。特谕。"

前面的行文是："奉朱笔",而不是"奉朱谕"。

由此可见,第一道谕旨,关系皇权根本,故用"奉朱谕",以表示此为咸丰帝的钦命亲谕,具有无可动摇的政治权威。而第二道谕旨,则是赞襄政务八大臣奉咸丰帝之命,代咸丰帝用朱笔所写,只起布告天下、使朝野均知共晓的作用。

如若第二道有关命肃顺等八大臣"尽心辅弼,赞襄一切政务"的谕旨,是肃顺等人擅自伪造的遗诏,他们完全可以于第二道谕旨的开始,亦用"奉上谕"字样,而不必使用很可能引起人们怀疑的"奉朱笔"字样。

此为咸丰帝确有遗命八大臣赞襄政务之谕旨,佐证者三。

辛酉政变发生后的十月十四日(11月16日),御史钟佩贤奏称,既然肃顺等人擅自伪造、颁行了诸如命其"赞襄政务"、驳斥董元醇奏请太后权理朝政等矫诏伪谕,那么,于此"岂可存而不论,仍与天语并列,致惑观听"?因而奏请清廷"饬下议政王、军机大臣详晰查明,转传各衙门一律缴销,以杜淆乱"。[①]

钟佩贤的这一奏请,无意中为清廷出了一道难题,使慈禧太后进退维谷,左右为难,颇为尴尬窘困。

十月十九日(11月21日),清廷颁谕称,"载垣等假传谕旨,造作赞襄政务名目,并于御史董元醇条奏一折,拟旨时擅自改写各情形,业经叠次降旨,明白宣示矣"。现有御史钟佩贤、给事中孙楫等奏,"载垣等造作擅改之件,不应载之实录,俨同顾命,亦不应登之册籍,假托纶音,拟请降旨销除,以期信今传后"。

清廷一方面再次强调说,钟佩贤、孙楫等人"所奏不为无见"。载垣等人"所有造作赞襄政务谕旨,确系矫传,自不应纂入实录中","所有载垣等矫传赞襄名目,及擅拟驳斥董元醇谕旨,著即销除"。但同时又称,"惟遽将其销毁,又恐无以示将来而征罪案",因此,命将肃顺等人"造作之谕旨二道,即著内阁、刑部,随同本案档册录存,以著信谳,并著军机处即随此次谕旨,照录一分存档,另录一分交南书房收存,均著低二格书写,以示区别,庶使奸邪逆迹,不得滉载方策,以重

---

① 故宫博物院明清档案部编:《清代档案史料丛编》第1辑,第126页。

纶音而昭炯戒"①。

辛酉政变后,清廷将肃顺等人所拟"祺祥"年号改为"同治",其原因之一,即在于慈禧太后"意欲人人永忘载垣偕乱之事"。② 如若上述咸丰帝遗命八大臣赞襄政务之谕,确为肃顺等人擅自伪造,且又为慈禧太后切齿痛恨者,清廷完全可以,而且应该予以彻底销毁。但是,无论是清廷众多朝臣,还是慈禧太后本人,都深知咸丰帝确有命八大臣赞襄政务的遗诏,于此,是决不可以彻底否定的。故此,在同治朝修纂的《清实录·文宗显皇帝实录》中,仍有"十六日子刻,召见宗人府宗令、右宗正、御前大臣、军机大臣、令其承写朱谕,立皇长子为皇太子。并命该王大臣等、尽心辅弼,赞襄政务"之语。③

这一历史事实,当为咸丰帝确有遗命八大臣赞襄政务谕旨的有力反证。

载垣、端华、肃顺等人之所以在此次政变中失败,原因当然是多方面的。但是,咸丰帝未能留下命其赞襄辅政的亲笔朱谕,当是一个极其重要而直接的原因。试想,如果咸丰帝留有亲笔朱谕,无论是两宫太后,还是恭亲王奕䜣,抑或是其他王公大臣,皆无所借口,他们绝不敢挑战,更不能动摇载垣、端华、肃顺等八大臣的政治地位。在当时封建专制制度下,只要八大臣没有篡位逆迹,或极其明显的失政劣行,挑战赞襄政务八大臣,即是挑战咸丰帝的亲笔朱谕;反对咸丰帝的亲笔朱谕,即是反对清帝,其罪可谓重矣、大矣。

然而,当时的咸丰帝肯定没有料到这一点。否则,为了防范慈禧太后直接出面垂帘听政,以及恭亲王奕䜣掌握清廷实权,他就是拼了死命也要挣扎着书写亲笔朱谕;而载垣、端华、肃顺等八大臣肯定也没有料到这一点,否则,他们为了保住自己的权力地位与生命,就是要了咸丰帝的命,也一定要咸丰帝书写亲笔朱谕。

肃顺等人被杀以后,时人王闿运曾说:"肃顺之学术经济,迥非时人之伦,军书傍午时,庙谟广运,皆肃顺一人之策,故能成中兴大功。显皇帝(即咸丰帝,其庙号为文宗显皇帝)上宾,毅宗(即同治帝,此处称谓有误,同治帝的庙号为穆宗毅皇帝,故应称为穆宗)幼冲,廷臣咸主垂帘之义,肃顺力遵先皇遗训,誓死不

---

① 《清实录》第45册,《穆宗毅皇帝实录》卷10,北京:中华书局,1987年,第270—271页。
② [英]濮兰德、[英]白克好司:《慈禧外纪》,陈冷汰译,北京:紫禁城出版社,2010年,第39页。
③ 《清实录》第44册,《文宗显皇帝实录》卷356,第1257—1258页。

从,于是坐以大逆,斩于柴市,而听政之礼始成,殆冤案也。"①

　　肃顺对于王闿运有赏识礼遇之恩,王闿运难免有为亲者讳之嫌。但是,人们对清廷所定肃顺等人之罪心存疑惑,亦当为事实。

　　然而,当时已无人顾及清廷对于肃顺等人所定之罪是否允当。这是因为,肃顺等人的政敌希望将他们的罪状定得越重越好;而其他的人,特别是肃顺的同党或同情者,此时避之尚且唯恐不及,尚有何人敢于对此提出异议?如王闿运那样之敢言者,毕竟是少数。"成者王侯败者贼","鼓破万人捶、墙倒众人推",甚至是"落井下石"的现象,在社会生活中屡见不鲜,在政治斗争中更是如此。

　　然而,史学工作者于此当有所查察明辨,万不可为某些历史档案的文字假象所愚、所惑。

(作者为北京师范大学历史学院教授、博士生导师)

---

① 齐思和等编:《第二次鸦片战争》第 2 册,第 300 页。

关于甲午陆战研究中几个问题的辨析

邱　涛

　　关于甲午战争失败的原因,学界主流观点认为,归根结底是清政府的腐朽无能和对外妥协。这种观点当然是正确的。不过,这个结论过于模糊,没有说明清政府中究竟是哪些人要为战争失败承担责任,而责任者各自要负怎样的责任。以往的研究对前线清军将领颇多指责,留下的文字详细而生动;对后方决策者的批评,却是笼而统之,语焉不详。笔者通过分析史料,对以往一些已被"定案"的"史实"再作检讨,希望用史学的方法,把清政府的"腐败无能和对外妥协"作具体的呈现。

一、平壤战役中清军军储与叶志超的逃跑问题

　　甲午战争中,平壤战役被认为是战争第一阶段最关键的战役之一,是中日两国陆军的首次大规模决战。正因为它是一场关键之战,所以研究成果较多。众多论著都会涉及一个重要问题,就是平壤战役期间,清军前敌统帅叶志超在"平壤军储丰厚"的情况下,弃城而逃,"狂奔五百里,渡过鸭绿江,退入中国境内"①。研究论著一般认为在平壤战役中,双方打得很激烈,清军武器弹药充足,日军在竭力进攻不果的情况下,已处于弹药粮草行将告罄的窘态,如果不是叶志超畏敌怯战,战局不应该是历史上呈现的那样。

---

① 戚其章:《甲午战争史》,上海:上海人民出版社,2005 年,第 82—116 页。涉及这一史事的论著很多,较新者如《中国近代史》编写组编:《中国近代史》,北京:高等教育出版社、人民出版社,2012 年,第154 页,等等。

这样理解是否可信呢？我觉得其中有很多问题仍需探究。

首先要指出的是，作为甲午陆战关键战役的前敌总指挥，叶志超不顾大局，仓皇撤离平壤前线，在日军的追击下，狂奔五百里逃回国内，无论有多少说辞，都不足以开脱其罪责。这是问题的一个方面。另一方面，依据史料，还可做更加具体的探讨。

平壤战役有两大主战场，一是城南，二是城北。在城南，清军顽强抵抗，双方处于胶着状态。而在城北，牡丹台和玄武门被日军攻陷，这里是平壤城的制高点，日军布置火炮和兵力，准备一举攻下平壤内城。日方的《日清战争实记》记载：日军在9月15日（农历八月十六日）凌晨发起总攻，"午前八时三十分"，"终于把牡丹台上的敌军（即清军）全部赶走，顺利地占领了牡丹台"，"佐藤大佐见牡丹台已被我军攻占，遂向玄武门冲击，终于打破了坚固的平壤城的一角。我军已经攻占了牡丹台这个险要之地，俯视着平壤城，攻破了玄武门，逼近了主城，势如破竹，几乎所向披靡，欲立即入城"。[①] 显然，平壤清守军受到严重威胁。叶志超与各将领商议，认为："北门之咽喉（牡丹台、玄武门）既失，子药又不齐全，转运不通，军心惊惧，设敌军连夜攻打，何以防御！不如暂弃平壤，增彼骄心，养我精锐，再图大举，一气成功。"[②]这一史料出自驻守平壤的清军主要将领卫汝贵的得力幕僚栾述善之手，此人当时随驻平壤，当是他亲闻亲见或得自卫汝贵转述；在平壤陷落时，栾述善被日军所俘，这是他在日本大阪狱中所写，此时所作不必为人隐讳，故从史料来源和真实性上可靠性均高，很能说明实情。

如果说攻防要地失守，就放弃阵地，叶志超这种"畏敌怯战"的做法，肯定是丧失了一名军人的基本职责，无论如何是说不过去的。但是，叶志超在决策时提出"子药又不齐全，转运不通，军心惊惧"也很致命，因为近代战争中是否有充足的武器弹药，其意义之重大，是不言而喻的。

那么，平壤城守军的武器弹药，究竟是如学者们所说"军储丰厚"、极为充足，还是如叶志超所说"子药又不齐全，转运不通"呢？

学者们通常认为，这是叶志超为自己临阵脱逃而编造的借口，理由是平壤清

①·《日清战争实记选译》，于时化、刘恩格译，戚其章主编：《中日战争》第8册，北京：中华书局，1994年，第55—56页。
② 栾述善：《楚囚逸史》，戚其章主编：《中日战争》第6册，北京：中华书局，1993年，第182页。

军的军火储备很充足。这是秉承了学界认为甲午战前清政府的军火储备丰富、清军装备总体上占优的流行观点。这一观点所依据的一大核心史料,是甲午战争爆发前夕翰林院编修曾广钧所上呈文。

曾广钧这一呈文描述了战前清军制造、购买军火的情况:"中国后膛枪炮之多,甲乎天下。各局制造购办不可悉举……名目虽繁,约分三等。上等者:曰快利,上海制造局所新造也,所出不多,尚难尽用。曰毛瑟,德国所造,远界二千五百码。曰德国马梯尼,远二千二百码。以上二种,江南军装局存储极多,弹子亦复不少。……曰单响哈乞开司,远界二千码,广东官兵多用之。曰黎意五子连环递放,远界二千五百码,福建、广东、江南皆用之。以上皆上等也,宜名曰甲枪。中等者:曰英国马梯尼,机括稍窒,及界亦远。曰十三响云者士得,极界一千二百码,药力亦弱,此二种中国购置亦复不少,各军正在使用,宜名曰乙枪。最下者为林明敦枪,系美国极旧之式,乃上海制造局自同治十二年起造,至光绪十五年止,所造至百余万杆,除已发各营外,实存六十余万杆,弹子称是。此枪后膛走火,又易炸裂,又不甚准。最劣之品,宜名曰丙枪。查中国甲枪已属不少,足敷陆军之用,但毛瑟、德国马梯尼弹子,中国现不能造,惟黎意枪子上海制造局能造之,应令前敌交绥各军纯用黎意枪,其毛瑟及德国马梯尼,前者已购之弹子尚属山积,应令绿营练军及长江水师用之,俟弹尽时再议更换。其乙枪既有瑕疵,宜暂令未练之绿营及云、贵、川、陕、甘肃、湖南等练军用之,亦俟弹尽再议更换。……其丙枪直为无用之物,宜弃之,或义民欲用者,亦可择其不炸裂、不走火者假之。其格林炮及十二生的过山炮,皆平原利器,暂时无用,故不备论。"①

作为后世研究者依据的核心史料,曾广钧呈文的内容是否准确?这是关键!事实上,这篇呈文内容错漏百出!

曾广钧的呈文开篇就说清军后膛枪炮的战略储备"甲乎天下",那将欧美各军事大国置于何地?如果说这是一种虚荣心作怪的自我吹嘘,那么,他将英国所造亨利·马梯尼枪误为德国所制造等一系列错误,就完全暴露了他对于枪械的无知,实际上是一个冒充军事内行的门外汉。其次,大部分枪械的射击距离被他夸大了一倍左右,如呈文中称黎意枪射程能达到2500码,将该枪的最大射程夸大了一倍以上;单响哈乞开斯枪的尺表射程,也被他夸大了一倍,说成2000码;

---

① 中国第一历史档案馆编:《光绪朝朱批奏折》第119辑,北京:中华书局,1996年,第589—590页。

在这一系列夸大的数字中,他的表述稍显可靠的两种毛瑟枪的射程,也被分别夸大了 450 码和 900 码①。而且,射程固然重要,但不是衡量枪械好坏的唯一标准,此外还必须考虑装弹量、膛压、射速、来复线、枪械使用寿命等衡量标准。以此来衡量,哈乞开斯步枪只是单发枪,从各项枪械指标来衡量,都不能算到甲枪(即质量性能最佳的枪械)范围里。至于林明敦中针枪,当时中国最大的兵工厂——江南制造总局(沪局)自同治六年(1867)五月起生产,至光绪十六年(1890)停产该枪止,20 多年间,总共生产了各种型号林明敦枪 4 万余枝②,是曾广钧所云"上海制造局所造至百余万杆"的 1/25。即便其他各局有仿制,限于生产能力③,想要在甲午战前达到"实存 60 余万杆"枪支,无异痴人说梦。

那么,研究者能根据曾广钧呈文等材料,得出清军武器弹药储备充足、装备精良的结论吗? 能据此准确估计战争中枪炮、弹药的消耗速度,得出清军武器装备足以支撑这场战争的结论吗? 显然不能。曾广钧的呈文认为,清军弹药存储的绝对数量相当丰富,用他的话说,就是"尚属山积",但"山积"到何种程度? 所谓"山积"的子弹中,有多少是新制的、合格的产品? 又有多少是因存储时间过长或质量问题,而变质的废品? 曾广钧是外行,不会计算和辨识,只能是含糊其语。而以往研究者也多忽略了对实战中弹药消耗速度等问题的具体考察,导致对清军弹药储备的研究出现重大误差。

关于平壤战役时清军军火储备的实际情况,我们可从以下两条重要史料来展开分析。

一条核心史料是办理盛军前敌军械委员、亲历了平壤实战的邱凤池在战后(光绪二十一年七月初四日)的一道奏折。邱凤池具体经办了驻防平壤城的清军主力之一——盛军的军火后勤保障,该奏折报告了其战前和战时向平壤运送武器弹药的详细情况,有助于了解甲午陆战中枪、炮、弹药的消耗速度和平壤军储的具体情况。该折说:(1)"卑职于去岁(光绪二十年)六月十八日,随队由新城登轮,解运七生脱半炸弹一千二百颗,两磅威敦过山炮弹一千二百颗,四分五径小格林炮子五万粒,哈吃开思兵枪子四十五万粒,云者士得马枪子五万粒,旱

---

① 魏允恭编:《江南制造局记》,台北:文海出版社,1969 年,第 841—842 页;陈龙昌辑:《中西兵略指掌》,清光绪二十三年东山草堂石印本,第 12 页。

② 据《江南制造局记》历年制造表统计,参见魏允恭编:《江南制造局记》,第 319—424 页。

③ 相关数据,参见樊百川:《清季的洋务新政》第 2 卷,上海:上海书店出版社,2003 年,第 1301—1303 页。

雷壳八十个,电箱七具,电线计长六英里,炮药三千磅。以上各件,两次均解运到平壤城,设局存储";(2)"自去岁八月十三日午前与倭寇接仗,鏖战四昼夜,共计发给各营七生脱半炸弹八百五十颗,两磅威敦过山炮弹九百颗,四分五径小格林炮子五万粒,哈吃开思兵枪子二十六万七千粒有奇,云者士得马枪子二万四千粒,炮药一千七百四十磅,埋设旱雷二十四个,外叶军门借拨哈吃开思兵枪子十万六千粒";(3)"仅存哈吃开思兵枪子七万七千粒有奇,云者士得马枪子二万六千粒,七生脱半炸弹三百五十颗,两磅威敦过山炮弹三百颗,炮药一千二百六十磅(存在平壤城被倭寇所得)";(4)"各营每炮自带炸弹五十颗,每枪自带枪子一百五十粒,尚不在卑职解运数目之内。于八月十三日战至十六日,计四日内,约施放枪子七十四万粒之谱,炮弹二千八百余颗之谱"。①

这是驻防平壤城的一支清军——盛军6000人(占平壤清军总数近一半)的装备情况。如果孤立地看这些数据,可以得出卫汝贵所率盛军,乃至布防整个平壤城的清军,武器装备精良且弹药充足的结论。但计算下来,就会发现邱凤池运送到平壤的各种枪械的弹药55万颗,6000名盛军人均92颗,加上他所说不在其解运数目内的每枪自带配子150颗,人均242颗子弹,与清军已经形成惯例的每枪配1000颗子弹(最低配置也是单枪500颗子弹)的标准相去甚远。邱凤池还运去各类近代火炮的炮弹2400颗,以卫汝贵盛军配备的过山后门炮20尊计算,平均每尊配弹120颗,加上原有配弹50颗,共计170颗,也与清军习惯的每炮配弹200颗的低标准(晚清火炮配弹的高标准达到每炮1000颗)有不小的距离,何况盛军所拥有的火炮是平壤驻军火炮的主力,这种状况必然会影响清军官兵的战备心理。结合日军在平壤战役中的战利品清单来分析,还会发现清军的重武器——火炮很少,也从一方面再次证明清军军储丰厚之说站不住脚。在日军缴获的35门各种火炮中,只有12门75毫米克虏伯山炮(日军称"七厘米克虏伯山炮")、4门75毫米克虏伯野炮(日军称"七厘米克虏伯野炮");而日军仅一个元山支队就拥有与整个平壤清军相同数量的75毫米克虏伯炮,虽然日军数日以来发射的炮弹也是2800发左右,但其拥有的75毫米克虏伯炮数量却是清军的3

① 陈旭麓、顾廷龙、汪熙主编,齐国华、季平子编:《盛宣怀档案资料选辑之三·甲午中日战争(下)》,上海:上海人民出版社,1982年,第458—459页。

倍以上。① 清军和日军火力的对比,火炮攻击的有序性,以及同等火力下的打击效率,不言自明。

如果邱凤池的奏折还不足以说明整个平壤守军的军火储备情况的话,那么,正好可结合另一条核心史料,就是日方文献所提供的平壤战役结束后的缴获物资清单,基本可以明确经过 9 月 15 日的激战后,平壤守军的军火余存情况。

在这一清单中可以看到,日军在平壤战役中共缴获清军步枪子弹 56 万发、炮弹 840 发。② 从绝对数量来看,清军遗弃的枪炮子弹数量是惊人的,但枪弹分配必须考虑军队人数,如果平摊到平壤前线清军 1.3 万人头上,则会发现清军人均弹药数量少得可怜,人均仅有 43 发子弹。平壤前线,卫汝贵部还配有过山后门炮 20 尊,马玉崑毅军配带小炮 6 尊,左宝贵领有陆路军炮 6 尊,叶志超有小炮 8 尊,按这 40 门火炮计算,将日军缴获的 840 发炮弹平分,每门只能分到 21 发炮弹。③

当然,还有一个关键内容,就是弹药的日均消耗量问题。根据邱凤池的奏折,可知守卫平壤的清军在八月十三日至十六日总共消耗子弹 74 万发、炮弹 2800 发。即使不考虑实际作战情况,按平均数计算,每日也要消耗 18 万发子弹、700 发炮弹。而平壤战役的实际情况是,日军真正的总攻只有 9 月 15 日(农历八月十六日)凌晨四时三十分到午后二时左右这大半天时间,清军在此后休战时乘夜撤离平壤,日军在 9 月 16 日上午顺利占领平壤城,也就是说,已消耗的 74 万发子弹、2800 发炮弹,大部分实际是在抵御日军这大半天总攻中消耗掉的。④

那么,如何来计算平壤战役中清军弹药在抵御日军大规模进攻中的日均消耗量?

一种算法是,按上述情况来估算,叶志超撤退时所遗弃的 56 万发子弹,顶多能抵御一天同等规模的日军总攻;另一种算法是,如果按照身居战阵的袁世凯的

① 戚其章主编:《中日战争》第 8 册,第 45、60 页;日军在平壤战役中消耗弹药统计,见日本参谋本部编,[日]桧山幸夫监修:《明治二十七八年日清战史》第 2 卷,东京:ゆまに书房,1998 年,附录第二十六。
② 戚其章主编:《中日战争》第 8 册,第 60 页。
③ 中国第一历史档案馆编:《清代军机处电报档汇编》(9),北京:中国人民大学出版社,2005 年,第 508—509 页。
④ 戚其章主编:《中日战争》第 8 册,第 47—59 页。

估算,200 发子弹不到 10 分钟就会消耗掉①,56 万发子弹恐支撑半天都很勉强。至于 840 发炮弹,用不了一天也会全部打光。看似绝对数量上的充裕,所谓"山积"的清军弹药储备,实际上却掩盖了清军弹药储备相当匮乏的真相。故叶志超清军的仓皇撤逃,至少有一个因素是估算了枪弹不足以坚守平壤城。清军官兵日常养成的习惯和意识中,单枪配弹的标准是 1000 发,像平壤战役最后(按被缴获的子弹计算)每枪只能配备 50 发左右的子弹,怎能"敷用"?

　　这样看来,被研究者据为核心史料的曾广钧呈文所说的弹药"枪子尚属山积",根本不能作为清军武器弹药储备充足的依据,由此可见国人对战备认识的粗疏;而根据日军缴获的清军枪炮弹药来看,确实不足以支撑清军击退日军对平壤的进攻。而且,清朝平壤守军的粮草供应同样告急,当军机大臣、户部尚书翁同龢看到叶志超报告平壤"军粮五船在大同江为敌劫去,存粮不敷五日"的奏折后,发出了"此师殆哉"的哀叹。② 当时清军没有建立像日军那样沿途设立兵站保障运输供给的近代军队后勤制度,而依靠一条原始、拖沓的后勤补给系统,武器粮草补给极为困难。这一具体史实说明叶志超没有谎报军情,也说明腐败无能的清政府,无论是最高掌权者慈禧太后,还是秉中枢权力的军机大臣们(礼亲王世铎、武英殿大学士额勒和布、东阁大学士张之万、兵部尚书孙毓汶、工部左侍郎徐用仪、户部尚书翁同龢、礼部尚书李鸿藻、礼部侍郎刚毅、恭亲王奕䜣),以及李鸿章、刘坤一、张之洞等掌握清政府主要军工厂和外购军火事务的封疆大吏,根本没有为争取这场战争的胜利做好充分准备,其实他们也没有这个能力。但这不能成为叶志超这一前敌主帅"怯战"而仓皇撤离,导致他所指挥的这支中国陆军主力全军崩溃、一发不可收拾的理由,更不能开脱他对甲午战败应承担的历史罪责。

二、清军将领是否谎报武器装备差来为怯战无能开脱

　　学界普遍认为,甲午战争中清军军火储备充足,清军将领奏报所部武器装备

① 《致津海关道盛宣怀电》,骆宝善、刘路生主编:《袁世凯全集》第 3 卷,开封:河南大学出版社,2013 年,第 487 页。
② 翁万戈编,翁以钧校订:《翁同龢日记》第 6 卷,上海:中西书局,2012 年,第 2773 页。关于平壤城粮食供应情况,清军战时补给系统,是一个需要专论的重要问题,本文限于篇幅,不再详述。

不足,并非真正缺军火,而是一些将领为掩饰自己军队战斗力低下,为自己的战败甚至怯战开脱,除了叶志超,原黑龙江将军依克唐阿也是这种人的一个代表。颇具代表性的观点认为:"依克唐阿出关时所部 3000 人,带快枪 3800 枝,人手一枪尚有余。1894 年 10 月黑龙江将军增祺又拨给他各种枪 6000 枝。到甲午战争结束时,黑龙江共拨出各种炮 174 尊,各种枪 11246 枝,其中有少数拨给其他部队,但大部分是进口枪械。"①

不可否认,确实有许多清军将领借口武器装备差来为自己"怯战"开脱的情况,但仍有诸多情况需要具体分析。依克唐阿及其所统军队的实际情况,就需要具体分析。

首先,我们需要搞清楚依克唐阿军究竟有多少人马,这是衡量该军武器装备是否不足的基础。该军出关时确为 3000 人,但不代表在甲午战争中该军人数始终是 3000 人。据日本方面的情报统计,光绪二十年(1894)底,依克唐阿已辖有镇边军、敌忾军、齐字新军、靖远新军、齐字练军等共 41 营,按清军军制有万余人,远非一开始的 3000 人。② 到光绪二十一年三月初七日(1895 年 4 月 1 日)战争快结束时,依克唐阿奏请拟再招募一万人,"仿古二千五百人为一军,分为四军",待练成后"一齐调赴前敌应战",为此他奏请山东巡抚李秉衡等再造、解运抬枪 3000 余杆。③ 即便这些抬枪能如数供应(实际只得 1500 余杆),以 3—4 人用一杆抬枪计算,不算备枪则刚好够用,如要按制有备枪,则明显不够。故不能轻易断言依克唐阿请解军火,只是为掩饰自己部队战斗力不足,是为自己战败甚至怯战开脱。

其次,上述观点认为依克唐阿将缺少枪弹的情况夸大其词,却没有计入战争中枪支的损坏、丢弃等情况,也没有区分枪、炮两项,而只强调大部分是进口枪械,但又不说明枪械的具体情况以及 174 尊火炮中超过 160 尊是土炮的情况,故相关结论与实情颇有距离。我们依据史料来具体探究一下实情。

依克唐阿军出关时随带 3800 枝枪一情,出自接任黑龙江将军增祺光绪二十年(1894)九月十五日的奏片:依克唐阿带各项快枪 3800 余杆、子母 692000 颗,

① 关捷总主编:《中日甲午战争全史》,长春:吉林人民出版社,2005 年,第 104 页。
② 日本参谋本部编、[日]桧山幸夫监修:《明治二十七八年日清战史》第 2 卷,附录第四十四。
③ 《黑龙江将军依克唐阿奏为复陈添兵筹议饷械及拟办情形折》,戚其章主编:《中日战争》第 3 册,第 21—22 页。

其中子弹一项是吉林制造局"二十年分产量中除火药、铜帽、哈乞开斯子母 15 万粒"外的全部家当。也就是说依克唐阿军的 3800 枝枪,平均每枪只能配备 182 颗子弹! 按照清军单枪配 1000 颗子弹的惯例,依克唐阿出关前就声明自己所统之军子药不足,并非托词,而且这一问题始终没有得到解决。① 此前,九月初三日叶志超电奏:"九连城等处分驻各军,枪炮子弹,均二百数十出,备粮亦甚艰难。东沟一带,奉军枪炮子药,均不足三月。"② 此时依克唐阿军已进驻九连城,叶志超奏称所统各军枪炮子弹不足,当然也包括该军。在枪弹储备不足的情况下作战,士兵必然会有很大顾虑而影响战斗效率、斗志、战果。

那么,依克唐阿军在战时究竟得到多少军火援助? 我们可依据史料作一梳理。

光绪二十年(1894)九月初八日,依克唐阿请求增援单响毛瑟枪 5000 杆、哈乞开斯枪 1000 杆、续调两项子母 608000 颗,由协领依兴阿回黑龙江转运,计算下来,每枪所配子弹依旧很少(每枪配弹 101 颗)。最终这批军火连同马毛瑟 500 杆、带刺哈乞开斯枪 200 杆、带刺来复枪 300 杆,分三批解运。③ 十一月下旬,由于子弹不足,依克唐阿电请增祺"匀拨五十万粒",由吉林机器局负责"赶造三十万粒",随后,依克唐阿又请"星夜解奉毛瑟、(哈乞)开斯子母,每项二百万粒,方足分布各营"。由于黑龙江"现存子弹实无如此之多",增祺便令先拨毛瑟子弹 10 万颗、哈乞开斯子弹 7 万颗,这批子弹于"十一月二十二日起程,星夜解至前敌点交应用"。④ 与依克唐阿所要求的 450 万颗子弹相比,增祺所拨的 47 万颗(包括正在赶造的 30 万颗),无异杯水车薪。增祺又奏请"由天津、山东各机器局筹解应用",光绪皇帝电谕直隶总督李鸿章、山东巡抚李秉衡,要求天津和山东机器局进行接济,"先行筹拨子弹若干,迅速解济"。⑤ 十一月二十五日,依克唐阿奏称其前购连珠枪 430 杆、哈乞开斯枪 100 杆,后膛过山钢炮 4 尊,"已经发营使用"。同时说明"现在仅有新购快炮四位、钢炮二位,行营不敷制敌。应请旨下神机营迅拨毛瑟开斯枪共千杆、子母百万粒,大炮数位,丸弹喷筒火箭

① 中国第一历史档案馆编:《光绪朝朱批奏折》第 60 辑,第 102 页。
② 《清实录》第 56 册,《德宗景皇帝实录》卷 348,北京:中华书局,1985 年,第 474 页。
③ 中国第一历史档案馆编:《光绪朝朱批奏折》第 60 辑,第 102 页;戚其章主编:《中日战争》第 1 册,第 346—347 页。
④ 中国第一历史档案馆编:《光绪朝朱批奏折》第 60 辑,第 116、178 页。
⑤ 中国第一历史档案馆编:《清代军机处电报档汇编》(1),第 383 页。

各一千。并恳饬下护理黑龙江将军增祺,仍拨十响快枪子母五十万粒"①。

光绪二十一年(1895)二月二十五日,增祺的奏报称,计自腊月二十日以后拨给依克唐阿军毛瑟子弹 12 万颗;正月十一日,调嘎尔萨炮 2 尊、炮弹 1200 余颗、洋药 3000 斤、来福枪铅丸 3000 颗;正月二十二日,又拨开花炮 2 尊、开花炮弹 500 个、铅丸 20 万颗,来福枪铅丸 8 万颗;二月初三日又调齐齐哈尔墨尔根库存后膛铁炮 7 尊、三等铜炮 1 尊,随带炮弹 1100 颗。② 光绪二十一年四月十六日(1895 年 5 月 10 日),依克唐阿电奏称,近期他收到的军火实数是"已解到营之抬枪一千五百四十九杆,在辽阳制造铜炮二尊、铁炮六十尊、后膛炮卅尊,开花子弹三十余颗"③。

根据上述这些数据,依克唐阿军战时和战后初期实际得到的军火补给有:毛瑟枪 5000 杆、毛瑟马枪 500 杆、哈乞开斯枪 1300 杆、连珠枪 430 杆、来福枪 300 杆、抬枪 1549 杆、嘎尔萨炮 2 尊、开花炮 2 尊、后膛铁炮 7 尊、后膛钢炮 4 尊、三等铜炮 1 尊、辽阳制造铜炮 2 尊、铁炮 60 尊、后膛炮 30 尊,各类枪械子弹 119 万多颗,来福枪铅丸 83000 多颗,各类炮弹 2800 余颗,炮用洋药 3000 斤、铅丸 20 万颗。

在分析依克唐阿军战时实际得到的军火补给的基础上,我们再来考察该军军火消耗的情况,可知在甲午战争陆路战场的作战中,军火消耗的速度非常快。

光绪二十年十一月二十四日,增祺就奏报依克唐阿军所有各种枪弹 170 余万颗"今称已将用尽"④。光绪二十一年四月十六日依克唐阿电奏称,历次所失军火,"除前失铜炮、钢炮各二尊"外,"计自长甸开战后至停战,共失去快枪三千八百零七杆。损坏者八百八十余杆,前由吉林机(器)局调来匠役驻奉购料修理,仍堪应用"⑤。依克唐阿军将刚出关时的 3800 枝快枪差不多损耗光了,在扩军超过一万人的情况下,陆续得到各种枪械近 10000 枝、炮 108 尊,这时依克唐

---

① 《署黑龙江将军依克唐阿为请拨军火事致增祺咨文附原片》,戚其章主编:《中日战争》第 2 册,第 52 页。

② 《黑龙江将军增祺奏遵旨续行筹济前敌军火炮位情形折》,戚其章主编:《中日战争》第 2 册,第 546 页。

③ 《黑龙江将军依克唐阿奏中日开仗以来枪枝损失较多必须补充电》,戚其章主编:《中日战争》第 3 册,第 353 页。

④ 中国第一历史档案馆编:《光绪朝朱批奏折》第 60 辑,第 178 页。

⑤ 戚其章主编:《中日战争》第 3 册,第 353 页。

阿计划扩军至两万余人，自然觉得武器弹药不够用。何况，依克唐阿军在辽东参加了鸭绿江防之战、摩天岭之战、五复海城之战，均是大规模血战，清军战力又远逊日军，他所领到的那批枪炮如前述又是如此成色，每战后该军必有大量伤亡和武器、弹药的损耗，其上奏请求补充兵员和武器弹药，是合乎情理的，恐怕不能简单认定就是掩盖该军战斗力不足，是推卸"怯战"和战败责任的借口。

对依克唐阿的各项请求，学界多主观认定是在找借口，如果说这种看法是缘于以往论著说他是怕死怯战将领观点的影响①，那么，上述具体分析说明这类请求并非都是借口。我们还有旁证。

徐邦道在甲午战争期间及其后都得到正面肯定，可是他在战争一开始就强调，他的部队所配"枪械仅五成"，后来更说只有四成，所以一口气要求调配 6000 杆枪、12 尊炮。② 为了这 12 尊炮，他先后致函负责此事的周馥、双台子转运局和宋庆，迹近乞求，并称只要配齐装备，"倘遇战事则较有把握"③。须知徐邦道所统拱卫军只有 11 营（3000 余人），就清廷规制的人枪比例而言，他的要求比依克唐阿更过分，是否也可认定他在掩盖自身战斗力低下？

如此看来，甲午战争东北前线的清军，无论依克唐阿军还是徐邦道军、唐仁廉军、吴大澂军、刘盛休军，都处在军火不足的窘境中。光绪二十年十月，刘盛休在复州报告所部铭军，"每枪仅子数十个，断不敷用"④。要么枪支不足，弹药更不足，要么有大杀伤力的重武器奇缺，虽然这不能作为清军"怯战"的理由，但这也确是甲午战争中清军的实情。

就依克唐阿一军的军火援应而言，清廷缺乏战略统筹，没有能力做好"后勤部长"，负责吉林机器局的吉林将军长顺和恩泽、负责督催的黑龙江将军增祺、负责天津机器局的直隶总督李鸿章、负责山东机器局的山东巡抚李秉衡，不能及时足量供应急需的武器装备，难逃为战败应承担的罪责。总之，要认定清军将领普遍惯于谎报自身实力，来为怯战和战败开脱，重在证据，不能人云亦云。

---

① 戚其章：《晚清史治要》，北京：中华书局，2007 年，第 315 页。
② 《寄周阜司》，顾廷龙、戴逸主编：《李鸿章全集》（25），合肥：安徽教育出版社，2008 年，第 234 页；陈旭麓、顾廷龙、汪熙主编，齐国华、季平子编：《盛宣怀档案资料选辑之三·甲午中日战争（上）》，第 324 页。
③ 太平天国历史博物馆编：《清季名人禀牍奏稿函札——甲午中日战争新史料》，南京：江苏人民出版社，2006 年，第 21、24、27、18 页。
④ 《寄营口转运局》，《李鸿章全集》（25），第 139 页。

三、徐邦道是否有退敌的近代军事才能和底气

甲午战争的战火烧到中国境内后，清军的陆路战守，一般都会涉及徐邦道这位清军将领。目前学界对徐邦道在战争中的表现和评价，主流观点是正面肯定，但有不同意见。这些意见分歧的观点各有其道理和渊源，在具体史事上也各有史料依据，但也各有欠缺。在这种情况下，我们更有必要具体考察徐邦道这样的"重要"军事将领，有没有应对近代战争、扭转战局的军事素养、才能和底气。①

应对近代战争，对近代武器的掌握程度当然是一个关键。那么，徐邦道是否具备精熟近代武器装备的军事素养呢？

甲午战争中，徐邦道是最早抱怨外洋军火质量不高的将领之一，光绪二十年（1894）十一月二十三日，他致电盛宣怀称："各转运局、所解来毛瑟、开斯子，两头均有黄蜡，又有外国厚纸四层閒阁，甚有洋铁閒阁，每打不霍铅头焊处，复有纹如螺丝，纵放得出，亦不能远。此中恐有外国人买通工匠作弊之事。"②但正是这一电文，显示出作为一级军事主官的徐邦道，对近代武器装备实在外行。当时国际军工界普遍用油脂渗泡晾干的厚纸张，用来包裹成型发射药和弹丸，装入枪膛前需咬掉子弹后包裹的牛皮纸，以露出底火，71式毛瑟枪就是使用这种子弹。这就是说，实际上纸壳包装仅仅是子弹包装的一种方式，与枪弹质量无关。③ 果然，第二天盛宣怀回电称："子弹用蜡纸，廷一说是外国造法，并无弊。"④

根据李鸿章向清廷的报告，天津机器局的一项任务是专造洋火铜帽及各项子弹，枪子一项，该局至少生产毛瑟、哈乞开斯和云者士得三种，徐邦道抱怨的纸壳毛瑟、哈乞开斯子弹，津局均有制造。另外，天津机器局制造的弹药、火药、铜

---

① 学界对徐邦道多正面评价，今人对徐邦道的正面评价源自晚清军事专家姚锡光之说。参见姚锡光：《东方兵事纪略》，台北：文海出版社，1967年，第116—128页。近些年持正面评价的论著颇多，如戚其章：《甲午战争史》，第175—205页；《中国近代史》编写组：《中国近代史》，第157页，等等。对徐邦道持否定评价者认为，当时布防金州城周边的徐邦道部，与坐守金州城内的八旗军队，在日军进攻面前，"稍作抵抗，便弃城向旅顺方向退却"。参见陈悦：《沉没的甲午》，南京：凤凰出版社，2010年，第233、235、239—240页。

② 陈旭麓、顾廷龙、汪熙主编，齐国华、季平子编：《盛宣怀档案资料选辑之三·甲午中日战争（上）》，第324页。

③ 陈龙昌辑：《中西兵略指掌》，第14页。

④ 陈旭麓、顾廷龙、汪熙主编，齐国华、季平子编：《盛宣怀档案资料选辑之三·甲午中日战争（上）》，第325页。

帽、拉火等零件,一个重要的分配渠道就是直隶省淮练各营。徐邦道在光绪六年(1880)后出任正定总兵,调驻天津军粮城,属于淮系铭军系统的徐邦道部领到的枪弹产品,便是天津机器局所造。至甲午战争时,徐邦道部下使用纸壳子弹长达14年之久,按理,即便徐邦道自己未使用过这种子弹,至少应当了解其部下所用的武器弹药吧,为何身临战阵见到纸壳子弹反而不知为何物? 当然,徐邦道的电文中还道出,他的属下临阵仍不能熟练使用这种枪弹。即便抛开其近代军事素养问题不论,徐邦道竟连自己所统部队的武器装备都不熟悉,也不能有效督促辖下官兵训练并熟练使用这种枪弹,能说得上是一名合格的、值得信赖的指挥官吗?

这也涉及学界历来就有的列强各国在华兜售军火,各军火商以次充好、外购军火质量差的疑问。当时,清政府外购军火有一套颇为严密的程序,每批进口军火需要经过相关驻外公使、港口检验局、南北洋大臣的三重严格检查,方能过关。订购军火时必有成文合同,数量、型号、质量是否与所订相同,与合同一查对便知。且晚清时期列强在华兜售军火,竞争激烈,各军火商一般不会冒着失去中国市场的风险,以次充好。甲午战争即将结束时,在前线督战的刘坤一称,据各统领面禀,小口径快枪子弹每箱上层尚佳,用至下层往往有不合膛或药力不足的问题。但小口径快枪子弹亦有国产,经刘坤一等派人"逐箱抽验",并非外购子弹的质量问题。[1] 光绪二十年十一月八日,清军将领宋庆致电盛宣怀称:"前领子弹半多不响,即响亦不及远。拆验药已成灰,想系陈久坏变,误事。请另拨外洋新子弹,速解。"宋庆说得很清楚,子弹变质不是质量不佳,而是长期不用又保管不善的结果,这个"陈久"的时限,如盛宣怀所说长达二十年之久,"所存系二十年前旧物,恐有不响之弊"[2]。这些都表明,外购军火质量基本是有保障的,而清朝大员们却限于近代军事知识,在购货考察和验收时会犯一些低级错误。即便被视为晚清外购军火权威的盛宣怀,也不例外。光绪二十年九月十五日,盛宣怀称,信义洋行现有"格拉后膛步枪一万枝,机簧与毛瑟同,可用毛瑟子",而且这

① 欧阳辅之编:《刘忠诚公遗集》,台北:文海出版社,1968 年,第 6970 页。
② 陈旭麓、顾廷龙、汪熙主编,齐国华、季平子编:《盛宣怀档案资料选辑之三·甲午中日战争(上)》,第 308、310 页。

种枪中国自能造子。① 实际上，法国造格拉斯式后膛步枪与毛瑟枪机簧构造完全不同，子弹更不能互用，只是表面相似而已。鉴于清朝官员缺乏近代军事知识，卖方和海关代表金登干在报告一批奥国兵工厂保存完好的枪械和子弹即将由欧洲启程时，特别提到"到达中国交货时，应请公正可靠的欧洲检验员开箱抽验后在场移交，以免有人捣鬼当作陈旧军火看待"，甚至连"每一枝枪在使用前当然还要把上面的油弄干净"这类事情还要特别嘱咐。然而这批军火运抵上海时，仍被海关道检查、定性为"全系毫无价值不能应用之物"，难怪金登干会大呼冤枉。赫德对此的解释是："那些没有沾到油水的官吏，自然不免有一番挑剔。"②虽然事情不一定如赫德和金登干所说的那样绝对，但港口检验局的检验员一方面由于工作态度、贪腐问题，另一方面则是受限于军事知识不足而存在过失，则是毫无疑问的。

虽然晚清官员和将领中也有较为熟悉某些近代军械知识的，但毕竟是少数，徐邦道显然不属于这一行列。徐邦道因报告外洋子弹用纸壳包裹是低劣制品，而暴露出他在防御装备方面的素养低劣，还有旁证说明他绝非一时之误。清军在战时武器装备不足的情况下，不得不想方设法，以期解决这一问题。光绪二十年十一月中旬，徐邦道致电盛宣怀，称日军"身穿纸甲，小枪不能击透，惟惧抬枪"③。这封电报所言自相矛盾，纸甲怎可能无法击透？徐邦道不仅缺乏近代军事知识，连中国传统军事知识也知之甚少。纸甲，在古代文献《武经总要》、《明会要》、《武备志》中均有记载。④ 这件事情发生在他上报纸壳子弹事件的前几天，盛宣怀尚未看清此人的昏聩庸劣，还命徐邦道送一件"纸甲"到天津机器局，以便仿制。颇具讽刺意味的是，戳穿荒唐之言的竟是徐邦道本人。徐邦道在给父亲的信里说得清楚："纸甲，男曾试验数次，三百步外前后，枪均一齐穿透。男用四层洋铁皮，寸半厚高丽纸并乱头发做成，又试，七百步外穿不过，七百步内不

---

① 陈旭麓、顾廷龙、汪熙主编，齐国华、季平子编：《盛宣怀档案资料选辑之三·甲午中日战争（下）》，第573—574页。
② 中国近代经济史资料丛刊编辑委员会主编：《中国海关与中日战争》，北京：中华书局，1983年，第109—111页。此项枪械，金登干已请两位内行、前皇家炮兵队的狄克中卫和贝德上尉检查，报告说这批枪械完好无损。
③ 陈旭麓、顾廷龙、汪熙主编，齐国华、季平子编：《盛宣怀档案资料选辑之三·甲午中日战争（上）》，第320页。
④ 茅元仪：《武备志》，顾廷龙主编：《续修四库全书》第964册，上海：上海古籍出版社，2002年，第344—345页；朱国桢：《涌幢小品》，北京：中华书局，1959年，第267页。

行。而且如此笨重,兵勇穿在身上,连动作皆难,焉能临敌打仗?"①这是废话! 马梯尼枪和黎意枪的有效射程都是 300 米左右,88 式毛瑟枪的有效射程不超过 400 米,即便以保守的一步 70 厘米计算,700 步即 490 米。清军只要穿上普通甲衣,超出射程的这些枪都无法击透,何需专门试造"纸甲"?

由此可见,在甲午战争期间,徐邦道这样的军事将领并不具备应对近代战争的军事素养和才能,甚至称不上是一名合格的指挥官,期望他们能指挥军纪差、战斗力低下的清军赢得近代战争,实在太难! 更何况腐败的清政府并没有持久作战、抵抗到底的决心。

虽然晚清体制的腐朽,不能决定在这一体制下官员将领都会懒政腐化,但是,人的创新能力、眼界才能确实被束缚了。晚清统治集团从上到下,确实没有表现出富国强兵、统筹全局(包括应对近代战争)的能力,也没有进行体制改革的决心。当然,战争失败的责任首先是慈禧太后为首的掌权集团没有应对这场战争的战略能力,缺乏统筹各项战备物资供应的能力;而在战前就已负责清朝各军火局的李鸿章、张之洞、刘坤一、李秉衡、增祺、长顺、王文韶、吴大澂、岑毓英等一批封疆重臣,昧于世界军工发展的潮流大势,因循苟且,再加上西方列强的军事技术封锁,导致已经过三十多年发展的中国近代军工制造企业,生产能力极其低下,战略储备根本无法应对大规模近代战争的需要;战前和战时负责外购军火的李鸿章、张之洞、刘坤一、李秉衡、许景澄、盛宣怀等晚清近代化的体制内代表人物,近代军事知识极其有限,缺乏对战争的预见力,经费又捉襟见肘,不能有效外购和储备战略物资,以应战时之需。战争失败,这些人均难辞其咎。当然,前线的清军将领缺乏近代军事素养,甚至不具备一名称职将领的基本素质,有的缺乏军人保家卫国的责任感、畏敌怯战,也是导致战败的重要因素。虽然许多晚清官员、将领在对外战争中的表现,并没有过往所说的那么不堪,但确实也不具备应对近代战争的能力和见识,晚清体制的腐朽确实是造成历次对外战争失败的主因。

(作者为北京师范大学历史学院教授)

---

① 太平天国历史博物馆编:《清季名人禀牍奏稿函札——甲午中日战争新史料》,第 6 页。

名实之境:"义赈"名称源起
及其实践内容之演变

朱 浒

　　进入新世纪以来,以晚清时期的新兴义赈和民国时期的华洋义赈会为中心,学界对于义赈问题给予了越来越多的重视,涌现出一批富有价值的成果。不过,迄今存在的一个疏漏是,关于"义赈"这一名词的源起,始终无人认真予以探究。① 另外,从李文海先生首先使用"晚清义赈"的提法以来,袭用这一提法的研究者亦很少反思其中隐含的问题。至于个别学者偶尔应用"近代义赈"一词时,也未对其内涵做出界定。② 本人虽曾指出,"义赈"作为专有名称的出现,要早于晚清时期,也强调了光绪时期的新兴义赈活动具有近代特质。③ 但是,由于本人当时接触的材料尚有不够充分之处,也没有对概念本身的话语脉络加以追踪的敏感性,以致书中仍然袭用了"晚清义赈"的提法,而未能予以更为确切的说明。随着此后数年间资料的继续积累和进一步的思考,本人发现,"义赈"名称的起源、流布是一个相当复杂的问题。尤其是该名称与实践内容之间的关联,在不同情境下相差极大。因此,对这一问题的探讨,不仅是一个名词发生史的系统考掘,更为认识近世以来中国赈灾事业的演化提供了一条别样的路径。

---

① 唯一对义赈名称起源问题进行探讨的文章,出现在一份非学术性刊物上。这篇以"义赈源流"为名的文章称,"义赈"之名直到 1876 年方才出现。(湉南:《义赈源流》,《华夏文化》1999 年第 1 期。)据该文使用的史料来看,这极有可能是根据李文海等学者的研究加以演绎发挥出来的看法,而非学术性研究。
② 使用"近代义赈"的情况,见王卫平:《光绪二年苏北赈灾与江南士绅——兼论近代义赈的开始》,《历史档案》2006 年第 1 期。在李文海先生那里,此次活动被涵括在"晚清义赈"之中(《晚清义赈的兴起与发展》,《清史研究》1993 年第 3 期。),而王卫平此文并未解释何以称之为"近代义赈"。
③ 朱浒:《地方性流动及其超越:晚清义赈与近代中国的新陈代谢》,北京:中国人民大学出版社,2006年,第 24—27 页。

一

与义仓、义庄、义田、义学、义冢等同样以"义"为名的社会事业相比,"义赈"①作为一个独立词语而出现的历史确实要短一些,但也要远远早于晚清光绪时期。总的说来,从明中期到清前期,即大致相当于16—18世纪这段时间,虽然"义赈"一词在这个时间段中出现的频次有限,其身影却不绝如缕,因而可以称为其作为一个独立词语的滥觞期。并且,这一时期与义赈相联系的实践内容所透露出来的信息,对于了解中国民间赈灾事业的发展史亦有着不菲的价值。

需要补充的是,在探讨"义赈"作为独立词语的历史之前,尚须区分这样一个状况。那就是,有不少"义"和"赈"字并联出现的场合,实际属于无意识的连用,并不能构成一个完整的词语。例如,在"以义赈之"、"倡义赈粜"、"仗义赈恤"、"好义赈济"和"尚义赈粜"等短语中,"义"、"赈"两字并不能作为自足的独立词语存在。因此,无论这类字眼出现得有多早,或是多么频繁,都要被排除在本文谈论的范围之外。

就目前所见,义赈最早被独立使用的证据,可以追溯到明朝嘉靖年间。著名文士、长洲人祝允明所著《怀星堂集》约于嘉靖年间成书,书中《处士丁君墓碑铭》一文提到,丁望山曾"以义赈赐级"。② 据该文之文义判断,丁望山生活时间稍早于祝允明。不过,这里的"义赈"究竟所指内容为何以及何时发生,文中没有给出任何线索。相比之下,另一条证明"义赈"一词在嘉靖时出现的证据,在具体内容上要更为明确。据创修于嘉靖、续修于顺治、增纂排印于雍正的《河南通志》载,嘉靖中,任卫辉府知府的陈庆,"值岁饥,捐俸倡赈,富民咸乐输助,立义赈亭③。虽然无法确定这条材料是否在嘉靖时期的志书中已经存在,但按语意和常理推断,该亭的名称应是当时就给定的。

像卫辉府富民输助之举被称为义赈的状况,似乎在明代较为通行。第一个重要的佐证也来自河南地区,这就是康熙三十二年(1693)修成的《新郑县志》所

---

① 需要补充的是,在许多历史文献中,"义赈"也往往有被写作"义振"的情况,两者通用。
② 祝允明:《怀星堂集》卷18,影印《文渊阁四库全书》本,第30页。
③ 雍正《河南通志》卷55《人物传中》,影印《文渊阁四库全书》本,第95页。

提供的支持。在该志中,"义赈"之名凡两现。其第一次出现在"仓库"项下的"义赈善后永济仓",然其后的说明文字仅有"久废"二字,别无其他。① 其第二次则出现在该书的"人物志"之中,在人物分类之下列有"义赈"一目,其所记内容则全为明代之人物及事迹,兹照录如下:

> 陈福、侯冕、刘英、张莱四人,成化丁酉捐赈谷各一百五十石,照例给与冠带荣身。

> 王谞、唐质等二十人,成化壬寅捐赈谷各一百五十石,知县黄肃照例给与冠带荣身。

> 白凤书,候选经历,万历九年至二十六年尚义赈荒,共捐过谷三百石、银三十两、棺木一百具,有司屡旌其门,后两院题请纶音,赐扁旌义。

> 李承芳等三百三十二家,万历四十五年捐杂粮银钱二千四百七十余石,知县陈大忠申明院道,给扁旌奖。

在该目末尾,编者又附文称:"以上古志所载,虽不尽列名氏,然存其事以见好义之一班云。"② 由于这是康熙时期纂修的志书,所以很难断定"义赈"的名目是否也抄自从前的旧志。然而,《新郑县志》的编纂者把这些成化至万历年间的捐赈者放在"义赈"类目之下,与前述《河南通志》里富民捐赈的情况相同,所以两者的做法很可能存在着某种共通的渊源。

另外一个证据则来自现属河北省的蠡县。据光绪二年(1876)纂修的《蠡县志》载,崇祯末大荒期间,兵备道钱天锡"悼赈力之渐微,伤民命之难救,焦心蒿目而作荒政一篇",记载了这次赈灾活动的许多内容。该书中《荒政志》所记这部分内容,即主要依据钱天锡留下的文献改编而成。其中,崇祯十三年(1640)的赈灾物资分为官赈、民赈两部分,而被列为民赈的内容,其实是当地绅富商贾人等捐输助赈之举。而在次年发布的告示中,这些捐赈行为即被称为"士民义赈"。③ 鉴于这个告示完全是钱天锡的口吻,所以志书中出现的这个说法很可能抄自明末时期的文献。

不过,上述两部县志中提供的证据毕竟都是明代事迹。那么,义赈之名是何时被用来指涉清代事迹的呢?这种指称与明代又有着怎样的异同呢?

---

① 康熙《新郑县志》卷1《建置志》,第18页。
② 康熙《新郑县志》卷3《人物志》,第57页。
③ 光绪《蠡县志》卷8《荒政志》,第10—13页。

乍看起来,清代最早指涉义赈的事迹,似乎应出现在康熙年间的广东。据乾隆十年(1745)纂修的《陆丰县志》载,该县民人林长春于康熙三十六年(1697)"倡义捐赈谷一百二十石",故官府奖给"义赈乡邦"匾额。① 不过,细究此处文字,其中的"义赈"并不构成一个独立名词。另外,就其实质而言,也仍不过是一次普通的捐赈行为而已。

因此,明确使用"义赈"来指称清代赈灾活动的最早文献,应是同样纂修于乾隆十年(1745)、也同样属于广东地区的《普宁县志》。至于该志所确指的赈灾活动,则又发生在雍正四、五两年(1726、1727)。据该志之《事物志·灾祥》称:

> 四年丙午秋七月,大水至县堂,米贵大饥,开仓平粜,合邑绅士捐资设赈。

> 五年丁未秋七月,大水至县二堂,米复大贵,民饥失所,绅士复设厂义赈,全活甚多。②

该志在《选举志·旌匾》中,除将数十位被旌匾士绅在雍正四年的助赈活动呼为"丙午岁饥义赈"外,更径直将此两年助赈活动称为"丙午、丁未义赈"。③ 另外值得一提的是,这两次活动也涵盖了捐赈之外的许多内容。据该志称:

> 查雍正五年丁未,岁饥尤甚,绅士复会议捐赈,……或平粜,或捐米,或分赈共赈,而方士第督赈一十六日,另捐草席麻皮,收埋骸骼。普绅士尚义好施之风,诚为可嘉。④

雍正四、五两年(1726、1727)是广东历史上的一个大灾年分,许多地方都留下了官府倡劝富户捐赈的记载。但是,将绅士们在这个时期的助赈行动呼为"义赈"的情况,遍查全省所有志书,仅有普宁县一处而已。⑤ 另从前述具体行动内容来看,普宁绅士的行动并不具备统一章法的整体性。因此,尽管其实践内容较明代丰富一些,但这里给予的"义赈"名号,实质上仍是一种褒称,并非特指某种集体性赈灾形式和活动。而从此之后直至道光朝中期之前,广东境内再未出现以"义赈"为名号的赈灾记录。

---

① 乾隆《陆丰县志》卷8《人物志》,第14页。
② 民国重印乾隆《普宁县志》卷9《事物志·灾祥》,第8页。
③ 民国重印乾隆《普宁县志》卷6《选举志·旌匾》,第17—18、22页。
④ 民国重印乾隆《普宁县志》卷6《选举志·旌匾》,第18页。
⑤ 惟有乾隆四十年(1775)纂修的《潮州府志》里提到,普宁人方国乔"雍正丙午、丁未岁饥,倡义赈"。(卷30《人物下》,第14页。)事实上,方国乔事迹已见《普宁县志》。

与广东的情况类似,"义赈"名号在江南地区最初的出现亦属惊鸿一现。在同样纂成于嘉庆二年(1797)的《宜兴县志》和《荆溪县志》中,皆在"田赋志·蠲赈"项下设有"义赈"一目附之,两志的该部分文字亦基本相同。细究其中内容,其所指的"义赈"活动,始于乾隆二十年(1755)秋灾之后,当地绅士商民于次年初"捐输散赈,在城及各乡区图设厂散赈煮赈";最末一次则是乾隆五十年(1785)秋大旱之后,"绅士商民捐赀买米平粜,城乡各区所在设厂煮赈"。① 然而,在道光《续纂宜兴荆溪县志》和光绪《宜兴荆溪县新志》两书中,提及乾隆朝民人助赈之举时,皆未出现"义赈"字样。因此,宜、荆两县乾隆朝助赈之举,恐不能想当然地被当作江南后来义赈活动的嚆矢。

此外需要指出的是,在嘉庆朝以后纂修的不少方志中,如果单纯从字面上来看,"义赈"这一名号在明清时期的使用似乎要比前文所述为广,因为有不少活动都被赋予了"义赈"的称呼。不过,其中很可能存在一个较大幅度时间错位的问题。也就是说,这一时期内许多出现"义赈"字样的文字记载,大都是很晚以后才由后人追加的称呼,很少能够提供可堪追溯的线索,故而很难说是一个名实相副的情形。

在这方面,最典型的例证是来自上海地区的文献记录。按照一些较晚时期纂修的方志的说法,上海一带出现义赈活动的记载可以追溯到很早以前。例如,在同治十年(1870)纂修的《上海县志》中,在卷7《田赋下》有"国朝以来官绅士民义赈"一目,其起点是康熙十年(1671)"大旱,知县朱光辉赈之,张有荣、孟希贤等出粟有差"的活动,随后复开列了康熙、雍正、乾隆时期的另外9次助赈活动。② 而在光绪五年(1879)纂修的《南汇县志》中,其《户口志》下单列"义赈"一目,更将起点上溯到明景泰五年(1454),另录有从成化至崇祯年间的数次捐赈之举,清代部分亦始自康熙十年(1671)。③ 民国七年(1918)纂修的《上海县续志》亦分别开载"义赈"和"明代义赈"条目,而所述内容与光绪《南汇县志》基本相同。④ 如果单纯从这些志书来看,似乎上海地区的义赈传统言之凿凿。可问

---

① 光绪重刊嘉庆《宜兴县志》卷1《田赋志·蠲赈·义赈附》,第64—71页。光绪重刊嘉庆《荆溪县志》卷1《田赋志·蠲赈·义赈附》,第64—71页。宜、荆两县同城,故两志内容基本一律。
② 同治《上海县志》卷7《田赋下》,第31—32页。
③ 光绪《南汇县志》卷6《户口志·义赈》,第8—9页。南汇原属上海,雍正初析出。
④ 民国《上海县续志》卷7《田赋下》,第19—20页。

题在于,在纂修于康熙二十二年(1683)以及嘉庆十九年(1814)的两部《上海县志》中,竟然从未出现过"义赈"字样。由此推断,同治以后的志书中有关早先义赈的那些记录,至晚在嘉庆十九年(1814)前还没有被赋予"义赈"的名号。

据上海的情形判断,其他不少地方有关当地早先"义赈"活动的记载,虽然不能像上海那样从连续性文献记载中寻找证据,但因跨度太大以致名实难副者亦复不少。以下按照出现的时间顺序,略举数例。

据纂修于道光二十年(1840)的《江阴县志》载,乾隆二十年(1755)、五十年(1785)受灾之后,当地民人皆有"捐发义赈"之举。① 同治十三年(1874)修成的《续纂江宁府志》载,句容县民尚祚滋于乾隆五十年(1785)"复倡义振(按:"振"同"赈",原文如此,后皆同)"②。纂修于光绪二年(1876)的《蠡县志》载,魏文召于雍正初年"义赈捐粟",魏沨则于乾隆五十七年(1792)"出粟义赈"。③ 纂修于光绪五年(1879)的《石门县志》载,吴之振因于康熙十年(1671)协赈,官府"表其门曰义赈乡闾"④。民国二十四年(1935)刊行的《萧山县志稿》则称,沈耀武于康熙四十八年(1709)"偕兄耀斌出己粟义赈各一月"⑤。

不过,这些看起来不那么确凿的有关义赈的记载,也并不是毫无意义的。因为这里折射出来的一个问题是,为什么这些后人们要竞相以"义赈"来称呼本地久远以前的助赈活动呢?而要回答这个问题,就必须进一步揭示义赈的名称与实践内容之间的关联步入19世纪以来所发生的演化。

二

19世纪确实是义赈名声大噪的时期。在这个世纪中,义赈摆脱了以往那种被用来泛泛褒称助赈活动的状态,而是发展为一种重要的赈济方式和方法,也成为中国赈灾机制中的一项特色内容。同时需要指出,义赈赢得这种地位,也并非要等到晚清时期才实现。事实上,还在19世纪上半叶,作为一种赈济方式的义

① 道光《江阴县志》卷8《祥异》,第15、17页。
② 光绪《续纂江宁府志》卷14之4《人物·先正三》,第40页。
③ 光绪《蠡县志》卷6《人物志·义行》,第46页。与前述该县明末之事例不同,此两人事迹纯属后人追记。
④ 光绪《石门县志》卷8《人物志一·义行》,第32—33页。
⑤ 民国《萧山县志稿》卷16《人物三》,第2页。

赈活动,便首先在江苏南部一带得到了长足发展,从而意味着其在小区域、地方性赈灾机制中得到了一块稳固的地盘。如前所述,16 至 18 世纪期间有关义赈的记录,大都只能从后人追记的二手文献中查找。而到了 19 世纪,这种情况发生了显著变化,那就是可以从那种时人记录时事的文献中得到确证。

就目前所见,最早被时人冠以"义赈"名义下而策划的赈灾活动,是嘉庆十九年(1814)江苏大旱期间江宁府城的赈灾事例。是年夏,江苏南部地区大旱,在籍绅士、翰林院侍讲秦承业应两江总督百龄之请,起而倡办江宁府城一带赈务。① 在筹赈过程中,秦承业问策于包世臣,后者建议"先乞籴于盐仓,次请司帑,分投采买",然后"卒以义赈,哀富益贫",并为之"区画章程"。② 这份章程包括救荒总略、劝捐事略、采买事略、平粜事略及粥赈事略五事,凡二十一条。秦承业据此规划上呈百龄,并反对江宁府知府邱树棠主张"民捐官办"的办法,而"力持民办"。③ 其后百龄延请秦承业等人主持,并"命府县偕董事,传集小绅商劝谕,共得捐项十七万七千两,遴委佐贰二十四人,举人二十四人,分十二路查户给票。遂于十一月初六日,分六厂赈饥民共八万九千口,人钱四百文,小口半之,……又赈流民九千口"。又据包世臣称,至次年四月停赈时,此次"义赈经费,尚可余二万七八千两"。④ 由此可见,这次义赈不仅对官赈起到了不小的补充作用,而且生成了具有某种独立性的活动形态,从而标志着"义赈"一词此时的意涵较先前发生了超越性的变化。

在写于嘉庆二十年(1815)初的一份信函中,包世臣又称:"前此屡遭荒歉,莫言义赈。"⑤根据包世臣在江苏游幕的时间、经历和资历,这个说法应该具有较高的可信度。那么,此次行动也就很可能是清代首次明确打出"义赈"旗号的、有组织的民间赈灾活动。而江苏境内其他地方在这次旱灾期间出现的民赈活动,虽然尚未发现此时使用过"义赈"字号的证据,但是此后纂修的不少方志在记述本地此时的助赈活动时,往往也以"义赈"呼之。据此而言,这种做法即便属于追认,很可能也与江宁义赈事例的影响有关。

① 光绪《续纂江宁府志》,卷 14 之 7《人物·儒行》,第 1—2 页。
② 包世臣著,潘竟翰点校:《齐民四术》,北京:中华书局,2001 年,第 80—81 页。
③ 包世臣著,潘竟翰点校:《齐民四术》,第 72、79 页。
④ 包世臣著,潘竟翰点校:《齐民四术》,第 82—83 页。
⑤ 包世臣著,潘竟翰点校:《齐民四术》,第 83 页。

距嘉庆甲戌大旱过去还不到十年,江南又遭遇了一次更为严重的灾荒,这就是道光三年(1823)爆发的"癸未大水"。与甲戌大旱期间仅有江宁一地出现义赈事例的情形不同,癸未大水之后,"义赈"一词在从江苏官府到民间的范围内都得到了广泛的使用。更重要的是,正是从这个时期开始,义赈不仅作为民间助赈活动类型的一个专名而固定下来,其在整个救灾机制中的地位、作用都得到了更为突出的显现。

首先凸显义赈地位的重要例证,是来自江苏高级官员发出的文件。两江总督孙玉庭于道光三年(1823)九月初发布劝捐告示时,便以嘉庆甲戌集捐之举称为义赈事例。① 次年十月间,孙玉庭又与江苏巡抚张师诚上奏朝廷,为上年水灾办赈出力人员请奖,该折及附片中竟先后四次提及"义赈":其一是吴县知县万台等6名官员"经办义赈,亦皆妥善周详",其二则为"董办义赈、乐输各绅富,人数众多",其三是常州营右军守备王凤翔"帮同劝输义赈,洁己奉公",其四是前任江宁典史冯守岳"留局帮办义赈,甚为得力"。又据该折所述内容,其所谓"义赈"者,是指由各级官员"捐廉提倡,剀劝绅富量力捐输,……每处或银或钱,或捐米石,通计合算……约共一百七十余万两,饬司妥定章程,于散放官赈之外,将捐输银钱,或买米设厂煮粥,或按户折给口粮,时逾半载,悉资养赡"。② 由此可见,义赈此时已成为对官赈的重要补充。另外值得注意的是,孙玉庭和张师诚的这次奏报,也是清代奏折中首次出现"义赈"一词,这无疑也是义赈地位提高的一个侧面证据。

癸未大水期间,基层官员在借助义赈力量方面也有着很高的积极性。这方面最突出的事例来自青浦县。知县李宗颖于受灾之初,便与"诸董事约劝殷户,输米捐赈,……其总局则在邑庙",而该局即被称为"义赈局"。③ 其办理办法大致是:"除敦请公正诚实绅董设局邑庙,自备资斧,经理劝捐外,合行出示晓谕……俟积有成数,当仿照官赈,分别贫户之多寡,饥口之大小,给发赈票,或散钱散米,或分厂煮赈,均听各该绅士自行料理,仍将某图某绅捐钱若干、饥口若干、应给钱米若干、拨济别图若干,各书一榜,分别张挂。"④华亭县知县王青莲亦

---

① 李宗颖编:《青浦县办灾章程》,道光四年(1824)刻本,第51—52页。
② 《宫中朱批档·财政类》,缺号,《清代灾赈档案专题史料》,中国第一历史档案馆藏。
③ 李宗颖编:《青浦县办灾章程》,序。
④ 李宗颖编:《青浦县办灾章程》,第30—31页。

于水灾发生后倡捐助赈,并在停赈时特撰《赈余备荒碑记》,内中称:"惟民艰较重,有例赈所未及者,用是续谋义赈。……爰仿图赈之法,捐项存于本图殷户,各图遴董自行收放,以富图之余补贫图之绌。方事之殷也,惴惴焉虞其不给,乃自例赈加赈放竣后,续举义赈,共放钱二万六千余缗。"①

同样来自这一时期的资料表明,民间对于义赈的名称及其运作方式也已相当熟稔。例如,宝山县教谕章谦存在县境各厂进行劝捐时,江湾赈厂的董事便答复称,该厂"自来义赈分作三股,董事、散捐、典商各居其一"。② 可见该厂对于义赈的做法已有成例。另外,熟稔义赈做法的地方很可能不止江湾一处。因为时为署布政司的林则徐曾在劝捐示谕中称:"况如嘉定、宝山二县绅民,请将例赈亦归义赈捐放,不敢上费帑金,何等急公,何等好义!"③且据此说法,该两县的义赈规模亦属可观。

道光十一年(1831)秋间,江苏江宁、淮安、扬州等府遭遇洪水,虽然此次灾情并不重于癸未大水,义赈活动的发展势头却愈发强劲。更重要的是,在此次救灾行动期间,官方与民间还就义赈活动的合法性谱系达成了某种共识,从而标志着义赈作为一种特定民间赈灾机制的身份已经得以巩固。

之所以说义赈在此次水灾期间势头强劲,是因其在许多灾区都起到了重要作用。对此,地方官员们在奏折中亦屡屡直言不讳。水灾发生后不久的八月间,江苏巡抚程祖洛便奏称:"现在筹办义赈,官员绅民亦尚踊跃,计可接济至冬初大赈。"④十月初,两江总督陶澍会同程祖洛奏称,江阴、丹徒、海门成灾田地及通州被灾灶地,均经该地方官"劝捐义赈接济,毋庸请项"。⑤ 十二月初,陶澍与程祖洛复奏称:"江藩司属之海门厅,苏藩司属之靖江、丹徒、崇明等县,虽均成灾,现在劝捐义赈接济,毋庸查办。至成灾五分之海州、沭阳等属,暨勘不成灾之武进等属,……或平粜常平仓谷,或绅捐义赈谷石,现在情形均可毋庸接济。"⑥次年三月间,陶澍先是奏称"江省被灾各属,有力绅商,上年俱已劝谕量力捐资,买

① 光绪《松江府续志》卷14《田赋志·赈恤》,第6页。
② 章谦存:《筹赈事略》,李文海等主编:《中国荒政书集成》第5册,天津:天津古籍出版社,2010年,总第3352—3353页。
③ 李宗颖编:《青浦县办灾章程》,第57页。
④ 《录副档》,档案号:3—50—2835—39,《清代灾赈档案专题史料》。
⑤ 《宫中朱批档·财政类》,缺号,《清代灾赈档案专题史料》。
⑥ 《录副档》,档案号:3—60—3584—57,《清代灾赈档案专题史料》。

米平粜,及分别钱米,散放义赈"①,稍后又以"丹阳县绅庶捐钱足敷展赈",奏请
"似可准其悉归义赈放发,以节国帑"②。就发动义赈活动的频率和范围而言,这
一时期要大大超过道光三年(1823)大水时期。

当此次赈务告竣之际,一批江宁绅士在呈请处理省城义赈余款问题时,也触
及到义赈的合法性谱系问题。当时,江宁绅士陈灿勋等人向陶澍呈称,因"江宁
城中向有义赈生息银两,起于嘉庆十九年,民捐民办,曾经奏明有案",故请将上
年捐赈余银"及嘉庆十九年、道光六年义赈余存本息,一并照案奏请发典生息,
以为城厢备荒之用,毋许他项挪移。如遇灾年需用,即令绅士将此息银酌量核
提,或粜米,或煮粥,作为义赈"。③ 不过,从现存的官方和民间文献中,都未发现
道光六年(1826)赈灾期间出现过"义赈"的名目。那么,绅士们的这个说法,很
可能是特地构建一条义赈的合法性谱系,以便为余款生息之举提供有力的旗号。
而陶澍也完全接受了这个说法,不仅立即派员查明往届捐赈余存情形,且为之制
定统一办法,并奏请立案。④ 七月初,朝廷对此亦发布谕旨称:

> 陶澍奏省城义赈余存各款援案发典、酌减子息以备荒歉一折。江宁省
> 城上年绅士捐输义赈银两,并历届义赈原存本息银两,除支用外,共银四万
> 五千九百三十两零。据该绅士等呈请,一并发交省城各典,长年一分生
> 息,……永为城厢救荒之用。著照所请办理。⑤

在陶澍的这份奏折和针对该折发布的这道上谕中,"义赈"出现的频次分别是5
次和3次,其密集程度为此前所未有。更重要的是,从江苏官府到朝廷,都对这
种将义赈的发展脉络追溯到嘉庆十九年(1814)的做法表示认可,从而表明义赈
的能量已经引起国家的高度重视。与此相应的一个情况是,《清实录》正是根据
道光十二年(1832)七月的这道上谕,记载了"准江宁省城义赈余存银四万五千
九百三十两有奇,发商生息,以备荒歉,从总督陶澍请也"之事⑥,而这恰恰是《清
实录》中首次出现"义赈"字样。

---

① 《录副档》,档案号:3—57—3369—10,《清代灾赈档案专题史料》。
② 《录副档》,档案号:3—50—2836—17,《清代灾赈档案专题史料》。
③ 《录副档》,档案号:3—50—2836—21,《清代灾赈档案专题史料》。
④ 《录副档》,档案号:3—50—2836—21,《清代灾赈档案专题史料》。
⑤ 中国第一历史档案馆编:《嘉庆道光两朝上谕档》第37册,桂林:广西师范大学出版社,2000年,第350页。
⑥ 《清实录》第36册,《宣宗成皇帝实录》卷215,北京:中华书局,1986年,第196页。

可以说,经过道光十一年(1831)水灾的历练,义赈作为特定民赈活动类型的名声得到更为普遍的传播。就江苏境内而言,义赈已成为州县以下小区域范围内赈灾机制中一股不容小觑的力量,是官赈活动的有力补充和辅助。另外值得指出的是,与19世纪前"义赈"被作为捐赈褒称的情形不同,"义赈"在此时已经隐然成为民赈活动的主要代表和代称。换句话说,由于此时义赈在官方赢得了充分的合法性,以致有时连那些并未"民捐民办"的活动,也一并被混入义赈范围。对此,道光朝最后十年间江苏的情况提供了显著证明。在此期间,江苏境内但凡遇到较大灾荒,地方社会中必力行义赈活动,而官府随后给予奖案亦成常规动作。兹列述较具代表性的几次活动如下:

道光二十年(1840)夏秋,苏南大水成灾。据两江总督裕谦奏称,各处"地方绅富亦能推广皇仁,捐办义赈,各灾黎不致流离失所"。① 对于裕谦的说法,时以大理寺少卿身份告归在籍的翁心存提供了一个证明。其在日记中称,二十年(1840)冬间,常熟、昭文两邑因"官办抚恤时删除户口过多,实惠未周,穷黎失望,此次义赈必须增添"。经与其他绅士筹画,两邑于十二月初"始发义赈,各设厂于城隍庙"。② 而本次义赈的总体规模亦十分可观。据新任两江总督牛鉴等于二十一年(1841)十一月奏称,苏州布政使所属自上秋灾后,"统共捐银多至五十余万两",因查"捐输义赈,劝捐得力,亦经吏部奏定银数章程遵行有案",故请照义赈之案奖励。③ 二十二年(1842)六月又奏,江宁、扬州、通州绅富商民于二十年(1840)被灾后共捐银七万余两,除照例议叙外,又以"此案捐输义赈银两,系民捐民办,请照历届成案,免其造册报销"。④

道光二十一年(1841)夏秋,江苏再次被水成灾。是年底,牛鉴等便奏称,上元等十余县受灾之处,"或劝捐义赈,或劝令业佃兴筑圩(堤),以工代赈,均可毋庸接济"。⑤ 二十四年(1844)八月,署理两江总督壁昌等亦奏称,道光二十一年(1841)水灾之后,"惟例赈不及之处,不得不另筹接济,当经前抚臣等督饬两藩司所属,妥为劝捐,办理义赈,以济贫黎"。⑥ 至于此次义赈的规模,据壁昌等奏

① 《录副档》,档案号:3—60—3592—19,《清代灾赈档案专题史料》。
② 张剑整理:《翁心存日记》第1册,北京:中华书局,2011年,第414、417页。
③ 《录副档》,档案号:3—50—2838—38,《清代灾赈档案专题史料》。
④ 《录副档》,档案号:3—50—2838—55,《清代灾赈档案专题史料》。
⑤ 《录副档》,档案号:3—50—2838—46,《清代灾赈档案专题史料》。
⑥ 《录副档》,档案号:3—50—2839—16,《清代灾赈档案专题史料》。

报,江宁布政使所属"绅富商民人等共捐银二十万九千一百八十两零",除照例奖叙外,亦以"此案捐输义赈银两,系民捐民办,请照历届成案,免其造册报销"①;而苏州布政使所属亦"倡捐义赈",核计常熟等 11 厅县"总共捐银三十八万一千二百八十二两零"。至请给奖叙及"免其造册报销"等事,皆与江宁布政司上报情形相同。②

道光二十八年(1848)夏秋,江宁、淮安、扬州一带遭遇大水。是年十一月间,两江总督李星沅奏称,省署"城厢内外灾户,已由地方官会督绅董查明,定期二十日起、二十八日止,先放义赈。……各州县劝捐数目多寡不等,均由官绅核实会办,足为例赈之助"。③ 次年正月,李星沅等又奏称:"上年江、淮、扬等属被水地方较广,……惟经费有常,自应并筹义赈。"④稍后复奏,上元等六县"上年均各成灾,现值青黄不接,业已劝捐义赈"。⑤ 三十年(1850)十年月间,新任两江总督陆建瀛等奏请给奖时称,查明江宁布政使所属地方于"道光二十八年劝捐义赈,除官捐外,实计绅民等通共捐输银钱等项,共合银六十九万二千五百三十四两零"。⑥ 不过,其中有些被列入义赈的活动,恐怕并非是官员奏报的那种"民捐民办"。对此,仪征县提供了一个实例。当时所办的义赈,其实是知县王检心奉上级劝谕捐输之命后,方于七月间"设局邑庙,普劝捐助,散放义赈"⑦。后来也是由王检心"督董极力劝捐","无如富户田亦被淹,捐资未能踊跃",总共捐钱不过"一万四千余串",虽然部分款项"由董事散放接济",但总体上仍是在官府掌控下的劝赈活动,民间并无太大的自主性。⑧ 当然,这倒也反衬出了义赈在这个时期的巨大声望。

道光二十九年(1849)入夏后,江苏南部遭遇了较三年(1823)更严重的水灾。是年五月,江苏巡抚傅绳勋即奏称:"惟思国家经费有常,何敢遽请动

---

① 《录副档》,档案号:3—50—2839—15,《清代灾赈档案专题史料》。
② 《录副档》,档案号:3—50—2839—22、3—50—2839—24,《清代灾赈档案专题史料》。
③ 《宫中朱批档》,缺号,道光二十八年第 35 包,《清代灾赈档案专题史料》。
④ 《录副档》,档案号:3—50—2840—11,《清代灾赈档案专题史料》。
⑤ 《录副档》,档案号:3—50—2840—19,《清代灾赈档案专题史料》。
⑥ 《录副档》,档案号:3—50—2840—102,《清代灾赈档案专题史料》。
⑦ 王检心:《真州救荒录》卷 3《劝捐义赈各事宜》,李文海等主编:《中国荒政书集成》第 6 册,总第 3749—3750 页。
⑧ 王检心:《真州救荒录》卷 3《劝捐义赈各事宜》,李文海等主编:《中国荒政书集成》第 6 册,总第 3753 页。

帑。……通饬劝谕绅富商民,量力捐输,筹办义赈。"①六月又奏请将义赈"所有
各捐户应得议叙,拟请援照顺天新定章程办理,以资激劝而招广徕","如系本籍
绅富捐办义赈,周济本地贫民之用者,不在此列,仍照常例请奖"。② 值得注意的
是,官府在这次灾荒期间特别鼓励民间自行经理义赈。如陆建瀛于七月初奏称:
"如有绅富捐办义赈,悉听自行经理,事竣查明捐数,分别酌办。"③同日又奏,以
上元、江宁两县上年"捐赈余剩义赈生息等项,原备城厢之用",即"由绅董自行
经理,以补例赈之所不及"。④ 傅绳勋在十一月末的奏折中,更直言不讳地声明
"民捐民办"的义赈办法具有极大的优越性:

> 臣思用吏不如举董,所以本年被灾之初,查办抚恤即由绅董分司其事,
> 并劝捐接济,帑项与捐项相辅而行,极为妥帖。……非由绅董不能集事,亦
> 非绅董不能除弊。……惟有仿照抚恤成法,无论帑项捐项,一并仍由各州县
> 选举公正绅董经理,其事厘毫丝忽不涉胥吏之手。现在松属之金山、上海,
> 镇属之丹徒,太属之宝山等县,捐项充裕,全归义赈办理,无须请帑。⑤

由于不久后便天下大乱,迄今未能发现江苏官府关于此次义赈总体状况的
奏报。惟有长洲、元和、吴县三县次年编纂的《三邑赈恤局征信录》提供了一份
局部性的具体数据。据统计,三县"城乡共捐制钱至四十二万余千文之多,以所
请帑银十一万九千两贯入其中,约共制钱六十余万千文"。⑥ 也就是说,当地义
赈捐项约为官赈款项的两倍还多。另据《翁心存日记》于道光二十九年(1849)
九月初记载,常熟、昭文两邑"现在官办抚恤共二十万口,只发极低之区,将来大
赈、义赈每次总在三十万口以外"。⑦ 照此估算,此次义赈的规模应该相当可观。
此外,长、元、吴三县还提供了一个义赈与官赈分工合作的范例,如劝捐局绅董在
禀稿中称:"绅等自去年九月分起,发给义赈,至十一月止,十二月起至二月接放
恩赈,现交三月,复续发义赈一月。"⑧在开列收支细数时,恩赈(即官赈)与义赈

---

① 《录副档》,档案号:3—60—3595—35,《清代灾赈档案专题史料》。
② 《录副档》,档案号:3—50—2840—32,《清代灾赈档案专题史料》。
③ 《录副档》,档案号:3—50—2840—38,《清代灾赈档案专题史料》。
④ 《录副档》,档案号:3—50—2840—39,《清代灾赈档案专题史料》。
⑤ 《录副档》,档案号:3—50—2840—76,《清代灾赈档案专题史料》。
⑥ 《三邑赈恤局征信录》,道光三十年(1850)刻本,序。
⑦ 张剑整理:《翁心存日记》第 2 册,第 748 页。
⑧ 《三邑赈恤局征信录》,第 43 页。

的数目也被明确分开。① 因此,三县的义赈活动相对于官赈是具有一定独立性的。

另外值得一提的是,在道光年间的官方文件中,出现"义赈"一词的地区并不仅限于江苏,此外还有浙江、直隶和广东各 1 次,湖北 2 次,而且都是在道光十一年(1832)之后。不过,其具体活动情形则不尽一致。就浙江而言,当地义赈与江苏大体相仿。据巡抚富呢扬阿于十二年(1832)七月间奏称,上年杭、嘉、湖三府被水成灾后,其与各级官员"捐廉倡率,劝谕地方绅富……量为捐输,饬司妥议章程,遴举公正绅士,就省城设局,于正赈放竣之后,接办义赈",统共捐银四十一万余两。② 至于其他各省出现义赈活动的情况如下:直隶总督琦善于十二年(1832)底奏称,本年"勘不成灾之歉收地方,或出借口粮,或劝捐义赈"③;两广总督卢坤于十三年(1833)十一月奏称,本年被水之南海等县,有殷户"捐资义赈,周恤邻里"之举④;在湖北,先有湖广总督卢坤等于十二年(1832)七月为"捐办义赈、输银最多并尤为出力之在籍各官绅"奏请奖叙⑤,后有湖广总督裕泰等于二十八年(1848)十月奏称"率属倡办义赈及捐施棉衣等事"⑥。根据这些奏折的内容推断,该三省所谓"义赈"很可能仍是一种对捐赈的褒称,还没有发展到与江苏相仿的地步。不过,这里值得注意的是,这些提及"义赈"的奏折出现的时间,都在朝廷对江苏义赈活动给予高度认同之后,这肯定不会只是出于巧合。

三

无疑,不了解嘉道时期的义赈活动就来谈论晚清时期的新兴义赈,显然是一个很大的缺失。如前所述,义赈在道光年间的赈灾事业中就已占据了一个突出地位,并在国家层面赢得了高度认同。而且,作为嘉道时期义赈主要成长区域的苏南地区,恰恰也是晚清新兴义赈的中心地和根据地。遗憾的是,由于以往无人

---

① 《三邑赈恤局征信录》,第 63—64 页。
② 《宫中朱批档·财政类》,缺号,《清代灾赈档案专题史料》。
③ 《录副档》,档案号:3—54—3067—41,《清代灾赈档案专题史料》。
④ 《宫中朱批档·财政类》,第 69 函第 8 号,《清代灾赈档案专题史料》。
⑤ 《宫中朱批档·财政类》,缺号,《清代灾赈档案专题史料》。
⑥ 《录副档》,档案号:3—50—2839—85,《清代灾赈档案专题史料》。

注意这样一些现象,从致此前关于晚清新兴义赈特质的认识不够严谨。而要确切把握这种特质,就必须追问:这两个时期的义赈之间究竟是一种怎样的关系呢?或者说,嘉道时期的义赈是晚清新兴义赈的源头吗?而准确的回答是,两者之间是一种既传承又超越的关系。换句话说,从嘉道时期义赈到晚清新兴义赈,其间延绵的正是一种新陈代谢的历史演进过程。

可以说,嘉道时期义赈与晚清新兴义赈之间最明显的传承因素,恰恰反映在"义赈"这一名称上。

如前所述,自道光十一年(1831)之后,"义赈"字号在出自江苏官方的文件中得到最为频繁的出镜机会。与此同时,"义赈"在民间社会中的流布也以江苏南部最为普遍。特别是在纂修于道光、咸丰、同治三朝的江苏各地的地方志中,很容易发现"义赈"一词的身影。与此形成鲜明对照的一个情况是,除了前面提到的嘉庆《宜兴县志》和《荆溪县志》,尚未发现江苏各地纂修于道光朝以前的方志中出现过"义赈"字眼。据此可知,虽然咸同时期的大多数时间处于战乱之中,苏南各地举办义赈活动的事例也少于道光时期,但是直到光绪初年,当地人士对"义赈"名号仍是耳熟能详。

了解上述背景后,再来看看"义赈"一词在晚清新兴义赈活动中被使用的情况。起初,对于这场起自江南地区的助赈华北行动,无论是同人自身还是局外人士,都未给予一个统一称呼。光绪四年(1878)七月中旬,上海协赈同人胡小松、经元仁、经元佑等人在河南灵宝县内设立助赈局,"门条上写协助豫陕义赈局"。① 自从助赈行动开展以来,这是协赈同人首次将之称为"义赈"。而在江南根据地,对"义赈"名号的第一次使用出现在是年十月间。当时,在苏州协赈同人于《申报》上登载的收解捐款清单中,出现了"收义赈惜士、棉衣、保婴、赎妇、捐银一千另六十八两八钱九分五厘"的记录。② 距此不到半个月,《申报》便在头版的社论中径直称助赈同人为"南方义赈诸君"。③ 从此之后,"义赈"作为这场协赈行动的专名,不仅所有同人皆以之自我标榜,也迅速为江南社会普遍接受。

---

① 《接录七月十七日胡小松、经璞山、经耕阳诸君灵宝局来书》,《申报》第 13 册,上海书店 1982—1987 年影印本,第 249 页,光绪四年八月十五日(1878 年 9 月 11 日)第 2 版。

② 《照录苏州桃花坞同人经收经解豫赈九月分清单》,《申报》第 13 册,第 454 页,光绪四年十月十五日(1878 年 11 月 9 日)第 3 版。

③ 《论漳河神庙颁匾》,《申报》第 13 册,第 493 页,光绪四年十月二十七日(1878 年 11 月 21 日)第 1 版。

可以肯定,来自苏南的协赈同人率先想到使用"义赈"这个旗号,绝非是无中生有的灵机一动,而江南社会之所以对此旗号高度认同,也当然不能无视"义赈"名号在该地区风行多年的背景。

　　嘉道时期义赈与晚清新兴义赈之间的另一个传承成分,则体现在救荒活动的具体实践上。早在明末时期,以苏南、浙北为中心的江南地方社会中,就已形成了对诸多救荒经验的总结,并在实践中进一步深化和补充。虽然历经明清易代之变,这些经验在江南一带依然得到了很好的传承。① 因此就不用奇怪,晚清新兴义赈的许多救荒手法,都能在早先的民间救荒经验中找到原型。② 嘉道时期的义赈活动也从前代的救荒经验中受益良多,所以亦构成了江南地区传承救荒经验的重要一环,自然对晚清时期新兴义赈活动有着极大的参照作用。例如,在晚清新兴义赈活动中一度奉为圭臬的、由李金镛制定的《海州查赈章程》,其中有关查户、放赈等细节的诸般规定,在包世臣规画的嘉庆十九年(1814)江宁义赈章程中即可发现诸多相通之处。③ 至于在募捐活动中的传承之处,因已有详细论述,此不赘述。④

　　当然,嘉道时期义赈与晚清新兴义赈之间存在着诸多传承因素,并不意味着两者属于一条线性演进谱系。对于这一点,一个非常突出的反映是,在有条件近距离观察晚清新兴义赈活动的人士中,往往是强调其独创性的看法一再出现,而毫不顾及嘉道时期的义赈背景。

　　对于晚清新兴义赈的独创性形象,最早公开给予力挺的是当时最具广泛影响的新兴中文媒体《申报》。在光绪九年(1883)六月刊发的一篇社论中,该报的说法堪称典型:

　　　　上海诸善士自六七年前筹办山东旱赈,款巨时长,在事之人无不悉心竭力,所集之款,涓滴归公,遂觉自有赈务以来,法良意美,当以此次为第一善举。而嗣后水旱偏灾,无岁不有,东赈之余,即办山西,而河南、陕西、直隶诸省同时并起。……善固不择人而为,款亦不择地而出。至于法无可设,而心

① 有关这方面的论述目前尚不充分,但从《中国荒政书集成》所收文献中大致可见一斑。
② 详情可参见朱浒:《地方性流动及其超越:晚清义赈与近代中国的新陈代谢》,第202—209页。
③ 《海州查赈章程》原文见《申报》第12册,第273、278页,光绪四年二月二十五日(1878年3月28日)第2版、二十六日(29日)第3版。包世臣所订章程见《齐民四术》,第72—78页。
④ 详请可参见朱浒:《地方性流动及其超越:晚清义赈与近代中国的新陈代谢》,第172—179页。

犹不能遽尽。然数省灾黎仰赖乎诸君之筹画,居然得百十万之银,以全百十万之命,又自有赈务以来第一艰巨之任矣。①

在光绪十三年(1887)初刊发的另一篇社论中,该报在追记晚清时期义赈兴起状况时,又称:"谢、严、金、李、经、熊等诸君子奋然而起,创千古未开之义举,为从来未有之经纶。书启募捐,源源接济,其数不下数百万。近来又有施、李、陈、王等各大善士相继而兴,以竟其未竟之功。"②

这里应该指出,该报虽然是由外国人士创办的新兴媒体,但其对嘉道时期的义赈绝不是一无所知。其证据是,在光绪三年(1877)八月间,也就是在协赈同人开始使用"义赈"一次之前,该报曾刊发了一则"救荒粥店十便说节略",内中出现了"于义赈外另开粥店"的字句。③ 而从同治年间刊行的著名善书《得一录》中可以查知,这个"粥店十便说"的办法"始于锡邑(按:即无锡)青城乡,于道光二十一年大水为灾,义赈之外,又添粥店"。④ 由此可见,该报这次指称的"义赈",正是道光年间江南地方社会所施行的那种义赈。

除《申报》外,晚清新兴义赈活动内部同样流行着独创性的看法。第一个明确表达此观点的是长期出任义赈主持人的经元善。他先在光绪十八年(1892)间称:"自丙子、丁丑创办沭阳、青州义赈以来,开千古未有之风气。"⑤后又于庚子之际追忆协赈公所源流时断言:"从前未兴义赈,初闻海、沭、青州饥,赠阁学秋亭李君(按:即李金镛),集江浙殷富赍往赈。"⑥另一个多次公开谈及晚清新兴义赈兴起状况的人士,则是对该活动长期有着重要影响的盛宣怀。他总共有三次言及此事。第一次出现在宣统二年(1910)三月间,他在给朝廷的奏疏中称:"臣前官直东两省,……遂即创为义振,专放极贫,救人救澈,自光绪三四年山西

---

① 《上海筹赈无已时说》,《申报》第 23 册,第 187 页,光绪九年六月二十九日(1883 年 8 月 1 日)第 1 版。
② 《丰年颂》,《申报》第 30 册,第 169 页,光绪十三年正月十三日(1887 年 2 月 5 日)第 1 版。
③ 《救荒粥店十便说节略》,《申报》第 11 册,第 322 页,光绪三年八月二十六日(1877 年 10 月 2 日)第 4 版。
④ 余治辑:《得一录》卷 5 之 3《济荒粥赈章程》,同治八年(1869)姑苏得见斋刻本,第 1—3 页。
⑤ 《筹赈通论》,《申报》第 42 册,第 123 页,光绪十八年七月三十日(1892 年 9 月 12 日)第 1 版。该文中并未言明此语来自经元善,但经元善本人在自编文集《居易初集》中收入了这篇文章,仅文字有所出入。(朱浒编:《中国近代思想家文库·经元善卷》,北京:中国人民大学出版社,2014 年,第 217 页。)另外需要指出,《居易初集》中注明该文写作时间为 1888 年,但文中所涉内容则超出该年,故有可能为经元善晚年编订文集时记忆错误所致。
⑥ 朱浒编:《中国近代思想家文库·经元善卷》,第 188 页。

及河间旱荒办起,垂三十余年矣。"①第二次出现在 1915 年春间,他为徐海水灾募赈而作的《历办义振缘引》中称:"义振何自昉乎? ……光绪四年戊寅,河间大灾,……当余查户时,见其家不应吃振而董保以之列入极贫,即勒令捐钱以振其自己佃户,为冒滥者戒,一面禀请添派吴清卿、李秋亭、杨殿臣诸君各任一县。盖必以义振为名,取舍轻重方能由我,从此义振之名益著。"②第三次则出现在 1915 年 12 月,他在给内务部、农商部的公函中又称:"窃查前清二年、四年,山西、直隶等省旱灾,赤地千里,上海仁济善堂董事施善昌等,慨然以救济为己任,筹款选人,分头出发,是为开办义振之始。"③

虽然盛宣怀三次针对的对象不同,其所指称的创办义赈的人物和情形亦不尽相同(至于为何因针对对象不同而造成说法不同,内中缘由与本文关系甚远,暂且略过),但在一个重要问题上,这三个说法与经元善的两个说法始终不悖。那就是,这五个说法都确认晚清新兴义赈活动创兴于光绪初年,是一项大开风气的新型救荒活动。众所周知,作为江南人士的经元善和盛宣怀都有着慈善世家背景,他们也都很早便积极投身善举。因此,很难想象经元善和盛宣怀会对江南社会自道光以来广泛流传的"义赈"一词,以及那种早已成为地方社会事业的义赈活动一无所知。而他们之所以有此认识,很可能在于他们认为自己参与的义赈与嘉道时期那种地方性义赈有着本质区别,只不过是在措辞上有失严谨罢了。至于谢家福、李金镛等同样出身江南慈善世家的重要义赈人士,则始终对两个时期的义赈有何关系未置一词。

站在后见之明的立场上来看,《申报》以及经元善、盛宣怀等人关于晚清新兴义赈独创性的看法也是可以理解的。这是因为,就社会实践层面而言,在晚清时期特定的社会情境下,新兴义赈固然对嘉道时期义赈有传承的一面,但与那些具有超越性的新因素相比,终究属于次要方面。换句话说,在这一新陈代谢的过程中,"新"的部分才最具决定性意义。

应该承认,正是由于对这种新陈代谢过程以及其中主要矛盾和次要矛盾的关系把握不足,这才导致以往对晚清新兴义赈的实践特质的辨析不够严谨。众

---

① 盛宣怀:《愚斋存稿》卷 15《奏疏十五》,沈云龙主编:《近代中国史料丛刊续编》第 122—125 号,台北:文海出版社,1975 年影印本,第 8 页。
② 《劝募徐海各属甲寅冬、乙卯春义振捐册》,《盛宣怀档案》(未刊),上海市图书馆藏,编号:00005025。
③ 北京大学历史系近代史教研室整理:《盛宣怀未刊信稿》,北京:中华书局,1960 年,第 257 页。

所周知,关于晚清新兴义赈的实践特质,一直通行的是李文海先生归纳的两点,即"民捐民办"和"跨境赈灾"。不过,由于以往并未对早先的民间赈灾实践给予充分注意,所以如果单纯从字面上来理解这两点,则很容易造成认识上的混乱。

从前文可知,在嘉道时期的义赈活动中,无论是官府还是民间社会,都一再打出"民捐民办"的旗号。而如果从具体实践来看,事实上属于"民捐民办"的情况还可以追溯到明末时期。① 至于民间人士自行"跨境赈灾"的特性,同样不为晚清时期的义赈活动所独有。例如,崇祯九年(1636),即有江苏上元人朱之元因"江右(按:指江西)疫作,趋治装,往施药饵棺木,活民无算"②。而在道光二十七年(1847)河南旱灾期间,甚至出现了多位江南人士自发前往河南救灾的情况。例如,江苏长洲人汪正"醵资远赴,设厂收养妇孺二千九百余人"③;盛泽镇人王元相偕其弟元松"鸠万余金以赈饥者,于是河南之人皆知其名"④;浙江秀水县人陈端治闻灾"即辇金前往开封府,设局散赈,有遗金,就祥符县治崎岖山路,成街道二"⑤。那么,该如何面对这样的事实呢?

其实,如同"义赈"不能单纯作为抽象概念来把握一样,"民捐民办"和"跨境赈灾"在不同情境下所关联的实践内容同样有着根本性差异。也正是这种差异的存在,才使得晚清新兴义赈在实践层面上远远超越了先前的义赈机制,具备了明显的近代性特征。

首先,晚清新兴义赈活动所主张的"民捐民办",乃是一种较具主体意识且较为彻底的民办形式。除了明末因政权极度衰弱情况下的特殊事例,清代直至嘉道时期所谓"民捐民办"的赈灾活动,实际上并非是一种独立的力量和机制,就整体而言,这些活动仍处于官府统一掌控之下,始终作为官赈体系的附庸。⑥与之形成鲜明对照的是,晚清新兴义赈从兴起之初就表现出独立于官赈之外的意识。如经元善在光绪四年(1878)间便明确指出,"我辈民捐民办","原不必受制于官吏,而听其指挥"。⑦ 正是由于晚清新兴义赈活动始终坚持了独立自主的

① 对此可参见夏明方主纂的国家清史工程主题类项目《清史·灾赈志》(待刊稿)中的相关论述。
② 嘉庆《新修江宁府志》卷36《人物志三·敦行二》,第23页。
③ 同治《苏州府志》卷89《人物十六》,第32页。
④ 民国《盛湖志》卷9《人物·义行》,第28页。
⑤ 光绪《嘉兴府志》卷53《列传四》,第28页。
⑥ 对此可参见夏明方:《在民主与专制之间:明清以来中国救灾事业嬗变过程中的国家与社会》,夏明方主编:《新史学》第6卷《历史的生态学解释》,北京:中华书局,2012年,第236—237页。
⑦ 朱浒编:《中国近代思想家文库·经元善卷》,第186—187页。

原则,使之不仅从国家那里获得了高度的合法性认同,而且对官赈体制形成了强烈的制度性冲击。特别是光绪末年出现的、官赈主动向义赈看齐的"官义合办"形式,以及中西合作的华洋义赈会的成立,充分体现了中国救荒事业中演生出了一种社会化、国际化的趋势,更可谓是义赈能动性所引发的革命性变化。① 另外值得一提的是,与义赈活动在晚清时期的这种地位相对应,在光绪和宣统两朝实录中,出现"义赈"一词的记录共达到 32 个段落。而在光绪朝之前,该词只在道光朝的 2 个段落中出现过而已。②

其次,晚清新兴义赈的"跨境赈灾",绝不仅仅意味着对地域空间疆界的跨越,而是附带着近代情境下特定的文化意涵。就其本质而言,诸如前文所列举的那些发生在晚清新兴义赈兴起前的跨境救灾的事例,皆为个人自发性义举,其动机仍属于传统社会中"守望相助"的观念。至于晚清时期义赈对地域空间疆界的跨越,则明显具有近代民族国家意识的背景,所以其跨境行为乃是一种以整个国家为指向的跨越。具体说来,晚清新兴义赈的兴起,是在以西方传教士为代表的外国对华赈灾力量的刺激下,实施"跟踪济赈"所致。也正是由于这种前所未有的、以民族国家为单位的强劲刺激,才使得江南士绅社会联合起来,形成了一项有组织有计划的群体性社会行动和事业。③ 可以肯定,即便时人不见得能够确切体察晚清新兴义赈跨境行动的特质,也会清楚地意识到这是个体性越境行为所无法比拟的新鲜气象。

行文至此,也到了讨论"晚清义赈"这一提法的不妥之处的时候了。毋庸置疑,李文海先生使用"晚清义赈"一词,当然不是基于体现时段特征的考虑,而是用来作为一种新型赈灾方式的代称,而学界也是默认这一内涵而通行这一提法的。但是,以往没有注意的是,这个明显带有时段特征的名称,事实上很容易引发两种误解。其一是,嘉道时期成型的、以"义赈"为名的地方性义赈活动,不仅在晚清时期的江南地区仍然普遍存在④,甚至在四川境内都出现了"各县官绅之

① 这方面详情可参见朱浒:《地方性流动及其超越:晚清义赈与近代中国的新陈代谢》第四章中的论述。
② 相关检索结果,系根据中华文史网所提供《清实录》文本。该文本网址为 http://www.historychina.net。
③ 详情可参见朱浒:《地方性流动及其超越:晚清义赈与近代中国的新陈代谢》第一章第二节中的论述。
④ 吴滔:《清代江南社区赈济与地方社会》,复旦大学历史地理研究中心主编:《自然灾害与中国社会历史结构》,上海:复旦大学出版社,2001 年。

任救、士大夫之捐集曰义赈"的记载①,所以如果只提"晚清",则这类义赈活动难保不与新兴义赈混为一谈。其二是,晚清新兴义赈与民国时期包括华洋义赈会在内的诸多近代赈灾组织都有相通的谱系②,而"晚清义赈"的提法并不能体现这种贯通性,以致不少民国义赈会的研究者忽视晚清时期的传承脉络。正是基于这些情况,本人认为,或许用"近代义赈"来指称光绪时期兴起的新型义赈活动更为合适。但无论如何,"义赈"一词作为晚清以来民赈活动最重要代称的地位,终究是无可动摇的了。

即便从 16 世纪算起,"义赈"一词的产生也有了数百年的历史。而在这数百年之中,该词的流布情况,以及与之相关联的实践内容,都出现了重大变化。大体上,在 16—18 世纪,该词主要被作为捐赈活动的一个褒称,被使用的频率也很有限;到 19 世纪前半期,该词开始被用来指称一种特定的地方性赈灾活动,其名声也得到了广泛的传播;从 19 世纪 70 年代起,该词又成为新兴民间赈灾活动的专名,用来指称堪与官赈并立的一种赈灾机制。由此可见,虽然"义赈"一词可谓古已有之,与其相关联的实践内容却经历了剧烈的转换。当然,这种名称不变状况下发生的转换,体现的正是一种既传承又超越的新陈代谢进程。而充分理解这一进程,也为观察中国民间赈灾事业的演变提供了一条有益的线索。最后应该指出,本文的例子表明,通过确切追踪"义赈"作为一个名词的话语及实践脉络,对于准确把握义赈活动的性质,具有极大的便利。这也提醒我们,灾荒史研究不应该太过局限于社会史、经济史范围,也应进一步融汇思想史、文化史视角提供的洞察力。

(作者为中国人民大学历史学院教授、博士生导师)

---

① 刘行道:《川东赈荒善后策》,《渝报》第 4 册,转引自王笛:《跨出封闭的世界——长江上游区域社会研究》,北京:中华书局,1993 年,第 519 页。
② 朱浒:《辛亥革命时期的江皖大水与华洋义赈会》,《清史研究》2013 年第 2 期。

面子与法理：中英开平矿权
纠纷及赴英诉讼

王天根

19世纪末20世纪初，以英国为核心的欧洲已经走过世界工厂的辉煌，步入典型的食利型殖民帝国时代，其重要的标志就是托拉斯等垄断组织大规模的涌现并向亚非拉等海外市场拓展。以亚洲为例，英国经济殖民主义前者以兼有行政及其商业职能的东印度公司为代表，后者以中国的开平矿务局被改组为中英有限公司等为范例。英帝国对华的资本输出及其企业改组所产生的矛盾与纠纷，涉及官场与市场，还涉及英中关系。下文所要探讨的开平矿务局改组的得失成败经验，为我们考察近代东亚社会中农耕经济向市场经济转型的后续命运提供诸多借鉴①，学界对此已有所探讨：其一，关于开平煤矿与帝国主义侵略。开滦煤矿研究起步较早的是魏子初，他在《〈帝国主义与开滦煤矿〉导言》中论述了英国掠夺开平煤矿的具体经过，称："'收买'这一重要的煤矿和庞大财产，英人却没付出什么代价。"②南开大学的熊性美就开平矿权的丧失，分别从"开平煤矿的建立与帝国主义的蓄意攫取""帝国主义骗占开平煤矿""英比资本在欧洲的阴谋活动""袁世凯插手，张翼兴讼，竞相与英人妥协"等层面作了论述。③ 其二，关于开平煤矿与官督商办的企业性质。胡滨认为，"象（像）开平煤矿这样的官督商办企业，在当时不是太多了，而是太少了。令人遗憾的是，一个好端端的开平煤矿在张翼的主持下，不但没有顺利地继续向前发展，反而以沦于英帝国主义

---

① 具体论述参见王天根：《在场与追忆：中外开平矿权纠纷缘起探析》，《史学月刊》2013年第11期。
② 魏子初：《〈帝国主义与开滦煤矿〉导言》，熊性美、阎光华主编：《开滦煤矿矿权史料》，天津：南开大学出版社，2004年，第842页。
③ 熊性美：《〈开滦煤矿矿权史料〉序》，熊性美、阎光华主编：《开滦煤矿矿权史料》。

的控制之下而告终"①。其他的一些成果，诸如有论文探讨开平、滦州煤矿竞争与合并，并探讨开滦煤矿经营管理等。总体看来，研究框架、史料搜集及分析上均有突破的论著鲜见。但是，随着新史料的发掘及视角转变，跨国意义上开平矿权纠葛又有了重新检视的必要。

一、开平矿权移交约、副约及中英权限各自解读

20 世纪初英国等国家的托拉斯、辛迪加等垄断组织有跨国经营的性质，公司对外包括资本、技术输出、企业组织形式及其管理人才方式等，遭遇诸多抵制。正如孟德斯鸠指出："商人们为连（联）合经营某一种贸易而成立的公司对君主统治的政体也很少有适宜的时候。这种公司的性质就是使私人的财富取得公共财富的权力。但是在君主统治的国家里，公共财富的权力只能掌握在君主的手里。"②有限公司的制度未必适合亚非拉等君主专制的近代国家。

就早期的世界工业化进程而言，煤炭是钢铁工业的重要支撑，也是产业革命的重要前提。洋务运动中开平矿务局成为官督商办的典范企业与此亦有内在关联。从开平矿权被掠夺及由此而开跨国诉讼可见，英帝国殖民本性及其在亚洲推行有限责任公司的遭遇。中外开平矿权纠葛缘于法律文本的编码与解读，涉及移交约与副约各自的合法性。1901 年 2 月 19 日，张翼与德璀琳、墨林代理人胡华定约（中方署：光绪二十七年正月初一日），见证人为丁嘉立、顾勃尔。③ 条约首先涉及张翼在义和团运动及八国联军侵华期间的许诺，属上年许诺的兑现，条款追溯史实无可避免，移交条款云："因督办直隶全省及热河矿务开平矿务局（帮办关内外铁路大臣前内阁侍读学士）张京卿燕谋于光绪二十六年五月二十八日（1900 年 6 月 24 日），札饬津关税务司德君璀琳招集股本英金壹百万镑中外合办，凡开平矿务局之矿地等各产业（后有细单详载）均移交听凭管理，且招集续股整顿开办一切。复因德君璀琳于西一千九百年七月三十号，因奉此札，特与墨林代理人胡华订立合同设立公司名开平矿务有限公司。股本英金壹百万

① 胡滨：《从开平矿务局看官督商办企业的历史作用》，《近代史研究》1985 年第 5 期。
② ［法］孟德斯鸠：《论法的精神》，北京：商务印书馆，1963 年，第 11 页。
③ 《开滦矿务资料》（乙 F37 一函三册·第二册），中国社会科学院近代史研究所图书馆特藏室藏。

镑,将所云之产业归该公司管业办理。又因该公司缘所订合同,现已设立。即此合同内以后所云之开平矿务有限公司也。今开平矿务局其总局设在中国天津。张京卿燕谋,该局之督办德税司璀琳、该局之总办与开平矿务有限公司订立合同,将开平矿务局之产业交与开平矿务有限公司。"①这属事后追认,即 6 月 24 日,为 1900 年英军囚禁张翼后释放的第一天,英方囚禁张翼的目的就是为了掠夺开平矿权上的口头许诺,即招募 100 万英镑作本金,将开平矿务局改组为中外合办的有限责任公司。与移交约同日(即 6 月 24 日)的还有双方签订的《开平矿务局整顿始末》②,此即后来的"副约"。由日期可见,这也属事后追认。所谓确认张翼权利的"副约",明确"开平矿务局"改名"中英公司"之缘由,《开平矿务局整顿始末》云:"窃因去夏之乱,中外失和,开平矿务局甚属可危。一则因该局系官督商办,深恐他国占而有之,竟将全产充公。一则恐他国要索也,故是为国家暨保全股东之利益起见,意将该局改为中英公司,按英例注册,以便得其保护也。"③所谓中英公司的改组见 1901 年 7 月 1—2 日张翼的对外代言人严复发表的《奉告开平矿务有限公司中国诸股东启》。④ 面对八国联军侵华,俄、德等国对开平煤矿之觊觎,张翼的代言人兼李鸿章幕府洋员德璀琳请张翼"更札已令增招募百万镑之新股,而以其局注于英商部之册,一切用英国商例为有限公司,夫而后泰山可摇,而开平之煤局不得动矣"⑤。此大体说明,所谓有限公司组建是张翼的权宜之计,"今者合办之章规既定,一切公司之事,将统于支那之总局,置议事首领,而华洋总理各二,事资平权,不为畸"⑥。论及中英有限责任公司为平权之规章制度,严复等特劝华董不要抛售股票或撤出股份,"使售之而尽,则华人于此矿为无权,则谓之尽归洋人可也"⑦。1901 年 7 月 16—25 日,开平矿务有限公司督办张翼、总办严复及梁诚联名在《中外日报》发表《开平矿务有限公

① 《开滦矿务资料》(乙 F37 一函三册·第二册),中国社会科学院近代史研究所图书馆特藏室藏。

② 《开滦矿务资料》(乙 F37 一函三册·第二册),中国社会科学院近代史研究所图书馆特藏室藏。

③ 《开滦矿务资料》(乙 F37 一函三册·第二册),中国社会科学院近代史研究所图书馆特藏室藏。

④ 《与汪康年书》第 8 封,王栻主编:《严复集》第 3 册,北京:中华书局,1986 年,第 509 页。

⑤ 《奉告开平矿务有限公司中国诸股东启》,孙应祥、皮后锋编:《〈严复集〉补编》,福州:福建人民出版社,2004 年,第 6 页。

⑥ 《奉告开平矿务有限公司中国诸股东启》,孙应祥、皮后锋编:《〈严复集〉补编》,第 6 页。

⑦ 《奉告开平矿务有限公司中国诸股东启》,孙应祥、皮后锋编:《〈严复集〉补编》,第 7 页。

司广告》，再次谈及"我中国之言矿利者数十年，而开平之成效最著"①，"开平有官督商办之名。煤之为物，军兴所用，公法既禁，取之有名，加以垂涎之素如前云云，则当日开平全局之危急不问可知"②。此大体重申《奉告开平矿务有限公司中国诸股东启》之旨趣，即成立有限公司面临旧股需要重新处理，换发股票重组资产等问题。就中外纠纷的事实而言，此涉及英、比等国商股一百万英镑本金兑现，即英、比等国商人到底有无注资，注资多少？以口头允诺的虚股冲抵干股的份额是多大？改组后的公司哪些权利被英方攫取？这涉及中英各自的股票、股份及其代理人的政治背景，也涉及中英外交。

中外开平矿务利益纠葛再起波澜，还与清末新政社会语境相关。清末新政没有触及官员兼职，如袁世凯行政上是直隶总督，军事上兼北洋大臣，显属军政一手抓。袁世凯利用开平矿务隶属自己的行政范围，一步步地逼迫张翼就范，意在取而代之。

二、张翼、袁世凯内讧与英方的策略调整

袁世凯、张翼对新政不同的利益企图，决定了官场上解决开平问题的价值取向，这与列强在华商业利益角逐相勾连。在开平矿务利权纷争中，除其党羽评骘张翼卖矿外，袁世凯也因开平煤矿事累次弹劾张翼。袁对张的威胁，可见1903年1月15日威英致开平公司董事部函："德璀琳先生几天前把这种情况描绘成'张正骑在一只想要吃掉他的老虎（袁世凯）身上'。据我看，这种情况一定不会维持长久。"③英方在袁、张之争中迅疾地调整策略。

1.张、袁之争与英方代表威英等交涉策略

在袁氏利益集团报刊舆论的抨击下，张翼仍能正常履行官场职责，并通过代言人严复等人的反击，有效地维护官场面子。首先，张翼官场上的人脉及资源颇丰盈，光绪二十九年（1903）七月十六日，那桐日记载，"派拣选广西知府等缺，同

① 开平矿务有限公司督办张翼、总办严复、梁诚：《开平矿务有限公司广告》，见《中外日报》（1901年7月16—25日），孙应祥、皮后锋编：《〈严复集〉补编》，第8页。
② 开平矿务有限公司督办张翼、总办严复、梁诚：《开平矿务有限公司广告》，见《中外日报》（1901年7月16—25日），孙应祥、皮后锋编：《〈严复集〉补编》，第8页。
③ 熊性美、阎光华主编：《开滦煤矿矿权史料》，第233页。

派者戴鸿慈、张翼、成章也,已刻到吏部拣选毕"①,能委以选官之责,可见张翼在清廷之地位。张翼的重要靠山那桐系慈禧死党荣禄之子,后经上谕著调补外务部尚书,授为会办大臣。鉴于开平矿权中外纠葛,张翼曾到外务部官署向那桐求助,诸如是年十月初二日,那桐日记载"张燕谋侍郎来谭开平事"②。其次,张翼得到严复等舆论精英的帮助,有效地维持了官场体面与尊严。为了帮助张翼挽回面子,严复有《为张燕谋草奏》(即替张翼草奏章),"窃开平煤矿前经有人奏参,仰蒙天恩,著臣明白回奏,业将前后事势(实)及臣不得已苦衷,据实陈列"。严复代张翼以事后追忆及既定事实形成的当事人身份称:"嗣复经直隶督臣袁世凯奏称:英商依据私约,侵占产地,请旨饬部切实声明。复荷圣慈,著臣赶紧设法收回,如有违误,惟臣是问,并著外务部切实磋商妥办等因。"③是为回应袁世凯的弹劾之作。

面对政敌,袁世凯有选择地呈现事实,即"直隶总督袁世凯,于陈奏开平矿事折中,仅将塘沽卖约等三件呈渎圣明,而于臣最关紧要全案枢纽之副约,则隐匿不呈,实令人不知该督所怀为何意也"④。据此怀疑并指责张翼人品,张翼颇不满。反过来,张翼指斥袁世凯明知英商墨林(C.A.Moreing)等伪行,却对自己"有意督过之故,偏取洋人一面之辞,据以入告"⑤。张翼从官品层面指责袁世凯"掩抑事实,混淆是非,上以诖误圣朝,下以助洋人张目也"⑥。张翼与袁世凯论争多相机而动,且与各自官场浮游相关。正如英方在开平煤矿的代理威英(Wynne,T.R.,开平公司天津局总办)所称:"目前,朝廷的政治情势颇为动荡不定。"主要是"大学士荣禄上周病逝,他是张(张翼)的有势力的支持者。袁世凯已随銮驾前往保定府,〔慈禧〕太后对他似甚尊重。我认为,现在正是对张实行反击的时候,不应让他有喘息的机会"⑦。威英与英国公使馆代办汤雷磋商,主张在张翼与袁世凯官场势力彼消此长的情景下,打击张翼。5月4日,威英称,

① 《北京档案史料》2002 年第 1 辑,第 194 页。
② 《北京档案史料》2002 年第 1 辑,第 202 页。
③ 《为张燕谋草奏》,王栻主编《严复集》第 1 册,第 137 页
④ 《为张燕谋草奏》,王栻主编《严复集》第 1 册,第 140 页。
⑤ 《为张燕谋草奏》,王栻主编《严复集》第 1 册,第 140 页。
⑥ 《为张燕谋草奏》,王栻主编《严复集》第 1 册,第 140 页。
⑦ 熊性美、阎光华主编:《开滦煤矿矿权史料》,第 238 页。

汤雷将照会外务部，意在中英开平矿权纠葛中为英人开矿争得更多权利。①

  鉴于英方在开平矿权问题上交涉人员的主动示好，袁世凯于光绪二十九年十月廿三日（1903 年 12 月 14 日）再次弹劾张翼，称张翼拖延 9 个月之久，"仍属毫无眉目，该侍郎掩耳盗铃，任意欺罔"②。指责张翼人品有问题，彻底地撕开了张翼"虚伪"的面子。清廷下谕将张翼先行革职，仍著袁世凯严饬张翼勒限收回③。是年十月三十日（1903 年 12 月 21 日），袁世凯有《奏饬张翼收回矿地等事折》，袁世凯除重申圣旨中"以二个月为限勒令张翼收回开平矿务利权"等条文外，建议清廷追缴张翼关防及没收张翼"私提煤斤税厘金银十万两"④。朱批："著商部饬缴关防并严追公款。"⑤可见，清廷基本认可袁氏的处理意见。

  英方对张翼若在开平矿权纠葛中丧失中方代理人身份将带来严重后果的认识亦有个过程，而袁世凯及清政府对张翼的打击力度引起了英方的高度重视。因为若失去张翼代表中方的正当性，中英双方鉴定的所谓移交约等将失去合法性。可以说张翼签订的卖约及副约有英国某些实力派幕后的支持，张翼不但得以保全性命，而且始终被英国视作开平矿权中方合法的"傀儡"。随之而来，袁氏利益集团在开平矿权纠葛的处理上触犯了英方利益。1903 年 12 月 23 日，开平公司秘书比雷致英方外交大臣兰斯道恩侯爵，希望英国外交部出面保护张翼权益。⑥ 因为袁世凯接管了轮船招商局，随之与开平公司冬季专用秦皇岛码头就轮船运载货物发生利益冲突，"总督最近接管了招商局。这是一家由中国人经营的轮船公司，他们大半都和这一公司有着利害关系"。"这就使他（袁世凯）注意到矿务公司在冬季专用码头的问题了。"⑦鉴于此，袁世凯随即向张翼展开舆论攻势。

  2.张、袁内讧与英方渔利

  面对张、袁内讧，英方实行两边拉的政策，意在从中渔利。1903 年 3 月 13

① 熊性美、阎光华主编：《开滦煤矿矿权史料》，第 238 页。
② 《奏请收回英商私买煤矿折》，台北故宫博物院故宫文献编辑委员会编：《袁世凯奏折专辑》，新北：广文书局，1970 年，第 1142 页。
③ 台北故宫博物院故宫文献编辑委员会编：《袁世凯奏折专辑》，第 1157 页。
④ 台北故宫博物院故宫文献编辑委员会编：《袁世凯奏折专辑》，第 1158 页。
⑤ 台北故宫博物院故宫文献编辑委员会编：《袁世凯奏折专辑》，第 1158 页。
⑥ 熊性美、阎光华主编：《开滦煤矿矿权史料》，第 251 页。
⑦ 熊性美、阎光华主编：《开滦煤矿矿权史料》，第 252 页。

日,威英致函袁世凯,称开平矿权上,首先,明确既定事实,"现在的有限公司是一个英国公司,按照一九〇〇年七月三十日签订的卖约,双方明确同意组织一个英国公司,接收前矿务局的产业"①。其次,威英试图拉拢袁世凯并保证中方权益:"我向阁下保证,有限公司准备像前矿务局一样履行义务,向中国政府缴纳税款。"面对袁世凯与张翼的上下级关系,威英代表英方准备随时抛开张翼,直接与袁世凯交涉。威英称:"我要求阁下允许有限公司直接向您,而不通过张燕谋大人办理交涉。您答称,我所陈述的事实您并不知道,因为张大人未向您报告。"威英已近挑拨袁世凯、张翼的上下级关系,即张翼有欺上瞒下之前提,威英还迂回地怂恿作为上级的袁世凯对张翼及开平矿权纠葛采取切实而必要的措施,"我现在请求阁下,把本函作为提交给您的正式报告来考虑,并请求您采取您认为必要的措施"②。针对英方背后表态这一可遇不可求的良机,是日(光绪二十九年二月十五日),袁世凯有"奏陈英商私占产地情形折",称:"自光绪廿七年五月间,经侍郎臣张翼奏明将该局加招洋股,改为中外合办公司,原为保全中国矿产起见。乃上年十月间,开平局员候补道杨善庆及地方官认为中外合办,因在该局悬挂中国龙旗,与英旗相对并峙。"③袁世凯在该奏折中以充分的证据说明英方一再坚持张翼等已将该矿卖给英方,并有移交合同,事态极严重。是年3月16日,清政府下令外务部与英方切实磋商。18日,袁世凯致函威英重申:"该公司现在情形,本大臣断不能承认为英国公司。"④实为对张翼与英签约的整体否定。

　　袁、张及其背后的利益集团发生冲突,对英方有利。在威英看来,"由于总督向他进攻的结果,我们现在已使张居于这样一种处境:即只要能够挽救他自己的地位,他将不惜在任何条件下与公司达成协议"⑤。而英国外交部认为,张翼"地位"动摇不仅仅关系他的尊严与面子,一旦他权力全失,取而代之的袁世凯极有可能对英方采取强硬态度。诸如英方与袁世凯在开平煤矿运煤码头上交涉不冻港秦皇岛问题,这涉及不冻港归属及其使用权。1903年12月,袁世凯札津

①　熊性美、阎光华主编:《开滦煤矿矿权史料》,第233页。
②　熊性美、阎光华主编:《开滦煤矿矿权史料》,第234页。
③　袁世凯提及杨善庆兼保甲局局长,是揭发张翼卖矿关键人物。
④　熊性美、阎光华主编:《开滦煤矿矿权史料》,第235页。
⑤　熊性美、阎光华主编:《开滦煤矿矿权史料》,第253页。

海关道唐绍仪，指示他与英方交涉，意在收回秦皇岛。1904 年 1 月 2 日，英外务次官康拜尔（Campbell，F.A.）致函开平公司秘书，督促英政府驻北京公使与清政府交涉，断不能承认中国政府有权占据开平煤矿；要求英国掌控开平公司，在秦皇岛不冻港使用权上，"应与招商局在这个问题上达成某种协议"①。其时招商局刚由袁世凯接管，而"某种协议"表明英国外交部主张向袁世凯掌握下的招商局作适当妥协与让步，同时不希望张翼完全失势。此期间，英方在开平矿权上的利益代表威英等人可能没有很好领会英帝国外交部意图，主张对华及袁世凯主持下的北洋以强硬态度，"伦敦部以威英前在天津办理开平公司未能妥协"②，致使伦敦方面改派那森取代威英，这一人事变更，表明英方外交策略随着张、袁政治地位的变化而调整，意以"和平处理"取代一贯的强硬政策。

3.英方继任者那森调整策略与张、袁内讧的持续

那森新任开平矿权英方代理人，随之而来的议题及其策略皆有调整。那森就职后，于 1904 年 1 月 20 日致函开平公司秘书，评判张翼、袁世凯内讧等局势："我的前任的总方针是使他本人与张（翼）及其支持者疏远，并企图利用总督的权力来推翻张，希望当总督在公司中取得类似张过去的地位时，他将比较易于应付。但是，不幸的是，当采取这些步骤的时候，对于总督究竟会不会对公司采取友好一致的行动一事，并未设法弄清，同时也未作出努力去博取他的好感。"③

面对张、袁内讧，那森称最善之策"莫过于立即同中国人发展友好关系，以期从对抗的各派势力中，尽可能地获取最好的条件"④。为此，那森与张翼、唐绍仪两个方面皆有接触。那森致函开平秘书称，"张的势力决非消失，在我们的协助下，他还是能够东山再起的"，维护张翼地位是必须的⑤。其次，那森主张英方对唐绍仪、袁世凯也作适当让步。谈及与唐绍仪的会晤，那森称，"他（指唐绍仪）给了我一些关于他对公司的看法的暗示。他曾由总督授权来处理有关公司的事务，因此他是我们应该与之和解的最重要人物"⑥。1904 年 2 月 1 日，那森致函开平公司秘书，表明唐绍仪向他保证："总督的愿望是与公司达成一项友好

① 熊性美、阎光华主编：《开滦煤矿矿权史料》，第 253 页。
② 熊性美、阎光华主编：《开滦煤矿矿权史料》，第 255 页。
③ 熊性美、阎光华主编：《开滦煤矿矿权史料》，第 255 页。
④ 熊性美、阎光华主编：《开滦煤矿矿权史料》，第 255 页。
⑤ 熊性美、阎光华主编：《开滦煤矿矿权史料》，第 256 页。
⑥ 熊性美、阎光华主编：《开滦煤矿矿权史料》，第 256 页。

协定,而不致打乱公司的业务经营。"①唐绍仪希望秦皇岛码头须对招商局开放。这一点上,那森认为让步是适宜的。②

那森与袁世凯、唐绍仪勾结时,张翼也有所动作。天津海关税务司兼张翼外事顾问德璀琳上书外务部总理大臣奕劻、荣禄之子会办大臣那桐③、尚书瞿鸿禨,为张翼鸣冤④。而张翼政敌亦作了快速反应。1904 年 2 月 15 日,袁世凯根据唐绍仪的禀报,就限期两个月收回开平煤矿一事照会张翼。⑤ 张翼在袁世凯等照会压力下,急与那森议定合同六条,就涉及开平有限公司及秦皇岛口岸地亩事达成协议。所谓合同,本是法理意义上的社会契约,但在那森看来,"这些条文的拟订,主要是为了顾全中国人的颜面"⑥,觉得挽回脸面的张翼就有了 1904 年 3 月 22 日的"上北洋大臣公牍并办法六条"⑦。没想到袁世凯没有给张翼什么面子,那森称,"张把条文呈上以后,总督立即给了他一个照会"⑧,要求将开平"有限公司挂号注销"⑨,此即袁世凯第二次照会。注销有限公司意味着英商势力退出开平煤矿,这显然超出了张翼运作的能力。

面对张翼、袁世凯在开平矿务纠葛中的利益角逐,1904 年 4 月 12 日,那森致函开平公司董事部称:"张的权力尚未被击溃,同时也使得总督和张之间的斗争情势仍和过去一样。这种情势使我们的交涉几乎不可能达成任何最后结果。"⑩即若张、袁一直胶着对峙,中英业务将难以开展。此事交涉的前因后果,中国报刊亦有分析,比照《外交报》第 43 册"路矿汇志":"自张燕谋侍郎奉令收回开平矿务之后,迭与该局总办英员威英君商办。威君允为购回,仍作为中英合股公司。惟英人大半皆系红股,实未交分文股本。张侍郎会同外务部与英人竭力磋磨,而红股一事,未能略为通融。其他各节,亦坚持不让。张侍郎拟即赴津,与德

---

① 熊性美、阎光华主编:《开滦煤矿矿权史料》,第 257 页。

② 熊性美、阎光华主编:《开滦煤矿矿权史料》,第 257 页。

③ 见光绪廿九年九月十六日,内阁奉上谕:那桐著调补外务部尚书,授为会办大臣。(《北京档案史料》2002 年第 1 辑,第 200 页。)

④ 熊性美、阎光华主编:《开滦煤矿矿权史料》,第 257 页。

⑤ 熊性美、阎光华主编:《开滦煤矿矿权史料》,第 259 页。

⑥ "那森致开平公司董事部函"(1904 年 4 月 12 日),熊性美、阎光华主编:《开滦煤矿矿权史料》,第 263 页。

⑦ 熊性美、阎光华主编:《开滦煤矿矿权史料》,第 260 页。

⑧ 熊性美、阎光华主编:《开滦煤矿矿权史料》,第 263 页。

⑨ 熊性美、阎光华主编:《开滦煤矿矿权史料》,第 265 页。

⑩ 熊性美、阎光华主编:《开滦煤矿矿权史料》,第 264 页。

璀琳君商议，将以胡华等人欺骗之罪，控之于英政府，闻已先遣某西人至伦敦，坐探消息，并闻张侍郎拟令英人略出红股资本，即可议结，而北洋大臣袁宫保之意，则必以英人红股，一律作废云。"其中可见英方所谓的红股，实际上资金并没有到位，亦可见张、袁在开平矿权上的利害关系及意见分歧所在。继威英之任的那森谈及所谓注销中英有限公司的前提，称："照法律说，只有股东们自己才能取消，而且必须在大多数的赞同下才能取消。任何强行撤回或者取消这一注册的企图都是办不到的。"①何况部分股权掌握在英、比等国商人手中。在那森看来，袁世凯是用政治而非商业观点来看待公司，才导致事情处理上的紊乱。面对产权的界定，那森回应张翼称最好成立一个地方事务部，推举有才干、有势力的中国人参与公司的事务。②

何谓"有才干、有势力的中国人"？1904 年 8 月 23 日，那森致电开平公司秘书：袁世凯的代表唐绍仪提出由袁世凯"总督任公司总裁，并在伦敦董事部占一席位"，以促成开平矿务公司中英纠葛的完全解决。唐还提出款项要求，声称如被接受，讼事即可撤销，矿务公司亦能指望中国政府给予支持。③ 为此，袁世凯的代理人唐绍仪与那森有所接触。1904 年 9 月，清廷任命唐绍仪往西藏处理英军侵藏事，唐绍仪与那森磋商中断。中英有限公司中英方股东、股权何去何从等问题仍未解决，为此，外报外电多有评骘，而中国报刊舆论对英国路透社的相关报道及其时评颇为在意，《外交报》第 46 期的"路矿杂志"云："西历四月三十日，即华历四月初四日。《文汇西报》路透电云：开平矿务局因改为有限公司，订立合同一事，如出售者能剖明索回公司之理，自可调处。惟此事大损英国公使名誉，有此纠葛，至为不平。今新旧公司股东彼此不能迁就，则于买主、卖主两造，均为无益，且将来必又增一国际之交涉云云。继闻此事，已在英国京城审理。"这大致反映了张翼赴英及伦敦诉讼的缘起。

三、张翼赴英诉讼获胜的限度及报道舆论议程

在袁世凯压力下，张翼不得不为开平矿权归属案赴英兴讼。《外交报》第 47

① 熊性美、阎光华主编：《开滦煤矿矿权史料》，第 266 页。
② 熊性美、阎光华主编：《开滦煤矿矿权史料》，第 267 页。
③ 熊性美、阎光华主编：《开滦煤矿矿权史料》，第 269 页。

期称:"开平矿务,自中外股东龃龉,张燕谋侍郎曾延英国著名律师,至伦敦辨(辩)论。华股业已得直,拟由矿务局酌给胡华等人酬银,便可议结。闻律师电致张侍郎,略谓姑勿收还,必俟签约事竣,再行接办,始免意外之变,其酬银约须百万云。"张翼赴英诉讼实属被迫,所需经费也要禀告袁世凯,"我等赴英涉讼,动辄需款即可以此暂行押款济用。俟局定再行集议,并由威英呈交二十六七等年所见之厘税报效,先交银十万两,暂存银号。俟续交十万两,再行汇解,亦经杨道禀明前北洋大臣袁"①。此时的张翼与袁世凯角力,力量之悬殊显而易见,"有案至翼签订之移交约、副约,并华洋总办等签订之试办章程,委任德璀琳以善法保护开平之约。德璀琳与胡华私立之约等件(附录德璀琳私约,华洋文各一件)。业于收回天津后,面呈前北洋大臣袁鉴核,并将一切情形详细面陈。后经德璀琳将所办情形,据实禀陈(附录德璀琳上北洋大臣袁暨外务部禀稿一件),而置之不理。讵御史王祖同有大臣卖矿肥私之奏(附录王祖同原参折一件),迨翼遵旨将实在情形明白回奏(附录明白回奏折稿一件)。奉朱批'知道了'。嗣经前北洋大臣袁,未查明晰,公凭英人一面之词,执德璀琳与胡华之私立卖约奏参(附录原参奏稿一件),而最要之副约及试办章程,并委任德璀琳以善法保护开平之约,均未奏呈,不知是何居心"②。张翼对袁世凯的步步紧逼,也从人品方面加以评骘,以示反击。

面对即将到来的赴英诉讼,袁世凯很注意分寸的把握,"既据该革员请赴英京对质,可翼得有转圜,自应准其前往。惟张翼系革职大员,出洋对质应如何前往之处,出自恩施逾格"③。中英这场官司涉及清帝国的体面问题。张翼官方身份乃至政治地位的表象调整亦在情理之中。而这一切系赴英兴诉的需要。

张翼虽在中英开平矿权之争上受到袁世凯的遏制,但并没有完全失势,其主要原因如英方继任代理人那森1904年8月2日致开平公司秘书函中所称:"张的整个政治生涯的特点就是阴谋诡计,在这方面很少中国人能超过他,所用的办

---

① 张翼:《谨将开平矿务全案始终情形择要开呈节略》,《开滦矿务资料》(乙F37一函三册·第二册),中国社会科学院近代史研究所图书馆特藏室藏。

② 张翼:《谨将开平矿务全案始终情形择要开呈节略》,《开滦矿务资料》(乙F37一函三册·第二册),中国社会科学院近代史研究所图书馆特藏室藏。

③ 袁世凯奏折,《开滦矿务资料》(乙F37一函三册·第三册),中国社会科学院近代史研究所图书馆特藏室藏。说明:此与《养寿园奏议》略有文字差别。参见天津图书馆、天津社科院历史研究所编,廖一中、罗真容整理:《袁世凯奏议》(下),天津:天津古籍出版社,1987年,第1026—1027页。

法也是很少中国人会使用的，他在宫廷里面的势力，主要是由于裙带关系，一面是靠运用中国宫廷政治中最为隐蔽龌龊的势力来维持的。张本人曾向我极秘密地透露过，他的消息和势力，一部分是由于他和大太监李〔莲英〕的关系，后者与张之间，在银钱往来上显然是利害攸关的。"①张翼得到宫廷势力支持，这最为关键。针对袁世凯弹劾张翼的奏折及其中表述要对张翼赴英的官方身份有所体现，清廷表示同意，"张翼着赏给三品顶戴，准其前往，设法收回。如再迟误，定行严办"②。张翼以被革职官员在无功不受禄的情况下反而赏给三品顶戴，这无疑是清帝国为了自己的体面而进行的超常规举措。

与此对应，英方代理人那森对袁世凯官场前途有所判断："许多朕兆表明，总督的权力日见衰弱；即使在他的亲信之中，他也变得日益不得人心。"③面对即将到来的诉讼，那森建议在答辩中"多多强调其政治性的原因，而不要过于侧重其商业性的原因"④。在那森看来，张翼用于自卫的"副约的整个目标是政治性的，它的预定目的，实际上就是它曾被用来要达到的目的"⑤。比照1901年2月19日，律师顾勃尔作为张翼与墨林等代理人胡华签订"移交约"中法律意义上的见证人，实际上是代表张翼这一方利益的。1904年11月10日，那森以英方开平矿权代理人的身份致函上海德鲁门———顾勃尔律师事务所，警告有着律师身份的顾勃尔不得在即将到来的诉讼中为张翼作证⑥，以免内幕被揭露。是月26日，德鲁门、顾勃尔致函那森，表示同意。张翼伦敦诉讼有太多的幕后操作的背景。11月29日，那森致函开平秘书，称："在这两年我所进行的交涉过程中，我一直没有忽略张在宫廷里纠集足够的势力来抵抗袁世凯的敌意这种可能性，但是我所得出的结论是，只要斗争尚在继续，只要朝廷对可能引起行动的复杂情势怀有戒心，张的任何势力都不足以干涉总督的权力。"⑦他就张翼等往伦敦讼事的利益背景发表评论，"给予中国人某些名义上的权力，在我们这里是容易办到

① 熊性美、阎光华主编：《开滦煤矿矿权史料》，第271页。
② 袁世凯奏折，《开滦矿务资料》(乙F37一函三册·第三册)，中国社会科学院近代史研究所图书馆特藏室藏。
③ 熊性美、阎光华主编：《开滦煤矿矿权史料》，第270页。
④ 熊性美、阎光华主编：《开滦煤矿矿权史料》，第270页。
⑤ 熊性美、阎光华主编：《开滦矿矿权史料》，第270页。
⑥ 熊性美、阎光华主编：《开滦煤矿矿权史料》，第272页。
⑦ 熊性美、阎光华主编：《开滦煤矿矿权史料》，第273页。

的,而且对公司的事情不致发生损害"①。总之,开平矿权英方代理人那森基本上为张翼赴英诉讼定了个调子,即张翼往伦敦诉讼可能只是得到名誉上的胜利,实质上什么也得不到。

张翼于"三十年十月(实为 1904 年 12 月 3 日),带同严道复、陈升、同知荣贵,并税务司德璀琳等前往英京"②。至于庚子年间张翼等在中英开平矿务上的贪污腐化问题,严复等人到伦敦后才有了清楚认识。张翼伦敦起诉遭遇的面子问题及其与诉讼法理之关联,可详见 1905 年 1 月 24 日(十二月十九日)严复致好友夏曾佑(其时夏氏为《中外日报》主笔)的信函,"开平一案于腊月十二日开讯,两造所顾[雇]法家通十余人,皆王室参议,号皆名手"③。双方聘请诸多名律师,意在法理上有所决断,"通州供状经问三日,未了。中间少息。本日续讯。其前此所供,意在掩饰卸过,然往往为被告律师执据,指其不实。如十四日问,当庚子以前,张是否有意与洋本合办,张矢口不承。后经律师取出渠亲押用印之两信与墨林者,满堂睚眦,目为诳子"④。在严复看来,作为原告的张翼在法庭上丢人现眼,面对被告的铁证,其面子扫地以尽,"呜乎!中国大官以欺饰为能事,积习不知几千百年,一旦欲其由衷,殆与性忤。仆一路滴诚,谓:'上堂万万不可撒谎,即使此矿于庚子年,真由卿卖出,只可据实言之,而责伦部有限公司之背约,则卖约即可作废。'乃渠另有用意,言仍不实。十四日所被人揭破者,尚是题前文字。本日所讯,乃入正文,若再犯欺诳,被其指出,直可束装归耳"⑤。严复颇熟悉英方司法系统,对英帝国形式上的司法独立有深刻的认识,其劝诚当为忠厚知言。严复评价张翼:"此子固市侩,在在以欺为术。遭逢因缘,遂得富贵。乃今以中国大员负西人所最不当者,与之同行,亦至辱也。"⑥可见,张翼丢掉的不仅仅是个人的脸面,也丢掉了"中国大员"乃至同行的脸面。尽管如此,严复希望包括《中外日报》在内的报界舆论对张翼卖矿之事,尽量不要报道,因为名为中英合办的有限公司,英方作为资本输出方,资金并没有完全到位,多以口头允

① 熊性美、阎光华主编:《开滦煤矿矿权史料》,第 274 页。
② 张翼:《谨将开平矿务全案始终情形择要开呈节略》,《开滦矿务资料》(乙 F37 一函三册·第二册),中国社会科学院近代史研究所图书馆特藏室藏。
③ 卢美松主编:《严复墨迹》,福州:福建美术出版社,2004 年,第 57 页。
④ 卢美松主编:《严复墨迹》,第 57 页。
⑤ 卢美松主编:《严复墨迹》,第 57—58 页。
⑥ 卢美松主编:《严复墨迹》,第 58 页。

诺的虚股冲抵中方的干股，而张翼等涉及接受英商贿赂等，其中有太多的殖民者与被殖民者的代理人合谋勾结的性质，故严复称："日报于前事亦可不论，但于通州一节尚望为我催查，秘之。即杀一敌夫而国事亦无补耳。仆本可上堂听讯，而通州不欲有我在前。是其用意，殆可想见。终日为翻译供状外，闷坐一室，虽来名都，实无所睹。刻已属菊生电期期来，吾将去之。安能郁郁久居此耶？"①所谓"通州"指张翼。"日报"指夏曾佑主笔的《中外日报》。因阴谋及秘密太多，张翼连翻译严复都不让出庭旁听。严复变成玩偶，其郁闷是显然的。同日，严复致函好友张元济（即菊生，《外交报》筹办者）也表达类似意思。② 严复对陪同张翼往伦敦助诉颇后悔："夫巳氏来英，不携一钱，欲取偿于所讼，顾案情輵輵，而延误至今五年，赃款已散，复向何人收合余烬？察其来意，专取责认副约，然即此尚未可知，盖该矿所卖是实，昨有比人来此争论，乃知永平金矿亦经卖出。虽卸过德氏，而德氏有便宜的据；况此事议已经年，实不在拳匪债事之后，联军至津而后逼而出此。"③可见张翼赴英主要是争取副约条款的权利，但卖矿属事实，"前后函电、往返契约文书，今经公堂纤悉呈露，以复观之，此后虽欲粉饰事实、涂障国人，必不能矣"。法庭上张翼中饱私囊之情状毕现。严复从自己理解及法理层面得出结论："此人必败。"④严复揭露的是中英开平矿权纠葛内幕，但诉讼结果张翼竟在法理层面取得名誉上的诉讼胜利。

为什么陪同张翼前往伦敦兴诉并精研西方《法意》的顾问严复都认为毫无胜诉希望却一度胜诉？主要依据和理由是什么？这一胜诉与中外报刊舆论评判有无关联？诸如此类，无疑要细读张翼诉墨林案的伦敦高等法院皇家法庭判决书。判决书原为英文本。因事关新政时局中的官场、市场等，沪上报刊舆论视其为舆论焦点，特别是关注中外关系的《外交报》对其进行跟踪性的报道与评论。1905 年 3 月 10 日《外交报》（乙巳年第 2 号）"路矿汇志"载："前张燕谋侍郎以对质开平煤矿讼事赴英，近知审问得直，矿产可冀收回。"后《外交报》有后续报道。5 月 30 日，《外交报》（乙巳年第 7 号）文牍转录《中外日报》译自《上海捷报》的《开平矿务局控案伦敦按察使佐斯君堂断》，该文为英文的汉译本，也是张

① 卢美松主编：《严复墨迹》，第 58 页。
② 严复：《与张元济书》第 16 封，王栻主编：《严复集》第 3 册，第 553 页。
③ 严复：《与张元济书》第 17 封，王栻主编：《严复集》第 3 册，第 554 页。
④ 严复：《与张元济书》第 17 封，王栻主编：《严复集》第 3 册，第 554 页。

翼诉墨林案的伦敦高等法院皇家法庭判决书。张翼诉墨林案的伦敦高等法院皇家法庭判决书原为英文本,有多个中文译本。笔者考虑判决书译文时空上的接近性,故取此文言节译本,而非近人翻译的白话文。判决书涉及英商100万英镑及其资金不到位的虚股,在华人译报及其转载亦有呈现,但立场多偏向张翼。前文提及《中外日报》主笔夏曾佑及《外交报》筹办者张元济为严复至交,且严复招呼夏曾佑不宜在《中外日报》等报刊上揭露张翼卖矿丑行。因此,笔者也参考近人据英文的全译本。判词反映了英国司法制度执行中的偏好,也反映了为攫取更多的殖民利益,日不落帝国伦敦高等法院皇家法庭一度把适用国际法的英比财团联手的开平矿务有限公司经济案件变成国内伦敦注册有限公司的涉外商务纠葛来处理,并没有充分考虑比利时财团的插手。英国皇家法庭因治理本国国民经济纠纷的司法系统非常完善,涉及中外开平矿权之争的诸多证据、证词一一呈现,此为后人了解真相保留了大量文献。原刊于夏曾佑主笔的《中外日报》文言节译本判决书以法官佐斯当场宣判的口吻,云:“被告公司与模恩君,均已上堂辩驳一切,余不用将彼等之所言详细斥驳。今张燕谋君与德璀琳君前来本国,在余之前供陈一切。余料被告必甚有不乐之意,张燕谋君业已受审,德璀琳君与其余诸原告已由被告之律师详细询问。当审判之时,余曾言及被告公司并未将该约斥驳。以余之意,被告虽斥驳该约,恐亦未必有成,其后模恩之律师则又谓不能斥驳该约,此即系该约足以限制各被告也。”实际上,英方法官在法理层面上强调移交约与副约两者不可分割的关联性,“以余意观之,该约不能作为约稿。余又不能下谕使之照办。余又恐原告虽向被告索得赔偿,但余今已决意定夺:一千九百零一年二月十九号之约,必足以限制各被告。若被告公司不照原约办理,则不应把持移交产业之约中所载之产业;若被告不于合宜之期内照约办理,则本公堂定必将各矿与产业送回原告,以免被告公司与其代理人并执役之人把持产业。今此案之重要之处,即原告之得成功也”。即法官宣布名义上张翼胜诉。笔者再比照近人白话文译文,两者意思吻合。

论及张翼伦敦诉讼的是非曲直及1905年3月1日判决书上张翼胜诉等,严复至交张元济掌控下的《外交报》(乙巳年三月二十五日)有按语:“张燕谋侍郎以开平矿事,前赴伦敦上控。经英按察使佐斯君于光绪三十一年正月二十六日(即一千九百五年三月一日)堂讯,讼十五日,乃始定案。原告为张侍郎与开平矿务局,被告为模恩君与皮佛模恩公司及开平矿务局有限公司。原告欲令问官声明前约（即一千九百一年三月十九日所立者），而由苟华君、复脱士君、德璀琳君及张侍郎所签字者，足以阻制各被告，并请问官下谕，使之照办，前约曾言使张侍郎终身为被告公司之督办及设立华董也。"《外交报》至少在表象上被大英帝国所谓司法公正所麻痹，"中西合股经商，每以贷用西人赀本，致多疑虑。据此观之，可知欧人之办事，无稍偏袒。实以理之是非，判事之曲直也。自是而华人之于泰西资本家，坦然信之，则富商投资中国，自可畅行无阻。而我国法院之正直，亦能见信于华人矣"。这无疑是英帝国司法"公正"的自我标榜，也是名义上判张翼胜诉的重要原委。

所谓矿权纠纷涉及英商、比商等许诺重组公司的本金 100 万英镑有无到位，是否存在以虚股充本金等诸多问题，为判决的基础，判决书上交代了明细，但《外交报》转载《中外日报》节译本并未涉及这些。若联系严复向《中外日报》主笔夏曾佑叮嘱开平矿权诉讼案何者可报道，何者可守秘，可见其中端倪。《外交报》转译英国 1905 年 3 月 2 日《泰晤士报》，回溯案情，称："张君为一千八百八十二年所创开平矿务局之督办，以开辟直隶热河之矿，乃设是局。嗣固欲增资本，整理矿事，故由海关税司德人德璀琳君筹之，遂与被告模恩公司商议，而立有一千九百一年二月十九日移交产业之约，使原告公司一切产业，悉交被告公司。原告之意，谓前约签字之故，以同日所订之约，言明除限制新公司一切外，一、张君终身督办其事；一、华洋股东须一律有公议权；一、公司须设董事两班，华人一员，英人一员；一、华董可理公司在华产业，后必照行。"然而英商对合约中诸多条款执行不到位，"今此等条款，被告悉未照办，新公司亦不明认此等款项。华董因以无权，所派总理，又不谙所立之约。总公司亦未设于天津，当日定约章程，概未遵办"。这一判决大致从法理层面说明移交约与副约的关联度，这一关联涉及有限公司中英各自的权重，"今原告所求：惟愿该约各款，是以限制被告公司；或将移交产业之约作废。而被告则未言该约必无所用，当模恩君被审时，曾谓公司董事，虽或蔑视该约，亦甚欲使之照办，鄙意实不谓然，云云。被告所辩，谓欲使张君终身督办其事，实不合于英例。问官判此案，乃以原告为直"，明确宣告张翼胜诉，"若被告不于合宜之期内，照约办理，则问官必使一切产业交回原告也"。这大体上强调了维持张翼权益的副约是移交约（即正约）等诸多契约文本的前提。

实际上张翼所以胜诉，关键是原属开平矿务局的资产易为墨林、东方辛迪加再至中英矿务有限公司的过程中,英商、比商所谓注册 100 万英镑本金未到位,且通过多次转让,带有空手套白狼的洗钱性质。这一点在近人全译本判决书中很清楚,伦敦高等法院皇家法庭判决书中佐斯(即法官卓候士)称:"我已经说过,被告公司是一九○○年十二月二十一日成立的。它一向声称,现在仍声称,业已根据一九○一年二月十九日的移交约取得了中国公司的全部产业,而移交约是与一九○○年七月三十日的卖约一脉相承的。但是,根据大约三个月以后,在一九○一年五月二日,以东方辛迪加为一方、被告公司(其全部资本名义上定为一百万镑,每股一镑)为另一方所订的合同,东方辛迪加伪装将上述一九○○年七月三十日卖约的利益售与被告公司,售价为这一百万股中的九十九万九千九百九十三股,当作收足股金的股票分配给东方辛迪加或其指定人;此外另付现金二千多镑,作为东方辛迪加办理被告公司注册时垫付的注册费。一九○一年五月二日的合同,我想是在同月二十五日在被告公司董事会上盖印签押的。在这次会议上,五万股分派给被告墨林,十五万股分配给东方辛迪加,均作为收足股金的股份。董事部并同意将三十七万五千股分配给中国公司(即原告)的指定人,这些自然是分配给中国公司的股东的。此外(这就离奇了)剩余的全部股票,除了减去七股作为对于公司设立章程的签署人的酬劳外,共计四十二万四千九百九十三股,全都分给了东方辛迪加的指定人。我想,如果我记忆不差的话,这四十二万四千多股在会议记录中并未叙明是收足股金的股票,但据我了解,它们一向都是当作这样的股票处理的。"这涉及墨林名义上以英国公司法注册 100 万英镑本金到开平矿务有限公司,再转手倒卖开平矿务局股份给东方辛迪加。多次转手倒卖实为以虚充实。对此,佐斯(即法官卓候士)云:"我觉得,现在原告自然要控诉这笔交易。假设我们承认五万股甚至十五万股(共计二十万股)是作为创业利润的———如果这是可以承认的话———那么,为什么要把公司的四十二万四千九百九十三股,作为收足股金的股票去分给东方辛迪加的指定人呢?原因何在,我还找不出来。"①

　　法官作出结论:"总之,根据审理过程中所透露的事实,我觉得如果说被告公司被骗去了大约四十二万五千股,结果使正当地分得三十七万五千股的中国股东受到了损害,这种说法至少有可取的理由。据我了解,中国股东的股份并不

---

① 　熊性美、阎光华主编:《开滦煤矿矿权史料》,第 280—281 页。

是只具有名义上的价值,它们的售价高于面值;因为原告说(这我认为不无理由),为了购买中国公司股东的价值无疑甚巨的产业而发给他们的三十七万五千股,由于曾经无代价地把这一批(作为)收足股金的股票分给了(公司)各发起人或其指定人,其价值已大大降低——可能降低了一半。"①此大体可以判断辗转反侧而来的英、比商人以虚股充实股,是牺牲中方股东的实际利益为代价的。

当然,被告也对自己以虚充实的做法作了辩护,但法官认为:"被告企图为发起人辩解说,在这些股票之中,二十五万股是作为红股或额外报酬,用来酬谢那些认购了以债券作抵的五十万镑的人们。据我了解,这些债券的发行,中国股东并未同意,也不知晓。原告回答说,发行这样巨额的债券,筹集得来的款项约二十万镑始终未曾动用,现仍存在银行里被告公司的账上。此款即使需要,亦能筹得而不使股本受到损害。债券并未公开发行;据我了解,发起人分配了股票,并将债券分派给他们自己和他们的朋友,我想他们至今仍持有此项债券及四十二万四千九百九十三股(作为)收足股金的股票,而事实上并未付出分文。"②这实是以四两拨千斤的手法兼并中国矿产及矿权了。比照近人的白话全译本判决书,大体可明了判决的逻辑及依据的法理。

佐斯(即法官卓候士)交代此照案例法判决的法理及其适用性:"在本院,一个购买房地产的人,即使他已经持有这个产业,并且这个产业确实已经转让给他了,如果他不支付代价,这个产业是不能让他占有的。如果需要对这样一个自然而明显的公式原则提出引证,我只须提一下大法官霭尔敦对于麦克莱思控告西蒙斯这一成为判例的案件所作的判决。无论按法律或按公理,一个人若根据一份契约提出要求,即使他未曾签署这份契约,他必须首先自己遵守此契约中的各项规定。为了把这个原则引用到本案上,我想在这种情况下,如有必要,我有权把移交约与副约事实上看作是一个文件。"③

除了"此时此地"的时空把握外,《外交报》刊载英国 1905 年 3 月 2 日《泰晤士报》的社论译文对张翼归国之后续影响有所预测,"他日张君言返中国,凡曾听审之英人,必当敬礼有加,谓非若人必不得直,其因此而见重于我英也若此。吾知张君既归,必告于守旧党曰:与英之财政家交涉,非必无所益也"。即此案

① 熊性美、阎光华主编:《开滦煤矿矿权史料》,第 281 页。
② 熊性美、阎光华主编:《开滦煤矿矿权史料》,第 281—282 页。
③ 熊性美、阎光华主编:《开滦煤矿矿权史料》,第 279 页。

判决涉及英国司法诚信及张翼在"天朝"的上流社会若继续做英国在开平矿权上有利的工具,须保全他的面子;而张翼在诉讼中若丧失社会体面将适得其反:"请观此案堂断,于我华上流人物,大有关系,而英人之可信,亦可见矣","此案之被告英国公司,乃与英为仇之人所设者。此案若不得直,则英之权利,固大有所损,而张君之名誉,亦遂扫地无存。今既赴质而直,心迹自可大明,彼华人亦无所用其谣诼矣"。比照《外交报》按语:"开平讼案得直,事诚可喜。自是而华人之信任外商,必更加甚。吾愿中西合股之贸易,益当慎订合约,而毋贻后悔也。"这一价值评判,则对中西有限公司的中方权限的界定有所告诫。实际上,以公正独立为标榜的英国司法审判张翼案的结果,所谓公正终为英帝国为首的西方列强的海外殖民利益的攫取所牺牲:给足了中方代理人张翼面子,但经济利益上中方一无所获。因为英国国内司法审判并无在海外诸如对比利时财团的执行权,何况也没有具体谈及比利时财团的行径及其惩处。

乙巳年七月二十五日《外交报》"路矿汇志"专栏云:"开平矿案,前经奉旨饬张燕谋侍郎全数收回,切实妥订,当即赴英涉讼,责认副约。英公司仍不认督办管理,经在英再三争辩(辩),判照副约办理,其公举总办入股理事各权,均应彼此平等。华官交涉,统归督办经理,作为官督商办在案。近闻张侍郎以英堂判认副约,无可再议,宜及早回华,以便料理。若日久迁延,必致贻误大局,因电请直督袁慰帅,转电外务部,核示办法。"实际上此为前台表演,属司法审判中表象,而幕后涉及私下交易,张翼及其代理律师赫克斯莱等与英方暗中既相互扯皮又相互勾结,他们还派希立尔爵士代表张翼"前往中国去和袁世凯交涉"①。正如1905年5月5日中英开平有限公司英方董事特纳(Turner, W.F.)致总代理人那森函称:"这次判决并没有打乱公司的现行组织机构,也永远没有造成这种状况的可能性。除了使董事们作出决定,着手委派一个地方董事部以外,这次判决不曾产生任何结果"②,"迄今为止,张所得到的实际上等于零","公司丝毫没有蒙受损失"③。即便如此,英商作为被告方仍未满足。

1906年1月24日,被告查礼士·阿尔几能·墨林及毕威克墨林公司的律师针对佐斯(即法官卓候士)的判决上诉,要求变更判决并获得部分成功。这次判

---

① 熊性美、阎光华主编:《开滦煤矿矿权史料》,第296页。
② 熊性美、阎光华主编:《开滦煤矿矿权史料》,第287页。
③ 熊性美、阎光华主编:《开滦煤矿矿权史料》,第287页。

决被称为"第二上诉法院谕单"。首先是有关判决对象："本院宣告，诉状中所提及的一九〇一年二月十九日的副约，对于被告查礼士·阿尔几能·墨林及被告毕威克墨林公司及被告开平矿务有限公司均具有约束力。"论及《副约》，"本院认为（原告法律顾问亦承认），按照该副约的真实解释，并未赋予或有意赋予原告张燕谋以督办之权，张燕谋亦不能据此职位，行使超过被告公司之公司设立章程及公司章程所能有效地赋予该公司的一名执行董事之权"。"本院谕令原告向被告查礼士·阿尔几能·墨林及被告毕威克墨林公司所提出的关于违背该副约第二条的损失赔偿要求，应不照准"。其次，"本院谕令本案中原告对于被告查礼士·阿尔几能·墨林、被告毕威克墨林公司的一切上诉，应即中止。"①这无疑类似终审。而从诉讼费的承担也可以看出这次判决的态度与立场，"本院认为，此次上诉的费用应由各方自行负担"②。由此而来，张翼在伦敦诉讼结果表明，他只是在司法上取得名誉性的"胜利"，无实质性的利益，终有反复且修正，张翼依仗副约获取权益企图在"第二上诉法院谕单"中大打折扣。

四、法理内外与赴英诉讼结局的思考

近代跨国或跨区域的托拉斯或辛迪加等经济垄断组织，以公司制度为企业形式向外输出资本，以便利用亚非拉殖民地、半殖民地国家廉价的劳动力及其煤矿等资源。其中尤以行政兼商业为旨趣的东印度公司较为成功，在亚洲推行英中合营有限责任公司则遭遇中国军政利益集团强有力的抵制，以求富为目的的开平矿务局是中国北方乃至有清一代洋务企业的代表，其由官督商办的产权走向问题，则在近代东亚另有一番历史运行的轨迹及经验。

英帝国对华资本输出并推行有限公司的企业重组政策，对官督商办的洋务企业意味着法理意义上的产权重组与改造。洋务运动中诸多民用企业推行官督商办模式，意味着官场与市场联姻。官场规则一旦进入市场，则意味着由西方引入的有限公司制度伴有政治化的色彩。由此观照开平矿权争夺，令人深省。中外开平矿权纠葛，不同的利益集团斗争方法也不同，袁世凯依靠官场权力，表面

---

① 熊性美、阎光华主编：《开滦煤矿矿权史料》，第307页。
② 熊性美、阎光华主编：《开滦煤矿矿权史料》，第308页。

上维护国家权益,私下却与奕劻等沆瀣一气,结成利益群体。张翼在李鸿章死后重建人际关系网络,甚至不惜血本援结皇权,积极利用政治手腕及背后靠山向袁世凯军政利益集团发起反击,以维护社会地位。为了维护自己的"面子",张翼甚至转向英方求和,正如那森所述:"自从革职以后,张曾把他的全部精力和一大部分私人财产,用来恢复他已失去的地位,或者至少是设法避免比已经遭到的更坏的命运。由于他的拖延政策,他已不知不觉地使自己落到这样一种地步:他不但不能对公司使用可能损害公司利益的威胁手段,来迫使公司和他妥协,而且被迫在无力反抗的情况下向公司求援,以期摆脱困难。"①英帝国当事者对张翼与袁世凯较量的过程中暂处于弱势。针对袁世凯以国家身份积极插手中英开平矿权纠葛,英帝国相关部门迅速作出反应,即派那森取代威英,积极扶持张翼,以应对袁世凯日趋强硬的态度。这其中有着更深刻的殖民利益背景。张翼一旦在与袁世凯较量中彻底倒台,就意味着英、比等国与之签订的条约正当性将受质疑,英方在开平矿权上的合法性主张将化为乌有。

张翼赴英诉讼的成败彰显了中英开平有限公司运作引发的多重矛盾。作为世界工厂,英帝国由主张自由贸易进入垄断帝国时代,其食利性的资本输出已成为拓展海外殖民地并攫取高额利润的重要手段。具体到开平矿务局的利润掠夺,则涉及英方以虚股充干股(允诺入股的资金不到位)等,有跨国欺骗的性质。张翼作为致开平矿权丧失的嫌疑人,仍被朝廷赏给三品顶戴,无疑为了对外交涉的政治需要,变相地维护大清帝国的面子。张翼赴英兴诉涉及开平矿权上的多国利益。就法理而言,张翼之伦敦诉讼除涉及英国财团外,还涉及比利时财团,适用的是国际法,但英国司法评判侧重在伦敦注册的有限责任公司,使用国内公司法。英国法律侧重不成文的案例法,商业方面的法律注重实际问题现实解决。诉讼结果张翼取得名义上的胜利,而在开平商业利润分割上,英方既得利益却秋毫无损。法院只是宣判却不执行,近一年后,墨林及其公司上诉,结果"第二上诉法院谕单"中将张翼获得的权益大打折扣,诸如此类,绝非偶然。凭借佐斯(即法官卓候士)所谓胜诉判决,归国后张翼在道义上向清廷及报刊舆论等民意代表有个交代。由此而论,作为洋务运动四大代表之一的官督商办企业开平矿务局,却在清末新政的语境中被以英方为首的东方辛迪加及其后开平矿务有限

---

① 熊性美、阎光华主编:《开滦煤矿矿权史料》,第 273 页。

公司英方渐次吞并，张翼伦敦诉讼结果超出政敌袁世凯及"西学第一人"严复预料，在法理与面子上皆获胜，这得益于100万英镑本金没有全部到位而产生的以虚充实的诈骗，佐斯（即法官卓候士）关于副约的合法性判决后又被"第二上诉法院谕单"修正。英、比财团以虚股充实股进而鲸吞开平矿务局的做法，在所谓终审的"第二上诉法院谕单"中毫无提及，张翼的伦敦诉讼可谓面子上有所挽回而法理上初审有所获益，终审又归为泡影。张翼在报刊舆论上维护的面子，多与严复等舆论精英被张翼允以重金而成为开平矿务局"总办"密切相关；讼案发生后，严复又被诳以重金赴英。严复及其至交主笔或主编的《中外日报》及《外交报》，因主导清季涉外舆论产生了广泛社会影响。严复等诸多辩护文稿及建议属舆论议程设置。这是在矿权丧失的情况下，张翼仍能维持官场尊严与体面之重要原委。

简言之，张翼为开平矿权纠葛赴英诉讼，反映了中国已卷入以重商主义为背景的世界市场，反映了东亚国别意义上的矿业经营有了世界资本输入的血腥背景。官督商办的开平矿务局被改组成开平矿务有限公司，100万英镑的注册本金及其以虚充实等后续矛盾与纠葛，关联清末市场与官场，涉及外交与政治。诉讼得失涉及面子，关联法理，且更大程度上取决于舆论议程设置。由此而来的企业制度上跨国有限公司的政治经济学分析，有了近代中国乃至东亚历史的场景。

（作者为安徽大学新闻传播学院教授、博士生导师）

趋新少壮派与政治急进主义

——清末改革中激进亲贵①的政治心态②

孙燕京

清末十年,清廷的改革力度前无古人。即使在今天,我们重新审视那些新政方案和立宪举措,依然称得上布局宏大,雄心勃勃。搞好了,是一场脱胎换骨的革命(指宪政代替专制)。引人注目的是,在主持改革与力挺宪政的政治群体中,趋新少壮派亲贵显得思想开明,行为激进,敢于任事,甚或招贤纳士,优容革命党人。他们成为清末十年执政舞台上一群星光熠熠的政治明星。

那么,他们趋新的心理基础是什么? 在清末王公贵族宗室普遍慵懒与麻木不仁的氛围中,什么因素驱使他们格外"奋发"? 在内忧外患糟糕环境的逼迫下,他们是怎样认知自己及王朝大势的? 在他们中间有没有较为共通的性格因素,又表现出怎样的利弊?

本文试图解释趋新少壮派亲贵的心理基础与思想动因,对他们的政治心态以及性格特点做一番描摹。如果说任何改革都是一次利益重新分配的话,那么,在这场利益配适中,他们处心积虑地选择了日式集权而不是英美分权立宪,挖空心思地追求在宪政政体下强化贵族权利。他们三步并作一步,急功近利,贪大求洋,试图在短短几年内完成"强盛国家"的大业。事实上,在国势衰微、国困民穷、充满焦虑、人心瓦解、缺乏强人的时代,这是一步险棋。果不其然,无论他们

---

① 我常用"权贵"指统治集团中位高权重、地位显赫的群体。而本文涉及的"亲贵",则指的是"宗室王公",属于宗室之亲(清人常用)。进一步,本文选择了在政治行为取向上偏于"激进"的一部分人,分析他们从新的特点与根源。

② 这里所说的"政治心态"是指人们对政治过程和政治生活的一种不系统的、不定型的、感性的反映,表现为一定的政治动机,政治态度、政治情绪、政治信念等。在新文化史语境中,指的是某个群体在一定时间空间里"集体无意识"。

怎样张之"公义",标榜无私,私底下却是私欲横流,把时代进步与极端利己主义纠缠在一起。更深一层,他们拿捏不好满与汉、大清与中国之间的紧张与冲突。因之,改革导致崩盘。

一、清末少壮亲贵的趋新

本文所指少壮亲贵,涉及载沣、载洵、载涛、载泽、载振、善耆、溥伦等人,属年富力强、位高权重之辈。他们中多是宗室"近支",非亲即贵。他们在清末政治舞台上高举改革大旗,呼风唤雨,名动一时。

与历朝重臣相比,他们的年纪轻、资历浅、声望差。其中一些人因能力脱颖而出,更多的则是地位显赫,经由身世走上历史前台,载沣、载洵、载涛、载振是为代表。

他们被时代感召,被危局刺激,为护佑皇族利益和江山社稷,"挺身而出",把清末政治搅得有声有色。平心而论,他们的宪政设计理论上能把中国政治制度推上前所未有的高度,就此而言绝对是历史的重大进步,但好事却被他们最终办砸。

这是一群公子哥式的人物,他们本初的生活样态是雍容、玩乐,不经意间被推到历史前台,需要承担救亡责任,这使他们力所不逮却豪情万丈。

他们带着亲贵特有的自信和舍我其谁的勇气,急切地抓起一切可能抓到的手段,致力于打造君主立宪政治,一时间新政迭出,立意高远,甚或孟浪冒失、进退失据。以至日后人们普遍把清廷倾覆的责任归之于他们。有人说:"五、六不更事之少年,假托西法,逞其狂悖,用夷变夏,乱国法而坏人心"①,也有人说:"陷九庙两宫于危险之地,系皆二三王公之咎也。三年以来,皇族之败坏大局,罪实难数。"②

在情感上,人们常以胜败论英雄,所谓"成王败寇"。加上革命史观的长期浸润,对这段历史的评判失之于简单化。人们更多关注的是革命党人的攻守举

---

① 当然,奏折直接所指是"忽悠"他们的年轻办事人员,诸如宪政编查馆的"四大金刚"章宗祥、汪荣宝、陆宗舆、曹汝霖等。(《内阁中书王宝田等条陈立宪更改官制之弊呈》,光绪三十二年八月二十八日,故宫博物院明清档案部编:《清末筹备立宪档案史料》上册,北京:中华书局,1979 年,第 157 页。)

② 《宣统三年十二月十八日第一军总统段祺瑞致内阁请代奏电》,中国史学会主编:《辛亥革命》第 8 册,上海:上海人民出版社、上海书店出版社,2000 年,第 179 页。

措、革命领袖的思想方略,盖因他们是正义的力量,代表着中国政治的民主化方向,因而对他们的研究细致入微。相反,清末十年,体制内政治主体的功过得失,特别是宣统三年(1911)的喧闹却少人问津,之所以如此,是因为清末政改昙花一现,归于失败。加上皇族内阁一出,举国哗然,莫不视之为"立宪骗局",自是,学界失去了研究的兴趣。

尘埃落定,当那段历史过去一百多年的时候,回顾政治遗产你会发现,如同托克维尔的推断,大革命后的种种建制,不少脱胎于旧制度。① 那么,重新思考当年的政改,总结它的利弊得失就变得有了意义。

清末政改,特别是宣统三年的立宪改革,趋新的突出特点是求全、追高、速成。关于清末新政与预备立宪的研究汗牛充栋,这里从略。我想追究的是"改变"之下的政治心态。翻检清末十年种种史料,你可以感受到当时的心态植根于"救急解困"。庚子事变以清廷巨大的羞辱与让步逃过一劫,躲过了瓜分豆剖,但接下来的危机却越来越重。光绪、宣统代际转换之时,角逐东三省已久的日俄野心愈益膨胀,致使朝野上下形成普遍的焦虑。② 因此,清末改革多是因缘际会、顺势而为。

"甲午、庚子之后,政府虽一意讲求外交,而操纵失宜,究不免为外人所轻视。中国等级向居人后,海牙和平会置列三等。亲贵出洋,何尝无所激刺,奈事过辄忘。"③按下"事过辄忘",这种刺激和耻感,转化成奋发趋新的动力,他们义无反顾走上改弦易辙、用西用新之路。1908 年之前操盘手是老辣的慈禧,她惯于搞均势与平衡,加上身心老迈,动少静多,故能勉强支撑政局不坠。到载沣就不同了,他少壮心急,又拿捏不好各种利益关系,即使有心联络德美,钳制日俄,但判断有误,能力不足,还是归于失败。④ 此举还触动了其他利益集团的根本利

---

① 至少现代经济制度、司法制度、政治制度中运行的许多规则与架构都是那个时代建立起来的。特别是遗泽至今的现代教育、司法等制度。

② 1906 年,日本成立"南满洲铁道株式会社",完全控制了南满铁路,接着把辽东半岛租借地擅改为关东州,成立所谓"关东都督府",为独占东北做军政准备。1909 年,日本又抛出"间岛"问题,声索吉林延边一带的中国固有领土。在形势逼迫之下,清政府随即进行东三省改制,变将军制为行省制,还试图引进英美势力牵制日俄。这一时期社会的普遍焦虑心态,参见章开沅等主编的《辛亥革命史料新编》第 2 辑电文部分。(武汉:湖北人民出版社,2006 年。)

③ 沈祖宪、吴闿生:《容庵弟子记》第 4 卷,1913 年印,第 28 页。

④ 参见崔志海:《海军大臣载洵访美与中美海军合作计划》,《近代史研究》2006 年第 3 期;《摄政王载沣驱袁事件再研究》,《近代史研究》2011 年第 6 期。两篇文章均涉及清末朝廷的联络德美钳制日俄之策。

益,为崩盘埋下伏笔。

焦虑容易引起心态上的失衡。加上强邻逼迫,清末十年全社会弥漫着"恐慢"心理。恐慢心理在情绪上转化为急切,最容易导致行为上的急功近利。分析清末新政的决策特点,那种时不我待的感觉尤为强烈。胡思敬谈到各部委为适应新时代而学新知学外语,你追我赶,甚至焦虑不办学馆则"无以自存"。"赵尔巽署户部尚书,设计学馆,令司员赴学,已而刑部设法律馆、兵部设兵学馆、工部设艺学馆、吏部设吏学馆、翰林院开学会,彼其所学亦不外异国语言文字,与僧伶优妓无以大过也。予闻吏部人语同僚云:'今新署林立,我而不开学馆,将无以自存,渐为他部所并。'"①政府官吏部门的官员竟张皇到担心不改革就会被其他部门吞并的地步。1906 年宣布预备立宪之后,社会舆论、立宪派以不断请愿的方式迫使清廷预备之期一改再改,也是这种焦虑情绪驱使下的"恐慢"与"急进"。1907 年,清政府参加海牙国际和平会议,各国以中国没有海军,不具备头等国家资格②,这使少壮亲贵大受刺激,于是海军兴复计划再次热闹起来③。至宣统元年,出任海军大臣的载洵提出重建海军的庞大计划,宣布用 7 年时间重建中国海军,责成度支部筹款 1800 万。实际上,那时的度支部"库款奇窘"④。可以想象,即使国家财政充裕,短短 7 年也未必能建成战列舰齐备的海军,何况国

---

① 胡思敬:《国闻备乘》卷 1,上海:上海书店出版社,1997 年,第 27 页。

② "目前筹议组织海军,须先建设海军专部,然后勘定军港,订购铁甲兵轮四艘,鱼雷艇四十艘,一面在南北洋设立海军学堂,培植海军人才……开办经费闻两宫允由内帑拨五百万两,各省摊派一千万两,不敷之数,由度支部设法筹拨。常年经费则拟举行印花税,并将火车票加价两宗作为海军专款,该部尚书一缺,拟暂保萨镇冰军门署理,议于年内即行开办。"(《兴复海军之决议》,《申报》1907 年 11 月 22 日,第 4 版。)

③ 实际上,兴复海军是清末改革清廷朝思暮想的问题。早在 1904 年清廷派贝子溥伦赴美参加圣路易斯国际博览会,在外洋见了世面的溥伦回国就提出复兴计划。当时也热烈讨论了一阵子,终因难寻军港、经费无着而作罢。此后数年间,海军之议旋起旋落。参见《申报》、《东方杂志》1904 年 3 月至 11 月相关内容。

④ 《清议报》曾经讨论过清末国家财政收入,说 1879—1898 年,人均收入不过四角五分,而同年日本人均财政收入约五元七角、俄国十四元、英国二十七元。见《清议报全编》卷 15,第 39 页。庚子后国家的财政背负巨额债务,更无从转好。1909 年度支部的一个奏折说"近年各省关涉财政之件,例如新筹一款,往往事前既不谘商,用后亦不关白,常有巨额出纳,日久竟不报部,莫可究诘",说明地方根本不把财政部放在眼里,如何指望它在数年内筹到办海军的巨款? 参见《中国近代史论丛》彭雨新文。(李定一等编:《中国近代史论丛》第 2 辑第 5 册,台北:正中书局,1963 年。)据说,无处开源"又无流可节"的窘境让度支部尚书载泽头疼不已,任期内他屡次三番请辞,载沣每每"慰留"。见《泽公自请辞职不准》,《申报》1909 年 12 月 20 日,第 3 版。"度支部尚书泽公每嗟库款奇窘,各省各部又纷纷均向本部拨款,时起冲突,是以屡次召见时奏请开缺未蒙监国尤许。"(《铁宝臣理财果长于泽公耶》,《申报》1910 年 9 月 20 日,第 4 版。)

困民穷的清末！

然而，对趋新少壮亲贵来说，这不是能不能，而是敢不敢的问题。依然以海军为例。七年规划是在整顿南北各洋尚存的旧式战船基础上，从第 3 年开始五年内，添造头等战舰 8 艘、巡洋舰 20 艘、兵轮 10 艘；编制 3 支鱼雷艇部队；编制南北两洋以及福建舰队；兴建各洋军港船坞；成立海军大学，可谓雄心勃勃。[1] 并不看好海军计划的外国人出于贸易的激烈竞争，争相邀请载洵访问列国。英国造船商在欢迎仪式上秀出烟火，施放过程中突然展示了载洵身着海军将军制服肖像令他怦然心动；美国造船商遂决定，如果载洵能够访美的话，除让他一饱眼福外，还要对美国的高超制造技术印象深刻。1909 年，当载洵成行的时候，夏威夷、旧金山等接待城市都待之以最高礼遇。[2] 外商的追捧肯定能让这些年轻气盛、少不更事的亲贵冲昏头脑。以至于摄政王、外事部门不得不专门发去电文提醒他们，不能轻易答应所在国购买巡洋舰、军械、聘任外国军事顾问等任何要求……[3]1910 年周游列国的载涛也经常迫不及待地答应外人所请，外事部门实在控制不住，只好由摄政王载沣亲自拍去电报，要求他"至各国考查时固宜辑睦邦交、恪恭将事，惟无论何国，如有会商要求之件，均不得轻易然诺，致启将来种种纠葛"[4]。

在那些豪气冲天的日子里，还是作为旁观者看得比较清楚。1910 年，载洵、载涛兄弟俩交替出访，甚至没有具体任务就翩然上路。驻美公使私下跟载涛讲，身为贵胄，一言一行一举一动都会引起列国的猜忌，说："若又无所见而来，无所闻而去，人其谓我何？然则王胡以来？"载涛无言以对，张荫棠公使只好规劝加关照，"国家之危，将在旦夕。以王之尊亲，使于四方，苟利于国，观时而动，何等不可者。不然，亦伪为之，庶无贻羞于此"，就是装也得装的像一些。[5] 1910 年，

---

[1] 张侠等编：《清末海军史料》，北京：海洋出版社，1982 年，第 100—101 页。载洵的规划与 1907 年酝酿的《兴复海军之决议》相比，不仅更为具体、更加庞大，而且经费也增加了 300 万，且全部出于国家财政。

[2] 参见崔志海：《海军大臣载洵访美与中美海军合作计划》，《近代史研究》2006 年第 3 期。

[3] "电谕海军大臣勿遽订购械舰。筹办海军大臣洵贝勒、萨军门电报行抵香港后，政府即奉摄政王谕，电寄两大臣云办海军巡舰实为始基，关系重要。该大臣等有鉴于此，不惮烦劳，亲往东西洋考察，所有兵舰及枪械，何种为新式，何种为合用，当不难得其要领，应俟考察完竣后，再行订购。勿稍冒昧，致涉靡费……""洵贝勒、萨提督由欧洲电枢府商量聘请外国著名人员为海军顾问官。枢府以海军重要，恐泄秘密，复电阻止。"（《广益丛报》1910 年第 222 期，第 1 页。）

[4] 《电致涛贝勒之述闻》，《广益丛报》1910 年第 233 期，第 4—5 页。

[5] 刘体智：《载涛考察各国陆军之役》，《异辞录》卷 4，北京：中华书局，1988 年，第 224 页。

热烈期盼得到美国支持复建海军的清廷,派外务部尚书梁敦彦去联络外交以实现中美海军合作。驻华公使嘉乐恒忧心忡忡,他写信给国务卿这样说:"如果允许我表达对这项计划的意见的话,事实是中国不需要任何庞大的海军;他们也许只需要为沿海和内河巡逻警察工作所需的、或为缉私和镇压叛乱和训练官员所需的已有的炮艇、游艇,等等,但战舰对他们没有任何用处。他们没有钱支付这些战舰,也没有能够操纵这些战舰的官兵。这是目前普遍的看法:如果他们有一艘或更多的战舰,在某种程度上只能加强或扩大日本的海军,因为如果日本与中国或其他国家发生麻烦,在他们需要时日本会攫取这些战舰,中国和其他国家都不能阻止它的发生。由于他们的固执和保守,中国人有许多的想象和虚骄心理,他们热衷于表面文章,不关心事物的本质;他们喜欢拥有一个大国的所有标记,并像大国那样受到尊敬。因此,他们想要陆军和海军、枪炮和堡垒、战旗、战鼓和军号,同时却没有使用它们的经验或能力,此时他们对战舰的需要还不如一个小孩对枪的需要。鉴于他们发动的许多实际改革以及他们正在倡导的教育工作和商业及资源的开发都急需金钱,并且也因为他们的税收或其他的收入来源都到了极限,因此,在我看来,鼓励他们负债发展海军或进行庞大的海军投资是不明智的,甚至是一个不友好的行为。我想没有任何比它更大的金钱浪费。"①其中的一句最耐人寻味,"他们热衷于表面文章,不关心事物的本质;他们喜欢拥有一个大国的所有标记,并像大国那样受到尊敬。因此,他们想要陆军和海军、枪炮和堡垒、战旗、战鼓和军号",这实在是趋新少壮亲贵虚骄心态的一种素描。非常遗憾,它几乎就是一幅历史"写真"。

不管如何贪大求洋,少壮亲贵的趋新是紧跟世界潮流的。最体现时代进步风气的是司法制度的改革。在这方面,亲贵的开明与新式做派,确实起着不可替代的作用。1909 年,在讨论修改刑律的问题时,载沣说:"此次核定,须先将主义拿定完全,以世界为主,期合于人道之大凡,方不负先朝修改刑律之美意。"②1910 年,汪精卫刺杀摄政王未遂,按中国几千年的规矩,这是大逆之罪,非杀不可。但是,办案的善耆却显示了新风格,非但不杀还给予相当礼遇。在上峰的直接影响下,涉及此案各部门皆焕然一新,"此次汪兆铭一案,监国意主宽大,又得

---

① 转引自崔志海的译文,见《海军大臣载洵访美与中美海军合作计划》,《近代史研究》2006 年第 3 期。
② 《贤王对于核定刑律之伟谭》,《广益丛报》1909 年第 210 期,第 2 页。

肃邸及内城总厅为之维持,故前日廷谕免死,将汪、黄二人交法部永远监禁。罗某则监禁十年。一切皆按文明之法相待,并闻朗贝勒将此案定拟时,先请庆亲王指示科刑办法,庆王答称摄政王意旨所在实为至善,若处以极刑,该党必益反对,恐有暴动之虞。各王大臣皆以为然。后由法部堂官说明,现值立宪时代,即取刑律草案大清现行律变通处罚如何。自庆王以下诸枢臣皆以为然"。以宪政的名义,体现办事新风自然博得国内外舆论一致盛赞。① 办事新风不仅表现在对革命党的宽容,还表现在对贵胄子弟的严惩。同一年,在烟台水师学堂实习的二十多名贵胄学堂学生,因成绩不怎么样却"挟贵骄人",与平民学生极不融洽。他们的一次训练失误引发平民学生的哄笑,于是"宗室各学生竟引以为奇辱,相约退校回京。洵贝勒接到该省电报,初意俟接见该学生时稍加申斥,劝其仍行回校。不料该学生等不服贝勒劝谕,出言顶撞,贝勒大怒,遂将二十学生一律开除,并不准再入他项学校"。海军大臣载洵的处理手法与另一位趋新亲贵善耆如出一辙。②

显现文明气象的还有资政院的种种新举。担任总裁的溥伦,对资政院的工作相当上心,不仅参政内容处处模仿行宪国家,而且形式也不得马虎。资政院开幕在即,"尤为中外观瞻所系",一定要办得体面,事先演练细节,给记者留席位,不放过任何疏漏。③ 在军机们煞费苦心密谋未来国会如何限制民党时,载涛据理力争道:"两党互争政见,各国通例,若抑民党,何用议员? 断不宜干预。"④其至提出应开放"党禁"。⑤ 至于设责任内阁、召开国会、提前召开国会等问题,趋新少壮亲贵更是积极发声,一致赞同。

自放洋归国后,少壮亲贵无不锐意进取,奋发图强。最早见世面的载振,回来后立马建议实行振兴商务、办学、路矿三大政。⑥ 1904 年赴日本参加国际博览会,溥伦"遍视帝国大学、博物馆、陆军士官学校诸处",当即提出要"规复"海

---

① 《大同报》(上海),1910 年第 13 卷第 13 期,第 29 页。
② "贝勒此举实与肃邸之开除高等宗室班巡警学生同一手段云。"(《洵贝勒斥革海军贵胄全班学生》,《申报》1910 年 6 月 28 日,第 4 版。)
③ 《资政院形式问题》,《广益丛报》1910 年第 236 期,第 3 页;《资政院竟有访员一席地》,《广益丛报》1910 年第 241 期,第 1 页。
④ 《涛贝勒不赞成缔制民党》,《大同报》(上海),1910 年第 14 卷第 12 期,第 27 页。
⑤ 《请散除党禁,使豪杰实行进步》,《涛邸锐意新政》,《丽泽随笔》1910 年第 1 卷第 13 期,第 1—2 页。
⑥ "皇太后问西国富强之术。贝子奏言以商务、路矿、学堂为三大纲。"(《时事要闻》,《大公报》1902 年10 月 4 日。)

军。① 载洵归国后即刻要求"断发易服"②未果,第二次出洋怕再遭耻笑而改穿军服③。载涛赴欧美访问,觉得发辫低垂令人难堪,索性命令自己的部下率先剪辫(但终归自己身为王室成员未敢擅自径剪)、改穿西装④,还仿照先进给美国华侨会慈善捐款。1910 年,载沣的两位胞弟因剪辫问题与众军机辩论再三,甚至"互相口角,两造声色俱厉,大触监国之怒",以至于影响到军机的去就。⑤ 主管海军、陆军的载洵、载涛觉得以中国之大,"若内外大臣实行痛处虚糜,共守维持国脉之心,想年省千数万两尚非难事",哥俩抱定这样的信念便整天缠着主管财政的叔伯哥哥载泽要军费,实在拿不到就向隆裕伸手。⑥ 总之,他们急于振作,大展拳脚,使一向谨慎小心的载沣婉转表示,"虽敏锐有为,然求进之心太速,恐多贻误。且于政治阅历尚浅,非再经验三五年断难倚任"⑦。

更何况,20 世纪初十年国内外民族民主主义思潮风起云涌,其思想学说强烈感染着新知识分子、青年学生。种种新思潮中,最富魅力的当属现代性⑧追求。我觉得这种思想同样感染着少壮亲贵,尽管他们更多的是对现代化国家的强烈感观,对富强的直接见识,或者说形成了现代性"具象",并没有也没有能力做思想性的思考和延伸。我觉得,仅从年龄上分析,少壮亲贵与留学生相仿佛,有共通的一致性——同样容易接受新事物,新思想,在困境中容易焦虑,焦虑情绪下容易浮躁,浮躁之中不免急进,这是一种正常的行为逻辑。当然,在这一问题上,少壮亲贵与进步青年无论出发点、目的还是结果都大不一样,此乃阶级立场与本质决定的。翻看预备立宪中少壮亲贵所上奏折(尽管多是代笔),那种追新的气息几乎跃然纸上。他们的所思所想同样突破了旧体制,突破了专制的惯

① 《记伦贝子过日事》,《申报》1904 年 3 月 26 日,附张;《议复海部》,《申报》1904 年 11 月 18 日,附张。
② "洵贝勒回国发愤图强,主张断发易服,有先从军、学、外交、巡警等界入手,其余商民听其自便之说。"(《剪发问题俨然开会集议》,《申报》1910 年 9 月 13 日,第 4 版。)
③ 《洵贝勒拟戎服出洋》,《广益丛报》1910 年第 244 期,第 2 页。
④ 《涛贝勒割辫纪闻》,《广益丛报》1910 年第 239 期,第 2 页;《涛邸请剪发之原因》,《广益丛报》1910年第 246 期,第 2 页。
⑤ 《世吴出枢余闻》,《广益丛报》1910 年第 246 期,第 1—2 页。
⑥ 《洵贝勒不欲缓办海军》,《申报》1910 年 11 月 19 日,第 4 版;《涛贝勒请颁内帑》,《广益丛报》1910年第 244 期,第 2 页。
⑦ 《庆邸仍有内阁总理之望》,《申报》1910 年 11 月 13 日,第 4 版。
⑧ 所谓现代性,首先是指"在后封建的欧洲所建立,而在 20 世纪日益成为具有世界历史性影响的行为制度与模式"。([英]安东尼·吉登斯:《现代性与自我认同》,赵旭东等译,北京:三联书店,1998 年,第 16 页。

常思维,反映了强烈的现代性追求。他们被别人影响,一定程度接受了这些影响,反过来,又用自己的号召力去影响别人、影响政治、影响社会。

虽然,清末改革顺应世界潮流,是大趋势。但追新、求高、速成的难度与代价甚高。不仅需要国力、财政支持,需要良好的外部内部环境,还需要智慧与能力。令人叹息的是趋新少壮亲贵多无力处理综合性、复杂性决策问题。德龄评价说:"满人不想学习,他们非常自负、没有头脑,他们认为他们要什么有什么","他们想要的就是快乐,皇族中的青年子弟只考虑娱乐。摄政王不想学习,当他还是一个孩子时,他的兄弟们也不想学习","当他们在国外时,他们满脑子都是中国的改革,希望中国像欧洲和美国一样。可他们一回到中国,他们对人民的生活方式又表示满足了。我对此非常惊奇。有一次,我问他这是怎么回事。他说:'我们不得不生活在这样的国家,不得不以那样的方式生活,不得不感到满足'"。① 德龄的评价与上述表现完全不同,看似形成了悖论,但实际反映着趋新少壮亲贵在说与做、思与行、时代进步与利己主义之间存在内在紧张与理想冲突。他们拥抱时代的动因还羼杂着强烈的既得利益集团的全部私利(关于他们的能力与智慧问题后面还要专门讨论)。

本文需要解释这个悖论,排除对权利的无限渴望,不愿意学习的群体为什么要自找麻烦,为什么非要把自己推上决疑论断、进退两难的境地呢?

二、周遭的窘境——无形有形的压力

庚子之后,改弦易辙已箭在弦上,不以人的意志,特别是不以既得利益集团的意志为转移了。这方面研究成果甚多,不赘述。

对清廷来说,海牙国际会议的刺激终究是过眼云烟,真正揪心的还是东北、蒙古问题。日俄战争后,两国在中国东北、蒙古地区的势力此消彼长,英法美德等国也伺机染指,以致危机日益深重。东北、蒙古是朝廷的心腹之患,他们对此非常清醒。1906 年,清廷派善耆考察东北、蒙古地区,表现了政治上的主动。有报道说,此行重要任务"(一)查俄商在库伦树阔尔札萨开办金厂情形。(一)查

---

① [英]埃德温·丁格尔:《辛亥革命目击记——〈大陆报〉特派员的现场报道》,刘丰祥等译、陈红民校,北京:中国青年出版社,2002 年,第 236—239 页。

三音诺颜汗与札萨克图汗因纳差构讼情事至耗款四十万金一案。（一）查库伦、恰克图出入货税则有无私弊。（一）查库伦活佛与哈尔喀四部汗王与俄人有无串通情事，并设法联络。（一）查外蒙古四部（乌里雅苏台、库伦、科布多均在内）矿产及蒙古荒地有无私卖于俄人情事。（一）查蒙古情形，会同库伦大臣、乌里雅苏台将军则蒙王之聪明有才者于每部落择一人（外蒙古喀尔喀四部，一土谢图汗部、一车臣汗部、一三音诺颜汗部、一札萨克图汗部）共四人，畀以练兵事宜之责任，以为自强基础"①。这本是主权国家行政的正常之举，居然引发俄国的不满和俄日等国的密切关注，这一点也恰恰说明危机的深重。② 善耆考察后汇报说："考验时局，概近年逐次之侵陵（凌），识异族密谋之贪狡，舔糠及米，隐患方深"，俄国自雅克萨战后，"二百余年野心未泯，卒有庚子之事"。"而日本于甲午役后，渐悟其谋国之不工，乃乘俄人奉天之隙，外为仗义之言，内蓄乘机之志。"分析种种缘由后，善耆指出："以彼较此，俄设铁路、电线，而日人亦继之以铁路、电线矣；俄扰辽东，而日人且及辽西矣；俄用卢布，而日人乃行军用手票矣；俄方撤远东总督，而日则又简关东都督矣。风起云涌，防不胜防。"③忧虑与关切使清廷反复研讨对策，新闻随即披露："肃亲王善耆派赴蒙古地方查办事件，又由内廷交出二事令密为详查，并论国蒙地方全归节制，日内当颁敕谕以便遵守。"④这实际是东三省改制的先声。

极度衰弱的清廷绞尽脑汁，只能尝试以夷制夷，周旋于列强之间以保存国权。清廷连日召集王公贵族，责令振作发奋，紧锣密鼓地组建效忠于朝廷的核心，以备不时之需。⑤ 这些步骤实际是庚子以来皇族集权的组成部分，只不过因

---

① 《纪肃亲王调查蒙古事件》，《申报》1906 年 2 月 15 日，第 2 版。
② "北京电云，昨日驻京公使电达本国外务省，谓清政府现派遣肃亲王赴蒙古，目的在于保全蒙古人之利权及强固其边境。俄国于内外蒙古商务及其他一切利权实有妨害云云。"（《俄使电陈肃邸赴蒙关系》，《申报》1906 年 4 月 13 日，第 3 版。）另外，对善耆的考察，日本、俄国的新闻媒体都给予密切的关注。见同时期的《申报》及其他报刊。
③ 《肃亲王善耆为考察蒙古谨陈管见事奏折》（光绪三十二年九月十七日），《清实录》第 59 册，《德宗景皇帝实录》卷 564，北京：中华书局，1987 年；丁士源：《梅楞章京笔记》，荣孟源、章伯锋主编：《近代稗海》第 1 辑，成都：四川人民出版社，1985 年，第 445 页。
④ 《廷谕肃邸节制蒙古地方》，《申报》1906 年 1 月 18 日，第 2 版。
⑤ "召见军机处大臣论及世职王公但以承袭任差，多有并不精求文学者，恐将来不足以当大任，嗣后务须留心考察，如有才具开展，通达时变之王公，即行密保，听擢用。王大臣因议于明春开一特别大会，聚集王公讨论时政，每五日会集一次，以备随时考核云。"（《议开王公特别会》，《申报》1906 年 1 月 29 日，第 2 版。）"近日传说王公因研究立宪事会议数次。如恭亲王、醇亲王、洵贝勒、涛贝勒、泽公及以外各皇族等均与列。"（《大同报》[上海]，1907 年第 7 卷第 3 期，第 30 页。）类似的消息颇多，也耐人寻味。

为慈禧手法老道,心思行动颇为缜密。① 1906 年,清廷派载涛、载洵赴日,1907 年,派溥伦出使日本,都有联络邦交、化解危机之意。报章披露说,"伦贝子此次赴日其表面固以问候日皇起居并答去年伏见亲王之聘为言,实则另有秘密,原因盖东三省交涉近来种种困难,以及间岛界务问题又未能即时了结,故拟动之以同洲同文同种之谊,以冀日本和平解决云"。② 1909 年,载洵、载涛去欧洲、德国,接下来载涛、载洵去欧洲、美国,趋新少壮亲贵四处考察宪政,还兼负着联络欧美强国牵制日俄之使命。③

1910 年,还在访问途中的载洵听到日本吞并朝鲜的消息,立刻发回电报,"痛陈朝鲜亡国之惨,我国不可不引为殷鉴等语",为了不走漏消息,长篇电报是用密码写的,消息灵通的记者打探到,电文"大指云日俄协约甫成,日韩合并之事随即发现,恐该两国之所图断不能只此而止。则我满洲、蒙古之危局日促一日,万一稍有变迁,而欧洲列强自必援利益均沾之例,益逞狡思,则东南西南各省亦恐因之摇动,务请朝廷迅即妥筹变通办法,力为振作,以保大局"④。在欧美受到强烈刺激的载涛归国后,顾不上休息立刻要求觐见,极言时不我待。他"历述各国军政之完备,并列强对于吾国之现状,反复陈奏。吾国现处境地之危急,亟应力图挽救之法",激昂慷慨,痛哭流涕,"召对逾三小时之久"。⑤ "涛邸回国以来,见人必谈各国官绅商民之程度之高,政治之良美,武备之强壮,中国如何腐败,外人待中国如何景况,及目睹东三省受日俄蹂躏情形,若不再图自强,一味因循,将来不堪设想。言语之间,泪随之下。"⑥被刺激所激发

---

① 有报道说:"日来并拟传令近支王公子弟逐日轮流进见,聪慧者讨论文事,精壮者讲求武备,俾得随时训勉,咸知自强云。"(《两宫拟轮日召见皇族》,《申报》1906 年 8 月 13 日,第 2 版。)这些动向固然有考察近支亲贵后代以选择皇储之意(当时社会传言慈禧因光绪无嗣,要预备立储),但是联系当时蓄势待发的改革大动作,联系多次召开的亲贵王公会议,不由得不使人联想到"擢用"的含义。

② 《广益丛报》1907 年第 154 期,第 1 页。

③ 载涛至英、俄等国未受礼遇,联络美国、德国略有回应。据说美国总统塔夫脱告诉载涛:"'国家之强,由内治也。内政不修,何以御外。'知其将往欧洲也,则曰:'于子之行,求友匪易。英之日、法之俄,皆与国也,乌能舍而亲子! 惟德意志尚无他耳。'"又,跟德国表达了联络之意后,德皇威廉也说:"今日之事,必与我共之乃无患。尤其要者在于内,未有内政不修而可言外交者也。"这些告诫是载涛所受的刺激也是他有所醒悟的关键之一。均见刘体智:《载涛考察各国陆军之役》,《异辞录》卷 4,第 224—229 页。

④ 《洵贝勒电陈时局之悲痛》,《申报》1910 年 9 月 10 日,第 3 版。

⑤ 《涛贝勒奏对之述闻》,《大同报》(上海)1910 年第 14 卷第 1 期,第 27 页;《涛贝勒之哀国泪》,《蜀报》1910 年第 1 卷第 4 期,第 56 页。

⑥ 《涛邸出洋之刺激》,《北洋兵事杂志》1910 年第 2 期,第 107 页。

的情绪在少壮亲贵中相互传递，相互感染，以至于打动了原本木讷、懦弱的载沣。

这样的急迫心情，反映着承受压力的同时，少壮亲贵要改变的决心。决心最终化作趋新的实际行动。从1906年年初载泽访日，接下来三五年间少年亲贵联袂出洋向西向新，成就了一个积极外交的时代，完全是一种求全、追高、速成的节奏。

让执政者感受到的压力远不止列强的分裂活动。来自国内的矛盾并不比外洋压力来得更轻。20世纪初十年，国内分散形式的民变、抗捐、抢米、武装起义，几乎连绵不绝。更让统治者胆寒的是革命党人的暗杀。1905年，刚刚宣布五大臣出洋考察宪政，革命党人吴樾便慷慨赴死。1907年，徐锡麟刺杀恩铭，强烈震撼清廷最高统治者（特别是他声称要逐一杀灭满人）。1910年，汪精卫暗杀摄政王载沣、刺客埋伏刺杀庆亲王奕劻①，不旋踵又有人刺杀了良弼（1911）……此起彼伏的暗杀行动极度刺激了执政者特别是满蒙权贵的神经。于是，"消弭内乱"成为他们的首要任务。②

兴复海军固然是"强国梦"，更包含着振兴水师维持沿江各省治安之意。"陆军部铁尚书与庆邸议及长江一带枭匪潜滋，自非添练水师置备战舰不足以资控扼，前与寿、王两侍郎商议，欲在日本船厂定造各式战舰十余只，分驻长江南北，以备遇有缓急得以呼应灵通，嗣以款项支绌未果实行。现在赣粤各省乱匪四起，所有训练水师置备战舰各事，自应及时举办，即日电商南北洋大臣帮同筹集巨款，以便本部得与直接向日本船厂订购等语。闻庆邸深为赞诺，翌日即面奏两宫，奉旨俞允。"③

作为亲贵的难言之隐、心腹之患还是防范汉人。尽管清统治已确立二百多

---

① 以往很少提及此案。"庆邸自大内出，由地安门迤西回府第。循城根行，甫过什刹海地方，距其宅尚有一里许，忽闻道旁有人施放手枪声，左右忽惊。视有一弹飞至，猝避不及，该弹直向庆邸马车射来，穿过玻璃窗，在庆邸头上飞过，复自车顶板中穿出。向来庆邸出门护从人等多至数十人。是时一闻枪声，人心已乱，前后左右之拥护者，猝不及防，马亦惊跃，群人均紧集车旁保护邸驾，无暇他顾，而凶手遂于此时逃脱。"事后，清廷封锁消息，恐怕是出于稳定人心的考虑。（《庆邸遇刺骇闻》，《申报》1910年12月11日，第3版。）

② 载泽奏请宣布立宪密折这样形容国内的矛盾以及立宪之后的好处："海滨洋界，会党纵横，甚者倡为革命之说，顾其所以煽惑人心者，则曰政体专务压制，官皆民贼，吏尽贪人，民为鱼肉，无以聊生，故从之者众。今改行宪政，则世界所称公平之正理，文明之极轨，彼虽欲造言，而无词可藉，欲倡乱而人不肯从，无事缉捕搜拿，自然冰消瓦解。大利三。"（中国史学会主编：《辛亥革命》第4册，第29页。）

③ 《奏准兴办长江水师》，《申报》1907年6月3日，第3版。

年,国人普遍心理已视清为"中华正朔",朝廷也每每声言"一秉大公"。但实际上在满蒙亲贵、满族最高统治者那里,依然保存着不便言明的戒心与隔膜。① 太平天国农民起义,一度打破了中央地方的权力平衡,也打乱了满汉关系的平衡。对汉人的深刻戒心导致既定国策的偏移。② 越到清末,这种内心的紧张与不安越明显。1906 年初,载振建言改革官制,各部堂官司员不分满汉,一律以能力任用。③ 接下来化除满汉畛域的舆论喧嚣一时。大言破除畛域的,恰恰是趋新的少壮亲贵。宣布预备立宪之后,载泽说:"方今列强逼迫,合中国全体之力,尚不足以御之,岂有四海一家,自分畛域之理","为满人谋一身一家之私,则亦不权轻重,不审大小之甚矣!"④比较其他人,端方在化满汉畛域的问题上想的最早也最为深入。考察宪政归来后,他上奏分析说:"满汉畛域为中国新政莫大之障碍,为我朝前途莫大之危险","家无论贫富,而兄弟阋墙者必败;国无论大小,而人民内讧者必亡","国中无论何族,皆受治于同一法制之下,权利义务,悉皆平等,故种族虽异,利害不殊,民自乐于趋公,而以阋墙为大耻"。就此"苟合两民族以上而为一国者,非先靖内讧,其国万不足以图强,而欲绝内讧之根株,惟有使诸族相忘,混成一体,此实奠安国基之第一要义"⑤他认为解决的办法就两个,一是实行立宪让那些离间叛乱的人恢复对清王朝的信任;二是削弱对种族不平等的指控。预备立宪期间类似的意见非常多,一时间满汉矛盾因亲贵们的积极

① 满汉关系是清史研究经久不衰的课题,成果亦非常丰厚。近些年此项研究出现不少有分量的成果,如关笑晶:《清代满汉关系史国际学术研讨会综述》,《近代史研究》2011 年第 1 期;王宇:《近三十年来晚清满汉关系研究述要》,《中央民族大学学报(哲学社会科学版)》2011 年第 4 期;中国社会科学院近代史研究所政治史研究室编:《清代满汉关系研究》,北京:社会科学文献出版社,2011 年;[美]路康乐:《满与汉:清末民初的族群关系与政治权力(1861—1928)》,王琴、刘润堂译,李恭忠审校,北京:中国人民大学出版社,2010 年;常书红:《辛亥革命前后的满族—以满汉关系为中心》,北京:社会科学文献出版社,2011 年;迟云飞:《清末最后十年的平满汉畛域问题》,《近代史研究》2001 年第 5 期;李细珠:《清末预备立宪时期的平满汉畛域思想与满汉政策的新变化——以光绪三十三年之满汉问题奏议为中心的探讨》,《民族研究》2011 年第 3 期,等等。
② 孙宝瑄:"迨戊戌以后,渐渐向用满人,摒抑汉人,乃不旋踵起辇毂,宗社几至为墟。"(《忘山庐日记》上册,上海:上海古籍出版社,1983 年,第 373 页。)
③ 《瞿鸿禨朋僚书牍选》(下),社会科学院近代史研究所《近代史资料》编辑部编:《近代史资料》总 109 号,北京:中国社会科学出版社,2004 年,第 60 页。
④ 载泽:《奏请宣布立宪密折》,中国史学会主编:《辛亥革命》第 4 册,第 29 页。
⑤ 端方:《请平满汉畛域密折》,中国史学会主编:《辛亥革命》第 4 册,第 39—47 页。端方从欧美归来,看到满汉畛域与欧洲的民族矛盾相似之处。如奥地利和匈牙利人的冲突使得哈布斯堡王朝分裂。贵族与平民的冲突,贵族也许能得到最初的胜利,但最终获胜的一定是平民,如法国。正因为满汉在一些"小事"上的不平等,使叛党抓住把柄革命叛乱。再,本文原打算还涉及两个人物,属于高官之"贵",就是端方与赵尔巽。但因篇幅所限,我取消了他们。不过陈述时多有涉及,这里做简单交代。

态度而有了解决的希望。不过,还没等他们有所作为,徐锡麟刺杀恩铭事件突发,这使得平畇域的尺度更难拿捏。

更何况,一旦有了机会,汉族高官对权力表现出的积极与渴望,又使他们格外警惕起来。不过,看出问题和果断处理的并不是趋新少壮亲贵。

1906 年预备立宪着手改革官制。在海淀朗润园讨论官制时,力主取消军机处改责任内阁的袁世凯锋芒毕露,态度偏激,一度引发与载沣的直接冲突,甚或"拔刀相向"。① 不管懦弱的载沣有没有可能拔枪,言语冲突本身立刻招致权力中枢的猜忌。拥兵自重的袁世凯不得不当即警觉收敛,最终以交出四镇为失态的代价。

满汉矛盾以及对汉族的强烈戒心,始终是有清一代隐而不彰的发展复线。鼎盛时期它往往不那么明显,一旦形势紧张、统治层内部矛盾白热化之时立刻显现出来,成为主导因素、发展主线并深刻影响着政局。在研究晚清尤其是清末政治时,这个因素须臾不可忘记。

亲贵在趋新的过程中既要唱高调,又要怀戒心,既要消解,又要防范。以慈禧的老辣还可以做到不显山露水,"拟传令近支王公子弟逐日轮流进见,聪慧者讨论文事,精壮者讲求武备,俾得随时训勉,咸知自强云"②。到摄政王载沣,干脆直接强化亲贵近支的权力。外间批评海陆军大臣没资格与闻政务处最高机密会议——话说得比较隐晦,其实是摄政王违背常规在会议室为自己的两个弟弟——海军大臣(载洵)、军咨大臣(载涛)添了座椅。当舆情不利时,载洵觉得身"为皇族近支,与国家尤同休戚"。载沣更袒护道:"该贝勒热心国事",特别是"洵贝勒少年英敏,且曾环游各国,洞悉时局,故派参预政务,每日进值,随同各军机共赞枢密,冀得指臂之助云"。③ 后来,"摄政王近因简派亲贵执掌一切大权,外间不无议论,颇有所闻。日前与某枢臣谈及,谓:'本监国用人行政一秉大公,即如信任亲贵,亦系量能授职,因材器使,倘各亲贵实系无能,自当随时撤换,免致贻误。如其才有可用,自系报效国家。本监国亦决不为浮言所惑,轻于更

---

① 关于这一点的论证,可以参考周增光:《满族王公与清末政治改革》,博士学位论文,北京师范大学历史学院,2014 年,第 118—119 页。
② 《两宫拟轮日召见皇族》,《申报》1906 年 8 月 13 日,第 2 版。办贵胄学堂,派出洋见世面,加强禁卫军都是一种"暗战"。
③ 《洵贝勒派充参预政务大臣之原因》,《申报》1910 年 7 月 3 日,第 4 版。

动。近来言官参劾亲贵,每多捉风捕影,自博名誉,其实逢迎朝旨,及妄逞臆见,以试揣度者,殊负朝廷广开言路之至意。此后应即严行禁止,务体本监国一秉大公之心为心,意气化除,有裨朝局多矣'"①。一面示之以威,一面剀切敦促自家兄弟,"日前传见某邸、某贝勒,痛言时事艰难,凡我亲贵大臣宜如何秉公执政,以副民望。乃近据外间传言,觉我近派之亲贵,亦有不明大义者"。告诫他们不要被别人揪住把柄。② 比较起来,他的两个弟弟还算努力听话,积极办公,争取不给摄政王丢脸。③ 不过,他们的权力也越来越大,朝野上下甚至把载洵称之为"军机之军机"。④

为了遮人耳目,载沣有时候也做做样子。当有人揣摩上峰,主张四品以上皆用满人时,载沣竟勃然大怒,"拟加谴责以泯满汉之嫌疑",但终因性格懦弱"嗣恐阻塞言路,仅将原折留中"。⑤ 这样的消息时而见诸报端。为了转移人们对他任用自己的亲兄弟、少壮亲贵联袂主政的视线,他想出以"平满汉"的办法消解矛盾的办法(以牺牲下层满人利益为代价换取亲贵利益最大化)。他批评政务处王大臣,"以朝廷设立旗制处,原为融和满汉辅助宪政起见,并非专为旗人特筹生计而设,若系专谋此举,只可整顿旧制又何必特设专员,令其变通乎? 乃该处王大臣迭次会议,专在宽筹生计,并订裁旗年限,绝不以平政权化意见为首先之要务,未免有负朝廷设立该处本意。此事为中外所注目,关系立宪,殊非浅鲜,何竟日久,尚未有如何变通之处? 应饬该处将各衙门员缺以及婚丧礼节、现行俗礼称谓、名号,凡满汉不同者,概先改归一律,倘再因循敷衍,转瞬实行立宪不特有贻误宪政之处分,亦且满汉界限未泯,将何以上慰两宫在天之灵,下对万民自治之望也云云"。⑥ 甚至实在没有办法时也考虑请袁世凯出山。⑦

难怪擅长挖苦讽刺的王闿运声称清末已是"八旗蔽日"、"排满翻成飓九

---

① 《摄政王用人之大公》,《广益丛报》1910 年第 236 期,第 1—2 页。
② 《摄政王告诫亲贵》,《大同报》(上海)1909 年第 11 卷第 22 期,第 29—30 页。
③ "涛、朗两贝勒近日在署办公约有五六时之久,事毕后往往亲到监国面陈核办事宜,监国因两贝勒管理军谘处及禁卫军等差,实握军政(总筹),关系重要,谕令每日公毕即将所办事件来府陈明,以昭慎重。"(《监国注重军政》,《大同报》[上海]1909 年第 12 卷第 19 期,第 31 页。)
④ "现在中央政府大权虽仍统握于军机处,而洵贝勒不在军机,其权势实出各军机之右。遇有重要事件,各军机所不能主持者,洵贝勒一言而定,一般营谋差缺之人,由洵贝勒保荐者,无不如愿以偿。尚书以下,无不仰承眉睫,京师竟相传为军机外之军机云。"(《广益丛报》1910 年第 241 期,第 3 页。)
⑤ 《常侍御排汉之奇想》,《广益丛报》1909 年第 194 期,第 2 页。
⑥ 《摄政王融合满汉之伟议》,《广益丛报》1910 年第 236 期。其实,这与慈禧的初衷已经不一样了。
⑦ 《通问报》1910 年第 416 期,第 6 页。

旗"。京师也盛传"近支排宗室,宗室排满,满排汉"的谣谚。①

总而言之,20 世纪初十年的内外压力迫使少壮亲贵走上改革趋新之路。闸门一旦打开,潮流一旦涌动,很多东西便不以他们的意志为转移了。

三、性格与趋新

时代的感召驱使少壮亲贵走上趋新之路。强烈的危机刺激、热烈地救亡志向、身世赐予的当仁不让,造就了他们迅速崛起,风光无限。除去这些与生俱来的优势,我发现他们身上还有一些大体相同的特点。

这些特点主要反映在性格上。

表现之一是与他们的年龄密切相关的朝气,不服输。1901 年,载沣赴德谢罪,行程日记关注的多是富强之事,表达了强烈的复兴愿望。② 1909 年摄政伊始,舆论一片颂扬之声,夸赞他"生平喜阅西书,深知世界大势,凡应兴应革事宜,见解特异。对于国会,希望成立之心异常深切。刻闻王拟将国丧办妥后,与军机大臣协商预备一切事宜,果断施行,以期挽回因循之痼习"③。赫兰德评价他"威严尊贵,聪明过人,话虽不多,但与人交谈时总能找到话题,不至于冷场。他不好闲聊,但与自己的平级在一起时,却也是妙语连珠,非常幽默诙谐"④。言语之间虽有过誉之嫌,但那种年轻的气息跃然纸上。新晋度支部尚书的亲贵载泽,办事积极,"命各司员于八钟到署,十二钟散值,毋庸衣冠。官场中人咸谓泽公于新政极为热心",刮起一股官场新风。当然,"惜于部事尚少阅历,故司员呈堂画稿,虽留心考察,终属茫无头绪云。然吾谓较有阅历而不肯留心考察者犹稍愈焉"⑤。上文提到载洵第

---

① 王闿运:《湘绮楼日记》,光绪三十三年八月五日,"丁未八月督抚歌":"疆吏裁三更增四(东三省奉、吉、黑),八旗蔽日(江端、闽松、甘升、滇锡、蜀赵、晋恩、洪瑞、新联)直仍三(湖张、粤张、东徐、苏张)。"(长沙:岳麓书社,1997 年,第 2834 页);光绪三十四年九月十五日,"戊申九月督抚歌":"排满翻成飏九旗(江端、滇锡、川赵、闽松、廿升五督,晋宝、浙增、陕总、新联四抚)。"(第 2920 页);刘体智:《清末之官制改革》,《异辞录》卷 4,第 197 页。
② 参见中国社会科学院近代史研究所近代史资料编辑室编:《近代史资料》总 73 号,北京:知识产权出版社,2006 年,第 13 页。
③ 《摄政王拟缩短国会期限》,《大同报》(上海)1908 年第 10 卷第 19 期,第 32 页。
④ [美]I.T.赫兰德:《一个美国人眼中的晚清宫廷》,吴自选、李欣译,天津:百花文艺出版社,2002 年,第 90—91 页。
⑤ 《专电》,《申报》1907 年 6 月 3 日,第 3 版。

一次出国每每因发辫与装束感到难堪,第二次出访干脆改穿军服以壮声威。① 载涛访英虽屡屡受挫,但成行之后终于在骑术上给自己及皇室挣足了面子,也算出了一口恶气。② 诸如此类,皆是一股奋发之气,在清末政治中相当抢眼。

此性格特点不言自明。粗略统计,1910 年间,风头正劲的少壮亲贵平均年龄只有三十上下。正是他们以年轻人特有的朝气热烈拥抱宪政,直面改革,使清末改革呈现了耀眼的光芒。

表现之二是与身份、地位缠绕一起的敢言,敢于任事,不讲情面,是一种痛快、敢做、敢当的性格。以剪辫易服为例。在国内,少壮亲贵并没有体会发辫的难堪。甚至还有人夸赞他们的发辫优雅美丽。③ 但走出国门就不一样了。五大臣出洋考察宪政归国后,载泽率先倡议剪辫,遭到慈禧的痛斥。④ 到摄政王两兄弟出国因奇装异服受辱之后,这个问题一时突出起来。载涛坚"请全国上下剪去发辫,以示实力欧化"⑤,甚至哥俩儿大闹公堂,与军机们发生激烈对峙。最早一批出洋的少壮亲贵载振,曾借立宪之机提出"归并八旗",激进的想法让慈禧大动肝火。⑥ 骂过载振,慈禧仍不放心,她召见军机,带有敲打意味地对张之洞说,"我的意思是安置旗人,不是裁撤旗人,你们须要体会"。善于揣摩的人,立刻从中体会了改革的本真,于是舆论慨叹道:"由此观之,则融和满汉之说,将来必成画饼。"⑦ 迟至将亡,满汉畛域中突出的八旗问题还是没得到解决。

---

① 《洵贝勒拟戎服出洋》,《广益丛报》1910 年第 244 期,第 2 页。

② "某日值英皇葬期,涛贝勒送之,英人皆乘马匹,为涛贝勒另备车辆,以其弱软也。乃涛贝勒不许,竟得乘马而送,其马术转出英国诸王公之上。随行军官以下,皆剪发辫,相见脱帽为礼,尤为西人垂青。"(《涛邸游历生色》,《丽泽随笔》1910 年第 1 卷第 10 期,第 4—5 页。)

③ 瓦德西曾经评价载沣、载洵、载涛等人,"此四人者皆系极为温雅之少年,举止优美,面貌聪俊。彼等穿得齐齐整整,其毛辫之美丽尤特别惹人注目。彼等表示一种极有训练之礼貌。因其中年纪最长者,亦不过十八岁之故,所以实际上,只算是一种儿童胜会。彼等极喜欢钢琴音乐,尤其是联队军乐。其中年纪最长之一人,似将被派为前往柏林之谢罪大使"。([德]瓦德西:《瓦德西拳乱笔记》,王光祈译,北京:中华书局,2009 年,第 167 页。)

④ 报刊报道说:"考政大臣泽、尚两钦使回京后递呈对奏数折,两宫披览泽、尚正折所陈政治事宜,尚有可采。惟附片内力请饬令中国官员削去发辫,皇太后心滋不悦。初五日,复蒙谕传两大臣进见垂询去辫一事,是何取义。泽公对以训操灵便。太后谕云,官员不能全行训操,即至御敌冲锋,令其盘于顶上,亦无不可。泽公坚请准奏。遂致触怒圣颜,皇太后厉声斥之。幸有庆邸为之斡旋,泽、尚始得唯唯叩头而退。"(《皇太后不悦泽公附奏之传闻》,《申报》1906 年 8 月 4 日,第 3 版。)

⑤ 《涛邸锐意新政》,《丽泽随笔》1910 年第 1 卷第 10 期,第 1—2 页。

⑥ "内廷人云,前因振贝子条陈内有归并八旗、裁撤三院等事,两宫颇滋不悦。"(《两宫不悦振贝子之条奏》,《申报》1906 年 1 月 9 日,第 2 版。)

⑦ 《太后密谕庆邸为袁张作伐之苦心》,《广益丛报》1907 年第 153 期,第 1 页。

少壮亲贵虽过急过激，处处受到压制，但趋新的热情却屡挫屡奋。载振自己不想学习，但不妨碍提出振兴教育的庞大计划，力言教育的种种作用，以至于原本痛恨新式学生，觉得他们动不动就倾向革命的慈禧也被煽动起来。① 善耆更是以全新的姿态用人行政，在崇文门税务管理、兴办现代警察、改革城市管理等方面都有建树。② 预备立宪开始后，作为第一批出访大臣载泽以宗室近亲的地位豪情万丈地论称中国为什么不能长治久安，就是因为没有好制度，而责任内阁的设立等同于"汤武革命"。③ 他还对几百年间满人自称奴才的陋习痛加批驳，认为搞立宪就需要拒称奴才，推文明之风。④ 1910 年日本悍然吞并朝鲜后，中国朝野极为震惊，一时间舆论哗然，多以力言危机、呼吁觉悟、防范日本为言。此动态竟引发日本的强烈不满，日本驻华大使"伊集院近以京外各报登载日本并韩种种情形，于该国有所不利，特向外务部要求代为禁止"。外务部官员被日本的恫吓吓得要死，赶紧请示主持民政事务的善耆，善耆断然拒绝道："日韩合并已经实行，各报所纪均属事实，即所撰之论说、时评亦不过借韩之灭亡以警惕国民政府，不犯公法，不违报律。本部实无禁止之理由，外人尤无要求之藉口。贵部既不即时拒驳反商之于本部堂，本部堂不能为此无理之取缔，即使钦奉谕旨，亦难遵办。且此事各国报纸纷纷登载，不识该公使均请禁止乎？抑专禁止中国乎？"这样的外交辞令在清末很难见到，在国际外交中处劣势的境况下更难得一见，恐怕只有趋新亲贵才有这样的见识与胆量。⑤ 善耆不仅了解政情，了解宪政，敢言，还敢干，甚至打算组党建党。汪荣宝多次记录了善耆私下纠集志同道合者商量组建政党的消息，为未来的行宪做组织上的准备。⑥

① "又闻张香帅召见时，皇太后并将振贝子之言告知香帅，且曰此系他亲目所睹所言，或不至欺我。如此看来，学堂仍宜切实兴办云云。日前张香帅以皇太后所言告知管学，彼此甚为庆幸，金曰学堂之兴，皆振贝子之力也。盖皇太后闻革命之言，甚为寒心，深恐学堂中染此习气，故于学堂之事近日已不甚着意，此乃确实情形。今得贝子之奏，遂立命张香帅整理学堂之事，此为学务之一大关键也。"（《时事要闻》，《大公报》1903 年 6 月 12 日。）

② 《时事要闻》，《大公报》1902 年 9 月 4 日；《中外近事·北京办事认真》，《大公报》1903 年 4 月 8 日；丁士源：《梅楞章京笔记》，荣孟源、章伯锋主编：《近代稗海》第 1 辑，第 435 页。

③ 载泽：《奏请宣布立宪密折》，中国史学会主编：《辛亥革命》第 4 册，第 29 页；《泽公责任内阁之伟伦》，《大同报》（上海）1907 年第 8 卷第 12 期，第 33 页。

④ 《泽公请饬满员称臣》，《大同报》（上海）1908 年第 9 卷第 11 期，第 32 页。

⑤ 《肃邸固非徇无理之要求者》，《申报》1910 年 9 月 20 日，第 4 版。

⑥ "邸大有组织政党思想，属余邀同志数人明夕会喀喇沁府商榷"，参与者满汉皆有，多是善耆网罗的年轻人。"余以肃邸意密告久香、季兴、庸生、伯平、伯初、仲威诸君，散会后，与兴、庸、平、威四君共到伯初家一谈，旋共诣喀府，久香、仲和踵至，肃邸令余代为宣布意见，众皆赞成，惟下手之法如何，颇须研究，议定先草政纲，再行分头纠约会肃邸。"（韩策、崔学森整理，王晓秋审订：《汪荣宝日记》，北京：中华书局，2013 年，第 197、198 页。）

毫无疑问，即便对中外大势有了解、有见识、有远见，没有近支王公这个地位，没有敢言敢干这种性格，也很难指望他们在清末立宪中走这么远。

表现之三是思想开明，性格开朗，好结交。1903 年新政初起，《大公报》评论说："近来京中各亲王贝子与外国官商往来者，惟醇王、肃王、振贝子三人为最密，改良中国之心亦最热，肃王不仅学英文，并请某西员教其子以西国兵法"①，这时候的载沣 20 岁、载振 27 岁，最年长的善耆也只有 37 岁。与外界的往来耳濡目染，开阔了他们的眼界，增长了他们的见识。据说载泽、载洵、载涛诸兄弟，酷爱结交新式学生、留学生。刘体智不无讽刺地说，"故学生一派乘之而起。若辈接近邸第，把持部务，若似乎在王公及部员之间，生出一重障碍也者。至部则曰'王爷、公爷之意也'，在邸则又曰'部员非此不可'，因而上下其手，甚至潜施毒计，以覆其宗"。所以刘体智觉得后来的败亡乃是"诸王公之自革而已"，不过此为后话。②

开明开朗性格的典型代表是善耆。跟善耆往来密切的汪荣宝曾给他特制一方"好贤如缁衣"的闲章，形象说明了善耆的性格特点。③ 毓朗弟弟说，"肃邸喜维新，莘莘学子，留学归来，多投掷"，善耆给他们安排工作，从而给清末城市建设和行政管理带来新风。④ 革命党人程家柽、谷思慎与善耆交往密切，甚至被延为幕僚。善耆称程家柽为"学界魁杰"，颇"引之以自重"，"备道倾慕""言之殷勤"⑤，还把程妻留在肃王府中教书。汪精卫暗杀未遂被捕后，善耆没有难为他，反而"再三慰问，极致钦崇"，这在亲贵中颇为罕见。⑥ 汪精卫被捕之前，早已因为鼓吹革命而名动大江南北。即便这样，善耆仍力主不杀，足见其开明与胆识。

---

① 《时事要闻》，《大公报》1903 年 1 月 20 日。

② 刘体智：《清末王公用人》，《异辞录》卷 4，第 229—230 页。

③ 韩策、崔学森整理，王晓秋审订：《汪荣宝日记》，第 20 页。

④ 《记余兄司权byte事》，毓盈：《述德笔记》，社会科学院近代研究所近代史资料编辑部编：《近代史资料》总 79 号，北京：中国社会科学出版社，1991 年，第 89 页。这在那时候堪称异类。清末留学生和青年学生受革命思潮影响，多数"昌言革命、昌言排满"，归国后政府、地方政府多不敢任用他们。"革命党多藏政界，新进少年不可用，特电各督抚令查用旧日老臣及宿将，听候简用。"（《用老臣办新政》[1907 年 11 月 14 日]，黄季陆主编：《中国日报》，台北：中国国民党中央委员会党史史料编纂委员会，1969 年。）朝廷虽抓捕甚严却假惺惺地说："只须判其有罪无罪，不必问其是党非党。"（《面谕搜捕革命党之方针》[1907 年 3 月 12 日]，黄季陆主编：《中国日报》。）相关史料还有张之洞之于吴禄贞、孙宝瑄日记等记载。

⑤ 黄季陆主编：《革命人物志》第 6 集，台北："中央"文物供应社，1971 年，第 212 页。

⑥ 与此同时，另一位趋新亲贵却避之唯恐不及，据说"贝子溥伦来则一问姓名即仓皇去，欲见而又惧也"。（张江裁编：《汪精卫先生行实录》，民国三十二年东莞张氏拜远堂排印本，第 25—26 页。）

善耆的新潮绝不是无源之水，史载他接受新思想的源头之一是看《民报》，据说当时出版一期读一期，期期不落。他甚至大言，"只要你们汉人弄得好，咱们旗人滚蛋都行"①。不管善耆的出发点是什么，开明带来的社会影响无疑是积极的。

表现之四是与政治上幼稚不成熟紧密相随的盲目乐观。1902年载振出访英国，思想受到强烈震撼，回国立即提出发展商务、路矿、学堂等建议。慈禧细问其详，载振回应说，"西国盛轨一时，不能遽臻，若日本今日情形，中国不难企及"。② 1910年海军大臣载洵抱定分购各国舰船的计划，私下里说，根本的办法是自己制造，但一时半会儿还做不到，为了救急，只能分头采买，这样既可以"联络邦交"，"亦未稍可秘密"。③ 趋新亲贵中，年龄最小、阅历最少的载涛出国后受的刺激最大。回国"初见监国及老福晋，即掩面大哭。据闻系在各国时探得各国协力谋我之心至危且险，而日俄协约成立后，黄河以北非复国家所有，国势之危，千钧一发，言之伤心，不仅泪涔涔下。故迩日在政务处会议时，极力主张速练陆军，有欲将中国一跃而为世界头等国之概"④。随即在各种场合大声疾呼，昌言改革。谈及政纲，他直截了当地说，"欲破除今日政界积习，非持急进主义不可"。⑤ "速练"、"一跃而成"乃至"急进主义"，是他们心理不成熟的标准表达方式。在他们的催逼影响下，"老成持重"之辈也不得不奔跑起来。皇族内阁宣布后，第一任内阁总理大臣奕劻在就职演说中说，"诚以交通时代与闭关时代不同，立宪时代又与专制时代不同。昔以保守为主者。今则以进取为宗。昔行消极主义，而可以保安者。今则非行积极主义不可以图存，是则大势所趋，不得不然。"⑥

政治上的不成熟还表现在保路运动兴起之后，少壮亲贵们想得比较简单，甚至乐观得很。保路运动、黄花岗起义发生后，亲贵不以为然，以为不过是寻常小事，"纵使广东亦叛，不过四川第二而已。彼广东无故尚有匪乱，何况今日有词

① 李伯元：《肃亲王为人开通》，《南亭笔记》卷1，《民国笔记小说》第4辑，太原：山西古籍出版社，1999年，第13页。
② 《时事要闻》，《大公报》1902年10月4日。
③ 《海军大臣分购军舰之原因》，《北洋兵事杂志》1910年第2期，第108页。
④ 《涛贝勒之哀国泪》，《蜀报》1910年第1卷第4期，第56页。
⑤ 《要电》，《通问报》1910年第416期，第5页。
⑥ 《内阁总理大臣演说词·不负责任之空言》，《申报》1911年7月17日，第3版。

可藉,以此恫吓,殊不足畏,转是总督藉端要挟,为可畏、可恶也。"他们估计形势时,认为中央地方的矛盾远比其他因素更高。① 当辛亥革命已成燎原之势,汪荣宝等一伙年轻人跑在善耆家里问计,善耆依旧是相当乐观,他"以为东南各省之纷扰如同儿戏,倘中央政府立定脚跟,各省自然瓦解,并力劝余镇定,毋自惊扰"②,但真到了大势已去的时候,他们却六神无主,唯有"太息"了。

这样的认识能力与经验匮乏,导致了决断能力的不足与误判机会的增加,这是少壮亲贵头脑易热、盲目乐观性格的第五个表现。1907 年,溥伦自日本归国,顺道查看南方政情。他觉得"苏杭甬路款一事,异常固结,均守定商办拒款四字宗旨,相持日久,人心渐形惶惶,无论外交上如何为难,必须竭力商量,稍微变通,以顺舆情。只须办到此项借款与路无涉,民情庶可稍安"。这意味着,只要把为修路所借的外债换个名目,糊弄一下百姓就可以暗度陈仓了。他还建议,"派盛进外部,庶事权相属,办事较易为功"。③ 事实上在清末,列强大凡给中国借款除了经济动因外,还绑定了政治条件;再,国际间条约不可能形同儿戏,冠之以其他名目却挪用修路,岂不滑天下之大稽? 他知道外国人信任盛宣怀,便天真地以为,派他到外务部任职就一切都好办,这岂不过于幼稚? 诸亲贵中,善耆是公认的"有才识,睥睨傲物"④式的人物,在各任职岗位上也政绩突出,但常常出言随意,判断简单。孙宝瑄评论说:"肃邸状貌极厚重英伟,惜出言太轻,看事太易。"⑤王照回忆戊戌时讲了这样一段故事,很能反映善耆的性格。"其前岁(光绪三十三年)肃王曾谓余曰:我所编练之消防队,操演军械,无异正式军队。以救火为名,实为遇有缓急保护皇上也。至是(光绪三十四年春夏之交)余自保定来,提及前话。谓倘至探得太后病不能起之日,王爷即可带消防队入南海子,拥护皇上入升正殿,召见大臣。谁敢不应。若待太后已死,恐落后手矣。王曰:不先见旨意,不能入宫。我朝规制,我等亲藩,较异姓大臣更加严厉,错走一步便是死罪。余曰:太后未死,那得降旨。王曰:无法。余曰:不冒险,恐不济事。王曰:

① 载泽致盛宣怀手札第 64 通,《近代名人手札真迹——盛宣怀珍藏书牍初编》第 6 册,香港:香港中文大学出版社,1987 年,第 2868—2869 页。
② 韩策、崔学森整理,王晓秋审订:《汪荣宝日记》,第 317 页。
③ 《路款要闻》,《伦贝子之面奏》,《申报》1907 年 12 月 31 日,第 3 版。
④ 《记兄依肃邸之始》,毓盈:《述德笔记》,社会科学院近代史研究所近代史资料编辑部编:《近代史资料》总 79 号,第 87 页。
⑤ 孙宝瑄:《忘山庐日记》上册,光绪二十九年三月二十二日,上海:上海古籍出版社,1983 年,第 668 页。

天下事不是冒险可以成的。你冒险,曾冒到刑部监里去,中何用来。余扼腕,回保定。又百余日而大变酿成,清运实终矣!"①这一类性格,往往决定着成事不足败事有余的特征。

庚子事变之后,清廷迅速完成世代更替,推出一批政治新人(我无意涉及包括汉大臣在内的权贵,仅限于亲贵),用年轻的、相对开明的亲贵弥补被惩办的祸首(一批极端保守的王公大臣)之缺,实现了新旧交替、新陈代谢。实事求是地说,正是他们的亮相,导引了清末政改新风,开启了中国宪政之门。正因为他们年轻、开明、有朝气,又先后出洋开眼界,从而滋生追新的种种思想行动,甚至不自觉地带有某种现代性追求。少壮亲贵尽管表现了相当程度的不成熟,但在时代风云、世界潮流与个人性格的共同驱使下,完成了满族亲贵从君主专制时代向君主立宪时代的跨越式过渡,这无疑是历史的进步。

总体而言,上述性格容易导致积极、向上、乐观、趋新的正向作用力,却也带来了突出问题,加上先天不足,使他们身上夹杂着许多不成熟、轻信、浮躁、盲动……就轻信而言,他们知识储备不足,政治智慧不够,只能过度依赖别人,几乎没有自己的判断能力。确如胡思敬所说,立宪之事全凭几个少不更事的毛头小子"折腾",当汪荣宝四大金刚起草了宪法文本,呈送给载沣、载泽过目时,他们几乎没有能力进行判断,甚至能不能真正理解宪政也存有疑问,充其量只能随手修改些措辞、按语之类无关紧要的话。②

四、急进与走偏

能力足与不足并不妨碍对现代性的追求。少壮亲贵自己能够左右的是追新还是守旧,不能左右的是,追求的那个富含现代性的君主立宪制度与朝思暮想、千方百计要维持的特权是有内在冲突的。这种冲突直接反映出清末政治的多重紧张:观念的冲突与紧张(专制与宪政);需求本身的紧张(既要制度更新,又要确保利益);制度设计的紧张等。对立宪而言,不管是君主立宪还是民主立宪,

---

① 《方家园杂咏记事》,《近代稗海》第 1 辑,成都:四川人民出版社,1985 年,第 24 页。
② 《汪荣宝日记》载:"纂拟宪法条文事,伦、泽乃阅定,大多于正文无更改,删改按语而已","惟第二十条文义细思终觉未安固,请作为未定之稿,下届再商"。载沣倒是"删削不少",不过也仅是修改按语,条文一无更改。参见第 290—291 页。

关键点是确立国家根本宪法,然后依法行宪。在这里,宪法高于一切。其要素是民主、法制、人权。简单说,是限制政府的权力,扩大与保障人民的权利。专制刚好相反,君主或者帝王独断专行,操控一切。而君主立宪则各让一步,民权扩大,皇权受到一定的限制。不过,清末少壮亲贵以及整个满蒙权贵集团追求的是在行宪前提下,保障贵族特权并设法最大化。在考察各国宪政之后,载泽分析各国政治制度时提到英式君主立宪君主的权力,是在立法、司法、行政三权之上,"君主裁成于上,以总核之。其兴革诸政,大都由上下两议院议妥,而后经枢密院呈于君主签押施行"①。"总核"、"签押"看上去就没有实权。相比之下,日本天皇实际拥有 17 项军国权力,"凡国之内政、外交、军备、财政、赏罚黜陟、生杀予夺以及操纵议会,君主皆有权以统治之。论其君权之完全、严密而无有丝毫下移,盖有过于中国者矣"。所以说,"君主立宪,大意在于尊崇国体,巩固君权,并无损之可言"②。他们确信,除了尊崇国体外,皇权无任何减损,这样的让步实在太划算。在他们看来,与皇权密切相关的皇族亲贵必将一体沾光(而他们不知道,在行宪的前提下,皇室的规模是应该受限制的)。因此,用宪法保障君权,确立"皇位永固"万世不变的格局,成为清末宪政少壮亲贵孜孜以求的信念,日式宪政让他们备受鼓舞。亲贵们除了在密奏中讨论立宪的影响,他们还形成了标志性的提法——"大权统于朝廷,庶政公诸舆论"。在他们心里,可以让步的地方就是国家的治理办法任由讨论,行与不行则由朝廷做主。后来在面对第四次国会请愿压力时,他们就用这一句话训斥立宪派。可以说,这前后掂量、反复斟酌的话,是已经预设好了的、尽可能模糊宪政与专制皇权之间应有的尺度和界限,是为自己辩护的万能工具,同时也包含了全部的悖论与紧张。

认定立宪于君权无碍后,他们致力于消解君权神授与主权在民之间的理念冲突。如果说 20 世纪初起的先进知识分子在西方政治、经济、文化的模式中找到了"主权在民"的思想,揭示了君主专制制度的合法性以及君权神授的观念骗局的话,那么,在少壮亲贵这里,则努力把君权神授与主权在民之间的冲突消解掉。端方曾经告诉慈禧,立宪之后皇帝可以"世袭罔替",这正是他们内心深处的追求。如果说,二百六十多年皇权"世袭罔替"的话,那么皇权得来之初是神

---

① 《出使各国考察政治大臣载泽等奏在英考察大概情形暨赴法日期折》,光绪三十二年三月二十四日（1906 年 4 月 8 日），故宫博物院明清档案部编:《清末筹备立宪档案史料》上册,第 11 页。

② 载泽:《奏请宣布立宪密折》,中国史学会主编:《辛亥革命》第 4 册,第 27 页。

授,此后则在立宪条件下与民权共存共荣。载泽说:"日本立国之方,公议共之臣民,政柄操之君上,民无不通之隐,君有独尊之权。其民俗有聪强勤朴之风,其治体有划一整齐之象,其富强之效,虽得力于改良律法,精练海陆军,奖励农工商各业,而其根本则尤在教育普及。自维新之初,即行强迫教育之制,国中男女皆入学校,人人知纳税充兵之义务,人人有尚武爱国之精神,法律以学而精,教术以学而备,道德以学而进,军旅以学而强,货产以学而富,工业以学而巧,不耻效人,不轻舍己,故能合欧化汉学镕铸而成日本之特色。虽其兴革诸政,未必全无流弊,然以三岛之地,经营二三十年,遂至抗衡列强,实亦未可轻量。至其法令条规,尤经彼国君臣屡修屡改,几费切磋,而后渐臻完密。"[1]当两者共存共荣、相得益彰的时候,消解冲突的工作便大功告成。

在我看来,清末各派追新思潮有不同的发展节奏,一是止步于君主立宪这一形式——以少壮亲贵为代表,他们笃信日式立宪,相信"公议共之臣民,政柄操之君上,民无不通之隐,君有独尊之权",走下去便是"抗衡列强,实亦未可轻量",其间最大的麻烦不过是"屡修屡改,几费切磋,而后渐臻完密"。二是同样追求君主立宪形式的立宪派和开明的地方督抚,但前者想的是限制君权,扩大民权,用相对缓和的节奏促进中国政治制度的更新,后者则是在中央地方矛盾中占得优势地位(分权)。第三种节奏是以先进知识分子、志士仁人为代表的"取法乎上",他们比对了两者优劣更倾向于民主共和。[2]此外,还有其他节奏,比如孙中山革命党人的"毕其功于一役",绕过资本阶段,直接进行社会革命。再如无政府主义更激进的政治主张。

细究君主立宪,除了上述节奏不同外,还有一个本质的区别。英式君主立宪与日式君主立宪是有本质区分的。在社会大众的普遍理解中,预备立宪就应该是英式的、分权式立宪。其要点是虚君,君主不主事,带有明显的荣誉象征性,这样可以保全君主至高无上,永远不犯错误。而清皇族的核心亲贵们能接受的是日式的,实际是君主立宪的变种。这是形式相似性质不同的两种立宪。英式君主立宪是资产阶级革命的重压之下,国王和贵族妥协的结果。而日式君主立宪

---

① 载泽:《出使各国考察政治大臣载泽等奏在东考察大略情形暨由东起程赴英日期》,光绪三十二年正月二十日(1906 年 2 月 13 日),故宫博物院明清档案部编:《清末筹备立宪档案史料》上册,第6—7 页。
② 参见张枬、王忍之编:《辛亥革命前十年间时论选集》卷 1 下册,北京:三联书店,1960 年,第 485 页。

则来源于中央集权战胜了幕府的分权与"割据"。由于起源、形成机制的重大区别,天皇的权力是实在的,不是象征。从明治到昭和,两位天皇的权力相当大、相当具体(从明治维新到发动两次侵华战争乃至挑起太平洋战争,这两个天皇负有实际的责任)。1910 年,帮助善耆草拟奏折的汪荣宝在要点里提及日本国制宪的历史,其中着重说的是"(甲)天皇之英断(乙)伊藤博文自述之语"。[①] 从这一段时间汪荣宝日记可以看出,载泽、善耆、溥伦等亲贵往来频繁,对各种立宪文件进行反复磋商推敲。宣统三年,汪荣宝与参与者一起草拟宪法,"定议采日本宪法主义,而条件加严","敬悉第四批宪草,摄邸颇有删改,大抵以日本宪法为依据,不欲有所出入也"。[②] 如此看来,从事情的源头,人们的期待值就根本不一样。期待英式立宪而行之日式立宪这种实际的悖论在皇族内阁尚未出笼的时候,一直被立宪的热闹场面掩盖着,即使公布第一届责任内阁天下一片哗然后,少壮亲贵也没有停下脚步。

毫无疑问,从制度上说君主立宪无论如何比专制进步。在清朝宪法文本"总论"中这样描述:"以一人而谋国家共同之利益,曰君主政治;以少数人而谋国家之共同利益,曰贵族政治;以多数人而谋国家之共同利益,曰立宪政治。中国今日立宪,是由君主政治进步于立宪政治也。"这种进步具体落实在:"(1)人民权利、自由依宪法之负担,各自安图个人及社会之发达;(2)人民依宪法受议政权,关于国务利害之观念甚切,且发一种公共之观念,以助国家之进步;(3)代表议会制设置,不但使人民对国家之注意甚深,且可使政府注意施政,以矫正专断压制之弊。"[③]对人民权利的表达甚至不输于今天各国的成文宪法。如果达成,中国将是怎样一番景象啊!

让少壮亲贵百思不得其解的是改革的结果很糟。筹款的困难、内斗的频繁、国际国内环境的恶劣、腐败的猖獗、立宪党的失望、革命党人斗争的艰苦卓绝等等,形成了推倒清末立宪的合力。

当然,可以深究的是,清末少壮亲贵还面临着很多难解的悖论。比如,追新

---

① 韩策、崔学森整理,王晓秋审订:《汪荣宝日记》,第 166 页。
② 韩策、崔学森整理,王晓秋审订:《汪荣宝日记》,第 280、299 页。直到辛亥革命发生,清政府的这一宪法还在反复修订中。后来随着清王朝的覆灭,清朝宪法胎死腹中。目前,该宪法文本藏于中国第一历史档案馆资政院全宗。
③ 迟云飞:《清末预备立宪研究》,北京:中国社会科学出版社,2013 年,第 304 页。

的结果自然是接受外来文明的影响，而外来的东西又往往伴随强权、欺凌，很容易与强烈的民族自尊心、狭隘的民族主义、扭曲的爱国主义纠缠不清，形成对立。当它放大的时候就容易形成文化的对立、文明的冲突，甚至引发社会阶层的对抗。再有，清末政治实际上形成了盘根错节的老人政治，于是改革中少壮亲贵与老成持重之间发生了尖锐的思想、决策对垒，这恐怕也是功败垂成的重要原因。

少壮亲贵们与生俱来的富贵安逸在性格上打上烙印，无形之中加剧了急进与走偏。富家子弟常常"养在深宫"，思想单纯。文廷式在给别人的信函中说到他们的"傻"，原话是："今时王大臣，不独非用人之人，亦并无沮人之才，真所谓'奴辈'耳。运气若来，稍施伎俩，玩之股掌矣。"①辜鸿铭讥讽道："噫！今中国王大臣出洋考察宪政，亦可谓之出洋看洋画耳。"②言外之意不言自明。多年在宫里工作的恽毓鼎说："劻、毐而贪，泽愚而愎，洵、涛童（□）喜事，伦、朗庸鄙无能，载溥乳臭小儿，不足齿数。"③这些说法既是对他们能力的怀疑也是对他们主导下改革的高度不信任。

宣统年间人们议论说："清室诸王，以恭邸为最贤明。虽平日有好货之名，然必满员之得优缺及汉员由军机章京外放者馈送始肯收受，闻其界限极为分明。余尝对宝师称道其人。师曰：'恭邸聪明却不可及，但生于深宫之中，长于阿保之手，民间疾苦究未能周知。事遇疑难时，还是我们几个人代为主持也。'恭邸仪表甚伟，颇有隆准之意。余凤未与周旋，简建昌时，渠适在军机，例应往谒，见面行礼，不还，然却送茶坐炕，甚为客气。叙谈颇久，惟送客不出房门耳。闻后来摄政王入军机时，见客便坐独炕矣。"透露出权力带来的骄纵。"辛酉之后，亲贵蜂起，纲纪尽驰，枢政益歧"④，于是亲贵的角色愈趋之于下。

三分钟热度也是年轻亲贵的特色。胡思敬说："载沣初摄政时，兴致甚高，凡批答各省章奏，变"依议"曰"允行"，如史臣记事之体，折尾恭誉套语辄加浓圈。后亦稍稍懈弛，视德宗时尤甚，虽交议交查密旨，或累月经年不复，亦若忘之，无过问者。"到后来，奏折究竟看不看很难说，因为请示问题的急件也照样批

---

① 汪叔子编：《文廷式集》下册，北京：中华书局，1993 年，第 1220 页。
② 辜鸿铭：《张文襄幕府纪闻》，太原：山西古籍出版社，1996 年，第 51 页。
③ 恽毓鼎著，史晓风整理：《恽毓鼎澄斋日记》第 2 册，杭州：浙江古籍出版社，2004 年，第 577 页。
④ 何德刚：《春明梦录》，章伯锋、顾亚主编：《近代稗海》第 13 辑，成都：四川人民出版社，1989 年，第 134、138、139 页。

"著照所请"四个大字发还。① 刘体智说，载涛幕府里纷争不断、意见不合，他一度听信一种"直接入政府"的主意，于是策动载沣挤掉政治对手；旋而又听信另一派意见，找政治代理人而不入政府，于是他又停止入运动军机的动作。② 不管能力如何，亲贵们揽权夺利时个个奋勇争先，加剧了矛盾的错综复杂化。③ 少壮亲贵们思想单纯缺乏决断，关键时刻便拿不定主意。武昌起义后奉命入关赴湖北镇压的张绍曾中途公开致电清政府，要求清廷还政于民，也就是滦州事变当口，与张绍曾相当熟悉且握有重兵的载涛犹豫不决，失却了最后扭转困局的契机。④

在重重矛盾中，少壮亲贵们的急于求成、慌不择路引发了道路偏转。接踵海外镀金看"洋画"，传回来的多是他们出"洋相"的故事，不仅丢尽了颜面，还加重了人们的不信任与质疑。⑤ 夹杂了这些浑浊之音，改革立意再高也难以垂成。到辛亥革命之时，"王公贵人之府第，平添警备，持戟荷戈之士，夹陛而纷陈。趋朝赴署之时，则武夫前呵，壮兵后拥，不敢一露其颜色。甚且托病不出，以谋藏身之固"。形势尚未吃紧，京师已是风声鹤唳，大量官员携家眷外逃，以至于京奉铁路快车头等车厢内，"亲贵夫人占其大半"。时人讥讽道："是乱党之势力未能骚扰至全国，而政府先自骚扰也；乱党之气焰未能摄天下之心，而政府反助之扩张也。"⑥在世道艰难中最悲哀的还是隆裕，她哀叹说："一般亲贵，无一事不卖，无一缺不卖，卖来卖去，以致卖却祖宗江山……事后却说现成话，甚至纷纷躲避。只知性命财产，置我寡妇孤儿于不顾。"⑦清末纷纷扰扰的立宪终于在摧枯拉朽中收场。

---

① 胡思敬：《军机不胜撰拟之任》，《国闻备乘》卷4，第94页。
② 刘体智：《载涛考察各国陆军之役》，《异辞录》卷4，第228—229页。
③ "宣统初元，邮传部ախ壁以罣免，载洵欲代之而未得，几哄于王前。载涛、溥伦、毓朗辈，亦逐逐思逞。或为之谋曰：'今汉尚书四人，尽去之无以服人，曷若图诸满缺？'未几，农工商部尚书溥頲、礼部尚书溥良次第外简。"（刘体智：《清末之官制改革》，《异辞录》卷4，第197页。）
④ 刘体智：《李经迈为载涛策滦事》，《异辞录》卷4，第242—243页。
⑤ "镇国将军载振使英，贺爱德华七世加冕礼，归，授商部尚书。诸王公艳之，金思作海外之游，以猎取高位。贝子溥伦之美，观赛会；镇国公载泽之欧美两洲，考察宪政；贝勒毓朗之厦门，招待海舰；镇国将军载扶撰之美，充一等议参；贝勒载洵、载涛之各国，考察海陆军政；使节联翩，不绝于道。诸王公年少未学，声色狗马之外，他无所知，举动皆足以辱国。"所至之地多流传中愚昧无知的笑话。见刘体智：《诸王公出使辱国》，《异辞录》卷4，第223页。
⑥ 《大公报》1911年10月26日、11月3日。
⑦ 恽毓鼎著，史晓风整理：《恽毓鼎澄斋日记》第2册，第577页。

余 论

立宪民主是 20 世纪的世界性潮流,不管少壮亲贵怎么设计,都是一种顺应。在这个意义上说,追新立宪是大势所趋。对清末少壮亲贵来说,毕竟他们掌握着最高权力,是解决道路问题的执行人,由是,他们的主观选择十分重要。在多数宗室贵族懵懂不觉的时候,他们力主立宪,力主追新,显得难能可贵。载泽说:"奴才谊属宗支,休戚之事,与国共之,使茫无所见,万不敢于重大之事卤莽陈言,诚以遍观各国,激刺在心,若不竭尽其愚,实属辜负天恩,无以对皇太后、皇上"①,这样的话肯定发自肺腑。况且,他们追新的目的不仅是保佑大清江山。实际上在相当多满族亲贵眼里,中国与大清是一致的。载泽直言:"方今列强逼迫,合中国全体之力,尚不足以御之,岂有四海一家,自分畛域之理。"②宗室恒均说:"使中国存在于二十世纪之宇内,非满人之利,亦非汉人之利,中国之利也;使其遽跻于亡,非满人之害,亦非汉人之害,中国之害也。"③清朝与中国的关系是自然而然的。1906 年,载泽在《考察政治日记》序言里这样讨论"用极"与"用中"的区别,"至用中而弊,虽云致弱,然使人皆修勉于道德,举国上下,同力一心,正可利用此有余之物力,以善其后,安见旧邦之不可以维新也"!分析民族发展的利弊得失后,他说:"愿我士夫,于事理之曲折,非有真知,勿为高论,务虚中以研究,薪适用而救时也。又闻彼国俗之胜者,民质直而知耻。古者论才,惟判枉直。三代直道,行于斯民。故曰:人之生也直,罔之生也幸而免。又曰:道政齐刑,民免而无耻;道德齐礼,有耻且格。孔子于民之直于耻,三致意焉。岂不以此定人格之崇卑,兆国家之治忽哉。愿我国人,以明耻励自治之精神,以秉直养高尚之人格。庶国势日进,闻实昭于天壤,传永永而无穷也。"④字里行间洋溢着对中华文明的高度认同。

对清末新政、预备立宪讨论措施是否适当,顺序是否颠倒,真情还是假意的追问我觉得完全没有意义,真正导致王朝崩溃的关键性因素还是满汉这一对根

---

① 载泽:《奏请宣布立宪密折》,中国史学会主编:《辛亥革命》第 4 册,第 30 页。
② 载泽:《奏请宣布立宪密折》,中国史学会主编:《辛亥革命》第 4 册,第 29 页。
③ 恒均:《中国之前途》,《大同报》(东京)1907 年 6 月 29 日,第 1 号,第 30 页。
④ 载泽:《考察政治日记》序,上海:商务印书馆,1909 年。

本的、无法妥协的矛盾。① 在融入世界潮流,面临抉择等关键性挑战的时候,担当民族抉择大任的不是占人口多数的汉族,而是矛盾复杂、防范心特重、内心特别纠结的少数族裔,这就使它的难度空前加大。在我看来,民族国家、国家民族、中华民族内部种种复合型的矛盾羼杂期间,遮蔽了很多时代进步的东西,实属历史的悲哀。

(本文的写作得到中国政法大学青年教师周增光博士的鼎力相助,她协助查阅了相当一部分史料,且核对了注释,谨表示诚挚谢意!)

(作者为北京师范大学历史学院教授、博士生导师)

---

① 崔志海说到,"该《备忘录》指出:最近几年,满族亲贵铁良、那桐和醇亲王载沣对像袁世凯这样的汉族官员一直存有戒心,他们信任日本,希望获得日本的支持,袁世凯的亲信唐绍仪访美就遭到他们的激烈反对,只是在慈禧太后的支持下唐才被任命为赴美特使。同时,日本方面对唐绍仪使团的使命十分敏感,他们意识到美国在中国尤其在满洲利益的确立会妨碍日本的图谋;而挑选有前途的中国青年到美国留学,也对日本构成另一威胁。因此,日本便采取行动,破坏唐使团成功访美。由于十分清楚此时日本与美国互换照会传达给中国的信号,日本便于1908年11月30日成功结束谈判。此外,日本还在中国皇帝和皇太后去世时努力向摄政王保证,日本将支持他主持清廷朝政,并向美国声明日本将不会采取劝说、干涉行动,相信此时是没有必要的。国务院远东司表示日本的这些举动'从实际发生的事情来看,是非常有意思的'"。参见《摄政王载沣驱袁事件再研究》,《近代史研究》2011年第6期。

附录·少壮亲贵一览

姓名	出生时间	清末任职情况	备注
载洵	光绪十一年（1885）	海军大臣	光绪、载沣的同父同母兄弟，光绪行四，载沣行五，载洵行六。
载涛	光绪十三年（1887）	军谘大臣	光绪、载沣同父同母兄弟，行七。
载泽	同治七年（1868）	度支部尚书	以载字辈论，是康熙帝六世孙。
溥伦	同治十三年（1874）	1.资政院总裁 2.农工商部大臣	代表清室向袁世凯上劝进表。出任参政院院长。
善耆	同治五年（1866）	民政大臣	豪格嫡孙，世袭亲王。
载振	光绪二年（1876）	农工商大臣	庆亲王奕劻之子。

九一八后中国朝野对
"中日亲善"言论的反应

焦润明

本文所讨论的"中日亲善"言论,主要限于20世纪30年代日本各界提出的"中日亲善"言论以及当时中国各界对其的理解及阐释。因它是在日本侵占了中国东北,引发了中国人民的抗日浪潮,在国际上日益孤立的背景下,为了拉拢中国国内的亲日派,误导世界舆论,分化中国的抗日阵营而抛出的具有一定文化亲和力和政治诱导力的言论,因此具有特指性。从中可以看出日本朝野在对华问题上的两面派手法。对于日本方面伸出的"中日亲善"橄榄枝,中国主流民意保持了高度警觉,知识界不仅剖析了其本质,还针锋相对地提出了中国人民想要的真正的"中日亲善"的内容。围绕着"中日亲善"言论的认识,可以窥见当时中国朝野在相关问题上的思想动向。

学术界尽管对于该问题已有一些涉及,但大都没有对九一八后的"中日亲善"话题,进行系统论述,笔者认为,剖析日本朝野在九一八后抛出的所谓"中日亲善"言论的实质,以及中国朝野对于该言论的不同态度和反应,有助于深入理解全面抗战爆发前中国各界的思想动向。

一、日本提出之"中日亲善"言论

日军通过九一八事变全面占领东北之后,日本国内提出"中日亲善"的言论不绝于耳。① 1932年有吉明刚上任驻华大使即向日本外务省提出用政治手段解

---

① 银闸絮子的《支那纵横观》(东洋书籍出版协会,1931年)提出了"日支亲善"之同种问题。藤泽亲雄的《日本思想的独立》(先进社,1932年)明确提出"东洋哲理是日支亲善依据的基础",鼓吹中日亲善。总之,日本舆论界在九一八后开始出现较多的相关言论。其目的有平息中国人民反日情绪,告诫日本军政当局对华注意策略问题的意蕴。

决热河与华北问题,全力经营东北,以此缓和中国人民抗日浪潮的建议,是为"以阴柔亡中国"的侵略手段。① 这是 20 世纪 30 年代日本提出"中日亲善"的嚆矢。"当国际有名的政治家李顿爵士、史墨资将军等鼓吹英美联合,制止日本侵略的时候,中日亲善的论调同时也沸腾起来了。"②1933 年 10 月 4 日,亲日派巨头黄郛北上与日本坂西中将、矢野参事恳谈,双方表示"必需谋中日关系的改善"。10 月初,驻日公使蒋作宾在日大谈中日亲善的利益,及表明南京政府对日亲善态度。10 月 20 日日本驻华公使有吉到北平,表示努力使中日关系更加好转。日本要人杉村德川来华遍访中国执政者,商谈中日关系的亲善。日本驻比利时公使有田八郎在谈论中日亲善问题时发表了自己代表官方的看法,"中日外交问题,本极简单,中日乃东亚之两大国家,如谋东亚之和平,必先努力中日之亲善,在过去中日间所以时生误会之原因,祸根即在东三省,九一八后,已将中日间和平祸根之东三省问题铲除,……故本人相信中日亲善不难实现"③。他站在日本的立场上认为,自日本占据东北后,中日之间的"祸根"就不存在了,就可以讨论亲善问题了。他回避了一个重要问题,恰恰是日本吞并东北,在中日之间埋下了新的祸根。

总括而言,1935 年前后"中日亲善"论的提出则是在东北已为日本侵占,伪满洲国已成立,日军正在不断地向华北渗透的过程中提出来的。1935 年 1 月 22 日广田弘毅外相在日本议会发表期与中国缔结"不侵略、不威胁"的协定演说后形成"中日亲善"舆论。④ 同年 2 月 23 日广田外相在贵族院宣言愿与中国维持亲善关系的讲演后,得到了中国官方的积极回应,相关的讨论渐成空气。

日本国内媒体也积极配合这方面的言论。1935 年 2 月 7 日,日本《东洋经济社》还专门召开了"中日亲善问题座谈会",讨论"中日亲善"问题。参加座谈会的人员有前外务大臣芳泽谦吉、陆军中将坂西利八郎、早稻田大学教授杉森孝

---

① 张冲:《有吉新外交政策之可怕》,《救国周报》1932 年第 23 期,第 4 页。
② 国纲:《中日亲善问题》,《东方杂志》1935 年第 32 卷第 6 号,第 1 页。
③ 劳农:《有田口中之中日亲善》,《抗声》1934 年第 1 卷第 3 期,第 1 页。
④ [日]臼井胜美:《日中外交史研究——昭和前期》,东京:吉川弘文馆,平成十年(2011),第 174 页;日本国际政治学会等编:《太平洋战争への道(3)・日中战争(上)》,东京:朝日新闻社,昭和三十七年(1962),第 206 页。不过,广田弘毅在此之前的 1934 年 10 月 28 日,还提出了中日关系三原则,即"日中提携":第一,中国政府应取消抗日活动,采取亲日政策;第二,中国应正式承认伪满洲国;第三,日华满共同防共。显然,其提出的所谓中日亲善言论是有明确前提条件的。丝毫不能掩盖其侵华本质。

太郎、东京法政大学经济学部长经济学博士木村增太郎、外务省情报员中山优、中日实业公司副总裁高木陆郎、外交官芦田均、评论家长谷川如是闲、东洋经济杂志社主笔石桥湛山、军人长野朗等 10 人。从人员的构成以及讨论的议题等方面都比较集中地反映了日本军、政、学、商等界别对于中日亲善问题的看法。从中可以作为判断日本国内舆论对"中日亲善"内涵的诠释及走向。

在 2 月 7 日的座谈会中,坂西利八郎、芳泽谦吉、芦田均、中山优等人的言论最有代表性。坂西利八郎表示,"开发中国为日本之责任与义务",因为中国的富饶资源为日本人所必须,强调"现在日本已将满洲夺来,一切均在日本人支配之下,……故余希望在树立满洲经济之根本计划时,更应研究树立对中国全体经济之根本计划"。① 其言论主旨还是着眼于经济侵略。他扬言"实现'满洲王道政治'为中日亲善之捷径",日本对东北不是侵略"非所谓侵入满洲也,乃系化育以王道政治,及给以经济之恩惠,以达希望之目的"。② 胡诌对东北的武装占领不是侵略,而是为了"化育王道政治"的"中日亲善"!

中山优认定"满洲事变乃当然之事",是日本"自卫上的发动","日本之采取此方向,乃属正当,故今后对于中国问题,仍以积极向此方向发展为佳"。③ 仍主张按照侵占东北的方式侵占中国其他地区。鼓吹对中国进行赤裸裸的侵略。芳泽谦吉④提出日本干涉中国内政"此事不但为中国之利益,亦为日本之利益"。认定日本侵略中国的正当性。"日本之所以繁荣'满洲国'……乃出于领导东洋民族而成伟业之动机也。"⑤念念不忘日本对东亚各国的统治和支配。长谷川如是闲强调"'满洲国'成立乃既定事实",所以"主张满洲恢复原来状态"已不可能。⑥ 暗示"中日亲善"不可能以归还东北为前提。

芦田均的说法较前几位的说法更为露骨,也最符合日本人所主张"中日亲善"的本质。他说:"希望以日本之国力为基础决定对华政策","以日本现今之国力——其中含有经济力武力及其他种种力量——对于囫囵咽吞中国四百余

---

① 昌华编译:《中日亲善问题谈话录》,《外交评论》1935 年第 4 卷第 4 期,第 33 页。
② 昌华编译:《中日亲善问题谈话录》,《外交评论》1935 年第 4 卷第 4 期,第 34 页。
③ 昌华编译:《中日亲善问题谈话录》,《外交评论》1935 年第 4 卷第 4 期,第 56 页。
④ 前外务大臣芳泽谦吉,曾出任过八年驻华公使,1932 年出任日本驻国联理事会全权代表,为日本侵略东北进行辩护。
⑤ 昌华编译:《中日亲善问题谈话录》,《外交评论》1935 年第 4 卷第 4 期,第 48 页。
⑥ 昌华编译:《中日亲善问题谈话录》,《外交评论》1935 年第 4 卷第 4 期,第 73 页。

州,似尚有不足。职是之故,日本向易于消化方面进攻,乃当然之事。若以消化力不强之体力,而咽吞巨物,在实际政策上,实有不利。故日本今后十年二十年间,仍如今日之步骤继续进行,实力必益愈于强大。惟于此期间,务须隐忍,以此为基础而决定对华政策"。① 按他的说法,日本的长远目标是吞并中国,但中国太大,以其实力还不能一下子吞并,那就先选择"易于消化"的部分实施吞并,在此期间"务须隐忍"。也是就是要要口头上与中国讲"亲善",可见"中日亲善"只不过是吞并中国过程中所采取的幌子,一种渐进侵略策略而已。这就把中日亲善的本质阐述得淋漓尽致了。

如果我们认定"中日亲善问题座谈会"的言论代表了当时日本国内对于"中日亲善"问题的一般认识,那么我们就有理由指出,日本人的"中日亲善"理念是建立在侵略中国、掠夺中国的土地、资源、财富的基础上,以寻求日本在中国权益的最大化为目标的。在侵华问题上不是不吞,只是"缓吞"。故它不是建立在国与国平等基础上与中国寻求互惠友好的理念,显然在本质上完全不符合中国人的利益,这正是"中日亲善"问题之所在。

被称为日本第一流政论家的马场恒吾也撰《中日亲善论》一文(该文发表于《改造》1934 年第 11 月号上),继续兜售符合日本侵略价值观的中日亲善论。在他看来,你死我活的观念"不存在于中日两国民之间,而且亦无存在之理由。盖中日两国民为东洋同种之民族,有起伏相同之命运。无论对中国人喜不喜欢,并无关系,而地理的关系,人种的关系,目前战争与否无关,从大局观之,中日亲善有所以然"②。从这种逻辑出发,他把历史上日本对中国侵略的事件都美化成为对中国的帮助,主要是帮助中国从白人的奴役中解放出来,"日俄战争,为拑制欧人东侵,即三十年来,欧洲诸国,向亚洲扩张领土,已被阻止。'九一八'事变后,日本现成为东亚之安定势力"。他还强调,"中国断不可被欧洲分割,苟不幸被欧洲吞并,日本亦有唇齿之依,中日两国……大势不外于亲善之途"。因为自日俄战争以来,"日本为东洋之安定势力"。日本成了东亚的"保护国",似乎没有日本,中国这个国家也难以存在,"中国因地理的及人种的关系,应与日本提携,此关系如果不能保持,则东洋民族之将来,难于预断。因此,中日亲善论,在

① 昌华编译:《中日亲善问题谈话录》,《外交评论》1935 年第 4 卷第 4 期,第 78 页。
② 《日人口中之中日亲善论》,《华事外报》1936 年第 1640 期,"外论通信稿",第 4 页。

现阶段应该强调起来"①。在这里,马场恒吾正是巧用了"中日亲善"的美妙名词,来掩饰其侵略中国,企图独霸东亚,奴役中国的帝国主义理论。

与日本舆论对"中日亲善"的一般认识相比,日本军阀对"中日亲善"的表述和认识就更为直接,也更为露骨。日本陆相林铣十郎大将就曾表态说:"中日亲善的先决条件,在彻底解销排日侮日。"②在他看来,中国必须逆来顺受,任其侵略,成为大日本帝国的附庸国,才有可能实现所谓的"中日亲善"。此外,参与九一八事变的日本关东军特务机关长土肥原贤二少将所提出的"中日亲善大纲"也有代表性。其内容简要为:"第一,设立中国与'满洲国'间之非武装区域(按此区域,依日人之意,范围当为甚大,计自长城一带起,迄达淮河流域,山东全部,安徽北部,江苏北部,都包括在内)。第二,塘沽协定,上海协定,应用三种正式条约以替代之(按此三种正式条约即军事条约,政治条约,经济条约)。第三,停止华北党务活动。第四,日本政府援助中国剿匪。"他还论及了日本对中国的底线是"除非中国人一变历来的仇日态度和日本恢复亲善关系,否则远东没有和平的可能"③。可见,在土肥原那里,所谓的"中日亲善""实际是什么意味,还不是灭亡中国的别名吗"④? 很显然,日本方面提出"中日亲善"的前提条件是要中国承认伪满洲国,消除国内的反日态度,并成为日本的殖民地。这是中国人绝不可能接受的。

二、中国官方对"中日亲善"论的反应及影响

自广田对华抛出"不侵略、不威胁"的演说后,中国南京政府方面积极回应。1935 年 2 月 20 日,汪精卫在南京中央政治会议报告所谓对日外交的根本政策中,提出了对日亲善的积极态度;蒋介石"冬电"对此响应,认为"灼见宏猷,衷心一致"。3 月,国民党中宣部密令各级党部制止各地发表反日言论及一切抵制日货的行动和宣传。一时间"中日亲善之声浪弥漫于南京与东京,即欧美各国也

① 《日人口中之中日亲善论》,《华事外报》1936 年第 1640 期,"外论通信稿",第 5 页。
② 国纲:《中日亲善》,《东方杂志》1935 年第 32 卷第 6 期,第 2 页。
③ 仲航:《土肥原的中日亲善大纲》,《外交周报》1935 年第 3 卷第 8 期,第 2 页。
④ 仲航:《土肥原的中日亲善大纲》,《外交周报》1935 年第 3 卷第 8 期,第 2 页。

莫不异常注意"①。当时的报章也说:"中日亲善之呼声,近来已高唱入云。这个亲善的呼声,先发现于日外相广田在日国会之演说,继而和之者的中国的汪院长蒋委员长之宣言,以后又有王宠惠氏之非正式的访日,及日代表非正式的访华,最近日驻华公使有吉又亲自回国向广田外相报告中国之政治经济形势。……又云广田外相因鉴于中日关系有具体的好转之实情,遂益怀抱对华善邻政策之确信,故以升格驻华使馆为大使馆为第一步,再谋具体的解决。"②"自本年二月二十三日广田外相在贵族院宣言愿与中国维持亲善关系,而中国方面也愿开中日谈判之表示以来,中日亲善的空气,更见浓厚。兼之王宠惠氏又恰于是时东渡,于是中日问题又引起一般人之注意。"③

当时国内舆论对于南京国民政府要人积极回应日本"中日亲善"言论的亲日态度评价不一。有为其辩护的,亦有对其批评的。如梁大鹏在《中日亲善是否可能》一文中否定了与日本亲善的可能性,但同时却替汪、蒋的亲日态度进行辩护:"兹先请看汪蒋氏于先后接见日使时谈话如何,据报章传载汪、蒋均声明谓中日合作双方须以平等及正义为原则始有可能。易词言之,日本欲与中国合作当先放弃其一贯之侵略中国政策,以示平等待遇,退还以武力打劫得来之东北四省于中国,俾合正义。日本如一日尚侵略我中国,一日尚管辖我东北四省,则一切中日亲善之谈,必属徒然。"④辩护称,汪、蒋在对待日本的问题上是有底线的,这就是须平等对待中国,同时归还东北,只有在这个前提下才能实质地谈论中日亲善问题。

胡适也说:"在这几年之中,中国政府对日本的态度总可以算是委曲求全了。这是因为中国的领袖明白日本武力的优越,总想避免纷争的扩大,总想避免武力的抵抗,总相在委曲求全的形势下,继续努力,整顿我们自己的国家。"⑤在这里,胡适用了"委曲求全"来解释当局的亲日倾向,显然为国民政府的亲日立场进行了辩护。罗媚弥更强调,在"日本以其威迫利诱之手段,欲使我承认伪

① 居:《中日亲善透视》,《文明之路》1935年第7期,第4页。
② 希白:《中日亲善问题》,《星期导报》1935年第2号,第2页。
③ 守钧:《从中日亲善谈到日本对华政策》,《国立武汉大学四川同学会会刊》1935年第2卷第1期,第1页。
④ 梁大鹏:《中日亲善是否可能》,《新闻通讯》1935年第28期,第2页。
⑤ 胡适:《敬告日本国民》,《新人周刊》1935年第2卷第16期,第310页。另见《中国新论》1935年第1卷第8期,第13页。

满,故广田外相,高唱中日亲善之论调"的背景下,"我国军政领袖,以迫于时势,亦乐与周旋"①评价中国军政当局积极回应日本的"中日亲善"是"迫于时势",是与日"周旋"。

在当时最典型的亲日派言论是徐道临在《敌乎? 友乎——中日关系的检讨》②一文中所发表的观点。该文力辟中日相争之非,而列举中日携手之种种利益。开端就大胆地说:"首先我敢说,一般有理解的中国人,都知道日本人终究不能作我们的敌人,我们中国人亦究竟须与日本携手的必要。这是就世界大势和中日两国的过去现在与将来(如果不是同归于尽的话)彻底打算的结论。"③他的结论是,"中日两国在历史上地理上民族的关系上,无论哪一方面说起来,其关系应在唇齿辅车以上,实在是生则俱生,死则俱死,共存共亡的民族"④而过去中日间的问题,中国方面有十分之四的责任,日本方面至少也应有十分之六的责任。所以要解决过去中日间的问题,"中国只须要求放弃土地侵略,归还东北四省,其他方式,不必拘泥,过去悬案,应以诚意谋互利的解决,一扫国交上的障碍"。而日本方面"只须日本一念之转移"。日本应"保全中国统一"且"对于中国之独立或利益绝不予阻碍且无加害意思","断然归还东北四省",这样就可以解决中日问题了。"打破难关的责任,毕竟还须日本来承担。"⑤该文最大的问题是让中国部分承担了日本侵略中国的责任,同时淡化了日本的侵略性,并片面地乞求日本答应不侵略中国,并且归还东北等,无异于与虎谋皮。对日本帝国主义侵略的本质亦没有认清,特别是其对日本战争责任的开脱以及在重要原则问题上主张妥协的态度以及为中国政要亲日行为提供"理论依据",在当时产生了消极影响,受到了舆论批评。

与上述为国民政府要人开脱、辩护声音相比,批评的声音更为强烈。傅斯年就对当时政治领袖人物的媚日态度进行了批评,并对其"中日亲善"的相关言论进行了剖析和评价。他认为,蒋介石的两次对记者谈话"或嫌空洞些","或者这

① 罗娴弥:《中日亲善》,《沽芳校刊》1935年第10期,第5页。
② 徐道邻:《敌乎? 友乎——中日关系的检讨》,发表在《外交评论》1935年第3卷第11、12合刊之"中国于未来世界战争之方针专号"上。《中央周报》1935年第348期转载,曾引发了当时的讨论。
③ 徐道邻:《敌乎? 友乎——中日关系的检讨》,《中央周报》1935年第348期,第1页(29—363)。
④ 徐道邻:《敌乎? 友乎——中日关系的检讨》,《中央周报》1935年第348期,第15页(29—377)。
⑤ 徐道邻:《敌乎? 友乎——中日关系的检讨》,《中央周报》1935年第348期,第14—15页(29—376、377)。

也有不得已之处,然而对外国人是不可虚与委蛇的,是要把明白的话说在里头的"①。并没有把中日国交失常的原因说明白;"至于王宠惠博士之东渡攀亲善,诚不免令人齿冷"②。

由于汪精卫的政治地位和影响力的特殊性,于是傅斯年重点对其言论进行了剖析和批判。他说:"汪精卫先生在中政会的演说词诚是一篇花团锦簇的文字",至于其含义则是"中日通商以来数十年间最亲善的论调"③!"假设汪先生若发此言于'九一八'以前,不愧为特识独见,而今言之恨晚!"由于汪的发言是代表当时民国政府意见而针对广田的言论所进行的回应,故政治倾向颇引世人关注。傅斯年认为汪精卫的发言有"两个漏洞":第一,没有对广田要求中国取消排日的言论做出回应,对应地提出要求日本退还东北的意见;第二,"今汪先生之议论,谓赞扬中国与日本之特别亲密关系",有"偏亲日本"之嫌。他强调,中国的外交立场"应该建立在列邦平等、东西同仁的原则上,绝不容许偏亲日本"。因为,"自'九一八'以来,日本对世界之妄暴理论,皆以自居东亚主人翁为出发点,而要求其在东亚有特殊立地,对中国有特权威权。这是中国的绝不当承认一丝毫的,中国只能承认大家一样"④。他的理由是,在远东不止中日两国,美俄英在远东也有同样的利害关系,如果我们偏亲日本会有"望风归顺之弊",不利于我们争取美英俄的支持。在这里,傅斯年剖析了汪精卫的言论有违国家生存原则,没有坚持要求日本把东北归还中国作为"中日亲善"的前提条件,并过于"偏亲日本"。批判了汪在对日关系问题上表现出的屈辱退让的言行。

刘重明对政府要人亲日倾向的批判也较为典型。他说:"所可怪者,就是畴昔主张'誓死抵抗''长期抵抗'及'一面交涉,一面抵抗'的我国当局,在东北失地未复,四省二千余万同胞辗转呻吟于日本铁蹄之下的时候,及引广田之演词谓为中日所共鸣,半屠伯的狞笑与挣扎的哭声混为一谈,其绝无心肝,一何至此。广田对华演词有云,'日本现时之对华政策,即系根据去年(1934 年)四月十七日声明书之意旨'。再考声明书内容,是声言反对中国方面处用任何他国势力,以抗拒日本之任何举动,外国而有以飞机供给中国,在中国建设飞机场或派遣军事

---

① 孟真:《"中日亲善"??!!》,《独立评论》1935 年第 140 号,第 2 页。
② 孟真:《"中日亲善"??!!》,《独立评论》1935 年第 140 号,第 3 页。
③ 孟真:《"中日亲善"??!!》,《独立评论》1935 年第 140 号,第 2 页。
④ 孟真:《"中日亲善"??!!》,《独立评论》1935 年第 140 号,第 2 页。

人才前往中国及承募债款供给政府用途，纵出以技术合作或金融援助之名义，亦所反对。照此看来，日本简直自居盟主，而以保护国视我，对于中国今后的军事政治外交经济均欲加以干涉，英美各国，对此狂妄荒谬之声明书，尚且反对不遗余力，而我国当局竟贸然承认起来，引为同调，那么，中国今后，只有事事仰承日人鼻息，完全丧失独立自主的国家人格了，这样的亲善，简直是整个断送，……老实说，在人为刀俎，我为鱼肉的时候，我们配与人握手言欢，侈谈情好吗？"①他还说："在东北四省尚被强占，二千余万同胞沦为奴隶的情况下，中国对日便根本没有和平亲善可言，在创巨痛深的当中，当局苟非丧心病狂，何忍兴高采烈大唱对日亲善的论调，何忍举东北四省亡于日本之不足，更将整个中国断送，更何忍认贼作父，自书买身契约，与日本订立政治经济的协定，使日本获得灭亡我国的法律保证呢？"②不仅揭露了日本打着中日亲善的幌子行灭亡中国之实的本质，还深刻批判了国民党政府对日本屈辱求和行径，使用"丧心病狂""认贼作父"来形容当局的亲日派政客，表达了民间主流的抗日倾向。

周礼娴指责政府"从九一八起到现在，才过几个年头？可是我们中央政府对于日本由长期抵抗，到一面亲善，一面抵抗。现在是大家亲善了"③！"九一八、一二八以后，国民抗日的怒潮可说都达到沸点。但，政府是以冰冷的手段把他冻结了。……利禄熏心的政府，已经在那里谋行中日亲善了：他们以我国的权利作'投名状'，他们以自己的奴颜婢膝为'进身符'。但，他们进可盘占地盘，剥削民膏；退则尚不失为一大富翁，又何乐而不为？所苦者，是我们这些老百姓吧了，设万一不幸中日亲善成功，则我国将成日本的附属国！我国民将成日人奴隶！可怜四千年的古国，说不定会被'亲善'二字所断送！"④因为这种引狼入室的举动，"小则可使民族意识衰落，大则亡国"⑤。

李斌在《最近蒋汪卖国的新把戏——斥中日亲善的谬言》中更深刻地指出汪、蒋对日本"具有诚意"，"有深切之谅解"以及"我们愿以满腔的诚意，以和平

---

① 刘重明：《中日亲善问题及本省三年计划实施之成效》，《广东党务月刊》1935 年第 11—12 期，第 13 页。
② 刘重明：《中日亲善问题及本省三年计划实施之成效》，《广东党务月刊》1935 年第 11—12 期，第 13 页。
③ 周礼娴：《论中日亲善》，《心声》（毕业纪念号）1935 年第 2 期，第 8 页。
④ 肖孟惠：《从抗日说到中日亲善》，《心声》（毕业纪念号）1935 年第 2 期，第 7—8 页。
⑤ 周礼娴：《论中日亲善》，《心声》（毕业纪念号）1935 年第 2 期，第 8 页。

的方法,和正常的步调,来解决中日间的一切纠纷"。① 的言论是"亲日媚日的言论,它们欺骗民众武断宣传的根据,便在蒋介石的代言人徐道邻所写的《敌乎?友乎?》那本小册子上"②。总的来看,尽管有的认为这是南京国民政府做战略调整,以获得未来对日战争的时间准备。但占压倒多数的舆论认为,国民政要的言论行为所表现出的则是对日彻头彻尾的妥协退让姿态。

三、中国民间对"中日亲善"论的反应及影响

针对日本在侵略中国背景下提出的"中日亲善"言论,中国民间更多的有识之士则起而反对并戳穿其华丽语言下的阴谋。日本对于中国的亲善,为什么"不于九一八事变未发生,东三省未占领之前,而于血痕遍地国恨已深之今日;中国对于日本亲善,亦不于日人未鸣一枪未发一弹之时,而于军舰大炮的强力威迫之下;如此之朝是夕非,则其所谓亲善,不亦怪乎?"③民间舆论普遍地认识到"中日亲善"在当时的历史条件下是很难实现的。"从理论上说来,东亚两个黄种人大国,应当共存共荣,决不该互相敌对,向共归于灭亡的那条路上迈进。但是在事实上,直到现在,中日两国间的亲善和合作还是很难实现的。"④这种亲善和合作不能实现的原因即在于"日本蔑视中国国家的尊严,以及中国国民的自尊心"。"试问'二十一条'和'九一八'事件,当时日本心目中一个哪有把中国认为一个独立国家的观念?中国的国民不是生来具有奴隶性的,对于这种侮辱的举动,怎么会没有仇恨心?况且日本方面,并没有改变态度的倾向,因此邦交便日益险恶了。"⑤日本对中国的侵略不单单是为了解决国内的经济问题,其核心是为了征服奴役中华民族,"记得前任日本荒木陆相说过:日本帝国的精神,必得遍布于四海,扩张于五洲,凡阻碍它的,就是用武力,也得铲除。这代表日本军人的心理。所以除非中国完全屈服,让日本军人完成他们初步的'帝国',否则那有亲善的可能。然而这是中国国民决不能忍受的"⑥。马廷信说:"日本在

① 李斌:《最近蒋汪卖国的新把戏——斥中日亲善的谬言》,《青年军人》1935年第3卷第4期,第2页。
② 李斌:《最近蒋汪卖国的新把戏——斥中日亲善的谬言》,《青年军人》,1935年第3卷第4期,第2页。
③ 刘安常:《中日亲善之检讨》,《国防论坛》,1935年第3卷第8期,第12页。
④ 国纲:《中日亲善问题》,《东方杂志》1935年第32卷第6号,第1页。
⑤ 国纲:《中日亲善问题》,《东方杂志》1935年第32卷第6号,第1页。
⑥ 国纲:《中日亲善问题》,《东方杂志》1935年第32卷第6号,第2页。

东亚的地位,俨然以主人自居,在他看来,东亚的国家以及民族,确乎有被大和民族来统治,来教导的必要,既然有这样的种子深深的蕴藏在心里,绝对产不出真的精神来与你合作。"①这种合作一旦形成,"便是我国亡国的张本,因为这种威迫而成的合作,中国实际已经失去独立国的本质,只是日本的一个附属国而已"②。"他们说要和中国亲善,简直中叫中国人一声不响地任她宰割!"③

1935年3月21日,中山大学95名教授联名发表《中山大学教授反对中日亲善之通电》,内称:"我外交当局,在中政会竟公然宣称中日亲善,为对日外交根本政策。本校各教授,目睹强邻侵逼日亟,无厌要求日加,谋国者畏难苟安,茫无所措,唯有媚敌降敌以求全,深恐中日合作之日,即东北永久沦亡之时,而中华民族,亦不复齿列于国际之林。爰于马日(廿一)发出通电,以唤醒同胞,奋起救亡。"④表明知识界对这一问题的严正态度。也反映了当时知识群体对中日之间是敌是友问题已经取得了一致共识。

胡适和傅斯年都是对"中日亲善"问题本质有深刻认识的代表人物。

胡适在《敬告日本国民》⑤一文中公开讲道:"我十分地诚恳地恳求日本国民不要再谈'中日亲善'这四个字了。我在这四年之中,每次听到日本国民谈到谈这四个字,我心里真感觉分十分难受,——同听日本军人谈'王道'一样的难受。……明明是霸道之极,偏说是王道;明明是播种仇恨,偏说是提携亲善;日本国民也有情绪,也有常识,岂不能想像在这种异常状态之下高谈'中日亲善'是完全没有意义的吗?"⑥"所以我敬告日本国民的第一句话是:请不要再谈'中日亲善'了。今日当前的真问题是如何解除'中日仇恨'的问题。仇恨的心理不解除,一切亲善之谈,在日本国民口中是侮辱,在中国国民口中是虚伪。"⑦胡适对日本人提出"中日亲善"口号的虚伪性给予了公开揭露。在他看来,在日本侵占

① 马廷信:《中日亲善与中日合作》,《津汇月刊》1935年第5—6期,第20页。
② 《中日亲善与中国民众》,《南岛》1935年第2卷第7期,第138页。
③ 《中日亲善与中国民众》,《南岛》1935年第2卷第7期,第138页。
④ 《中山大学教授反对中日亲善之通电》,《文明之路》1935年第7期,第65页。
⑤ 胡适:《敬告日本国民》,《新人周刊》1935年第2卷第16期。另见《中国新论》1935年第1卷第8期。这篇文章是系室伏高信之请,用《日本国民二诉フ》的标题发表于日文杂志《日本评论》1935年第11月号上。胡适的话客观、理情,足可代表一般知识阶层的意见。
⑥ 胡适:《敬告日本国民》,《中国新论》1935年第1卷第8期,第12页;《新人周刊》1935年第2卷第16期,第310页。
⑦ 胡适:《敬告日本国民》,《中国新论》1935年第1卷第8期,第13页;《新人周刊》1935年第2卷第16期,第310页。

东北,扶植伪满洲国的背景下,是谈不上友好的,更不可能成为朋友。"今日的日本决不是我们的朋友;我们在日本的侵害侮辱之下,也无法可以和日本做朋友。我们也说过:'满洲国'的存在恰是割断了中日两国之间一切连锁,使这两国成为不解的仇雠。这里面没有多大的理性可说,这完全是一个平平常常的感情问题。……所谓'东亚全局的和平',不是中国破坏了的,是日本的军阀破坏了的。日本军人这两年半的工作,在中日两国之间建筑起了一道感情上的壕沟,把平时爱好日本文明或敬重日本民族的中国人都逼上了仇视日本的不幸的路上去了。"①东亚的和平以及中日两国亲善是被日本破坏的,如果要把"解决中日悬案上真成中日亲善与确立东亚和平之前提",那么,"'满洲国'为第一个必须解决的中日悬案。这个第一悬案如果无法解决,其他的'任何悬案'即使都能有解决的方法,都不够划除两国之间的仇雠的恶感"②。日本侵略中国的历史问题不解决,就不具备谈"中日亲善"的资格。

胡适同时还强调"请日本国民不要轻视一个四亿人口的仇恨心理"。"今日空谈'中日亲善',不如大家想想如何消除仇恨。日本国民必须觉悟……仇恨到不能忍的时候,必有冲突爆发之患,中国化为焦土,又岂是日本之福吗?"③日本军人的侵略野心是无止境的,但中国人的忍耐是有尽头的。这样的步步进逼,仇恨加仇恨,侮辱之上加侮辱,终必有引起举国反抗的一日。后来历史的演进证明了胡适的推论。

傅斯年也站在批判"中日亲善"浪潮中站在了舆论的制高点上驳斥日本及国内"中日亲善"论调。他在《"中日亲善"??!!》④一文中开篇即说:"最近两个月真是'中日亲善'论最走运的时代。也许这个理论与行为在将来更时髦,更成国是,更不得了……这真是历史上的最残酷的幽默。"⑤认为在日本占领东北并不断南侵的背景下,是谈不上中日亲善的。凡是提倡"中日亲善"者,在日本方面则是更为迷惑世人的侵略策略;在中国方面则是对日妥协投降路线。因此,他

---

① 胡适:《解决中日的'任何悬案'?》,《独立评论》1934 年第 102 号,第 2 页。
② 胡适:《解决中日的'任何悬案'?》,《独立评论》1934 年第 102 号,第 3 页。
③ 胡适:《敬告日本国民》,《中国新论》1935 年第 1 卷第 8 期,第 14 页;《新人周刊》1935 年第 2 卷第 16 期,第 311 页。
④ 该文是傅斯年讨论中日亲善问题的代表作品,与此相关的论文还有《"不懂得日本的情形"!?》、《政府与对日外交》、《一夕杂感》等文。
⑤ 孟真:《"中日亲善"??!!》,《独立评论》1935 年第 140 号,第 2 页。

揭露"中日亲善"的本质危害是消磨中国的抗日意志。而且在日本强占中国东北的时候,中国人民是不可能同日本讲亲善的,因为"中日国交之失常全在日本,全不在中国,欲更改局面,须得日本一反其自'九一八'以来之行动。在日本易如反掌,在中国无从为力,排日并无事实,东北必须还中国"①。他还强调,"除非日本人改变其对东北之态度,(否则)中日亲善绝不可能。……伪逆的组织存在一日,则中国受暴之创痕日日新,又日新,中国人既不应忘情于三千万亡国之同胞,尤不能放心此个丑极的危险分子"②。

日本提出的"中日亲善"概念尽管词汇华丽,对中国的亲日派极具诱惑力,然而它是有附加条件的,即中国应当承认伪满洲国,"中国应消灭所有抗日工作","中国应承认所有借款","中国应请日人为军事顾问","中国应请日人为技师"。③ 显然,它并不是一个平等待我的观念,只不过是一个要求中国臣服日本,为日本附庸国的代名词而已,光这几条,小者就可使中国变成附庸国,大者可使中国亡国灭种。因此,对于"中日亲善"的危害,中国学人普遍看得比较清楚。傅斯年强调指出,日本没有立即吞灭中国,即不是自己的努力,也不是日本人的仁慈,而是得益于国际均势的制约,"果真在中国的国际均势扫地以尽,日本人会立刻来大规模的杀戮我们同胞,灭亡我们国家的。所有一切'共存共荣'、'东亚同种共济'欺人之谈,真是一套至无聊的口头禅,其行为早已证明此等口头禅全是其用心之反面"④。至于所谓的"中日经济提携"乃是中国灭亡之"速路"。日本人向中国高谈亲善,无非是破坏国际均势的工作之一。所以傅斯年告诫政府及外交当局,在国际事务中,决不允许"今日翻雨,明日覆云","全不能容许这样的随随便便,一言则铁案如山,回头则魔鬼在后"。果真如此,"一用则贻国家以莫大之害"⑤。"果真今日我国为日本所提携,提之于股,携之于胯下,以后只能照此一路步步入地狱,想转身是再也不能的。"⑥一旦受日本蛊惑,与日本表示友好,就可能断绝了世界友好国家及正义之士对中国的同情和支持,而且在日本的政治经济控制之下,中国只能一步步地走向地狱,再也无法翻身了。

---

① 孟真:《"中日亲善"??!!》,《独立评论》1935 年第 140 号,第 2 页。
② 孟真:《"中日亲善"??!!》,《独立评论》1935 年第 140 号,第 3 页。
③ 周礼娴:《论中日亲善》,《心声》(毕业纪念号)1935 年第 2 期,第 8 页。
④ 孟真:《"中日亲善"??!!》(续),《独立评论》1935 年第 141 号,第 2 页。
⑤ 孟真:《"中日亲善"??!!》(续),《独立评论》1935 年第 141 号,第 3 页。
⑥ 孟真:《"中日亲善"??!!》(续),《独立评论》1935 年第 141 号,第 3 页。

"中日亲善"不过是军事侵略之外的政治手段而已。希白认为,日本提出"中日亲善"不过是"一时权宜政策,决不是永久的好意"。其目的"也不过利用中日亲善的空气,使中国放弃对日侵略东北四省之怀恨,好让日本安心的经营她的掠夺地,况且日本心目中之中日亲善是有条件的呢? 即中国首先当禁止排日的运动"①。刘安常一针见血地指出:"日本人对于中国,无所谓亲善与不亲善,不过侵略的急进与缓进而已。中国对于日本,亦无所谓亲善不亲善,不过投降与抵抗而已。日本之力足可噬人,而中国不过为俎上肉,以食肉之虎与肉言亲善,岂非莫大之笑话。"②"中日亲善"的本质在日本方面是侵略的"缓进",在中国方面则是"投降"。"日帝国主义谋求……的先决条件,是在要求南京统治严禁排日,取缔中国民众反日思想与仇日言行,这实是解除中国民众抗日御侮的精神上的武装。""由广田外相倡言'中日亲善,睦邻政策'等等,重新撒下一个烟幕弹,在烟幕的掩盖下加紧奴化中国的策动。"③"广田弘毅对华亲善的演说,其骨子里的作用,无非是在进一步地奴役南京政府,彻底排除中国民众反日的潜势,禁止欧美列强不得再向中国染指,以便名实相符的取得东亚集团领导者的地位。"④

日本使用"亲善"的目的非常明确和露骨。九一八以前不久,日本新任中国公使重光葵面见国民政府要人时还说"兹后愿促进中日两国邦交之敦睦,使中日人民益趋于亲善"这种动听的甜言蜜语,可是言犹在耳未出一个星期,日军即以袭击方式,迅速占领东三省,这样看来,"日本素来对华政策不外武力的袭击和外交的诱惑两种,九一八之役,既实施武力的袭击而夺我东北,会谈后更欲以外交的诱惑手段,运用政治经济力量,来吞并整个中国,原是意计中事"⑤。"日本对于中国只有一个目的,这就是夺取中国为己有! 至于时而言征服,时而言亲善,不过夺取手段的变换,但其目的则始终未变。"日占领东北之后,国力倍增,甚至对世界列强都扬言不惜一战,因此,其所提出的亲善"实际为迫中国出于投降,而美其名曰亲善。更由中国之投降,而确立日本独霸之亚洲门罗主义,置中

① 希白:《中日亲善问题》,《星期导报》1935 年第 2 号,第 2 页。
② 刘安常:《中日亲善之检讨》,《国防论坛》1935 年第 3 卷第 8 期,第 13—14 页。
③ 李斌:《最近蒋汪卖国的新把戏——斥中日亲善的谬言》,《青年军人》1935 年第 3 卷第 4 期,第 1 页。
④ 李斌:《最近蒋汪卖国的新把戏——斥中日亲善的谬言》,《青年军人》1935 年第 3 卷第 4 期,第 1—2 页。
⑤ 刘重明:《中日亲善问题及本省三年计划实施之成效》,《广东党务月刊》1935 年第 11—12 期,第 11 页。

国于保护国之地位,逐出白人于远东之外"①。今后我国"若再受其甘言诱惑,不作雪耻图强之准备,则日本再用武力之日,即我全国覆亡之时"②。"我们已认清日本是我们的大仇,日本一日不灭则中国一日不安,我们确信惟有打倒日本帝国主义才是中国民族唯一的出路。"③上述议论表明当时知识界对于日本所惯用之军事的及政治的手段交互使用的本质有着清醒的认识。

那么,中国究竟需在什么样的"中日亲善"? 民间舆论也表明了自己的态度。"中日两国或者是可以亲善的,亲善的结果也或者是可以彼此有利的。"④"我们并不反对中日亲善,更不反对与任何民族亲善。不过我们中国既为独立国,当有她固定的政策。"⑤只是"中日关系之恶化,几乎是完全由于日本实行侵略政策之结果,中日的僵局,日本是应负完全责任的,中国只是处于被动的地位,领土被侵略,主权被轻视,而无可奈何。事实上握中日问题解决之钥者是日本而不是中国。只要日本放弃了领土的侵略,中日问题便可以圆满解决"⑥。中国愿意跟日本亲善,但这种亲善一定是对等的,在日本侵略中国,并且占据中国领土的时候,是谈不上亲善的,只有日本主动放弃其侵略政策,归还中国被占领土,才可谈亲善。

我们需要的"中日亲善"必须是中日两国应以"平等"、"互助"精神为原则的亲善。"所以我们敢说目前的所谓'中日亲善','中日合作',除掉一般利欲熏心,恬不知耻的军阀汉奸之流,甘心出卖国家民族以外,无论哪一个稍有民族意识的人民,必然绝端反对的!"⑦知识界为此提出中日之间实现"中日亲善"的先决条件是:"(1)日本务必还东四省,并向中国政府道歉。(2)日本务自动解除对中国之不平等条约。(3)日本务根本铲除侵略中国之行动与思想。(4)日本务绝对保证以后不得再有侮辱中国之事件发生。(5)日本应惩办酿成东北事件之黩武军人。日本能接受并实践此条项条件,庶乎可言中日亲善。否则愈亲善愈

① 刘安常:《中日亲善之检讨》,《国防论坛》1935 年第 3 卷第 8 期,第 14 页。
② 刘重明:《中日亲善问题及本省三年计划实施之成效》,《广东党务月刊》1935 年第 11—12 期,第 14 页。
③ 民:《此之谓中日善?》,《航声》1931 年第 1 卷第 18—19 期,第 17 页。
④ 刘安常:《中日亲善之检讨》,《国防论坛》1935 年第 3 卷第 8 期,第 12 页。
⑤ 希白:《中日亲善问题》,《星期导报》1935 年第 2 号,第 2 页。
⑥ 守钧:《从中日亲善谈到日本对华政策》,《国立武汉大学四川同学会会刊》1935 年第 2 卷第 1 期,第 1 页。
⑦ 《中日亲善与中国民众》,《南岛》1935 年第 2 卷第 7 期,第 138 页。

恶裂,日本徒自欺,中国徒受骗而已。"①严正地表明了对于"中日亲善"的原则态度。

傅斯年也提出了真正实现"中日亲善"的前提条件。第一,"除非日本人改变其对东北之态度,中日亲善绝不可能"。欲中日关系走上常轨,必须先解决东北问题,"其解决之法,便是中国最大限度所能承认的国联调查团建议"②。若中日关系走向正常,那就需要日本方面反思改正自九一八以来的侵略行为,"东北必须还中国"③。第二,针对日本人提出实现"中日亲善"的另一先决条件,是要求南京政府取消全国的反日排日行动的歪理,傅斯年认为这是对我主权的干涉,"日本必须立即停止其干涉'排日'之要求,因为中国此时并无排日之事实,而此口号大含干涉内政之嫌疑。"④日本侵略、肢解中国,还不允许中国人民对其反抗,甚至连不满也不可以表达,否则中日之间就没法"亲善"了,这简直是野蛮霸道的要求。对此,傅斯年明确地要求日本必须立即停止其"干涉'排日'之要求",甚至强调应大张旗鼓地反日排日,从政治、军事、经济、文化等方面做好与日进行全面抗战的准备。

胡适是非常希望中日两国友好亲善的,他曾表达自己"我是一个最赞叹日本国民已往的成绩的人",而且日本还有许多优秀的东西:"我曾想象日本的前途,她的万民一系的天皇,她的勤俭爱国的人民,她武士道的遗风,她的爱美的风气的普遍,她的好学不厌的精神,可以说是兼有英吉利与德意志两个民族的优点"对于日本在他心目中的美好和优点进行了具体的描述。胡适希望日本是一个和平发展的国家,而且她完全可以通过和平发展成为"一个东亚的最可令人爱慕的国家。"⑤遗憾的是,日本军人的侵略,"在中日两国之间建筑起了一道感情上的壕沟,把平时爱好日本文明或敬重日本民族的中国人都逼上了仇视日本的不幸的路上去了"⑥。但是无论如何侵略如何使用暴力,中国人都不会屈服的,"也决不能减低一丝一毫中国人排日仇日的心理,也使不能中日两国的关系

---

① 补白:《梦——中日亲善之先决条件》,《国立武汉大学四川同学会会刊》1935 年第 2 卷第 1 期,第 8 页。
② 孟真:《"中日亲善"??!!》(续),《独立评论》1935 年第 141 号,第 3 页。
③ 孟真:《"中日亲善"??!!》,《独立评论》1935 年第 140 号,第 2 页。
④ 孟真:《"中日亲善"??!!》(续),《独立评论》1935 年第 141 号,第 2 页。
⑤ 胡适:《敬告日本国民》,《中国新论》1935 年第 1 卷第 8 期,第 15 页。
⑥ 胡适:《解决中日的'任何悬案'?》,《独立评论》1934 年第 102 号,第 2 页。

有一分一寸的改善!"日本征服中国只有一个法子,那"就是悬崖勒马,彻底的停止侵略中国,反过来征服中国民族的心"。① 胡适要求日本放弃对中国的侵略,否则中日关系难以改善。"中日问题不是没有法子,只要日本人停止侵略中国就行。""只有日本人忏悔侵略中国,是征服中国的唯一方法。"②这其中还包括归还中国被占领土,放弃过去所得侵略权益等等。

因为胡适主张中日友好亲善,所以为日本的前途计,他告诫日本国民"不可不珍重爱惜自己国家的过去的伟大成绩和未来的伟大前途"。他通过"观察近几年日本政治的走向",指出了日本所谓强大帝国的危机。"第一,六十年来政治上很明显的民治宪政的趋势,在短时期中被截断了,变成了一种武人专政的政治。第二,一个最以纪律秩序著名的国家,在几年之中,显出了纪律崩坏的现象,往往使外国人不知道日本的政权究竟何在,军权究竟何在。第三,一个应该最可爱羡的国家变成了最可恐怖的国家,在偌大的世界里只有敌人,而无友国。第四,武力造成的国际新局势,只能用更大的武力去维持,所以军备必须无限制地扩充:而无限制的军备扩充,适足以增加国际上的疑忌,因而引起全世界的军备竞赛,也许终久还要引起国际的大战祸。"③因此他很"替日本担忧"。于是,胡适在他的"中国化为焦土,又岂是日本之福",而"不信日本毁坏是中国之福"这样对等的忧虑中告诫日本国民,如果一味地对外侵略,一味地迷信并使用武力,将来强大的日本帝国的毁灭也将是意料中的事。后来历史的演进恰好应验了胡适的预言。

中日亲善、中日同文同种、东亚共荣,这是近代日本一边侵略中国一边经常挂在嘴边上的口头禅。这些名词看上去固然很好,但若将其放到特定的时代背景中去进行考察时,其含义也是明确的,即往往是作为辅助军事侵略的政治手段和舆论话语工具。1935 年前后日本所提出"中日亲善"的前提,就是要中国承认伪满洲国,停止在全国范围内的反日运动,同意成为日本的附庸国,成为其独占的原料产地和商品市场。因此,这样的"中日亲善"是不可能被中国所接受的。

从地缘和历史上讲,中日两国一衣带水,地缘、文化接近,并且日本在近代以前的几千年里一直受到中国文化的哺育和恩惠。随着近代西方列强东至,两国

---

① 胡适:《日本人该醒醒了!》,《独立评论》1933 年第 42 号,第 3 页。
② 胡适:《日本人该醒醒了!》,《独立评论》1933 年第 42 号,第 4 页。
③ 胡适:《敬告日本国民》,《中国新论》1935 年第 1 卷第 8 期,第 15 页。

同样受到存亡的威胁。这样的两个近邻,理应互相照应,相互亲善睦邻。日本自明治维新后,迅速走上了富国强兵道路。这时国内也曾出现过要与中国联盟,共同抵御西方列强侵略的中日亲善的言论。然而不幸的是,更强烈的主流声音是要"脱亚入欧"走侵略中国、朝鲜,发展本国资本主义的道路。1874年侵台,1879年吞并琉球,1894年发动旨在吞并朝鲜、侵略中国的甲午战争。这之后日本加入西方列强阵营,成为侵略欺凌中国的主要国家。在这一背景下,尽管仍有人倡议中日之间应结成同盟,在中国之间实施真正的亲善睦邻政策,但已构不成主流声音。在日本不断地侵略中国,特别是在已经侵占中国东北的背景下还提出所谓"中日亲善",其早已失去了动机的纯正性,只不过是华美辞藻掩盖下的侵略的代名词而已。

正因为如此,"中日亲善"论一经抛出,就受到中国舆论界的抨击和驳斥。通过上述的讨论可以看出,在日本军政当局的威逼利诱之下,尽管有亲日的暗流涌动,但中国知识界主流的民族意识还是非常强烈的,他们还是非常爱国的。通过他们对所谓的"中日亲善"假象的剖析,进一步增强了民众的辨别能力,并且无形中强化了民族的认同感和凝聚力,这在九一八后中日民族矛盾上升为主要矛盾的时代条件下,对于进一步揭露日本的侵华野心,强化抗战意志,曾发挥了重要作用。

(作者为辽宁大学历史学院教授、博士生导师)